汉籍合璧研究编

汉籍合璧研究编

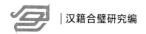

俄罗斯国立图书馆藏宋元刻本研究

丁延峰 著

人民出版社

责任编辑：翟金明
封面设计：汪　阳

图书在版编目（CIP）数据

俄罗斯国立图书馆藏宋元刻本研究 / 丁延峰著 . 北京 ：人民出版社，2025. 6. -- ISBN 978-7-01-026973-3

Ⅰ. G256.22

中国国家版本馆 CIP 数据核字第 2024976YB1 号

俄罗斯国立图书馆藏宋元刻本研究
ELUOSI GUOLI TUSHUGUAN CANG SONGYUAN KEBEN YANJIU

丁延峰　著

人民出版社 出版发行
（100706　北京市东城区隆福寺街 99 号）

北京建宏印刷有限公司印刷　新华书店经销

2025 年 6 月第 1 版　2025 年 6 月北京第 1 次印刷
开本：710 毫米×1000 毫米 1/16　印张：28　插页：8
字数：378 千字

ISBN 978-7-01-026973-3　定价：138.00 元

邮购地址 100706　北京市东城区隆福寺街 99 号
人民东方图书销售中心　电话（010）65250042　65289539

国家重点文化工程“全球汉籍合璧工程”成果

山东省中华优秀传统文化传承发展工程重点项目成果

国家社会科学基金重大项目（20&ZD334）《存世宋刻本叙录》之阶段性成果

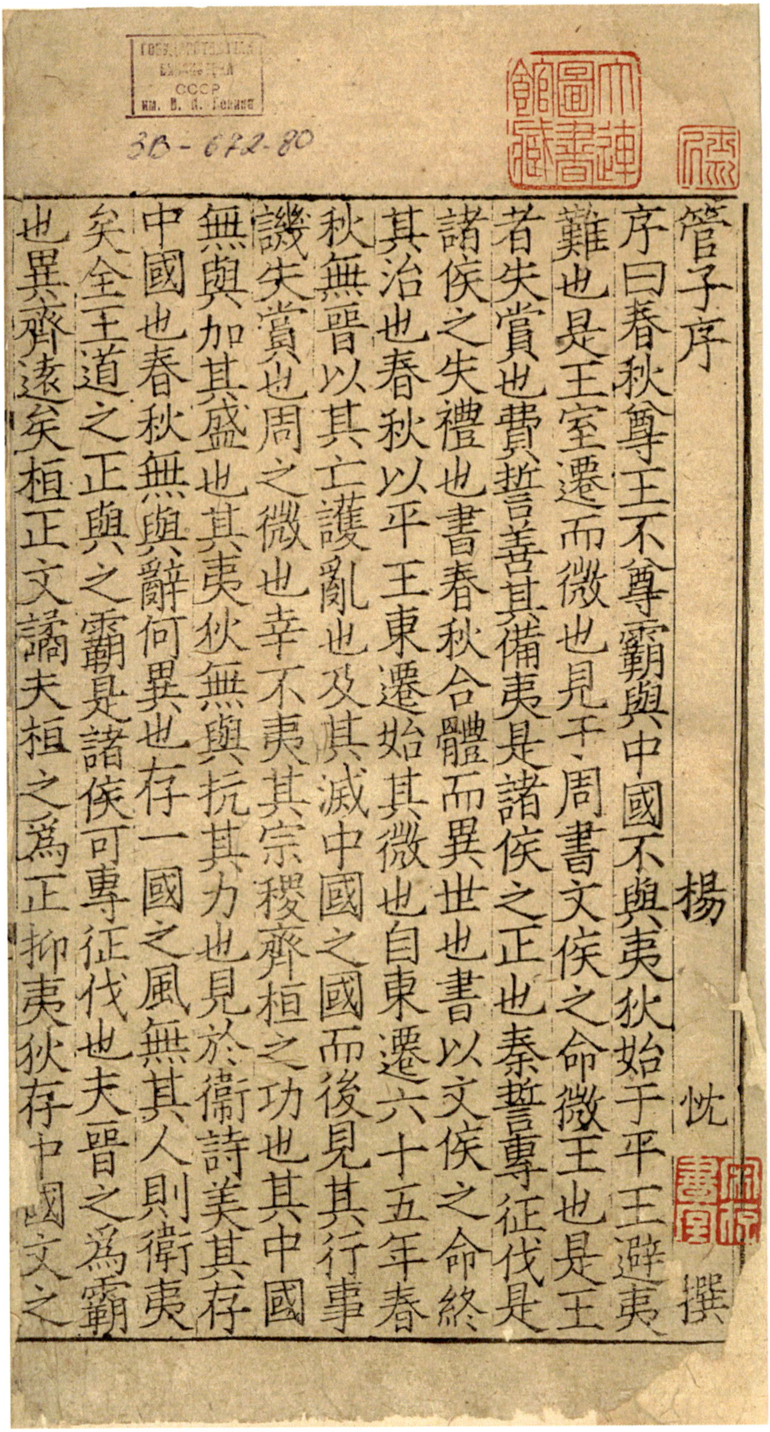

管子序

楊忱撰

序曰春秋尊王不尊霸與中國不與夷狄始于平王避夷難也是王室遷而微也見于周書文侯之命微王也是王若失賞也費誓善其備夷是諸侯之正也秦誓專征伐是諸侯之失禮也書春秋合體而異世也書以文侯之命終其治也春秋以平王東遷始其微也自東遷六十五年春秋無晉以其亡護亂也及其滅中國之國而後見其行事譏失賞也周之微也幸不夷其宗稷齊桓之功也其中國無與加其盛也其夷狄無與抗其力也見於衛詩美其存中國也春秋無與辭何異也存一國之風無其人則衛夷矣全王道之正與之霸是諸侯可專征伐也夫晉之爲霸也異齊遠矣桓正文譎夫桓之爲正抑夷狄存中國文之

宋绍兴二十二年瞿源蔡潜道宅墨宝堂刻本《管子》卷首杨忱序（1）

注管子卷第一　　唐司空房玄齡註

牧民第一　形勢第二

權脩第三　立政第四

乘馬第五

牧民第一（國頌　四維　四順　士經　六親　五法）　經言一

凡有地牧民者務在四時（四時所以生成萬物也）守在倉廩（食者人之天也）國多財則遠者來地辟舉則民留處（舉盡也言地盡闢則人留而安居處）倉廩實則知禮節衣食足則知榮辱上服度則六親固（留行也上行禮度則六親各得其所故能感恩而結固之）四維張則君令行故省刑之要在禁文巧（文巧者刑罰所由生）守國之度在飾四維順民之經在明鬼神祇山川（鬼神山川皆有尊卑之序故敬明之）敬宗廟恭祖舊（謂恭承先祖之舊法）不務天時則財不生不務地利則倉廩不盈野蕪曠則民乃菅（菅當為蕪）上無量則民乃妄文巧

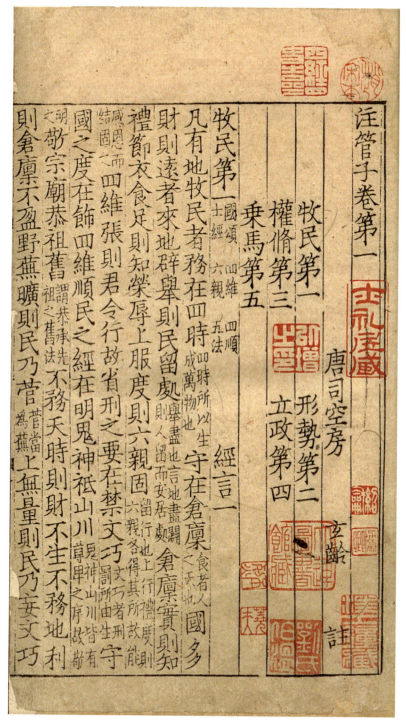

宋绍兴二十二年瞿源蔡潜道宅墨宝堂刻本《管子》卷一卷端（2）

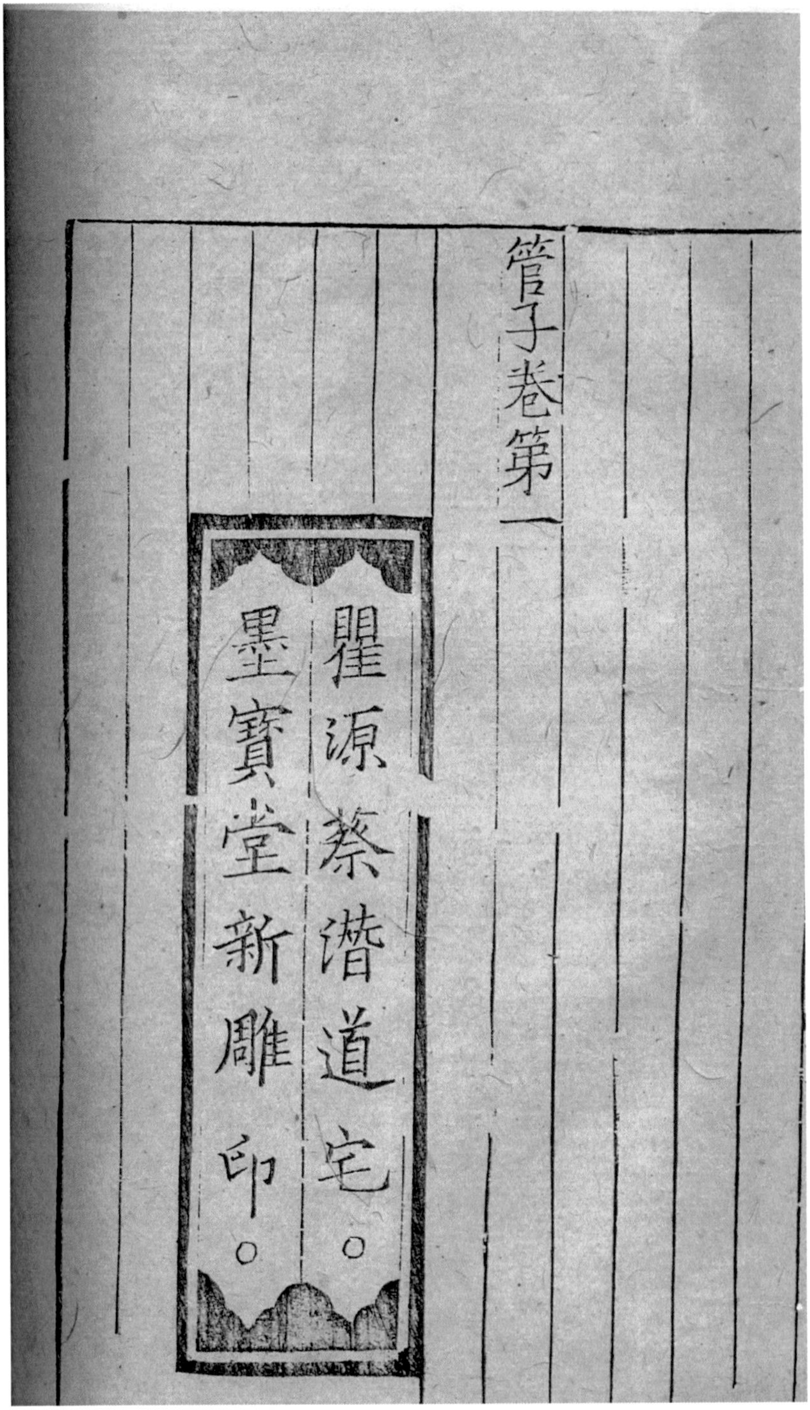
管子卷第一

瞿源蔡潛道宅

墨寶堂新雕印。

宋绍兴二十二年瞿源蔡潜道宅墨宝堂刻本《管子》卷一末牌记（3）

管子卷第十三

唐司空房玄齡注

心術上第三十六　心術下第三十七

白心第三十八

心術上第三十六　短語十

心之在體君之位也（心之在體當身之中凡身之運為皆心之所使故象君位）九竅之有職官之分也（九竅則各有職司不能以此代彼若百官之有其分也）心處其道九竅循理（心之君處常能順道則九竅所司各循理而應也）嗜欲充益目不見色耳不聞聲（君嗜欲充益動遠道則九竅失其由故目有所不見耳有所不聞也）故曰上離其道下失其事（上順道則下事得）毋代馬走使盡其力毋代鳥飛使弊其羽翼毋先物動以觀其則動則失位靜乃自得道不遠而難極也（能走者馬也能飛者鳥也今不任鳥馬之飛走而欲以人代之雖盡力弊翼而終竟不能盡以喻君代臣亦然故曰不遠而不得故曰難極也）與人竝處而難得也虛其欲神將入舍（但能空虛心之嗜欲神則入而舍之）掃除不絜神乃留處（不絜亦喻情欲）人皆欲智而莫索

宋绍兴二十二年瞿源蔡潜道宅墨宝堂刻本《管子》卷十三抄补叶（4）

荀子卷第一

登仕郎守大理評事楊倞注

勸學篇第一

君子曰學不可以已青取之於藍而青於藍冰水爲之而寒於水（以喻學則才過其本性也）木直中繩輮以爲輪其曲中規雖有槁暴不復挺者輮使之然也（輮屈槁枯暴乾挺直也晏子春秋作不復贏也）故木受繩則直金就礪則利君子博學而日參省乎己則智明而行無過矣（參三也曾子曰日三省吾身行下孟反）故不登高山不知天之高也不臨深谿不知地之厚也不聞先王

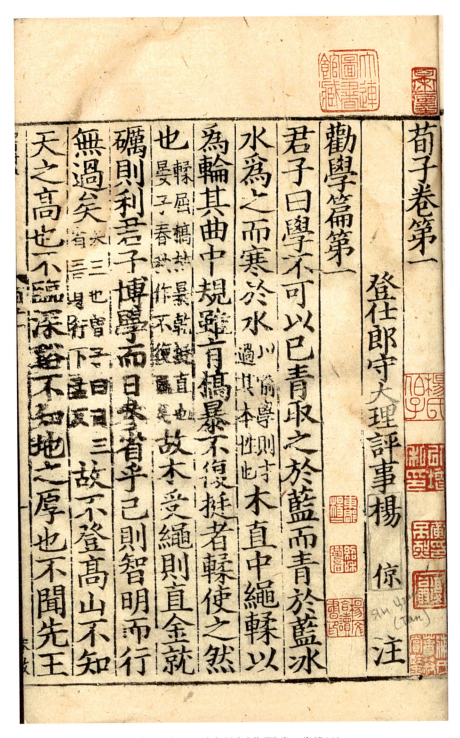

宋淳熙八年江西计台刻本《荀子》卷一卷端（1）

無姦詐則心常安也致誠則無它事矣致極也極其誠則外物不能害唯仁之爲守唯義之爲行致其誠在仁義誠心守仁則形形則神神則能化矣誠心守於仁愛則必形見於外則下尊之如神能化育之矣化謂遷善也誠心行義則理理則明明則能變矣義行則事有條理明而易人不敢欺故能變改其惡也變化代興謂之天德既能變化則德同於天馴致於善謂之化改其舊質謂之變言始於化終於變也猶天道陰陽運行則爲化春生冬落則爲變也天不言而人推高焉地不言而人推厚焉四時不言而百姓期焉期謂知其時候夫此有常以至其誠者也至極也天地四時所以有常如此者由極其誠所致君子至德嘿然而喻未施而親不怒而威

宋淳熙八年江西计台刻本《荀子》卷二第五叶右（2）

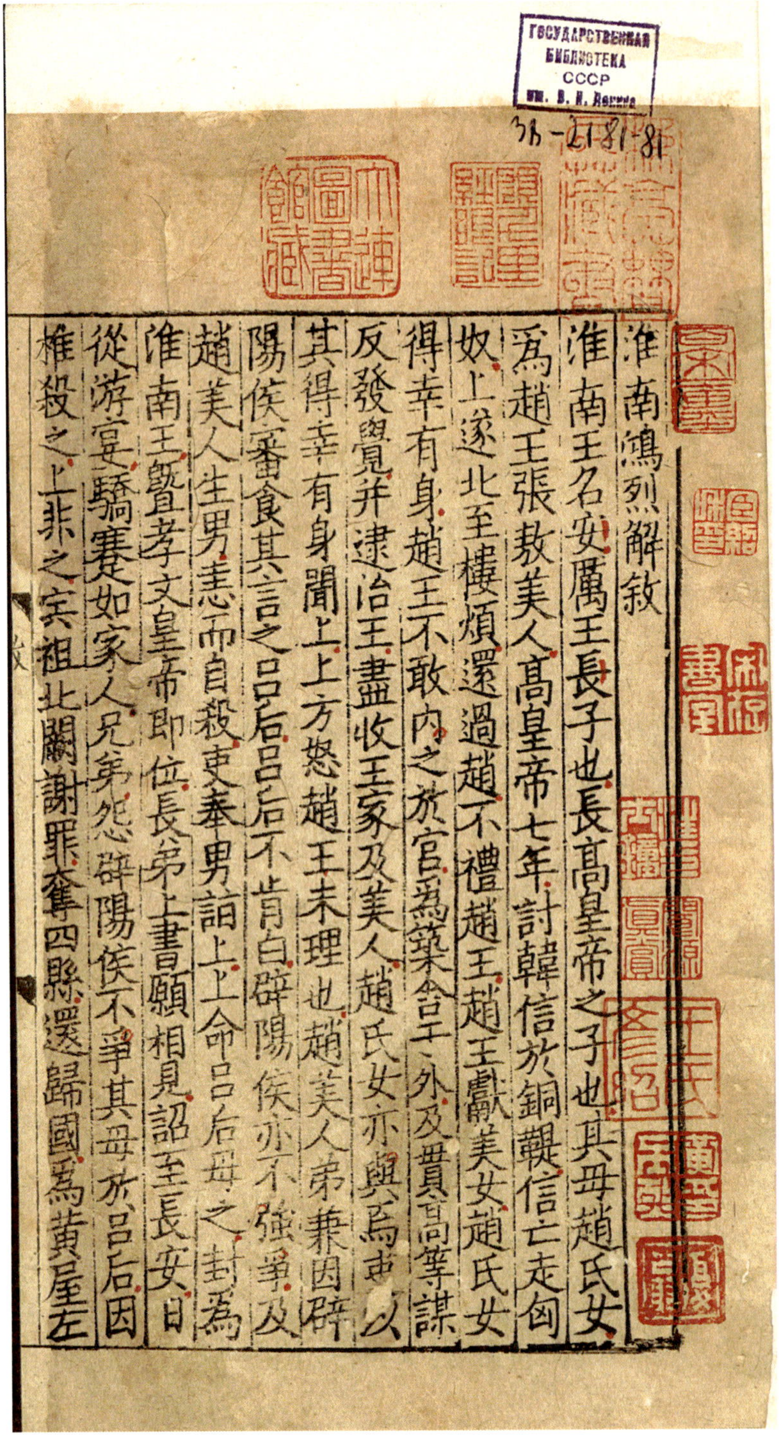

淮南鴻烈解敘

淮南王名安厲王長子也長高皇帝之子也其母趙氏女爲趙王張敖美人高皇帝七年討韓信於銅鞮信亡走匈奴上遂北至樓煩還過趙不禮趙王趙王獻美女趙氏女得幸有身趙王不敢內之於宫爲築舍于外及貫高等謀反發覺并逮治王盡收王家及美人趙氏女亦與焉吏以其得幸有身聞上上方怒趙王未理也趙美人弟兼因辟陽侯審食其言之呂后呂后不肯白辟陽侯亦不強爭及趙美人生男恚而自殺吏奉男詣上上命呂后母之封爲淮南王暨孝文皇帝即位長弟上書願相見詔至長安日從游宴驕蹇如家人兄弟怨辟陽侯不爭其母於呂后因椎殺之上非之宍袒北闕謝罪奪四縣還歸國爲黄屋左

南宋初建刻本《淮南鸿烈解》卷首高诱叙(1)

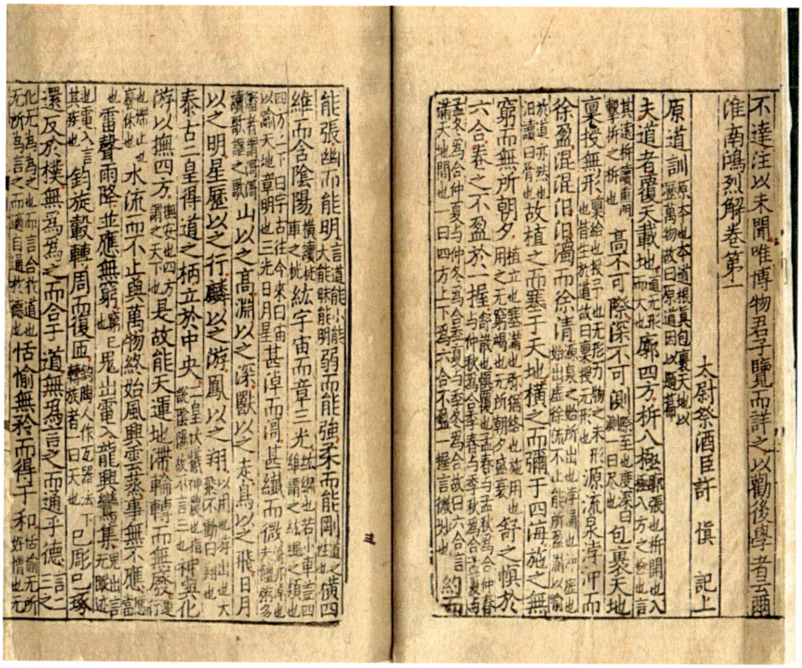

不達注以未聞唯博物君子覽而詳之以勸後學者云爾

淮南鴻烈解卷第一

原道訓　　太尉祭酒臣許慎記上

夫道者覆天載地廓四方析八極高不可際深不可測包裹天地稟授無形源流泉浡沖而徐盈混混汩汩濁而徐清故植之而塞于天地橫之而彌于四海施之無窮而無所朝夕舒之幎於六合卷之不盈於一握約而能張幽而能明弱而能強柔而能剛橫四維而含陰陽紘宇宙而章三光山以之高淵以之深獸以之走鳥以之飛日月以之明星歷以之行麟以之游鳳以之翔泰古二皇得道之柄立於中央神與化游以撫四方是故能天運地滯輪轉而無廢水流而不止與萬物終始風興雲蒸事無不應雷聲雨降並應無窮鬼出電入龍興鸞集鈞旋轂轉周而復匝已彫已琢還反於樸無為為之而合于道無為言之而通乎德恬愉無矜而得于和

南宋初建刻本《淮南鸿烈解》卷一卷端（2）

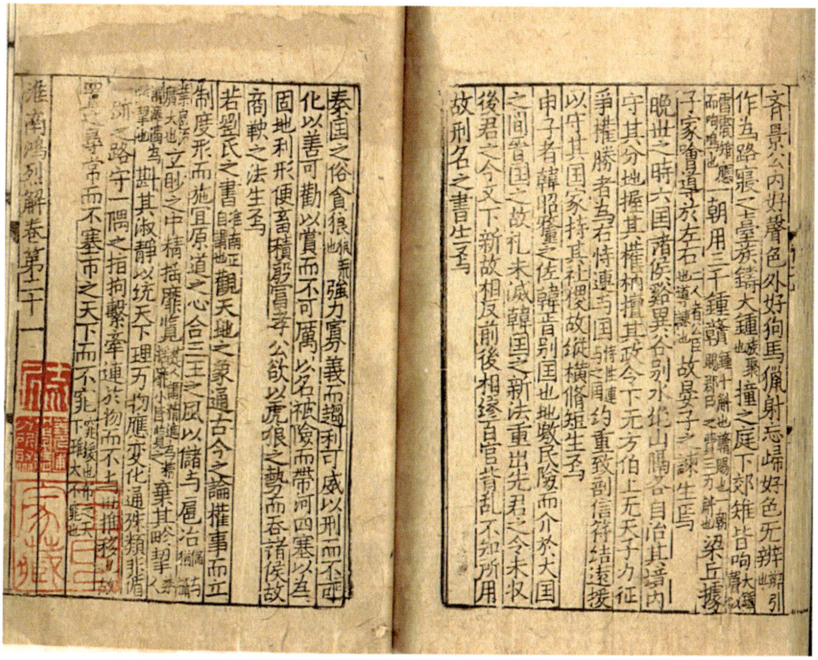

齊景公內好聲色外好狗馬獵射忘歸好色無辨作為路寢之臺族鑄大鐘撞之庭下郊雉皆呴一朝用三千鍾贛梁丘據子家噲導於左右故晏子之諫生焉

晚世之時六國諸侯谿異谷別水絕山隔各自治其境內守其分地握其權柄擅其政令下無方伯上無天子力征爭權勝者為右恃連與國約重致剖信符結遠援以守其國家持其社稷故縱橫脩短生焉

申子者韓昭釐之佐韓晉別國也地墽民險而介於大國之間晉國之故禮未滅韓國之新法重出先君之令未收後君之令又下新故相反前後相繆百官背亂不知所用故刑名之書生焉

秦國之俗貪狼強力寡義而趨利可威以刑而不可化以善可勸以賞而不可厲以名被險而帶河四塞以為固地利形便畜積殷富孝公欲以虎狼之勢而吞諸侯故商鞅之法生焉

若劉氏之書觀天地之象通古今之論權事而立制度形而施宜原道之心合三王之風以儲與扈冶玄眇之中精搖靡覽棄其畛挈斟其淑靜以統天下理萬物應變化通殊類非循一跡之路守一隅之指拘繫牽連於物而不與世推移也故置之尋常而不塞布之天下而不窕

淮南鴻烈解卷第二十一

南宋初建刻本《淮南鸿烈解》卷末（3）

校正劉向說苑序

南豐曾　鞏

劉向所序說苑二十篇崇文總目云今存者五篇餘皆亡臣從士大夫間得之者十有五篇與舊爲二十篇正其脫繆疑者闕之而敘其篇目曰向采傳記百家所載行事之迹以爲此書奏之欲以爲法戒然其所取或有不當於理故不得而不論也夫學者之於道非知其大略之難也知其精微之際固難矣孔子之徒三千其顯者七十二人皆高世之材也然獨稱顏氏之子其殆庶幾乎及回死又以爲無好學者而回亦稱夫子曰仰之彌高鑽之彌堅子貢又以謂夫

元大德七年云谦刻本《说苑》卷首曾巩序（1）

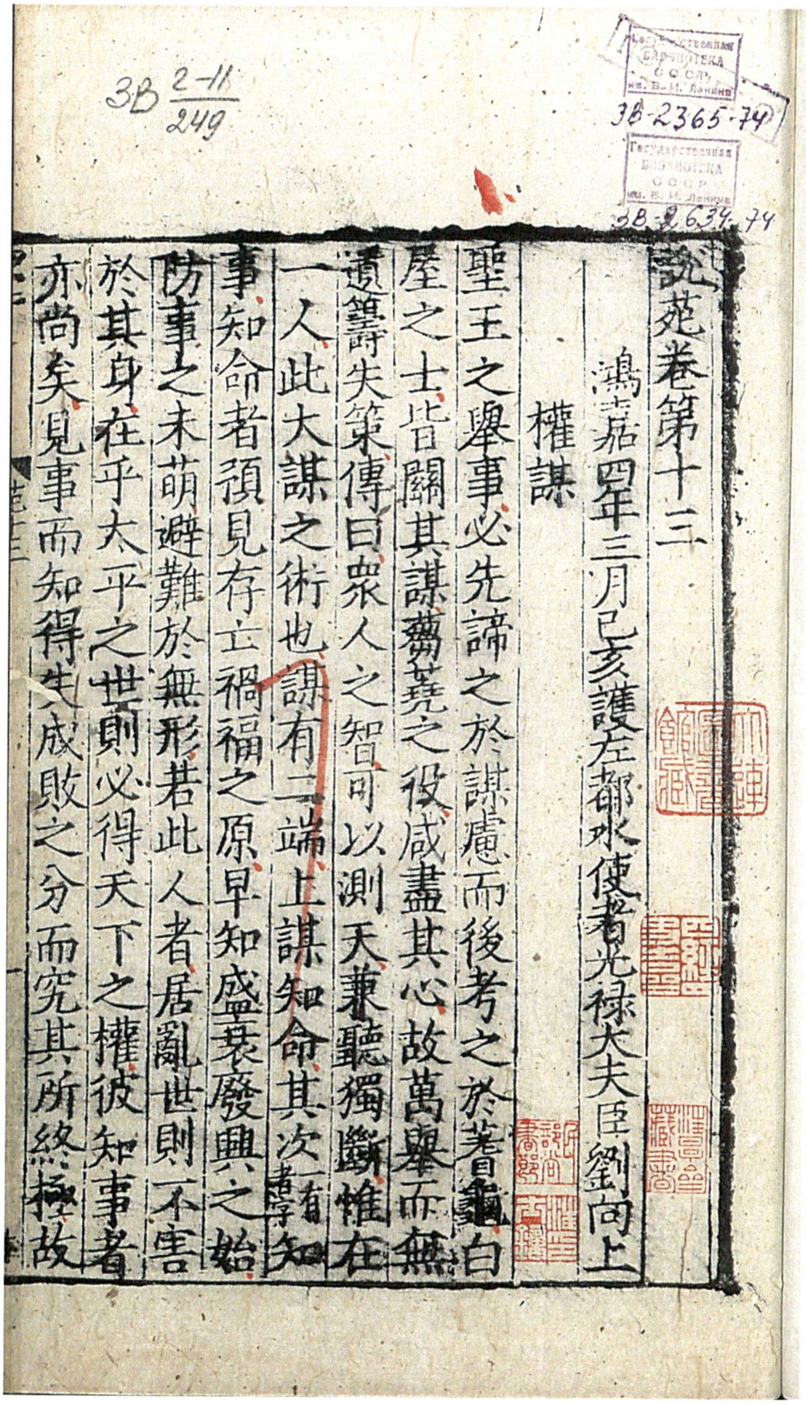

說苑卷第十三

鴻嘉四年三月己亥護左都水使者光祿大夫臣劉向上

權謀

聖王之舉事必先諦之於謀慮而後考之於蓍龜白屋之士皆關其謀芻蕘之役咸盡其心故萬舉而無遺籌失策傳曰衆人之智可以測天兼聽獨斷惟在一人此大謀之術也謀有二端上謀知命其次知事知命者預見存亡禍福之原早知盛衰廢興之始防事之未萌避難於無形若此人者居亂世則不害於其身在乎太平之世則必得天下之權彼知事者亦尚矣見事而知得失成敗之分而究其所終極故

元大德七年云谦刻本《说苑》卷十三卷端（2）

子貧少屈春貧多子義獲天下之至憂也而子以爲
友鳴鶴與芻狗其知甚少而子玩之鴟夷子皮日侍
於屈春損頗爲友二人者之智足以爲令尹不敢專
其智而委之屈春故曰政其歸於屈春乎
田子方渡西河造翟黄翟黄乘軒車載華蓋黄金之
勒約鎮簟席如此者其駟八十乘子方望之以爲人
君也道狹下抵車而待之翟黄至而睹其子方也下
車而趍自投下風曰觸田子方曰子與吾嚮者望子
疑以爲人君也子至而人臣也將何以至此乎翟黄
對曰此皆君之所以賜臣也積三十歲故至於此時
以閑暇祖之曠野正逢先生子方曰何子賜車轝之

卷二　五

元大德七年云谦刻本《说苑》卷二第五叶抄补叶（3）

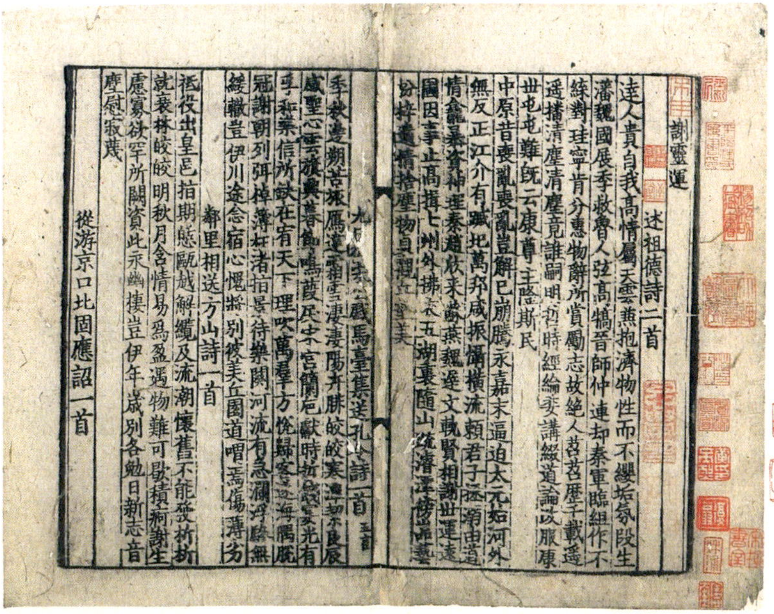

謝靈運

述祖德詩二首

達人貴自我高情屬天雲兼抱濟物性而不纓垢氛段生藩魏國展季救魯人弦高犒晉師仲連却秦軍臨組作不緤對珪寧肯分惠物辭所賞勵志故絶人苕苕歷千載遥遥播清塵清塵竟誰嗣明哲時經綸委講綴道論改服康世屯屯難既云康尊主隆斯民

中原昔喪亂喪亂豈解已崩騰永嘉末逼迫太元始河外無反正江介有蹙圮萬邦咸震懾橫流頼君子拯溺由道情龕暴資神理秦趙欣来蘇燕魏遲文軌賢相謝世運遠圖因事止高揖七州外拂衣五湖裏隨山疏濬潭傍巖蓺枌梓遺情捨塵物貞觀丘壑美

九日從宋公戲馬臺集送孔令詩一首

季秋邊朔苦旅鴈違霜雪淒淒陽卉腓皎皎寒潭絜良辰感聖心雲旗興暮節鳴葭戾朱宮蘭巵獻時哲餞宴光有孚和樂隆所缺在宥天下理吹萬羣方悦歸客遂海嵎脱冠謝朝列弭棹薄枉渚指景待樂闋河流有急瀾浮驂無緩轍豈伊川途念宿心愧將別彼美丘園道喟焉傷薄劣

鄰里相送方山詩一首

祗役出皇邑相期憩甌越解纜及流潮懷舊不能發析析就衰林皎皎明秋月含情易為盈遇物難可歇積痾謝生慮寡欲罕所闕資此永幽棲豈伊年歲別各勉日新志音塵慰寂蔑

從游京口北固應詔一首

宋嘉泰谯令宪重修本《三谢诗》卷首卷端（**1**）

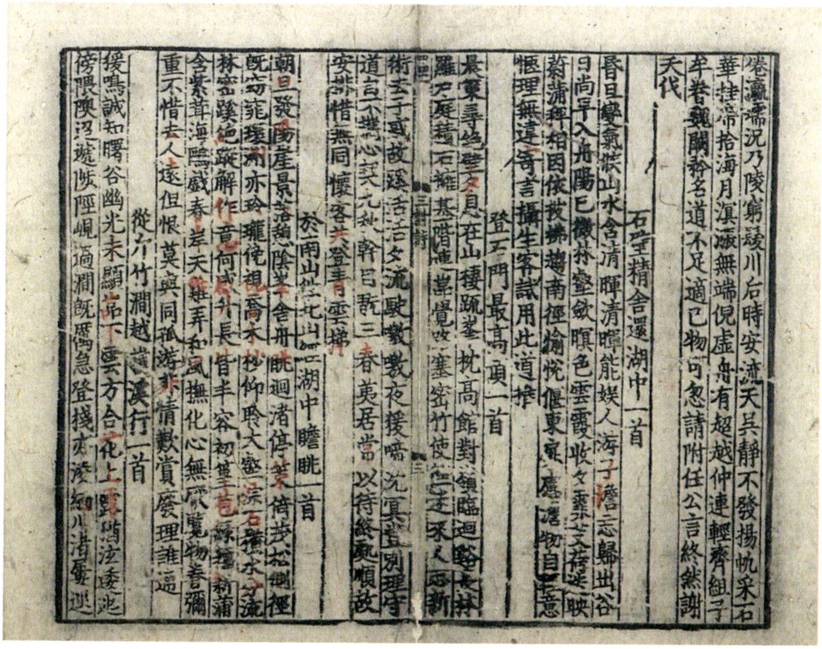

巻瀛壖況乃陵窮髮川后時安流天吴静不發揚帆采石華挂席拾海月溟漲無端倪虛舟有超越仲連輕齊組子牟眷魏闕矜名道不足適己物可忽請附任公言終然謝天伐

石壁精舍還湖中一首

昏旦變氣候山水含清暉清暉能娯人遊子憺忘歸出谷日尚早入舟陽已微林壑斂暝色雲霞收夕霏芰荷迭映蔚蒲稗相因依披拂趨南徑愉悦偃東扉慮澹物自輕意愜理無違寄言攝生客試用此道推

登石門最高頂一首

晨策尋絶壁夕息在山棲疏峯抗高館對嶺臨迴溪長林羅戸庭積石擁基階連巖覺路塞密竹使徑迷来人忘新術去子或故蹊活活夕流駛噭噭夜猨啼沉冥豈别理守道自不攜心契九秋幹目翫三春荑居常以待終處順故安排惜無同懷客共登青雲梯

於南山往北山經湖中瞻眺一首

朝旦發陽崖景落憩陰峯舍舟眺迴渚停策倚茂松側逕既窈窕環洲亦玲瓏俛視喬木杪仰聆大壑淙石横水分流林密蹊絶蹤解作竟何感升長皆丰容初篁苞緑籜新蒲含紫茸海鷗戲春岸天雞弄和風撫化心無厭覽物眷彌重不惜去人遠但恨莫與同孤遊非情歎賞廢理誰通

從斤竹澗越嶺溪行一首

猨鳴誠知曙谷幽光未顯巖下雲方合花上露猶泫逶迤傍隈隩迢遞陟陘峴過澗既厲急登棧亦陵緬川渚屢迷

宋嘉泰谯令宪重修本《三谢诗》第三叶（**2**）

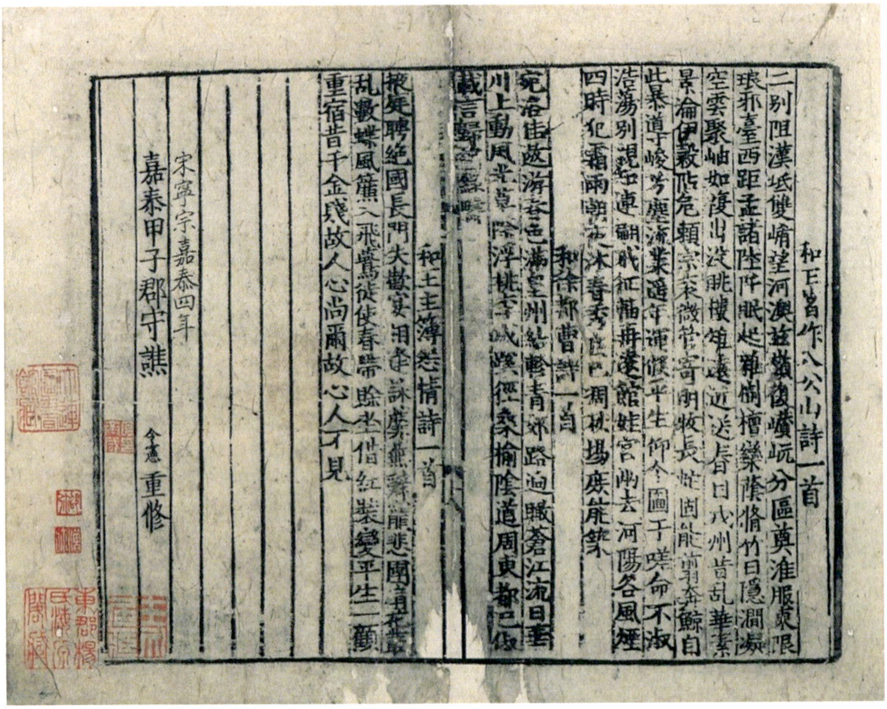

宋嘉泰谯令宪重修本《三谢诗》卷末牌记(**3**)

康節先生擊壤集序

擊壤集伊川翁自樂之詩也非惟自樂又能樂時與萬物之自得也伊川翁曰子夏謂詩者志之所之也在心爲志發言爲詩情動於中而形於言聲成其文而謂之音是知懷其時則謂之志感其物則謂之情發其志則謂之言揚其情則謂之聲言成章則謂之詩聲成文則謂之音然後聞其詩聽其音則人之志情可知之矣且情有七其要在二二謂身也時也謂身則一身之休戚也謂時則一時之否泰也一身之休戚則不過貧富貴賤而已一時之否泰則在夫興廢治亂者焉是以仲尼刪詩十去其九諸侯千有餘國風取十五西周十有二王雅取其六蓋垂訓之道善惡明著者存焉耳近世詩人窮戚則職於怨憝榮達則專於淫泆身之休戚發於喜怒時之否泰出

宋建安蔡子文东塾之敬室刻本《击壤集》卷首邵雍序(1)

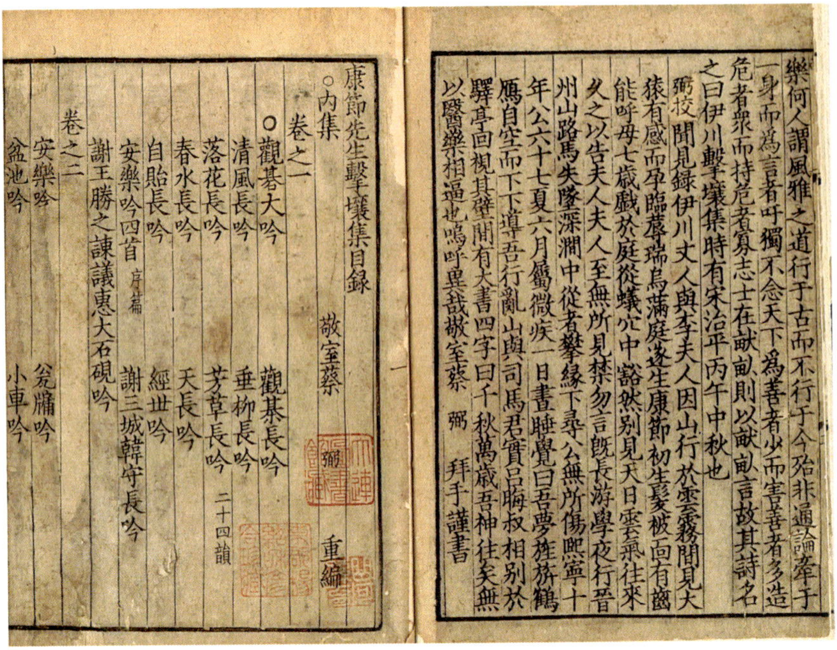

樂何人謂風雅之道行于古而不行于今殆非通論牽于一身而為言者哼獨不念天下為善者少而害善者多造危者衆而持危者寡志士在畎畝則以畎畝言故其詩名之曰伊川擊壤集時有宋治平丙午中秋也

弼校 聞見録伊川丈人與李夫人因山行於雲霧間見大猿有感而孕臨蓐瑞鳥滿庭遂生康節初生髮被面有齒能呼母七歲戲於庭從蟻穴中豁然別見天日雲氣往來久之以告夫人夫人至無所見禁勿言既長游學夜行晉州山路馬失墜深澗中從者攀緣下尋公無所傷熙寧十年公六十七夏六月屬微疾一日晝睡覺曰吾夢旌旆鶴鴈自空而下導吾行亂山與司馬君實吕晦叔相別於驛亭回視其壁間有大書四字曰千秋萬歲吾神往矣無以醫藥相逼也嗚呼異哉敬室蔡　弼　拜手謹書

康節先生擊壤集目録　敬室蔡　弼　重編

○內集

卷之一

卷之二

宋建安蔡子文东塾之敬室刻本《击壤集》卷首蔡弼序及目录（2）

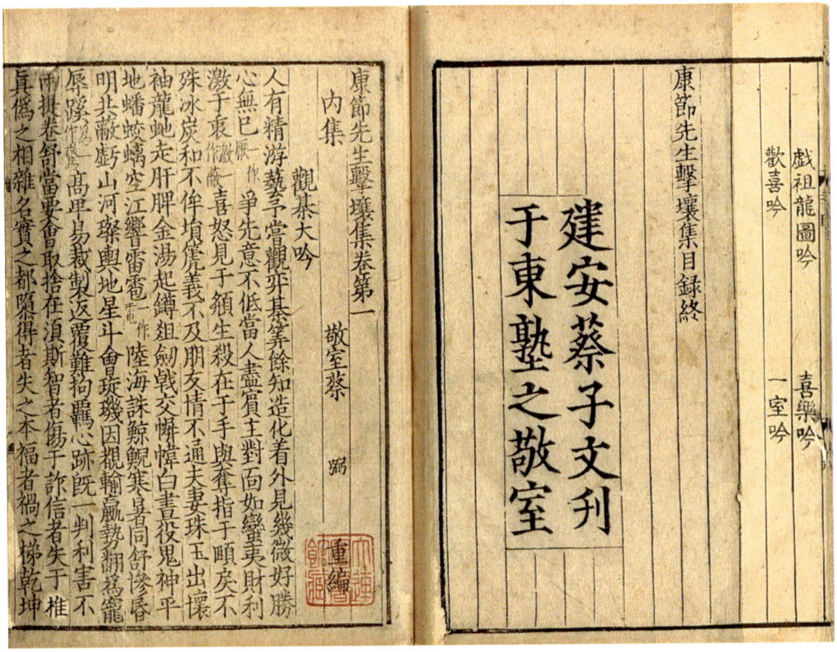

康節先生擊壤集目録終

建安蔡子文刊于東塾之敬室

康節先生擊壤集卷第一　敬室蔡　弼　重編

內集

觀碁大吟

人有精游藝予嘗觀弈碁筭餘知造化着外見幾微好勝心無已 一作厭 爭先意不低當人盡賓主對面如蠻夷財利激于衷 一作激 一作敝 喜怒見于頦生殺在于手與奪指于頤戾不殊冰炭和不侔埙篪義不及朋友情不通夫妻珠玉出懷袖龍蛇走肝脾金湯起罇俎劍戟交懈幃白晝役鬼神平地蟠蛟螭空江響雷雹 一作雹 陸海誅鯨鯢寒暑同舒慘昏明共蔽虧山河聚輿地星斗會璇璣因覩輸贏勢翻爲寵辱蹊 一作路 高卑易裁制返覆難拘羈心跡既一判利害不毋拱眷舒當更合取捨在須斯智者傷于詐信者失于椎真僞之相雜名實之郄縻得者失之本福者禍之梯乾坤

宋建安蔡子文东塾之敬室刻本《击壤集》卷首目录末牌记及卷一卷端（3）

序

杜泽逊

丁延峰教授著《俄罗斯国立图书馆藏宋元刻本研究》即将出版,来信嘱序。我和延峰友好来往二十多年,他的刻苦治学,坚持不懈,成果累累,是我大受感动并且深深尊敬的。延峰师从著名文献学家徐有富教授、陈力教授,学问道路也继承了两位导师的优长,而且走出了一条适合自己的路。

延峰的学术特长在古籍版本学,他研究海源阁藏书史,原因也是海源阁收藏古籍善本特别多。那么,版本学该如何去研究?一般认为要致力于版本鉴定、版本源流、版本优劣。从时代上说,宋元本为上,明清本次之。延峰抓住了这个方向,克服条件上的困难,发挥自己的长项,做出了创新性很强的成果。那么他的长项是什么?他没有管理国家图书馆古籍善本的福分,甚至没有管理一个省级图书馆古籍部的机会。正如研究金石书画,那是贵族的学问。唐代张彦远写出了《历代名画记》《法书要录》,他的条件之优越,好像不写也不行。

延峰就如贫寒子弟,要从事贵族学问,研究宋版书,在别人看来,这条路太艰险了。可是延峰并不向困难低头。我刚认识他,就知道他为了完成版本研究课题,从南京大学到北京国家图书馆,往返好多趟。住在白石桥国家图书馆对过路东的首都体育馆招待所,那里便宜又近便。我有一次去北京看书,也住那里,还有杨洪升,他们帮我把《清人著述总目》需要的清华大学图书馆的古籍卡片目录背回了济南。多年过去了,延峰还是那样不辞劳苦,跑到莫斯科去看海源阁旧藏的宋元版书。我们近年看古书，经常靠网络和数据库，研究版本更离不开网上的图像资源。可是那总归不是原件。延峰亲自去莫斯科看版本原件，收获当然与别人不同。

延峰的第二个特殊，在于研究得透，挖掘得深。《三谢诗》宋刻本，桥川时雄早在一九三四年就珂罗版影印了，以后又有上海古籍出版社、扬州古椿阁文化传播有限公司、中国书店影印本。应该说不难得，我也买了上海古籍出版社的影印本，顾廷龙先生题签的。可是延峰的研究却出乎意料，一册薄薄的书，他得出了很有价值的新结论。他认为桥川时雄珂罗版影印本最接近原书，以后各影印本则每况愈下，离原本的距离越来越远。这个距离不仅仅是版式、墨色、印章方面，而是文字不同。作为同根的影印本，如何会造成文字不同，延峰的校勘考证已经一条一条告诉我们了。我们使用这些影印本，往往不会深究其差别，因而导致某些失误。所以深挖是他的一大特色。

他的研究方法值得学习，那就是比对校勘，特别细致。他的很多结论都得益于深入校勘。《管子》宋绍兴二十二年瞿源蔡潜道宅墨宝堂刻本，有两方牌记。一方是目录后“瞿源蔡潜道宅墨宝堂新雕印”，一方是卷二十四末“瞿源蔡潜道宅板行绍兴壬申孟春题”。有了牌记，鉴定容易多了。延峰的研究，则致力于与另一部宋刻本南宋浙刻本的比较，字体版式，文字异同，详细比对，认为两本都有不少错误，可以互补其短，但是蔡潜道宅本错误更多，而且俗字也多，是坊刻本的特点。他还对清代陈奂抄校蔡本进行了详细校勘考证，得出了前所未有的结论。对七家校蔡本也一一考察对比，给出令人信服的评价。尤其对当代权威成果郭沫若《管子集校》、黎翔凤《管子校注》，做了深入校勘，认为他们没有机会使用蔡潜道宅本校勘，造成了很大缺憾。换句话说，蔡潜道宅本可以校正郭沫若、黎翔凤两家的不少错误。我认为这样的研究，具有很大的全局性和系统性。在这一点上，过去的很多研究者努力追求而没有达到理想的目标。这既有客观条件的限制，也有主观努力的不够。不能不承认，延峰的主观努力，给他带来了很大成功，而数字化国际化又给他扫清了很多障碍。我们看延峰对淳熙八年江西计台钱佃刻本《荀子》、南宋初建刊《淮南子》、南宋建安蔡子文刻《康节先生击壤集》、元大德七年云谦刻本《说苑》各书版本的研究,也同样细如毫发,胜义纷披。

当然我在阅读时,也偶然遇到个别不能砸实的问题。例如蔡潜道宅刻本《管子》,刻书地点是不是牌记上说的“瞿源”,“瞿源”到底在哪里,刻书者是蔡潜道本人吗?延峰提出了建设性意见,刻书地点在浙江、福建交界“瞿源”,并认为该版本“字体融合了浙刻欧体与建刻柳体且以欧体为主”,正是刻书地点在浙闽交界的旁证。我觉得从这部《管子》双行小注笔画纤细来看,是蔡潜道宅在福建建阳地区刻的,他的家乡“瞿源”不是刻书地点,正如建阳刻本《后汉书》牌记署名“钱塘王叔边”一样。同时,称为某某宅,有时候是因为这个人有点小名气,例如朱中奉宅刻《史记》、魏县尉宅刻《附释文尚书注疏》。这个蔡潜道宅,也有可能是蔡潜道的后人使用蔡潜道的名字设立的堂号。如果是这样,那就要称“蔡潜道宅墨宝堂刻本”。这个意见供延峰和学界同道参考。

总之,丁延峰教授的这部学术专著,确是近年研究宋元版本的一部富有创新意义的力作,对古籍版本学、校勘学、藏书史和海外汉籍研究者,都是很好的借鉴,所以我很乐意为之作序。

2025 年 1 月 22 日夜

图版目录(18幅)

(按著述时间排列)

目　录

绪　言

俄罗斯国立图书馆东方文献中心(莫斯科)(以下简称俄图)藏有中文古籍2400多部,其中不乏珍本佳椠。这些古籍主要来源包括斯卡奇科夫等人的捐赠、政府没收、外交及宗教使团所藏、苏联政府调拨、各国捐赠、战争虏获物、国家交换及购买等①,其中有很大一部分藏书来自于“南满洲”铁道株式会社大连图书馆(以下简称“满铁”大连图书馆)。这些善本究竟是何版本?如何归入俄图?其版本价值、学术价值究竟如何?现当代的学术利用怎样?世人并不知晓,为此极有必要对其进行专题介绍与研究。

俄图收藏宋元善本概述

据笔者及诸家②调查,俄图藏有宋元善本十余部,均为“满铁”大连图书馆旧藏。其中宋刻本有《荀子》《管子》《淮南鸿烈解》《三谢诗》《伊川击壤集》《通鉴纪事本末》六种,宋元明集配本《二十一史》中“眉山七史”《宋书》

① 张清俐:《全面调查摸清俄藏中文古籍全貌》,2017年4月9日,据中国社会科学网报道,源于2017年4月6日“俄藏中文古籍的调查编目、珍本复制与整理研究”开题报告会之王培源发言;段洁滨:《俄罗斯公立图书馆东方文献中心的收藏》,《四川图书馆学报》2006年第5期;[俄]马丽娜·米兰伊娜:《俄罗斯国立图书馆东方文献中心及其馆藏情况》,《汉籍与汉学》2017年第1期。

② 张云:《俄图东方文献中心藏原“满铁”大连图书馆藏书管窥》,《汉籍与汉学》2017年第1期;郑诚:《从大连到莫斯科——俄罗斯国立图书馆藏“满铁”大连图书馆汉籍的由来与现状》,《殊方天禄:海外汉籍收藏史研究论丛》第一辑,天津人民出版社2020年版。

《南齐书》《梁书》《陈书》《魏书》《北齐书》《周书》皆为宋刻元明递修本，合计十三种；“七史”之外尚有一些宋椠残叶。元刻本包括《书集传》、《古今韵会举要》、《说苑》、《唐音遗响》、《六子（老、庄、列、荀、杨、文中）》、《齐东野语》、《朱文公校昌黎先生集》、《翰墨大全》（残本）七种。其中又有四种曾为《大连图书馆古籍善本书目》①著录作元本，经郑诚考证：《古清凉传》当为洪武二十九年（1396）山西崇善禅寺释性彻等刻本、《晏子春秋》为明正德刻本、《增注唐贤绝句三体诗法》为日本室町末期刻本。② 元刻《南村辍耕录》三十卷，半叶十行二十五字，黑口，四周双边，双鱼尾。卷首有至正丙午孙作大雅序。国图亦藏一部，铁琴铜剑楼旧藏，《铁琴铜剑楼藏书目录》卷十七著录为元刊本：“题‘南村陶宗仪撰’。此至正丙午所刻本。目后自记：凡五百八十四事。有孙作序。”③经核，与俄图藏本同版，实为明初刊本。

《通鉴纪事本末》为宋宝祐五年（1257）刻延祐六年（1319）嘉禾学宫重修大字本。该书卷首“庐陵杨万里叙”末钤有“肃亲王宝”朱文方印，知曾为肃亲王收藏。嘉禾学宫重修本国内外存有多部，多为残本，此帙原为清宫旧物，品相完好。“眉山七史”均为递修本，修补至明代，国内外藏本亦多，多为单书零本形式。“七史”同时合于《二十一史》全帙中较为少见。

元至正五年（1345）虞氏明复斋刻本《书集传》六卷，宋蔡沈撰，元邹季友音释。第四十三页处有牌记：“正乙酉菊节虞氏明复斋刊”。钤有“五福五代堂宝”“八徵耄念之宝”“太上皇帝之宝”“天禄继鉴”“乾隆御览之宝”等印，曾为天禄琳琅旧物。《天禄琳琅书目后编》卷八著录“书集传一函六册”即此：“宋蔡沈撰，邹季友音释。沈，字仲默，建阳人。朱氏弟子，属以注《书》。季友，邹近仁字，鄱阳人。杨简弟子也。《书》六卷，前列《书经》序，

① 大连市图书馆编：《大连图书馆古籍善本书目》，1986 年铅印本，前言。

② 郑诚：《从大连到莫斯科——俄罗斯国立图书馆藏“满铁”大连图书馆汉籍的由来与现状》，《殊方天禄：海外汉籍收藏史研究论丛》第一辑，天津人民出版社 2020 年版。

③ （清）瞿镛编纂：《铁琴铜剑楼藏书目录》，上海古籍出版社 2000 年版，第 451 页。

后有《书序》。考沈子抗《进表》，尚有《朱熹问答》一卷，宋以来刊本俱不载。序末有‘南溪精舍’及‘至正乙酉’钟式、‘明复斋’鼎式墨印三。书末刻‘至正乙酉菊节，虞氏明复斋刊’。”①《中国古籍善本书目》著录元至正十四年（1354）日新书堂刻本一部，今藏国图，其中卷四至六配元至正五年（1345）虞氏明复斋刻本。此为全帙，尤为珍贵。

元本《古今韵会举要》三十卷，元熊忠撰。半叶八行，大字不等，小字双行二十三字，黑口，左右双边，双鱼尾。钤有“闽山刘氏珍藏”“程定夷印”“圣彝收藏金石书画印”“闽中郭蒹秋艺文金石记”“温陵张氏藏书”等印。刘氏即刘永松（约1817—1856），福建侯官（今福州）人。郭蒹秋即郭柏苍（1815—1890），字蒹秋，亦福建侯官人。闽山刘、郭二人相识，同好藏书。张氏即张祥云，晋江（今属福建）人，乾隆五十二年（1787）进士。可知此书递经三人收藏。《爱日精庐藏书志》卷七著录一部元刊本：“《古今韵会举要》三十卷，元刊本，元昭武黄公绍直翁编辑、昭武熊忠子中举要，刘辰翁韵会序，熊忠自序。”并录陈宲刊跋：“宲昨承先师架阁黄公在轩先生委刊《古今韵会举要》凡三十卷，古今字划音义了然在目，诚千百年间未睹之秘也。今绣诸梓，三复雠校，并无讹误，愿与天下士大夫共之。但是编系私著之文，与书肆所刊见成文籍不同，窃恐嗜利之徒改换名目，节略翻刊，纤毫争差，致误学者。已经所属陈告，乞行禁约外，收书君子，伏幸藻鉴，后学陈宲谨白。”与此本同，是否此帙未知。国图著录一部《今韵会举要》三十卷《礼部韵略七音三十六母通考》一卷，行款与俄藏本俱同，盖为同版。

元建安书坊本《六子》包括：《纂图互注老子道德经》二卷、《纂图互注南华真经》十卷、《冲虚至德真经》八卷、《纂图互注荀子》二十卷、《纂图互注扬子法言》十卷、《中说》十卷。凡四函二十册，书经加衬重装，深蓝色书衣，封外签贴“满铁”，上钤“贵重书”朱印。其中三函尚用“满铁”大连图书馆

---

① （清）于敏中、彭元瑞等：《天禄琳琅书目后编》，上海古籍出版社2007年版，第574页。

原装织锦函套，套外帖签墨书“元刻六子”。台湾汉学研究中心、上海图书馆亦有收藏，但多为零本。

元至正刻《唐音遗响》三卷，元杨士弘撰。此书为元选唐诗，卷首为“唐音遗响总目并序”，共分三卷，第一卷共收唐初盛唐人诗七十三首；第二卷收中唐人诗一百三十四首；第三卷收晚唐人诗二百三十七首。半叶十行十八字，白口，左右双边，无鱼尾。钤有“扫尘斋积书记”“礼培私印”等印，旧为民国王礼培（1864—1943）收藏。台湾汉学研究中心均藏有元至正四年（1344）刊本配补明刊本《唐音遗响》十卷；国家图书馆藏有明刊十卷本，《中国古籍善本书目》著录。以上均为黑口，卷数亦异，俄藏本堪为孤本。①

以上除《唐音遗响》外，虽皆非孤帙，但其文物价值不可小觑。此外，该馆还藏有一些名家批校本、明清刻本、抄本及朝鲜刻本、和刻本等。以上宋元善本中，无论从版本价值抑或学术价值上，最为重要的还是海源阁旧藏六种宋元佳椠。五种宋刻本《荀子》《管子》《淮南鸿烈解》《伊川击壤集》《三谢诗》，皆为孤本秘籍，世无二帙。另一种元大德七年云谦刻本《说苑》，颇有宋版遗风，以至于黄丕烈、杨绍和等版本大家误作“北宋刻本”。有鉴于此六种皆为海源阁镇馆之宝，更为中国古籍中的宋椠杰作，故单独拎出特作一专题研究，以见真面及价值。

散归俄图原委

这六种俄藏本，原皆为杨氏海源阁旧藏。海源阁为“晚清四大藏书楼”之一，因藏书质高量多，享誉海内外。民国间，聊城匪患严重，海源阁亦迭遭

① 以上部分参考张云：《俄图东方文献中心藏原“满铁”大连图书馆藏书管窥》，《汉籍与汉学》2017 年第 1 期；郑诚：《从大连到莫斯科——俄罗斯国立图书馆藏“满铁”大连图书馆汉籍的由来与现状》，《殊方天禄：海外汉籍收藏史研究论丛》第一辑，天津人民出版社 2020 年版。

匪劫，藏书毁佚散出，成为“私家藏书深受兵燹之祸的代表”[①]。自1927年夏至1930年12月间，海源阁第四代主人杨敬夫恐遭不测，曾分三次成批将其所藏外运天津和济南暂存。1927年7月，首次将宋本二十六种子、集部精善之本秘密运津，俄藏本六种即在其中。敬夫本意欲先斥卖一部分，得资后于天津购一较大房屋，然后再移全部藏书至津。杨氏运津的这些善本如何处置？成为国人关注的焦点。当时几大官报如天津《大公报》、南京《中央日报》、上海《申报》等连篇累牍予以追踪报导，著名学者、藏书家如傅增湘、王献唐、赵万里、周叔弢、李盛铎、陈清华等纷纷呼吁保护并身体力行地抢购了一批善本。李盛铎率先以高价购得宋本《孟东野诗集》《孟浩然集》《黄山谷诗》“二孟一黄”三种。其后，售书单传至北京，王君九闻讯后将书单抄寄于上海张元济。张氏核对《楹书隅录》，均有其书，每种开价少者千元，多者至数千元。至1931年，除宋本《会稽三赋》未能售出而随九十二种抵押于天津盐业银行外，其余均已陆续售出。

但是，对于流入天津的这批善本，日本人颇怀觊觎之心。因为前有皕宋楼藏书东渡的惨痛经历，国人深恐杨氏藏书再覆其辙。于是有识之士奔走相告，多次呼吁，政府三番五次颁布公告，阻止外流。当时日本人曾多次与杨敬夫或委托书贾商谈高价购买之事，杨敬夫曾说：“那时住在天津的日本人也曾想染指，日本人表示愿意多出钱出高价，我都严词加以拒绝了。”[②]这说明日人为得到杨氏藏书，确曾找过杨敬夫。但尽管敬夫恪守勿售外人的底线，最终还是有六种宋本落入日人之手。[③] 那么最先从敬夫手中购买的是谁？王献唐在《海源阁藏书之损失与善后处置》中云：“其经手者，为北平

---

① 程千帆、徐有富：《校雠广义·典藏编》，齐鲁书社1998年版，第337页。

② 李士钊：《聊城海源阁藏书重要史料片断——1966年2月10日在天津访问海源阁第四世主人杨承训（敬夫）先生》，《山东省出版志资料》第一辑，第182页。

③ 据笔者调研，流入日本的绝不仅仅此六种。如日本杏雨书屋今藏宋本《本草衍义》，日本中央大学图书馆今藏明刻本《史记》等，2016年10月北京实业家张玉坤收购日本回流宋元明刻残本四十三种五十二册等，即是明证。

琉璃厂之王某。”这个“王某”则极有可能是北平琉璃厂藻玉堂主人王雨(字子霖)。当时,杨敬夫所售大部分善本都是他从中经手的,关于这一点王雨并不讳言,反以为傲,其在《六十年经营回顾》一文中回忆道:“民国十七、十八年中,有一个著名的藏书家杨氏海源阁,将几代人所藏的好书陆续卖出,其中大多数经我介绍卖给藏书家和图书馆等处。……识别海源阁藏书并加以保护是我一生的骄傲,不虚往来人世。”①王雨在自己的回忆录中曾经三次撰文提到这六种宋本的散出经过,其《海源阁散书情况简述》中云:“幸喜海源阁散书经余之手,大部均为方家所收,只是有六种流失海外,令人浩叹。”②可见,这六种最初的确是经王雨出手的,但似乎又不是王雨直接卖给日本人的。王雨在《海源阁珍本流东记》中曾谈到这六种的价格分别为“南宋本《荀子》十册二十卷一函,4200 元;北宋本《说苑》二十卷十册一函,3500 元;宋本《管子》二十四卷十册一函,4000 元;北宋本《淮南鸿烈解》二十一卷十二册一函,4500 元;宋本《康节先生击壤集》十五卷六册一函,3000 元;宋本《三谢诗》一卷一册,1500 元”③。六种总共 20700 元,这是杨敬夫的出售价格。因为从 1927 年 11 月王君九抄给张元济的敬夫售书清单中④,总计这六种的价格为 20500 元,两者价格相差无几。而郦承铨在《记大连图书馆所收海源阁藏宋本四种》一文中云:“当时闻以六万元重价成贸。”⑤这四种分别为《说苑》《管子》《淮南鸿烈解》《三谢诗》,四种价格按 1927 年从敬夫所开价格合算,最高亦不足两万元,何以有六万元高价?故可推知,当时王雨将六种宋本似未直接售于日人,而是又由书贾从中转手,谋以暴利。日方负责这次购买事宜的是松崎鹤雄,松崎当时任职于由日人

---

① 王雨:《王子霖古籍版本学文集》第 2 册,上海古籍出版社 2006 年版,第 91 页。

② 王雨:《王子霖古籍版本学文集》第 3 册,上海古籍出版社 2006 年版,第 135 页。

③ 王雨:《王子霖古籍版本学文集》第 3 册,上海古籍出版社 2006 年版,第 133 页。

④ 王君九抄单见《张元济傅增湘论书尺牍》第 181—182 页,即 1927 年 11 月 30 日张元济致傅增湘书。张元济于信中云“昨得王君九兄来信,谓海源阁有宋元本二十六种,捆载到天津出售,并抄来清单一纸”。知君九致信时间为 1927 年 11 月 30 日以前。

⑤ 《文化先锋》1946 年第 5 卷第 24 期。

控制下的“满铁”大连图书馆，购后即保存于该馆。日人桥川时雄在1934年前曾访书大连图书馆，并云：“予曩年因事赴辽，访友大连图书馆，馆长柿沼先生暨松崎先生柔甫，乃启秘箧，任予瞻览，内有宋本《三谢诗》一函，谓得自北平坊贾，携来此间求售者。”①王雨在《海源阁珍本流东记》中云：“相隔半年，被大连日本‘满铁’图书馆松崎鹤雄买走六种。”王雨又于《海源阁藏书六种善本情况》云：“斯时大连‘满铁’图书馆派松崎鹤雄来北京买书，当由桥川时雄赴津买定了海源阁所藏宋本六种，运往大连入藏图书馆。”可见经手者松崎鹤雄当无疑问。但王雨言最终为桥川时雄赴津购之，与桥川所言“谓得自北平坊贾，携来此间求售者”不合，一去一送究竟远赴京津购之抑或书估北上求售？其实两者并不矛盾，或许是远赴商谈价格，未合再议，或许已谈拢价格，原书不在身边，再北上送售。关于这一经过，杨力生《“满铁”大连图书馆》载：1929年1月，又专拨十万日圆巨款，派专人到京津沪一带搜买大量中国古籍，其中珍贵的精抄名刊甚多，计有宋版八种，元版十余种。列简目如下。宋版八种：

《淮南鸿烈解》（通称淮南子。二十一卷十二册。海源阁旧藏）

《说苑》（二十卷十册。大字本，海源阁旧藏）

《管子》（十卷十册。海源阁旧藏）

《荀子》（二十卷十册。大字本，海源阁旧藏）

《三谢诗》（一卷一册。蝴蝶装，海源阁旧藏）

《康节先生击壤集》（十五卷六册。海源阁旧藏）

《通鉴纪事本末》（四十二卷九十六册。大字本，肃亲王旧藏）

《二十一史》（宋、元、明刊。大字本，二五六一卷六〇三册）

元版十余种，有《翰墨大全》（残本）《齐东野语》《尚书》《晏子春秋》《六子（老、庄、列、荀、杨、文中）》《老子道德经》《吕氏春秋》《古清

① ［日］桥川时雄：《宋嘉泰重修三谢诗书后》，宋嘉泰重修本《三谢诗》卷末，1934年桥川时雄曾据宋本影印，上海古籍出版社1983年影印桥川本。

凉传》《唐三体诗》《昌黎先生文集》等。清版大本的《古今图书集成》,初刻本《芥子园画传》,以及引人注目的四千多册中国医学古籍,也是这次购入的。①

"满铁"大连图书馆创立于1918年1月,其前身是1907年建立的"满铁"调查部图书阅览室。1905年,日俄签订《普茨茅斯条约》,大连由俄国统治的殖民地变为日本殖民地,1906年,日本"设立'南满洲'铁道株式会社。置本社于大连,设支社于东京",1907年4月1日,正式开张营业,"满铁"调查部图书阅览室即隶属于这一机构。1918年,随着图书资料增多、面积规模扩大,改称"'南满洲'铁道株式会社图书馆",并提供公共阅览,正式对外开放。1922年,又改称"'南满洲'铁道株式会社大连图书馆"。其目的是用所藏图书配合当时的形势并发挥其作用。实际上就是为了文化侵略,为日本帝国主义者的侵略政策服务。其间日本政府持续不断调拨专款,用来采购地方志、舆图、政治、经济、地质资源、风土人情及政府内部业务资料等,后来搜集范围扩大至古籍善本。到1945年,藏书总数已近四十万册。②

六种珍本存于"满铁"大连图书馆期间,桥川时雄、王雨等曾有幸目睹。桥川时雄于1934年之前赴大连见到其中之一的宋本《三谢诗》,遂借出影印出版,并撰长跋介绍其源流及影印原委。王雨则于1934年"去大连,得晤松崎,所购之书还秘藏馆中"③。1936年以前,郦承铨则见到并购买了《说苑》《管子》《淮南鸿烈解》《三谢诗》的四种书影,并于1946年据此撰成《记大连图书馆所收海源阁藏宋本四种》,对这四种宋本进行了

---

① 《大连文史资料》第一辑,中国人民政治协商会议辽宁省大连市委员会文史资料委员会编,1984年12月。

② 关于"满铁"大连图书馆的成立经过、职能、藏书概况等,可参见冷锦绣:《"满铁"图书馆研究》,辽宁人民出版社2011年版。

③ 王雨:《海源阁珍本流东记》,《王子霖古籍版本学文集》第3册,上海古籍出版社2006年版,第133页。

介绍。

这些宋椠佳本为日人购去后，一些识家学者颇感痛惜与无奈，傅增湘曾曰："嗣海源阁藏书散出，其所藏北宋本《说苑》偶得寓目，匆匆谐价不成，后为东邦人收去，至今耿耿于怀。"①1930年前后，周叔弢因财力不够，只能购买宋本《新序》，而眼睁睁看着这六种书流失。其在宋本《荀子》题识中不只一次地感叹："敬夫索四千五百元，因手中极窘，遂为日人购去，最为痛惜。盖当时财力仅能收《新序》一书也。"又云："丙子十二月见吕夏卿本于上海，实南宋刻，殊不及此书之可贵，益悔交臂失之矣。"又云："此人间孤本也，失之可惜。庚辰七月病起书。"②后来他又题宋本《新序》曰："余收此书时，若能举债并《说苑》《荀子》《管子》《淮南子》同收之，岂不大妙乎？余生平务实而不蹈虚，亦自有短处。"③

1945年8月，苏联红军击败日本关东军后，接管了"满铁"大连图书馆，将包括此六种宋本和五十多册《永乐大典》在内的大批珍贵古籍作为战利品运往苏联，藏于位于莫斯科的列宁图书馆，即今俄罗斯国立图书馆。这一经过也被多位人士记载下来，王雨回忆道："1945年，苏联红军出兵东北，大连、旅顺两地同为苏联红军占领。次年，苏联派遣了所谓波波夫调查团到大连满铁图书馆检查图书，名为借阅有关苏联与近东中外资料，依库逐架检查半月之久。当抽出中外各善本图书四千余部册，由日本人大谷武男造册存馆。在这一批所谓借书当中，最为世人珍视的是世界闻名的《永乐大典》四十二册④和海源阁旧藏的宋刊子集六种。其后，苏联于50年代归还《永乐

---

① 傅增湘：《校宋本〈说苑〉跋》，《藏园群书题记》卷6，中华书局1989年版，第289页。

② 周叔弢：《楹书隅录》批注，《订补海源阁书目五种》（上册），齐鲁书社2002年版，第150页。

③ 周叔弢：《楹书隅录》批注，《订补海源阁书目五种》（上册），齐鲁书社2002年版，第154页。

④ 此言四十二册，当误，当为五十五册，见《后记》。

大典》五六十册,可惜海源阁宋刊子集六种仍未还归,真是憾事。”①曾在大连图书馆供职的罗继祖云:“当时大连‘满铁’图书馆得其宋本《三谢诗》数种。及全国解放,予服务于旅大市图书馆(前身即满铁),求之不见,则已为苏军攫去。”②冷锦绣曰:“‘满铁’大连图书馆于1945年8月由苏联军管,而很多珍藏的如海源阁购买的宋版文献以及部分元版书稿、舆图被盗运,包括原藏55册的《永乐大典》被苏军拿走。”③

自以上诸家著录来看,1945年以前,包括《三谢诗》在内的六种原椠仍在“满铁”大连图书馆。2015年8月,笔者赴俄图查阅时,目验其中五部,《淮南鸿烈解》卷九已经佚去不见,馆员亦茫然不知。《三谢诗》亦曾借出馆外。自1945年至今,这些宋椠藏于俄图已有70多年,由于各种原因,其间并不为人所知。王绍曾主编《海源阁书目订补五种》未言确切藏所。《管子》版本研究专家巩曰国在《〈管子〉版本述略》中云:“此书(《管子》)后被大连图书馆购得,现已不知去向。”④因此无法展开对此本的研究,成为缺憾。高正于《〈荀子〉宋椠考略》中云:钱佃本《荀子》“之下落尚待查”⑤。直至本世纪初,始有学者远赴莫斯科目验过个别宋本,然皆未展开研究。自2017年始,山东大学“全球汉籍合璧工程”启动,始对俄图所藏中文古籍善本编目,郑诚、张晓静两位老师于编目同时,并撰《俄罗斯国立图书馆藏海源阁宋元本六种》⑥,进行了初步介绍著录,但更为详尽的版刻状况及价值等,仍有待整理、挖掘与研究。

---

① 王雨:《海源阁珍本流东记》,《王子霖古籍版本学文集》第3册,上海古籍出版社2006年版,第133页。

② 罗继祖:《海源阁藏书》,《枫窗脞语》,中华书局1983年版,第144页。

③ 冷锦绣:《“满铁”图书馆研究》,辽宁人民出版社2011年版,第116页。

④ 巩曰国:《〈管子〉版本述略》,《管子学刊》2002年第3期。

⑤ 高正:《〈荀子〉宋椠考略》,《文献》1991年第2期。

⑥ 《版本目录学》2018年第8辑。

文物及学术价值

俄藏本的价值体现在多个方面。首先,文物价值极高。宋椠杨倞注《荀子》今存十三部。其中十一部为纂图互注本或句解本,因作为科举之书,删减增注,且有讹脱倒衍,杨倞原注面貌已非;另两部杨倞注本,一部为浙刻本,一部为藏于俄罗斯的江西漕台钱佃刻本,基本保留了杨倞原注。还有一部淳熙间唐仲友刻本,日本藏有影抄本,刻本和抄本皆已不存,只有据影抄本而出的《古逸丛书》初编本。《荀子》祖本为北宋熙宁元年(1068)国子监刻八行本,浙本、俄藏本皆据此而出。有学者以为浙本刊印最早①,实则不然,俄藏本刊于淳熙八年,比宁宗浙刻本至少要早十四年,俄藏本实为《荀子》存世最早的版本。其所用底本为北宋熙宁国子监本,同时参校蜀刻本、浙本等,而所校异同,附于卷末,即《荀子考异》。《考异》辑录了北宋监本与钱佃本及他本的异文,于是监本的文字原貌就此可以概见。宋椠尹知章注《管子》今仅存两部,一部浙刻本,一部即此绍兴二十二年(1152)瞿源蔡潜道家塾刻本。蔡本刊于浙南闽北,具有浙本特点,亦兼建本风格,实属罕见。汉许慎、高诱注《淮南鸿烈解》,清代学者多以为北宋刊本,实为南宋初福建刻本,仍为现存最早刊本。台北故宫博物院所藏南宋末茶陵谭叔端刻本《新刊淮南鸿烈解》,刊印较晚,是一个节选本,且讹误颇多,已难与俄藏本比肩。《三谢诗》的最早刊本或为唐庚之子文若于南宋孝宗隆兴间知江州时所刊,嘉泰间谯令宪知江州时修版再印,即今俄图所藏宋嘉泰谯令宪重修隆兴本,孤帙独存,是最重要的传播文本。宋邵雍诗集,今宋椠存世者三部,其中两部《邵尧夫先生诗全集》九卷、《重刊邵尧夫击壤集》七卷为1975年江西星子县横塘乡和平村宋墓出土文献,全为节选本,且残缺不全,

① 高正于《〈荀子〉宋椠考略》(《文献》1991年第2期)云:"《荀子》诸刊本中,熙宁系统本刊刻最精,误文亦较少,熙宁系统现存最古者为南宋浙北翻宋刻本"。

录诗数量远不及俄藏本《康节先生击壤集》十五卷,《重刊邵尧夫击壤集》直接从俄藏本选出,《邵尧夫先生诗全集》亦与俄藏本有关。俄藏本是存世刊印最早、收诗数量最多的宋椠本。俄藏本《说苑》并非"北宋刻本",实为元大德七年(1303)云谦刻本;国内上海图书馆藏一部全本,北京大学图书馆藏一部残本,刷印皆晚。而俄藏本字划脱落少,断版裂缝小,版面清晰,纸质没有损伤,为该书存世最好的版本。故从版本角度来看,宋椠五种皆为孤本,且为存世诸本中刊印最早或较早者,文字最接近原著,卷帙较全,保存较好。《说苑》虽为元椠,综合考虑,远逾国内两部后印本及残本。

从学术价值上,皆可校勘他本之误。俄藏本《荀子》,历代学者给予了极高的评价,陈振孙云:"淳熙中,钱佃耕道用元丰监本参校,刊之江西漕司。其同异著之篇末,凡二百二十六条,视他本最为完善。"①钱曾亦引钱佃跋云"此特为精好"②。如校以宋浙刻大字本、影抄唐仲友刻本以及后出的元明刻本等,皆可校出不少讹误。纂图本存世较多,传播较广,俄藏本虽兼从纂图本,但又更正其不少讹误。黄丕烈曾摹抄一本,虽经黄氏依原本校勘一过,然不合之处仍有很多。俄藏本《管子》与国图所藏浙刻本,堪称"双璧",两本相校,互有胜逊。明刻本中刘绩本、赵用贤刻本影响最大,校注本多以之为底本,以俄藏本校之,讹误毕现。陈奂抄本确实在普及俄藏本时发挥了重要作用,但所抄一是存有讹误,二是漏校不少。后人以之为蓝本校勘他本时,均出现程度不同的误校或漏校,致使原椠无法百分之百地复原出来。《淮南鸿烈解》诸本中,明正统《道藏》本出于俄藏本,但将原椠中的七卷各自拆分为上下两卷重编为二十八卷,其中又有一些脱文。对原椠讹误有所校改,然亦有未校改而以讹传讹者,且自身校刊相当粗率,疏忽致误者比比皆是。《道藏》本传播最广,后世据以翻刻者甚多,但明刻妄改多误,实

① (宋)陈振孙:《〈荀子注〉解题》,《直斋书录解题》卷九,上海古籍出版社 2005 年版,第 270 页。

② (清)钱佃:《读书敏求记》,书目文献出版社 1984 年版,第 70 页。

与宋椠原貌差之远矣。清代庄逵吉本最著，以宋本校之，颇有讹误。南宋茶陵本是惟二宋椠之一，除其节选而失宋椠原貌外，校以俄藏本，讹舛脱衍极多，给阅读造成极大障碍。俄藏本作为《三谢诗》的源头之本，在传播三谢诗上，其他诸本无可替代。尽管亦有讹误，仍可以校正诸宋椠本《文选》与《三谢诗》传刻本、单集本、总集本及现当代的整理校注本等，在还原三谢诗原貌上有重要价值。《三谢诗》作为早期的版本，在协助厘清《文选》及其他单集等源流关系上，具有重要价值。

关于俄藏本《击壤集》，杨绍和将其与明汲古阁刻本、元本进行比较后曰："《伊川击壤集》，元明皆有刊本，均作二十卷。汲古阁毛氏所刻，源出《道藏》，而舛漏殊甚。"①俄藏本的价值体现在多个方面：第一，俄藏本有明初本及《全宋诗》未收之诗，明初本是存诗最多的刻本，包括集外诗十三首，然与俄藏本相校，脱之多矣。第二，两个出土宋本中，有不少残字、缺字，并皆录于当代校注本中，俄藏本可以补全。第三，可校补明初本、出土本、《道藏》本等本讹误。第四，有些诗题，俄藏本较详，可补诸本所缺。第五，注文价值。俄藏本的注文除蔡弼按语外，尚有邵雍自注（含音注）、他人和诗注及版本校记"一作某"或"某一作某"三种注文。这些注文为研究、解读邵雍诗作提供了难得的背景史料，亦为研究版本提供了参考。俄藏本《说苑》，从清中叶的黄丕烈一直到当代学者，皆以为"北宋刻本"，偶见傅增湘质疑，然未能举出实证。经鉴定，俄藏本卷末元大德七年（1303）云谦刊跋为书贾割去，上图本有此跋，故为元本之结论得以坐实。虽为元椠，但丝毫不影响其校勘价值，现存南宋咸淳元年（1265）镇江府学刻元明递修本两部，另有宋刻四卷残本存上海图书馆。以讹误最少的俄藏本校之，由于咸淳本为元明修补，修补极为草率，讹误满纸，而宋本残卷亦有不少讹误。

---

① 《楹书隅录》卷五，光绪二十年杨保彝刻本。

对于现当代的校注本而言,由于俄藏本长期藏于海外,只能通过抄本或校本间接利用。由于抄本之误或校本不全、误校,尚无法还原宋椠面貌。《荀子》的摹录本虽然为《荀子汇校汇注》所用,可惜只用于校勘正文,而杨注未能利用,且摹录本亦有不少讹误。版本研究的最终目的是为整理点校提供参考,以目前《荀子》的整理本状况来看,尚缺少一个权威校注本。《管子》校注本中,以郭沫若《管子集校》、黎翔凤《管子校注》为佳,参校本多,校勘细致,但亦并未直接利用俄藏本校勘。今以俄藏本校之,仍可校勘出一些讹误来。目前学界尚没有一个十分满意的《管子》校本,其中缺少利用俄藏本当是一大缺憾与不足。《淮南鸿烈解》,何宁《淮南子集释》、张双棣《淮南子校释》(增订本)被公认为佳本,尤其后者,洋洋二百万字,校释可谓细大不捐。然以俄藏本校之,亦有讹舛之处。由于嘉泰本《三谢诗》远藏异域,当代学者只能利用翻刻本校勘。《文选旧注辑存》首次系统利用嘉泰本校勘《文选》,所用底本为中国书店翻刻本,翻刻本出于嘉泰本之民国珂罗版,珂罗版模糊不识之处不少,而中国书店翻刻时误识多字,《辑存》均作为异文处理,而如直接用原本校勘,就不会出现上述多此一举现象。《击壤集》,郭彧点校本《邵雍全集》广泛搜罗,集众而成,是目前为止收录最全的本子。然核以俄藏本,竟有五十二首失载,其中卷二凡一首、卷三凡两首、卷四凡两首、卷五凡两首、卷六首尾吟一百首凡三首、卷七凡四首、卷九凡七首、卷十凡十二首、卷十一凡十一首。郭彧点校本收录的两个出土本残缺之字,俄藏本皆可补全,其中未校出的讹字亦可正之。统上,由于俄藏本的出现,校注整理本在底本或校本的选择上,均需作出调整,如《淮南鸿烈解》《击壤集》《说苑》即以俄藏本为底本,其他诸本可作校本。《荀子》《管子》当以浙本为底本,以俄藏本为参校本,并同时参以其他本。以上当据诸本存藏实际状况作出的合理安排。

笔者列举俄藏本之优,并非溢美之词,而是据实际校勘定之。毋庸讳言,俄藏本亦有讹误。但不管是白玉微瑕,抑或披沙拣金,学术研究就是要光大白玉，拣出金子，同时指出瑕疵，鉴明砂砾。只有这样，才能全面客观地衡量其价值，使其得到合理、高效的利用。

一点体会

版本研究是一个开放的系统，与校勘学、目录学、辨伪学等密切相连，是通往治学的必由之阶与基础学科；同时又有相对的封闭性与独立性。古籍版本作为一种特殊的文字载体，有其本身的特点，而研究亦须遵循其特点。版本研究究竟研究什么？当然首先要搞清楚某书版本的形成，包括撰著、编纂、刊印三个部分；其次要勘定其版本价值与学术价值。要搞清楚上述问题，必须通过各种方法确定刊刻时间、地点、刊刻者，厘清刊刻过程等，只有完成这些任务，才能确定版本的文物价值。然后挖掘并确立学术价值，通过文本及文字的校勘判断刊梓质量，确定文本优劣。从治学的角度来看，版本研究的终极目的是为点校整理提供准确的底本、校本。故此，实已决定了版本研究的由浅及深、由外到内的逻辑理路与序次：版本的形成、源流、文物价值与学术价值、学术利用。但是要实现以上研究目标，孤立地研究此一种版本是无法做到的，需将其置于包括若干关联版本的整个版本系统中关照，才能出真知、定高下，才能厘清各本之间的关系与源流。

研究版本首先要从撰著、编纂开始，即文本的初始形成。著与编往往联系在一起，但俄藏六种有五种是六朝以前的，其中又有四种是先秦的，撰著之后，历经数百年流传不断整理编辑，因此文本流传是一个极为复杂的历史过程。一般而言，先秦著作在历经战国及秦代之后，散佚较甚，至两汉时期，以刘向、刘歆父子以及扬雄、郑玄等人为主，在政府主导下进行了第一次大规模文本整理，这应是中国历史上第一次文本定型，当以无注的经文为主。其后，再经魏晋南北朝及隋唐五代七百多年的变迁，诸本散佚、重编，成为普遍现象。直至两宋之雕版印刷广泛推广开来，始又一次大规模整理，以官方为主,学者、官员及民间人士乃至书坊积极参与,文本由白文扩为注本甚而注疏本①,从内容上则经史子集皆有。这次文本定型是决定性的,我们今天看到的元明清刻本基本上是以宋刻本为祖本而形成的若干新本,这些后出版本虽有变异,但总体不大。编纂是形成固态版刻的前提及基础,事关版刻的面貌和形态。笔者在梳理其编纂过程的时候,将重点放在与刊印直接相关的编纂及首次刊印上,力争溯清本源,为之后流传研究奠定基础。六种之一的《击壤集》为当朝人著述,故需对撰、编两个环节重点考述。就编纂内容来看,包括编纂原委、原文及注文的分类、体例、目录、署名及叶面布置等等,反映了编纂者的思想和目的。邵雍之作在宋代,至少经过三次编辑,前两次分别为邵雍自编二十卷本和其子邵伯温重编本,皆名以《击壤集》;第三次为蔡弼重编本。伯温本流传下来,与蔡弼本编次、录诗皆有不同,如俄藏蔡弼本按诗体分类,二十卷本按内容分类;俄藏本间有"蔡按",所引多见《邵氏闻见录》,可与之互证;诗题不同,有的交代内容更多;删去友人司马光、吕公著等和诗。这些与伯温本的不同之处,恰恰体现出俄藏本的版本价值。古人刻书,其实非常重视原创性,即便是翻刻或覆刻时,亦并非百分之百地"照相",而是往往对底本进行校改,其"校改"实际上也是深入到文本内部的"编辑",如钱佃对监本《荀子》的改订、蔡弼对《击壤集》底本的加工调整等。这样的校改直接决定着版本的质量,甚至关系到版本的流传。编刻一体,也是古人的刻书习惯,自编自刻,或自编委托他刻,后者版权仍属编者。宋代刻书的底本大都是写本,或集众本,而写本、众本参差不一,就需要编刻者进行重新的编辑校录,这是早期刻书的特点。南宋后期或元明时期,从节约成本考虑,再编再校耗材费时,覆刻或影刻程度很高,于是无需编辑,大量的翻刻本或覆本出现。俄藏本为蔡弼重编本,但是否蔡弼刻本呢?卷首蔡弼序署"敬室蔡弼拜手谨书",卷一卷端署"敬室蔡弼重编",卷一牌记

① 本书收录的先秦著述四种,均非十三经,皆为经注本,无疏或正义。

云“建安蔡子文刊/于东塾之敬室”，卷十三尾题后题“蔡子文潜心斋刊”。刊者“蔡子文”与编者“蔡弼”是否同一人？据皆有“东塾”之名，亦即在同一“敬室”编刻，则如非一人，亦当是父子关系。总之，编纂方式、体例、文字的不同，体现了编者的意图，在固化版本的同时，往往体现出与他本不同的价值，同时，亦与判定版刻有着密切关系。

其次，要著录、品鉴版本的外在形态，包括用纸、笔法、行式、装池以及避讳、刻工、题跋、牌记等等。文本一旦形成，便是一个物态实体，其基本特征已经具备。因此研究版本的一个最基本的前提是，必须亲眼目睹，手触摩挲，“观风望气”。面对鲜活的原版实物，综合考虑，精细分析，著录才会客观真实、详尽准确。试想，如果面对一个仿制的影印本，如何能断定其原本真实面目？一些影印本只能复现部分信息，而如纸张、用墨等是不能再现出来的，而有的版心刻工、字数、鱼尾、横线、题署等等，因不能展开，往往模糊不全，边栏亦经常切掉，校记、印章等往往缺失。以《三谢诗》为例，1934 年桥川时雄珂罗本较为逼真宋椠，但其中朱笔描改显示不出来，藏书印亦是黑白色，而上海古籍出版社据珂罗本（以下简称上古本）而出的所谓“影印本”不仅将藏书印涂为朱色，且描改珂罗本漫漶之字，原本模糊漫漶的，而上古本清晰无污。其后中国书店据珂罗本翻刻，原本模糊不识之字，翻刻本强识误认，成为独有的异文。而当代学者并不知其内情，遂以之为底本校勘他本，形成不必要的新异文。故而目验原书是必要的，基于原书而得到的信息是真实的、全面的。因此，本书专辟一项“版本著录”，尽可能提供详尽的版刻信息，以方便鉴定。确立版本的文物价值，首先要鉴定其刊刻的时间、地点以及品相、完缺等，尽量还原出原始真相。《荀子》刊于南宋初期的江西地区，由钱佃刊于漕司，用多本对勘，保留了监本异文，其刊梓原委清晰。《管子》刊于浙南、闽北地区，具有浙本与建本的双重特点。《淮南鸿烈解》《击壤集》皆刊于南宋初的福建地区，特点显著，且皆为孤本，其文物价值毋庸置疑。《淮南鸿烈解》，有学者以为北宋本，据避讳等，实为南宋初刻本。

《击壤集》存世刻本颇多,其中多部元刻本被著录为宋刻本,然只要与俄藏真宋本比勘,宋元之别即可大白。俄藏本《说苑》,从清初的钱曾、清中叶的黄丕烈、晚清的杨绍和,直至近代学者,皆认为“北宋刻本”或“宋刻本”,当代学者因无法见到原书,亦沿袭其说。殊不知书贾割去了卷末大德七年云谦刊跋,以充宋椠,蒙骗了一众学者专家。今比对上图同版,云谦刊跋赫然俱在,三百多年的迷雾终于拨开,版刻真相大白。

再次,判断版本学术价值如何,必须进行文字内容对勘。从治学的角度来看,文字讹误少,全而不缺,自然学术价值高,反之亦然。对校版本要有所选择,一是对勘早期或同时代的版本,早期版本最接近原著,还是后世传本的源头,因此判断出源头本的讹误多少,文字如何,非常重要。二是对勘通行本,通行本数量多,传播广,利用率高,常作校注本的底本或重要校本,通行本的讹误多少直接关系到读者的接受质量。对校版本,可以区分优劣,梳理源流,为校勘提供底本、校本的参考。当然,校勘也可鉴定版刻,比如俗字、异体字的多少,往往是判定建本、浙本的依据。再如通过避讳的对比,可以判断版刻的不同时间。三是校勘整理校注本,一般读者不可能直接阅读古籍善本或影印本,而校注本则是必选读本。二十一世纪以前,宋元刻本并不易得,很多校注本不得已选用通行本或普本。现在虽然有不少影印本,但仍然有很大一部分没有影印出来。现当代的校注本,存在着一个较为普遍的问题,即常常使用刊印时间较晚的通行本,很大原因是早期版本不易得,因版本缺失或不善而降低了校注质量。通行本虽经诸家校勘,但一经早期版本校勘,仍然讹误不少。这样用原椠将校勘直接下沉到校注本就是非常必要的。

复次,递藏源流与典藏文化。宋元刻本距今流传时间最长的已有千余年了,可以说每种版本都有一部曲折复杂的流传史。通过整理发现,这六种珍本都有一个完整递藏链条,题跋、题款等多篇多条,藏书印多方。丰富的藏印显示了藏家百转千回的传奇递藏经历,诸家题跋则留下藏家丰硕的研究结果以及段段感人的藏家佳话。不难想象，数百年间，这些珍贵版本赋予藏家学者太多的“喜怒哀乐”，而题跋等等只不过是显现于纸墨之上的“冰山一角”而已。这些递藏信息与原宋本一起传世，成为原书不可分割的有机组成部分。鉴于六种珍本的独特地位及价值，对其递藏过程进行系统的梳理总结就显得异常重要，对其进行针对性地考释与总结也是必需的。

研究方法上，版本研究有自己独有的特点。首先要目验手触，“观风望气”，即学界所说的实物版本学。其次在具体操作上比勘之法是最常用的方法。版本界有一种说法，即版本学就是版本而言，与校勘学、目录学无关。其版本研究注重的是纸张、字体、避讳、刻工、墨气等，称为皮相之学，勘定的是文物价值。从书籍研究的层次上，此属第一层次。但如从整体上，则还要勘定其学术价值，以及形而上的思想意识的研究，此属第二、第三层次。我们以为版本学应该包括第一、第二层次，除文物价值外，还要包括学术价值。而勘定学术价值，就必须深入到文本中去，进行一字一句地校对，才能发现问题，才能对其校勘质量作出清晰的判断。如俄藏元大德七年云谦刻本《说苑》卷十六第四叶下半叶第九行顶格“谤道己者心”五字，占据了原四字空间，以下则和原本各字位置一一对应。仔细观察发现，此五字明显笔画变粗，挤刻痕迹明显。而今藏上图的南宋初杭州刻本“谤”字佚去，这就说明：其一，一般而言，佚去一个字不易发现，但大德本能够发现，可见校刊极为认真，同时也说明杭州本不如大德本。其二，大德本在覆刻底本时发现了这个佚字，于是刊印时增补此字，这样每行字数上，比他行多了一字。为了不改变本行所占空间及他行字数，只能采用这种不得已的挤刻方法。如此，此行字数变成二十一字，而其他每行仍为二十字，但所占空间并未改变。这说明底本每行字数就是二十字。无独有偶，南宋初杭州本即此行款，实际上这也是大德本覆刻杭州本的证据。可见，细致的对勘不仅可以决定版本学术质量，尚可揭出版本源流。当然，比勘不仅是文字，其他的纸张、字体、行款等等皆可比之，因此比勘贯穿于整个版本研究的过程之中。

就综合运用方法来看，还要解决好“本证”“旁证”的问题，即用“以本证本”与“以史证本”之法。“以本证本”即要首先在文本内部完成客观著录，通过各个著录项目的详细描述，将版本状况客观地展现出来，达到通过阅读文字叙述就能想象出版本面貌的程度，为勘定版本奠定基础；同时，深入到版本内部，挖掘内证，利用其他与之相关联的版本进行主观考释，意图对版本的编刊原委、价值及传播进行深入考释。总之，从尊重版本自身特点的视角出发，用主客观相结合的理路构建全篇。

“以史证本”即在版本外部充分占有各种各样的史料。版本研究离不开旁证，它贯穿于编纂、版本著录、版本源流和传播、与诸本关系及文献价值探讨的全过程。史料，一是指历代公私目录、提要、艺文志等著录内容，如《汉书·艺文志》《文渊阁书目》《天禄琳琅书目》《铁琴铜剑楼藏书目录》《宝礼堂宋本书录》《经籍访古志》等。这些书目实际上记录了作者的鉴定经过和成果，有的提要还附有详尽的比勘与考证及学术评价。二是指笔记、题跋、文集、史书等，如明叶盛《水东日记》、屠隆《考槃余事》、胡应麟《少室山房笔丛》、谢肇淛《五杂组》等亦有不少有关版本鉴定的记述，具有很大的参考价值。如南宋台州知州唐仲友在任期间刻书有五种，今仅存《扬子法言》一种。但是唐仲友刊印五书的详细经过如何，从版本上我们看不到，尽管宋淳熙八年（1181）唐仲友台州刻本《扬子法言》卷首有“大宋淳熙八年岁在辛丑十有一月甲申朝请郎权发遣台州军州事唐仲友后序”，然未及刻书事宜。唐仲友以公使库公帑刊印五书，其中送人二百余部，又将四百部发归他在老家金华所设的书坊售卖，以图私利。朱熹发现后，连上六道状文弹劾，最终罢官。《晦庵先生朱文公文集》卷十八至十九及《中兴馆阁续录》皆详载此事。今将两书记载的有关版刻内容及刻工对照，与现存《扬子法言》悉合，如刻工人名全部相同，故此定为唐仲友刻本不误。笔者研究中，有关

《管子》卷首杨忱作序时间,近代以来学者屡有不同说法,并由此误判俄藏本的刊刻时间。郭沫若《管子集校·叙录》以为杨忱序"大宋甲申"为元世祖至元二十一年(1284),书刻于南宋末年,序作于元代初年,铁琴铜剑楼瞿氏以为"甲申"为"隆兴二年(1164)",以上皆误。由于作序时间的不确,甚至直接导致了版本源流的误判,耿文光云:"案墨宝堂本刻于绍兴壬申,有巨山跋,又十三年为甲申,则杨序本在后,且恐以蔡刻为祖本。"①美国学者李克亦认为"杨忱本可能以另外一个宋本——墨宝堂本为祖本。"②两人皆以为俄藏本是杨忱本的祖本,亦误。其作出此误断的依据是杨忱序所署"甲申"在"绍兴壬申"之后,耿氏以为"甲申"即南宋孝宗隆兴二年(1164),李克则依郭沫若说。瞿氏、耿氏、郭氏、李氏四人皆未知杨忱(1024—1062,字明叔,华阴人)乃北宋人。考王安石《大理寺丞杨君墓志铭》,述其情状颇详,言"嘉祐七年四月辛巳卒于河南,享年三十九";司马光《涑水记闻》卷十亦载其事迹。可见杨忱作序时间一定是北宋仁宗庆历四年甲申(1044)。故此以上存有三误,一是确定作序时间有误,二是据序判定刊刻时间有误,三是后刻与底本关系的倒置。可知借助史料、充分发挥这些史料作为旁证,能解决很多关键问题,甚至纠正误说。这些文本外的佐证,对鉴定版本、确立版本价值往往能起到意想不到的效果。总之,充分利用内证外证,多本对勘,严密考证,归纳综合,是版本研究的最现实、最有效的途径。

版本研究不仅要重点研究祖本或早期版本,还要关注后出版本,包括直接从祖本翻刻或抄录而出的本子以及由此而出的第二代或第三、第四代版本等,还有一些相应的校本。此外,与祖本往往有间接关系的本子,如另一

① (清)耿文光:《万卷精华楼藏书记》,《宋元明清书目题跋丛刊》(十六),中华书局2006年版,第651页。

② [美]李克:《管子引得导言》,载庄维斯编:《管子引得》,《中文研究资料中心研究资料丛书》之九,成文出版社1970年版。

系统的或互为校本而成的本子。以上两类版本如果置于以祖本为核心的更大范畴的版本系统中,进行文字校勘与比较,可以解决三个问题:其一,通过多本文字内容的对勘,即能客观评骘学术质量,判断高下优劣,并在学术利用中发挥作用。其二,梳理诸本之间的各种源流与关系,进一步厘清诸本的"前世今生"及"子孙后代"。其三,传播利用,诸多后出版本及大量的校本,直接推动了学术研究,造就了学术繁荣。学者治学是以文本为基础的,没有大量文本资源,治学必是无根之木、空中楼阁。清代乾嘉学术的兴盛及清中后期的学术发展都是与文本校勘密不可分的。因此不孤立地研究祖本,而探讨祖本与后出版本的关系及其价值,拓展研究视域,是必须做的、也是基础性的工作。

故此,笔者针对六种俄藏本进行专题研究时,设计了框架结构,即编撰、刊印、递藏源流、版本源流及关系、学术价值五部分,力图对版本作一个整体性的全面研究。版本研究是一个综合工程,既要纵向梳理,又要横向比对,欲全面、深入地研究,就必须从多个角度入手、立体地审视,综合地考辨,最终才能客观地评价版本,获得客观的结论。如果说编撰是版本形成的前奏,那么版本著录与鉴定、对勘以确立版本及学术价值,则是版本研究的基础。通过多种途径、运用多种方法研究版本及价值,其终极目标则是为整理校注本提供最优化的底本、校本配置。

在对俄藏本的传播考察中,笔者惊讶地发现,虽经诸多名家收藏鉴赏,学者著录研究,仍然存在两个问题:一是鉴定版本常有讹误,比如俄藏本《淮南鸿烈解》误作"北宋本",元大德七年云谦刻本《说苑》误作"北宋刻本"。因误定杨忱作序时间,竟将俄藏本《管子》误作杨忱本的祖本。二是其版本利用效率低下,实际成果并不多。有些利用基本上据间接的抄本、翻刻本或校本,在版本的原始性上大打折扣,无法做到百分之百的充分利用。其重要原因是,收藏家收之不易,慎于炫耀,仅供己用。一些抄本、校本由于抄录不审、校勘不精,即使有所利用,然亦鱼目混珠。故笔者对这几种原椠从编纂、版本鉴定、版本著录，到刊印原委、文献价值、递藏源流及与诸本关系等，进行了较为系统、全面、详尽的研究。希望借此抛砖引玉，引起学者重视。

丁延峰书于古源阁
2022年8月8日

一　《管子》二十四卷　宋绍兴二十二年（1152）瞿源蔡潜道宅墨宝堂刻本

《管子》相传为管仲所撰。管仲（约前723—前645），名夷吾，字仲，谥敬，颍上人（今安徽颍上，一说今河南禹州东南），周穆王后代。春秋时期法家代表人物，中国古代著名的经济学家、哲学家、政治家、军事家。齐僖公三十三年（前698），管仲开始辅助公子纠。齐桓公元年（前685），管仲任齐相，辅佐齐桓公，任内大兴改革，富国强兵。事迹见《史记·管晏列传》。《管子》一书内容丰富，记录了管仲及管仲学派的言行事迹，包括道、儒、名、法、兵、阴阳等百家之学，涉及法理、政治、伦理、心理、天文、舆地、军事、经济和农业等。就派别来看，以黄老道家著作最多，其次法家著作十六篇，其余各家杂之。《汉书·艺文志》将其列入道家类，《隋书·经籍志》则列入法家。《管子》是研究我国古代特别是先秦学术文化及哲学思想的重要典籍，其成书、散佚、重编，直至最终的版本定型，经历了一个漫长的历史过程。在此过程中，以宋刻本为主的早期版本对版本定型及后续传播发挥了重要作用。

（一）北宋以前《管子》的编纂与流传

《管子》于即广泛流行，《韩非子·五蠹》已见记载。《史记·管晏列传》云“至其书，世多有之”，可见《管子》在西汉初已流传甚广。西汉末，刘向奉命校理诸书,广辑诸本,校除重复,最后编定为八十六篇。刘向《管子叙录》曰:"所校雠中《管子》书三百八十九篇,太中大夫卜圭书二十七篇,臣富参书四十一篇,射声校尉立书十一篇,太史书九十六篇,凡中外书五百六十四,以校除复重四百八十四篇,定著八十六篇。杀青而书可缮写也。"《汉书·艺文志》著录亦为八十六篇。因篇数众多,刘向依内容和传本又将其划分为经言、外言、内言、短语、区言、杂篇、管子解、管子轻重八组。按其总数为五百六十四,除去重复当是八十篇,何以"定著八十六篇"?诸家以为《管子》最后七篇《管子轻重》第八十至八十六篇①,依次是"轻重甲第八十""轻重乙第八十一""轻重丙第八十二""轻重丁第八十三""轻重戊第八十四""轻重己第八十五""轻重庚第八十六",今存两宋本(俄罗斯国立图书馆藏墨宝堂刻本和中国国家图书馆藏浙刻本)皆如是著录。

又,张守节《史记正义》引用刘歆《七略》:"《管子》十八篇,在法家",诸家据此推断刘向以前流传一种"《管子》原本十八篇"②,似过牵强。章太炎《七略别录佚文征》云:"案《史记·管婴列传·正义》引《七略》云'《管子》十八篇,在法家',似取其全书中十八篇别隶法家者。而《艺文志》无省出之文,《管子叙录》言'道约言要',则入道家明甚。张守节言在法家者,盖误记唐时簿录以为《七略》耳。案《隋志》:《管子》十九卷,在法家。则隋时合八十六篇为十九卷,疑亦有合为十八卷者。张氏既误以时俗簿录为《七略》,因亦误卷为篇,不足信也。或曰:《史记·申不害传·正义》两引阮孝绪《七略》。阮氏所纂本曰《七录》,而张皆称曰《七略》,则所谓《七略》'《管子》在法家'者,盖阮氏之《七录》,非刘氏之《七略》也。"③姚振宗亦持此说。张氏引称"阮孝绪《七略》"云云,尚有两处,误将作者与书名混淆,故此所谓"原

---

① 刘蔚华、苗润田:《稷下学史》,中国广播电视出版社 1992 年版,第 323 页;巩曰国:《〈管子〉版本研究》,齐鲁书社 2016 年版,第 7 页。

② 胡家聪:《〈管子〉原本考》,《文史》第 13 辑,中华书局 1982 年版。

③ 章太炎撰,沈延国、汤志钧点校:《章太炎全集》(一),上海人民出版社 2014 年版,第 332 页。

本十八篇”之说亦不成立。

其后，合篇为卷，十八卷本出现。最早著录十八卷本的是南宋高似孙《子略》。《子略》收录《子钞》十卷，其目录明确著录《管子》十八卷。《子钞》为南朝梁代庾仲容辑录，可见在南朝时十八卷本已经流传了，前揭张守节《史记正义》所引，如是“《七录》，云《管子》十八卷，在法家”，则正合《子钞》所著。阮孝绪与庾仲容为同时期人，皆可目验十八卷本《管子》，自属正常。《隋志》所著录的十九卷本，当是包含卷首叙目一卷，其后《旧唐书·经籍志》著录为十八卷。可见，至唐朝时十八卷本尚在流传。现存两宋本（以下简称今本）存七十六篇，其中《内言》亡《王言》《谋失》两篇，《短语》亡《正言》，《杂篇》亡《言昭》《修身》《问霸》三篇，《管子解》亡《牧民解》，《管子·轻重》亡《问乘马》《轻重丙》《轻重庚》三篇，计亡失十篇。今存两宋本皆有目无文。这十篇何时亡佚，隋末的十八卷本是否包括这十篇，由于史料有限，无法得到直接的证据，难以确知。《文选》卷二十八陆机《猛虎行》李善注云：“江邃《文释》云：《管子》曰‘夫士怀耿介之心，不荫恶木之枝；恶木尚能耻之，况与恶人同处？’今检《管子》，近亡数篇，恐是亡篇之内，而邃见之。”可见，唐初李善时“已非完本”。又今本《管子·杂篇》中《封禅》也是唐中宗时期尹知章为其作注时补上去的，其在《封禅》篇注云：“元篇亡，今以司马迁《封禅书》所载管子言以补之。”《史记·封禅书》之司马贞《索隐》亦云：“今《管子》书其《封禅》篇亡。”学者多从《盐铁论》、《说苑》、《风俗通义》、《嵇康集》、《贞观政要》、《艺文类聚》、《北堂书钞》、《春秋左传正义》、《文选》（李善注）、《后汉书》（李贤注）、《初学记》、《太平御览》等书中辑出今本《管子》不载者数十条，说明刘向整理时亦有漏收者，同时至隋唐时又有亡佚。

《新唐书·艺文志》著录“尹知章注《管子》三十卷”，概知唐代还出现带有注释的三十卷本。尹知章（669—718），官太常博士、礼部员外郎、国子博士。《旧唐书·儒学传下》云：“尹知章，绛州翼城人……所注《孝经》《老子》《庄子》《韩子》《管子》《鬼谷子》，颇行于时。”尹氏作注时，将原十八卷扩为三十卷。今本卷三“九本博大,人主之守也”句下尹注云“自‘九本’已下,管氏但举其目,或有数在于他篇。但此书多从散逸,无得而知。”“九本”即“九守”,今本“九守”在“杂篇”中。按今本“杂篇”有三篇有目无文,这三篇按次序列于卷十九卷末,而今本“九守”并非位于三篇之前,三篇之前尚有“桓公问”“度地”“地员”“弟子职”四篇,说明今传宋本与当时尹氏所见所用本次序不同。同时亦说明在唐中叶时又有亡佚。今传宋本的次序究竟是唐代的尹知章还是北宋的杨忱所定,难以确知,但他们肯定依据旧本进行过整理。唐吴兢《西斋书目》曾著录三十卷注本。① 《崇文总目》著录云:“《管子》十九卷。唐国子博士尹知章注。按吴兢《书目》凡三十卷,今存十九卷,自《列(形)势解》而下十一卷亡。”②由王尧臣等编撰的《崇文总目》成书于宋仁宗庆历元年(1041),可见在北宋中叶之前,已佚后十一卷。其后,十九卷残本亦佚,取而代之的是二十四卷本。南宋书目如《中兴馆阁书目》《郡斋读书志》《直斋书录解题》等著录的皆是二十四卷本,十九卷本可能亡于南渡之前。《通志·艺文略》《宋史·艺文志》尽管著录了三十卷本,但两目皆非现存书目,不能证明三十卷本的存佚。现存两个宋本中,或源于北宋庆历本(见下),前十九卷均有注文,而后五卷则仅有零星注文,前后颇不一致。意者前十九卷当源于十九卷残本,而后五卷当辑取于他书,巩曰国认为“来自于唐代杜佑《通典》引用《管子》时所附的尹知章注”。③

现存两宋本《管子》卷首皆有杨忱“大宋甲申秋九月二十三日序”,“甲申”即北宋庆历四年(1044)。杨氏序中未言其编刻信息,但宋人作序,多有类此者,即新得某著或编刊序之而不言其原委。尽管杨忱不言,但可以肯定的是,杨忱为之作序的本子一定是个完整本。至于杨忱本是否为杨忱整理、

① 《西斋书目》已失传,见下条《崇文总目》所引。

② (宋)王尧臣等撰,(清)钱东垣等辑:《崇文总目》,《宋元明清书目题跋丛刊》(一),中华书局 2006 年版,第 84 页。

③ 巩曰国:《〈管子〉版本研究》,齐鲁书社 2016 年版,第 55—58 页。

编刻,则不能妄加揣测。以存世最早的两个南宋初刻本皆有北宋杨忱序推知,两本直接或间接源于杨忱本是较为可信的。

此外,现存两宋本皆署“唐司空房玄龄注”,与史传著录为尹知章不合。最早著录为尹氏注的乃唐吴兢《西斋书目》,吴兢与尹氏为同一时期人,主要生活在唐中宗、玄宗时代。吴兢“聚书颇多,尝目录其卷第,号《吴氏西斋书目》”①,故其著录可信。新旧《唐书》皆著录为尹知章注,后者于《儒学》传下专门言及“所注《管子》”云云。《崇文总目》亦著录为尹氏注。南宋末,《直斋书录解题》著录为房玄龄注,大概源于所藏宋本署名。宋本的署名直接影响了明以后的传本,如明刘绩本、赵用贤本、四库本等皆署房注。房玄龄(579—648),字乔,隋末唐初齐州临淄人。唐太宗即位后,任中书令,封邢国公;贞观三年(629),任尚书左仆射,改魏国公;十一年,徙梁国公。位高权重,于朝廷执政时间长。其历史地位远逾尹知章,编撰著述多为史部,如《晋书》《高祖实录》《太宗实录》《文思博要》《大唐新礼》等,未见其注过《管子》。以其名气及地位,如有《管子注》,定当为时人所晓及著录。首次著录房注的是稍晚于房氏的杜佑,其虽著录为房氏注,但颇为疑惑。《郡斋读书志》据引云:“杜佑《指略序》云:‘唐房玄龄注。其书载管仲将没,对桓公之语,疑后人续之。而注颇浅陋,恐非玄龄,或云尹知章也。’”②至宋元时,不断有人提出质疑,宋本卷末张嵲《读管子》亦云“世传房玄龄所注,恐非是”。王应麟曰:“愚谓《管子》乃尹知章注,今本云房玄龄,非也。”③《四库》本虽著录为房氏注,但已点出托名之因,《四库全书总目》云:“殆后人以知章人微,玄龄名重,改题之以炫俗耳。”④《蛾术轩箧存善本书录》云:“旧注为尹知章,而刻本皆误题房玄龄,昔人辨之详矣。千里又得一

① 《旧唐书》卷一〇二《吴兢传》,中华书局1975年版,第3182页。

② (宋)晁公武:《郡斋读书志》引杜佑《管氏指略序》,孙猛:《郡斋读书志校证》,上海古籍出版社1990年版,第491页。

③ (宋)王应麟:《困学纪闻》,辽宁教育出版社1998年版,第215页。

④ (清)永瑢等:《四库全书总目》,中华书局1965年版,第847页。

证,于卷二十二《山至数》篇‘则必积委币’注‘各于县州军蓄积钱币’云云,‘宋本此言军,则知非房玄龄注。今各本则皆依下文“于是县州里受公钱”句,改军作里,而其迹泯矣’。”①军是宋代设置的行政区划,自唐中叶某些公私文书中始有称用,这也是顾广圻以为“军”不可能是出自唐初房玄龄的理由。此说如能成立,则是直接的内证。至近现代,学者对尹注《管子》已不持疑义。尹注《管子》训诂释题,颇有发明,但也遭到学者的诟病,宋本张嵲《读管子》云:“《大匡》载召忽语曰‘百岁之后,吾君下世,犯吾命而废吾所立,夺吾纠也,虽得天下,吾不生也,兄与我齐国之政也’,而注乃谓‘召忽呼管仲为兄’。曰‘泽命不渝’,而注乃以为‘泽恩之命’。甚陋不可遍举。书既雅奥难句,而为之注者复缪于训故,益使后人疑惑,不能究知。”王念孙《读书杂志·管子序》云:“自唐尹知章作注,已据讹误之本,强为解释,动辄牴牾。”②但不管怎样,尹注《管子》作为首部最早注释的传世读本,是研究《管子》不可多得的直接材料,具有筚路蓝缕之功。

宋以前的《管子》当以写本形式流传,北宋时是否刊行,未有实据可征,但其流传颇广是可以肯定的。《四库全书总目》卷一〇一子部法家类著录云:“然蔡絛《铁围山丛谈》载苏轼、苏辙同入省试,有一题,轼不得其出处,辙以笔一卓而以口吹之,轼因悟出《管子注》。则宋时亦采以命题试士矣。”可见在北宋时,《管子》已为科举之用,传本及注本一定不会少。但同时诸本存在的问题亦多,自张嵲《读管子》可知。至南宋初,当为应时之需,福建、浙江地区皆有刊本,《管子》的基本版本形态亦随之固定下来。至于注者,因两宋本皆署房玄龄,以下版本研究中亦称房注。

---

① 王欣夫:《蛾术轩箧存善本书录》,上海古籍出版社2002年版,第1277—1278页。

② (清)王念孙撰,张靖伟点校:《读书杂志·读管子杂志》,《清代学术名著丛刊》第3册,上海古籍出版社2014年版,第1039页。

（二）俄藏宋绍兴二十二年瞿源蔡潜道宅墨宝堂刻本《管子》的版本与刊梓

宋绍兴二十二年（1152）瞿源蔡潜道宅墨宝堂刻本《管子》二十四卷（以下简称墨宝堂本），唐房玄龄注。今藏俄罗斯国立图书馆，索书号为3B/2—11/347。全书十册，竹纸，线装，已经裱衬。卷五第八叶、卷十三至十九为抄补。抄补部分天头、地脚间有黄笔、墨笔校字，卷首尾钤有“荛翁手校”阴阳文方印，盖为黄氏校字。卷中间有朱笔标抹、黄笔圈点。有宋讳缺笔字画间用朱笔补全者，如卷八第六叶上半叶第五行“敬畏”之“敬”字，原字缺笔，此用朱笔补全。有误字被朱笔描画改过者，如卷一第九叶下半叶第七行“故得厚而位卑者”之“得”字，改为“德”；卷八第五叶上半叶第十一行“农工商四民者”之“”，加上竖画作“士”。各卷尾题后或尾题下间有音注。卷八尾题前有篇目“王言第二十一　内言四”，卷九尾题前篇目“谋失第二十五”，卷十一尾题前篇目“正言第三十四”，皆有目无文。其中卷十一尾题前题“正言第三十四”，下空六格题“短语八阙”。

卷首有杨忱管子序，首行顶格题“管子序”，下空十格题“杨（下空三格）忱（下空三格）撰”，序文顶格，末署“时大宋甲申秋九月二十三日序”。无管子目录。首卷首行顶格题“注管子卷第一”，卷三、二十一亦有“注”字，其他卷次皆无“注”字，次行低十格题“唐司空房（下空三格）玄龄（下空二格）注”，除卷四、五、二十、二十二、二十四径在卷端署名下不错行，卷二十三不署名，其余如卷一皆错一行，第三、四、五行皆低约四格题本卷目录，第六行顶格篇题“牧民第一”，下接小字双行“国颂　四维　四顺/士经　六亲　五法”，下空四格题“经言一”，正文顶格。卷一尾题后空一行有长方花框两行牌记云：“瞿源蔡潜道宅/墨宝堂新雕印。”抄补之卷十九末有陆贻典跋二则（墨笔）、黄丕烈跋一则（黄笔）。卷二十四尾题后末叶有长方花框两行书

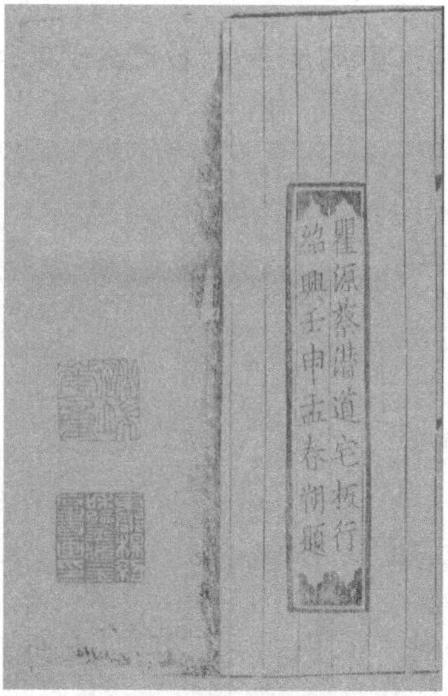

宋墨宝堂本《管子》卷末牌记

牌,云:“瞿源蔡潜道宅板行/绍兴壬申孟春朔题。”其后又有“张嵲巨山”《读管子》一则。其中卷二十、二十一注释极少,与其他卷不同。《读管子》曰:

余读《管子》,然后知庄生、晁错、董生之语时出于《管子》也。不独此耳,凡《汉书》语之雅驯者,率多本《管子》。《管子》,天下之奇文也,所以著见于天下后世者,岂徒其功烈哉!及读《心术》上下、《白心》、《内业》诸篇,则未尝不废书而叹,益知其功业之所本,然后知世之知《管子》者殊浅也。《管子》书多古字。如“专”作“抟”、“忒”作“貣”、“宥”作“侑”、“况”作“兄”、“释”作“泽”,此类甚众。《大匡》载召忽语曰“百岁之后,吾君下世,犯吾命而废吾所立,夺吾纠也,虽得天下,吾不生也,兄与我齐国之政也”,而注乃谓“召忽呼管仲为兄”;曰“泽命不渝”,而注乃以为“泽恩之命”。甚陋不可遍举。书既雅奥难句,而为之注者复缪于训故,益使后人疑惑,不能究知。世传房玄龄所为,恐非是。予求《管子》书久矣。绍兴己未乃从人借得之,伏而读者累月,始颇窥其义训,然舛脱甚众。其所未解尚十二三,用上下文义及参以经史训故,颇为是正。其讹谬疑者表而发之,其所未解者置之,不敢以意穿凿也。既又取其间奥于理、切于务者,抄而藏于家,将得善本而卒业焉。

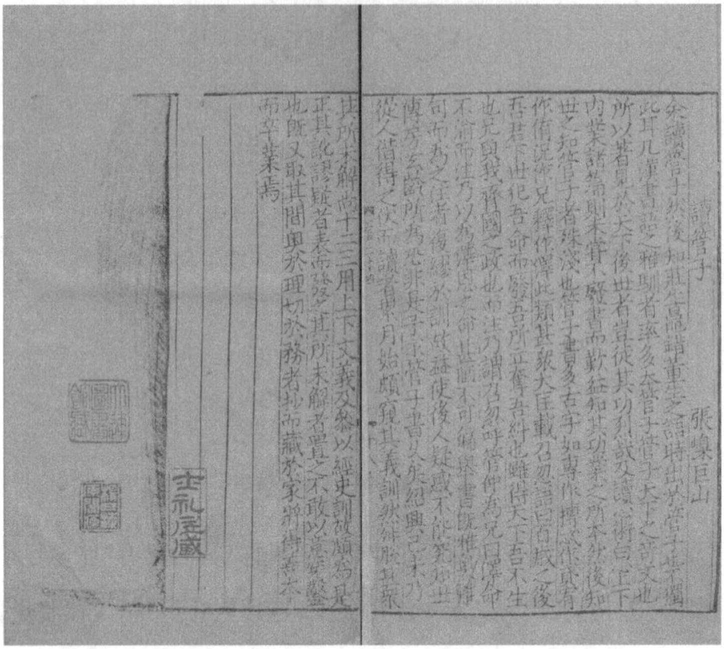
讀管子

張嵲巨山

宋墨宝堂本《管子》卷末张嵲《读管子》

版框高宽 19.4 厘米×12.8 厘米,原书高宽 24 厘米×16 厘米,衬纸高 26.4 厘米。卷首序半叶十二行,每行二十二字,正文半叶十三行,每行二十二或二十三字,小字双行二十八字,左右双边,白口,双鱼尾。上鱼尾下题“注管子几”“管子几”“管几”等,下鱼尾下题叶次,部分叶次为墨底白文,或为剜补。无刻工。宋讳不谨,“讓”“桓”等字不避,“玄”“弦”“朗”“敬”“儆”“擻”“驚”“竟”“弘”“殷”“匡”“恇”“貞”“稱”“再”等字缺笔,避至“構”“溝”字,如卷四第三叶上半叶第十行“其稱不满”、卷七第一叶下半叶第十行注“召忽稱管仲为兄”、卷九第十一叶上半叶第二行“溝壑之浅深”与第十一行“防溝”、第十二叶上半叶第四行“厚和構四国以顺皃德”之“構”、卷二十一第四叶下半叶第八行“令不再行”之“再”等皆缺笔;“敦”“慎”字皆不避,如卷九第五叶下半叶第四行“而慎守其时”之“慎”不避。卷二十一第六叶下半叶第三行“武王伐纣”前空一格;第五行“桓公谓管子曰”前空一格。全书未见刻工。间有“⿱夲丰”“乱”“⿱耂子”“国”等俗字。

卷末有清黄丕烈跋,卷十九末跋并录陆贻典跋。钤印“刘氏伯温”“黄氏”“丕烈”“荛夫”“士礼居”“荛翁手校”“士礼居藏”“赵宋本”“汪士钟藏”“汪氏”“宋存书室”“杨氏海原阁藏”“聊城杨氏所藏”“四经四史之斋”“世德雀环子孙洁白”“以增之印”“储端华重”“东郡杨绍和鉴藏金石书画印”“东郡杨绍和印”“彦合珍藏”“彦合读书”“绍和”“绍龢”“彦合”“协卿”“杨保彝藏本”“大连图书馆藏”等,刘基、顾竹君、黄丕烈、汪士锺、海源阁、“满铁”大连图书馆旧藏。

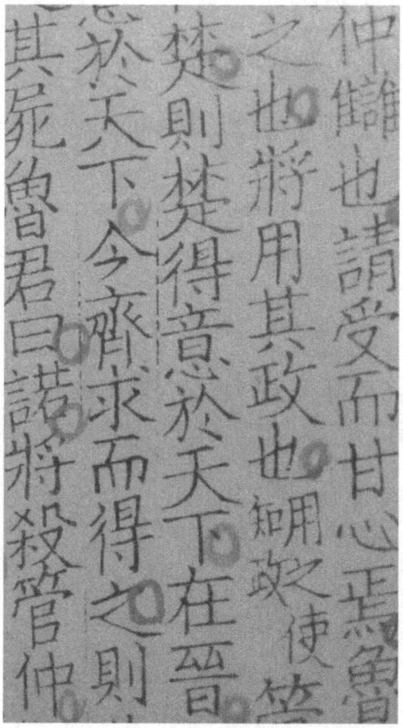

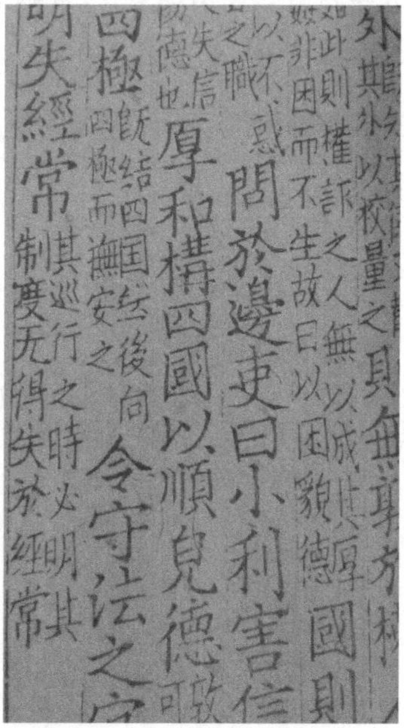

宋墨宝堂本《管子》卷八第三叶黄笔圈点　宋墨宝堂本《管子》卷九第十二叶“構”字缺笔

卷十九末黄丕烈跋缺损一块,为识读方便,据《楹书隅录》补全,所补字数皆脚注于下,跋曰:

嘉庆丁丑重阳装成。越一日，以陆敕先原校宋刻本手勘一过。抄胥脱误甚[1]多，临写时校改[2]者，墨笔标于[3]上方。兹手勘其脱误者，以黄笔[4]标之。陆校在刘绩本上，于宋刻[5]可疑处每识于旁，兹抄胥写入[6]本行，所以存宋刻之真。而余复标[7]出其字，注曰“校改”者皆敕先，所谓“刻[8]舟”也。陆跋二通，录附于后。复翁。[9]

黄丕烈逐录陆贻典两跋，页下缺损，为识读方便，据《楹书隅录》补全，所补字数皆脚注于下，跋曰：

毛斧季以善价购得锡山华氏家藏宋刻《管子》，钱遵王贻余此本，竭十日之力，校勘一过，颇多是正。时赋役倥偬[10]，愁闷填胷[11]，当研朱点笔时，大似奕秋诲奕，一心以为[12]鸿鹄之将至，抚己为之一笑也。康熙五年四月二十有六[13]日，常熟陆贻典识。

古今书籍，宋板不必尽是，时板[14]不必尽非，然较是非，以为[15]常宋刻之非者居二三，时刻之是者无六七，则宁从其旧[16]也。余校此书，一

---

① 《楹书隅录》“甚”作“良”。

② 《荛圃藏书题识》“改”作“正”。（清）黄丕烈撰，屠友祥校注：《荛圃藏书题识》，上海远东出版社1999年版，第250页。《楹书隅录》“改”作“政”。

③ 以上三字缺。

④ 以上六字缺。

⑤ 以上七字缺。

⑥ 以上七字缺。

⑦ 以上六字缺。

⑧ 以上七字缺。

⑨ 以上六字缺。

⑩ 以上四字缺。

⑪ 《楹书隅录》《荛圃藏书题识》“胷”皆作“胸”。

⑫ 以上五字缺。

⑬ 以上五字缺。

⑭ 《楹书隅录》《荛圃藏书题识》“板”皆作“刻”。

⑮ 以上四字缺。

⑯ 以上四字缺。

遵宋刻①,今②再勘一过,复多改正,后之览者③,其毋以刻舟目之。康熙五年丙午五月七日,敕先典再识④。

卷二十四末黄丕烈跋曰:

此宋刻《管子》二十四卷,原缺卷第十三至卷第十九,任蒋桥顾竹君藏书也。二十年前曾借校之,其佳处实多,因中有缺,心甚有歉,未为全美。后京师某坊缄寄一宋刻,宋刻已胡涂,经俗人剜其胡涂处,以时本填之,多未可信,故卒未据以校藏本。近日宋廛宋刻子部并归他人,重忆向所未惬意之本,遂从顾氏后人归之,而中所缺卷,余故友小读书堆藏陆敕先校宋本,亦向伊后人借归据补。陆校未记行款,兹就余所收宋刻本行款约略为之,未可据也。至于字句之间,他卷多同宋刻,则此所缺而陆校有,宋刻应亦可据。且陆校出毛斧季所藏宋刻,则尤可信。唯⑤是校书如扫落叶,他卷之陆校,证以余藏之宋刻,有脱至一句者,安知余所据之卷,不有类是者耶?不过以校宋补宋刻,稍胜时本耳。藏书之道,如是而已。暇日当再⑥取陆校,以校余所补本,并以参余所藏本,或可尽得其异同。嘉庆丁丑重阳秉烛记,复翁。

墨宝堂本纸质优良,质地偏硬,加纸裱糊,衬纸上下边内再以长条纸加以保护,完好无损。惟卷十九抄补末陆贻典两跋缺三十字,而《楹书隅录》逐录原跋完好,可知所缺当是自海源阁散出后使然。刻印精良,工整悦目。字体以欧体为主,间有柳意,清秀隽丽。至于刊刻时间,牌记中“绍兴壬申”即绍兴二十二年(1152),南宋高宗赵構之名讳“構”缺笔,恰与刊记时间相合,为绍兴间刻本无疑。黄丕烈跋国图藏瞿氏旧藏本时,云此本“验其款

① 《楹书隅录》《荛圃藏书题识》“刻”皆作“本”。
② 《荛圃藏书题识》脱“今”字。
③ 以上四字缺。
④ 以上四字缺。
⑤ 《楹书隅录》“唯”作“惟”。
⑥ 《楹书隅录》《荛圃藏书题识》皆脱“再”字。

式,当在南宋末年”,或不确。陈奂校明赵用贤刻本时,跋称“北宋《管子》向藏黄荛圃家”,亦误。黄氏、陈氏难道没有看到牌记? 张元济《涵芬楼烬余书录》著录此校本时予以更正,云:“陈硕甫借汪阆源所藏宋本校过,称所据为北宋本。然卷一末有‘瞿源蔡潜道宅墨宝堂新雕印’,卷二十四末有‘瞿源蔡潜道宅板行绍兴壬申孟春朔题’两牌记。是南宋,非北宋,陈氏盖偶误也,”①“瞿源”当是刊梓主人“蔡潜道”籍贯,《铁琴铜剑楼藏书目录》著录另一部宋刻十二行本时将其句读为“瞿源、蔡潜道”,亦即作两个刻梓者,当误。宋代刻书牌记中前为籍贯、后为刊梓主人及宅(家塾)堂(敬室)是常见的格式,如“建安刘日新宅锓梓于三桂堂”“麻沙刘通判宅刻梓于仰高堂”“建安刘叔刚宅刻梓”“建安黄善夫刊于家塾之敬室”等,而如一宅一堂同时有两位主人署名,未见。冒广生题陈奂校赵用贤刻本时跋曰“瞿源蔡氏”,则作籍贯姓氏。考“瞿源”,今有浙江省龙泉市塔石乡瞿源村,处于浙江西南,西临福建浦城县。《(顺治)龙泉县志》卷二《龙泉乡》载“碇石大沙瞿源”,《(乾隆)龙泉县志》卷之六《戎兵·纪兵》载:“(明)隆庆元年(1567)秋七月,龙泉矿徒窃发,遣郡兵御之。”并注:“龙泉瞿源报,有采矿人数百,知府李学礼发团操兵防御,其人悉散遁。”可知明中叶时瞿源已颇知名,拥有丰富的矿产资源。② 按一般刻梓者署籍贯不署村名,至少是乡或县名。意者宋代时瞿源所辖地域或更大些。瞿源地处浙闽交界,又按此书字体融合浙刻欧体与建刻柳体,且以欧体为主。笔者以为刊于瞿源更妥,亦即籍地即刊地。当然亦有可能刊于其他地区,但据字体特点,当距瞿源不会太远。综合以上,复据牌记时间,故可刻推定此本为“南宋绍兴二十二年瞿源蔡潜

---

① 张元济:《张元济全集》第 8 卷《古籍研究著作》,商务印书馆 2009 年版,第 309 页。

② 又据《龙泉县志》第三编《人口》“瞿”姓云:“北宋末,福建兴化府太守瞿祯(原籍衢州)因避乱辞官退隐迁龙泉白茅垟(今瞿源)。”可知北宋时已有此地。浙江省龙泉县志编纂委员会编纂,林世荣主编:《龙泉县志》,汉语大词典出版社 1994 年版,第 67 页。此书为当代学者所编,当有所据,姑录此说以参。

道宅墨宝堂刻本”。① 然此本并非初印,因卷中有不少断版、笔划脱落者,实为后印之本。

又,关于杨忱作序时间问题,近代以来学者屡有不同意见,并由此误判墨宝堂本的刊刻时间。郭沫若《管子集校·叙录》以为杨忱序“大宋甲申”为元世祖至元二十一年(1284),书刻于南宋末年,序作于元朝初年,云:“此只题‘大宋’而不题年号,当为元世祖二十一年之甲申(1284)无疑。序中持重尊王攘夷之义,正寓有亡国之痛。书盖开刻于宋亡之前,而序则草成于宋亡之后,仍目为宋本,固无不可。”②铁琴铜剑楼瞿氏以为“甲申”为“隆兴二年(1164)”,亦误。由于作序时间的不确,甚至直接导致了版本源流的误判,耿文光云:“墨宝堂本刻于绍兴壬申,有巨山跋。又十三年为甲申,则杨序本在后,且恐以蔡刻为祖本。”③美国学者李克亦认为“杨忱本可能以另外一个宋本——墨宝堂本为祖本。”④两人皆以为墨宝堂本是杨忱本的祖本,当误。其作出此误断的依据是杨忱序所署“甲申”在“绍兴壬申”之后,耿氏以为“甲申”即南宋孝宗隆兴二年(1164),李克则依郭沫若说。瞿氏、耿氏、郭氏、李氏四人概皆未知杨忱乃北宋人。杨忱(1024—1062),字明叔,华阴(今属陕西渭南)人,王安石有《大理寺丞杨君墓志铭》,述其行状颇详。铭文云:“嘉祐七年四月辛巳卒于河南,享年三十九。”司马光《涑水记闻》卷十亦载其事迹。可见杨忱作序时间一定是北宋仁宗庆历四年甲申(1044)。故此以上诸家存有三误,一是确定作序时间有误,二是据序判定刊刻时间有误,三是后刻本与底本关系的倒置。严灵峰《周秦汉魏诸子知见书目》据杨

---

① 巩曰国云:“瞿源或与瞿溪、衢江有关,二者均在浙江,因此墨宝堂本很可能也是浙刻本。”《〈管子〉版本研究》,齐鲁书社2016年版,第60页。

② 郭沫若著作编辑出版委员会编:《郭沫若全集》第五集,人民出版社1984年版,第5页。

③ (清)耿文光:《万卷精华楼藏书记》,《宋元明清书目题跋丛刊》(十六),中华书局2006年版,第651页。

④ [美]李克:《管子引得导言》,载庄维斯编:《管子引得》,《中文研究资料中心研究资料丛书》之九,成文出版社1970年版。

忱序，以为“宋庆历四年刊本”，序年当是，但判断刊梓时间有误。

关于墨宝堂本之底本，《楹书隅录》卷三著录曰：“并巨山张嵲《读管子》一则，谓‘绍兴己未从人借得，舛错甚众，颇为是正，抄藏于家’云云。案：壬申乃绍兴二十二年，上距己未仅十二年，潜道所刊，当即据张氏抄藏之本，在今日为最古矣。”对照墨宝堂本所载张嵲《读管子》，杨绍和所引并非原话，而是摘引撮合而成，认为其底本出自“张氏抄藏之本”。张嵲，《宋史》本传曰“字巨山，襄阳人”，著有《紫薇集》三十卷，绍兴九年（1139）召赴临安（今杭州），“除司勋员外郎兼实录院检讨官”，亦在此年，张嵲作《读管子》。蔡潜道所刊在绍兴二十二年（1152），按照杨绍和的意思，亦即蔡氏在张氏作这篇题记十三年后，以张氏所藏抄本为底本刊印了此本。张氏所借得的原本“舛脱甚众”，于是“正其讹谬”，并“抄而藏于家”，“将得善本而卒业”。从张嵲之《读管子》内容来看，观点有四：其一，张嵲充分肯定《管子》具有重要价值；其二，《管子》一书的文本特点——古字尤多；其三，注文不同，但“甚陋不可遍举”；其四，借读之本，“舛脱甚众”。总之，张嵲在对《管子》进行综合研究后，对时下流行之本颇不满意，自己希望得到一个善本，将以“卒业”。“卒业”从广义上讲，是指完成未竟的事业或工作。在诸本讹误颇多的情况下，整理出一个定本，即可称之为“卒业”。当然，如果抛开刊梓而仅作为一则读书记，亦恰好符合刻书者的刻书意图，于是拿来权当刊后记，亦未尝不是一件两全其美之事。如果说张嵲《读管子》仅仅是将其迻录于此作为参考，而与底本无关，抑或径取北宋杨忱序本为底本？当然亦有可能。现存的墨宝堂本及宋浙刻本卷首皆有杨忱序，这说明不论以上哪种情况，其祖本均为“大宋甲申杨忱序”本，是没有疑问的。今存两宋本皆有张嵲《读管子》，说明很有可能皆出自一个卷末附张嵲《读管子》的版本。经校勘对比，既有同又有不同，同者说明很可能源于同本，异者又说明两本互为渊源的可能性不大。笔者倾向于前者，理由见下“墨宝堂本《管子》与宋浙刻本的关系及比勘”一节。张嵲《读管子》尽管是一篇读书记，但以张氏当时的名望与实力,先校后刊的可能性是完全存在的。而且校勘定本后刊梓行世更可称之为“卒业”,张嵲虽未明说,亦应暗含此意。当时张嵲正在临安为官,自然刊于临安(杭州)。至于校勘定本时间,当在绍兴九年或之后,即在墨宝堂本之绍兴二十二年以前。两宋本皆有张嵲《读管子》,如果皆以张氏所藏抄本为底本刊梓,这种可能性很小。更大的可能性是张嵲刊梓了自己校订的定本,其后传播至福建,为蔡潜道得后翻刻。同时亦被当地翻刻,即今存浙刻本(瞿氏旧藏,今藏国图 09601)。有无可能今存浙刻本就是张嵲临安刻本呢?墨宝堂本刊于绍兴二十二年,浙本晚于墨宝堂本(见下“墨宝堂本《管子》与宋浙刻本之比勘”),自然浙本不可能是张嵲刻本。综上,墨宝堂本以张嵲临安刻本为底本刊梓行世,当符合当时的实际刊行流传状况。

(三) 俄藏本《管子》抄补七卷实据陆校本

关于抄补七卷,据墨宝堂本卷十九末、卷二十四末黄丕烈两跋及卷十九末所录陆贻典两跋可知,黄丕烈据陆贻典校宋本补入了所缺七卷。陆跋原在陆贻典校本之上,黄丕烈以墨笔迻录于兹。校本实为陆氏以明刘绩本为底本、校以影抄南宋初浙刻本,今藏国图(00896)(以下简称陆校本,详见下“校墨宝堂本《管子》的特点与不足”之校本一)。黄氏抄补时,为与墨宝堂本取得一致,将刘绩本的每半叶九行二十字改为墨宝堂本的十三行二十三字行式,虽无栏格,但抄录时当有墨宝堂本暗格铺垫;刘绩本分段甚繁,黄氏抄补时已不分段,这是沿用了墨宝堂本不分段之例;同时删去了刘绩补注文字。陈奂在跋校明万历十年(1582)赵用贤刻管韩合辑本《管子注》二十四卷(国图 07494)时云“北宋《管子》向藏黄荛翁家,旧缺自十三卷之十九卷,影抄补足”,非也。

那么,黄丕烈迻录的这个陆校本,是一个什么样的本子呢?为进一步了解墨宝堂本所配补七卷的版本情况，今以刘绩本卷十三陆氏校记为例说明之。所引出句皆为刘绩本，校改之字皆为陆氏校语。凡引墨宝堂本者，皆为笔者所录黄丕烈抄补此卷之校记。

第一叶上半叶：第六行注“九窍则各其职司”，“其”改作“有”。第八行“耳不开声”，“开”改作“闻”。第八行注“目有所不见”，“目”前补“故”。下半叶第七行注“但能虚心循理”，“循”改作“修”。

第二叶上半叶：第六行注“虽仁言其不义”，“仁”改作“人”。第九行注“不解中门，谓耳目也”，“不”改作“下”。下半叶第二行注“去强与智”，“去”改作“忘”，第三行“物固有形，固有名”，第二个“固”前补“形”。第五行注“政可以为天下主”，“政”改为“故”。

第三叶上半叶：第六行前一行注“然非管氏氏辞”，第二个“氏”改作“之”；第六行后一行注“前修之制皆不然矣”，“修之”改作“之循”。第七行注“据此则，刘向编授之由曰”，“编”改作“偏”。下半叶第九行“道早天地之間也”，“間”改作“閒”。

第四叶上半叶：第九行注“谁者无能藏隐故也”，“谁”改作“谁”。下半叶第六行“无形则无所位赶赶”，删去后一个“赶”。第八行注“得其生者，生由禀道之精也”，第二个“生”改作“主”。

第五叶上半叶：第二行注“而无内外先后之异”，“内外”改作“外内”。下半叶第四行“非吾所顾”，“顾”前增补一“所”，墨宝堂本作“非吾所所顾”，于后一“所”字右黄笔标“、”，并于天头黄笔标出“所 校增”。第七行注“不知浅深之囿城也”，“浅深”改作“深浅”。

第六叶下半叶：第二行注“非因而何”，“何”改作“可”，墨宝堂本天头黄笔作“可，校改”。案：“改”或为“何”。

第七叶上半叶：第九行“偶之言时若适也”，“偶”前补“若”，删去“适”前“若”。下半叶第五行注“之事自理”，“之”描改作“心”。第六行“翼然自求”，“求”改作“来”。第八行注“毋物之义可以逆顺”，“毋”改作“因”。同行“故曰毋以物乱官”,“故”前增补“是”。第九行“此之谓内得”及注“官货两忘,则内得也”,“得”改作“德”。

第八叶下半叶:第五行注“今有精极,则神不得不教,岂鬼神能致其力也”,“今”改作“令”,“力”后补“我”。第八行“暮选者所以等事也”及注“天之来助,或召墓之”,“暮”“墓”改作“慕”,“召”改作“占”。第九行注“令极于变通之理”,“令”改作“今”。

第九叶上半叶:第八行注“理心在于适中也”,“适中”改作“中适”。下半叶第二行注“犹为本切”,“本切”改作“末功”。第五行注“有司执制,常弃常弃本逐本逐末,滞于刑政,非通也”,“常弃常弃本逐本逐末”改作“弃本逐求”,“通”改作“道”,墨宝堂本天头黄笔作“求,校改”,指“求”误。第九行注“能静则神气全”,“神”改作“和”。

第十叶上半叶:第四行注“故北心于金中”,“北”改作“比”。下半叶第五行“凡民之生也,必以正平”及注“正平则能保全其生”,“平”改作“乎”。第六行注“喜乐哀怒过常,则失其生”,“生”改作“主”,天头陆校曰“主当从生”。同行“节怒莫若乐”,刘绩本“节”字写法似不规范,陆校朱笔描画作“节”。

第十一叶上半叶:第一行注“内静则循乐”,“乐”改作“察”。第三行注“动乱之心中,反有静正之心也”,“反”改作“又”。第四行“意然后形,形然后思”,“形”改作“刑”。第五行“凡心之形,过知失生”,“形”改作“刑”,“失生”改作“先王”。下半叶第一行注“内和则外通”,“和”改作“如”,“通”改作“道”,墨宝堂本天头黄笔校作“如,校改”,地脚黄笔校记“道,校改”,当黄丕烈以墨宝堂本“如”“道”为误。第四行注“故能穷于天下”,“天”改作“上”。第七行“以致为仪”,“致”改作“政”。

第十二叶上半叶:第二行注“后天而奉天天时时则举无不违也”,陆校改曰“后天而奉天则时则举无不违也”,墨宝堂本抄补作“后天而奉天则则举无不违也”,盖黄氏抄录时脱“时”,以上这三句皆不通,当是“后天而奉天时,天时则举无不违也”,墨宝堂本天头黄笔作“则,校改”,大概指“则”衍误。第三行“则索其形”,“形”改作“刑”。第四行注“则有而不随”,删去“而”。第五行注“象即可知”,“即”改作“既”。下半叶第六行注“故理也”,删去“也”。第八行注“废舍则百度弛索也”,“索”改为“紊”。

第十三叶上半叶:第二行注“必返于身”,“返”改作“反”。第六行“义信其强”后,补“信音申”。下半叶第四行注“故为人”后,增补“也”。第五行“人者而自伤也”,删去“而”。同行注“而伤人是还自伤”,“还”改作“還”。第七行注“顺道则吉,逆道则凶”,“逆”改作“违”。同行“是谓宽乎形徒居而致名”,“形”改作“刑”。

第十四行上半叶:第一行“能者无名”,“名”改作“口”,墨宝堂本天头黄笔作“口校改”①,第三行注“谓之出命令”,“之”改作“凡”。第五行注“谓能而不为”,“能”后增补“为”。第六行“孰能得夫中之衷乎”,“衷”改作“衷”。第七行注“其维忘中乎”,“维”改作“唯”。下半叶第二行“日极则反,月满则亏,极之徒反”,“反”皆改作“仄”。

第十五叶上半叶:第五行“夫或摇之”,“摇”改作“播”。下半叶第二行注“虽复圆转,然不见其门也”,“然”改作“终”。第四行注“今夫口耳目手足,各有其在”,“耳”改作“手”,删去“足”前“手”,即作“口手目足”。第八行注“人人或则置之常法”,“或”改作“理”。

第十六叶上半叶:第七行注“故教存亦可教亡亦可乎”,“乎”改作“也”。第八行“义于人者,祥于神矣”,第二个“于”改作“其”。第九行注“与人理相,则神与之福祥也”,“相”后增补“宜”。下半叶第三行注“若无适也”,“也”改作“然”。

---

① 黎翔凤《管子校注》作缺文符号“口”,认为“口为缺文,可见宋本不轻以意定字,各本作‘名’,均妄,房注‘深能其事者必不求名’,有‘求’义,必非‘名’字也。”(中华书局2004年版,第797页)今浙本、墨宝堂本皆作“口”,细摩其字,当非缺文符号。“口”者,说也,能者无口,或有能者无言之意。

第十七叶上半叶:第一行注“则名与日月俱悬”,“名”改作“各”,墨宝堂本天头校曰“各 校改”。第三行注“刺刺操来”,“来”改作“求”。第七行注“此慎密之至也”,删去“也”。下半叶第三行“四壁而知请”及注“四壁”,“壁”皆改作“璧”。第四行注“同邸于壁,故曰四壁,既能知天,则祭以四壁”,“同”改作“固”,“壁”皆改作“璧”。

第十八叶上半叶:第二行注“虽欲代之,故得纂名也”,“代”改作“伐”,删去“也”。第五行注“则神伤力竭,故于其生有所阻难也”,删去“力”“所”。第八行注“故不可仕其任也”,“仕其任”改作“任其仕”。下半叶第六行注“于身之象,乃知可行之情”,“之”改作“知”。

第十九叶上半叶:第一行注“而来从也”,“从”改作“无”,墨宝堂本天头黄笔校曰“无 校改”。第四行“必一其端”,删去“一”。第六行注“既不失期,则性命之理得也”,“期”改作“其”,天头校曰“其疑期”,墨宝堂本天头黄笔校曰“其 校改”。

从以上校勘可知,刘绩本与浙刻本异文不少,但经过陆氏两次校勘,已与浙刻本差别不大。黄氏在逐录时,已将陆氏校出的不同于刘绩本的浙刻本原字(替代刘绩本原字)顺入正文中,即跋中所言“于宋刻可疑处每识于旁,兹抄胥写入本行,所以存宋刻之真”,所以在黄氏的抄补中已基本看不到刘绩本上的陆氏校记,仅偶见天头“某 校改”等字样。黄氏的抄录非常忠实于陆校,比如墨宝堂本中有的抄补与刘绩本出现异文,亦即由于抄补不慎形成的异文或讹误,黄氏再于天头以黄笔校出,即跋中言“兹手勘其脱误者,以黄笔标之”。对于临写时发现其异文随之于天头墨笔记之,即跋中言“临写时校改者,墨笔标于上方”。如刘绩本卷十三第二叶下半叶第七行注“若不好利,虽不利之,亦无惩也”,墨宝堂本抄补第二个“利”字误作“杀”,黄笔字旁点“、”标识,并在天头改作“利”。第三叶上半叶第七行注“处非其第”,墨宝堂本抄补“第”误作“地”,黄笔校出,并在天头改作“第”。第四叶下半叶第二行注“则无策谋可以施设也”,墨宝堂本抄补脱“策”,黄笔校出,并在天头墨笔增补“策”。第六叶上半叶第二行“去好过也”，墨宝堂本抄补脱“也”，黄笔校出，并在天头墨笔增补“也”。第十四叶上半叶第三行注“然后当量而出之也”，墨宝堂本抄补作“后”，黄笔校出，并在天头黄笔作“后”。第十四叶下半叶第八行注“当顺而客之”，墨宝堂本抄补无“之”，黄笔校出，并在天头墨笔增补“之”。第十七叶上半叶第二行“愕愕者不以天下为忧”，墨宝堂本抄补无“者”，黄笔校出，并在天头墨笔注“者”。尽管黄氏抄补极谨，校对认真，但细审之，仍有异文出现，亦即黄氏未校出的异文。如刘绩本卷十三第二叶上半叶第七行“天曰虚，地曰静”，墨宝堂本抄补“静”作“尽”，注文皆作“顺地而静”，故抄录误。同叶下半叶第五行“故可以为天下始”，墨宝堂本抄补无“始”字，当误脱。第三叶下半叶第九行注“所谓大无不包”，墨宝堂本抄补“包”作“苞”。第八叶上半叶第三行“充不美则心不得”，墨宝堂本抄补“得”误作“正”。第十五叶上半叶第九行注“惟肌肤能覔风”之“覔”，墨宝堂本抄录作“覺”，此乃异体字不同。这些异文黄氏皆未出校记，亦即没有校勘出来。不过，以上这两部分的异文是刘绩本本身和墨宝堂本抄补形成的异文，属于抄录本身的问题。但是作为后一部分未校出的异文而言，仍然是一个不小的遗憾，影响了浙刻本的纯度。总之，此七卷尽管仍有不尽如人意之处，但陆氏、黄氏都已做了最大努力。在墨宝堂原刻已佚的情况下，两位大家的校抄本以最接近浙刻本的本子补录为全本，亦难能可贵。不过，补抄七卷毕竟不是源出墨宝堂本，故亦存缺憾。

那么，这七卷宋椠是何时缺佚的呢？据嘉庆二十二年(1817)黄跋曰：“此宋刻《管子》二十四卷，原缺卷第十三至卷第十九，任蒋桥顾竹君藏书也。二十年前曾借校之，其佳处实多，因中有缺，心甚有歉，未为全美。”可见，墨宝堂本藏于顾竹君时，亦即在嘉庆二年(1797)之前已经佚失了。

(四) 俄藏本《管子》的递藏源流

墨宝堂本所钤最早的白文方印是“刘氏伯温”。刘基(1311—1375),字伯温,青田(今浙江文成县)人,元末明初军事家、政治家、文学家,明朝开国元勋,通经史、天文、兵法。辅佐朱元璋完成帝业,朱氏曾比之张良,称之“吾之子房也”。文学上,与宋濂、高启并称“明初诗文三大家”。《管子》包含大量治国方策和思想,刘基收藏此书可能出于实用目的。

自刘基之后,一直到清中叶,未知墨宝堂本递藏何人。直至清嘉庆间,黄丕烈收得后始又浮出世面。据黄丕烈跋,士礼居是在嘉庆二十二年从顾竹君处收购的,并于九月初九重新装池。次日,又向顾之逵后人借陆贻典校宋本,将所抄补七卷校勘一过。

黄丕烈于嘉庆十一年(1806)跋宋浙刻本曰:“《管子》世鲜善本,往时曾见陆勅先校宋本在小读书堆。后于任蒋桥顾氏借得小字宋本,……即其存者,取与陆校本对,亦多不同,盖非最善之本也。”又据嘉庆二十二年黄丕烈跋墨宝堂本云:“二十年前曾借校之,其佳处实多,因中有缺,心甚有歉,未为全美。”可知早于嘉庆二年即从顾之逵小读书堆借墨宝堂本校陆氏校刘绩本。顾广圻亦曾于嘉庆二年十二月以墨宝堂本校明赵用贤刻本,顾校本今存国图(06828),顾跋亦交代此事(见下)。据李庆《顾千里研究 · 年谱》载,嘉庆二年、三年顾氏与黄氏交往及书事颇多,当即黄丕烈请顾氏校之。可知墨宝堂本藏顾氏至少二十余年,其间黄丕烈、顾广圻等均曾借校。由于残缺不全,黄丕烈未购得,直至二十年之后始又购得。

墨宝堂本藏于士礼居时,孙星衍曾借校赵用贤本,《平津馆鉴藏记书籍》卷二“明版”类载云:“据凡例:‘此本悉从宋本刊定,不敢轻加更易’,亦明刻之佳者。余又以黄荛圃孝廉所藏瞿源蔡潜道宅本校勘其上,与此本无大异,唯《幼官图》一篇,前后更易,稍为不同。每叶十八行,行十九字。张宝德藏序末题'万历壬午春三月,前史官吴郡赵用贤撰'。"①孙校本现不知藏于何处,但其过录本今存上图(见下)。《平津馆鉴藏记书籍》并未交代孙氏借校时间,那么孙星衍是何时向黄丕烈借校墨宝堂本的呢?嘉庆二十四年(1819)三月王念孙《读书杂志·管子序》中回忆道:"余官山东运河兵备道时,孙氏渊如采宋本与今不同者,录以见示。余乃就曩所订诸条,择其要者,商之渊如氏,渊如见而韪之。而又与洪氏筠轩稽合异同,广为考证,诚此书之幸也。"②王念孙官山东运河道的时间是嘉庆九年(1804)至十四年(1815),又据《王念孙、王引之年谱》嘉庆十四年条载:"嘉庆八年十二月,王念孙署理山东运河道员,次年三月实授,至十四年六月后调补直隶永定河道,供此职六年。孙星衍于嘉庆八年十二月抵济南,次年二月补授山东督粮道,至十六年七月引病辞职。王、孙有六年同时山东,时相往来。另见《孙渊如先生年谱》嘉庆十二年谱,已见洪颐煊入孙氏幕记载,直至十五年谱,有明确记其助孙氏校《管子》事,当在此时之前,折中系于是年春夏间。"③如是,王念孙则是在调补直隶永定河道前的嘉庆十四年春夏间,收录孙氏校宋本的。《孙渊如先生年谱》于嘉庆十五年五月条,记载了他与洪颐煊、臧庸一起校《管子》之事。可见孙氏向黄氏借校墨宝堂本一定是在嘉庆十五年之前。上文已证黄丕烈收藏墨宝堂本的时间是嘉庆二十二年,在此之前,墨宝堂本一直藏于顾竹君处。可见借校墨宝堂的时间只能是在黄丕烈首次向顾氏借校墨宝堂本之时,即嘉庆二年或以后直到黄氏归还墨宝堂本为止。考《孙渊如先生年谱》"嘉庆三年"条,言及孙氏曾于此年因大母许太夫人去世,而自济宁返归常州、金陵,可能此时黄氏所借墨宝堂本尚未归还(苏州与常州较近,孙氏赴吴面见黄氏当亦存可能),于是孙氏即借校赵本,因当

① (清)孙星衍撰,焦桂美、莎沙点校:《平津馆鉴藏记书籍》,上海古籍出版社2008年版,第57页。

② (清)王念孙撰,徐炜君、樊波成、虞思征等校点:《读书杂志》三,上海古籍出版社2014年版,第1039页。

③ 王章涛:《王念孙、王引之年谱》,广陵书社2006年版,第169页。

时孙氏回家时曾携万卷古籍,其中当然亦包括赵本。或许径在黄氏家中校之,亦未可知,从洪颐煊《管子义证》所录孙氏校记仅数条可知,有可能是匆匆为之,未来得及细校。但校本一直保存完好,直到嘉庆十四年向王念孙出示,并被洪颐煊《管子义证》以及王念孙《读书杂志·管子》收录。

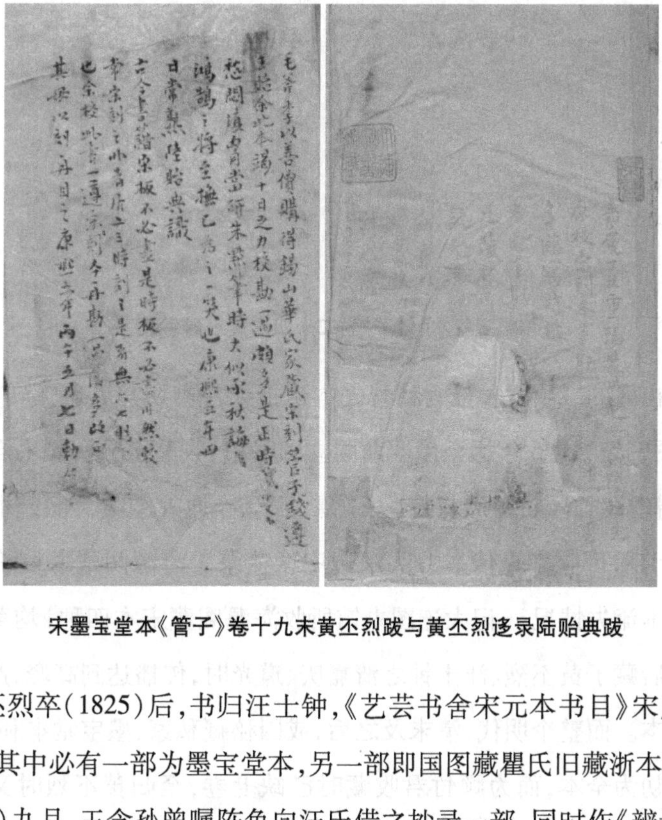

宋墨宝堂本《管子》卷十九末黄丕烈跋与黄丕烈迻录陆贻典跋

黄丕烈卒(1825)后,书归汪士钟,《艺芸书舍宋元本书目》宋版子部著录两部,其中必有一部为墨宝堂本,另一部即国图藏瞿氏旧藏浙本。道光九年(1829)九月,王念孙曾嘱陈奂向汪氏借之抄录一部,同时作《辨误》一卷,并将抄本寄给王念孙。

墨宝堂本钤有杨以增、杨绍和、杨保彝三代藏书印,盖为杨以增所得。杨以增任江南河道总督时(1850—1856),驻于清江,恰值汪氏藏书陆续散出,当为此时收得。其子杨绍和于同治二年(1863)居家时为其作长跋校记,以证此本之优。至杨敬夫时,海源阁连遭匪祸,书不能守,于1927年夏,

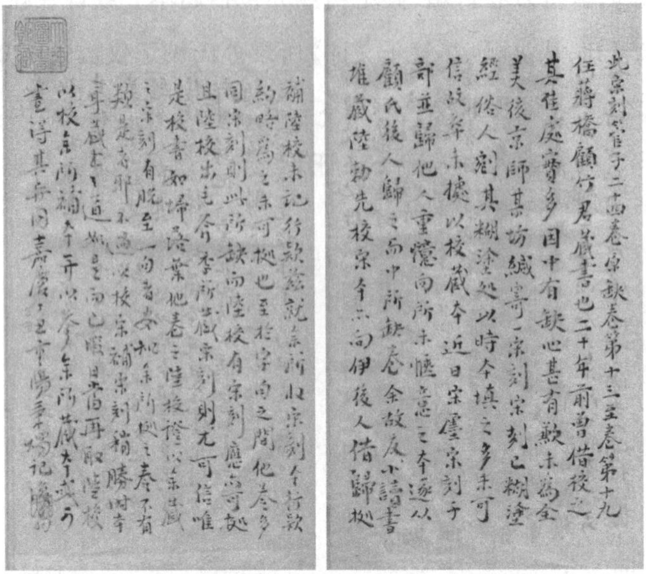

宋墨宝堂本《管子》卷二十四末黄丕烈手跋

包括此本在内的二十六种最为精善之本运抵天津寓所。其后辗转归入“满铁”大连图书馆，1945 年运至俄罗斯国立图书馆，收藏至今。是书自海源阁散出后，傅增湘、叶恭绰、周叔弢、王子霖、郦承铨均曾经眼，《藏园群书经眼录》《藏园订补郘亭知见传本书目》《遐庵谈艺录·海源阁藏书》《海源阁藏书六种善本流失情况》《记大连图书馆所收海源阁藏宋本四种》均著录。墨宝堂本先后藏于黄丕烈、汪士钟之清嘉庆、道光时，传播达到高峰，产生抄本及多个校本。而整个明代、清末及之后，或因秘藏私家，墨宝堂本利用不多。墨宝堂本初为全本，而为顾竹君收藏时已缺七卷，至归黄丕烈时又抄补完整。杨氏护书甚谨，爱书有方，至今藏于俄图的墨宝堂本仍旧保持黄氏原样装潢。其中黄丕烈抄补卷十九末之陆贻典跋二则（墨笔）下半部分及黄丕烈跋一则（黄笔）颇有缺损，但因《楹书隅录》已经全文迻录，则必是自海源阁散出之后因保护不善致缺。

（五）墨宝堂本《管子》与宋浙刻本之比勘

宋椠《管子》,现知存世者仅有两部:一是墨宝堂本,二是国图藏南宋初浙刻本(以下简称浙本)①。这两个宋本孰优孰劣?两者究竟有何关系?我们通过文字校勘说明之。从版本内容上看,墨宝堂本无目录及刘向叙录,浙本皆有。另有不少不同之处。首先,两本异文、异体字不少。除墨宝堂本抄录七卷外,将其余十七卷对勘如下:

卷一,墨宝堂本首叶上半叶卷端题署"注管子卷第一",浙本无"注"字;同叶注"而安居处",浙本后有"也";同叶"在明鬼神,祗山川",浙本"祗"作"秖"。第二叶上半叶"政之宝之",浙本后一"之"作"也"。第三叶下半叶"虎豹托幽而威可载",浙本"载"后有"也"。第四叶上半叶"飞蓬之间,不不所宾",浙本后一"不"作"在";同叶注"燕雀翔集之事常细也",浙本"雀"作"爵","之事"倒作"事之";同叶下半叶注"每曙而戒,所以戒比日之事",浙本"比日"作一字"眥"。② 第六叶上半叶"久而不忘焉,可以往矣",浙本

① 宋浙刻本卷首有北宋庆历四年甲申(1044)秋九月二十三日杨忱序,次为管子目录,又刘向进书序,序后不空行或换叶,直接连属正文。卷末有张嵲《读管子》一则,同墨宝堂本。半叶十二行二十二至二十五字不等。仁宗以后及南宋诸帝不避,如"桓""构"皆不缺笔。清黄丕烈、戴望跋,文征明、文伯仁、季振宜、徐乾学、陶珠琳、黄丕烈、汪士钟、铁琴铜剑楼、陈清华旧藏,今藏国图(9601)。据避讳至仁宗赵祯,可知此本或翻刻于仁宗本,保留了仁宗之讳。刻工皆为南宋初年杭州地区刻工,故可推定此本为南宋初浙江刻本。再者,刘向叙录后径接卷一,中间不空行另起,可能所据底本为早期写本。《藏园群书经眼录》卷七著录曰:"皮纸精印,完整如新。首列大宋甲申杨忱序。卷末有张嵲《读管子》一篇,有'绍兴己未,从人借得,改正讹谬,藏于家'之语,盖南宋初刊本。"《铁琴铜剑楼藏书目录》卷一四著录曰:"己未为绍兴九年,甲申为隆兴二年,孝宗初立时也。大约刻即在其时。……明万历间,赵文毅刻本即从此出。校雠亦慎,然尚有讹字,亦有臆为校正而实讹者。"《中国版刻图录》著录曰:"宋讳桓、沟等字不缺笔,文字多经后人描失。……(刻工)皆绍兴间杭州地区良工。审其字体刀法,当是南宋初叶浙刻本。"

② 丁案:黎翔凤《管子校注》作"眥",未出校记。"眥"为"眦"异体字,意指眼眶,实将两字连写,于意不同。"比日",连日。据上下文意:每天早晨提醒自己,故可连续几天做事警觉。度"比日"更适。黎翔凤:《管子校注》,中华书局2004年版。以下简称"黎本"。

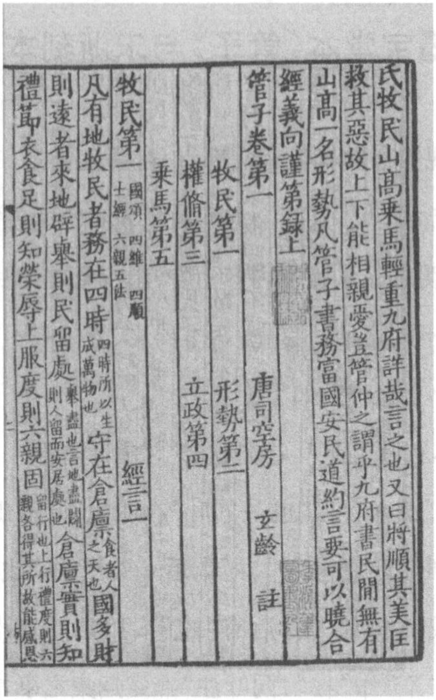
民牧民山高乘馬輕重九府詳哉言之也又曰將順其美匡
救其惡故上下能相親愛豈管仲之謂乎九府書民間無有
山高一名形勢凡管子書務富國安民道約言要可以曉合
經義向謹第録上

管子卷第一　唐司空房　玄齡　註

牧民第一　形勢第二
權脩第三　立政第四
乘馬第五　經言一

牧民第一　國頌　四維　四順　士經　六親　五法
凡有地牧民者務在四時四時所以生成萬物也守在倉廩食者人之天也國多財
則遠者來地辟舉則民留處舉盡也言地盡闢則人留而安居處也倉廩實則知
禮節衣食足則知榮辱上服度則六親固留行也上行禮度則六親各得其所故能感恩

南宋初浙刻本《管子》卷一卷端

“往”作“来”。第七叶上半叶“是以臣有弑其君、子有弑其父者矣”，浙本两“弑”皆作“杀”；同叶“故曰：察能授官，班禄赐民，使民之机也”，浙本“赐民”作“赐予”。第八叶上半叶注“妇人之性险詄”，浙本“詄”作“诀”；同叶注“谓无当也”，浙本“当”作“党”；同叶注“树人，为济而成立之”，浙本“为”作“谓”；同叶下半叶“小礼不谨于国，而求百姓之行大义，不可得也”，浙本“义”作“礼”，“不可得也”后有“凡牧民者，欲民之有义也。欲民之有义，则小义不可不行。小义不行于国，而求百姓之行大义，不可得也”凡四十字。第九叶下半叶“城郭险阻不足守”，浙本“守”后有“也”；同叶“故得厚而位卑者”，墨宝堂本朱笔改作“德”，浙本“得”作“德”。第十叶上半叶注“包藏祸心”，浙本“包”作“苞”；同叶“兵主不足威，国之危也”，浙本“威”作“畏”；同叶下半叶“草木殖成，国之富之”，浙本后一个“之”作“也”；同叶

“分国以为五乡,乡为师”,浙本“师”前有“之”。第十二叶下半叶“全生之说胜,则廉耻不立”,浙本“则”前衍一“则”。第十三叶上半叶“今则行,禁则止”,浙本“今”作“令”。第十五叶上半叶“流水,网罟得入焉,五而当一”,浙本无“而”;同叶下半叶“黄金百镒为一箧,其货一穀笼为十箧”,浙本“其”前衍“其”。

卷二首叶下半叶“水士之性”,浙本“士”作“土”;同叶注“根,无也”,浙本“无”作“元”。第二叶上半叶注“息,止也。左手为书,右手从而上之,则无时成书矣”,浙本“上”作“止”。第三叶下半叶注“主将工拙,工卒勇怯”,浙本后一“工”作“士”。第四叶上半叶注“王之征伐,能丘大功者”,浙本“丘”作“立”。

卷三首叶上半叶注“以知吉凶”,浙本“吉凶”作“凶吉”;同叶下半叶注“自‘九本’已下,管氏但举其目,或有数在于也篇”,浙本“也”作“他”。第三叶上半叶“秋行夏政叶行”,浙本后一“行”后有“春政华”;同叶注“西方井也”,浙本无“也”;同叶下半叶注“故以刑杀之时”,浙本“以”作“于”;同叶注“钞,末也。冬为四时之末岁之将终也”,浙本“末”误作“未”;同叶注“出入既易,又并令无差,故曰两易也”,浙本“既易”作“既异”;同叶“审取与以總之”,浙本“与”作“予”。第五叶下半叶注“其行刑戮则于初旦夜尽之交”,浙本“旦”作“且”;同叶“经不知,故莫能之圉,发不意,故莫能之应,莫能之应,故全胜而无害”,浙本三个“能之”皆作“之能”。第六叶上半叶“养之以则民合”,浙本“以”后有“德”。第八叶上半叶“爵财禄能则强”,浙本“财”作“材”;同叶下半叶“毋有一日之师人”,浙本“人”作“役”。第九叶下半叶“骄君使疲民,则国危”,浙本“国危”作“危国”。第十一叶下半叶“不志于后世”,浙本“志”作“忘”;同叶及第十二叶上半叶“其君子上中正而下諂谀”“其君子上諂谀而下中正”,浙本“諂”皆作“谄”。第十三叶上半叶“臣不弑君”,浙本“弑”作“杀”。第十四叶下半叶注“君悦文绣,则女工伤于天下寒”，浙本“于”作“成”；同叶注“采雕琢为纯墁”，浙本“墁”作“幔”①。

卷四首叶上半叶“謜”及注“火县反”，浙本“火”作“史”；同叶“易正利民”，浙本“正”作“政”。第二叶上半叶注“辟，法也，取为规矩也”，浙本“矩”作“拒”；同叶下半叶“动静、开阖、拙信、涅儒”，浙本“拙”作“诎”。第四叶上半叶“夫行私欺上”，浙本“上”作“土”。第五叶上半叶“内纵于美好音声”，浙本“美好音声”作“美色淫声”；同叶注“五上十地，各有其利”，浙本“上”作“土”；同叶下半叶“政于一事者”，浙本“政”作“攻”。第六叶下半叶注“物既生成，须立去以治之”，浙本“去”作“法”。第七叶上半叶“霸王积于将士”，浙本“王”作“主”，“将”下有“战”。第八叶上半叶“人之心悼，故为之法”，浙本“悼”作“悍”；同叶下半叶“彼欲利，我利之，人谓我仁”，浙本第二个“利”作“和”。

卷五第二叶上半叶“其藏不足以供其费”，浙本“供”作“共”。第三叶下半叶注“故人其不化上”，浙本“其”作“莫”。第四叶上半叶注“论其功多，则居于众上”，浙本“上”作“二”。第五叶上半叶“諫臣死而谀臣尊”，浙本“諫”作“谏”。第六叶上半叶“欲其人之和同以听令也”及注“博孪而不听令，奸人之雄也”，浙本“令”皆作“今”，“博孪”作“博学”；同叶下半叶“治事则不以官为王”，浙本“王”作“主”；同叶下半叶“轻取于其民而重致于君”及注“下取于人，轻无不难”，浙本“君”前有“其”，注“无”作“然”。第七叶上半叶注“虚假高节，威临本朝也”，浙本“节”作“爵”；同叶下半叶“营其名而后止矣”，浙本“营”作“荣”；同叶“凡右国之重器”，浙本“右”作“君”。墨宝堂本自第八叶上半叶第十一行“是教民邪途也”以下至第九叶上半叶第十行“虚取，奸邪得行”，浙本缺以上六百多字，墨宝堂本抄补不缺。

① “墁”为本字，通“慢”，同“满”，黎本作“慢”。

卷六第二叶下半叶"毋赦者,痤雎之矿石也"及注"(痤)徂禾切,廊也""疾可廖也",浙本"廊"作"瘛"(黎本作瘫),"廖"作"瘳"。第五叶上半叶注"臣有请告,既入而不出",浙本"请"作"情"。第六叶上半叶注"喜则轩冕塞明",浙本"明"作"路"。第七叶上半叶"王主之行其道也",浙本"行"作"行"(浙本自此以下至卷末为抄补);同叶注"量能而受禄也",浙本"受"作"必"(黎本据刘绩《补注》作"受")。第九叶上半叶"九章,一曰举日章则书行",浙本"书"作"画"(黎本据《补注》改为"书")。第十叶下半叶"远用兵则可以必胜"及注"兵远用,所以绝其反顾之心,故必胜",浙本"则"作"而",注"绝"作"纪";同叶注"擊無所獲",浙本注"擊"作"繫"。

卷七首叶上半叶"譬之犹鼎之有定也,去一焉则必不立矣",浙本"定"作"足";同叶下半叶注"言二子既不能定齐国,而又不立小自,即是将更无所用",浙本"自"作"白"。第二叶上半叶"公令连称、管至父戍葵立",浙本"立"作"丘"。第三叶下半叶注"有急难之事,与小白争国。与事国不济,故来在鲁,可因此事而致政",浙本"与事国"作"其事既"。第四叶上半叶"吾不蚤死,将胥有所定也,今既定矣",浙本"今"作"令"(黎本作"令")。同叶下半叶注"朋友不能栢交",浙本"栢"作"相"。第五叶上半叶注"既不死糺,空食齐政之禄",浙本"空"作"室"(黎本据《补注》改为"空");同叶"管仲反,公汉出曰",浙本脱"曰"(黎本据《补注》本补)。第七叶上半叶"曹刿亦怀剑坛",浙本"坛"前有"践";同叶注"左手夆剑,将椹桓公,日以右手自承而言曰",浙本"夆"作"举"、"日"作"且";同叶注"拔剑当皆,所以拒管仲,言鲁齐二君,欲改先者之所图",浙本"皆"作"阶","欲"前有"将";同叶"而修于政不修于其革",浙本"其"作"兵";同叶注"以先名之过",浙本"名"作"者"。第八叶下半叶注"管仲自以衣以贺之",浙本"衣以"作"衣裳";同叶"可游于是",浙本"是"作"楚";同叶"夫如是,则如可以施政矣",浙本"如"作"始";同叶"游季犮于鲁",浙本"犮"作"友"。第十叶上半叶"凡仕者近公"及注"士者有公事职务,故近公",浙本注"士"作"仕"。

卷八第二叶下半叶“非一朝之萃”，浙本“萃”作“萃”。第三叶下半叶“鲁侯曰勿子”，浙本“子”作“予”。第四叶下半叶“原本穷未”，浙本“未”作“末”。第五叶上半叶“而百姓可禦”，浙本“禦”作“御”；同叶下半叶“旦昔从事于此”及注“且昔，犹朝夕也”，浙本“旦”作“且”；同叶“比耒耟穀茇”及注中，浙本“耟”作“耜”；同叶注“袯襫，谓鹿坚之衣”，浙本注“鹿坚”作“麤坚”。第六叶上半叶“少而习焉，不见异物而迁焉”，浙本“习焉”后有“其心安焉”四字；同叶注“苦，谓监恶”，浙本“监”作“滥”。第七叶下半叶“令不得迁徒”，浙本“徒”作“徙”。第八叶下半叶“足以补管之不善政”，浙本“管”作“官”；同叶注“《周礼》所谓罢人不义之众，軏以为伍也”，浙本“礼”作“禮”，“軏”作“耻”。第九叶上半叶“政事衍不治”，浙本“衍”作“其”。第十叶上半叶注“弥旦于河渚”，浙本“旦”作“亘”；同叶下半叶“反其侵地吉台”，浙本“吉”作“吉”；同叶“征伐楚，齐汝水”，浙本“齐”作“济”。第十一叶上半叶注“谓以上下之神秖为盟誓”，浙本“秖”作“祇”；同叶“甲不解累”，浙本“累”作“垒”；同叶下半叶“而中国卑我”及注“中国之人，不尊崇乐推，使居臣位，是早我也”，浙本注“早”作“卑”。第十二叶上半叶“马牛选具”，浙本“具”作“具”；同叶“以疲马大羊为币”及注“疲谓廋也”，浙本“大”作“犬”，注“廋”作“瘦”。同叶下半叶“无怵惕焉”，浙本“怵”作“沭”。第十三叶上半叶“以遂文武之迹于天下”，浙本“迹”作“近”。同叶下半叶“人君唯优与不敏为不可（注：优谓倭随不断），优则亡众”，浙本“优”皆作“偓”。第十四叶下半叶即末叶尾题后释音部分，墨宝堂本第三条“飔，七东反”，浙本无。

卷九第二叶上半叶“日杀数十年者”，浙本“年”作“牛”；同叶“宋已取杞，狄已拔邢、卫矣”，浙本“杞”作“相”；同叶下半叶“君何不发虎豹之皮、丈锦以使诸侯”“于是以虎豹皮、丈锦使诸侯”，浙本“丈”作“文”。第三叶上半叶注“故曰以丈虎齐”，浙本“丈”作“文”、“虎”作“克”；同叶下半叶注“岷出，江水所从出”，浙本第一个“出”作“山”。第四叶上半叶“化人易伐”,浙本“伐”作“代”;同叶下半叶注“所谓尺蠖之屈,以求神也”,浙本“神”作“伸”。第五叶下半叶注“然后汤此之师起也”,浙本“此”作“武”。第六叶上半叶“诸侯皆今已独孤”,浙本“今”作“令”;同叶“国国非其国也”,浙本无第一个“国”;同叶下半叶注“无德而王,犹跕焦而却行,故危”,浙本“跕焦”作“欲进”。第七叶上半叶注“虽列爵位,不让费俊”,浙本“费”作“贤”;同叶下半叶“百马代之,骥必罢矣,强最一代”,浙本“代”作“伐”。第九叶上半叶注“大臣非国老,则君亲今不遗忘故不怨”,浙本“今”作“令”;同叶下半叶注“身任士贱”,浙本“贱”作“职”。第十叶上半叶注“别券渭分契也”,浙本“渭”作“谓”;同叶注“若铜银山及沟可决,而溉灌者”,浙本“沟”后有“渎”;同叶下半叶“甲兵、兵车、旌旗、鼓铙、帷幕帅车之几何乘?”及注“载,谓其车盖”,浙本“之”后有“载”;同叶注“至于马牛肥时”,浙本“时”作“膌”。

卷十第三叶下半叶注“宫中既少织维之事”,浙本“维”作“纴”;同叶注“谓中妇诸子上君不行”,浙本“上”作“止”。第四叶上半叶“必则朋乎,且朋之为人也”,浙本第一个“朋”作“明”;注“朋能有所不知,故可以移政”,浙本“朋”作“明”。同叶下半叶“则不可救也”,浙本“也”作“之”。第五叶上半叶“夫易牙子之不能爱,将安能爱君”,浙本“夫”前有“今”;同叶“今夫坚刀,其身之不爱”,浙本作“竖刁”;以下三个“竖刀”,浙本皆作“竖刁”,“坚”作“竖”;同叶注“开方齐卫,当嗣君之位”,浙本“齐”作“在”。第七叶上半叶注“人虽众,无兵尹,则与单人同也”,浙本“尹”作“甲”。第八叶上半叶“乘瑕则神”及以下多个“瑕”,浙本皆作“瑕”;同叶下半叶“能上尽言于王”,浙本“王”作“主”。第十叶下半叶“是故善,人君也”,浙本“善”前有“知”;同叶注“不公,则不识理之王”,浙本“王”作“正”。第十一叶下半叶“大臣假于女之能,以规主惰”及注“假,因也。因女之能食主意,以规度主之情也”,浙本“惰”作“情”。第十三叶下半叶注“夫授人官者”,浙本“夫”作“天”。

卷十一第四叶上半叶注“君心进退，所以主为制法”，浙本“法”作“令”。第七叶上半叶“我亦托焉。圣人托可好，我托可恶；我托以来美名，又可得乎?”，浙本“以来”前有“可恶”。第八叶上半叶注“可伐生爱”，浙本“伐”作“使”。第十叶上半叶“昭受其令”，浙本“令”作“今”；同叶“仲父已语我其恶，吾岂知善之为善也”，浙本“仲父已语”后有“我其善，而不语”六字。

卷十二第二叶上半叶注“政者立法以齐物，教者训诱以感心，用二也何先也”，浙本“二”作“一”（黎本原作“一”，据《补注》本改作“二”）。第三叶下半叶注“言十既乏于衣食”，浙本“十”作“士”。第四叶上半叶注“或令有所统卒”，浙本“卒”作“率”；同叶注“其有辩明者，则令卞繁辞”，浙本“卞”作“辩”。第五叶上半叶“重予之官而危之”及注“与之重官，则不避危亡也”，浙本“则”作“财”（黎本据《补注》本改为“则”）；同叶注“比以大树喻恶也”，浙本“比”作“此”；同叶下半叶注“忍而容之，屈而事之”，浙本“容”作“客”；同叶注“官既积财，人则于官取人”，浙本第二个“人”作“之”。第六叶上半叶“事道然后可以承致酢”，浙本“然后”后有“可以言名然后”六字。第七叶上半叶注“则察于知之”，浙本“于”作“而”。第八叶上半叶“是重十禺，分免而不争”，浙本“重”作“为”。第九叶下半叶注“赏与所明，是轻财而重名者也”，浙本“重”作“亶”（黎本据戴望《管子校正》改为“重”）。第十叶上半叶注“此以上公问之辝也”，浙本“以”作“已”，“辝”作“辞”；同叶注“谓百里之国者国都至边境……其有寇贼之祸，丈夫则人而奔命”，浙本“者”作“自”，“人”作“走”。第十一叶下半叶注“正生则言至”，浙本“言”作“信”。第十四叶上半叶注“谓地见灾变之气，应其出之处，设法以禳之”，浙本“其”后有“所”；同叶“而此数之难得者也”，浙本“而”作“即”；同叶下半叶注“可得知之十”，浙本“十”作“乎”。

卷二十第一叶下半叶“莅百官，主之常也”，浙本“莅”作“莅”。第二叶下半叶“故曰：虎豹托威而威可载也”，浙本第一个“威”作“幽”。第三叶上半叶“人情而侈则贫”,浙本“情”作“惰”。第四叶上半叶“号令道民心”,浙本“道”作“逆”;同叶下半叶“故众极相当,上下相亲”,浙本“极”作“理”。第五叶上半叶“故曰:平原之隰,奚有于深”,浙本“深”作“高”。第六叶下半叶“蝚蝯”及注“上如由反,下于元反”,浙本“反”作“切”。第七叶下半叶“故曰:朝志其事,夕失其功”,浙本“志”作“忘”。第八叶上半叶“有难则死(注:之主)视民如土”,浙本“之死”不作注文,径作正文“有难则死之,主视民如土”;同叶“王有忧则不忧”,浙本“王”作“主”。第九叶上半叶“故能长守富贵”,浙本“富贵”作“贵富”。第十叶上半叶“桀纣,天之所围也”,浙本“围”作“违”;同叶下半叶“天之所助,虽小必大,天之所围,虽大必削。与人佼,多诈伪无情实,偷取一切,谓之鸟集之佼。鸟集之交,初虽相驩,后必相吐。故曰:鸟集之佼,虽善不亲”,浙本“围”作“违”,“佼”作“交”,“吐”作“咄”。第十二叶上半叶“羣臣多奸也利,以拥蔽主”,浙本“也利”作“立私”。

卷二十一首叶下半叶“然则从欲妄行,男女无别”,浙本“妄”作“妾”。第二叶下半叶“人君唯毋听谄谀饰过之言”,浙本“毋”作“无”;同叶“而謟臣尊矣,故曰謟谗饰过之说胜,则巧佞者用”,浙本“謟”作“谄”,“佞”作“佞”。第三叶下半叶“往事必登”,浙本“必”作“毕”。第六叶上半叶“礼义彰明”,浙本“彰”作“章”。第七叶上半叶“贵臣不得蔽其贱”,浙本无“其”。第九叶上半叶“而长碁乱也”“禁淫止碁”,浙本“碁”作“暴”;同叶下半叶“以法量功,而民受赏而无德也”,浙本第一个“而”作“则”。第十叶上半叶“故明法曰:有权衡之称者,不可欺以轻重”,浙本“者”作“若”,同叶“尺寸寻丈者,所以得长短之情也”,浙本“长短”作“短长”。第十三叶上半叶“故明法曰:小人持禄养佼,不以官为事,故官失职”,浙本“人”作“臣”;同叶下半叶“故明之治也”,浙本“明”后有“主”;同叶“治乱者诛”,浙本“治乱”作“乱治”。第十四叶上半叶“制娇群臣,擅生杀,主之分也”,浙本“擅”作“檀”。第十六叶上半叶“此齐地而功”,浙本“地”作“力”。

卷二十二首叶上半叶“夫寒耕暑耘”，浙本“耘”作“芸”。第二叶下半叶注“而籍其⺀”，浙本“⺀”作“钱”；同叶注“又不籍于小男，乃能以千万人而当三千万人者”，浙本“小男”后有“小女”，“万”作“萬”。第三叶下半叶“出四孔者，其国必三”，浙本“三”作“亡”。第四叶上半叶“智者有十倍人之功”及注“以一取什”，浙本“十”作“什”；同叶注“言一国之内，耕也之数，君悉知”，浙本“也”作“垦”；同叶注“言人君若之能林其利门”，浙本“之”作“不”、“林”作“权”。第五叶上半叶注“畜，救人反”，浙本“救人”作“许救”；同叶下半叶注“吾子为少男小女也，按古之石，佳今之三斗三升三合”，浙本“为”作“谓”、“少男”作“小男”、“佳”作“准”；同叶下半叶“布帛贱，则币衣”，浙本“币”前有“以”、后有“予”；同叶“谓之记食之君”“何谓百乘衢处记食之君也”，浙本“记”作“托”。第七叶下半叶“泰秋，民之令之所止”，浙本无第一个“之”。第九叶下半叶“丰之筴数（注：十去）九”，浙本“十去”不作注，作正文。第十叶上半叶“‘……在君之决塞。’管子曰：‘君不高仁……’”，浙本“管子曰”前有“桓公曰：何谓决塞”七字；同叶下半叶“民之树瓜瓠荤菜百果蕃衰者”，浙本“树”前有“能”，“蕃”前有“使”。第十一叶下半叶“吾将有大事”，浙本“吾”后有“今”。第十三叶上半叶“今国穀重什倍而万物轻”，浙本“今”作“合”；同叶“某县之壤广若干，某县之狭若干”，浙本第一个“干”作“于”、“狭”前有“壤”；同叶下半叶注“无不术之权之”，浙本作“无不以术权之”。第十五叶上半叶“故与天䆎同”，浙本“䆎”作“壤”。

卷二十三首叶下半叶“吾谨（注：逃其）蚤牙”，浙本“逃其”不作注文，作正文；同叶“若犯令者使死不赦”，浙本“使”作“罪”；同叶“上有鈆者，其下有銍”，浙本“銍”作“银”。第二叶上半叶“王起于牛氏、边山”，浙本“王”作“玉”；同叶下半叶注“假设此成名，欲人惮役而克收粟也”，浙本“克”作“竞”。第三叶上半叶“游子胜商之所道”，浙本“商”作“啇”；同叶下半叶注“渚国君之子，若皆公子开方、鲁公子季友之类”，浙本“渚”作“诸”、“皆”作

“卫”。第四叶上半叶“杀其身以衅其其鼓”,浙本无后一“其”字。第五叶上半叶“田野(注:充则)民财足”,浙本“充则”不作注文,作正文。第六叶下半叶“珠玉为上币”,浙本“玉”作“王”;同叶“为马四百匹”,浙本“匹”作“四”。第八叶上半叶“五家之数殊而之一也”,浙本“之”作“用”;同叶“猛兽众也”,浙本“猛”作“禽”;同叶“闭智能者”,浙本“智”作“知”;同叶“乘天固以安己者也”,浙本“固”作“国”、“己”作“已”,无“者”;同叶“出山金立币,存菹丘,立骈牢,以为民饶”,浙本“山金”作“金山”,“存”作“成”。第十叶上半叶“广泽遇雨,十人之力不可得而烧”,浙本“烧”作“恃”;同叶下半叶“万民、室屋、六畜、树木旦不可得籍”,浙本“旦”作“且”。第十二叶下半叶“故贾人乘其币,以守民之时”,浙本“币”作“弊”。第十三叶上半叶“事四其本,则正籍(注:给事)五其本,则远近通”,浙本“给事”不作注文,作正文,断句“则正籍给,事五其本”;同叶下半叶“故为人君不能散积,调高下,分并财”,浙本“积”后有“聚”。第十五叶上半叶“故夫掘而不见于(注:手含)而不见于口”,浙本“掘”作“握”,“手含”不作注文,作正文,断作“故夫握而不见于手,含而不见于口”。

卷二十四第四叶上半叶“故遂破其军,兼其地,而虏其众”,浙本“众”作“将”。第五叶下半叶“衡者使物壹高一下”,浙本后一个“一”作“壹”;同叶“此之谓春之时”,浙本“时”作“秋”;同叶“物之轻重相什而相百”,浙本“百”作“伯”。第六叶上半叶标题“轻重丙第八十二(注:亡)”,浙本“亡”作“士”。第七叶上半叶“丁、惠、高、国”,浙本“丁”作“下”。第八叶上半叶“昔莱人善染,练茈之于莱纯锱”,浙本第二个“莱”作“茈”。第九叶上半叶“国且有大事,请以平贾取人”,浙本“人”作“之”;同叶下半叶“桓公使入使者式璧而聘之”,浙本“入”作“八”。第十叶上半叶“新冠五以”,浙本“以”作“尺”。第十一叶上半叶“敢问齐方千几何里”,浙本“千”作“于”。第十四叶上半叶“公曰:何谓也”,浙本“曰”作“田”(黎本据《补注》作“曰”);同叶下半叶“即令中大夫王师北将人徒载其金钱之代谷之上”,浙本无“其”。

第十六叶上半叶"此三人者皆就宫",浙本"宫"作"官";同叶"毋聚大众,毋行大火,毋断大木,诛大臣,毋斩大山,毋戮大衍",浙本"毋"皆作"母";同叶下半叶"天子服黑絻黑而静",浙本"静"后有"处"。

卷末张嵲《读管子》,墨宝堂本"世传房玄龄所为",浙本"为"作"注";"绍兴己未,乃从人借得之,伏而读者累月",浙本"伏"作"后";"用上下文义。及参以经史训故,颇为是正其讹谬",浙本"训故"作"刑政","是"作"改"。

仅以首十卷校勘结果来看,两本皆有讹误之处。如墨宝堂本卷一第六叶上半叶"久而不忘焉,可以往矣",浙本"往"作"来",前句已有"可以往矣",墨宝堂本显然为重复之误。他误如"土"误作"士"、"元"误作"无"、"士"误作"工"或"上"、"立"误作"丘"或"丘"误作"立"、"德"误作"得"、"他"误作"也"、"忘"误作"志"、"美色淫声"误作"美好音声"、"法"误作"去"、"攻"误作"政"、"悍"误作"悼"、"莫"误作"其"、"君"误作"右"、"足"误作"定"、"仕"误作"士"、"始"误作"如"、"且"误作"日"、"相"误作"栢"、"末"误作"未"、"徙"误作"徒"、"济"误作"齐"、"卑"误作"早"、"牛"误作"年"、"賸"误作"时"、"伸"误作"神"、"武"误作"此"、"山"误作"出"、"克"误作"虎"、"纴"误作"维"、"甲"误作"尹"、"正"误作"王"、"情"误作"惰",等等。墨宝堂本尚有一些脱误,如卷一第八叶下半叶"不可得也"后脱四十字。卷三"养之以德则民合",脱"德"字。卷七"践坛,庄工抽剑其怀",脱"践"字。卷八"少而习焉"后脱"其心安焉"四字。另有本为正文者误作注文,如"之主""十去""逃其""充则""手含""给事"等。黄丕烈曾批评墨宝堂本"非最善之本",实有所据。而浙本之误亦有不少,如"威"误作"畏"、"什"误作"付"、"令"误作"今"、"吉凶"倒作"凶吉"、"末"误作"未"、"既易"误作"既异"、"旦"误作"且"、"上"误作"士"、"供"误作"共"、"上"误作"二"、"请"误作"情"、"明"误作"路"、"受"误作"必"、"书"误作"画"、"絶"误作"纪"、"击"误作"系"、"白"误作"自"、"空"误作

"室"、"大"误作"犬"、"杞"误作"相"、"腐"误作"高"、"朋"误作"明"等。

此外,浙本间有脱佚,如卷八卷末无释音;卷五第八叶下半叶末行末句"则是教民邪途也"至下半叶首行顶格径接"虚取,奸邪得行"(即墨宝堂本卷五第八叶上半叶第十一行"是教民邪途也"以下至第九叶上半叶第十行"虚取,奸邪得行"),中间凡六百多字缺佚。墨宝堂本不缺,其中第九叶上半叶自"力而不尚得"至"便辟得进,毋功"(即"虚取,奸邪得行"上一句)凡一百三十七字为刊本,之前皆为抄补。墨宝堂本虽有四百多字为抄补,毕竟不缺。浙本此大段脱文实为原第九叶,从字数来看,六百多字正好是一整叶。但浙本并未显示缺叶,而是第八、九叶径连,给人以不缺之印象,说明浙本所用底本或已缺此叶,校刊时没有发现。墨宝堂本所用底本或为完整不缺的重修本,理由是底本刊梓者发现所缺,后补修而成为全本。因此如果两本使用同一个北宋本作为底本的话(见下推论),或许浙本所用底本要早于墨宝堂本。《楹书隅录》卷三云墨宝堂本"在今日为最古矣",并无实证,当然亦因杨绍和未见浙本。亦有可能是墨宝堂本发现底本所缺,刊梓时补刻上去,如是可见墨宝堂本校勘之细谨。再一种可能是,浙本发现缺叶后,未能找到补文,于是将错就错,干脆连缺掉一叶的所在叶次删去,径连上下叶。意外的是墨宝堂本却完整地保存下来,浙本错佚一叶的事实遂被揭出。而因叶次径连,漏刻绝无可能。

自上可知,两本皆有不少讹误。墨宝堂本误者,浙本多不误;墨宝堂本不误者,浙本多误。相对而言,墨宝堂本讹误较多一些。墨宝堂本有多处脱文,浙本不脱。而浙本脱误,墨宝堂本又多不缺。这种情况说明,两本差异较大。

其次,两本同字异体亦不少,如墨宝堂本"於",浙本作"于","无"作"無","万"作"萬","辤"或"辞"作"辭","乱"作"亂","躰"作"體","与"作"與","閒"作"間","礼"作"禮","国"或"囯"作"國","宝"作"寶","爲"作"謂","斉"作"齊","済"作"濟","羣"作"群"或"群"作"羣",

“視”作“視”，“後”作“后”或“后”作“後”，“淫”多作“滛”，“尽”作“盡”，“职”作“職”，“夆”作“舉”，“恩”作“恩”，“弥”作“彌”，“覔”作“覺”，“变”作“變”，“㐫”作“凶”，“迩”作“邇”，“处”作“處”，“声”作“聲”，“悪”作“惡”，“㠯”作“能”，“断”作“斷”，“边”作“邊”，“㝡”作“最”，“耻”作“恥”，“衰”作“衺”，“斈”作“學”，“訔”作“譽”，“强”作“彊”，“奸”作“姦”，“斧”作“斧”，“柰”多作“奈”，“疏”作“䟽”，“盐”作“鹽”，“関”或“閞”作“關”，“𫝀”作“興”，“帰”作“歸”，“処”作“處”，“庿”作“廟”，“䧺”或“虽”作“雖”，“迁”作“遷”，“譬”作“辟”，“蕳”作“簡”，“冨”作“富”，“顕”作“顯”，“厶”或“私”作“私”，“具”作“具”，“慹”作“慹”，“畆”作“畝”，“曳”作“史”，“穀”作“穀，“壊”作“壞”，“一”作“壹”，“献”作“獻”，“衡”作“衡”，“百”作“伯”，“脩”作“修”，“暦”作“曆”，等等。可见墨宝堂本的俗字较多，有的俗字罕见，如“斧”“厶”“慹”等，其中大多为注文，正文相对较少。

墨宝堂本两个相同字之第二个常以省略号“ 〻 ”代替，如卷八第五叶上半叶“制五家为軌，軌有长”“十连为乡，乡有良人”“十邑为率，率有长”“三乡为属，属有帅”等等，而浙本不用替代符号。相较而言，浙本更规范一些。从俗字及异文来看，至南宋，尤其是福建刻书，随意性大，刻印草率，反映在版面上，则是俗字尤多，甚至产生不少形近、声同的误字。而墨宝堂本刊地接近福建，虽以浙本特征为主，亦有建本粗疏之特征。此外，浙本卷首刘向叙录后径接卷一，中间不空行或另叶起始，这是唐代卷子本的行式。而墨宝堂本则是卷一卷端首行顶格，另叶重起，可能翻刻时更改了底本旧式。故从版本承继上，浙本似更接近于底本。从使用俗字上，一般而言，北宋浙本远不如南宋建本多，故浙本似更忠实于原本。

需要注意的是，两本相同或相近点亦多。如有些生僻字写法悉同，如“兇”“㔟”“舩”“諜”“柰”“皃”“肥”“畆”“畝”“黫”“䅥”“謝”“軓”“筒”“辭”“辟”等；又如一些别字的写法亦同，如墨宝堂本卷九第八叶上半叶第四行“必先战而后攻,先攻而后取地”,两“后”字,浙本亦同,案其意当作“後”。墨宝堂本“視”,浙本多作“視”,但亦有作“視”者,如墨宝堂本卷九第八叶下半叶第三行“夫神圣視天下之刑”之“視”字。墨宝堂本卷十第十一叶下半叶第六、七行注“又挟太臣之助”之“太”字,第十二卷第五叶下半叶第十一行“一上一下𨿅利所处”之“𨿅”字,浙本相同写法者甚多。他如署名皆为“唐司空房(下皆空两格)玄龄”。再者避北宋讳大多相同,皆至“貞”字,且多同字避讳。如“敬”字,首叶讳者同字正文及注文四个“敬”字皆缺笔,又墨宝堂本卷一第六叶上半叶、第十一叶上半叶、第十二叶上半叶,卷二第六叶上半叶,卷三第三叶上半叶、第七叶上半叶之“敬”字,等等;“驚”,墨宝堂本第三卷第五叶上半叶、卷十第七叶上半叶两字缺笔,浙本亦同。其他同字同讳者如“玄”(墨宝堂本卷三第四叶上半叶)、“弦”(墨宝堂本卷九第十叶下半叶)、“朗”(墨宝堂本卷十二第四叶上半叶注)、“儆”(墨宝堂本卷十第七叶下半叶)、“撒”(墨宝堂本卷二十三第十叶下半叶,此字所缺笔被描补上)、“竟”(墨宝堂本卷四第三叶下半叶注、卷二十一首叶上半叶与第七叶上半叶、卷二十三第六叶下半叶)、“殷”(卷四第三叶上半叶、卷十二第十四叶下半叶)、“弘”(墨宝堂本第十叶上半叶)、“匡”(卷三第十二叶下半叶、卷七卷端篇题)、“恇”(墨宝堂本卷十二第十二叶下半叶)、“贞”(墨宝堂本卷三第十二叶下半叶、卷八第九叶上半叶注、卷十二第十一叶下半叶)皆缺笔。又卷四第三叶下半叶注“殷”字,卷二十一第十二叶上半叶“则竟内之众”之“竟”字,同卷第十三叶下半叶“匡主之过”之“匡”字,墨宝堂本皆不缺,而浙本缺,似为浙本疏忽而致。有个别不同者,或为墨宝堂本随意不谨而致。如卷十第六叶下半叶第十二、十三行“故计必先定,而兵出于竟,计未定而兵出于竟,则战之自败”,其中两个“竟”字,首个不缺笔,第二个缺笔,而浙本两个皆缺笔,此为墨宝堂本刻梓疏忽无疑,但这样的情况不多。

再如墨宝堂本卷二十一第六叶下半叶第三行“武王伐纣”前空一格,浙本亦同。行款接近，墨宝堂本正文半叶十三行，浙本为十二行，而序皆为每半叶十二行；两本每行二十二或二十三字，尤以二十三字居多。各卷首皆有本卷目录，其中部分署名见于卷端题名之下。两本同字均注有“一本作某”者，如墨宝堂本卷一第十二叶“不敢服絻”后注“一本作丝”，同卷第十五叶上半叶注“六步一㪷”后“一本作升”，卷四第八叶“沌沌乎博而圜，豚豚乎莫得其门”后注“一本作‘沌乎博而圜，豚豚乎莫得而闻也’”，浙本亦然。两本卷末尾题前后皆有注音，注音文字皆同，惟浙本卷八佚去，当属例外。甚至两本皆误者亦有不少，如卷六第十叶下半叶末行注“鲁用兵者”，“鲁”当为“善”字之误；卷二十四首叶上半叶第五行标题下“轻重第四”，按其次序，实为“十四”，“第”为“十”字之误，等等。以上这些刘绩本皆已改过。其相同或相近的情况，说明两本很可能具有同源性。因两本皆刊于南宋初，且所避北宋讳大多相同，结合其他北宋本特点来看，其底本为北宋本，当较为可信。①

通过以上校勘可知：一是版本优劣更加明确。整体上两本皆有不少讹误，墨宝堂本俗字更多，刊梓较粗率，讹误较多，有明显的坊间刻梓特点。尽管不如浙本精审，仍可校正浙本不少讹误。二是版本源流得到初步解决。墨宝堂本在署题、避讳、文字特点及其他特质上与浙本有很多相似之处，说明两本可能源于同一祖本，祖本极有可能为北宋本。但墨宝堂本不如浙本更接近祖本。三是版刻特点异同有别。两本用字多有不同，脱误有别，尽管两本有可能使用了相同底本，但在重刻校刊时出现了差异，当然亦反映出两本校勘质量的高下。

---

① 巩曰国在《宋本〈管子〉考说》一文中，从另一路径亦得出了两本同源的结论，即据杨绍和《楹书隅录》所载二十五条校记中，墨宝堂本与浙本同者十八条，不同者仅者七条，“这说明墨宝堂本和杨忱本（南宋翻刻本）有着密切关系，二者应当出自同一祖本”，见《齐鲁文化研究》总第 3 辑，山东文艺出版社 2004 年版。

(六) 陈奂抄录本推动清代《管子》学研究

至清初,仅有墨宝堂本、南宋浙刻本两个宋刻本传世。清中叶时,墨宝堂本因经大家识者收藏,学者颇为看重。尤其是经陈奂抄录后,逐渐传播开来,一时俊贤借校他本,其版本价值逐渐显现出来。

陈奂抄本,一函四册,今存上图(线善797790—93),陈奂校跋并录黄丕烈跋,郭沫若、潘承弼跋。其外封墨笔题“管子 旧依宋抄本,长洲陈奂校”一行。卷首有杨忱管子序,卷一卷端所题及卷一末、卷二十四末所载蔡潜道刊记,其后又有“巨山张嵲”《读管子》一则。卷首序为十二行二十二字,正文为十三行二十二或二十三字,小字双行二十八字。无格。版心上题“注管子几”“管子几”“管几”等,下鱼尾下题叶次。从版面行式、内容序次、卷端所署、版心署题卷次及叶次等来看,除无网格线、版心鱼尾外,其他悉同墨宝堂本。其源出墨宝堂本没有疑问。

关于陈奂抄录此本之原委,陈奂两跋交代甚详。道光九年(1829)陈奂跋曰:“此是黄荛圃校宋本跋语也。所云此本者,管韩合刻也。宋本原书近归山塘富商汪姓。借抄颇费周折,今出多金借录。既将原本对校一过,又从黄荛翁所藏校宋本对校一过。宋本与刘绩本显然误字,又将刘绩本略略校对一过。凡抄写之误字、脱字,每于本字之旁作‘∟’以识之;凡云绩作某或云某字绩本有、某字绩本无,即作‘、’以识之,以示别焉。道光九年九月长洲陈奂校斁谨记。”又跋曰:“借荛翁校宋本阅斁后,又向汪姓重借原本《管子》与荛翁校宋本参互对校,有荛翁未尽校出而奂漫依改之者,今著之曰‘宋作某’云。此可见校书之难,精细若荛翁尚多遗漏如此也。奂又记。”此外,道光十四年(1834)陈氏跋明刻本《管子》曰:“北宋《管子》向藏黄荛翁家,旧缺自十三卷之十九卷,影抄补足。荛翁殁,其书尽归汪君阆源家。己丑(1829)九月,王怀祖先生属抄,乃向汪氏借录。奂对勘之余,作《辨误》一

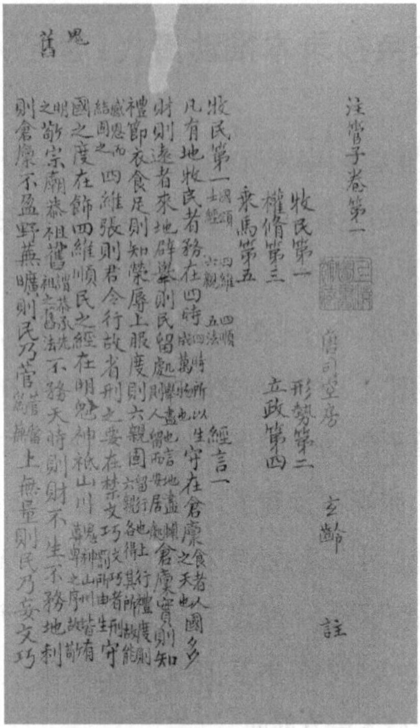

清陈奂抄墨宝堂本《管子》卷一卷端

卷，与《杂志》复者削之，得六十余则，因自过录于明刻刘绩本。明刻错误极多，乃知宋本之足贵。因为兰邻先生之属，录于此本，其误希少，盖此本亦胎于善本者矣。甲午(1834)三月，陈奂校记。”①可见，陈奂向汪士钟借抄墨宝堂本，乃受王念孙之托。陈奂曾问学于王念孙、王引之父子，王氏晚年所撰《读书杂志》，曾嘱其代抄代校古籍善本多部，此本与《荀子》即是其中之二。据《王念孙 · 王引之年谱》“道光七年”条载，此年陈奂入京谒见王念孙，见其校《荀子》《管子》，王氏并嘱陈奂助之。至道光八年九月，所嘱抄录《管

① （清）陈奂：《跋赵本管子》，《三百堂文集》，《丛书集成续编》134 册，上海书店 1994 年版，第 612 页。又见国图藏陈奂校明万历十年赵用贤刻管韩合刻本《管子注》二十四卷(07494)，卷末载陈奂跋。

子》仍未落实,“所抄《管子》实无妥便,迟迟未寄。”①直至道光九年九月,始借抄一过。因藏主汪士钟乃一商人,故“颇费周折”,必须“出多金”,始允借录。当然,抄金自然亦应是王氏付给。陈奂抄录并校对后,于此年十二月以前寄给王引之。

从陈奂抄本之不同字迹看,当由多位抄手共同完成,卷一至三当为一人所抄,有的书写较潦草,可能当时有时间限制,抄录匆忙。同时也说明,陈奂倩人抄录,并非自己抄录。卷四笔迹亦不同于他卷。

陈奂倩人抄录后,先后用墨宝堂原本、黄丕烈校宋本、刘绩《管子补注》对抄本进行校勘,并以不同符号别出,于天头或地脚标注异文。所谓“黄丕烈校宋本”者,即黄丕烈据墨宝堂本校刘绩《管子补注》本,今藏国图,见下著录。用“原本”者,当是抄录完后即用原墨宝堂本校对。陈氏跋中言“凡抄写之误字、脱字”者,一是指抄录中误录原本之字或脱字或倒文,二是指抄本、原本皆误者,以刘绩本校出正字,以上皆以“∟”标识。如抄本卷一第二叶下半叶第八行“诈讹”,墨宝堂本“讹”作“伪”,抄本于“讹”字右旁注“∟”,于天头校云“伪”。抄本卷一第七叶下半叶第十一行“轻地利则求田野”,墨宝堂本“则”作“而”,抄本于“则”右上标“∟”,天头校记云“而”。有的抄本和原本皆误,抄本对误字亦标“∟”号,如抄本卷二第一叶下半叶“水士之性”,“士”字右上标“∟”,天头校云“‘士’,宋本如是”。按:“士”字皆误,实为“土”。核之刘绩本作“土”,按“土”字是。抄本卷二第四叶上半叶第三行注“能丘大功者”,“丘”字右上标“∟”,天头校记云“‘立’,宋本如是,绩作‘立’。”按:“立”字是,“丘”形近而误,“绩”者即刘绩本。

以刘绩本校者,则以“、”标识。如卷一第二叶上半叶第七行“政之宝之”,抄本“之”右上标“、”,天头校记云“‘之’,绩作‘也’”。卷一第三叶下

① 王章涛:《王念孙、王引之年谱》,广陵书社2006年版,第303页。又见陈奂:《致王引之书(一)》,《昭代经师手简笺释》,罗振玉编,赖贵三笺释,台北里仁书局1999年版,第428页。

半叶第十二行注“静然不言”，抄本“然”右上标“、”，天头校记云“‘然’，绩作‘默’”。卷一第四叶上半叶首行“飞蓬之间，不不所宾”，抄本于第二个“不”右上标“、”，天头校记云“‘不’，绩作‘在’”。卷一第五叶下半叶第七行“顺天”，抄本于“天”下右方标“、”，天头校记云“‘者’，脱”。卷一第八叶下半叶第六行“而求百姓之行大”，抄本“大”下右标“、”，天头补云“礼不可得也。凡牧民者，欲民之有义也。欲民之有义，则小义不可不行。小义不行于国，而求百姓之行大”四十字，此条天头虽无“绩”云，但注“宋本疑此四十字者举皆□（不识）”，据核对刘绩本，则径从刘绩本迻录而来，等等。这些都更正并补佚了抄本及原本之误脱。有的则以刘绩本、原宋本合校，如抄本卷十第十叶下半叶第五行“故善人君也”，“善”字右旁注“、”，天头校记云“绩本作‘知善人君也’”“宋本脱‘知’字”，核之宋本确脱“知”字。宋本有的模糊不清而绩本可据以订补的，亦出校记，如天头校云“宋本此字模糊，绩作某”等。当然，刘绩本亦有误脱者，亦于天头校出，对宋本有而绩本无的，进行了标明。如卷十第六叶下半叶第七行在末字“后”右上标“、”，于天头校记云“后利之十字并注，绩本无”；卷十第七叶下半叶第七行于“士不可用”之“士”右上标“、”，天头校记云“士不可用廿二字，绩本无”。

校勘中发现，亦有以“＞”号标识者。抄本卷一首叶上半叶第十一行“明鬼神”，墨宝堂本“鬼”作“𩲡”，抄本于“鬼”右上标“＞”，天头上注“𩲡”。抄本卷一首叶第十二行“恭祖舊”，墨宝堂本“舊”作“旧”，抄本于“舊”右上标“＞”，天头上注“旧”。抄本卷一第四叶上半叶首行注“前二三之声问”，墨宝堂本“前”作“喻”，抄本于“前”右上注“＞”，并于地脚下注“喻”。抄本第五叶下半叶第八行“虽不亲”，墨宝堂本“不”前有“善”，抄本于“不”上标“＞”，天头校云“善，脱”。这些校记细致地记录了抄录时出现的讹字、脱字或异体字、墨宝堂本原字。

此后，陈奂又针对首次漏校者，重借墨宝堂本与黄丕烈校宋本校勘一过，有异文者，亦在本字旁标“∟”或“、”，并于天头以“某，宋作某”格式别出。如抄本卷二第四叶下半叶第六行注“必计数其多少之要”,“少”有上标“ㄴ”,天头校记云“‘少’,宋作‘步’”,核对原墨宝堂本,作“步”。但更多的则是,天头校记以先出正字、再指墨宝堂本误字的格式,勘定墨宝堂本、抄本之误,如抄本卷三第十一叶下半叶第一行“天下不志”,“志”字右上标“ㄴ”,天头校记云“‘忘’,宋作‘志’”,按墨宝堂本、抄本作“志”误,“忘”字是。抄本卷四第八叶上半叶第七行“人之心悼”,“悼”右上标“、”,天头校记“‘悍’,宋作‘悼’”,核墨宝堂本作“悼”。抄本卷五第三叶下半叶第七行注“故人其不化上”,“其”字右上标“ㄴ”,天头校记云:“‘莫’,宋作‘其’”,核墨宝堂本作“其”。抄本卷七第三叶上半叶第一行“费祖而示之背”,“祖”右上标“ㄴ”,天头校记云:“‘袒’,宋作‘祖’”,核之墨宝堂本作“祖”。抄本卷七第四叶下半叶第九行注“朋友不能柏交合”,“柏”右上标“ㄴ”,天头校记云:“‘相’,宋作‘柏’”。抄本卷八第十二叶下半叶第十二行“而无休惕焉”,“休”右上标“、”,天头校记云“‘怵’,宋作‘休’”,核之墨宝堂本作“休”。抄本卷九第二叶上半叶第一行“日杀数十年者”,“年”右上标“、”,天头校记云“‘牛’,宋作‘年’”,核墨宝堂本作“年”。以上这些皆是墨宝堂本之误。可见此次校勘,主要是更正墨宝堂本之误。通观全本,第二次校记较少,全本仅有三十余处,说明抄录后的首次校勘还是非常认真细致的。据校对,其所校所据实为刘绩本。陈奂二跋中虽未提及刘绩本,但黄丕烈据墨宝堂本所校之本当为刘绩本。可见,陈奂亦用刘绩本校抄本之误。

此外,尚有直接在原字旁或原字上涂改者,有的在天头有校记,有的没有,这些究竟属于第一次或第二次,则难以判断。如墨宝堂本卷二十一第三叶上半叶第十一行“为其威立”,抄本佚“其”字,于是抄本于“威”字右上径加“其”字。墨宝堂本卷二十一第五叶下半叶第十一行“爰有所移”之“移”字,抄本误作“遗”,抄本于此字右径改为“移”。墨宝堂本卷二十二第十一叶上半叶首行注“说文与柄同”之“说”字,抄本误录为“讹”,于是抄本在“讹”字旁径改为“说”。而有的则是抄字形近而异,于是径在原字上涂改,如卷二十一第七叶上半叶第三行"故明法曰"之"故"字,抄本于此字屡经描画,字迹粗黑,显然已经涂改过。意者原抄本之字形近而误,故在此字上径改为墨宝堂本之原字。墨宝堂本卷二十一第八叶上半叶第十三行"而无从悟",抄本"从"字盖抄误,故在原字上径改为"从",抄本原脱"悟",故于"从"字右下补"悟"字。等等。再如抄本有倒文者,卷二第四叶下半叶第二行"必顺于义理","义理"二字标以"∽",以示倒文,天头校云"理义"。抄本卷三第十一叶下半叶第六行"是人以小者","是人"二字以倒文符号勾出,天头校云"人是",等等。

还有原本上有黄丕烈校字,抄本迻录原文时,径将校字补录,如抄本卷三第六叶上半叶第十二行"养之以德则民合",抄本"德"右上标"·",天头校记云:"'德',原宋本缺,写者补入",即墨宝堂本原缺字"德"字,天头有"德",乃黄氏补字。

此外,尚有误校者,如抄本卷二十四第十五叶上半叶第九行"必倍其贾"之"贾"右下标"、",天头校记云"'矣',脱。"检墨宝堂本及刘绩本等,"贾"后皆无"矣",此条校记必误。但是,有的抄写不误,然校记中仍然以"∟"标出,如卷二十二第三叶上半叶第六行注"本事,左盐也"之"左",抄本天头注"在",然墨宝堂本不作"在",仍为"左"字,故抄本所校当是误校。故如仅看抄本,肯定以为原墨宝堂本即"在",实则不然。

从以上校勘来看,陈奂或于天头或地脚出校记,或于原字旁补字或描改,尽量尊重原本原貌。但亦间或有据刘绩本在原字上改字者,如墨宝堂本、抄本卷十第十二叶上半叶第三行注"繂,古'淮'字",天头校记云"淮,原本如是",按"淮"字误,据刘绩本"准"字是,抄本将"淮"字"氵"字边涂改为"冫"。但这样的径改很少,而更多的则是加以说明,如墨宝堂本卷十二第十四叶下半叶第十三行下最末一字注"或"字缺左下边,其后一字缺,墨宝堂本因纸脱揭去所缺部分,而抄本有此两字"或祭",抄本天头校记曰:"星下(经文)或(注文)"题曰"宋本损伤其偏旁";墨宝堂本所接下叶第一、二、三行下端注七字亦缺,抄本此处右边校记云“此处每行下,宋本俱已损伤烂灭矣,据绩本补”。抄本在缺字处补上此注七字。墨宝堂本所缺者,是以另装裱纸补上的,但缺字未补。抄本补上并加校记以说明墨宝堂本的缺损情况,这一方面说明抄本的谨慎,尽量保持原貌,也说明墨宝堂本早在陈奂抄补之前已经有所缺损。

综上,陈奂抄本的校勘有以下几点,一是不轻易改动原字,而于天头或地脚上出校记,间有一些和原字近似的误字则径在原字上涂改,整体上尽量忠实于原本。二是校正原本和抄本中的讹误,所出误字校记于天头地脚。三是用多本校勘,多次校勘,认真细致。从校勘方式来看,陈奂既欲保留原本面貌,又想给读者一个准确、易读的善本。

陈奂抄本本来有一些讹误或与原本不符之处,经过两次、多本校补勘正,已经非常接近原本。在无法见到墨宝堂原本的情况下,抄本无疑是一个最为珍贵的本子。但是,细校之,发现陈奂校补及改正之余,仍有一些异文。这些异文有的为异体字之别,尚不影响字义;而有的则是讹误。异体字如墨宝堂本“略”字,抄本作“畧”,“恱”作“悦”、“淫”作“滛”、“偽”作“譌”、“私”作“秎”、“弘”作“宏”、“無”作“无”、“冝”作“宜”、“冨”作“富”、“噐”作“器”、“頓”作“頡”、“審”作“審”、“飭”作“飭”、“愼”作“慎”、“愽”作“博”、“経”作“經”、“暴”作“暴”、“穀”作“穀”、“閒”作“間”、“游”作“游”、“辭”作“辭”、“礼”作“禮”、“飾”作“餙”等,这些异体字往往多次使用。还有一些避讳缺笔字,墨宝堂本避讳,抄本不避,如卷十二第十一叶下半叶第十一行“故至贞生至信”之“貞”、卷二十三第三叶下半叶第十二行“桓公曰”之“桓”、卷二十三第十叶上半叶第十二、十三行“匡”字等,墨宝堂本皆缺笔,抄本则填作全字。此外,墨宝堂本有的避讳,如卷二十一第六叶下半叶“武王”“桓公”前皆空一格,抄本则以“□”代之,似不妥,给人以缺字之感。

抄本抄误者如:

卷一第八叶上半叶第七行注“本事谓农”,“谓”误作“为”。(出句为墨宝堂本原句)

第十三叶上半叶第八行注“纔形于心”,“形”误作“行”。

第十三叶下半叶第八行注“义国朝起”,“国”误作“因”,有描改痕迹。

卷三第六叶下半叶第三行“德而天下”,脱“而”字。

第十二叶上半叶第十二行注“璯,贮积也”,“璯”作“壝”。

第十三叶上半叶第五行“长紉”,“紉”作“幼”。

卷八第四叶下半叶第九行“未”作“末”。

第七叶下半叶第十二行“内教既成,令不得迁徒”,“令”误作“合”。

卷九第十一叶下半叶第三行注“四极,谓国之四鄙也”,“鄙”误作“图”。

卷十二第一叶上半叶第七行注“虽立公卿,不理其事”,“立”误作“其”。

第一叶下半叶第十三行“大夫畜狗马”,“马”似误作“焉”。

第二叶上半叶第十一行注“则敬而来待爱之”,“待”误作“侍”。

第四叶上半叶第七行注“其有辩明者”,“辩”误作“辨”。

第五叶上半叶第八行注“责知其能,随而任之”,“责”误作“贵”。

第五叶下半叶第八行注“官既积财,人则于官取人”,第一个“人”误作“之”。

第七叶上半叶第二行“众而约”,“约”误作“纳”。

第八叶上半叶第四行注“则上事霸主”,“上”误作“王”。

第九叶上半叶第三行注“好遗朝以市权利也”,“遗”误作“道”。

第九叶上半叶第八行注“虽千乘之国,有道以用之”,“用”误作“国”。

第十三叶上半叶第七行注“苟避世,晦明藏用,若无所能,故不能进取”,“若”误作“君”。

第十四叶上半叶第七行注“或迟重滞凝”,“或”误作“以”。

卷二十第六叶下半叶第四行注“疾移切”,“移”误作“栘”

第八叶上半叶第十二行“王有忧则不忧”,“王”误作“主”。

卷二十一第十一叶上半叶第十一行“是故忘主死佼,以进其奆”,“死”误作“私”

卷二十二第二叶上半叶第一行“吾欲藉于六畜”,“藉”误作“籍”。

第十三叶下半叶第八行注“因时之轻重无不术之权之”,脱第一个“之”。

第十三叶下半叶第七行注“人既无币”,“既”误作“计”。

卷二十三第七叶上半叶第四行“疋夫为鳏,匹妇为寡”,“匹”前衍“鱼”。

第十二叶上半叶第五行“立台榭”,“榭”误作“树”。

卷二十四第十五叶上半叶第十一行“燕代闻之果”,“果”误作“采”。

以上所校出的异文,几乎全是抄本之误,且皆因形近而误,这也是抄本的遗憾之处。综合异体字、避讳等情况,概知抄本在摹写原本时,并未做到百分之百的“影抄”,仅是仿抄而已。故而,如用此本校勘他本,不可径称以“宋本”或“蔡潜道本”校云云,而只能以抄本称之,不然就会以讹传讹,进而栽罪于原墨宝堂本,这是不公平的。例如抄本卷八第七叶下半叶第十二行

“合不得迁徙”之“合”字，墨宝堂本原刻作“令”，陈奂抄本误作“合”，浙本不误。再如抄本卷十二第七叶上半叶第二行“众而纳”之“纳”，墨宝堂本作“约”，陈奂抄本误抄作“纳”，浙本不误。抄本“是故忘主私佼以进其誉”之“私”字，核之抄本卷二十一第十一叶上半叶第十一行此句，确作“私”，但墨宝堂本作“死”，浙本亦作“死”，此属陈奂误抄。巩文以为类似“这些地方虽不能说抄本胜于杨本，但可作为《管子》文本校勘的重要参考”。① 但这些字纯属陈奂误抄，如作校勘之用，恐不妥。譬如上举，如果以之校勘浙本或其他版本，本为抄录之误，而读者在见不到墨宝堂本的情况下，自然以为原墨宝堂本之误，显然冤枉了墨宝堂本。

此外，墨宝堂本卷十三至十九为抄配，即黄丕烈据陆贻典校宋本抄补，陈奂据之抄补，并仍用刘绩本对校。卷十九末有陈奂跋，曰：“自十三卷至十九卷原本缺，荛翁以校宋本补入成全帙，较俗本差胜矣。其云某校改者，仍敕先之旧也。今奂复以刘绩《补注》对校一过，凡用墨笔或在上方或在字旁，皆雠正抄胥之误也；凡用黄笔，是刘绩本与校宋本之异同也。”如抄本、墨宝堂本卷十三第一叶下半叶第一行注“但能虚心修理”，“修”字右上标“∟”，抄本天头校记云“循”，核之刘绩本作“循”；同卷同叶第八行“天曰虚，地曰尽”，抄本“尽”字右上“∟”，天头校记云“静”，核之刘绩本作“静”。此属“刘绩本与校宋本之异”。抄本卷十三第三叶上半叶第十三行“因也者，非吾所顾，故无顾也”，抄本“所”右下标“、”，并补“所”字，天头校记云“‘所’，临校增”，核之墨宝堂本确有后一“所”，并于右旁标黄色“、”，天头黄笔校云“增”，可见抄本原脱后一“所”字，后又补上，并于天头注出原本出处。此属“雠正抄胥之误也”。需要注意的是，陈奂除用刘绩本校勘之外，尚有自校，如抄本、墨宝堂本卷十三第一叶下半叶第六行注“夫道无形无声者也”，抄本“夫”字右上标“、”，天头校记云“大”，检刘绩本亦作“夫”，三本

① 见《陈奂家抄本〈管子〉的版本价值》第二部分“抄本可校正〈管子〉其他版本”，《古籍整理研究学刊》2010年第4期。

皆作“夫”,则此“大”字当为陈奂自校以为“大”字适。同卷同叶第十三行“殊形异执”,抄本于“执”字右上标“∟”,抄本天头校记云“埶”,按三本皆作“执”,则此“埶”字当为陈奂自校以为“埶”字适。“埶”,古通“势”,揆度此句文意,“埶”字是。由此可以看出,同校勘刊本一样,陈校目的既要保留原抄本来面目,又欲校出一个可读之本。

陈奂抄本钤印“高邮王氏藏书印”“吴县潘氏郑庵藏”“景郑题记”“郭沫若”等。陈奂受王念孙之托,抄录并校跋后,寄给王念孙,其后又传之潘祖荫、潘景郑收藏,终归上图。道光九年陈奂致王引之信云:“所抄《管子》实无妥便,迟迟未寄。邵鱼竹兄服阕来京,须十一月中到苏,可以托寄带呈无误。”①可见是由仁和邵正笏(字艮庵,号鱼竹)于当年十一月受托带呈。王引之收到书后寄信回谢,曰:“兹连接手书二通并收到宋本《管子》抄本与尊校各条,极荷清心。雠校得免舛,感颂不可言宣。尊校各条,容度岁后仔细领会也。”②陈奂抄校本其后为潘祖荫收藏,潘氏后将此书遗于侄孙潘景郑。潘景郑遂撰长跋以志,云“为蔡本留一种子,宜更重视”。③ 1956年,潘氏寄给郭沫若参阅,郭氏有跋云:“余为《管子集校》搜罗板本颇多,独墨宝堂宋本未见,引以为憾。此本即抄自墨宝堂本,并经陈奂手校,校录以遗高邮王氏,有钤印可证。潘君景郑远道惠假,得细阅一过,弥补遗憾,良堪感荷。原书本缺十三卷至十九卷,黄丕烈曾据陆贻典校宋本补入,俾成全帙。此抄本即据黄所校补本,而陈复曾以刘绩补注本对校。此可见前人之勤,与其用心之仔细。陈氏经校后,更以转赠王氏,曩时学者间友谊之敦厚,深可足令人感动。凡此均足师法,固不仅为学术研究增添一份善本而已。潘君

---

① 《陈奂致王引之书》,《昭代经师手简二辑》,1918年影印本。

② 《王文简公文集》卷四,《续修四库全书》第1490册,上海古籍出版社2002年版,第396页。

③ 见陈奂抄本《管子》卷末,上图藏(线善797790—93);亦见潘景郑:《陈硕甫手校管子》,《著砚楼书跋》,上海古籍出版社2006年版,第170页。

实善体前修之懿行者。谨志此数语璧还，用申谢意。"[①]遗憾的是，王氏、郭氏见到此本时，皆未得利用。先是王念孙《读书杂志》已于嘉庆二十四年(1819)成书，看到此本已是十年之后事，且此时王氏已经八十五岁高龄，难以再度细校添加此本的校记了。郭沫若也是在《管子集校》出版之后见到此本的，故未能采录其中内容，颇有"遗憾"。清许光清曾据此本刊行，增入刘绩补注，但并未引起学界关注。

需要注意的是，陈奂通过抄校墨宝堂本，还纂就六十余则的《管子辨误》一卷。此事在道光十四年陈奂校明万历十年赵用贤刻管韩合辑本《管子注》跋中提及，见本部分前引。据跋可知《辨误》所收即陈奂以墨宝堂本校诸本之讹误者，惜原《辨误》与补注于刘绩本的校记今不知何所，所幸清戴望《管子校正》将其吸收进去。冒广生跋陈奂校明赵用贤刻管韩合刻本《管子注》曰"硕甫《辨误》，子高所作《管子校正》殆已全录"。《管子校正》是继王念孙《读书杂志》之后校定最为精审的本子，受到学界好评。此书亦是首次将墨宝堂本校记采录的刊印本，尽管并非全部，然已非常难得。

清同治十二年(1873)潘祖荫《管子校正》序曰："戴君子高寄其所著《管子校正》，属序于荫。……其书在若泯若没间，吾吴黄荛圃有绍兴本，其中足证各本之谬者实多(以下引杨绍和《楹书隅录》所录校记，略)……皆与王怀祖先生《读书杂志》相合，其他类是者尚多。今归东昌杨氏矣。"其《凡例》云："……芦泉刘氏绩间为补定，简明贯穿，多所发明。第宋本俱不载，而近刻舛错，每每至不可句。今据宋本校定。""书既雅奥难句，而为之注者，复缪于训释，故益使后人疑惑，不能究知。今悉从宋本刊定，不敢轻加更易。""《管子》新本每遇长篇文字，至更端处皆别为一行，其间不能无分析太过之弊。今皆按宋本校正，其文义当隔别者，止为'一'其处，以识章目所

---

① 见陈奂抄本《管子》卷末，上图藏(线善 797790—93)；亦见潘景郑：《陈硕甫手校管子》，《著砚楼书跋》，上海古籍出版社 2006 年版，第 170 页。

分。”“《管子》书文辞古奥,既不易读,而近板数家皆承讹袭谬,杂乱支离,读者至一二卷后往往厌弃,几成废书。今按宋本更正比次,无下数千百余处。”以上所谓“宋本”者,据潘祖荫序及卷中校勘核对,当即海源阁旧藏墨宝堂本。据笔者整理,全书所引宋本者盖四百余条,引称“宋本”“宋绍兴本”,甚而径称“蔡潜道本”。今以第一卷为例析之,凡引三十三处,其中有二十五处与墨宝堂本、陈奂抄本相合,证明其出于两本或陈奂《辨误》一卷当无问题。如《校正》“‘则沈玉极矣’,宋本‘玉’作‘王’,古‘玉’字”,核之墨宝堂本、陈奂抄本、浙本皆作“王”字。“‘虎豹得幽而威可载也’,王云‘“得幽”,当依明仿宋本及朱本作“托幽”’,此涉上句‘得’字而误,后《形势解》正作‘托幽’。”核之墨宝堂本、抄本、浙本皆作“托幽”。“‘抱蜀不言而庙堂既修’,宋本‘修’作‘脩’。”“‘道往者其人莫来,道来者其人莫往’,宋蔡潜道本作‘道往者其人莫往,道来者其人莫来’”,核之墨宝堂本、抄本皆作“道往者其人莫往,道来者其人莫来”,等等。但亦有八处与两本不合,例如《校正》本“‘是谓圣王’,宋本、朱本‘圣王’并作‘贤王’”,核之墨宝堂本、抄本皆作“圣王”,不作“贤王”。“‘訾食者不肥体’,宋本、朱本‘訾’皆作‘訾’”。核之墨宝堂本、抄本皆作“訾”,不作“訾”。“‘使民偷壹’,宋本‘壹’作‘一’”,核之墨宝堂本、抄本皆作“壹”,不作“一”。其中另有两例颇为重要,如《校正》卷一“‘久而不忘焉可以来矣’,宋本‘来’作‘往’,误。”核之墨宝堂本、抄本皆作“往”,惟浙本作“来”。“是以臣有杀其君,子有杀其父者矣”,“宋本‘杀’皆作‘弑’”。核之墨宝堂本、抄本皆作“弑”,惟浙本作“杀”。此两例说明《校正》所引宋本绝非浙本,而只能是墨宝堂本或抄本了。何以所引宋本与墨宝堂本、抄本多有不合之处呢?意者有二:其一,《校正》所引宋本似非陈奂校宋本一本,可能还有其他本,或间接引宋本者;其二,陈奂《辨误》或陈校混入他校或误校,原墨宝堂本的纯度受到影响,亦即不再是原墨宝堂本的真实面目了。而混入他校的可能性最大,但验其墨色与字迹,非常相似,看不出是两种校勘之别,个中原因尚待考证。以上说明,《校正》所引"宋本"者,并非全部直接或间接出于墨宝堂本。况且,《校正》中尚有戴氏未校出的一些与墨宝堂本不同的异文。故而,《校正》只是部分地反映了墨宝堂本的文字真面。换言之,仅是部分地利用了墨宝堂本。

其实误校之例,无论在古代抑或现在,并不鲜见。巩曰国《〈管子〉版本研究》在谈到抄本的重要价值时说到"抄本可校勘《管子》其他版本",我们当然不能否认其校勘价值,但通过校勘发现,其价值应当客观看待为妥。巩氏以"上图藏墨宝堂本抄本"校勘"国图藏浙刻本",在诸校例中,所举抄本有不合墨宝堂本之处多例,如下所举(出句皆为巩曰国《〈管子〉版本研究》或巩文《陈奂家抄本〈管子〉的版本价值》):

抄本《幼官》"则其攻不待权舆"之"舆",浙本作"与"。经核之抄本卷三第十叶上半叶第四行此句中,抄本不作"舆",仍作"与",与墨宝堂本同,未误抄。当是巩氏误校。

抄本《八观》"民倍本而求外势",浙本"本"后有"行"。核之抄本卷五第四叶上半叶第十一行此句,抄本有"行"字,墨宝堂本同,不脱。

抄本《重令》"为雕文刻镂足以辨贵贱"之"辨",浙本作"辩"。核之抄本卷六第三叶上半叶第八行此句,抄本不作"辨",仍作"辩",墨宝堂本同。其中抄本"辩"字有涂改痕迹,似原抄作"辨",除了在原字上径改为"辩"外,天头另出校记"辩",但不知为何巩文仍作"辨"。

抄本"则不可救也,则乱自此如矣"之"如"字,巩文谓抄本"始"作"如"。核之抄本卷十第四叶下半叶第十三行初作"如",属误抄,但已经标校改符号"∟",并于天头校记云"始",可见陈奂已经校正过来,墨宝堂本作"始"。既然已经校改,则不应再算作陈奂误抄。巩文未加说明,以为陈奂抄本误也,实非。

事实上,除陈奂借之抄校、孙星衍借黄丕烈旧藏墨宝堂本校以赵用贤本外,其他学者无缘见到墨宝堂本原刻,只能以陈奂抄本或陈奂校本或相关本间接接触,这样间接引据的墨宝堂本在原始真实性上大打折扣。如洪颐煊

《管子义证》、王念孙《读书杂志》皆用孙星衍校本,宋翔凤《管子识误》用影抄墨宝堂本校明本等。瞿氏《铁琴铜剑楼藏书目录》云:“王氏、孙氏、洪氏、宋氏所云宋本,皆影抄绍兴壬申瞿源蔡潜道刻本。影抄亦有讹舛,与是本(即浙本)间有不合处。故所举与《读书杂识》《管子义证》《管子识误》三书亦不尽同。”[①]瞿氏所言不合事实。前揭洪氏《管子义证》所录墨宝堂本校记仅数条,全以影抄墨宝堂本校赵本者绝非如此。实际情况是,孙星衍并未全校。影抄本藏于汪士钟时,始有陈奂抄本。再者谓“影抄”者亦不妥。惟言“影抄”亦有“讹舛”符合版本实际状况。

以上详揭陈奂抄本的原委、校法以及大量校勘实例,意在说明:陈奂抄本是除原墨宝堂本之外,唯一一个传录本,在墨宝堂本秘而不宣的情况下,确实在普及墨宝堂本时发挥了积极作用,众多学者参与到校勘中,形成了一系列成果,对于推动《管子》版本研究起到了关键作用。但同时也出现一些问题:尽管陈奂抄录极为认真,且经多次校勘,仍有一定的误抄、误校、混入他校情况,实际上已部分失去墨宝堂本的本来面目。倘用这样的抄本校勘他本时需要格外谨慎。这也再次说明,利用原本校勘的重要及不可替代性。

(七)校墨宝堂本《管子》的特点与不足

经典古籍流传至清代乾嘉时期,由于传本众多,讹脱倒衍亦甚,《管子》亦不例外。这一时期学者校注《管子》者颇多,其中以高邮王氏父子最著。嘉庆二十四年(1819)三月王念孙《读书杂志·管子序》云:“《管子》书八十六篇,见存者七十六篇,中多古字古义,而流传既久,讹误滋多。自唐尹知章作注,已据讹误之本,强为解释,动辄抵牾。明刘氏绩颇有纠正,惜其古训未闲,雠校犹略。曩余撰《广雅疏》成,则于家藏赵用贤本《管子》详为稽核,既

① (清)瞿镛编纂,瞿果行标点,瞿凤起覆校:《铁琴铜剑楼藏书目录》,上海古籍出版社2000年版,第352页。

又博考诸书所引,每条为之订正。长子引之亦屡以所见质疑,因取其说附焉。"①王氏校勘基本上以墨宝堂本、浙本为最主要的校本,并衍生出诸多校本。其中围绕墨宝堂本及陈奂抄本形成的校宋本数十部,今保存下来的能够查到出处的不足十部。这些校本使读者间接地了解到墨宝堂本的文字内容及版本特征,对正确识读《管子》大有裨补,对学术研究亦起到推动作用。惠栋、黄丕烈、顾广圻、陈奂、袁廷梼、孙星衍、王念孙、宋翔凤、戴望等都曾利用其校勘过他本,其校勘工作底本主要为明刘绩《管子补注》本、赵用贤《管子》本。

校本一,明刻刘绩本《管子补注》二十四卷②,钤印"宋本""陆贻典印""敕先""陆贻典又名贻芳""席鉴""席鉴之印""照字萸山""席玉照读书记""萸山珍本""汪士钟藏""宋存书室""东郡杨二""彦合珍藏""杨绍和读过""杨绍和审定""东郡杨绍和字彦合鉴藏金石书画之印""国立北平图书馆收藏"等,先后为陆贻典、顾之逵、汪士钟、海源阁收藏。原为天津盐业银行九十二种海源阁善本之一,后入北京图书馆,陆贻典、黄丕烈校跋,今藏国图(00896)。《北京图书馆善本书目》著录为明刻本,《藏园群书经眼录》著录同,惟作明弘治本。周叔弢《楹书隅录》批校题"此书极佳。荛翁又依宋本重校,跋语未及录。"郭沫若《管子集校·叙录》云:"经清代陆贻典据杨忱本反复勘校,又经黄丕烈据蔡潜道本覆校。陆校朱书,黄校墨书,惟黄校未竣事,仅毕第五卷而止。此书颇可宝贵,唯惜书前无序录,不知其刊刻年

① (清)王念孙撰,徐炜君、樊波成、虞思征等校点:《读书杂志》三,上海古籍出版社2014年版,第1039页。

② 关于刘绩《补注》本,丁日昌《持静斋书目》收录一部,王芑孙旧藏,著录为元刻本。莫友芝《郘亭知见传本书目》亦称丁氏有元刊本,皆误。丁氏所误,缘于王芑孙跋"黄荛圃定是元板"一句,但黄丕烈所称"元板"乃原版与补版之意,并非指元刊本。皕宋楼亦藏一部,《皕宋楼藏书志》定为明成化刻本,亦有陆贻典两跋,张绍仁过录陆校,《静嘉堂秘籍志》卷二十三著录。考刘绩,字用熙,号芦泉,江夏人。弘治三年(1490)进士,曾为吏部员外郎、镇江知府,著有《礼记正训》《淮南子补注》《三礼图》等,与李东阳交好。故刘绩本不可能刊于成化间,而只能在其后的弘治或正德、嘉靖间,实已至明中叶。

代。前人或以为‘宋本’(书中多有‘宋本’二字小形椭圆印章),或以为元版(见《持静斋书目》),或以为明成化刊本(见丁丙《善本书室藏书志》及《皕宋楼藏书志》)。书用黄绵纸印,刻印颇粗率,多用简笔字,显系几经翻刻,字颇走样。”①

现存刘绩本三部,俗字尤多,讹误亦伙,为坊间所刊无疑。刘绩本虽对底本有所校改,然自身讹误更多,再者刊刻粗率,故世人评价并不高。惟其补注,乃自唐尹知章后,至明代仅见刘绩一人,颇有发明。《四库全书总目》卷一百一著录此本云:“绩本之以作是注,于旧解颇有匡正。皆附于原注之后,以‘绩按’别之。虽其循文诠解,故于训诂亦罕所考订。而推求意义,务求明惬,较原注所得则已多矣。”学者推崇的是刘绩补注,而非版本。

关于陆贻典校勘刘绩本的原委,卷末所附陆氏两跋有所交代。陆氏所据校本为锡山华氏、毛扆所得宋本。经核对校记,陆氏参校宋本实为宋浙刻本。考今国图所藏宋浙本为文征明等旧藏,并无两家藏印,而华氏、毛氏并不比文氏等名气差,奈何不见两家之印,或于明末清初时尚有另一部浙本存世,其后便下落不明。陆氏先后在康熙五年(1666)四月和五月两次校勘,并于卷末补录张氏《读管子》。各卷末详细记录了两次校勘时间,如卷一末记“四月十六日校起”“廿七日又校一过”,卷二末校记云“四月十有七日校”“五月朔重校”,卷三末题“五月二日载校”,卷四末题“初二日薄暮重校”,卷五末题“初三日重校一过”,之后皆有“某日校”或“某日又校(重校、覆校、再校、载校、校、载勘、校第二遍、再勘)”等字样。首校以朱笔、次校用墨笔。尽管经过两次校勘,仍有一些失校之处。

陆校约一百三十年之后,即嘉庆二年(1797),黄丕烈以墨宝堂本再校刘绩本,卷一末黄丕烈跋曰:“嘉庆二年夏五月,用残宋本覆校一过,书中注于下方者,皆覆校语也。此卷《形势》‘沈王’,‘王’即‘玉’字,勑先尚未校

① 郭沫若:《郭沫若全集·历史编》第五卷《管子集校》(一),人民出版社1984年版,第8页。

入,是其失也,丕烈。”黄校以墨笔,先于部分出字右侧以小“△”“·”等符号标识(墨宝堂本无此字,即用“□”符号圈住),再将异文注于地脚,并题“宋本”二字。遗憾的是,黄氏仅校勘了四卷。而以卷一尤细,异文、俗字、避讳、空格等皆出校。黄校本卷一首叶上半叶第七行注“而安居处也”,黄校曰“宋本无‘也’”,下半叶第二行注“故敬明之”及正文“敬总庙”,黄校曰“宋本‘茍’”。第二叶第三行注“非贞廉也”,黄校曰“宋本‘貞’”;下半叶第七行“政之宝也”,黄校“也”字曰“宋本‘之’”。第五叶下半叶第一、二行“则沈玉极矣”及注“故羊玉而祈祭”,“玉”字,黄校曰“宋本‘王’”;第五行“而威可载也”,黄校曰“宋本无‘也’”。第六叶上半叶第四行“不在所宾”之“在”字,黄校曰“宋本‘不’”;第五行注“燕爵翔集事之常细也”,黄校“事之”曰“之事”。第七叶上半叶第七行注“故不能肥体”之“体”字,黄校曰“宋本‘躰’”。第九叶上半叶第八行注“动物则有识而无知。植物则则有有生而无识”,黄校“宋本无‘有’”,“则则有有”,显然衍“则有”;下半叶第七行注“与,亲与也”后一“与”字,黄校曰“宋本‘与’”。第十叶上半叶第三行“可以来矣”之“来”字,黄校曰“宋本‘往’”;第五行注“險阻不平”之“險”字,黄校曰“宋本‘险’”;下半叶第二行“百姓殷众”,黄校“宋本‘殷’”。第十二叶上半叶第五、六行“是以臣有杀其君,子有杀其父者矣”两“杀”字,黄校曰“宋本‘弑’,下同”;下半叶第五行“察能授官、班实禄赐予”,黄校“予”曰“宋本‘民’”。第十三叶下半叶第五行注“妇者所以戢其蚕织”,黄校“戢”曰“宋本‘休’”。第十四叶上半叶第九行注“树人,谓济我而立之”,黄校“谓”曰“宋本‘为’”。第十六叶上半叶第九行“不足守也”、下半叶第一叶“不足恃也”,黄校“无‘也’字,宋本,下同”;下半叶第八行“故德厚而位卑者”,黄校“德”曰“宋本‘得’”。第十七叶下半叶第二行注“或苞藏祸心”,黄校“苞”曰“宋本‘包’”;第五行“大臣不和同,国之危也”,黄校“也”曰“宋本无‘也’字”;第七行“兵主不足畏,国之危也”,黄校“畏”曰“宋本‘威’”;但第七行“民不怀其产,国之危也”,“也”字外有墨圈,旁注“宋本有误,去”,“去”或作“也”,案墨宝堂本此作“也”字不缺,当为黄氏误圈,行间校语当指上一行“大臣不和同,国之危也”之“也”,因这两个“也”字为上下行,且上下错一字,当黄氏误校。第二十九叶上半叶第八行篇题“右士农工商”,上空三格,黄校曰“空四格,宋本,下同”。卷二至卷四则较少出校,可见黄校并不全。但细究黄氏校跋发现,黄氏以为陆贻典所用宋本为墨宝堂本,如“勑先尚未校入”。若以陆氏用墨宝堂本校之,当不以此“补校”的口气言之。因为浙本、墨宝堂本有很多相似之处,黄氏才可能有此误断。

同时,黄氏于刘绩本相应位置,临摹了墨宝堂本卷一末刊记“瞿源蔡潜道宅/墨宝堂新雕印”,并下题“宋本有此题识”,卷二十四末“瞿源蔡潜道宅板行/绍兴壬申孟春朔题”。由是观此校本便知墨宝堂本的一些版刻特点,但因为校勘不多,尚不能全部再现墨宝堂本原貌。

校本二,明万历十年(1582)赵用贤刻管韩合刻本《管子注》二十四卷,顾广圻校并跋,又过录惠栋校注。卷首有王世贞序、万历壬午春三月赵用贤撰《管子书序》,次有刘向《叙》、杨忱《管子序》、张嵲《读管子》、《管子文评》、《管子凡例》、《管子目录》等,钤印“顾涧蘋手校”“铁琴铜剑楼”,今藏国图(06828)。卷二十四末尾题下有嘉庆二年(1797)顾广圻校跋,曰:“残宋椠本《管子》,缺十三至十九凡七卷。嘉庆丁巳十二月校,广记。”可见,顾氏所据校者即墨宝堂本,时黄丕烈从顾竹君处借之,而顾广圻又从士礼居借之,见前文。《铁琴铜剑楼藏书目录》卷十四著录“《管子》二十四卷校宋本”,云:“此乡先贤赵文毅刻本,有赵自序及王世贞序。顾涧蘋氏以残宋本校,残宋本自卷十三至十九缺。每卷末有墨图记二行,其文曰:‘瞿源、蔡潜道墨宝堂新雕印。’其卷终,又有图记二行云:‘瞿源、蔡潜道宅板行。绍兴壬申孟春朔题。’涧翁又以朱笔录惠松崖征君疏证语于上方。”目验此本,并非瞿氏所言“每卷末有图记二行”,只有卷一尾题前有抄录二行牌记云“瞿源蔡潜道宅/墨宝堂新雕印”,瞿《目》脱一“宅”字。卷二十四尾题后所题牌记同。顾氏以朱笔所录惠校于上方,其卷一卷端天头上朱笔题“松崖批阅”。顾校则在行间,行间校记出字下皆题“宋”,即据宋墨宝堂本校出;顾校中参校其他本所出校记,皆在地脚。据顾跋及逐录牌记可知,顾氏乃据墨宝堂本校之,但从地脚校注来看,亦有用他本及史料校勘者。如赵本卷一卷端地脚墨笔题“宋本接序”,墨宝堂本卷一卷端另起叶,浙本则为刘向叙后径接卷一卷端,不另起叶,可见此一校记当据浙本而出。今以赵本卷一为例说明之:赵本卷一第三叶上半叶第三行“政之宝也”,“也”作“之”。第五叶上半叶第二行“惟有道者”,“惟”作“唯”;同叶下半叶第四行“则沈玉极矣”,“玉”作“王”;第八行“虎豹得幽而威可载也”,“得”作“托”,无“也”。第六叶上半叶第六行“飞蓬之问,不在所宾”,“问”作“间”,“在”作“不”;第九行“不足以飨鬼神”,“飨”作“享”;下半叶第九行“譕臣者可以远举”,“以”作“与”。第七叶下半叶第八行“后稺逢殃”,“稺”作“穉”。第八叶下半叶第三行“道往者其人莫来,道来者其人莫往”,第一个“来”作“往”,第二个“往”作“来”;第九行“莫知其释之”,“释”作“泽”。第九叶上半叶第九行“其功逆天者天违之”,“违”作“围”;下半叶第一行“天之所违”,“违”作“围”。第十叶上半叶第二行“可以来矣”,“来”作“往”。第十一叶上半叶第一行“舟车饰台榭,广则赋敛厚矣”,无“饰”。第十二叶上半叶第三行“是以臣有杀其君,子有杀其父者”,“杀”作“弑”;下半叶第二行“班禄赐予”,“予”作“民”。第十四叶下半叶第八行“而求百姓之行大义”,无“大”。第十五叶上半叶第八行“将立朝廷者”,“廷”作“庭”。第十六叶上半叶第七、八行“不足守也”“不足恃也”,无“也”;下半叶第三行“功力未见于国者,则不可授以重禄”,“于”作“於”,“以”作“与”;第四行“故德厚而位卑者”,“德”作“得”。第十七叶下半叶第三行“国之危也,兵主不足畏”,无“也”,“畏”作“威”。第十八叶上半叶第四行“国之富也”,“也”作“之”;下半叶首行“乡为之师”,无“之”。第二十一叶上半叶第六行“使刻镂文采毋敢造于乡”,“于”作“於”。第二十二叶下半叶第五行“百姓化於下”,“於”作“于”。第二十三叶上半叶第五行“非于太山之下”,“太”作“大”。第二十四叶上半叶第七行“长短大小”,“大小”作“小大”。第二十六叶上半叶第二行“薮鎌缠得入焉”,“缠”作“纆”。第二十八叶上半叶第七行“则视货离之实”,“货”作“贷”;下半叶第四行“是故官虚而莫敢为之”,“莫”作“其”。第二十九叶下半叶第六行“明日忘货”,“货”作“亡”。第三十一叶上半叶第二行“水土之性”,“土”作“士”。核之墨宝堂本,顾校出字皆与之相合,故所用墨宝堂本校之无疑。顾校并不全,漏校亦有,如卷端所题“管子卷第一”,墨宝堂本“管子”前有“注”字,顾氏未出校记。

校本三,明万历十年赵用贤刻管韩合刻本《管子注》二十四卷,佚名校,陈奂校并跋,戴望跋,冒广生跋,莫友芝、谭献题款,陈兰邻、戴望、谭献、涵芬楼旧藏,今藏国图(07494)。该本外封谭献题“筦子书一/陈硕父先生用宋本校/复堂藏”,又有戴望跋(篆体)云:“癸亥之夏,于福州市上买此书,为谭中义所攫去。丙寅正月,在杭州复取得之。子高记。”卷一末有朱笔抄录“瞿源蔡潜道宅,墨宝堂新雕印”,卷末尾题前有朱笔抄录“瞿源蔡潜道宅板行/绍兴壬申孟春朔题”,次有莫友芝题记“同治丁卯初春,郘亭眲叟莫友芝借读过”。卷首有赵用贤《管子书序》《管子文评》《管子凡例》《管子目录》及刘向《叙》、抄补杨忱《管子序》,末卷尾题后有抄录张嵲《读管子》;其后又有陈奂跋及冒广生跋,陈奂跋后又有佚名题记云:“光绪己卯十月,谭献传校一本,寄瑞安孙仲容。”1946 年 12 月 19 日冒广生跋曰:“右陈硕甫先生以宋瞿源蔡氏刻《管子》校《管韩合刻本》,以诒闽陈兰邻。大令殁,其书散出,故戴子高于福州肆得之。世传宋本《管子》有二:其一今藏常熟瞿氏,其一即蔡本。中缺卷十三至十九,影抄补全。硕甫自跋谓己丑九月为王怀祖先生向汪氏借录,作《辨误》六十余条,盖是时此本尚未归聊城杨氏也。硕甫《辨误》,子高所作《管子校正》殆已全录。己丑(1829)为道光九年,怀祖《读书杂志》先于嘉庆二十四年(1819)成书,书中所举宋本,实由嘉庆九年至十五年官山东运河道时,孙渊如录取宋本与今本不同者相视,渊如所录未必全帙,故宋于庭谓其不无遗漏。……己卯(1939)大冬,从世监张菊生先生借阅并传录一本。增订余所撰《管子考异》,为识数语,较之瞿氏藏本,异同更多,定远胜蔡本。惜孙、洪、王、宋诸公及硕甫皆未见耳。”

卷首杨忱管子序为抄补,其序首天头朱笔校曰:“此序依宋本写,计廿四行。全书每叶廿六行,每行内字形不均,或廿三字,或廿四五字,其行款大小悉照”,而墨宝堂本正文每半叶十三行,浙本十二行,两本卷首序皆为二十四行。目录天头上有朱笔题“每半叶十二行,无‘卷’字,下同,目录每行匀三排”,墨宝堂本无目录,浙本目录无“卷”字。卷一卷端天头上朱笔题“每行二十三四五字不等/此行在上一行(指署题‘唐司空房玄龄注’)/目录每行匀两排,共三行/此行在上一行(指‘经言一’)”,墨宝堂本署名于次行,浙本径在卷端下。核之以上所据校,皆与黄丕烈所藏另一宋椠浙本(今藏国图 09601)相合,盖校者据浙本校勘,故《北京图书馆古籍善本书目》及书目数据库皆著录为黄丕烈校,惜“黄校”不多。但全本并无黄丕烈藏印、题跋、校记及有关黄校信息等,是否为黄氏所为存疑,故录为佚名校更妥。如再加卷中陈奂所据影抄墨宝堂本校,此本实由佚名、陈奂分别据宋浙本、墨宝堂本校之。又,卷首所抄补杨忱序,虽然墨宝堂本、浙本皆为二十四行,但从行字及文字异同上,全与墨宝堂本相合,而与浙本异,说明杨忱序抄自墨宝堂本,当即陈奂所为。天头校记则据浙本出,故抄录杨忱序与校语并非同一人。《北京图书馆古籍善本书目》及书目数据库著录为“黄校”,亦无实据。

纵观陈奂所校,首先将不同于赵本的墨宝堂本之卷端、行款等信息校于赵本之上。赵本各卷多无尾题,且无每卷末释音,陈校据墨宝堂本一一补上。墨宝堂本卷一、二十四皆有牌记,陈校亦于相同位置摹录之。陈校不仅校对异文,且版本卷端、行款等亦出校,如赵本卷一卷端题“管子卷第一”,“管”字前补“注”,“第”字注“之”,次行“唐司空房”四字下连续标以三个“□”符号以示空格,“玄龄”下标三个空格接“注”字。第三行“牧民第一”上注四个空格,下注四个空格,下“形势第二”下注四个空格,第四行“立政第四”下画一横线,以示另起一行。第五行小字“六亲五法”,“六亲”二字下画一横线,以示与右“四顺”对齐。第六行“经言一”三字上注三个空格,并拉线至第五行。以上这些校记,除“之”字不合外,其余皆与墨宝堂本合。其他如卷一墨宝堂本“不可得也”后脱四十字、卷十三至十九缺等,皆于天头朱笔出校记。目睹这些校记,即可知晓墨宝堂本的版本形式。

其次,陈奂亦出校异体字、异文。今以卷二十四为例,将陈奂校记提取出来,以示其校勘实情。陈校皆以朱笔校字于行间,出字皆在本字右侧。赵本卷二十四首叶上半叶第七行“轻重十四”,陈校据墨宝堂本“十”作“第”;下半叶第六行“去天下之可得而霸”及“地方千里,兼霸之壤”,“霸”皆作“伯”(墨宝堂本、浙本、陈奂抄本、刘绩本等作“霸”)。第二叶上半叶第二行“夫海出沸无止”,“沸”作“沸”;第六行“左右不足友”,“友”作“支”;下半叶第五行“因以珠玉为上币”,“因”作“固”(墨宝堂本、浙本、陈奂抄本作“因”);第九行“一鎌”,“鎌”作“镰”(墨宝堂本、浙本、陈奂抄本作“鎌”)。第四叶下半叶第二行“不从圣人”,“圣”作“望”(墨宝堂本、浙本、陈奂抄本作“圣”)。第五叶上半叶第二行“寡人欲毋杀一士”,“杀”作“殺”。第六叶下半叶第二行“桓公终举兵攻莱”,“公”后有“衍”;第四行“而虏其将”,“将”作“众”。第七叶下半叶第五行“请以平价取之子”,“子”作“予”(墨宝堂本、浙本、陈奂抄本作“子”)。第八叶上半叶第六行“引之以徐疾施平”,“平”作“乎”。下半叶首行“则请重粟之价金三百”,“价”作“贾”。第四行“富商蓄贾藏五十钟”,“十”作“千”(墨宝堂本、浙本、陈奂抄本作“十”)。第九行“衡者使物一高一下”,第一个“一”作“壹”。第九叶上半叶第五行“此之谓春之秋”,“秋”作“时”。第九行“物之轻重相什而相伯”,“伯”作“百”。第十叶首行“管子轻重十六”,末后补“右石譬谋右菁茅谋”。第十二叶上半叶第二行“下采杼栗”,“栗”作“粟”(墨宝堂本、浙本、陈奂抄本作“栗”,刘绩本作“粟”)。同叶第五行“若处”,“若”作“苦”。第六行“多者五千钟,少者三十钟”,“十”作“千”。第八行“北方之萌者”,删去

“之”。下半叶首行“其出之中伯二十也,受息之氓”,“伯”作“百”,“氓”作“萌”。第十三叶下半叶第四行“昔莱人善染练,茈之于莱纯锱”,“茈”作“莱”(墨宝堂本、陈奂抄本作“莱”,浙本作“茈”)。第十四叶下半叶第七行“粮食不给”,“粮”作“糧”。第十五叶上半叶首行“谓之阳”,“谓”作“请”(墨宝堂本、浙本、陈奂抄本作“谓”)。第二行“请使大夫初饬”,“饬”作“饰”(墨宝堂本、陈奂抄本作“饰”,浙本作“饬”)。下半叶第三行“请以平贾取之”,“之”作“人”(墨宝堂本、陈奂抄本作“人”,浙本作“之”)。第十六叶上半叶第九行注“今欲取之”,“取”作“敢”。下半叶第三行“桓公使八使者”,“八”作“入”。第十七叶上半叶第三行“以赈贫病”,“赈”作“振”。下半叶第二行“小鸟皆归之”,“鸟”作“乌”(墨宝堂本、浙本、陈奂抄本作“鸟”)。第四行“新冠五尺”,“尺”作“以”。第十九叶上半叶第二行“敢问齐方于几何里”,“于”作“千”。第二十叶上半叶第四行“术布五十倍其贾”,“术”作“衍”。第二十三叶上半叶第七行“其年,民被白布,清中而浊”,“清”前有“而”(墨宝堂本、浙本、陈奂抄本无“而”字)。下半叶首行“以其不埍也”,“埍”作“捎”。第二十四叶上半叶第七行“即以战斗之道与之矣”,“斗”作“国”(墨宝堂本、浙本、陈奂抄本作“斗”)。下半叶第四、五行“明王之所以赏有功,禽兽者群害也。明王之所弃逐也”,两个“王”作“主”(墨宝堂本、浙本、陈奂抄本第一个作“主”)。同叶第八行“子为我致,生鹿二十”,“致”作“至”。第二十五叶下半叶第四行“而居山林之中”,“居”作“出”(墨宝堂本、浙本、陈奂抄本作“居”)。同叶第五行“公因令齐载金钱而往”,“因令”作“曰今”。同叶第六行“即令中大夫王师北将人徒载金钱之代谷之上”,“金钱”前有“其”。第二十六叶上半叶第五行“吾欲制衡山之术”,“欲”作“谷”。同叶第八行“衡山之械器,必倍其贾”,“贾”后有“矣”(墨宝堂本、浙本无“矣”,陈奂抄本亦无此字,但“贾”右下标“、”,天头校记云“‘矣’,脱”)。第二十七叶上半叶第六行“搢玉总,带玉监”,两个“玉”皆作“王”。下半叶第五行“多者为功”,“功”作“巧”。第二十八叶下半叶第三行“夏尽而秋始,而黍熟”,“黍”作“麦”。第三十叶上半叶首行“藕渠当胁軥”,“藕”作“樓”。此卷陈奂共出校四十九例,其中与墨宝堂本、陈奂抄本合者三十四例,不合者十四例。目验这十四例与其他三十四例的字迹与墨色皆同,显然为陈奂一人所校。如通校全书,这样的校例会更多。何以有如此之多的校记与墨宝堂本、陈奂抄本不合?是否陈奂抄本存在问题,亦即抄录存在讹误,但检对陈奂抄本与墨宝堂本,上述十四例两本均同。出现这种情况有两种可能:一是陈奂误校。然数量较多,误校可能性不大。二是陈奂尚从他本校。经对照浙本、刘绩本等,多同墨宝堂本、陈奂抄本,不可能是这两个本子,则所据究竟是何本,尚待考证。

此外,单就墨宝堂本与赵本之异文而言,陈奂未出校记的亦有不少。如赵本二十四首叶下半叶第八行“仳诸矦度百里”,墨宝堂本“矦”作“侯”。第三叶上半叶首行注“奇休切”,墨宝堂本“切”作“反”;第三行“是可以毋籍而用足”,墨宝堂本“毋”作“母”;第七行“有褋之以轻重”,墨宝堂本“褋”作“雜”。第七叶下半叶第六行“君直币之轻重,以决其数”及注“直,犹当也。谓决其积粟之数”,墨宝堂本第一个“决”作“决”、第二个“决”作“快”,墨宝堂本误(浙本不误)。第十二叶下半叶第二行“受于息民参万家”,墨宝堂本“于”皆作“子”。第十三行下半叶第六行“莱人知之,闻纂茈空”,墨宝堂本“闻纂”作“閒纂”。第二十二叶上半叶第八行“什至而金三千斤”,墨宝堂本“千”作“十”。第二十九叶上半叶第八行“天子服黑绕,黑而静处”,墨宝堂本“静”后无“处”。以上九条,陈奂皆未出校记。除以上所举(含异体字)外,尚有其他一些异体字,如“糧”作“粮”、“備”作“俻”、“璧”作“辟”“假”作“叚”、“篲”作“彗”、“一”作“壹”等,这些异字有的属于异体字,有的则属讹误。而未出校记,证明其校勘未精未全。正因陈校有与墨宝堂本不合以及陈校失校的客观问题,故不能以此来判定墨宝堂本的原貌和价值。

校本四,明万历十年赵用贤刻管韩合刻本《管子注》二十四卷,袁廷梼、顾广圻校并跋,莫棠跋,袁廷梼、莫友芝、莫棠旧藏,今藏国图(14860)。卷首有王世贞序、赵用贤序、刘向书序，序末天头题“宋本此下紧接管子卷第一”，其后为杨忱管子序，卷端天头题“宋本首此”，右又题“戊辰闰四月，照常熟瞿氏所藏南宋小字本校，通用红笔，每半页十二行，每行二十三字”。①其后为张嵲《读管子》，卷端天头题“宋本在末”。再后有《管子文评》《管子凡例》《管子目录》。卷一末朱笔题有刊记“瞿源蔡潜道宅/墨宝堂新雕印”，卷二十四尾题后亦录题“瞿源蔡潜道宅板行/绍兴壬申孟春朔题”，其后又有袁廷梼跋曰：“嘉庆七年（1802）二月借士礼居原本覆校一过，寿阶”；又曰：“宋本處作处，與作与，無作无，後作后，萬作万，禮作礼，钱作〆，通书如此，未及尽改。”下钤印“廷梼之印”。顾广圻跋曰：“宋椠本校一过，其第十三至第十七凡缺七卷，涧薲。”案“七”为“九”之误。综合袁氏、顾氏所跋及迻录牌记、各卷卷端所题、卷中所出校字等，据校本为墨宝堂本。墨笔所校为顾广圻，朱笔者为袁廷梼。前揭嘉庆二年黄丕烈曾向顾竹君借校墨宝堂本，而袁氏又言“嘉庆七年二月借士礼居原本覆校一过”，但顾氏一般不会借黄氏墨宝堂本五年之久的。那么一种可能是，顾广圻当时校勘了两本：一为黄丕烈校勘一本（国图藏 06828），即“原本”；一为自留一校本，即此本（14860）。自留本后来为袁氏所得，袁氏又用“原本”校此自留本，故称“覆校”。核对两个校本，自留本不如原本校记更细，故有“通书如此，未及尽改”，而始有“覆校”必要。再一种可能是所谓自留本很可能是过录本，从所谓顾校字迹来看，两本字迹相差不大，或由顾氏本人过录原本，只是在过录时未能全部过录，遗漏不少，故袁氏再“覆校”一过。

校本五，明万历十年赵用贤刻管韩合刻本《管子注》二十四卷，清吴志忠校跋并录陈奂校，黄丕烈、顾广圻、段玉裁、王引之等校注，吴志忠、周叔弢旧藏，今藏国图（08149）。卷末抄录墨宝堂刊牌记“瞿源蔡潜道宅板行/绍

① 据跋，此红笔所校，所据为瞿氏所藏宋浙刻本，但并非小字本，或为误写。卷末顾广圻跋后又有莫棠跋，曰：“乙丑八月在苏州命工重装，并《韩非子》八册，二书得之三十年矣，频岁兵动乱，残余物庶地可安其存，亦自有天幸。”红笔校者，或为莫棠所为。

兴壬申孟春朔题"。卷首目录后有吴志忠跋,云:"北宋本《管子》二十四卷,向年士礼居所藏,今归汪阆园家。不肯借人读,余表兄师竹陈奂从其家校之。道光辛卯,忠因得临校一过,随注疑义于上方,兹奉李方伯方赤先生之命属临一本,完日记此。道光二十年(1840)庚子九月廿八日,吴县吴志忠。"末钤印"有堂""吴志忠印"。可知,此校为吴志忠以陈奂校本录之,同时亦间有"吴案"。

校本六,明万历十年赵用贤刻管韩合刻本《管子注》二十四卷,清张其锽、严可均识,清戴望校跋并录孙星衍、洪颐煊、王念孙、王引之、丁世函、俞樾诸家校。戴望、谢墉、李国松旧藏,今藏上图(线善758400—03)。卷首己巳四月戴望题记,云"继取陈硕甫、丁君泳之校语",卷末又跋曰:"癸丑七月,取石父师所过录蔡潜道本,对校一过,子高又记。"可知据墨宝堂本间接校之。

校本七,明万历十年赵用贤刻管韩合刻本《管子注》二十四卷,清王念孙、王引之校,清臧庸跋,宋琨、叶景葵跋。臧庸、宋琨、叶景葵旧藏,今藏上图(线善T10138—47)。宋琨跋曰:"民国初元,于役秦邮,怀祖先生裔孙持赵刻《管子》求售,披阅之下,获见怀祖先生校勘手迹,至再至三,丹墨满纸,复择要签出,犹加改窜,始刻入《读书杂志》中,视此本什一而已。"此本实由王氏父子据陈奂抄本校勘。

尚有三部校刊本,即洪颐煊《管子义证》、王念孙《读书杂志·管子注》及宋翔凤《管子识误》。嘉庆十八年刻本洪颐煊著《管子义证》八卷(底本为赵用贤本),是一个校注本,并非全录,而是摘取与墨宝堂本有异文或引《群书治要》《北堂书钞》《白帖》《文选》《韩非子》《太平御览》《初学记》《事类赋》《长短经》等书或疑讹误之句,先注出处,再考释其义。嘉庆十七年(1812)卷首洪颐煊序曰:"岁己巳(嘉庆十四年,1809),颐煊在德州使署,孙渊如观察师以所校《管子》属颐煊审定,会王怀祖观察暨令嗣伯申学士又以校本见遗,于是删其重复,附以鄙说,成《管子义证》八卷。"故所收皆为孙星衍、王念孙、洪颐煊三人案语。孙氏案语中有“宋本作某”，核之皆与墨宝堂本合。如卷一“邪气入内”，“星衍案：宋本‘入’作‘袭’，《文选·长门赋注七法注》引俱作‘袭’，《形势解》亦作‘袭’字，《文子九守篇》‘邪气不能袭’，此作‘入’字非”；“则不可授以重禄”，“星衍案：宋本‘以’作‘与’（下略）”。卷二“右七法、右百匿四伤”，“宋本作‘右四伤’‘右百匿’。念孙案：此当作‘右七法’下篇当作‘右四伤’，其‘百匿’二字，则因篇首‘百匿伤上威’，而误衍耳。‘百匿’乃‘四伤’之一，不得为篇目也，宋本不可从，俗本亦误。”经核，墨宝堂本分别作“右四伤”“右百匿”，而赵用贤本则对应作“右七法”“右四伤百匿”。卷三“管仲诎缨插衽”，“星衍案：宋本‘插’作‘捷’”。卷七“不以其理动者下瓦”，“星衍案：宋本无‘动者’二字，因涉下文而讹。”卷八“问口千万也”，“星衍案：‘问’当依宋本作‘开’”；“故迁封仓邑”，“星衍案：宋本‘仓’作‘食’，上下文俱作‘迁封食邑’”。但全书八卷，孙氏引“宋本”者仅此数条，《平津馆鉴藏记书籍》所记“无大异”，但事实上赵本与墨宝堂本异文远非止于此，从杨绍和《楹书隅录》所载即可知，笔者校之亦然，可见孙校并非全部，而采用孙校的《读书杂志》自然也是如此。

宋翔凤《管子识误》一卷，道光五年（1825）刻本，其后收录《过庭录》第十四卷，卷末载道光五年十二月宋氏跋，曰：“明刻《管子》，以刘绩本为近古，有意改处，皆明言之。其后有赵用贤本，稍逊。嘉庆壬申岁，客南昌，就郡守张古余丈，借得影抄南宋初年本，校对一过，绝多胜处。王石渠、孙伯渊诸先生所据之宋本，皆从此本校于今所行本，不能无遗漏。倘有力者借影抄本重雕，则盛事也。尝见石渠先生校《管子》既精博，岁甲申至广州，颇与同岁生临海洪君论《管子》，而余时出异同，遂录所见，为《管子识误》。冀附王、洪两家之后，以质好古君子。”嘉庆十七年（1812），于南昌向张敦仁借得“影抄南宋初年本”，发现“绝多胜处”，但宋氏并未详细交代这个影抄本之底本为何本，《铁琴铜剑楼藏书目录》卷十四著录浙本时云所据为“影抄绍兴壬申瞿源、蔡潜道刻本”，而郝继东《宋翔凤〈管子识误〉初探》认为“极有可能是未经明人刊改的杨忱本"①,亦即浙本。《识误》共一百五十八条,其中标明宋本者有八十六条,将其所引宋本异文与墨宝堂本、浙本对校,皆与墨宝堂本相同,而与浙本有不同者,如卷一"久而不忘焉,可以来矣",校云"宋本作'往'",浙本作"来",墨宝堂本作"往"。"臣有杀其君、子有杀其父",校云"宋本作'弒'",浙本皆作"殺",墨宝堂本作"弒"。这说明宋氏所据乃影抄墨宝堂本。但通观全书,发现亦并非全校,如"公因令宋本作曰今齐载其金以往",墨宝堂本"金"后有"钱",而宋氏未出校。再者《识误》属摘句校释,并非全引,故遗漏不可避免。可见,虽以影抄墨宝堂本为校本,然宋氏并未校全。

以上诸家校本,在客观上对传播墨宝堂本起到了一定的推动作用。可以说由于墨宝堂本的出现,使《管子》研究更上一个台阶,促进了学术研究。但因校勘所用皆为间接之本,难免在传校过程中产生误差。其共同缺陷包括:一是校勘不全,失校漏校很多,有的传录本甚至出现误校、再失校等;二是混入他校或其他原因,导致与墨宝堂本不合之处甚多,难以明确地判断墨宝堂本的原始性。欲知墨宝堂本,必须逐句逐字以原本细致对校,方能还原墨宝堂本的真实面目。

(八)俄藏本《管子》的学术价值

在现存《管子》的刻本中,除墨宝堂本外,南宋初浙刻本是仅存的第二个宋刻本。元代未见刊刻。至明代有明中叶刘绩《管子补注》本、明万历七年(1579)朱东光刻《中都四子》本(出自刘本)、明万历十年赵用贤刻管韩合辑本《管子注》二十四卷、明万历间张维枢刻本朱长春《管子榷》、明天启五年(1625)朱养和刻本(出自赵本)、明崇祯十一年(1638)刻本葛鼎《管韩

---

① 郝继东:《宋翔凤〈管子识误〉初探》,《沈阳师范大学学报(社会科学版)》2015年第1期。

合刻》等;其他尚有一些白文无注本,如明初刻十行本、明万历三十九年(1611)刻本张榜《管子纂》、明万历四十八年凌汝亨刻朱墨套印本、明万历吴勉学刻本(出自赵本)、明新安黄之寀校刻本(出自赵本)等;另有一些删节本,如明坊刻本翁状元彙选注释《管子评林》、明万历二十年刻本凌登嘉《管子治略窽言》、明天启五年(1625)贾毓祥刻本梅士享《铨叙管子成书》、崇祯二年(1629)姚振东刻本《管子纂注》等,清刻本如清嘉庆二十四年(1819)刻本洪颐煊《管子义证》、同治十一年(1872)刻本戴望《管子校正》等。在以上诸本中,浙本、赵本为学者公认佳本;刘绩本因有补注,颇有发明,且刊印较早,故此三本成为后世传播、校勘的常用或必用之本。刘绩本是现存除两宋本外最早的加注刻本,《中都四子》本即翻刻此本。赵本也参用了刘绩补注,实际上是在浙本和刘绩本基础上形成的新本,价值颇高。因其校刊精审,成为明末以来的通行本。郭沫若在《管子集校・管子集校所据管子宋明板本》中对赵用贤本评价甚高,曰:"其《管子》母本为杨忱本,赵《序》自言'为正其脱误者逾三万言',盖并注文而言之。如《重令篇》杨忱本夺去一叶,计正文四百四十五字,注文二百六十二字,赵已补正。明刻以此书为最精,以后各种板本均脱胎于此。"但是此本亦有问题,黎翔凤在《管子校注・凡例》中指出:"其序谓正其疑误逾三万言,其不可考者尚十之一二。赵本不明古义,改为后世之文从字顺,为校勘之一厄。王念孙常蹈此病,然易得众人之同情,必须纠正,以求存真。"故赵本亦不乏其误。

尽管以上浙本、刘绩本、赵本较佳,但以墨宝堂本校之,仍有讹误之处。如校之浙本,互有胜逊。以卷一为例,浙本"祗"误作"秖"、"之事"倒作"事之"、"往"误作"来"、"弑"误作"殺"、"威"误作"畏"、衍误"则"、"令"误作"今"、脱"而"、衍误"其"等。整体上看,墨宝堂本逊于浙本,但浙本亦有不少讹误,而墨宝堂本则是校勘的必备之本。两本详校可参见前揭"墨宝堂本与宋浙刻本之比勘"一节。王欣夫亦曾以陈奂用墨宝堂本校赵用贤本之校记校浙本,其《蛾术轩箧存善本书录》"甲辰稿卷三"云:

《管子》传世有蔡潜道墨宝堂与浙刻两宋本，皆在南宋初，而非出一源。浙本今有覆刻及影印本，世习见之。蔡本流入东瀛，所传各家手校本耳。余所见陆敕先、顾千里、陈硕甫诸家校本，亦互有详略。则校书如扫落叶，自昔而然也。

尝絜两本(墨宝堂本、浙本)之短长，蔡本胜于浙本者，如《权修》篇"是以臣有弑其君，子有弑其父者矣"，两弑字皆不作杀。《七法》篇"审于地图"，图不作啚。(《说文》以啚为鄙啬字)《枢言》篇"霸主积于将士"不作"将战士"。将士，将军之士也。《后汉·光武帝纪》"于是大飨将士，班劳策勋"，将士，将帅士卒也。《重令》篇"凡右国之重器"，右不作君，右、有同声通用，有国者之重器，莫如令也。"宾胥无为西士"，士不作土。《小匡》篇"五乡一帅五"，不作三五，乡万家，家出一人，为万人也。下文云"五乡一帅，故万人一军，五乡之帅率之。"《大司徒》曰"凡起徒役，无过家一人。"《管子》与《周官》合。"旦昔从事于此"，旦不作且。"甲不解累"，累不作垒。"握粟而筮者屡中"，筮不作莁。"堙而不税"，堙不作壥。《诗·伐檀·释文》廛本亦作堙。《集韵》廛亦作壥。"教之大成"不脱之字。"以遂文、武之迹于天下"，迹不作近。《霸形》篇"宋已取杞，狄已拔邢、卫矣"，杞不作相。"令其人有丧雌雄"，雌不作𪀦。《霸言》篇"举大事用天心"，心不作道。案，详注语亦当是心。《戒》篇"必则朋乎"，朋不作明。"今夫坚刀"，虽豎误为堅，而刀不作刁，下同。刁俗刀字。《制分》篇"乘瑕则神"，瑕不作瑕。《君臣上》篇"其大者有侵偪弑上之祸"，弑不作殺。《四称》篇"君若有爱则臣服之"，爱不作忧。案，爱犹好也。《牧民》篇"君好之则臣服之"即其证也。"倨敖不恭"，倨不作涺。《侈靡》篇"爱气之潜然而衰"，衰不作哀。《形势解》篇"主不易其则"，则不作利。《版法解》篇"踈远微贱者，无所告诉则下饶"，饶不作蘛。"事失称量则事不工"，上事字不脱。"故曰备长存乎任贤"，任不作在。《明法解》篇"贵臣不得蔽其贱"，不脱其字。“有权衡之称者，不可欺以轻重”，者不作若。“专任法而不自举焉”，不脱而字。《山权数》篇“民之能树瓜瓠荤菜百果蕃育者”，果下无使字，育不作衰。《山至数》篇“君人之生，弟兄十人”，生不作主。《揆度》篇“市东西南北度五十里”，不脱市字。“为马四百匹”，匹不作四。《国准》篇“乘天固”，固不作国。《轻重甲》篇“不资者得振”，资不作沓。“夫妻服簟”，簟不作箪。“次日薄芋”，芋不作芓。《轻重丁》篇“天下高亦高”，不脱天字。“未沐之时”，沐不作休。“敢问齐方千几何里”，千不作于。《轻重戊》篇“什至而金三千斤”，千不作十。

其不如浙本者，如《形势》篇“小廉不修于国，而求百姓之行大廉，不可得也”，下脱“凡牧民者至不可得也”四十字。《幼官》篇“行行冬政耗”，上行字下脱“春政华”三字。《兵法》篇“无设无形焉”下脱“无不可以成也”并注三十二字。《小匡》篇“少而习焉”，下脱“其心安焉”四字。《侈靡》篇“潭根之毋伐”，下脱“固事之毋入”句并注二十字。“事道然后可以言名，然后可以承致诈”，脱“言名然后可以”六字。其他脱衍错互及形近之误，更多不胜举。是迥非浙本之比，遑论其残失七卷耶？①

王欣夫通过校浙本诸多讹误，说明墨宝堂本之胜。但就整体而言，浙本要优于墨宝堂本。

再以墨宝堂本校刘绩本，前者俗字不少，后者更多，如“蓋”作“盖”，“彊”作“强”，“於”作“于”，“寳”作“宝”，“舉”作“挙”，“圖”作“啚”，“齊”作“斉”，“窮”作“穷”，“顯”作“顕”，“參”作“参”，等等，亦有墨宝堂本用俗字，而刘绩本用正字者。这些区别并非要也，而刘绩本讹误令人骇然，从前揭卷一对校浙本的校勘中已能见之，今再以墨宝堂本校其卷二为例。墨宝堂本第一叶上半叶末行注“必须明审其理”，刘绩本“明”前衍“须明”。同

① 王欣夫：《蛾术轩箧存善本书录》，上海古籍出版社 2002 年版，第 1274—1275 页。

叶下半叶第六行注“义者,所以合宜也”,刘绩本脱“宜”。第二叶上半叶第三行注“鹤胫非所断,凫胫非所续也”,刘绩本第二个“胫”误作“颈”;同叶第四行注“左手为书,右手从而上之,则无时成书矣”,刘绩本“上”误作“止”;第七行注“必有以慰悦之”,刘绩本脱“悦”;第十二行标题“右四伤”,刘绩本误作“右七法”。下半叶首行注“盗贼之人,常欲损败于物也”,刘绩本“败”误作“教”;同行“众伤则重在下”,刘绩本“众”误作“威”;第十行注“谓常令、官爵”,刘绩本“官”误作“宦”;第十二行注“下皆隐实言虚”,刘绩本“皆”误作“者”;第十三行“世主所贵者,实也”,刘绩本“实”误作“宝”。第三叶上半叶第一行“致所贵非实也”,刘绩本“实”误作“宝”;第二行注“重宝而全命”,刘绩本“全”误作“人”;第四行注“故弃亲而存社稷”,刘绩本“而”误作“之”;第六行注“不达于四者,用非其国”,刘绩本“国”误作“自”。下半叶第二行标题“右百匿”,刘绩本误作“右四伤”;第五行“存乎选士,而士无敌”,刘绩本脱“选”后“士而”二字;第七行注“遍知天下,谓遍知其地形险易,主将工拙,工卒勇怯”,刘绩本脱“工拙工卒勇怯”六字;同行“存乎明于机数”,刘绩本“存”误作“在”;第八行注“不疾而速,不行而至”,刘绩本“疾而速”误倒作“速而疾”;第九行注“财,谓货财”,刘绩本脱“谓”;第四叶上半叶第十行注“桓公救邢迁卫”,刘绩本“邢”误作“刑”。下半叶第二行“故不理不胜”,刘绩本“理”误作“礼”;第六行注“地,谓山河陂泽,所以营作而具利者也”,刘绩本“陂”误作“坡”,“营”误作“訾”;第十行“故不明于敌人之政”,刘绩本“政”误作“正”。第五叶上半叶第三行“而器械不功”,刘绩本“而”误作“则”;第十一行注“故莫敢为敌”,刘绩本“敌”误作“战”;第十三行“明宪法矣”,刘绩本脱“法”;同行注“谓上下同心,其犹一体”,刘绩本脱“心其犹一体”五字。下半叶第三行注“听邻国之动静”,刘绩本“听”误作“所”;第四行注“奇说,谓谲诳之言”,刘绩本“诳”误作“诈”。第六叶上半叶第一、二行“骤令不行”,刘绩本“不”前衍“而”;第四行注“凡人之情”,刘绩本脱“之”;第六行“兼爱无遗,谓君必先顺教,万民乡风”,刘绩本"兼"误作"廉","谓"前衍"是","必"前衍"心";第十二行"民苦殃,令不行。施报不得,祸乃始昌,祸昌不寤,民乃自畐",刘绩本"祸昌"误作"而"、"畐"作"图"。下半叶第二行"罚罪宥过",刘绩本"宥"误作"有";第四行注"天之资始,无有私德",刘绩本"私"误作"移";第五行注"地之资生,无所私亲",刘绩本"私"误作"施";同行"佐于四时",刘绩本"佐"误作"伍";第六行"悦在施有",刘绩本"施"前衍"爰"。同行注"将悦于下,在于施无令有",刘绩本脱第二个"于","令有"误作"今之"。第六行"召远在修近"及注"修近,则远者至",刘绩本注"近"误作"道"。第二卷不足六叶,除却部分俗字之外,竟有五十四处异文。其中刘绩本误者五十二处,纠正墨宝堂本之误者仅有两处。核检全本,刘绩本脱文近三十处,讹夺近千处,可见刘绩本讹误之甚。这些讹脱致使句意难解,不堪卒读。如篇名"百匿"误作"四伤",黎翔凤考曰:"王念孙云:朱本无'百匿'二字,是也。《四伤》是篇目,'百匿'乃'四伤'之一,不得与'四伤'并列。张德均云:黄震云'《四伤》之篇,误名《百匿》',足见宋代坊间有本作'百匿',亦别有善本作'四伤'。后人以两本相校,未知孰正,遂并存之,合而为一,故又作'四伤百匿'也。翔凤案:'四伤'义见前。诸人不知其义,而附会为'四经败',移其目于此,误矣。'百匿'为纲,奸吏、奸民、盗贼皆属之,非'百匿'之外别有此三种也。黄震谓'《四伤》误名《百匿》',抒其所见,非谓有别本不同也。赵本改《四伤》为《七法》而移于后,标题曰'四伤百匿',谬。王念孙又以'百匿为四伤之一',而文有'众伤''法伤''教伤',而无'威伤',误亦甚矣。"①可见后出"四伤""四伤百匿"之名等皆非是。客观地讲,刘绩本还是下了很大功夫的。作为自唐尹知章注以来现存的第二个注释本,尽管是补注,亦有很大价值。只是刊印粗率,成为其最大缺憾。而刘绩本的上述讹脱皆可用墨宝堂本校出,以此可知墨宝堂本的校勘价值。

---

① 黎翔凤:《管子校注》,中华书局2004年版,第115页。

同治二年(1863)年,杨绍和曾以墨宝堂本校赵本,其《楹书隅录》卷三著录曰:

其中佳处,足正各本之谬者实多。如《形势》篇,“虎豹托幽而威可载也”,未误作“得幽”;“邪气袭内”,未误作“入内”;“莫知其泽之”,未误作“释之”;“其功逆天者,天围之”,未误作“违之”。《乘马》篇,“凡立国都,非于大山之下,必于广川之上”,未误作“太山”;“薮镰纆得入焉”,未误作“缠得”。《版法》篇,“法天合德,象地无亲”,未误作“象法”。《幼官》篇,“必得文威,武官习胜”下,未衍“之”字;“则其攻不待权舆,明必胜则慈者勇”,未误作“权与”。《宙合》篇,“内纵于美好音声”,未误作“美色淫声”。《枢言》篇,“贤大夫不恃宗室”,未误作“宗至”。《八观》篇,“故曰入朝廷,观左右,本朝之臣”,“右”下未衍“求”字。《法法》篇,“矜物之人”,未误作“务物”;“内乱自是起矣”,未脱“矣”字。《小匡》篇,“管仲诎缨捷衽”,未误作“插衽”;“维顺端悫,以待时使”,注“待时,待可用之时也”,“也”上未衍“而使之”三字。《霸言》篇,“骥之材,百马代之”,又“疆最一代”,均未误作“伐”。《戒》篇,“东郭有狗嘊嘊”,注“枷,谓以木连狗”,未误作“猳谓”。《形势解》,“臣下墮而不忠”,未误作“随”;“而弱子、慈母之所爱也,不以其理”下,未衍“动者”二字;“乱主独用其智,而不任圣人之智”,未误作“众人”;“使人有理,遇人有礼”,“理”“礼”二字未互倒。《版法解》,“往事必登”,未误作“毕登”;《海王》篇,“万乘之国,人数开口千万”,未误作“问口”。《山国轨》篇,“不籍而瞻国,为之有道乎”,未误作“道予”。皆与高邮王怀祖先生《读书杂志》所引相合。其他类是者,尚不能一二数,信知此本之可宝矣。

通过以上校勘,墨宝堂本之价值可见一斑,当然墨宝堂本亦有一些讹误。但从其学术价值来看,墨宝堂本显然是不可替代的校本。

在现当代的校注本中,郭沫若《管子集校》及黎翔凤《管子校注》可谓佳本。其中《管子集校》参校版本最多，计有南宋初浙刻本、陆贻典校刘绩本、明抄刘绩本、十行二十一字无注古本、朱东光《中都四子》本、赵用贤《管韩合刻》本、凌登嘉《管子治略窾言》、朱长春《管子榷》、张榜《管子纂》、万历四十八年凌汝亨刻本、万历间吴勉学刻本、翁状元彙选注释《管子评林》、梅士享《铨叙管子成书》、朱养和《管子》、明新安黄之寀校刻本、姚镇东《管子纂注》、葛鼎《管韩合刻》，凡十七本，但没有直接参校墨宝堂本。其中与墨宝堂本有关的有两种：一是陆、黄校本，惜黄丕烈仅校勘首四卷，且卷一详备，后三卷仅有数条，很多异文并未校出。二是戴望《管子校正》，其吸收了陈奂校记六十余则，但亦不全。郭本并非逐句对校，除了无法为读者提供一个系统的校读本之外，其最大问题是部分有异文的文句失校，巩曰国《海源阁旧藏校宋本〈管子〉考述》一文以《大匡》为例，检出浙本、刘绩本异文有二十七处脱漏，故陆、黄校本"可补《管子集校》之缺漏"。对于墨宝堂本而言，何尝不是如此，比如墨宝堂本卷七第四叶上半叶第六行"今既定矣"，浙本"今"误作"令"（黎本亦误），郭本此句不出校，因此不知郭本所从为何。黎翔凤在《管子校注》卷首序中指出"郭校罗列众本，不分轻重，使人目迷五色，则其失也"，洵非虚言。其中已出校之误及失校之处于此不再赘述。戴望、郭沫若没有见过墨宝堂本原刻及陈奂的影抄本，属于二手或三手利用，故用墨宝堂本原椠校勘仍然是必要的。黎本有鉴郭校不审，于是再校，以"上海涵芬楼影宋刊杨忱本为底本"（即影印宋浙刻本），参校赵用贤本、中都四子本等，以成《管子校注》。但以墨宝堂本校勘，黎本误脱者亦有不少。如墨宝堂本卷五第三叶下半叶第七行注"君斯作矣，人胥效矣，故人其不化上"，浙本"其"作"莫"，此注黎本脱去。墨宝堂本卷六第五叶上半叶"故请入而不出谓之灭"及注"臣有请告，既入而不出"，赵本同，浙本注"请"作"情"，黎本亦作"情"，当误。墨宝堂本卷九第二叶上半叶"宋已取杞，狄已拔邢、卫矣"，赵本同，浙本无"杞"，黎本"杞"作"相"，并以为"相"为杞之某地，实误。墨宝堂本卷十一第六叶上半叶"奢谆生慢"及注"不重淳质，而奢称述恐之,此其慢也”,“耆称述”三字,黎本注据《补注》本作“智诈耆”,并加注云:“‘智诈耆’原作‘耆称迷’,据《补注》改”。经核浙本,“述”不作“迷”,黎本误。墨宝堂本卷二十一《明法解》第十四叶上半叶“制群臣,擅生杀,主之分也”,浙本“擅”误作“檀”,黎本亦误作“檀”,赵本不误,同篇前句“人主者,擅生杀,处威势”,不误。这些明显的讹误,皆有赖墨宝堂本校勘。

俄藏墨宝堂本《管子》,由瞿源蔡潜道刊于绍兴二十二年,具有浙本风格,兼有建本特点,其底本或为张嵲整理校正本或为北宋杨忱序本。所缺七卷由黄丕烈据陆贻典校宋本抄配,尽管经黄丕烈校勘一过,仍有漏校。墨宝堂本作为孤本独帙,虽有一些讹误,但仍可校出宋浙本、刘绩本、赵用贤本等不少讹误。陈奂抄本确实在普及墨宝堂本时发挥了重要作用,但所抄一则存有讹误,二则漏校不少,后人以之为蓝本校勘他本时,均出现程度不同的误校或漏校之处,致使原墨宝堂本不能百分之百地复原出来,无法准确、全面、系统地加以利用。校勘《管子》诸本,当以原墨宝堂本直接校勘,方能尽现墨宝堂本的真实面目。在现当代的校注本中,以郭沫若《管子集校》、黎翔凤《管子校注》最著,参校本多,校勘细致,然并未直接利用墨宝堂本校勘。今以墨宝堂本校之,仍可校勘出不少讹误。目前学界尚无一个完善的《管子》校本,其中缺少利用墨宝堂本当是一大缺憾与不足。意者当以浙本为底本,以墨宝堂刻原本及赵用贤本、刘绩本、中都四子本等为校本,并以出土文献、其他史料等参校,可校理成最为精良的善本。

参考文献:

(清)王念孙:《读书杂志》,《清代学术名著丛刊》第3册,上海古籍出版社2014年版。

(清)戴望:《管子校正》,丛书集成续编本,上海书店1994年版。

罗继祖:《〈管子补注〉作者刘绩的时代问题〉,《史学集刊》1956年第2期。

郭沫若:《管子集校》,科学出版社1956年版。

王欣夫:《郭沫若先生〈管子集校叙录〉之商榷》,《学术月刊》1957年第6期。

赵守正:《管子注释》上册,广西人民出版社 1982 年版。

赵守正:《管子注释》下册,广西人民出版社 1987 年版。

许光清:《管子校》,丛书集成初编本,中华书局 1985 年版。

冒广生著,冒怀辛整理:《〈管子〉跋十七则》,《管子学刊》1987 年第 2 期。

石一参:《管子今诠》,中国书店 1988 年影印本。

周洪才:《〈管子〉版本考述》,《管子学刊》1990 年第 2 期。

林申清:《郭沫若遗札》,《图书馆杂志》1999 年第 3 期。

巩曰国:《〈管子〉版本述略》,《管子学刊》2002 年第 3 期。

巩曰国:《〈管子〉杨忱本刊刻年代考辨》,《图书馆杂志》2003 年第 3 期。

张固也:《论〈管子〉的早期流传》,《古籍整理研究学刊》2003 年第 5 期。

巩曰国:《宋本〈管子〉考说》,《齐鲁文化研究》总第 3 辑,山东文艺出版社 2004 年版。

池万兴:《〈管子〉研究》,高等教育出版社 2004 年版。

黎翔凤:《管子校注》,中华书局 2004 年版。

郭丽:《〈管子〉中都四子本与南宋初浙刻本的比较》,《中南大学学报》2006 年第 1 期。

郭丽:《〈管子〉文献学研究》,中国海洋大学出版社 2007 年版。

郭丽:《赵用贤本〈管子〉论略》,《管子学刊》2007 年第 2 期。

郭丽:《明刻刘绩〈管子补注〉考述——以陆贻典校跋本与南宋浙本〈管子〉比较为例》,《图书馆杂志》2008 年第 5 期。

巩曰国:《宋本〈管子〉的收藏与流传》,《图书馆理论与实践》2009 年第 2 期。

郭丽:《文渊阁〈四库全书〉本〈管子补注〉考略》《历史档案》2009 年 3 期。

郭丽:《国家图书馆藏南宋浙本〈管子〉考略,《图书情报工作》2009 年第 23 期。

王学斌:《论清代〈管子〉校勘中的学术传承——以王念孙、陈奂、丁世函、戴望为系谱的考察》,《管子学刊》2010 年第 1 期。

巩曰国:《〈管子〉十行无注本刊刻年代考辨》,《图书馆杂志》2010 年第 1 期。

郭丽:《〈中都四子〉本〈管子补注〉考略》,《图书馆理论与实践》2010 年第 6 期。

巩曰国:《陈奂家抄本〈管子〉的版本价值》,《古籍整理研究学刊》2010 年第 7 期。

郭丽:《南宋墨宝堂本〈管子〉考略》,《图书馆杂志》2010 年第 11 期。

柳向春:《陈奂交游研究》,华东师范大学出版社 2010 年版。

巩曰国:《海源阁旧藏校宋本〈管子〉述考》,《文献》2012 年第 1 期。

张锦少:《王念孙〈管子〉校本研究》,《台大中文学报》2012 年第 39 期。

二 《荀子》二十卷 宋淳熙八年(1181)江西计台刻本

荀子(约前298—前238),战国末期赵国人,本名况,又号荀卿。西汉时避汉宣帝刘询讳,因"荀"与"孙"二字古音相通,故又称孙卿。曾于齐襄王稷下学宫讲学,三任祭酒。后因被谗,至楚,被春申君任为兰陵令。春申君卒后被废,失官家居,卒于兰陵。荀子为孔、孟之后大儒,本仲尼而斥诸子,隆礼义而重名法,主性恶而倡人为,制天命而材万物,尊先王而法后王,推王霸而举贤能。荀子著书,《史记·孟子荀卿列传》有载。所著《荀子》为弟子辑录而成,记录了荀子的思想及言行。刘向《荀卿书录》以为当是荀子晚年著于兰陵:"孙卿卒不用于世,老于兰陵,疾浊世之政,亡国乱君相属,不遂大道而营乎巫祝,信禨祥;鄙儒小拘,如庄周等又滑稽乱俗。于是推儒、墨、道德之行事,兴坏序列,著数万言而卒。"①今传《荀子》三十二篇,有学者认为其中最后五篇非荀子著作,而是其与弟子们整理或记录他人之言行文字,但其观点与荀子主张是一致的。

(一) 北宋以前《荀子》的编刊

荀子著述有"数万言",《史记·吕不韦列传》云:"是时诸侯多辩士,如

① (汉)刘向:《孙卿书录》,淳熙八年(1181)江西计台刻本《荀子》卷末。

荀卿之徒,著书布天下。”西汉初韩婴《韩诗外传》引荀书五十九次,涉及荀书二十一篇。[①] 西汉成帝时,刘向为之整理编次,定为三十二篇,汇集成书,称书名“孙卿书”。刘向《孙卿书录》云:“所校雠中孙卿书凡三百二十二篇,以相校,除重复二百九十篇,定著三十二篇。”[②]但未言卷数,只云某篇第几。《汉书·艺文志》诸子略著录有“孙卿子三十三篇”,或为“三十二篇”之误,与刘向所编当为同书。盖在此时,尚未分卷。《隋书·经籍志》子部著录“《孙卿子》十二卷”,《旧唐书·经籍志》丙部子录儒家类著录同,盖已将原三十二篇分为十二卷。至唐代,杨倞得到一个名曰《孙卿新书》的三十二篇本,于次序上略作调整,分为二十卷,并为之作注,又改书名《孙卿新书》为《荀子》。自此,杨倞注的二十卷本成为通行本,并成为后世刊梓的底本。不过,原来的十二卷本仍然流传,《新唐书·艺文志》《崇文总目》《通志·艺文略》《宋史·艺文志》《国史·经籍志》即著录“《荀卿子》十二卷”,至高儒《百川书志》著录为“《荀子》十二卷”,尽管书名不一,十二卷之规制相同。可见自唐至明中叶,十二卷本和二十卷本一直并行流传。至于杨注《荀子》二十卷本,《新唐书·艺文志》《崇文总目》皆著录,但这两个目录著录的当是写本,因杨注本最早写刊于北宋熙宁元年(1068)。[③]

杨倞为何给荀子作注?缘于中晚唐大力提倡儒家,而唯独《荀子》未受到应有的重视,杨倞以为首先要对其有足够的重视,其次要有一个好的读本,其《荀子注序》云:“而《孟子》有赵氏章句,汉代亦尝立博士,传习不绝,故今之君子多好其书。独《荀子》未有注解,亦复编简烂脱,传写谬误,虽好

---

① 王天海:《荀子校勘注释源流考》,《贵州民族学院学报(哲学社会科学版)》2005 年第 5 期。

② (汉)刘向:《孙卿书录》,《全上古三代秦汉三国六朝文》第 1 册,河北教育出版社 1997 年版,第 600 页。

③ 高正《荀子版本源流考》云:“现存杨注《荀子》二十卷刊本中,北宋熙宁监本系统与南宋坊刻纂图互注本系统之文字出入较大,当因二系统祖本所据之底本各不相同。由此似可推知,杨注《荀子》写本系统,在宋代当至少有两种文字出入颇大之不同写本。”案此可姑存一说。(中华书局 2010 年版,第 8 页)

事者时亦览之,至于文义不通,屡掩卷焉。夫理晓则惬心,文舛则忤意,未知者谓异端不览,览者以脱误不终,所以荀氏之书千载而未光焉。……故分旧十二卷三十二篇为二十卷,又改《孙卿新书》为《荀子》,其篇第亦颇有移易,使以类相从云。"①杨倞所注,不仅释章句及字之音义,还作版本校勘,如卷七"王霸篇第十一"中"国者天下之制利用也",杨注曰:"天下用之利者,无过于国。制,衍字耳。"可见,杨倞并未径改底本,而是以加注方式校出。据王天海统计:"杨倞注本,计出校释之文三千四百八十八条,校注文字八万一千七百余字,超出荀书本文六千余字。……其中有十一篇篇目下撰有简要说明,实开后世注《荀》篇目解题之先河。其校释虽未尽善,时有引书冗繁之病,然'多明古义,亦异于无稽之言'。"②可见杨注用力至勤,厥功至伟。

北宋治平、熙宁间,国家太平,文化隆盛,三馆臣僚竞相校勘群书,蔚然成风。《荀子》当时已被列入科举出题用书,急需官方定本。在这种背景下,北宋熙宁元年(1068),由国子监组织校勘开雕,亦为首次校刊杨倞注《荀子》。关于校刊详情,据《古逸丛书》影刻淳熙间唐仲友台州翻刻本《荀子》(以下简称唐本)卷末附熙宁元年中书札子道:"……奉圣旨:校定《荀子》《扬子》,内《扬子》一部先次校毕,已于治平二年(1065)十二月内申纳讫。今来再校到《荀子》一部,计二十卷,装写已了,续次申纳者申闻事。右奉圣旨:《荀子》送国子监开版,依《扬子》并《音义》例,印造进呈。"《古逸丛书》本唐仲友《荀子后序》亦云:"皇朝熙宁初,儒官校上,诏国子监刊印颁行之。"在熙宁元年之前,治平二年已校刊完毕《扬子法言》。国图藏宋刻本《纂图互注扬子法言》(索书号7486)卷首《司马温公注扬子序》云:"景祐四年(1037),诏国子监校《扬子法言》。嘉祐二年(1057)七月,始校毕上之,又

① 见俄藏钱佃本《荀子》卷首所载。

② 王天海:《荀子校勘注释源流考》,《贵州民族学院学报(哲学社会科学版)》2005年第5期。

诏直秘阁吕夏卿校定,治平元年(1064)上之。又诏内外制看详,二年上之。然后命国子监镂版印行。"因有此《法言》之鉴,故《荀子》亦依其例印造。今存南宋翻刻北宋治平二年《扬子法言》卷末有《音义》一卷,而唐本、宋浙刻八行大字本(因其卷二十尾题后题北宋衔名王子韶、吕夏卿等,以下简称吕本)及南宋淳熙八年(1181)江西计台钱佃刻本(以下简称钱佃本)卷末皆无《音义》,但检卷中注有音义,并未如《法言》附于卷末,颇疑当时未著《音义》。据唐本《荀子》所载,参与校勘《荀子》的校勘官共有十七人:王子韶、吕夏卿、卢侗、王汝翼、颜复、焦千之、梁师孟、董唐臣、黎錞、韩端彦、程伯孙、毕之翰、吕诲、钱公辅、唐介、赵抃、曾公亮。这么多的知名学者参与校刊一书,足能说明官方对校勘此书的重视程度。其中与《法言》同者有曾公亮、吕夏卿、毕之翰三人。从校刊《法言》到《荀子》不过三年,三人先参与校刊《法言》,后又参与校刊《荀子》。又,《法言》从首校到校毕、二次覆校再到镂版印行,历经仁宗、英宗两朝达二十八年之久。其实《荀子》亦经历三十年,《宋会要辑稿》载景祐四年翰林学士李淑奏云:"切见近日发解进士,多取别书小说、古人文集,或移合经注以为题目,竞务新奥。朝廷崇学取士,本欲兴崇风教,反使后进习尚异端,非所谓化成之义也。况考较进士,但观词艺优劣,不必嫌避正书。其经典子书之内,有《国语》《荀子》《文中子》,儒学所崇,与六经贯通。先朝以来,尝于此出题,只是国序未有印本,欲望取上件三书,差官校勘、刻板,撰定《音义》,付国子监施行。"①可见,早在景祐四年就有校刊《荀子》的动议,且要求附有《音义》,但直到熙宁元年才真正进入实施阶段。故唐仲友《荀子后序》称"熙宁初儒官校上",世称北宋监本为熙宁监本。但钱佃本《荀子》卷末钱佃跋云,所据"乃于庐陵学官藏书中得元丰国子监刻者",《直斋书录解题》及《礼部集・书荀子后》皆称钱佃以元丰监本参校,时间并不一致,抑或熙宁、元丰有两刻?顾广圻跋钱佃本云

① (明)徐松辑,刘琳、刁忠民、舒大刚等点校:《宋会要辑稿》第5册,上海古籍出版社2014年版,第2819页。

"按熙宁、元丰相接,当无异本",意者顾说同本,可信。当是熙宁元年开始校勘,至元丰刊成。牒文所言熙宁元年只是开始校勘的时间,经过初次校勘(卢侗等十五人),再到复校(王子韶、吕夏卿),最后刊成,至少需经十余年时间,而这比《法言》所用时间要少得多。估计国子监校刊所经历的四个步骤,一般也是十几年甚至二十年左右,以当时的认真负责精神、工作条件、人事变迁状况及刊印过程,这应是正常的时间。刘明又从校勘人衔名等加以考释,认为《荀子》之所以历经这么长时间校刊而成,"这与熙宁年间王安石变法有一定关系",因这些校勘官大多因参与变法而被罢职或贬谪,"熙宁变法所产生的人事变动,使得《荀子》校刻工作没有能够顺利地进行,至熙宁七年(1074)罢王安石为观文殿大学士,出知江宁府,熙宁变法宣告结束,在这七年时间里《荀子》的刊刻是停滞的。"又"熙宁变法的思想文化压制恐怕是另一原因。"①颇有道理。

而据出于熙宁监本的南宋淳熙八年(1181)江西计台钱佃刻本仍然避唐讳"治",说明熙宁本或源于唐写本。熙宁监本刊成后,影响很大,当时即成为通行本,诸家翻刻颇多。今可知见者有南宋淳熙八年江西漕司钱佃刻本、南宋浙江地区翻刻本、唐仲友台州翻刻本(参见下文"俄藏本所附《荀子考异》的学术价值"),而钱佃本卷末跋中提及的"二浙、西蜀"凡四本以及唐仲友《荀子后序》提及的"闽本"等,当亦直接或间接源于监本。从现存宋元刻本的流行情况来看,自监本后可分两大系统,一是直接源于监本的,如唐本、吕本、钱佃本,可称监本系统,完整地保持杨倞注文,较忠实于监本。二是纂图互注本系统,由国子监于熙宁监本基础上经过增删而成,先为纂图互注,后为坊间增注重言重意(参见下文"俄藏本所附《荀子考异》的学术价值引《法言》序后牌记"),但监本原貌已失,不仅经文异文甚多,杨倞注已面目全非,今存宋、元刻本颇多。两种版本系统构成了宋代以后《荀子》版本的

① 刘明:《宋本〈荀子〉刊刻考略》,《图书馆杂志》2012 年第 4 期。

传播基础。前者更多地流传于学者阶层,后者主要面向大众学子。

(二)俄藏宋淳熙八年江西计台刻本《荀子》的版本与编刊

宋淳熙八年(1181)江西计台刻本《荀子》二十卷,唐杨倞注,今藏俄罗斯国立图书馆,索书号为3B/2—11/312。全书共十册,白棉纸。卷十三第五、六叶抄补。

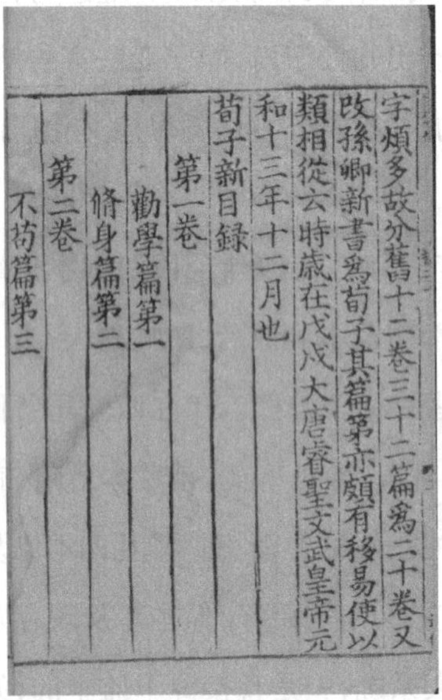
字煩多故分舊十二卷三十二篇爲二十卷又
改孫卿新書爲荀子其篇第亦頗有移易使以
類相從云時歲在戊戌大唐睿聖文武皇帝元
和十三年十二月也
荀子新目録
第一卷
勸學篇第一
脩身篇第二
第二卷
不苟篇第三

宋钱佃本《荀子》卷首序后目录

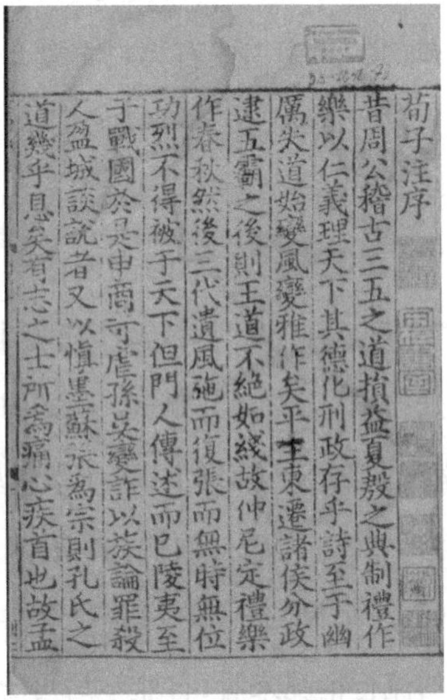
荀子注序
昔周公稽古三五之道損益夏殷之典制禮作
樂以仁義理天下其德化刑政存乎詩至于幽
厲失道始變風變雅作矣平王東遷諸侯力政
逮五霸之後則王道不絕如綫故仲尼定禮樂
作春秋然後三代遺風弛而復張而無時無位
功烈不得被于天下但門人傳述而已陵夷至
于戰國於是申商苛虐孫吳變詐以族論罪殺
人盈城談說者又以慎墨蘇張爲宗則孔氏之
道幾乎息矣有志之士所爲痛心疾首也故孟

宋钱佃本《荀子》卷首《荀子注序》

卷首有“荀子注序”,序后不空行直接顶格题“荀子新目录”,次行低二格题“第一卷”,第三、四行低三格题本卷目录“劝学篇第一”“修身篇第二”,以下类同。卷一首行顶格题“荀子卷第一”,尾题同,次行低四格题“登仕郎守大理评事杨(下空一格)倞(下空一格)注”,其余十九卷皆不署名,第三行顶格题“劝学篇第一”,正文顶格。每卷末均有校语,所引正文大字,校异文字小字双行。每卷各章不分段，惟见卷十八第三叶下半叶“请成相道圣王”、第六叶下半叶“请成相言治方”、第九叶下半叶“有物于此”、第十叶下半叶“有物于此”、第十一叶下半叶“有物于此”、第十二叶下半叶“天下不治”、卷二十后半叶“为说者曰”等章错行另起。卷中有墨钉几处，如卷十八第五叶下半叶末行末处。卷二十尾题前有“荀卿新书十二卷三十二篇”，次为三十二篇目录，目录末为护左都水使者光禄大夫刘向上言所校雠中孙卿书录，尾题后附异文校勘记，次有淳熙八年(1181)钱佃跋。

钱佃跋云：

右荀卿子书，杨倞注，凡三十二篇，为二十卷，并刘向《篇目》。旧尝患此书无善本，求之国子监，亦未尝版行，比集诸家所藏，得二浙、西蜀本凡四，增寡同异，莫适取正。末乃于庐陵学官藏书中得元丰国子监者，遂取以为据。然犹有谬误，用诸本参校，凡是正一百五十有四字。其有疑而未决者，并世俗所习熟而未定，如“青出于蓝，而青于蓝”者；监本所出而文义或非，如“美善相乐”者，皆不敢没其实，著之卷末，又一百二十有六条。虽未敢以为尽善，然耳目所及，已特为精好，谨刻之江西计台，俾学者得以考订而诵习焉。淳熙八年六月丙午，吴郡钱佃谨识。

版框高宽21.5厘米×16.9厘米，原书高宽27.3厘米×18.6厘米。半叶十行，每行十八字，小字双行字数同，间有十九字者，四周单边，白口，双鱼尾。上鱼尾上题字数，右题大字字数，左题小字字数，下题“荀子几(卷次)”，下鱼尾下题叶次及刻工姓名。刻工计有：刘仁、宋敏、刘安全、刘才、高仲、刘宣、刘文、三礼、曾茂、刘升之、吴震、王礼、高仪、高仪、彭𨑳、高隽(或儁)、翁遂、邓仁、徐𠑹、胡俊、吴振、李仲、蔡文、彭卞、吴仲、邓安、余光、罗佐、祝谔、严思敬、刘寅、祝天祐、刘孜、宋、仪、从、孜、振、鼎、黄、俊、兴、宣、仲、寧。唐讳“治”，避作“理”，如卷十一第三叶上半叶第二行及杨注“理其地”，唐本、吕本皆改回原字“治”，但并不严格，如同卷第十二叶上半叶第三行“应之以治”,唐本、吕本又作“理”;宋讳不谨,“玄”“炫”“鮌”“殷”“敬”“檠”“貞”“講”“恒”“弘”“匡”“徵”“懲”“讓”等字间有缺笔,“桓”字不避,遇“慎”字多缺末笔,如卷二第七叶下半叶第三行“君子慎之”,卷三第十一叶下半叶第三行“是慎到、田骈也”,卷十九第十三叶下半叶之第四行“慎之”、第九行“不慎也”之“慎”字等,亦偶见不缺笔者,如卷十五第十四叶上半叶第七行小字“慎、墨、季、惠之属”之“慎”字;“敦”字不避,如卷二第十二叶上半叶第八行“以敦比其事业”、卷十三第二十叶下半叶第八行“其所敦恶之文也”之“敦”字。卷十八遇“皇天”二字错行顶格。偶有俗字,如“乱”“弃”等。卷六第十四叶下半叶第四至五行,卷七第十七叶下半叶第二至四行,卷十八第五叶下半叶第十行分别有墨钉三处。

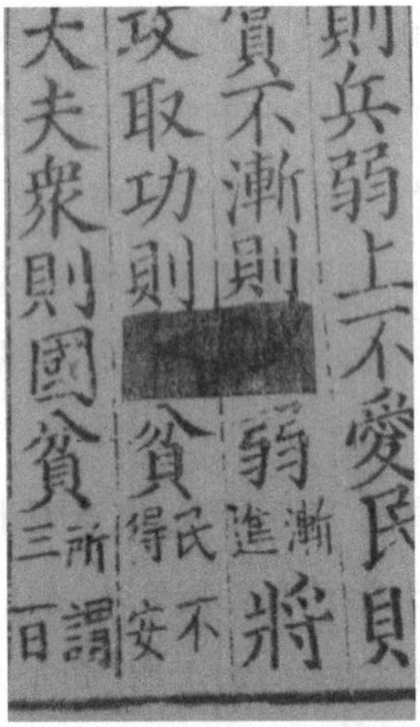
則兵弱上不愛民貝
貧不漸則
攻取功則
大夫衆則國貧

宋钱佃本《荀子》卷六第十四叶下半叶第四、五行墨钉

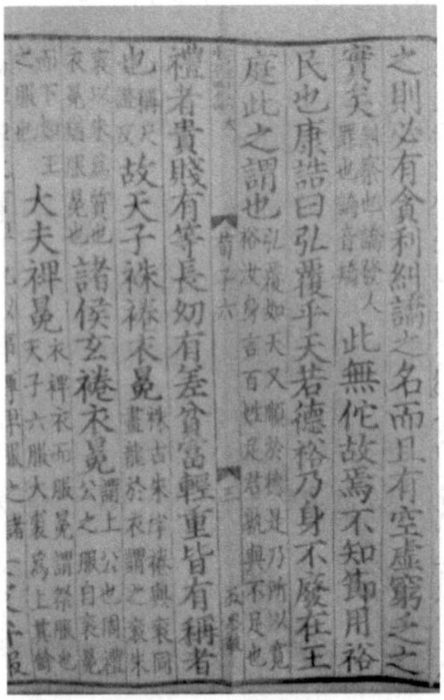
之則必有貪利糾譑之名而且有空虛窮乏之
實矣
此無佗故焉不知節用裕
民也康誥曰弘覆乎天若德裕乃身不廢在王
庭此之謂也
禮者貴賤有等長幼有差貧富輕重皆有稱者
也
故天子袾裷衣冕
諸侯玄裷衣冕
大夫裨冕

卷六第三叶严思敬刻叶

卷首有清顾广圻跋。钤印“徐健庵”“乾学”“浦氏賁菽赏鉴”“百宋一廛”“复翁”“黄丕烈印”“求古居”“士礼居”“荛圃卅年精力所聚”“顾千里印”“顾千里经眼记”“阆源真赏”“汪士钟印”“竹心”“海源阁”“宋存书室”

"宋存书室珍藏""东郡宋存书室珍藏""世德雀环子孙洁白""聊摄杨氏宋存书室珍藏""禄易书,千万值。小胥抄,良友诒。阁主人,清白吏。读曾经,学何事。愧蠹鱼,未食字。遗子孙,承此志""杨氏伯子""以增私印""关西节度系关西""杨以增字益之又字至堂晚号东樵行弌""杨氏仲子""杨绍和""杨绍和读过""协卿读过""协卿珍赏""杨绍和字彦合一字念徽号协卿又号筑岩""彦合""杨绍和印""东郡杨绍和鉴藏金石书画印""东郡杨二""绍和筑岩""东郡杨绍和字彦合藏书之印""杨绍和鉴定""臣绍和印""杨彦合读书记""彦合珍存""大连图书馆藏"等,徐乾学、浦起龙、黄丕烈、汪士钟、海源阁、"满铁"大连图书馆旧藏。

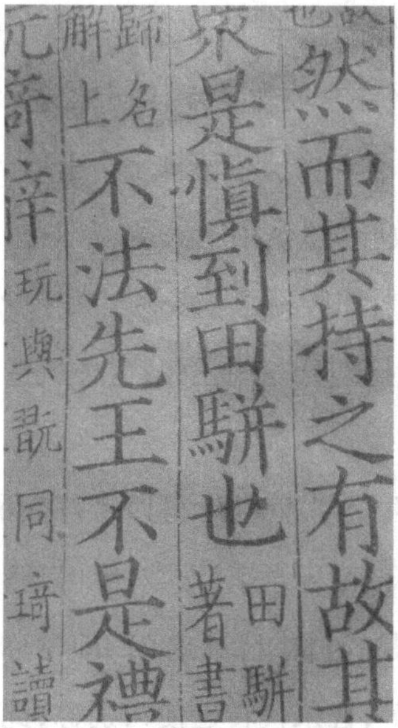

宋钱佃本《荀子》卷三第十一叶下半叶之"慎"缺末笔

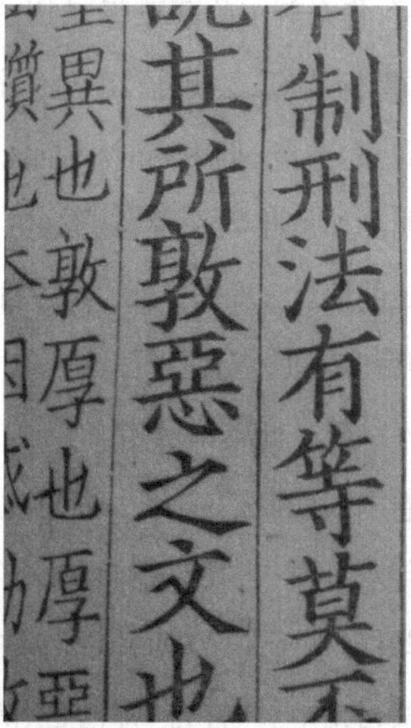

卷十三第二十叶 B 面"敦"字不缺笔

此本字大如钱,刻印精美,纸质优良,目见纤维丝及颗粒,但较软绵,薄如蝉翼,比同馆藏"宋刻本"《说苑》用纸更佳。保存至现在,仍完好无缺。个别叶码有受潮水浸痕迹。刊字整体上欧体风格,但细酌有异。如刻工吴震所镌字体秀劲，棱角分明；刘仁、刘宣、刘升之等字体圆润绵柔；邓安字体笔画较细软；彭卞字体清劲瘦硬，宋敏、余光字体亦偏软；三礼与王礼字体风格迥异，当非一人。整体来看，刘仁、刘宣、刘升之、三礼、余光、宋敏等字不如吴震、胡俊等人捉刀用力、字体劲道，具有观赏性。诸家刻字风格不一，可赏书法之美。同时也说明，此书应由多位写手上版，再由多位刻工临摹雕版。当然亦可能是写、刻皆一人所为，即每人负责数叶，独立完成写刻。此本还可以排除补刻之嫌，除补写两叶用纸明显不同外，其余用纸完全一样，版框尺寸亦悉同。惟个别叶刷印时或因版片粗糙或因纸有滑脱，间有重影、墨迹较粗及浓淡不一之处，如卷十三第十六叶余光刻叶、卷十五第二叶刘升之刻叶等，即有模糊、重影、浓淡不一等现象。古人刻书有两种情况，一是由一人手写，集众刻工临摹雕版，刻出的字体大致一样，如宋嘉定六年（1213）淮东仓司刻本施远之、顾禧注、施宿补注《注东坡先生诗》四十二卷、《目录》二卷、《年谱》一卷，即由当时极善欧书的著名书法家傅穉手写上版，其欧体风格鲜明。如是叶数少者（或数叶、十数叶等）仅用一人雕刻即可，不少书棚本即是如此。二是多人分工，各自写刻，如所刻之书多卷至数十叶乃至数百叶，即由多人据分工不同，各自独立承担部分写刻任务，这样就造成全书字体颇不一致。此本即属后者。

据卷末钱佃《跋》："……谨刻之江西计台，俾学者得以考订而诵习焉。淳熙八年六月丙午，吴郡钱佃谨识。"可知，南宋孝宗淳熙八年（1181），由钱佃主持刻梓《荀子》于江西计台（衙署南昌，时称"隆兴府"），即世称淳熙八年江西漕司刻本。"计台"即漕台、漕司等，皆宋代转运使司别称，此时钱佃正任转运副使，故称。钱佃，字仲耕，又字耕道。钱观复子。南宋初琴川（今江苏常熟）人。登进士第，累官婺州守，仕至中奉大夫、秘阁修撰，著有《易解》十卷、《辞科类要》二十卷、《秘撰文集》二十卷。据《至正重修琴川志》卷八《叙人》载："钱佃，字仲耕。弱冠入太学。登绍兴十五年进士第，严州分水尉，池、真二州教授。改秩，除诸王宫教授，迁大宗正丞，通判太平州。

太子尹临安,择寮采,佃独以外庸在选中。擢吏部郎中,对便殿,言三事,上称善。累迁左右司检正,兼权吏、兵、工三侍郎,出为江西路转运副使。……继使福建,再使江西,奏蠲诸郡之逋。婺州饥,阙守,上曰:'钱某可。'郡荐饥,祷雨,须发为白。劝分移粟,所活口七十余万,政甲一路。朱文公熹时为仓使,与陈亮书云:'婺人得钱守,比之他郡,事体殊不同。'又《记江西漕司养济院》谓'其尝奏免赣、吉麻租二千四百五十九斛,两州之人尤歌舞之'。今知婺州,救饥之政亦为诸郡最,所以称誉者盖若此。佃忠信恭宽,根于天性,临政不求赫赫声,以子民为先务,所至得民,家不取盈。捐橐装买田赡合族,名曰义庄。卒年六十二,终于中奉大夫、秘阁修撰。有《易解》十卷、《词科类要》二十卷,《文集》二十卷。"①《(嘉靖)常熟县志》卷八、《(康熙)常熟县志》卷十六、《姑苏志》卷五十、《江西通志·艺文志》等亦有载。淳熙二年(1175)任江西转运判官,七年(1180)任江南西路转运副使。又《宋会要辑稿·瑞异》二之二十五《旱》云:"(淳熙)八年七月十七日,诏:'去岁诸路州军有旱伤去处,其监司、守臣修举荒政,民无浮殍,各与除职转官。'既而……江西运副钱佃、浙东提举赵辒、前知台州沈揆、知兴元府张坚、知隆兴府辛弃疾……各转一官。"②八年冬,移知婺州,丘崈继任江西漕使。时辛弃疾以《送钱仲耕自江西漕移守婺州》、丘崈以《饯钱漕仲耕移知婺州奏事,用幼安韵》等赋词送行。钱佃跋写于淳熙八年六月,盖在下诏及赴婺州前已将此书刊成,故为跋之,可见此书即在其任上刻梓,断无疑问。据避讳至"慎"字止,恰与跋中所言"淳熙八年"相合。转运使原为朝廷特设主管水陆运输事务的中央或地方官职,宋初为集中财权,置诸路转运使掌一路或数路财赋,并监察地方官吏,实为府、州以上行政长官,称"某路诸州水陆转运

① (宋)孙应时纂修,(宋)鲍廉增补,(元)卢镇续修,陈其弟校注,常熟市地方志编纂委员会办公室编:《至正重修琴川志》,方志出版社2013年版,第79页。

② (明)徐松辑,刘琳、刁忠民、舒大刚等点校:《宋会要辑稿》第5册,上海古籍出版社2014年版,第2635页。

使”，衙称“转运使司”，俗称“漕司”，位高权重，因兼领数路财赋，资费宽裕。钱佃任上当即出以公帑刊之。陈振孙《直斋书录解题》卷九“儒家类”《扬子法言》条下注云：“钱佃得旧监本刻之，与《孟》《荀》《文中子》为四书。”可见，钱佃还刊印了《孟子》《扬子法言》《文中子》，与《荀子》合称四子。就在钱佃刊刻《荀子》这一年，台州唐仲友亦同时刊刻《荀子》《扬子法言》等，为何这一时期刊印《荀子》如此之夥？这与当时的科举需求有很大关系，《宋史·选举志》载，绍兴二年(1132)“诏举贤良方正能直言极谏科，一遵旧制，自尚书两省谏议大夫以上、御史中丞、学士、待制各举一人。凡应诏者，先具所著策、论五十篇缴进，两省侍从参考之，分为三等，次优以上，召赴秘阁，试论六首，于《九经》《十七史》《七书》《国语》《荀》《扬》《管子》《文中子》内出题。学士两省官考校，御史监之，四通以上为合格。”①据俄藏本卷末钱佃跋，尚有浙本、西蜀本等本，又有唐本序中言及的闽本等，可见当时刊印《荀子》《管子》等书的盛况。

据钱佃跋“比集诸家所藏，得二浙、西蜀本凡四……得元丰国子监者，遂取以为据……用诸本参校”，可知钱佃是以监本为底本，同时参校了诸家所藏“二浙、西蜀本”四种版本②，又据首卷卷末校勘记首条云“蜀一本无‘于’字，一本作‘青出于蓝’”③，所指当为两个蜀本，如再加“二浙”，则正合跋中所言“凡四”，亦即钱佃是以监本为底本，同时参校了两个浙本、两个蜀本，凡五本而完成本次校刊的。《直斋书录解题》卷九“儒家类”著录此本，云“淳熙中，钱佃耕道用元丰监本参校，刊之江西漕司”。陈振孙所言以元丰监本为参校，并不确切，仍当以钱佃跋为准。高正云：“钱本用熙宁监本

---

① 《宋史》一五六《选举二》，中华书局1977年版，第3649页。

② “得二浙、西蜀本凡四”，有学者认为“二浙”即“两浙”之意，而不是两个浙本，姑存一说。考两宋文献中“两浙”乃专称，未见称“二浙”者。

③ 后“一”字，钱佃本《考异》辨识不清，此处两个字空间，据陶子麟刻本《考异》作“一”，或作“另一”，当是。

与二浙西蜀本合校而成,乃最早之合校刊本。”①从现存吕本、唐本等来看,此言当是。从钱佃用五种版本校刊,并将诸本与监本之异文附录于各卷之末,可见其校刊态度是认真的。

关于底本的处理及校改方法,钱佃跋云:“然犹有谬误,用诸本参校,凡是正一百五十有四字。其有疑而未决者,并世俗所习熟而未定,如‘青出于蓝,而青于蓝’者;监本所出而文义或非,如‘美善相乐’者,皆不敢没其实,著之卷末,又一百二十有六条。”可见其贯穿了四个原则。

第一,钱佃认为底本(监本)确误者,径改底本,凡改正一百五十四字。这部分内容未出现在卷末校勘记中,已在卷中正文及注文里直接处理完毕。

第二,底本“疑而未决者”,不改动底本,但将诸本“世俗所习熟而未定”的,即与底本不同者著录于校勘记中。如卷一第二条“此卷《劝学篇》内‘圣心备焉’,诸本皆作‘循焉’”,“圣心备焉”为监本所用,而“圣心循焉”为诸本所用。钱佃本、吕本、唐本皆作“备焉”。这种情况有一百零一条。针对这种情况,钱佃是倾向于监本的,故不改底本,但鉴于诸本的用法非常通行,故亦著录于校勘记,供读者参夺。

第三,通过诸本校出“监本所出而文义或非”者,诸本之不同于监本之异文,亦著录于校勘记中,但已改底本。如卷二第八条“‘乳彘触虎’,监本作‘不触虎’”,钱佃本将底本已改作诸本用法“乳彘触虎”,说明钱佃同意这种用法,而以为监本作“不触虎”或非,故作此处理。可见钱佃有不同意监本之处,这种情况有二十五条。

第四,据内文校勘,有个别地方据杨倞注径改原本者。如钱佃本卷十一第十七叶上半叶“勉力不时,则牛马相生,六畜作祆”句,注文为“勉力之役也;不时则人多怨旷,气之所感,故生非其类也”,此句的正文及注文皆在“其说甚迩,其菑甚惨”及注文后。但唐本、吕本则在“……是之谓人祆”正

① 高正:《荀子版本源流考》,中华书局2010年版,第28页。

文及注文后。钱佃本与唐本、吕本正文同，但唐本、吕本杨倞注曰："此三句宜承'其菑甚惨'之下。勉力，力役也；不时则人多怨旷，其气所感，故生非其类也。""此三句宜承'其菑甚惨'之下"句本为杨倞原注，而钱佃本据之将此三句径调至"其菑甚惨"注后，且将杨倞此句注文删去。又，钱佃本"勉力不时，则牛马相生，六畜作袄"句及注文后接"可怪也，而不可畏也"句，下无注文，而唐本、吕本此句在"其说甚迩，其菑甚惨"句及注文后，并有杨倞注曰："此二句承'六畜作袄'之下，盖录之时错乱迷误，失其次也。"但钱佃本将此杨倞注删去后，据注径将"可怪也，而不可畏也"句移至"六畜作袄"注文后。王先谦《荀子集解》（以下简称《集解》）认为这种做法"自钱佃本始依杨注移置于下文'可怪也而不可畏也'之上，且删去杨注，而各本及卢本从之，谬矣。"①又如卷十二第四叶上半叶第三行"其志意至闇也"，无注，其中"志"字，唐本、吕本作"至"，并有注云："'至'意，当为'志'意"，但钱佃本径将"至"改为"志"；卷十二第七叶下半叶第七行"日祭、月祀、时享、岁贡、终王"，唐本、吕本于"岁贡"下注文曰："此下当有'终王'二字，误脱耳。"而钱佃本径将杨倞注删去，并据杨注将"终王"补在正文"岁贡"之后；卷十二第十叶下半叶第十行"乘大路越席以养安"，唐本、吕本"路"字后有"趋"字，并有注曰："'趋'，衍字耳。"而钱佃本径自删去"趋"字；卷十二第十三叶上半叶第六行"犹知足"，唐本、吕本作"犹不知足"，并注云："'不知足''不'字，亦衍耳"，而钱佃本径将"不"字删去。检对南宋坊刻纂图互注本

① 丁案：揆度上下文意，此段主要讲自然之灾与人为之灾，而这一部分则主要强调人灾，首言"政令不明"，次言"勉力不时"，再言"礼义不修"，故曰"袄是生于乱，三者错，无安国。其说甚迩，其菑甚惨。"钱佃本依杨倞注将"勉力不时，则牛马相生，六畜作袄"句调至"其菑甚惨"注后，当非。至于"可怪也，而不可畏也"一句自当在"其菑甚惨"之后为适，有总叹之意，只是"不"或为"亦"之误，如按杨倞说法，此句在"六畜作袄"之下，当非。前揭"政令不明""勉力不时""礼义不修"三句的结句分别为"是之谓人袄""六畜作袄""是之谓人袄"，皆以"袄"字作结，亦并为其他总结感叹之句，如独"六畜作袄"句后加上此句，与上下句皆不合，且对此三句的总结无故消失，破坏了构建文章的整体思路。杨倞所解似有违原文原意，而钱佃本似亦未真正领会全文立意，仅从杨注更改次序，实属不妥。

(以下简称纂图本),这几处的改动与钱佃本全同,故钱佃本所参本很可能是纂图本的源头之本。据注改正文之例虽然仅有五例,却足以说明钱佃本径改底本的事实。又检其他卷次皆未改动,或许此卷十一、十二两卷的写刻者一时心血来潮而为之,殊不知这样的做法改变了杨倞原注本及监本的原貌,在版本学上犯了大忌。而钱氏亦未加分辨,径直采纳进去。

从以上可知,第一、三、四为钱佃本径改底本者。钱佃本径改底本,欲为读者提供一个顺畅正确的本子,初心本好,但其中亦有不少所改不当者,同时亦改变了底本原貌,故往往事与愿违,效果不佳。可见,钱佃本虽以监本为底本,但并非完全忠实于监本,而是据校刊者的理解,将认定监本有误的地方径改过来。所幸据改的监本原文并未删掉而是以异文形式在各卷末的校勘记中保留下来,这又是非常难得的做法。而另一部分的一百五十四字,未能保留监本原字,只能据唐本、吕本进行还原了。

(三) 俄藏本所附《荀子考异》的学术价值

钱佃于南宋淳熙八年(1181)在江西漕司刊刻杨倞注《荀子》二十卷,以监本为基础,参校当时流行的浙本、蜀本,并将异文附刻于各卷末尾题之后,形成校勘记。此姑以今存抄本之名《荀子考异》(以下简称《考异》)名之。据前引卷末钱佃跋,《考异》所录版本主要包括两种:一是跋中“二浙、西蜀本凡四”,统称之为诸本;二是监本。《考异》所收录的异文即出于这两部分版本。这些版本或为当时比较通行又为钱佃所能得到的版本,而如唐仲友在《后序》中所提及的闽本则没有参用,大概是未得使然。所谓《考异》所录异文,是相对于底本即监本与诸本而言的,即不同于监本的诸本异文和不同于诸本的监本异文两种。这些异文价值很大,为我们研究宋刻本源流与关系提供了不可替代的文献资料。

统计《考异》校勘诸例,其中所征“诸本”者一百条,监本者二十五条,第一条为两个蜀本，当算到诸本中去，如此，诸本当有一百零一条，第七十一条未言是何版本，合之凡一百二十七条，其中第一百零七、一百零八条重出，实为一百二十六条，正与钱佃跋中所言数量相合。

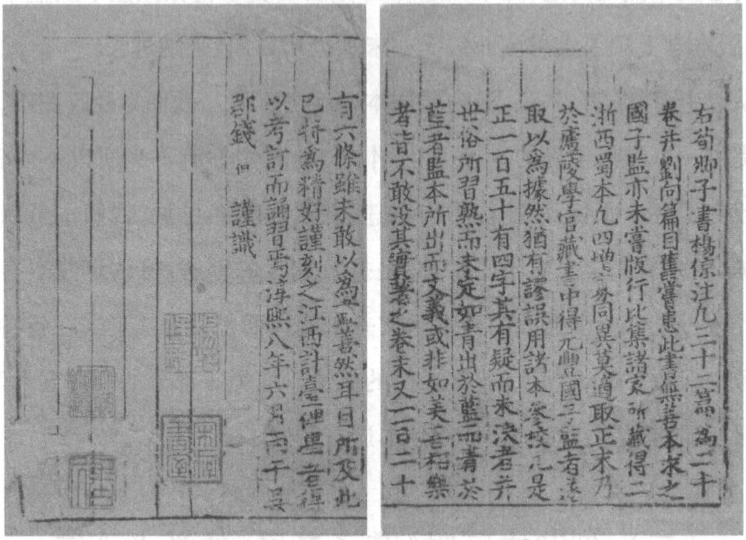

右荀卿子書楊倞注凡二十二篇爲二十
卷幷劉向篇目舊嘗患此書無善本求之
國子監亦未嘗版行比集諸家所藏得二
浙西蜀本凡四[illegible]同異莫適取正末乃
於廬陵學官藏書中得元豐國子監者遂
取以爲據然猶有譌誤用諸本參校凡是
正一百五十有四字其有疑而未決者亦
世俗所習熟而未定如青出於藍而青於
藍者監本所出而文義或非如美言穆樂
者皆不敢沒其實著之卷末又一百二十
有六條雖未敢以爲盡善然耳目所及此
已特爲精好謹刻之江西計臺俾學者得
以考訂而誦習焉淳熙八年六月丙子吳
郡錢佃謹識

宋钱佃本《荀子》卷末钱佃刊跋

《考异》首先可以考订诸本的源流和关系。先看监本与唐本、吕本的关系。《考异》实收监本二十五条异文，其中有二十三条同唐本，包括卷十一第六十四条，不同于唐本的仅有两条，即卷四第二十五条、卷十一第六十八条。有二十三条同吕本，包括卷十一第六十八条中的“监本作‘尽而亡矣’”，不同者有两条，即卷四第二十五条及卷十四第七十三抄改一条。两本与监本相同之例皆为二十三条，不同之例仅有两例，由此来看，两本皆出于监本当无疑问。钱佃本卷十一《考异》第六十八条曰“《天论篇》内‘权谋、倾覆、幽险而尽亡矣’，监本作‘尽而亡矣’”，唐本作“而尽亡矣”。唐本的本条全句为“君人者，隆礼尊贤而王，重法爱民而霸，好利多诈而危，权谋、倾覆、幽险而尽亡矣”，注作“幽险谓隐匿其情而凶虐难测也，权谋多诈幽险三者尽亡之道也。”如按注中“尽亡之道”，作“而尽亡矣”未尝不可。但如从前三句句式顺下，则无“尽”字可矣，故《集解》曰：“先谦案：‘尽’字无义，衍文也。《强国篇四》语与此同，无‘尽’字。”①但显然监本“尽而亡矣”属倒误而致文义不通，可见监本亦有讹误，这在下面一例中亦可看出。大概唐本发现监本之误后遂改作“而尽亡矣”，而吕本可能因没有发现而未作改动。今存诸本如钱佃本、纂图本等均作“而尽亡矣”，惟吕本保存着监本原貌。钱佃本卷四《考异》第二十五条“注‘饰之以儲價’，监本作‘諸賈’”，唐本、吕本皆不同于监本，其中唐本作“詣賈”，“諸”与“詣”属形近而异，当为翻刻时误刻为“詣”；吕本作“儲賈”；钱佃本、纂图本作“儲價”。案“儲”意“蓄积以待无也”，“賈”通“價”，故“儲賈”当是。“諸”“詣”皆不通，吕本翻刻时发现监本之误，改之。此外，钱佃本卷十四《考异》第七十三条“卷内‘声音动静性术之变’，监本作‘生术’”，吕本作“性术”，与钱佃本同，但吕本此叶为抄补叶；唐本作“生”，同监本，而钱佃本改之，吕本似据钱佃本抄误。从唐本、吕本与监本之不同来看，皆为唐本、吕本有意或无意为之，唐本校改一例、形近而误一例；吕本校改一例，抄改一例当是例外。从与监本同者数量来看，唐本、吕本在追摹监本上似不相上下，但就全文校勘来看，还是唐本更仿真，唐本保留了监本的一些讹误，而吕本则有校改。同时，据钱佃本卷十一《考异》第六十八条“监本作‘尽而亡矣’”，吕本亦误传误，而诸本皆作“而尽亡矣”的例子，又可证明：吕本出于监本，并非翻刻于唐本或钱佃本。从今存吕本与唐本之不同来看，吕本卷末的衔名仅保留了末卷即卷二十尾题后的王子韶、吕夏卿两行衔名，而其他的衔名由于单独成叶，很可能在流传中佚去，成为吕本的一大缺憾，这不是两本固有之区别，当是后天人为造成；而据其他如行款、卷目及正文内容与序次等皆同，从异文几乎皆同监本的实据等综合判定，两本皆出于监本符合实际情况。而吕本与唐本有不同异文也说明，吕本并不出于唐本。

---

① (清)王先谦著，沈啸寰、王星贤点校：《荀子集解·点校说明》，中华书局1988年版，第317页。以下简称《集解》本。

尽管钱佃本选择了监本为底本，但并非就完美无缺了，除了不出校记且径改原文的“一百五十有四字”外，前揭《考异》所收监本异文为“或非”者，钱佃本有二十五条不从监本，这也正合《考异》之目的。其中第七十二条可能著录有误，当属例外。针对这些“或非”文字，钱佃在正文中径改监本原文，其实是表明了钱佃对监本的不同看法，否定的意图很明显。因此钱佃本与监本的关系，一是以之为底本，但同时又指出其误，一部分是可以肯定其误，另一部分则是不十分确定，姑存一说，以备考核。如钱佃本卷三《考异》第二十一条“《仲尼篇》内‘信而不处谦’，监本作‘不忘处谦’”，唐本、吕本皆作“不忘处谦”，钱佃本作“不处谦”，无“忘”字。钱佃本卷四《考异》第二十五条“注‘饰之以儲價，监本作‘諸賈’”，“諸”字实为“儲”字之误，钱佃本作“儲價”，“價”同“賈”，《集解》作“儲賈”。以上《集解》皆有详考深解，肯定了钱佃的做法。但是，钱佃所改亦有不妥之处，如钱佃本卷十二《考异》第七十条云“‘皆以己之情欲为多’，监本作‘情为欲多’”，钱佃本改作“情欲为多”；又如钱佃本卷十四第七十四条云“‘莫善于乐’，监本作‘美善相乐’”，唐本、吕本皆作“美善相乐”，钱佃本作“莫善于乐”。如以上者《荀子集解》亦有详考。当然，钱佃本亦有妄改之嫌。这些改字，或许是钱佃参考了诸本，并非钱佃所为，但不论怎样，采与非采都说明其非此即彼的观点。以上说明，一方面，监本确实有讹误，钱佃之功在于能够将其指出并提供了正确的文本；另一方面，钱佃的改字亦有失误之处。如果做一个整体评估的话，钱佃的改字大部分可取，但亦有不少改误，是非之比大约六四开为适。需要注意的是，这些不从监本而改字的例子基本上与纂图本相同，因此钱佃本与纂图本当有密切的联系。但纂图本“敦”字已缺笔，故其当晚于钱佃本。钱佃本所参本或出于纂图本的源头之本。由于唐本、吕本几乎全同监本，而钱佃本不从监本者自然亦与两本不同，因此，监本、唐本、吕本之误者，如果不借助钱佃本即无法得到解决。故从这个意义上，钱佃本虽改了底本，但仍有一定的校勘意义。当然从尊重底本这一点上，钱佃本又不如唐本、吕本。欲寻监本真迹,需要唐本、吕本,同时更需钱佃本,尤其是以《考异》作为旁证。

再看参校诸本。《考异》中“诸本”究竟具体是四种校本中的哪一种,除了《考异》首条指出的两个蜀本及第七十一条未言版本外,有一百条(监本二十五条除外)均未标出各本,无法判断其中四个本子的具体差异情况,而只能笼统地以诸本来概称。那么诸本究竟是什么样的本子呢?通过对勘异文发现,唐本、吕本、钱佃本全同,而三本与诸本不同者有九十四条。其余六条中,除第九条、第一百一十八条钱佃本从诸本;第三十七条“此卷内注‘则能持固也’,诸本作‘持国’”,唐本、吕本皆作“持固”,钱佃本则作“曰”,可能是误写;第三十九条是诸本与钱佃本不同而与唐本、吕本同;第九十五、九十六条诸本与钱佃本不同,亦与唐本、吕本不同。可见诸本与唐本、吕本、钱佃本的差异还是较大的,因唐本、吕本、钱佃本皆出于监本,故诸本与监本同样差异颇大。校勘还发现,诸本虽与唐本、吕本、钱佃本差异很大,但与现存纂图本相同者很多。在一百条诸本异文中,与今存纂图本同者高达九十一条,可知诸本之一者必与纂图本高度契合,或者诸本中的各本差别并不大。因宋刻纂图本晚于钱佃本,故而钱佃所参校的诸本或诸本之一当是现存宋刻纂图本的源头本,有现存纂图本的某些特点,或与诸本密切相关。同时,也可从诸本中看到早期宋本或纂图本的雏形。

将钱佃本与现存纂图本相校发现,纂图本不仅正文异文极夥,且注文亦已改变了杨倞原注的面貌。其表现有三:一是纂图本改窜较甚,有的删去,有的增添新注,有的则反复出现;二是纂图本异文讹误甚多,多为录刻之误,当然亦有个别改字,以注文为多,乃有意改之;三是原本杨注并无规律,需注则注,无需则多句甚至一两叶也不注,而纂图本则有不少为每句必注,尤以第十八卷为甚。至于正文,除了异文外,亦脱去不少,有的又有衍文等等。纂图本作为科举教材,为方便学子使用,增加了重言、重意、互注等职能,本来无可厚非,但对正文及杨注的处理,实在不敢恭维。前揭《考异》所参校的诸本所列异文百余条，加上钱佃跋中“用诸本参校，凡是正一百五十有四字”，总共也就二百五十余条，今存纂图本的异文远远不止于此，为何钱佃校出异文仅有这些？原因当是，纂图本的源头本在改造、后刻的过程中，自身出现很多异文甚至讹误，而钱佃本参校诸本之一的纂图本的源头本并未出现这些讹误，甚而还有不少可校正钱佃本之处。可以肯定的是，《考异》所用诸本中不可能是笔者所用的现存纂图本或其他纂图本：一方面，纂图本大量的脱佚和异文，没有出现在《考异》及钱佃本正文中；另一方面，今存纂图本与钱佃本异文极夥，说明今存纂图本已与其源头本大大不同。我们倾向于认为钱佃所参校的“诸本”当是纂图本之未经改造的源头本，而现存的纂图本是一个增加了重言重意互注的且有很多讹误的本子。因此，钱佃本《考异》校出的异文比之今存纂图本的异文，自然要少。

此外，《考异》诸本条中尚有九条与今存纂图本不同者，其中第一百零一条至一百零四条凡四条，今存纂图本脱去，第五十一、八十六、一百零九、一百一十四、一百一十七条凡五条亦与今存纂图本不同。前揭钱佃本参校之诸本为今存纂图本的源头本，相同之处很多，此九条不同者，可证诸本非只一本，这与钱佃跋中所言“二浙、西蜀本”相合。同时，诸本亦有八条与唐本、吕本、钱佃本全同，钱佃本参校诸本之一亦应是“二浙、西蜀本”之一，如果所参之本是西蜀本，那么可以说蜀本更接近于监本；如果所参之本是浙本，则说明浙本更接近于监本。

钱佃本参校诸本与现存宋建刻纂图本的关系，王先谦亦曾注意到，其《集解》卷七“闇君必将急逐乐而缓治国”句指出：“吕本多从监本，钱本及元刻则兼从建本。其作‘荒逐乐’，盖亦从建本也。”①“荒”，现存宋、元建刻纂图本皆作“荒”，钱佃本同，而吕本、唐本依监本作“急”。钱佃本据校者为浙、蜀诸本，未言建本，王氏何出此言？上文指出，现存的宋刻本《纂图互注

① （清）王先谦著，沈啸寰、王星贤点校：《荀子集解》，中华书局1988年版，第211页。

荀子》实际上是一个建阳坊间刻本(后有元覆刻宋建阳本),因其晚于钱佃本,故钱佃本不可能参校这个建本。钱佃参校的是现存建刻纂图本的源头本,只不过是这个源头本与钱佃本多有相同之处。王先谦这个结论也是从大量校勘实例中得出来的,而笔者从钱佃本《考异》中寻例及校勘也验证了王氏之说。

最早记载《荀子》纂图互注本是先由南宋国子监将其改造成纂图互注本,其后又由建安坊间添注重言重意,刊印传世。国图今藏一部涵芬楼旧藏宋建刻元修本《纂图互注扬子法言》(索书号 7486),其卷首宋咸序后牌记交代了这一刊传过程:"本宅今将监本九经四子纂图互注附入重言重意,精加校正,并无一字讹谬,誊作大字刊行。务令学者得以参考,互助发明,诚为益之大也。建安□□□谨咨。"由此可见,国子监首先刊刻纂图互注四子本,即《老子》《庄子》《扬子》《荀子》。其后坊间又增加重言重意,再度刊行。在此基础上,还有五子本(增加《文中说》,即南宋建阳麻沙坊刻龚士卨五子本)、六子本(增加《列子》,即南宋坊刻六子本,今存元翻刻本)。由国子监所刊之带有纂图互注的四子本,当是纂图互注系统的最早刻本。自此开始,这一系统的本子广泛传播。因其需求旺盛,销量很多,至今存世者反而比杨倞注本还要多。现存纂图本均有"重言重意",而只有纂图互注的本子则没有流传下来。今国图藏建刻纂图互注重言重意本《纂图互注荀子》(索书号 8683)避至"廓"字,当由建安坊间刊于南宋中期。此本与今存宋椠《纂图互注扬子法言》《纂图互注南华真经》在避讳、行款、书耳上相同,字体亦似,版框高宽皆约为 18 厘米、12 厘米,当为同时同一家坊刻。按其版框尺寸及行数字数,当为中字本。《传书堂藏书志》卷三著录《纂图互注扬子法言》曰:"每叶阑外有篇名、卷数、叶数,与宋刊《荀子》同。"①张元济跋上图藏宋刻元明递修本《纂图互注南华真经》(十一行十九字)云:"余既跋

① 王国维著,王亮整理:《传书堂藏书志》中册,上海古籍出版社 2014 年版,第 486 页。

《荀子》,越十日而《庄子》至。与《荀子》同一板本,芷斋公及先后藏家印记亦悉与《荀子》相同,惟阙去第八卷,又残叶较多,印本亦逊,为不及《荀子》耳。”①据《法言》牌记,原监本为大字本,而建安坊间经过添注重言重意重新刊印,已变为中字本了。陈鳣跋曰:“纸理缜密,墨光照人。宋时巾箱本。小琅嬛主人定为南渡后建州刻,信然。”②盖言“巾箱本”恐非。《法言》牌记未言五子、六子,当仍沿监本四子之旧,故此本当仍为建刻四子本,之后续补为五子或六子。那么南宋监刻纂图互注本产生于何时?据钱佃跋言“旧尝患此书无善本,求之国子监,亦未尝版行”,唐仲友序亦称“监书寖具,独《荀子》犹阙”,可见至少淳熙八年(1181)时国子监尚未刊印《荀子》。前揭《考异》中的诸本异文与现存纂图本大多相同,诸本其一,很可能为纂图本的源头本,或者参校了纂图本的源头本。但钱佃刊梓《荀子》时,国子监尚未刊梓,则极有可能诸本之中,亦即“二浙、西蜀本”之一,是与钱佃本、吕本、唐本或监本差异很大的本子。

《考异》是有关《荀子》异文的最早的校勘记,保存完好,极为珍贵。所录皆是监本、诸本中的异文,监本异文几乎全同于唐本、吕本,故可证两本出于监本。钱佃本虽亦出自监本,但在参校诸本时发现监本文字“或非”者,视之为“异文”,并径改底本,同时亦保留异文,当然亦有误改之处。唐本、吕本虽亦有极个别的改动底本,但远不如钱佃本改动多,因此唐本、吕本较忠实于监本,而钱佃本多与监本不符。从校勘治学的角度,钱佃本无疑做了很多工作,但其径改底本,未能保留监本原貌,故此,在利用此本时,需要逐条研究,谨慎采用。《考异》中的诸本异文与唐本、吕本、钱佃本等大多不同,而与今存建安坊刻纂图互注重言重意本多有相同,则诸本很可能包括现存纂图本的源头本。故《考异》所列监本、诸本异文,无疑在追溯早期版本源流及关系上,提供了重要的文献资料。陈振孙《直斋书录解题》云“其同

① 张人凤编:《张元济古籍书目序跋汇编》下册,商务印书馆 2003 年版,第 1053 页。
② 王国维著,王亮整理:《传书堂藏书志》中册,上海古籍出版社 2014 年版,第 485 页。

异著之篇末,凡二百二十六条,视他本最为完善”①,揣度其意,实指《考异》而言,正因钱佃本有而他本皆无的各卷卷末的《考异》,才有此称赞。

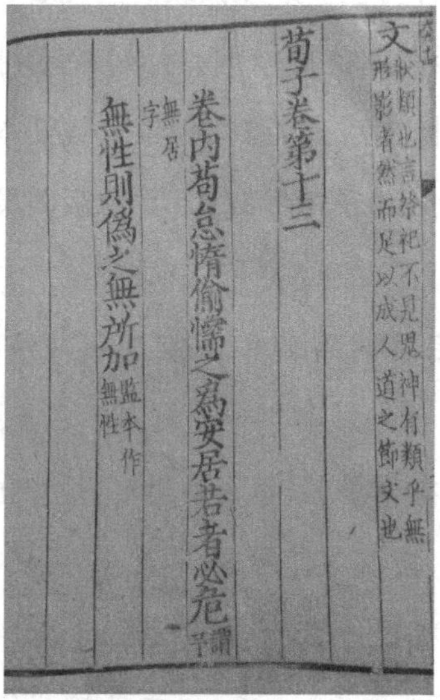
文
荀子卷第十三
卷內苟怠惰偷懦之爲安居若者必危
無性則僞之無所加

宋钱佃本《荀子》卷十三末《考异》

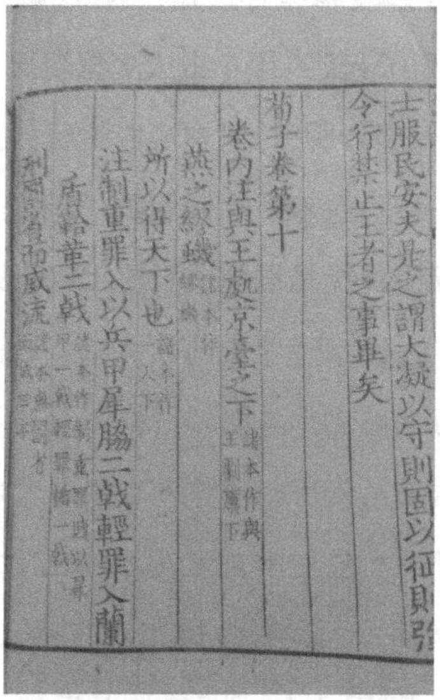
士服民安夫是之謂大凝以守則固以征則强
令行禁止王者之事畢矣
荀子卷第十
燕之緜蟣
所以待天下也

宋钱佃本《荀子》卷十末《考异》

关于《考异》之单行本流通情况,今考于此。今国图藏两部抄本,一部为06813号,半叶八行,行二十五字,四周双边,黑口,单鱼尾。另一部为瞿氏铁琴铜剑楼旧藏本(A02681),半叶八行,行二十五字,左右双边,白口,单鱼尾,鱼尾下题“海虞瞿氏铁琴铜剑楼影钞本”,左栏外下题“臣瞿启甲呈进”,钤印“京师图书馆收藏之印”。② 两部卷端皆题“荀子考异”,卷末有钱佃跋。从行款相同来看,当同出一源或有从属关系。但后者版心下题“影钞本”,绝非。首先行款与钱佃本不同,其次异文颇有,复次卷端题名,钱佃

---

① 《直斋》误作“二百二十六条”,实为“一百二十六条”,见钱跋著录及下文所录。

② 瞿氏所藏抄本,渊源于何?《铁琴铜剑楼藏书目录》未有说明。据抄本栏外所题及钤印来看,当即瞿启甲1911年进呈100部抄本之一,亦即由瞿氏抄写于1911年之前。又从瞿氏所言“今淳熙本不获见,惟传此卷”,则似从另一单传本传抄而来,或即国图藏另一部抄本。两本行款相同,而瞿氏所用为瞿家抄本之专用抄纸。另一抄本未知是否直接或间接渊源于黄氏摹录本或宋刻本,待考。

本亦无。《铁琴铜剑楼藏书目录》卷十三、国图书目数据库皆著录为抄本，当是。《铁琴铜剑楼藏书目录》又云"今淳熙本不获见，惟传此卷"。清光绪间，陶子麟受缪荃孙之托，据瞿氏藏本刊梓行世。周叔弢跋清士礼居黄氏摹抄本《荀子》云："缪小山太史据瞿氏铁琴铜剑楼藏抄本《考异》一卷付梓。"（见第五部分所引）陶本半叶十行，行二十二字，卷首封题"景宋钱佃本荀子考异一卷"，卷末附有钱佃跋，并附缪荃孙《荀子考异跋》。其后版归吴兴张钧衡，汇入《择是居丛书》中。缪氏跋云：

> 《荀子》世传有宋本二，一北宋吕夏卿熙宁本，一南宋钱佃淳熙本，而世间现行本则以卢抱经所刊为最善。卢本所据校宋出于吕夏卿，日本黎星使所刻唐仲友台州公库本亦有王子韶、吕夏卿衔名，则皆出于一源矣。钱佃本久无人见，想已亡佚。按佃字仲耕，政和进士，观复之子，登绍兴十五年进士，官至中奉大夫、秘阁修撰，著有《易解》十卷、《词科类要》二十卷，见《常熟县志》。今存《考异》一卷，后跋自称："集诸家所藏二浙、西蜀本、元丰国子监本，是正一百五十有四字，其有疑而未决者，又著之卷末，共一百二十有六条。"则此卷是也。是书虽属抄本，为惠定宇、卢抱经、王怀祖、顾涧蘋所未见。其例：卷二、卷三、卷九、卷十一、卷十七、卷十八、卷十九则云此卷某某篇内；卷四、卷五、卷六、卷七、卷八、卷九、卷十、卷十一、卷十二、卷十三、卷十四、卷十五、卷十六、卷十九则单云卷内无篇名；同卷另篇又出篇名，则二十卷同。亦有误者，如卷第一"青取之于蓝"为第一条，第二条转云"此卷劝学篇内"不列于第一条，与他卷异。如《成相篇》上条"'脩领'，监本作'循领'，注'脩领'亦同"，下条"脩领"："《赋篇》内'五听循领'，并注诸本作'脩领'"，两条复出，而"五听循领"亦不在《赋篇》内，则大误。盖辗转传抄，不无讹脱，而别无他本可校，祇仍其误，而坿识于此，其他与卢本不合之处，读者当自得之。光绪乙巳七月立秋日，江阴缪荃孙识。

缪氏跋于光绪三十一年（1905），以为钱佃本"已亡佚"，实不知其正安然置于海源阁插架。前揭顾广圻于汪士钟处见过宋椠,故有跋文,而摹抄本钤有王念孙印,故王氏亦见过,缪氏所言其两人未见,当非。缪跋提及的抄本,当即士礼居摹录本,此时正藏于王懿荣之孙或张允亮处(参见以下"清士礼居摹抄钱佃本"部分)。缪氏在此以实例说明"盖辗转传抄,不无讹脱,而别无他本可校,祗仍其误,而坿识于此,其他与卢本不合之处,读者当自得之"。不过,缪氏指出体例不一,倒是事实,但并非因"辗转传抄"造成的讹误,而是钱佃本本来就是如此。其中所举卷十八《成相篇》"'脩领',监本作'循领',注'脩領'亦同"与下条重复,亦是钱佃本之误。只是缪氏未见钱氏原本,误以传抄之误。据此可见,钱佃本《考异》和正文一样,皆有疏忽之处。钱佃本《考异》不谨,而出于抄本的陶氏刊本更不敢恭维,以钱佃本校对,竟又新生二十五处讹脱(参见附录),行款亦异,故封题"景宋钱佃本"云云,绝非。

(四)俄藏本《荀子》的递藏源流

钱佃本于明代未见著录,清代最早著录的是清初钱曾《述古堂藏书目》,云:"《荀子》杨倞注二十二卷,十本,宋板"。其《读书敏求记》又著录:"《荀子》二十卷。杨倞注《荀子》,凡三十二篇,为二十卷,并刘向篇目。淳熙八年六月,吴郡钱佃得元丰国子监本,并二浙、西蜀诸本参校,刊于江西计台。其《跋》云:'耳目所及,此特为精好。'予又藏吕夏卿重校本,从宋本摹写者,字大悦目,与此可称双璧矣。"可见钱曾不仅收藏过钱佃本,还收藏另一宋刻本的摹写本。钱曾所藏宋版,其后多归季振宜、徐乾学(1631—1694)。据藏印,此本当即之一,徐氏《传是楼宋元本书目》"宇字格"著录三部宋本"宋本《荀子》十卷八本""又二十卷十本""宋本《荀子纂图分门类题》二十卷杨倞八本",其中第二部与此相合,当即此本。"浦氏賁菽赏鉴"

为清初历史学家、训诂学家、藏书家浦起龙[①](1679—1762)藏印，蕢菽之蕢，即草编筐篮；菽，豆类植物，意指安于清贫俭朴。蒲氏藏有多部宋版书，如《普济方》《孟东野集》《长源先生集》等，黄丕烈曾得其部分，《荀子》当即其一。《百宋一廛赋注》《求古居宋本书目》皆著录。《荛圃藏书题识》卷四著录"《荀子》二十卷校宋本"言即此本，曰："《读书敏求记》载《荀子》有二本，一为吕夏卿本，一为钱佃本。此即钱佃本也。先是余得吕本宋刻，后又得此钱本宋刻，可云双璧矣。然吕本外间有影抄本，又有覆本。若钱本，知之者鲜，余故乐为之校出也。钱本载《书录解题》，尤为宋人所重，他日倘有翻刻《荀子》者，当以此本为秘而传之矣。壬申夏四月二十日，复翁识。"[②]"壬申"即嘉庆十七年(1812)，盖在此时得之，其后并摹录一部。"校"者，当指以吕本校钱佃刻本，即以宋本校宋本。就跋"此即钱佃本"云云，显然此跋即指钱佃刻本，按理应载钱佃本之上，然不知为何未载。士礼居藏书散出后多归汪士钟，其《艺芸书舍宋元本书目·宋板书目》著录两部，一部"《荀子》熙宁本二十卷"，一部"又钱佃本二十卷"，后者即此本。钱佃本归入艺芸书舍后，顾广圻曾经眼，其卷首道光九年(1829)顾氏跋云："艺芸书舍藏宋椠《荀子》二：北宋，则吕夏卿监本；南宋，则钱佃江西漕司本也。佃字耕道，陈直斋称其本最为完善，指同时建、浙、蜀诸本而言。若较监本，互有短长，正以合之，乃成两美耳。近者王石渠先生《杂[③]书杂志》内有《荀子》一种，属访此两本，将采择焉。当必各有其所长矣。钱本合《孟》《杨》《文中》为四书，刊于淳熙年。吕本，耕道谓刊于元丰。《困学纪闻》谓今监本乃唐与

① 浦起龙，字二田，号三山伧父，江苏金匮(今无锡)人。清雍正八年(1730)进士，官苏州府学教授，历主五华、紫阳书院讲席，弟子数百。著有《史通通释》《读杜心解》《不是集》《古文眉诠》等。平生肆力于搜古爬奇，丹黄甲乙一生，积数十年。有老屋三间名曰"宁我斋"，拥有图书万卷。

② (清)黄丕烈撰，屠友祥整理：《荛圃藏书题识》，上海远东出版社1999年版，第229页。

③ 案：杂，当为"读"字之误。此跋又载《顾千里集》，"杂"作"读"，中华书局2007年版，第316页。

政台州所刊熙宁旧本。按熙宁、元丰相接,当无异本,而台州重刊则今未之见云。”顾氏认为钱佃本远在诸本之上,而与监本互有短长,所断是也。

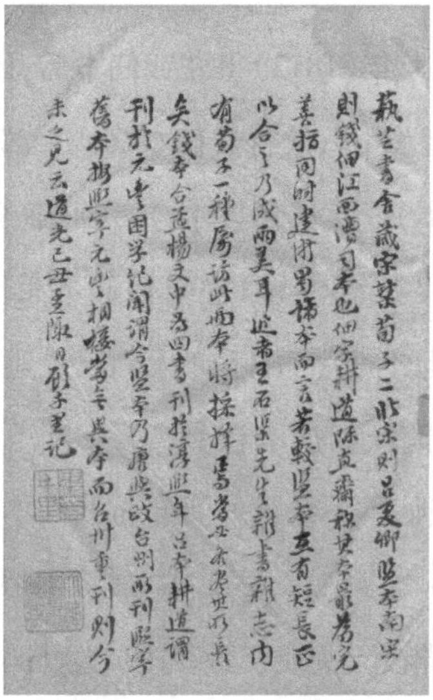

宋钱佃本《荀子》卷首顾广圻手跋

钱佃本钤有海源阁杨氏两代主人杨以增、杨绍和藏印多方,盖首为杨以增所得,其后为杨绍和、杨保彝、杨敬夫递藏,《楹书隅录》初编卷三著录。1928年,此书自杨敬夫售书贾后,又经日人收购包括此本在内的子集宋本六种,一并存入由日人控制的“满铁”大连图书馆,之后被苏联红军运走,至今藏于俄罗斯国立图书馆。自杨氏散出后,叶恭绰、周叔弢、傅增湘、王子霖等均曾经眼,诸家多著录为钱佃刻本。周叔弢《楹书隅录》批注云“钱佃本,印晚。白纸。日本。顾跋。”①王子霖《海源阁藏书六种善本流失情况》曰“南宋江西漕司刊本”,傅增湘《藏园群书经眼录》卷七著录为宋刊本,可见诸家对钱佃本的高度重视。

① 王绍曾、崔国光等整理订补:《订补海源阁书目五种》,齐鲁书社2002年版,第150页。

（五）清士礼居黄氏摹抄本《荀子》未能复原钱佃本

黄丕烈于清嘉庆十七年（1812）得获钱佃本后，因“吕本外间有影抄本，又有覆本，若钱本知之者鲜”①，故将钱佃本摹抄一部，世称清士礼居黄氏摹抄钱佃本（以下简称抄本）。黄氏摹抄本今藏国图（索书号8135），无格栏，行款、字数、卷端卷尾所题及《考异》等与钱佃本悉同。版心上题书名“荀子”及卷数，下题叶次，但不题字数，下亦无刻工。避讳与钱佃本多同，但亦有钱佃本不讳，而抄本讳者，如抄本卷十二第十叶下半叶第八、九行的两个“敬”字，皆缺末笔，而钱佃本不缺笔。间有与钱佃本错行不一者，则在错行字左下标“∟”。从卷中文字来看，异文亦有，多用俗字，如“蓋”作“盖”等。遇脱字、衍字、误抄字，皆在天头或字旁径改。卷十八字体与他卷稍异，当为另一抄手所为。故从字体、版式及异文来看，黄氏本并非影抄本。

卷中除夹有张允亮签条校记外，天头、地脚及行间皆有校字。卷首封面题“钱佃本荀子”，又有另贴白棉纸签，上有周叔弢跋：“钱佃刻《荀子》廿卷，士礼居景宋旧抄，戊午秋得于天津。淳熙原刻，世久失传本。缪小山太史据瞿氏铁琴铜剑楼藏抄本《考异》一卷付梓，以为出于宋刻，不知原书具载《荀子》及杨氏注全文，《考异》则坿于每卷之末。不得此本，乌足以纠缪氏之谬乎?”又1924年正月初三日周氏跋云：“书中夹签，精楷校字，初不知出谁氏手，今日庾楼十二丈来访，谈及此书，出以示之，乃知为其乙卯年以缪刻所参校者。此书为王文敏公旧物，王文敏公收藏印记皆挖去。其孙为庾丈之甥，曾以此书置庾丈处经年。今日始知此书之归余也。”“丁卯十月得观海源阁藏宋本书于天津，钱氏原本精美绝伦，惜匆匆未能一对勘，继闻此书为大连

① 黄丕烈跋见本篇“递藏源流”部分所引，亦见《荛圃藏书题识》卷四。

图书馆收去矣。”钤印“士礼居精校书籍”“高邮王氏藏书印”“淮海曲家”“王懿荣”“曾在周叔弢处”等,递经黄丕烈、王念孙、王懿荣、张允亮、周叔弢旧藏。自周跋中又知其二:一是此本乃士礼居“景宋旧抄”,因黄丕烈曾藏钱佃刻本,以复翁之“佞宋”癖好,摹抄一部留用乃在情理之中,弢翁所说当是。惟言“景宋”似不合实情,因有异文、错行、无刻工等与原本不符者甚多。尽管此本与原刻有不符之处,但源出黄丕烈旧藏钱佃刻本是毫无疑问的。其中有一个坚实的证据即是:钱佃本卷十三第五、六两叶为缺叶抄补,据出于纂图互注本,其中有两条互注被原样抄录过来,而抄本亦然。二是签条校记乃张允亮于1915年(乙卯年)所为,周跋言“乙卯年以缪刻所参校者”,“缪刻”者乃前揭陶子麟刻本《荀子考异》。案周氏所言,张氏所校乃据缪跋陶本《考异》,但检其卷中,尚有出于《考异》之外者,如卷七第六叶上半叶签条“不以寿千岁也,‘以’应作‘必’。则能持曰,‘曰’应作‘固’,下应增‘也’字。”故张氏校记除据陶氏刻本《考异》外,又有据他本校者,而“必”“固”“也”皆与吕本、唐本同。

除张允亮签条校记外,天头、地脚及行间的校记或当时抄竣后复校时所为,因所校多据钱佃原刻本出,如错行与原刻之异、卷中文字及《考异》中异文及错行等皆以原刻标出,只有抄本、原刻底本都在时才有条件进行如此校勘,这个条件只有黄丕烈具备,故为黄校或黄氏倩人校勘的可能性最大,但绝非张氏所为。首先,比较字体皆可知晓;再者,张允亮签条校记之时,原刻正深藏于海源阁,故而张氏是没有条件借到的。因此国图目录著录为“张允亮校”不确,张氏校者乃仅签条所校。兹以士礼居黄氏摹抄本为底本,将卷十三之底本校记逐录出来,同时以钱佃本为校本校之,附有签条者亦录以参,以概见抄本与钱佃原本之异文、校记及签条内容等。

第二叶上半叶天头有一“三”字,此叶第七行注文“谓王之”之“王”,钱佃本作“三”。

第二叶下半叶第三行注文“无恭敬辞让”,“让”字为在旁增补,钱佃本有“让”字。

第五叶下半叶天头有一“故”字，此叶第三行注文“或曰”之“或”，钱佃本作“故”。

第九叶上半叶天头有一“贝”字，此叶第三行注文“五具”之“具”，钱佃本作“贝”。

第九叶上半叶第四行注文“二画翣”，“翣”字为在旁增补，钱佃本有“翣”字。

第十叶下半叶天头有一“卜”字，此叶第九行注文“小敛于户内”之“小”，钱佃本作“卜”，案“卜”误，钱佃本当为形近而误。

第十二叶下半叶天头有一“薪”字，此叶第二行注文“席藾”之“藾”，钱佃本作“薪”。

第十三叶下半叶天头有一“令”字，此叶第四行注文“今秦俗犹以批髮为栗”之“今”，钱佃本作“令”，或误。

第十四叶上半叶天头有一“荐”字，此叶第八行注文“荐器，谓陈明器也”之“荐”，钱佃本作“陈”。

第十四叶下半叶第一行注文“此云虚而不实”，“此云”二字为在旁增补。注文第一行末“器”字圈去，增补至注文第二行首。

第十五叶上半叶地脚有一“杍”字，此叶第八行注文注“两杅”之“杅”，钱佃本作“杍”。

第十五叶第九行注文“有知无故”，“故”字为在旁增补，钱佃本有“故”字。

第十六叶下半叶第五行正文“亲踈贵贱”，“踈”字旁写一“疏”字，钱佃本作“疏”。

第十六叶下半叶第六行正文“不昜”，“昜”字圈去，在旁更作“易”。

第十六叶下半叶第八行正文“痛甚者其愈迟”，“愈”字圈去，在旁更作“瘉”,钱佃本作“瘉”。

第十八叶上半叶第一行正文“不易”,“易”字圈去,在旁更作“昜”。

第十九叶上半叶第二行正文“被”及第三行注文“被”,皆圈去,在旁更作“备”,钱佃本作“备”。

第十九叶上半叶天头有一“陇”字,此叶第九行注文“愅,音革”之“愅”,钱佃本作“陇”,据正文有“愅”字而无“陇”字,钱佃本当误。

第二十一叶下半叶天头有一“约”字,此叶第四行注文“周武王伐纣之乐”之“纣”,钱佃本作“约”,误。

第二十一叶下半叶天头有一“数”字,此叶第九行注文“敦,读为顿”之“敦”,钱佃本作“数”,误。

第二十二叶上半叶第一行注文“祝日”,“日”字旁写一“目”字,钱佃本作“目”,误。

第二十二叶上半叶第二行注文“筵几”,“几”字旁写一“兄”字,钱佃本作“兄”,误。

卷末《考异》“无性则伪之无所加,监本作‘无性’”,钱佃本同,陶子麟刻本《考异》后一个“性”作“信”。签条曰:“监本作‘无性’,‘性’或作‘信’,疑是。”

卷末《考异》左下脚有一“校”字。

以卷十三为例,抄本与钱佃本间有异文,凡属此种,或圈去异字,在字旁更作钱佃本之原字,如“愈”改作“瘉”、“被”改作“備”;或不圈去异字,在旁加注钱佃本之原字,如“踈”旁注“疏”、“日”旁注“目”、“几”旁注“兄”;或在异字之上作一墨点,在天头或地脚处写钱佃本之原字,如“王”改作“三”、“或”改作“故”、“具”改作“贝”、“小”改作“卜”、“藾”改作“薪”等。凡脱字径在脱字旁补钱佃本原字,如“譲”“知”等。抄本亦间对钱佃本误字有所改正,被改钱佃本之原字注于天头,如钱佃本注“隴”,抄本径改为“愅”;钱佃本注“令”，抄本径改作“今”；钱佃本注“約”，抄本径改为“紂”；钱佃本注“數”，抄本径改为“敦”；等等，所改皆是。抄本所改或据内证，多与吕本、唐本等同，当参校过两本。他卷情况与此卷同，不再赘述。

黄丕烈校勘甚细，共出校三百一十七次，校字三百三十余个。然未校出者仍然不少，如钱佃本卷十二第二叶上半叶第四行注“《尚书·多方》曰：‘成汤至干帝乙’”之“干”字，抄本作“于”，是；同卷第五叶上半叶第五行注“攻谓之象刑也”之“攻”，抄本作“故”；同卷同叶第五行注“《书》曰：‘皋陶方施，象刑淮明’”之“淮”，抄本作“惟”；同卷第五叶下半叶第一行注“《传》曰：‘薦蒯之菲也’”之“薦”，抄本作“麄”，检《仪礼·丧服传疏》“屦者，藨蒯之菲也”，抄本误；同卷第十叶下半叶第四行注“唱射者所为隐见也”之“为”，抄本作“谓”，当为音近而误；同卷第十三叶下半叶第九行注“实，谓实于棺椁中”之“椁”，抄本作“槨”；同卷第十四叶下半叶第七行注“宋子，已解在《天论篇》”之“已”，抄本作“以”；同卷第十五叶下半叶第四行注“不知人情恶侮，而使见侮不辱，是过甚也”之首个“侮”，抄本作“悔”，据钱佃本正文及注皆作“侮”，抄本误；同卷第十七叶下半叶第九行注“‘情欲之寡’，或爲‘情之欲寡’也”之“爲”，抄本作“謂”。以上仅以卷十二为例，其中异文，有抄本对钱佃本校改者，亦有异体或误抄者，多因形近、音近而异、误或疏忽而脱。再如钱佃本卷十三第五、六叶为抄补，出自纂图互注本，此抄本照抄不误。故纂图本之误，抄本自然亦误。

又，《荀子版本源流考》云：“其行款字数盖据原刻，然卷二十摹亦有数页抄本之行款、页码均与原刻不符，而于栏外另标出原刻页码。”①经检，钱佃本卷二十末尾题前有荀卿新书十二卷三十二篇目录及刘向孙卿书录，皆为另起叶，抄本则于正文后空两行后接此三十二篇目录署题及目录正文，因此其后之字行皆前置四行，造成尾题前目录及刘向孙卿书录与尾题后《考

① 高正：《荀子版本源流考》，中华书局2010年版，第30页。

异》及钱佃跋皆和钱佃本叶码及字行不符,好在抄本在不合之叶码衔接处下皆注原刻叶次,亦可见原刻模样。这些形式上的小异无关大碍,但抄本与钱佃本的文字不合之处以及误脱等,如果利用之,当需细谨。

总之,尽管抄本已经黄丕烈据钱佃本校过,但一方面由于摹抄本与原本颇有异文,另一方面因抄本校勘未审,亦有不少漏校,故抄本有诸多不合钱佃本之处。故此校宋摹抄本未能完全复原钱佃本原貌,所言“影抄宋本”不符合实际状况。

钱佃本由于长期庋藏于私家,秘不示人,又无翻刻,故利用不高,摹抄本亦然。尽管摹抄本曾为王念孙收藏一过,然《读书杂志·校荀子》及《补遗》一卷采用的亦只是陈奂抄录的《荀子考异》及顾广圻提供的仅有二十六处的钱佃本校记,并未系统全面地利用过摹抄本或钱佃本,这不能不说是一个遗憾。直到 1997 年,由董治安、郑杰文整理的《荀子汇校汇注》才首次使用摹抄本。但整理本校勘重点是正文,而对杨注,除引卢文弨校、王念孙校和王先谦校外,则未利用抄本。

(六) 俄藏本《荀子》与存世宋刻本的关系

经调查,现存宋刻本《荀子》共有八种十四部,除钱佃本外,尚有宋浙刻八行大字本《荀子》(国图)、宋刻巾箱本《荀子》(国图)、宋刻元明递修本《纂图互注荀子》四部(分藏国图一部、上图一部、台博两部)、宋刻本《纂图互注荀子》(傅斯年图书馆)、宋刻十一行本《纂图互注荀子》(傅斯年图书馆)、宋绍熙间建刻本《纂图分门类题互注荀子》(台图)、宋刻巾箱本《纂图分门类题音注荀子》两部(2006 年 6 月中国嘉德拍卖会、2013 年中国嘉德春季拍卖会)、宋刻本《音点大字荀子句解》两部(宋龚士卨增注)(台博一部、国图一部)。此外尚有日本影抄宋淳熙八年(1181)台州公使库刻嘉定十一年(1218)补修本《荀子》二十卷,旧藏金泽文库,《古逸丛书》影刻行世。以上诸本可分为单注本与纂图音点本两大系统。为更全面认识钱佃本,进一步拓展其研究视域,可将两系统中代表性版本相校,以见钱佃本质量之高下及源流关系。

宋浙刻大字本(即前揭简称吕本者)《荀子》因其卷二十尾题后题北宋衔名王子韶、吕夏卿,学者多将其著录为北宋熙宁监本①,张燕婴云:"此本敦、廓二字均缺笔,系避光宗赵惇、宁宗赵扩之嫌名;又此版刻工与唐本、钱本并不相同。可知此本非唐氏刻本或其重修本,亦非钱佃本,而是宁宗间之重刻本,但版式格局不失监本规制,仍属监本系统。……书末顾广圻《跋》云……。其云'在淳熙之后多年'无误,而云'版有修改'则未确。"②故刊于宁宗时期当无疑义。高正《〈荀子〉宋椠考略》与董治安、郑杰文《荀子汇校汇注》皆著录为南宋宁宗时浙北翻刻北宋吕夏卿熙宁监本,《翰墨流芳》称"此为《荀子》现存最早注本。南宋宁宗间重刻,雕镂精美。"但刘明、王承海认为吕本出自钱佃本,乃由滕强恕于南宋嘉定间刊于江西,其《宋本〈荀子〉刊刻考略》云:"当是滕强恕翻刻钱佃本而非唐仲友台州刻本","或认为即南宋唐仲友刻本,检书中除'慎'字缺笔外,'敦''廓'两字亦避讳,又刻工翁遂参与了嘉定间南康军刻《仪礼经传通解》和嘉定四年(1211)江右计台刻本《春秋繁露》,魏信参与了嘉定六年(1213)汀州军刻《九章算经》,则此书当刻于南宋宁宗嘉定年间,而非孝宗淳熙年间。此本与日本藏台州本的

---

① 《百宋一廛赋注》著录此本云:"熙宁本《荀子》。……此本之末有'吕夏卿重校、王子韶同校'题名,即熙宁旧本也。"《艺芸书舍宋元本书目》亦著录为"熙宁本",《郘亭见知传本书目》云:"宋吕夏卿大字本。"韩应陛《韩氏读有用书斋书目》及石印本《云间韩氏藏书目》均有记载,后者还附有书影,题云"北宋熙宁椠《荀子》"。《松江韩氏宋元明本书目》题作"大字本《荀子》二十卷十册,北宋熙宁刊印本"。《文禄堂访书记》卷三著录为宋监刻本。其间,顾广圻曾首先对其是否熙宁本提出怀疑,跋云:"细验避讳,不特在熙宁、元丰后,且在淳熙之后多年,或板有修改致然耶?"顾广圻据避讳已推知"在淳熙之后多年",但疑"板有修改致然",似亦未敢肯定其刊年。今检讳字"敦""廓"所在叶次,并无补刻迹象,故顾氏所疑不存。

② 张燕婴:《中华再造善本总目提要·荀子》,国家图书馆出版社2013年版,第321—322页。

一个明显区别是没有淳熙八年唐仲友序,这也是此本并非台州本的直接证据。"①刘文以为吕本不出于唐本当是,但以为其出于钱佃本、嘉定间滕强恕刊于江西,恐非。刘文引据吴师道《礼部集·书荀子后》云:"吴郡钱佃耕道刊此书于江西漕司,据元丰监本参校,自谓'特为精好',而陈振孙《书录》亦推其'视他本最为完善'。今考之则文字讹殊甚多,二公盖未尝细察也,校刻之难可不慎欤!嘉定中,权知隆兴滕强恕再取漫灭者新之,亦未及此。"②滕强恕,字仁伯,浙江金华人,绍熙四年(1193)进士,曾任江西转运判,嘉定间由宗正少卿出守袁州。刘文据此推知,滕强恕曾任江西转运使官,得到钱佃本后重加翻刻,刻工翁遂、魏信皆为江西籍刻工便是佐证。③

但校勘发现,吕本并非出自钱佃本,两本差异颇多:首先,文字上讹脱差异明显。吕本不从钱佃本,可从大量异文上见出。钱佃本诸多讹误,吕本不误。钱佃本脱文、衍文,吕本不脱、不衍。钱佃本卷中有几处墨钉,吕本皆有文字,如卷十八第五叶下半叶末行注文墨钉,吕本则为"失辅弼之臣,则執不在上"两句。钱佃本对监本有改字,吕本不改。钱佃本多与纂图本同,吕本多不同。文字对勘发现,两本异文颇多,而字体相同的异体字更多,彼此差异很大。如钱佃本"弛",吕本作"弛","間"多作"閒","疏"多作"踈","棄"多作"弃","强"間作"彊","勢"多作"埶","道"多作"導","皃"多作"貌","一""二"多作"壹""貳","案"多作"按","地里志"之"里"作"理","墜"多作"隊","常"多作"嘗","耶"多作"邪","怪"多作"恠","猪"作"豬","熟"多作"孰","昬"多作"昏","榟"多作"梛","太"多作"大","泰"多作"太","徃"多作"往","矕"多作"矙","摠"多作"總";又钱佃本"夸",吕本作"夸","汝"作"女","著"作"箸","他"作"它","綿綿"作"緜緜","詞"作"辭","茆"作"茅","恤"作"卹","鄉"作"向","第"作"弟",

① 刘明、王承海:《宋本〈荀子〉刊刻考略》,《图书馆杂志》2012年第4期。

② (元)吴师道:《礼部集》,影印摛藻堂《四库全书荟要》本,第406册,第274页。

③ 刘明、王承海:《宋本〈荀子〉刊刻考略》,《图书馆杂志》2012年第4期。

“耗”作“秏”，“悴”作“顇”，“隙”作“隟”，“燿”作“耀”，“耻”作“恥”，“礪”作“厲”，“盤”作“槃”，“按”作“案”，“毆”作“敺”，“弊”作“敝”，“捍”作“扞”，“稀”作“希”，“藏”作“臧”，“懸”作“縣”，“蝕”作“食”，“墮”作“墯”，“冠”作“冠”，“塗”作“涂”，“餧”作“餒”，“埋”作“薶”，“無”作“毋”，“采”作“菜”，“隱”作“隠”，“悳”作“德”，等等。两本刊刻时间相隔不久，异文如此之夥，足以说明两本差异之大。其次，两本避讳不类，如“殷”字，钱佃本多避，而吕本则间有避讳。吕本与唐本避讳多同，如卷十九第二叶三个“斑”字均缺笔，“寧”字亦多缺笔。整体上来看，钱佃本避讳不谨，而吕本较严。再次，在体例上，钱佃本基本上不分段，而吕本与唐本皆分段，区别明显。钱佃本各卷末有《考异》、卷末有钱佃刊《跋》，吕本皆无。反而吕本与唐本高度一致，虽然亦间有异文，但与钱佃本相比，要少得多。吕本不出自唐本，同唐本一样，皆出自监本，只是在流传中，将监本卷末衔名丢失，而仅保留下来吕夏卿、王子韶两人的衔名，于是世人皆误称北宋熙宁刻本。吕本与钱佃本行款不同，却与唐本悉同，这也是吕本、唐本同出监本的证据。钱佃本刻工虽然有参与刻江西刻本的，但参与浙刻本的更多，如何泽、丁松年、杨荣、马松、吕信曾参与刻印南宋初两浙东路茶盐司刻宋元递修本《周易注疏》；陈彬、何澄、何泽、吕信、马松、杨润、詹世荣、吴祐、丁松年等参与刊刻宋杭州刻元公文纸印本《增修互注礼部韵略》，宋讳避亦至南宋宁宗；吕信、何泽、何澄参与刊印宋绍兴三年（1133）两浙东路茶盐司公使库刻宋元递修本《资治通鉴考异》，这批刻工还参与刊刻了南宋浙刻本《说文解字》的初刻与补版工作，同时参与刊刻南宋中叶浙刻本七史①。不可否认的是，其中有的刻工确实参与刊刻了江西刻本，如丁松年、何泽、吴祐、杨荣参与刻印宋赣州州学刻宋元明递修本《文选》；翁遂不仅参与刊刻嘉定间南康军刻《仪礼经传通解》和嘉定四年（1211）江右计台刻本《春秋繁露》等，还

① 今存所谓“眉山七史”者，经诸家鉴定，实为浙刻，已成定论，在此不再赘述。

同时与傅上一起参与刻印宋嘉定九年(1216)至元至治二年(1322)平江府碛砂延圣院刻本《碛砂藏》,参与刊刻过宋绍兴十年(1140)汪伯彦宛陵州学刻嘉定间宁国府学重修本《宛陵先生文集》;魏信亦曾刊印宋嘉熙四年(1240)卫湜新定郡斋刻本《礼记集说》,新定郡斋即旧严州府,处于浙江西部,又曾参与刊刻《思溪藏》等。如果这些刻工确为同一人的话,只能说明这批刻工确实活跃于南宋中叶,其主要刻书之地还是在浙江地区,并非仅限于浙北,故定此本为浙刻似更合理。如是,滕强恕所刊于江西漕台者或非此本。

南宋淳熙年间(1174—1189),台州知州唐仲友于任上刻书多种,《荀子》即为其一。唐仲友刻本今亦不存,幸有日人摹写本保留下来,后为黎庶昌影刻下来,收录于《古逸丛书初编》,即《古逸丛书》影刻金泽文库藏影抄宋淳熙八年(1181)台州公使库刻嘉定十一年(1218)补修本,世称唐本。唐本不出钱佃本或吕本,而是渊源于熙宁监本①。钱佃本与唐本更多的关联是在校勘上,因彼此皆为早期刊本,通过互校可以解决不少问题。如因两本异文极多,可以确定两本没有直接关系,其间接关系是共同源于熙宁监本,在各自翻刻过程中发生不少变异,造成两本之不同。如唐本亦间有讹误,前揭钱佃本《考异》卷四"注'飾之以儲價',监本作'諸賈'",唐本作"詣賈","諸""詣"形近皆误,而钱佃本作"儲"是,亦即监本、唐本皆误。至于是唐本刊印之误还是监本之误,如果吕本、钱佃本同而唐本误者,极有可能是唐本刊误而监本不误,因三本同出监本,其中有二本同,当即可证。如《考异》

① 唐本出于熙宁监本,其证有四:第一,前揭俄藏钱佃本《荀子考异》之所载监本之文多与唐本同。第二,唐本卷二十末尾题后题有"将仕郎守秘书省著作佐郎充御史台主簿臣王子韶同校""朝奉郎尚书兵部员外郎知制诰上骑都尉赐紫金鱼袋臣吕夏卿重校"两行,其后依次有中书札子节文、十八行凡十五人衔名,钱佃本俱不载,吕本仅在王、吕校勘衔名。第三,卷末载"大宋淳熙八年岁在辛丑十有一月甲申朝请郎权发遣台州军州事唐仲友后序",云"悉视熙宁之故",可以视为保持了熙宁本的基本版式和文字面貌及卷末衔名等。第四,唐本"宁"字缺笔,其《后序》中"皇朝熙宁""视悉熙宁之故"之"宁"字皆缺笔,以此方式表达其敬讳之意,这也是唐本出于熙宁监本的证据之一。

卷十六"'喜怒哀乐',监本作'喜怨'",吕本、钱佃本皆作"喜怒",惟唐本作"喜怨",案上下文,"怒"字当是。惟唐本、吕本同误者,很可能是监本误。如《考异》卷二"'乳彘觸虎',监本作'不觸虎'",唐本、吕本亦皆作"不觸虎",钱佃本、纂图本作"觸虎",无"不"字,《集解》无"不"字,曰:"先谦案:触虎者,盖卫其子,当时有此语耳。"据上下文,钱佃本当是;又如《考异》卷三《仲尼篇》内"'信而不处谦',监本作'不忘处谦'。"唐本、吕本皆作"不忘处谦",钱佃本作"不处谦",无"忘"字,当是。又唐本刊误,如卷十一第二十三叶注"岂如制裁天之所禽而我用之。谓若曲者为轮一",吕本、钱佃本、纂图本"禽"作"命","轮"后无"一",当是;同叶正文"望时而侍之,孰与应时而使之",吕本、钱佃本、纂图本"侍"作"待","侍"不通,注亦作"望时而待",故唐本误;同叶正文"因物而多之,孰与聘能而化之(注:目物而自多,不如聘其智能而化之使多也,若后稷之播种然也)",吕本、钱佃本、纂图本正文及注"聘"作"骋"、注"目"作"因",吕本、钱佃本注"自"前"而"作"之",纂图本注"自"作"广",据上下文,唐本误。此叶版心下无刻工,而前后叶皆有刻工,且与吕本有错行,殊不类,或为补刻而误。唐本的这些讹误皆可通过与钱佃本、吕本的校勘中揭示出来。至于钱佃本与纂图本源头本的关系可参见前揭"荀子考异"部分中。

在现知宋椠《荀子》诸本中,表面上看钱佃本与以上诸本没有直接联系,但细察可知,实际上皆有间接关系。例如在监本系统中,钱佃本与吕本、唐本皆同源于熙宁监本,属于同宗分支,在各自翻刻过程中,皆有不同程度的改造,而钱佃本最大,这种改造需要付出巨大劳动。在纂图本系统中,钱佃本参校过其源头之本,从中吸收了一些与监本不同的异文,而纂图本源头之本亦出自监本,因此钱佃本与纂图本亦有"血缘"。同时,从学术上看,钱佃本与这些宋椠皆有异文,互相校勘,辨正更误,可进一步提高文本质量。客观地说,对钱佃本及诸本的版本分析与对勘,能够促使《荀子》文本研究更上一个台阶。

在《荀子》的早期刻本中,吕本、钱佃本、纂图本以及据唐本而出的影摹抄本是最为重要的几个版本,今以钱佃本校之唐本、吕本、纂图本,以校例为证,就诸本文字异同、优劣等,足可探其究竟。王先谦《荀子集解》是目前为止校勘较为精审、注解较为完备的权威校注本。故在钱佃本与唐本、吕本、纂图本校勘基础上,参校《集解》,或可助辨是非,以备采择。

(七)俄藏本《荀子》的学术价值

关于钱佃本校刊的质量,钱佃自以为"特为精好",钱曾《读书敏求记》亦附和云"此特为精好",与吕夏卿重校本"可称双璧"。《荛圃藏书题识》卷四著录:"他日倘有翻刻《荀子》者,当以此本为秘而传之矣。"可见黄丕烈对其评价甚高。但亦有不同意见,如吴师道《礼部集·书荀子后》云:"今考之则文字讹殊甚多,二公盖未尝细察也,校刻之难可不慎欤!"①顾广圻跋曰:"若较监本,互有短长。"今人高正《荀子版本源流考》云:"但因校勘未精,其失校、误改、异文取舍失当之处不少。所谓'特为精好''最为完善'者,盖与当时讹误衍夺不一而足之诸坊间俗本相比而言耳。"②

那么,钱佃本究竟是一个什么样的本子呢?现在通过卷十三中一例即可见出端倪:"然后皆有衣衾多少厚薄之数,皆有翣蒌文章之等以敬饰之(注:衣谓《礼记》'君陈衣于庭,百称'之比也。衾,谓君锦衾,大夫缟衾,多诗衾也。'翣蒌',当为'蒌翣',郑康成曰'立蒌翣棺之墙饰也')。"吕本、唐本注"衣谓"后有"衣衾","《礼记》"后有"所谓","比"后有"者","多诗衾也"作"士缁衾也","士缁衾也"后有"食,谓遣车所苞。遣,奠也"九字,"曰"作"云",无"立"。纂图本"比"作"此","多"作"士","蒌翣"作"翣蒌",无"立",其他皆同钱佃本。钱佃本、纂图本盖据正文无"食",即删去注

① (元)吴师道:《礼部集》,影印摛藻堂《四库全书荟要》本,第406册,第274页。
② 高正:《荀子版本源流考》,中华书局2010年版,第28页。

中有关“食”字之注，当是有意为之。案卢文弨校、王念孙说“衣衾”当作“衣食”，可不删“食”注。但如案正文“衣衾”，似亦当删，其中必有一误。吕本、唐本则正文作“衣衾”而非“衣食”，但注中却有“食”注，尤显突兀，《集解》本虽依之，但颇有注与正文不符之赘，问题并未得到解决。卢、王据注推改正文，钱佃本则据正文删注。详考之，据吕本、钱佃本、纂图本等本章正文，并未出现有关“食”之内容，皆言衣衾如何，且“衣衾”称“厚薄”当是，“衣食”与“厚薄”不合。故吕本、唐本所据原监本之“食”注可能为衍文，当不如钱佃本删去为适。卢、王据注言之凿凿“衣衾”为“衣食”，实为强加，没有考虑文意之贯通。但钱佃本将本段中“士缁衾也”误作“多诗衾也”，亦是校勘粗疏之明证。此句依上先“君锦衾”，次“大夫缟衾”，再“士缁衾也”，三级标准由高到低依次区分，而钱佃本所误，致使表意不明，造成阅读障碍。通过此例即可概见钱佃本之良莠参半。以下再举实例以详其究竟。

先说钱佃本之优。钱佃本可校诸本之各种讹误，因吕本、唐本实从监本，故诸本之误亦可能是监本之误，当然亦有可能是自身之误。首先可校唐本、吕本、纂图本等讹误。如钱佃本卷首《荀子新目录》“第十二卷”，吕本“二”误作“一”；“第八卷　君道篇第十二”，纂图本“道”误作“臣”。卷二注“瞲然，惊視貌，与眓、眓同，《礼记》曰‘故鸟不狘’”，纂图本“《礼记》”误作“《史记》”。卷五注“《禹贡·梁州》贡熊、罴、狐狸、织皮”，纂图本同，吕本、唐本无“狐狸”，检《尚书·禹贡》有“狐狸”二字。卷七“擽然扶持心国(注：擽然为落石貌也)”，吕本、唐本“然”作“读”，当误。卷九注“设，谓置于列位也”，唐本同，纂图本无“也”字，吕本“设谓”误作“杭亦”，无“也”字。卷九注“遂破秦而存赵”，唐本、纂图本同，吕本“存”误作“有”。卷十一注“木鸣阴阳之化”，纂图本、唐本同，吕本“木”皆误作“不”字，正文作“木”。卷十一注“愚者不能尽一物也”，吕本、唐本、纂图本“愚者”作“如有”，当误。卷十三“以多少为异”之“异”字，纂图本同，吕本、唐本作“用”，据正文及注文“多少异制，所以别上下也”，“用”字误。卷十七注“排檠，輔正弓弩之器”,吕本、唐本“輔”作“轉”,纂图本作“傳”,皆误。卷十八注“‘子奢’,当为‘子都’,郑之美人”,纂图本同,吕本、唐本第一个“子”作“字”,误。卷二十注“《说苑》作‘非下众水之多乎’”,吕本、唐本、纂图本“水”皆作“非”,误,《说苑》作“水”。

其次,校诸本之脱误。如钱佃本卷首杨倞序卷端首题“荀子注序”,唐本同,吕本、纂图本无“注”,此为杨倞注本,并非白文本,当有“注”字为佳。钱佃本卷二正文“粮食大侈,不顾其后,俄则屈安穷矣”,纂图本同,吕本、唐本无“粮”。案下句有“是其所以不免于冻饿,操瓢囊为沟壑中瘠者也”,故“食”字不明确,而“粮食”则与下文相合。卷二正文“使有贵贱之等”,纂图本同,吕本、唐本无“有”,当有“有”字为适。卷七“然而天下之理略奏矣(注:天下之理谓条理者;略,有节奏也),吕本、唐本注脱前一‘理’字”。卷九正文“《传》曰:‘从道不从君’,此之谓也”,唐本、纂图本同,吕本脱第二个“从”字。卷九注“言不敢显谅,闇匡教之也”,吕本、唐本、纂图本“谅”作“谏”,纂图本脱“闇匡教之”。卷十二正文“必不伤害无罪之民”,纂图本同,吕本、唐本无“不”,此段上下句为“诸侯有能德明威积,海内之民莫不愿得以为君师。然而暴国独侈,安能诛之,必不伤害无罪之民,诛暴国之君若诛独夫。若是,则可谓能用天下矣”。据上下文意,吕本、唐本脱误。卷十七正文“然则性而已,则人无礼义不知礼义(注:性而已,谓不矫伪者),人无礼义则乱,不知礼义则悖,然则性而已”,吕本、唐本“性”皆作“生”,纂图本脱注。卷十七自“而致善用其功”后经注等一百一十二字,纂图本皆脱去,然“功”后有“矣”字。

再次,校诸本倒文。如卷四正文“事行失中谓之奸事”,吕本、唐本“事行”倒作“行事”。正文中已有“事行有益于理者立之,无益于理者废之”,此句乃承上而出,王先谦《集解》考曰:“《仲尼篇》云‘其事行也,若是其险污淫汰也’,(杨注:‘事险而行污也。行,下孟反。’案杨于《仲尼篇》已释‘事行’二字,故此不复释)《王制篇》云‘立身则从佣俗,事行则遵佣故’,皆其证。”卷十九注“应万变，故多类。谓皆当其类而无乖越，此圣人也”，纂图本同，吕本、唐本“谓皆”倒作“皆谓”。

复次，校诸本之衍文。如卷四“大雅之所以为大者，取是而光之也”，吕本、唐本于此句后有注“雅，正也；文，饰也”，此注在上一句正文“小雅之所以为小者，取是而文之也”末已有，此句再注属重复，且此句正文无“文”字。钱佃本删去当是，原监本亦当为衍文。卷四“仲尼将为司寇（注：鲁司寇也）”，纂图本同，吕本、唐本“为”后有“鲁”。案注中既已有“鲁”字，则正文无需再有此字，而惟其正文中无此字，故有必要在注中补注。卷五“夫是之谓至乱”，纂图本同，吕本、唐本“夫”后有“妇”。案此句上文为“无君子则天地不理，礼义无统，上无君师，下无父子”，此句为上句之结果，故“妇”字乃衍文。钱佃本与吕本、唐本之异者，多同纂图本，譬如上举诸例。再如卷三正文“辩不惠而察”，纂图本同，吕本、唐本“不”后有“给”，当为衍文。卷三正文“故知者之举事也”，纂图本同，吕本、唐本“知”后有“兵”，但联系上下文，并无“兵”字，亦无论“兵”之意，吕本、唐本当为衍文。如此者颇多，不一一举例。以上这些吕本、唐本讹误之例，亦即钱跋“用诸本参校，凡是正一百五十有四字”之中也。

在以上宋刻诸本中，纂图本异文最多，讹误亦最多。因纂图本要适应举业之需，故在体例上与吕本、唐本、钱佃本不同，于是纂图本在改造过程中，自然产生大量异文，有的是新生讹误，有的则是妄改致误。再加因皆为坊间纂刻，校勘粗疏，出现讹误势所难免。如以卷十八为例，钱佃本“尊主安国，尚贤义，拒谏饰非，愚而上同，国必祸（注：所以尊主安国，在崇尚贤义。若相谏饰非，以愚闇之性苟合于上，则必祸也）”，吕本、唐本注“相”作“拒”、“苟”作“茍”，纂图本“拒”作“距”、“苟”作“茍”，纂图本经注作：“尊主安国（注：在尊君势安国势），尚贤义（注：在尊尚贤德有义之人），距谏饰非（注：拒人谏言好文节已过），愚而上同（注：以愚闇之识苟合上意），国必祸（注：其国必主有祸难也）”。可见纂图本不仅字异，且文句与钱佃本、吕本、唐本大异,将注分散至各句末,文句亦改。卷十八正文"慎、墨、季、惠百家之说诚不详"及注文一百零二字,纂图本脱去。卷十八注"形人则不能复一,谗夫则兼弃之,但诘示治之形状。言侮复也。"纂图本注文分句,且大异,"形"作"众","示"作"责",无"言侮复也",等等。

至于元建本、明清诸本等,因皆从以上宋本而出,故原宋本之误,有的部分校出,有的并未校出,且在翻刊中又有不少新误产生,以钱佃本可校其误。在校注本中,王先谦《荀子集解》是较有影响并为现当代校注者必用之本。但校勘发现,有关钱佃本与诸本的异文有很多并未出现在《荀子集解》中,有的虽出校记,但采择尚有可商榷之处。如卷十五正文"小物引之,则其正外易,其心内倾,则不足以决麤理矣",吕本、唐本同钱佃本,纂图本"麤"作"庶",《集解》本同纂图本,曰:"卢文弨曰'"庶理"宋本作"麤理"。'今从元刻。"案"麤"同"粗","麤理",本指肌肤纹理粗疏,《黄帝内经·灵枢·卫气失常》云"麤理者身寒"。引申之意作普通而又浅显的道理,用在此处指即便是一些普通而浅显的道理也难以决断了;"庶"者"众"也,"庶理"作"各种道理"。后者虽然也能讲得通,但就上下文意来看,"麤理"二字表达效果更佳。《集解》本及各种译注本如张觉《荀子译注》等皆作"庶理",实未深究其意。故此,以钱佃原刻本校勘诸本实有必要。

再言钱佃本之不足,如以吕本、唐本校钱佃本,发现其所存问题亦不少,主要表现在文字的讹、脱、倒、衍上。究其原因,一是写刊疏忽之误。首先是讹误,多为形近而误,如钱佃本卷一杨倞注"下篇有'场朱哭衢涂'",吕本、唐本"场"作"扬",纂图本作"杨"。"下篇"者即此本卷七"扬朱哭衢涂曰:'此夫过举蹞步而觉跌千里者夫!'哀哭之",并注"扬朱,战国时人,后于墨子,与墨子弟子禽滑厘辨论",经注皆作"扬"。今存宋刻元修本晋张湛《冲虚至德真经》卷七"杨朱第七"一文,皆作"杨"。顾颉刚《古史辨·四》"论杨朱",亦有详考,作"杨"。"扬"亦作姓。故钱佃本作"场"者,显误。卷九注"师法不在得习也",吕本、唐本、纂图本"得"作"博",纂图本脱"师正"

字,正文"博习不与焉",故此"得"误。卷三"目可瞻焉(注:……瞻焉,言不能俯视细物,远望才见焉)",经注"焉"字,纂图本同,吕本、唐本皆作"马"。《集解》本同吕本,曰:"今按杨注,正谓不能见小物,而但见马耳。"故钱佃本、纂图本作"焉"当误。卷五注"《月令》曰:'盗二日号,无悖于时'",吕本、唐本"盗二"作"监工"。又核国图藏宋淳熙四年(1177)抚州公使库刻本《礼记》卷三《月令》作"监工","盗二"与文不通。卷九注"施,谓展其竹也",吕本、唐本、纂图本"竹"皆作"材","竹"误。卷九注"术,非也",吕本、唐本、纂图本"非"皆作"法",按其释意,"非"误。卷十二注"《书》曰:'皋陶方施,象刑淮明'",吕本、唐本、纂图本"淮"皆作"惟",《尚书》原文即作"惟",故钱佃本误。卷十六注"谓,践履也",吕本、唐本、纂图本"谓"作"藉",正文作"故穷藉而无极",故钱佃本误。卷十七注"其、贾可以相为而不能相为",吕本、唐本、纂图本"其"作"工",正文作"工匠、农贾",故"其"误。卷二十注"圣人之明蔡如日月",吕本、唐本、纂图本"蔡"皆作"察","蔡"字显误。类似者颇多,如"先"误作"失","流"误作"洗","巴"误作"已","人"误作"入","如"误作"知","正"误作"匹","尺"误作"天","况"误作"沉","忧"误作"晏","解"误作"触","干"误作"于","王"误作"三","子"误作"于","小"误作"示","秦"误作"奏","任"误作"仕","君"误作"若","臣"误作"巨","常"误作"当","自"误作"目","周"误作"同","立"误作"亡","荡"误作"万","吾"误作"言","士"误作"七""上","韦"误作"董","音"误作"者","力"误作"方","忠"误作"志","因"误作"囚","谏"误作"让","微"误作"傲","宋"误作"未","连"误作"违","央"误作"夫","丁"误作"小","田"误作"曰","去"误作"云","俗"误作"浴","朱"误作"未","下"误作"丁","夫"误作"天","倞"误作"谅","九"误作"力","直"误作"宣","夫"误作"失","亦"误作"六","六"误作"文","大"误作"夫","语"误作"许"等等,有的同误还多次出现,如"上"误作"三","止"误作"上","不"误作"下","正"误作"三"等。

有的是音同或音近而误,如“止”误作“指”,“照”误作“昭”,“中”误作“宫”,“时”误作“诗”等。其他讹误,如“地”误作“见”,“盛”误作“盖”,“足”误作“非”,“爱”误作“漫”,“冯”误作“为”,“也”误作“七”等。

其次是脱文,一是字、词脱,如钱佃本卷二注引“孟子曰:……行拂乱其所为,动心忍性,增益其所不能也”,案此句出自《孟子·告子下》,“动心忍性”前有“所以”,钱佃本脱去此两字,则承上而来之意不显。卷三注“天下之姣也”,吕本、唐本、纂图本等“姣”前有“至”,案其意,当有,钱佃本脱。卷六注“同物,谓饮食男女之大欲存焉”,吕本、唐本、纂图本“之”前有“人”,案其意,当有,点作“谓饮食男女,人之大欲存焉”。卷七“无具则五綦者不可得而致也”,吕本、唐本、纂图本“具”前有“其”。卷七注“论相人主之职,不在躬亲小事”,吕本、唐本“相”后有“乃是”,“事”后有“也”。卷七注“公不许,为路寝之台”,吕本、唐本、纂图本“为”前有“当”。卷九注“孟尝君恐,乃如,魏昭王以为相,西合秦、赵”,吕本、唐本、纂图本“如”后有“魏”,“合”后有“于”。卷十二注“噂噂然相对谈语”,纂图本同,吕本、唐本“然”前有“沓沓”。正文有“噂沓背憎”。卷十二注“五圻者,侯圻之外甸,甸圻之外男,男圻之外采,采圻之外卫圻”,纂图本作“五圻者,侯圻之外曰甸圻,甸圻之外曰男圻,男圻之外曰采圻,采圻之外曰卫圻”,吕本、唐本作“五圻者,侯圻之外甸圻,甸圻之外男圻,男圻之外采圻,采圻之外卫圻”。纂图本、吕本相较钱佃本,交代意思更加明确。二是句脱,卷四“儒效篇第八”,吕本、唐本、纂图本于此题后皆有注“效,功也”,钱佃本脱。卷五“马骇舆则君子不安舆(注:马骇于车中矣)”,吕本、唐本在此正文注后有“庶人骇政则君子不安位(注:骇政,不安上之政也),马骇舆则”二十二字,纂图本作“庶人骇政故君子不安政(注:骇之,不安上之政也),马骇舆则”,钱佃本脱。卷十二注“县,系也”,纂图本同,吕本、唐本“也”后有“音悬”,钱佃本脱。

再次是衍文,卷五注“總,领也,要也”:吕本、唐本无“要也”,《集解》本同吕本,曰:“卢文弨曰:‘俗本又有“要也”二字,宋本、元刻皆无。’”卷九正文“人主之患,不在乎不言用贤,而在乎诚必用贤”,纂图本同,吕本、唐本无第二个“不”,按其上下文意,吕本、唐本是,则钱佃本、纂图本当为妄加,而唐本、吕本当为监本原字。卷六正文“非特所以为淫泰也”,吕本、唐本、纂图本无“所”。卷七正文“有也,及其綦也,索为匹夫不可得也”,吕本、唐本无“有也”,案其意,当衍此两字,纂图本作“齐也,及姜綦也,素为匹夫不可得也”。卷七注“不可欺以方圆者也”,吕本、唐本无“者”。卷十“皆前行素修也(注:也,地),所谓仁义之兵也”,吕本、唐本、纂图本“所”字前有“此”字,且皆无注,案行文当衍此注句。还有倒文,如卷七“如是则舜禹还至”,吕本、唐本、纂图本、《集解》本“舜禹”皆作“禹舜”,钱佃本当为倒误。

二是有些讹误同纂图本,当是未详审之故。因纂图本晚于钱佃本,钱佃本之误或出于纂图本的源头本,亦即《考异》中的“诸本”。如卷四注“故仲尼修《春秋》尽周法”,纂图本同,吕本、唐本“尽”后有“用”,案其文意,当有此字。卷十二注“户牖之间谓之扆,依与扆同”,纂图本同,而吕本、唐本作“户牖之间谓之依,作扆,扆、依音同”,而钱佃本、纂图本则似有省简,但简后不如吕本更加文从字顺。卷十二注“小侯,远小国及附庸也”,纂图本同,吕本、唐本“远”前有“避”,“避远”一词更适。类此者颇多。《荀子集解》有不少并未采用钱佃本、纂图本,而多采用吕本、唐本之处就是很好的明证。

关于钱佃本卷十三第五、六叶抄补两叶,亦有可言之处。虽仅两叶抄补,但与吕本、唐本相校,异文达十六条。其中十四条与纂图本同,第八、十三条不同。第八条注“不能至备,文胜于情,情胜于文,是亦理之次也”,吕本、唐本首个“文”前有“或”,“理”作“礼”;纂图本无“或”,“理”作“礼”,亦即仅“理”字不同,或为抄录时改之。第十三条正文“礼之理诚深矣,擅作典制辟陋之说入焉而丧”,吕本、唐本、纂图本“擅”前有“坚白同异之察入焉而溺,其理诚大矣”十五字,钱佃本无,当是抄录时不慎脱去。可见,此两叶当抄录于纂图本。又,第三条“一倡而三叹也(注:《记·乐记》:清庙之瑟,朱弦而疏越,一倡而三叹,有遗音者矣)”,吕本、唐本无此注二十二字,纂图本有此注，注前有墨底白文“互注”出字，说明钱佃本抄补所据当即纂图互注本，只是抄补时删去“互注”二字。第十六条亦属这种情况，“君子审于礼，则不可欺以诈伪(注:《记·经解》:礼之正，国犹衡之于轻重，绳墨之于曲直，规矩之于方圆。不[①]诚县，不可欺以轻重；绳墨诚陈，不可欺以曲直；规矩诚设，不可欺以方圆；君子审礼，不可诬以奸诈)”，吕本、唐本无注，纂图本注与此同，注文前有墨底白字“互注”出字，钱佃本删去。故从此两条可以确证此两叶出于纂图本，只是抄录时或有疏忽，或有意改删，后者作此处理，以符合钱佃本体例。考诸文字，纂图本的文字不如吕本、唐本更佳，如第四条注“长往而不反”，纂图本同，吕本、唐本“长”作“若”。第十条注“在上位则万变而不乱”，纂图本同，吕本、唐本“则”后有“治”。

关于钱佃本的缺叶抄补问题，道光九年(1829)顾广圻跋另一黄丕烈旧藏宋浙刊大字本时云:“(黄丕烈藏宋刻大字本)所补写各卷失叶则皆非善，与钱耕道刊本既互有短长，又互有失叶，殊未可相补也。”今检两本缺叶，钱佃本仅有卷十三第五、六叶抄补，而吕本所缺补的十三叶中并不与钱佃本所缺补两叶相同，故“殊未可相补”，非也。韩应陛跋言“未”字当为“者”字，是。从顾跋所言度之，似两本已经抄补，只因“非善”，才有“相补”之必要。只是前揭钱佃本所补用本为纂图互注本，并非顾跋所言之吕本。但是从现存黄丕烈摹抄本来看，摹抄本中有此两叶，与钱佃本完全一样，并无异文，故在黄丕烈摹录钱佃本之前，此两叶已经抄补完成。

在杨倞注《荀子》诸本中，以北宋熙宁国子监刻本为源头，产生两个系统的传本，一为杨倞原注本，现存世者有淳熙八年(1181)江西计台钱佃刻本、宋浙刻大字本(吕本)两部，另一部淳熙八年台州知州唐仲友刻本今已不存，仅有《古逸丛书》影刻本传世。吕本有摹抄本传世，清乾隆五十一年

① “不”，疑误，正文作“衡”。

(1786)谢墉安雅堂刻本以之为底本翻刻,王先谦《荀子集解》则以谢本为底本,并参校《古逸丛书》等本。二为纂图互注重言重意本,可考的最早本子为南宋国子监刻纂图互注四子本,其后的传本大多据以传刻并加注重言重意。今纂图本存世者颇多,多为坊间刻印,如宋刻巾箱本、明世德堂本等,大都在南宋中晚期。但对杨倞原注改动、增删颇多,并造成一些讹误,质量堪忧。监本系统中,浙刻本避至"廓"字,当刻于宁宗时期,晚于淳熙八年的钱佃刻本。钱佃本以监本为据,参校"二浙、西蜀本",并径改底本,因此与原监本已有不同,不如吕本、唐本更加忠实于监本。钱佃本有可校正吕本、唐本讹误之用,甚而亦可校正后出的纂图本。故就校勘而言,价值很高。当然钱佃本新生讹误亦多,主要是因自身写刊粗疏,形近、音近致误。卷末《荀子考异》对考订同时期的诸本异文及源流具有重要价值。钱佃本虽径改底本,但《考异》保留下部分监本原字,可反证吕本、唐本较少改正监本之优点及两本均源于监本之事实。总体上看,钱佃本优于纂图本,虽不如吕本、唐本精审,但其可校诸本之讹以及《考异》具有独到的价值,也是其可取之处。同时,作为杨倞原注之现存最早刻本,且为仅存孤帙,无疑具有重要的文物价值。

由于钱佃本的摹抄本深藏诸家,而原钱佃本又远藏域外,其版本价值至今未能得到充分利用。摹抄本虽然为《荀子汇校汇注》所用,可惜只用于校勘正文,而杨注未能利用。版本研究的最终目的是为整理点校提供参考,以目前《荀子》整理本的情况来看,尚不满意。兹举一例,王天海《荀子校释》是一部当代校注本,徐复先生在序中给予极高的评价:"体大思精,巨细无遗",而作者在其前言中对前贤校注本一一评骘,为校出一部高质量的校本,打破常规,不以前贤惯常使用王先谦《荀子集解》为底本的做法,而以台州本为底本,并参校吕本、王先谦《荀子集解》、宋刻巾箱本等,可以说基本符合存世版本的实际状况。但是检校该本,仍有未尽人意之处。如《集解》卷十七《性恶篇》"若是则兄弟相拂夺(注:拂,违戾也。或曰'拂'字,从木旁,弗击也)"[1],此与钱佃本、纂图本同。唐本、吕本正文及注文第一、二个"拂"皆作"佛"字,即"兄弟相佛夺(注:佛,违戾也,或曰'拂'字,从木旁,弗击也)"。此条见于钱佃本《考异》第九十八条,作"'兄弟相拂夺',监本正文'拂'作'佛'",可知监本正文及注文首个皆作"佛",但钱佃本却将这两"佛"改成了"拂",显然是有意改之。但问题是注文中又有"或曰'拂',从木旁",既然"或曰"当是说另一个字如何,故唐本、吕本注文中第二个作"佛"字当是,这样符合上下文意及逻辑。钱佃本的注文改字说明:一是钱佃本乃有意改之,意在正文要和注文相合,皆为"拂"。二是吕本、唐本原字即"佛"字,注文中特别说明"或曰'拂'",而如原字还是"佛",则显然重复解释。一字之差,可见版本不同,亦见达意之异。又,钱佃本、吕本、唐本注中"或曰'拂'",其后皆有"从木旁"三字,亦与"拂"不合,如从"木"旁,当是"梻"字。原监本当是"兄弟相佛夺(注:佛,违戾也,或曰'梻'字,从木旁,弗击也)"或者"兄弟相佛夺(注:佛,违戾也,或曰'拂'字,从手旁,弗击也)。注"或曰'拂'字,从木旁",可知监本必有一误。但唐本、吕本并未检出,而《荀子校释》亦未出校记。由此例可知,钱佃本有误,我们并不讳言,但其《考异》又交代了监本原字,这是非常难得的。如果没有《考异》,吕本、唐本所从底本就无从可考。毫无疑问,王本如引据钱佃《考异》,此处考释会更加清楚明晰。综观以上,《荀子》虽然有不少校注本,但仍未将现存诸本充分利用,尤其如钱佃本这种早期的版本,更应受到应有的重视。如若校勘《荀子》,当以讹误最少的吕本为底本,以存世最早的钱佃本以及源于监本的唐本为主要校本,再参校其他诸本,当是一个最为优化的校勘组合。

附录:钱佃本《荀子考异》及其校勘记

《荀子考异》揭示了很多信息,对于考订早期版本极有益处。其最大价

---

① (清)王先谦著,沈啸寰、王星贤点校:《荀子集解》,中华书局1988年版,第438页。

值在于所录诸本和监本的一百余条异文，这些异文使我们了解到诸本和监本的真实版本情况，为研究钱佃本和诸本、监本的关系提供了唯一可靠的证据。有鉴于此，今将钱佃本《荀子考异》录之于兹，以现其原貌。为对《考异》有一个更加全面而深入的了解，将钱佃本与现存的几个有代表性的宋刻本卷中原文进行对校，通过比较各本异同，在分析《考异》自身文本的同时，或可厘清这些版本的关系与源流。校本为俄藏钱佃刻本、黄丕烈旧藏宋浙刻大字本（简称吕本）、《古逸丛书》影刻影抄唐仲友刻本（简称唐本）、袁跋宋刻本《纂图互注荀子》（简称纂图本）四种，校勘异文并附之于下。同时，亦校正陶子麟刻本之误，将其讹误及异文注于叶下。

卷一(3)

1. “青取之于蓝”，蜀一本旡“于”字，□本作“青出于蓝”。

唐本、吕本、钱佃本皆作“青取之于蓝，而青于蓝”；纂图本作“青出之蓝，而青于蓝”。“旡”，古作“既”或“欠”，此或“无”字误写。陶子麟刻本《考异》“□”作“一”，当是。

2. 此卷《劝学篇》内“圣心备焉”，诸本皆作“循焉”。

唐本、吕本、钱佃本皆作“备焉”；纂图本作“循焉”。

3. “傲囋非也”，诸本皆作“傲非也，囋非也”。

唐本、吕本、钱佃本皆作“傲囋非也”；纂图本作“傲非也，囋非也”。

卷二(8)

4. 此卷《不苟篇》内“故怀负石而赴河”，诸本皆无“故怀”二字。

唐本、吕本、钱佃本皆有“故怀”；纂图本无“故怀”二字。

5. “举人之过恶”，诸本无“恶”字。

唐本、吕本、钱佃本皆有“恶”字；纂图本无“恶”字。

6. “故君子不下室堂”,诸本无“室”字。

唐本、吕本、钱佃本皆有“室”;纂图本无“室”字。

7. 《荣辱篇》内“博之而穷者”,诸本无“之”字。

唐本、吕本、钱佃本皆有“之”;纂图本无“之”字。

8. “乳彘触虎”,监本作“不触虎”。

唐本、吕本皆作“不触虎”;钱佃本、纂图本作“触虎”,无“不”字。

9. “人也忧忘其身”①,诸本“人也”作“小人”。

唐本、吕本皆作“人也”;钱佃本、纂图本皆作“小人”。

10. “岂不迂乎哉”,诸本作“岂不亦迂哉”。

唐本、吕本、钱佃本皆作“岂不迂乎哉”;纂图本作“岂不亦迂哉”。

11. “而耳辨音声清浊”,诸本无“而”字。

唐本、吕本、钱佃本皆有“而”字;纂图本无“而”字。此为上下四个并列句,即“目辨白黑美恶,耳辨音声清浊,口辨酸咸甘苦,鼻辨芬芳腥臊”,前后皆无“而“字,此句亦当无为是。

卷三(11)

12. 此卷《非相篇》内注“李兑”,诸本作“李斯”。

唐本、吕本、钱佃本“今之世梁有唐举”后注“相李兑、蔡泽者”,皆作“李兑”;纂图本作“李斯”。

13. “仁人不能推,知士不能明”,诸本无“人”“士”二字。

唐本、吕本、钱佃本皆有“人”“士”;纂图本皆无“人”“士”。

14. “节族久而绝”,诸本作“节奏”。

唐本、吕本、钱佃本皆作“节族”;纂图本作“节奏”。

---

① 清光绪黄冈陶子麟刻本“忘”误作“患”字。

15. 注“宗族久则废”,诸本作“节奏久则废”①。

唐本、吕本、钱佃本皆作“宗族”,正文作“而息节族久而绝”,纂图本作“节奏”。

16. “其以治乱者”,诸本作“以其”。

唐本、吕本、钱佃本皆作“其以”;纂图本作“以其”。

17. “矜庄以莅之”,诸本作“斋庄”。

唐本、吕本、钱佃本皆作“矜庄”;纂图本作“斋庄以莅之”。

18. “口舌之于噂唯”,诸本作“之均”。

唐本、吕本、钱佃本皆作“之于”;纂图本作“之均”。

19. 《非十二子篇》内“长养人民”,诸本作“生民”。

唐本、吕本、钱佃本皆作“人民”;纂图本作“养长生民”。

20. “弟佗其冠”,诸本作“弟作”。

唐本、吕本、钱佃本皆作“弟佗”;纂图本作“第作”。

21. 《仲尼篇》内“信而不处谦”,监本作“不忘处谦”②。

唐本、吕本皆作“不忘处谦”;钱佃本、纂图本作“不处谦”,无“忘”字。此句后注曰:“读谦为嫌,得信于主,不处嫌疑间,使人疑其作威福也。”

22. “顿穷则从之,疾力以申重之”,诸本无“从之”二字。

唐本、吕本、钱佃本皆有“从之”;纂图本无“从之”。

卷四(9)

23. 卷内“抑亦变化矣”,诸本作“抑易变化”,注又有“仰是,反易也”三字。

唐本、吕本、钱佃本皆作“抑亦变化矣”,无注“仰是,反易也”五字;纂图

① 清光绪黄冈陶子麟刻本后一“则”作“而”。

② 清光绪黄冈陶子麟刻本脱“不”字。

本作“抑易变化矣”,有注“仰是,反易也”五字。钱佃本《考异》误“五字”为“三字”。

24. “在人下则社稷之臣”,诸本作“在一人下”。

唐本、吕本、钱佃本皆作“在人下”;纂图本作“在一人下”。

25. 注“饰之以储价”,监本作“诸贾”。

唐本作“诣贾”;吕本作“储贾”;钱佃本、纂图本作“储价”。

26. “以从俗为善”,诸本作“容俗”。

唐本、吕本、钱佃本皆作“从俗”;纂图本作“容俗”。

27. “未尝有也”,诸本作“闻也”。

唐本、吕本、钱佃本皆作“有也”;纂图本作“闻也”。

28. “不敢有他志”,诸本作“下能”。

唐本、吕本、钱佃本皆作“不敢”;纂图本作“不能”。疑钱佃本《考异》误录作“下能”。

29. “内不自以诬外,外不自以欺内”,诸本作“内不自以诬,外不自以欺”。

唐本、吕本、钱佃本皆作“内不自以诬外,外不自以欺内”;纂图本作“内不自以诬,外不自以欺”。

30. “人无师法则隆情矣,有师法则隆性矣”,诸本作“人无师法则隆性矣,有师法则隆积矣”,注云:“隆,厚也,积,习也。厚性,谓恣其本性之欲;厚于积习,谓化为善也。”

唐本、吕本、钱佃本皆作“人无师法则隆情矣,有师法则隆性矣”,注云:“隆,厚也。厚于情,谓恣其情之所欲;厚于性,谓本于善也。”纂图本与诸本正文及注文同。

31. “积土而为山,积水而为海”,诸本“而为”皆作“谓之”。

唐本、吕本、钱佃本皆作“而为”;纂图本作“谓之”。

卷五(1)

32. 卷内"大节是也,小节一出焉,一入焉,中君也",监本作"大节是也,小节非也,一出焉,一入焉,中君也"。

唐本、吕本皆作"大节是也,小节非也,一出焉,一入焉,中君也";钱佃本、纂图本作"大节是也,小节一出焉,一入焉,中君也"。

卷六(4)

33. 卷内"弘覆乎天若德裕,乃身不废在王庭",诸本无"不废在王庭"一句。

唐本、吕本、钱佃本皆作"弘覆乎天若德裕,乃身不废在王庭";纂图本无"不废在王庭"一句。

34. "鸟兽之羽毛齿革也"①,诸本无"齿革"二字。

唐本、吕本、钱佃本皆有"齿革";纂图本无"齿革"一句。

35. "徒坏堕落",诸本作"徙坏"②。

唐本、吕本、钱佃本皆作"徒坏";纂图本作"徙坏"。

36. "上好攻取功则国贫"③,诸本作"上好功则国贫"。

唐本、吕本、钱佃本皆作"上好攻取功则国贫";钱佃本"国"字为一墨钉;纂图本作"上好功则国贫"。

卷七(4)

37. 此卷内注"则能持固也",诸本作"持国"④。

唐本、吕本皆作"持固",钱佃本将"固也"二字误作"曰";纂图本作

① 清光绪黄冈陶子麟刻本脱"也"字。

② 清光绪黄冈陶子麟刻本作"徙坏随落,诸本作'徙落'",前一"徒"字,误作"徙","堕",误作"随";"徙落"乃"徙坏"之误。

③ 清光绪黄冈陶子麟刻本"取功"之"功"字脱。

④ 清光绪黄冈陶子麟刻本"持固"二字误作"持国",后一"持国"误作"恃国"。

“持国”。

38. “强固荣辱”,诸本作“强国”。

唐本、吕本皆作“彊固”;钱佃本作“强固”,“强”通“彊”;纂图本作“彊国”。

39. “周国者”,诸本作“用国者”①。

唐本、吕本、纂图本皆作“用国者”;钱佃本作“周国者”,或取自另一本,或“诸本”为“监本”之误。

40. “经其任”,诸本作“轻其任”。

唐本、吕本、钱佃本皆作“经其任”;纂图本作“轻其任”。

卷八(10)

41. 此卷内“敬诎而不苟”,诸本作“不悖”。

唐本、吕本、钱佃本皆作“不苟”;纂图本作“不悖”。

42. “谨修饰而不危”,诸本作“谨修勑”。

唐本、吕本、钱佃本皆作“饰”;纂图本作“谨修勑”。

43. “缘义而有类”,诸本作“缘类而有义”。

唐本、吕本、钱佃本皆作“缘义而有类”;纂图本作“缘类而有义”。

44. “是狂生者也”,诸本作“是闻难狂生者也”。

唐本、吕本、钱佃本皆作“是狂生者也”;纂图本有“闻难”二字。

45. “不胥时而乐”,诸本作“而落”。

唐本、吕本、钱佃本皆作“乐”;纂图本作“而落”。

46. “能无流慆也”,诸本作“能无陷也”②。

唐本、吕本、钱佃本皆作“能无流慆也”;纂图本作“能无陷也”。

---

① 钱佃本注“诸本作□国者”,“□”疑“用”字,清光绪黄冈陶子麟刻本此字空缺。

② 清光绪黄冈陶子麟刻本“能无陷也”之“陷”作“陷”。

47.“两齿堕矣”,诸本作“而齿坠矣”。

唐本、吕本、钱佃本皆作“两齿堕矣”;纂图本作“而齿坠矣”。

48.“非于是”,诸本作“非是子”;下文“举于是”,亦作“是子”①。

唐本、吕本、钱佃本皆作“非于是”“举于是”;纂图本作“非是子”“举是子”。

49.“隐其所怜所爱”,诸本无“所怜”二字。

唐本、吕本、钱佃本皆有“所怜”;纂图本无“所怜”二字。

50.“不知道此道,安值将卑埶出劳,并耳目之乐,而亲自贯日而治详,一内而曲辨之,虑”②,诸本无此三十二字。

唐本、吕本、钱佃本皆有此三十二字;纂图本无。

卷九(4)

51. 此卷《臣道篇》内注“桥与矫同,屈也”,诸本作“反也”。

唐本、吕本、钱佃本、纂图本皆作“屈也”,诸本当指另一本。又,纂图本经注“桥”作“挢”。

52.“过而通情”,诸本作“同情”。

唐本、吕本、钱佃本皆作“通情”;纂图本作“同情”。

53.《致士篇》内“礼义备而君子归之”,诸本伯“礼义修”。

唐本、吕本、钱佃本皆作“礼义备”;纂图本作“礼义修”;钱佃本《考异》“伯”当作“作”。

54.“《诗》曰:无言不雠,无德不报,此之谓也”,诸夼此四句在篇末“不若利淫”之后,非。

唐本、吕本、钱佃本皆在“弟子通利则思师”之后,非在篇末“不若利淫”之后;纂图本在篇末“不若利淫”之后。钱佃本《考异》“夼”当作“本”。

---

① 清光绪黄冈陶子麟刻本后一“作”作“非”。

② 清光绪黄冈陶子麟刻本脱“贯日”后“而”字。

卷十(7)

55. 卷内注“与王处京台之下”,诸本作“与王剧廪下”。

唐本、吕本、钱佃本皆作“与王处京台之下”;纂图本作“与王剧廪下”。

56. “燕之缪虮”,诸本作“缪蟣”①。

唐本、吕本、钱佃本皆作“缪虮”;纂图本作“缪蟣”。

57. “所以得天下也”,诸本作“一天下”。

吕本、唐本、钱佃本皆作“得天下”,其中唐本“天”误作“夫”;纂图本作“一天下”。

58. 注“制重罪入以兵甲、犀胁、二戟,轻罪入兰、盾、鞈革、二戟”,诸本作“制重罪赎以犀甲、一戟,轻罪楯、一戟”②。

唐本、吕本、钱佃本皆作“制重罪入以兵甲、犀胁、二戟,轻罪入兰、盾、鞈革、二戟”;纂图本作“制重罪赎以犀甲、一戟,轻罪楯、一戟”。

59. “刑罚省而威流”,诸本无“罚省而威”四字③。

唐本、吕本、钱佃本皆作“刑罚省而威流”;纂图本作“刑流”。

60. 注“袭取具处”,诸本作“袭处其所”④。

唐本、吕本、钱佃本皆作“袭取其处”;纂图本作“袭处其所”。钱佃本《考异》“具”当为“其”字之误。

61. “又不能凝其有”,诸本作“处其人”⑤。

唐本、吕本、钱佃本皆作“凝其有”;纂图本作“凝其人”。

---

① 清光绪黄冈陶子麟刻本“缪蟣”误作“謬蟣”。

② 清光绪黄冈陶子麟刻本“入”,误作“人”。

③ 清光绪黄冈陶子麟刻本后一个“威”,误作“成”。

④ 清光绪黄冈陶子麟刻本“诸本作‘袭取其处’”,与钱本“袭处其所”不合。

⑤ 清光绪黄冈陶子麟刻本“人”作“有”。

卷十一(7)

62. 此卷《强国篇》内"然而不教诲不调一",监本作"不教不诲不调不一"①。

唐本、吕本皆作"然而不教不诲不调不一";钱佃本、纂图本作"然而不教诲不调一"。

63. "权谋倾覆幽险而尽亡"②,监本无"尽"字。

唐本、吕本皆无"尽";钱佃本、纂图本有此字。

64. "嬴则敖(原注:句绝)上埶拘则最",监本"上"字作"句绝"。

"句绝"即指注文"稍嬴缓之则傲慢,嬴,音盈",即此注文在"上"字前或后。钱佃本、纂图本作"嬴则敖(注:稍嬴缓之则傲慢,嬴,音盈)上埶拘则最",但纂图本将"傲慢"误作"散缦",唐本、吕本皆作"嬴则敖上(注:稍嬴缓之则傲慢,嬴,音盈)埶拘则最"。钱佃本《考异》曰"监本'上'字作'句绝'",实为"上"字后脱一"下",即在"上"字下有此注文,如果在"上"前有注文,则没必要专列此条。

65. "处胜人之势",监本于此上有"荀卿子说齐相曰"七字。

钱佃本、纂图本无"荀卿子说齐相曰"七字;唐本、吕本有此七字。又钱佃本、纂图本"势"字,唐本、吕本作"埶"。

66. 注"谓连击",监本作"远繋"。

钱佃本作"谓连击";唐本、吕本皆作"谓远繋";纂图本作"谓联系"。此原全句作"县音悬,谓远繋"。

67. "熟比于小事者矣",监本作"敦比"。

唐本、吕本皆作"敦比",注亦作"敦比";钱佃本、纂图本作"熟比",注亦作"熟比",当为有意改之。

---

① 清光绪黄冈陶子麟刻本作"不教诲不调不一",脱去第二个"不"字,当误。

② 清光绪黄冈陶子麟刻本"幽"字误作"出"。

68.《天论篇》内“权谋倾覆幽险而尽亡矣”，监本作“尽而亡矣”①。

唐本、钱佃本、纂图本作“而尽亡矣”；吕本作“尽而亡矣”。钱佃本、唐本、吕本等注皆有“尽亡之道”，案其上下文意，“尽亡”当是。吕本倒文，当非。

卷十二(2)

69. 卷内“皆民载其事”，监本作“皆使民载其事”。

钱佃本、纂图本无“使”字；唐本、吕本皆有“使”字。

70. “皆以己之情欲为多”，监本作“情为欲多”。

唐本、吕本皆作“情为欲多”；钱佃本、纂图本作“情欲为多”。

卷十三(2)

71. 卷内“苟怠惰偷懦之为安居，若者必危”，谓予无“居”字。

唐本、吕本皆有“居”字；钱佃本、纂图本作无“居”字。据此句后唐本、吕本、钱佃本、纂图本皆注“懦，读为儒，言苟以怠惰为安居，不能恭敬辞让若此者必危”，则当有“居”者为适。“谓予”与“监本”“诸本”者不合，或误，按其校例，当作“诸本”。

72. “无性则伪之无所加”，监本作“无性”②。

唐本、吕本、钱佃本、纂图本皆作“无性”。但不知钱佃本《考异》为何还要注此。缪刻本谓“监本作‘无信’”，不知从何而来，张允亮校抄本曰“监本作‘无性’，‘性’或作‘信’，疑是”，但今存诸本皆不作“无信”。

卷十四(3)

73. 卷内“声音动静性术之变”，监本作“生术”。

吕本、钱佃本、纂图本皆作“性”字，其中吕本为抄补，从钱佃本，而唐本

① 清光绪黄冈陶子麟刻本“尽而亡矣”脱“尽”字。

② 清光绪黄冈陶子麟刻本“监本作‘无信’”。

作“生”。

74.“莫善于乐”,监本作“美善相乐”。

唐本、吕本皆作“美善相乐”;钱佃本、纂图本作“莫善于乐”。

75.“金石丝竹,所以道乐也”,监本作“道德”。

钱佃本、纂图本作“道乐”;唐本、吕本皆作“道德”。

卷十五(2)

76.卷内注文“不若无辨其善与不善”,监本无“与不善”三字。

钱佃本、纂图本有“与不善”;唐本、吕本皆无“与不善”。

77.正文“不以所已臧”,监本作“已所臧”。

唐本、吕本皆作“已所臧”;钱佃本、纂图本作“所已臧”。

卷十六(17)

78.卷内“所缘有同异”,诸本作“以同异”。

唐本、吕本、钱佃本皆作“有同异”;纂图本作“以同异”。

79.“喜怒哀乐”,监本作“喜怨”。

吕本、钱佃本、纂图本作“喜怒”;唐本作“喜怨”。

80.注“心能召万物”“能召知万物”“虽能召所知”“能召而知之”,监本“召”皆作“占”。

此四个“召”字,钱佃本、纂图本皆作“召”;唐本、吕本皆作“占”。

81.注“散为万名”,诸本作“万物”。

唐本、吕本、钱佃本皆作“万名”;纂图本作“万物”。

82.“然后止”,诸本皆作“正”。

唐本、吕本、钱佃本皆作“止”;纂图本作“正”。

83.“实无别而为异”,诸本作“实别为异”。

唐本、吕本、钱佃本皆作“实无别而为异”;纂图本作“实别为异”。

84. 注"实不可别为异所",诸本无"不"字。

唐本、吕本、钱佃本皆有"不"字;纂图本无"不"字。

85. "今圣人没",诸本作"圣王"。

唐本、吕本、钱佃本皆作"圣人";纂图本作"圣王"。

86. 注"辞者论一意,辨者明两端",诸本作"辨论一意,以明两端者也"。

唐本、吕本、钱佃本、纂图本皆作"辞者论一意,辨者明两端";纂图本"辨"作"辩"。

87. "拾以为己实",诸本作"己宝"。

唐本、吕本、钱佃本皆作"己实";纂图本作"己宝"。

88. "困于多欲者也",监本作"欲多"。

唐本、吕本皆作"欲多";钱佃本、纂图本作"多欲"。

89. "情之数也",诸本作"所也",注两"数"字皆作"所"。

唐本、吕本、钱佃本皆作"数也",注皆作"所";纂图本作"所也",注皆作"所"。

90. 注"以有欲之意及至求之时",诸本作"以有欲之意求之"。

唐本、吕本、钱佃本皆作"以有欲之意及至求之时";纂图本作"以有欲之意求之"。

91. "多,固难类所受乎天也",诸本无此九字。

唐本、吕本、钱佃本皆有此九字,纂图本无此九字,但作"计"字。此句之后杨注云:"此一节未详,或虑脱误耳,或曰当为'所受乎天之一欲,制于所受乎心之计',其余皆衍字也。一欲,大凡人之情欲也,天之大欲,皆制节于所受心之计,度之心计,亦受于天,故曰所受也。"可见,唐本、吕本、钱佃本当是原本所录,而纂图本则是据注文删去原"多,固难类所受乎天也"九字,径改作"所受乎天之一欲,制于所受乎心之计"。

92. “欲虽不可去，所求不得”，诸本作“所求必不得”①。

唐本、吕本、钱佃本皆作“所求不得”；纂图本有“必”字。

93. 注“奚以损乱而过此也”，诸本作“至此也”。

唐本、吕本、钱佃本皆作“过此也”；纂图本作“至”字。

94. 注“奚以益治而过此”，诸本作“至此”。

唐本、吕本、钱佃本皆作“过此”；纂图本作“至”字。

卷十七(9)

95. 此卷《性恶篇》内“不察乎人之性、伪之分者也”，诸本作“不察乎伪之情者也”。

钱佃本作“不察乎人之性、伪之分者也”；唐本、吕本皆作“不察人人之性、伪之分者也”；纂图本作“不察乎伪之情者也”。

96. “伪起于性而生礼义”，诸本作“伪起而生礼义”。

钱佃本作“伪起于性而生礼义”；唐本、吕本“性”皆作“信”；纂图本作“伪起而生礼义”。《荀子集解》从王念孙说，删去“于性”二字。

97. “所以异而过众”，诸本作“制众”，注“过众”亦同。

唐本、吕本、钱佃本皆作“所以异而过众”，注亦作“过众”；纂图本作“制众”，注亦作“制众”。

98. “兄弟相拂夺”，监本正文“拂”作“怫”。

钱佃本、纂图本作“拂”，注文同；唐本、吕本皆作“怫”，注文同。

99. “性恶则与圣王”，诸本皆作“兴圣王”。

唐本、吕本、钱佃本皆作“与圣王”；纂图本作“兴圣王”。

---

① 清光绪黄冈陶子麟刻本无“所求必不得”之“所”字。

100. “涂之人可以为禹，则然，涂之人能为禹，未必然也”①，诸本作“涂之人可以为禹，未必然也，涂之人可以为禹，则然，涂之人能为禹，未必然也”。

唐本、吕本、钱佃本皆作“涂之人可以为禹，则然，涂之人能为禹，未必然也”；纂图本作“涂之人可以为禹，未必然也，涂之人可以为禹，则然，涂之人能为禹，未必然也”。

101. “靡而已矣，靡而已矣”，诸本只一句。

唐本、吕本、钱佃本皆作两句；纂图本脱去“靡使然也”之后包括此句在内的六十七字。

102. 《君子篇》内“治世晓然”，诸本无“治”字。

唐本、吕本、钱佃本皆作“治世晓然”；纂图本此章与唐本、钱佃本等异文颇夥，且脱文很多，此句不存。

103. 注“则所得者小也”，诸本作“则无所得也”②。

唐本、吕本、钱佃本皆作“则所得者小也”；纂图本脱去此章最末两句及注文，此注不载。

卷十八(16)

104. 此卷《成相篇》内“武王善之”，诸本作“喜之”。

唐本、吕本、钱佃本皆作“善之”；纂图本脱去“武王善之，封于宋立其祖”句。

105. “尧不德”，诸本作“不能”。

唐本、吕本、钱佃本皆作“不德”；纂图本作“尧不能”。

106. 注“嫷公”，诸本作“孋公”。

唐本、吕本、钱佃本皆作“嫷公”；纂图本作“□公”。

---

① 清光绪黄冈陶子麟刻本无“未必然也”之“也”字。

② 清光绪黄冈陶子麟刻本无“则无所得也”之“则”字。

107. “修领”，监本作“循领”，注“修领”亦同。

唐本、吕本、钱佃本皆作“循领”，注皆作“循领”；纂图本作“修领”。

108. 《赋篇》内“五听循领”，并注，诸本作“修领”。

此条钱佃本《考异》谓在《赋篇》内，误，实在《成相篇》内，即上条。故实与上条重出，上条即“五听循领”。缪荃孙《荀子考异跋》已指出。

109. “盈大乎寓宙”，诸本作“充盈乎大寓，非”。

唐本、吕本、钱佃本皆作“盈大乎寓宙”，皆注：“寓”与“宇”同；纂图本作“充盈乎大寓”，无“非”字。故知诸本误。

110. “待之而后存”，诸本作“待之为而后存”。

唐本、吕本、钱佃本皆作“待之而后存”；纂图本作“待之为而后存”。

111. “请占之五帝”，诸本作“五泰”。

唐本、吕本、钱佃本皆作“五帝”；纂图本作“五泰”。

112. 注“占，验也”，诸本于此下有“五泰，五帝也”五字。

唐本、吕本、钱佃本注文“占，验也”后无“五泰，五帝也”五字；纂图本有此五字。

113. “帝占之曰”，诸本作“五泰占之曰”。

唐本、吕本、钱佃本皆作“帝占之曰”；纂图本作“五泰占之曰”。

114. “喜湿”，并注，诸本“湿”皆作“温”，非①。

唐本、吕本、钱佃本皆作“喜湿”；纂图本作“喜温”。

115. 注“眇末之意”，诸本作“杪末”。

唐本、吕本、钱佃本皆作“眇末之意”；纂图本作“杪末之意”。

116. 注“昭或为照”，诸本作“或为朝”。

唐本、吕本、钱佃本皆作“昭或为照”；纂图本作“昭或为朝”。

117. “不知佩也”“不知异也”，诸本皆作“弗”字。

唐本、吕本、钱佃本、纂图本皆作“不”，不作“弗”字。

---

① 清光绪黄冈陶子麟刻本无“并注，诸本‘湿’皆作‘温’，非”之“湿”字。

118. 注"为之谋也",诸本作①"媒也"。

钱佃本作"媒",但似有涂摹之痕,从诸本,似有意为之;纂图本亦作"媒";唐本、吕本皆作"谋"。

119. "刁父",诸本作"力父",注亦同。

唐本、吕本、钱佃本皆作"刁父",唐本注文误作"刀父";纂图本正文及注文皆作"力父"。

卷十九(1)

120. 卷内注"革急则木廉隅见",诸本作"革急则裹木廉隅见"②。

唐本、吕本、钱佃本皆作"革急则木廉隅见";纂图本有"裹"字。

卷二十(7)

121. 此卷《宥坐篇》内"文王诛潘止",诸本作"潘正"。

唐本、吕本、钱佃本正文及注皆作"潘止";纂图本正文及注皆作"潘正"。

122. 注"居士狂矞",诸本作"任矞"。

唐本、吕本、钱佃本皆作"狂矞";纂图本作"任矞"。

123. "吾亦未辍",诸本作"未既辍"。

唐本、吕本、钱佃本皆作"吾亦未辍";纂图本作"未既辍"。

124. 《子道篇》内"言以类使",诸本作"言以类接"。

唐本、吕本、钱佃本皆作"言以类使";纂图本作"言以类接"。

125. "宗庙不毁",诸本作"宗庙不辍"。

唐本、吕本、钱佃本皆作"宗庙不毁";纂图本作"宗庙不辍"。

126. 《尧问篇》内"五谷蕃焉",监本作"五谷播焉"。

钱佃本作"蕃",唐本、吕本皆作"播";纂图本作"五穀蕃焉"。

---

① 清光绪黄冈陶子麟刻本"作"前有"皆"字。

② 清光绪黄冈陶子麟刻本"裹"作"裹"。

127. 刘向后序“处子之言”,诸本无此四字。

唐本、吕本、钱佃本皆有此四字,纂图本刘向后序在卷首杨倞序后,无此四字。

参考文献:

(清)郝懿行:《荀子补注》二卷,清同治四年清郝联薇刊郝氏遗书本,《四库未收书辑刊》子部第6辑第12册。

(清)卢文弨、谢墉校:《荀子附校勘补遗》,《丛书集成初编》本,商务印书馆1985年版。

(清)王念孙撰,徐炜君、樊波成、虞思征等校点:《读书杂志》,上海古籍出版社2014年版。

(清)王先谦撰,沈啸寰、王星贤点校:《荀子集解》,中华书局2013年版。

梁启雄:《荀子简释》,古籍出版社1957年版。

章诗同:《荀子简注》,上海人民出版社1974年版。

北京大学《荀子》注释组编:《荀子新注》,中华书局1979年版。

杨柳桥:《荀子诂译》,齐鲁书社1985年版。

张觉:《荀子译注》,上海古籍出版社1995年版,2012年再版。

廖名春、邹新明校点:《荀子》,新世纪万有文库,辽宁教育出版社1997年版。

董治安、郑杰文:《荀子汇校汇注》,齐鲁书社1997年版。

祝鸿杰校注:《荀子》,浙江古籍出版社1999年版。

牟瑞平:《荀子》,山东友谊出版社2001年版。

王天海:《荀子校释》,上海古籍出版社2005年版。

张觉:《荀子校注》,岳麓书社2006年版。

安继民注译:《荀子》,中州古籍出版社2006年版。

方勇注译:《荀子》,中华书局2011年版。

褚世昌译注:《〈荀子〉译注》,黑龙江人民出版社2013年版。

王威威译注:《荀子》,上海三联书店2014年版。

耿芸标校:《荀子》,上海古籍出版社2014年版。

黄建军:《荀子译注》,商务印书馆2015年版。

三　《淮南鸿烈解》二十一卷　南宋初建刻本

《淮南子》为西汉皇室贵族淮南王刘安（前 179—前 122）招集宾客所作。刘安，汉高祖刘邦之孙，淮南厉王刘长之子，汉文帝十六年（前 164）袭父爵为淮南王。善属文辞，才思敏捷。吴楚七国反，曾谋响应，不果。汉武帝即位，安暗整武备，欲反，未发而败，自杀。《淮南子》自名《鸿烈》，《淮南子·要略》中有"此《鸿烈》之《泰族》也"一句，许慎注曰："凡二十篇，总谓之《鸿烈》。"①高诱叙曰"此书……无所不载，然其大较归之于道，号曰鸿烈。鸿，大也；烈，明也，以为大明道之言也。"②但刘向整理编校是书时并未按刘安命名，而是取地名定为《淮南》，《汉书·艺文志》曰："《淮南内》二十一篇，王安，《淮南外》三十三篇。""王安"即淮南王刘安。《西京杂记》卷三曰："……号为淮南子，一曰刘安子。"③可见在魏晋时期，已称《淮南子》，其后史志目录《隋书·经籍志》径称《淮南子》，以后遂称《淮南子》或《淮南鸿烈》。关于刘安编著过程，《汉书》卷四十四《淮南衡山济北王传》始载："淮南王安为人好书，……招致宾客方术之人数千人，作为《内书》二十一篇，《外书》甚众，又有《中篇》八卷，言神仙黄白之术，亦二十余万言。时

---

① （汉）许慎注：《淮南鸿烈解·要略》，俄罗斯国立图书馆藏宋建刻本《淮南鸿烈解》卷二一《淮南鸿烈解要略间诂》。

② （汉）高诱：《淮南鸿烈解叙》，俄罗斯国立图书馆藏宋建刻本《淮南鸿烈解》卷首。

③ （汉）刘歆撰，（晋）葛洪集，向新阳、刘克任校注：《西京杂记》，上海古籍出版社 1991 年版，第 146 页。

武帝方好艺文，以安属为诸父，辩博善为文辞，甚尊重之。每为报书及赐，常召司马相如等视草乃遣。初，安入朝，献所作《内篇》，新出，上爱秘之。”①又高诱叙曰：“安为辨达，善属文。……天下方术之士，多往归属。于是遂与苏飞、李尚、左吴、田由、雷被、毛被、伍被、晋昌等八人，及诸儒大山、小山之徒，共讲论道德，总统仁义，而著此书。……号曰鸿烈。”可见，《淮南子》一书，确由刘安招致宾客集体编著而成，当主要由苏飞、李尚等八人为主，辅以大山、小山等人实施，定名“鸿烈”。成书年代大约在汉景、武之间，即武帝即位初、刘安进呈以前，李学勤、徐复观皆有考证②，于此不再赘述。

全书牢笼天地，博极古今，内容包括中国古代哲学、政治、军事、思想以及天文、历法、地理、物候、养生乃至文学、神话、民俗等等，融道家、阴阳家、墨家、法家、名家、儒家思想于一炉，是汉代以前古代文化一次最大规模的汇集。《汉书·艺文志》将其归入“杂家”，而其主流偏于道家，高诱《淮南子叙目》云“其旨近老子，淡泊无为，蹈虚守静，出入经道”，“大较归之于道”。通篇以“道”为主题，既论自然之道，亦谈治世之道，提出了“漠然无为而无不为”，“漠然无治而无不治”的以道家为核心的政治理想。其最后一篇《要略》阐明宗旨云：“夫作为书论者，所以纪纲道德，经纬人事，上考之天，下揆之地，中通诸理。……故著书二十篇，则天地之理究矣，人间之事接矣，帝王之道备矣。……若刘氏之书，观天地之象，通古今之论，权事而立制，度形而施宜，原道之心，合三王之风，以储与扈冶，玄眇之中，精摇靡览，弃其畛挈，斟其淑静，以统天下，理万物，应变化，通殊类，非循一迹之路，守一隅之指，拘系牵连于物，而不与世推移也，故置之寻常而不塞，布之天下而

① 《汉书》卷44《淮南王安传》，中华书局1962年版，第2145页。

② 李学勤：《古文献论丛》，上海远东出版社1996年版，第165页；徐复观：《徐复观全集·两汉思想史》第2册，九州出版社2014年版，第163—164页。

不窕。”[①]通过“言道”与“言事”，反复论证，探讨自然界的规律与考究社会历史变化规律，力图“觉寤乎昭明之术”，为汉王朝安邦治国提供方策和理论依据。

（一）《淮南鸿烈解》二家注、版本流传与俄藏建本的底本

《淮南鸿烈解》撰成，即于汉武帝即位之初献于朝廷，武帝“爱秘之”，藏于皇府。其后刘安谋反事败，其个人藏书散失，其中是否有此书不得而知。汉成帝时，刘向奉命整理皇家藏书，所据当即刘安所献原书，并整理成定本《淮南》。但于儒家大兴之时，此书并未引起注意。其后，扬雄于王莽时任大夫，校书天禄阁，曾见过此书，其《扬子法言・君子》曰“淮南说之用，不如太史公之用也。太史公，圣人将有取焉；淮南，鲜取焉尔。必也，儒乎！乍出乍入，淮南也。”[②]可见评价并不高。至东汉时，此书始流传开来，王充《论衡》三次提到《淮南书》，《后汉书・王充传》云：“家贫无书，常游洛阳市肆，阅所卖书，一见辄能诵记，遂博通众流百家之言。”[③]可知此书已在民间流传。《东观汉记》记载：“帝赐香《淮南》《孟子》各一通。诏令诣东观，读所未尝见书。”[④]皇帝赐书，也是流向民间的一种途径。至东汉中晚期，马融、延笃、许慎、高诱等为其作注，但马融、延笃注未能流传下来。许慎作注过程并无史料可征，今传俄罗斯国立图书馆藏宋刻建本（以下简称建本）署题

① （汉）许慎注：《淮南鸿烈解》，俄罗斯国立图书馆藏宋建刻本《淮南鸿烈解》，高诱叙见卷首，《要略》即卷二十一。

② （汉）扬雄撰，汪宝荣疏，陈仲天点校：《法言义疏》，中华书局1987年版，第507页。

③ 《后汉书》卷四九《王充传》，中华书局1965年版，第1629页。

④ （东汉）刘珍等撰，吴庆峰点校：《东汉观记》，齐鲁书社2000年版，第193页。

"太尉祭酒臣许慎记上"，当是许慎作注后再次呈上之本①。据张震泽《许慎年谱》载，其作注大概在公元一零九年亦即许慎四十二岁前后②。关于高诱作注，其《淮南鸿烈解叙》中有过介绍："自诱之少，从故侍中同县卢君受其句读，诵举大义。会遭兵灾，天下棋峙，亡失书传，废不寻修，二十余载。建安十年，辟司空掾，除东郡濮阳令。睹时人少为淮南者，惧遂陵迟，于是以朝餔事毕之间，乃深思先师之训，参以经传道家之言，比方其事，为之注解，悉载本文，并举音读。典农中郎将弁揖借八卷刺之，会揖身丧，遂亡不得。至十七年，还监河东，复更补足。浅学寡见，未能备悉，其所不达，注以未闻。"③可见，此书在当时虽有流传，仍然无法与六经相比，高诱因担心失传，故为其作注。建安十年(205)，高诱注解此书，乃受"先师之训"，其师为卢

① 见明弘治十四年(1501)刘绩补注王溥校刊本卷末载刘绩题识，云："汉许慎记上，而高诱为之注。'记上'犹言标题进呈也，故称职称臣。先儒误以为慎注，又疑非高诱注。"在此刘绩以为许慎未注，仅为呈进而已，余嘉锡反驳曰："然《隋志》《唐志》《宋志》皆许氏、高氏二注并列，陆德明《经典释文》引《淮南子注》称许慎，李善《文选注》、殷敬顺《列子释文》引《淮南子注》，或称高诱，或称许慎，是原有二注之明证。后慎注散佚，传刻者误以诱注题慎名也。观书中称景古影字，而慎《说文》无影字，其不出于慎，审矣。诱，涿郡人，卢植之弟子，建安中辟司空椽，历官东郡濮阳令，迁河南监，并见于自序中，慎则和帝永元中人，远在其前，何由记上诱注。刘绩之说，盖徒附会其文，而未详考时代也。"(《四库全书总目辨证》，中华书局1985年版，第827页)不过，关于"记上"，前人又有不同意见，刘绩所言"标题进呈"，晁公武《郡斋读书志》曰"慎自名注曰'记上'"，似作注释体例。意者"臣……记上"，当包括"注"和"呈上"两层意思，今存宋刻本许慎《说文解字》卷端次行署"汉太尉祭酒许慎记"，可见"记"当自指一种体例而言，即注解较为减省的"记注体"。而如刘绩谓"记上"仅指体例抑或仅指进呈皆非，当指"注而呈上"。

② 张震泽：《许慎年谱》，辽宁大学出版社1986年版，第80页。

③ 关于高诱叙中所言"八卷"借出未还，其后又"复更补足"，苏颂《校淮南子题序》云"今所缺八篇，得非后补者?"(见正文下引)吴则虞径以为高诱并不是重作新注，而是借用了许慎注，云："序所云'补足'者，非高自补之，言于河东得许诂以补其缺也。是高诱固未尝尽注全书，挹彼注兹，以完篇卷。"(《淮南子书录》，《文史》第2辑，第291—315页)于大成否认其说："其说非是，考《选注》《御览》诸书，所引《缪称》已下八篇注文，颇有益出今许注本之外者。"(《淮南论文三种》，第10页)笔者亦以为吴氏之说并无根据，高诱所补八卷之具体卷次不得而知，当然今传诸本之许注八卷究竟是否高诱所补亦无法确定，这只是数字上的巧合而已。因为新旧《唐志》《崇文总目》皆著高注二十一篇，也就是说高注是全的，只是后来在流传中佚而不全，苏颂整理区别出高注十三卷、许注十八卷。故此，高诱所补八卷当是自补，并非取自许注。

植，卢植为马融弟子，马融亦注释过此书，汉代极重师法，高注必有所传承。而高注完成后，为弁揖借去八卷未还，直到建安十七年(212)时，复又补足。两家的注本流传下来，《隋书·经籍志》著录曰："《淮南子》二十一卷，汉淮南王刘安撰，许慎注"；"《淮南子》二十一卷，高诱注。"前揭《汉书·艺文志》著录"《淮南》内二十一篇，王安，《淮南》外三十三篇"，当即刘向整理之原书。但至隋末唐初时，仅存许慎、高诱注内二十一篇，究竟许慎、高诱是否注外三十三篇不得而知，意者一是可能至许慎时，外篇已佚；二是如有注，亦已不传。

其后，一直到北宋，各目录著大致同《隋志》。《旧唐志》云："《淮南商诂》二十一卷，刘安撰"("商"当为"间"字之误)；"《淮南子注解》二十一卷，高诱撰"；"《淮南鸿烈音》二卷，高诱注。"《新唐志》云："《许慎注淮南子》二十一卷，淮南王刘安；《高诱注淮南子》二十一卷，又《淮南鸿列音》二卷。"《通志·艺文略》云："《淮南子》二十一卷，汉淮南王刘安撰，许慎注，又，二十一卷，高诱注，《淮南鸿烈音》二卷。"《崇文总目》云："《淮南子》二十一篇，许慎注；《淮南子》二十一卷，高诱注。"与《隋志》稍有不同的是：唐至北宋初时，尚有高诱注音二卷，其后未见；许慎注卷端所题"间诂"，与高注不同。今本高诱注音已散入各句之下，当是其后编刻者所为。两书并行流传的情况一直持续至北宋末，其中许慎注本则流传至南宋中期。虽然两书单独流行，但已经不全，见下引苏颂《校淮南子题序》。衢本《郡斋读书志》卷十二杂家类著录曰："《淮南子》二十一卷，右汉刘安撰。淮南厉王长子也。袭封，招致诸儒方士讲论道德，总统仁义，著内书二十一篇，号曰《鸿烈》。鸿，大也；烈，明也。以为大明道之言也。避父讳，以'长'为'修'。后汉许慎注，慎自名注曰'记上'。今存《原道》《俶真》《天文》《坠形》《时则》《览冥》《精神》《本经》《主术》《缪称》《齐俗》《道应》《泛论》《诠言》《兵略》《说山》《说林》等十七篇。《李氏书目》亦云第七、第十九亡，《崇文目》则云存者十八篇。盖《李氏》亡二篇，《崇文》亡三篇。家本又少其一，俟求善本是正之。”①据此,晁氏所著录者可能是许慎注本,理由是卷端题许慎“记上”,未见高诱叙目。可惜的是仅存十七卷,已佚四卷。《直斋书录解题》卷十杂家类著录:“《淮南鸿烈解》二十一卷,汉淮南王安与宾客撰。后汉太尉许慎叔重注。案《唐志》又有高诱注。今本既题许慎记上,而详序文则是高诱,不可晓也。序言自诱之少,从同县卢君受其句读。卢君者,植也。与之同县,则诱乃涿郡人。又言是建安十年辟司空掾,东郡濮阳令,十七年迁监河东。则诱乃汉末人,其出处略可见。”可见,此时的传本特点是:卷端只题“许慎记上”,卷首序却是高诱序。按高序本应在高注本上,为何又出现在许慎注本上?当是两本都有缺失,后人遂将两本合并刊成,于是便成《直斋》著录情形。据录“今本既题许慎记上,而详序文则是高诱”,则此与今存俄藏建本同(见下),故《直斋》著录者或即俄藏建本。再者,其实此书在北宋时,可能已经出现了残缺,如言“《李氏》亡二篇,《崇文》亡三篇”,故而南宋出现合并本就不足为奇了。又《崇文目》或《崇文》者即《崇文总目》,今查《总目》并不缺,见上著录,可能晁氏误记或所得到的《总目》为误录本?对此,后人有过推测,所缺者当注本而已,并非白文,当是。至于《宋志》云:“《淮南子鸿烈解》二十一卷,淮南王安撰,《许慎注淮南子》二十一卷,《高诱注淮南子》十三卷。”《宋史》成书于元顺帝至正五年(1345),据其著录,许注仍然完整无缺,当不可信。要知,《宋志》著录者皆非编者知见书目,而是据前代书目逐录而来,实为反映了前代或至少是唐五代至北宋的知见

---

① 参见余嘉锡《四库提要辨证》卷一四云:“许注自《崇文总目》已只存十八篇,苏颂以七本互校,所得许注亦仅与《总目》适合。《晁志》所载许慎注已有十七篇,而今本又有三篇为《晁志》所无,是宋时许注当共存二十篇矣。其数转溢出苏颂所见本之外,此事之所必无。盖晁本虽题‘许慎注’,实系未经校定制本,其中亦必许、高相参者,当即苏氏所谓七本中之一,晁氏不知其中杂有高注耳。”(《四库提要辨证》,中华书局 1985 年版,第 830 页)孙猛针对晁氏所著,考曰:“按《读书志》二本著录是书,虽止云有许慎注、不云有高诱注,然未可视为即许注本。”“按今本有许慎注之《人间》《泰族》《要略》三篇,为公武所见本无。又,公武所见非完本而题二十一卷者,盖据旧时目录耳。”(《郡斋读书志校证》,上海古籍出版社 1990 年版,第 510 页)

情况。

又关于北宋版本流传情况及许慎、高诱二家注的异同,北宋苏颂(1019—1101)有过记载与比较,其《校淮南子题序》云:

> 是书有后汉时太尉祭酒许慎、东郡濮阳令高诱二家之注,隋、唐目录皆别传行,今校崇文旧书与蜀川印本暨臣某家书凡七部,并题曰《淮南子》,二注相参,不复可辨。惟集贤本卷末有前贤题载云:"许标其首,皆曰'间诂','鸿烈'之下,谓之'记上';高题卷首,皆谓之'鸿烈解经','解经'之下曰'高氏注',每篇之下皆曰'训',有分数篇为上下。以此为异。"《崇文总目》亦云如此。又谓"高氏注详于许氏,本书文句,亦有小异"。然今此七本皆有高氏训叙。题卷仍各不同:或于"解经"下云"许慎记上",或于"间诂"上云"高氏",或但云"鸿烈解",或不言"高氏注",或以《人间篇》为第七,或以《精神篇》为第十八。参差不齐,非复昔时之体。臣某据文推次,颇见端绪:高注篇名,皆有"故曰""因以题篇"之语。其间奇字,并载音读;许于篇下粗论大意,卷内或有假借用字,以"周"为"舟",以"楯"为"循",以"而"为"如",以"恬"为"惔",如此非一;又其详略不同,诚如《总目》之说。相互考证,去其重复,共得高注十三篇,许注十八篇。又按高氏叙,典农中郎将卞揖借八卷,会揖丧遂亡,后复补足。今所阙八篇,得非后补者?失其定著外所阙卷,但载《淮南》本书,仍于篇下题曰:"注今亡"。许注仍不录叙,并以黄纸缮写,藏之馆阁。①

据此可知,其一,苏颂当时所见有七个本子,其中刻印本一部,即"蜀川印本",至于其他六本是刻本还是抄本未作交代,意者当以抄本为主。这是《淮南子》版本在北宋流传情况的最早记载。其二,七本所题皆为"淮南子",且许、高二注,已经混杂不辨。其三,苏颂据前贤所题及详勘诸本,析

① (宋)苏颂撰,王同策校点:《苏魏公文集》,中华书局1988年版,第1007—1008页。

出二家注之不同特点:卷端题署不同,许注题有“间诂”二字,下署许慎“记上”,篇下粗论大意,卷内偶用假借字。高注本卷首有序,卷端所题“鸿烈解经”,其下署“高氏注”,各篇名之下皆有“训”字,篇名解题格式皆有“故曰”“因以题篇”,有数篇分为上下。详略不同,许注略,高注详。其四,经考证去重,共得高注十三篇,许注十八篇,并将各自所缺注文者,保留原书白文,仍于原篇下题“注今亡”,而高诱叙置于高注前,许注前“仍不录叙”,完后藏于馆阁。就苏颂当时掌握的版本来看,搜集颇全,故其整理的当是彼时最为权威的二家注本了。苏颂,《宋史》卷三百四十有传,其两次进入集贤院,首次是在宋仁宗嘉祐年间(1056—1063),“迁集贤校理,编定书籍。颂在馆下九年……”第二次是在神宗熙宁年间(1068—1077),“加集贤院学士、知应天府”,可见在仁宗时,他最有条件校书,故作序亦当在此时。《崇文总目》亦编在此时。如是,则两家注本于此时已经出现了残缺不全的情况。

最先注意到二家之注有别的是清末的藏书家、校勘家劳格,其《读书杂识》卷二“淮南子许高二注”条在忠实地迻录了《郡斋读书志》《直斋书录解题》著录及苏颂《校淮南子题序》后,又曰:“格按,今《道藏》本题‘许慎记’,与陈氏所见本正同。据苏序,高注篇名皆有‘因以题篇’之语。订正今本,知高注仅存十三篇。其《缪称》《齐俗》《道应》《诠言》《兵略》《人间》《泰族》《要略》八篇注,皆无是句,又注文简约,与高注颇殊,与诸书所引许注相合,当是许注无疑。”①其后陆心源亦注意到,其《仪顾堂集》卷二“淮南子高许二家注考”,云:“余初读《淮南子》,颇怪《原道》《俶真》《天文》《坠形》《时则》《览冥》《精神》《本经》《主术》《泛论》《说山》《说林》《修务》十三篇,注何以详,且有句读;其余八篇,注何以略,且无句读,截然如出两手。及读《苏魏公集》,且细绎高氏序,而千古之疑乃释。案……十三篇,每篇名注皆有‘因以题篇’四字,注中载音读,如‘滑’读曰‘骨’,‘哥’读曰‘讴歌’之

① 余嘉锡:《四库全书总目辨证》,中华书局1980年版,第830页。

类,甚夥,则此十三篇乃高注也。《缪称》《齐俗》《道应》《诠言》《兵略》《人间》《泰族》《要略》八篇,篇下无'因以题篇'四字,注皆粗解大意,且无音读,则此八篇乃许注也。想魏晋以后,因高书不全,遂以许书补之,犹范烨书无《志》,以司马彪补之也。故隋唐《志》皆云二十一卷,许注略于高注,后人喜详轻略,高书行而许书遂微。宋时尚存十八篇,至明而十八篇不可见矣。独怪孙氏星衍、钱氏坫、程氏敦、庄氏逵吉于《淮南书》用功颇深,但知二注之混,而不知其混而实分,则矜言汉学读书不多之弊也。后有校正《淮南子》者,于《缪称》八篇宜题曰'许慎记上',于《原道》等十三篇,宜题曰"高诱注"。斯乃高、许之功臣矣。"①陆氏注意到两家之别,经苏序后随之坐实,并讥刺清代学者囿于所见而混注不分。② 陶方琦《淮南许注异同诂自序》详分两家之注,并总结各自特点,证据充分,得到了后人赞同。美国学者罗浩在以上基础上详析两注,系统归纳出两家特点:一,标题上,许注"淮南鸿烈解诂""许慎记上";高注"淮南鸿烈解""高诱注"。二,篇题下,许注有"粗论大义"或类似字样;高注有"训""因以题篇"字样。三,许注有许多假借字,注多简洁,往往直接注释字词而不是注释句子或段落;高注详细,解释字词、句子更多,包括注音等。四,许注有很多与《说文解字》一致;已经佚失的许注十三篇,有不少异文已经包括在高注里(案:高诱注在后,参考许注当亦自然),这些异文出现《说文解字》里。五,许注往往采用"楚人未某某……"格式;高注有时会以"未闻"来处理其不知解释之词句。③ 许注、高注二家有别,其后在流传时各自出现了残缺不全的现象(北宋仁宗时期,即

---

① (清)陆心源:《淮南子高许二家注考》,王增清点校,浙江古籍出版社 2015 年版,第 23—24 页。

② 陈静理清了明清学者关于许注、高注的辨识过程,即刘绩、茅一桂等人以为许慎注已经佚失,其后陶澍、王念孙、钱塘等人发现许注并未全部佚失,而是掺入高注本中,及至劳格、陆心源、陶方琦等据先发现的苏颂序,则廓清了许注、高注的具体篇目,参见陈静:《自由与秩序的困惑——〈淮南子〉研究》,云南人民出版社 2004 年版,第 50—62 页。

③ 参见陈静:《自由与秩序的困惑——〈淮南子〉研究》,云南人民出版社 2004 年版,第 61—62 页。

苏颂所作《校淮南子题序》之时），编刻家为传习方便，将两家合成混注，今传诸本皆以合成本形式出现。事实上，自宋本同载许注、高注内容以后，之后的传本并无变化，只是卷端题署间有题许慎抑或高诱者，个别版本亦有对其注文删削或增注者，这是编纂者的个人行为。整体上来看，许注八卷、高注十三卷之形式还是以宋本所载基本固定下来。

据上，我们可以探讨一下今传宋本亦即俄藏建本的底本问题。苏颂虽然清理出许、高二家注本，后藏于阁内，似乎并未流向民间，从俄藏建本仍然是许、高二注混杂本即可证之，如建本卷一署“太尉祭酒臣许慎记上”，但次行篇题“原道训”下注有“故曰：原道，因以题篇”，类似的情况以下多见。再如建本卷首为高诱叙，而二十一卷本身又是一个杂糅本。从苏序“许注仍不录叙”推知，似乎七本之中已有将高叙置于许注本之首者，这种混搭现象早已出现，故才有苏颂坚决将其分开之决想。由此推知，建本之底本不一定是苏颂整理本，而很可能是苏颂所提及的七个本子之一，抑或杂糅上述诸本而成。但是，建本许注八篇、高注十三篇，其中高注篇数又恰与苏序整理篇数相同，与许注篇数不合①，会不会编刻者重详轻略，先取繁多的高注再取简约的许注，为了凑成全本最后合而成之？因苏序中没有进一步提供许注、高注的具体篇名，我们无法做进一步的推测，但这个可能是存在的，亦即苏颂整理本或复本从阁中流出，坊间杂糅二家注本将其刊出。这样说来，建本的底本有两种可能，一是苏颂所见七本，二是苏颂整理合成本。因文献不

① 清陶方琦《淮南子许注异同诂》以为“许注十八篇”之“十”为衍字，吴则虞《淮南子书录》亦持此论，并以为此即苏颂校订的北宋本，即许注八篇、高注十三篇合为二十一卷之新本。如此正合今传宋本许注、高注卷次，貌似颇有道理，其实不然。余嘉锡《四库全书总目辨证》针对陶氏意见予以反驳，文繁不录。据苏序所言，苏颂显然已将二家注分开各自成为单独的本子，并非自己又合成一个新本，吴氏理解有误；而且，苏颂将高叙仍置于高注之首，而不置于许注之首，并将各自所缺注文于篇下注明，已明言将其作为两个本子来处理。《郡斋读书志》著录“《崇文目》则云存者十八篇”，此云十八篇当是有注者，而原《崇文总目》所载“二十一卷”者当是有注无注合成之本。如是，晁氏的著录亦是一个许注实有十八卷本的例证。参见陈静：《自由与秩序的困惑——〈淮南子〉研究》，云南人民出版社 2004 年版，第 44 页。

足,难以定夺。若论孰有可能,当然后者最大。

西汉景帝、武帝间,刘安《淮南鸿烈》内二十一篇著成后,献于汉武帝,藏于皇室。后经刘向整理编为定本,至东汉,先后有许慎、高诱作注,但两家所注特点明显不同。两家注本传至北宋,各自残缺不全。仁宗时期,苏颂搜集馆阁藏本及诸本,厘定出许注十八卷,高注十三卷,藏于馆阁。其后由编刻者将两家注合成为定本,并流传下来,但其底本是否苏颂本或其他诸本,尚不能确定。今俄藏建本便是传世最早的两家注合成本,其后诸本所采用二家注文基本上与此相同,皆直接或间接渊源于此本。故而,建本无疑是《淮南鸿烈解》最为重要的版本。

(二) 俄藏南宋初建刻本《淮南鸿烈解》的版本与刊梓

南宋初建刻小字本《淮南鸿烈解》二十一卷,汉许慎、高诱注,今藏俄罗斯国立图书馆,索书号为3B/2—13/357。全书十一册,黄竹纸,线装。缺第九卷凡二十三叶;卷八第九叶,卷十四第八、九叶,卷十六第十二、十六叶为空白叶;卷十三、十四、十五部分书版下部有漫漶不清或脱字现象。

卷首有高诱"淮南鸿烈解叙",序文顶格。序后不空行,直接正文,序与卷一叶次连属,卷一首行故自第二叶下半叶第二行起始。首卷首行顶格题"淮南鸿烈解卷第一",尾题同,惟卷十题"淮南鸿烈间诂第十"、卷二十一题"淮南鸿烈解要略间诂第二十一"。次行低十一格题"太尉祭酒臣许(下空一格)慎(下空一格)记上",第三行顶格题篇名"原道训",下接小字双行注文"原,本也。本道根真,包裹天地,以历万物,故曰:原道。因以解篇",正文顶格。

版框高宽17厘米×11.2厘米,原书高宽为21.9厘米×15厘米。半叶十二行,每行二十二字,小字双行二十五字,左右双边,白口,双鱼尾。上鱼

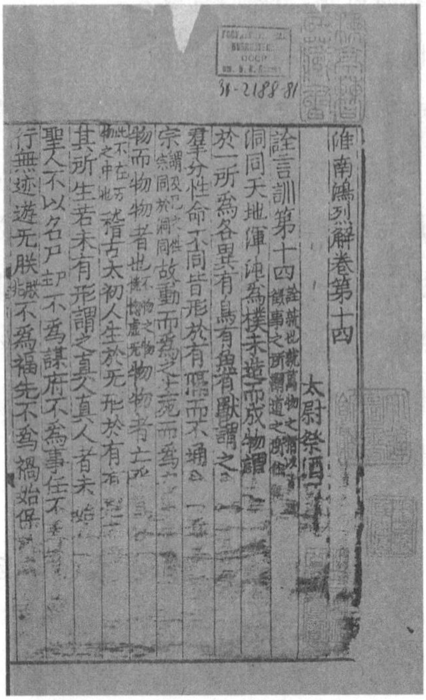

宋建本《淮南鸿烈解》卷十四首叶下半部分漫漶脱字

尾下题“淮子几”“南几”“淮几”“淮南几”“淮南子几”等，下鱼尾下题叶次，无刻工姓名，间题刻字字数。如卷十五版心下鱼尾下题叶次“十一”，下又题字数“六百九十”，亦间有在叶次之上题字数者。避宋讳“敬”“殷”字较谨，如卷八末叶下半叶第二行“朝廷有容矣，而敬为上”、卷十一第五叶下半叶第七行“爱且亲敬”之“敬”字等皆缺笔。避“匡”“玄”“眩”“弦”“絃”“蚿”“貞”“恒”“儆”“擻”“驚”“聃”“弘”“朗”“欲”“諫”“竟”“俱”“鏡”“境”“徵”“桓”等字间有缺笔，如卷十二第六叶上半叶第八行“桓公”之“桓”缺末笔，但多不避。“稱”“溝”“構”“講”“再”字有避有不避，卷十八卷端下署“慎”字缺笔，全书仅见此一处避讳。“曠”“讓”“敦”“郭”“槨”“廓”等字不避。

天头及卷中行间有朱笔标抹。全书加衬重装，洒金面黄纸书衣，多有脱落。卷六尾题后空一行题“褧菴自龙潭篋燕山南薰坊”，卷末有清顾广圻跋。钤印“王氏家藏”“王氏彦昭”“楝亭曹氏藏书”“黄丕烈印”“复翁”“百宋一廛”“顾千里经眼记”“汪士钟印”“阆源真赏”“三十五峰园主人”“文登于氏小谟觞馆藏本”“海源阁”“杨氏海原阁藏”“四经四史之斋”“宋存书室”“世德雀环子孙洁白”“以增之印”“杨绍和藏书”“东郡杨绍和印”“臣绍和印”“彦合读书”“彦合珍存”“彦合珍藏”“杨绍和读过”“大连图书馆藏”等,王彦昭、曹寅、黄丕烈、于昌进、汪士钟、海源阁、“满铁”大连图书馆旧藏。

据杨绍和《楹书隅录》著录“每册签题‘淮南子,许叔重注,北宋本,第几册’”,经查未见。《楹书隅录》又曰“各跋均书于另纸,未装入册中”,叶恭绰亦云:“涧蘋记、杨绍和识,均书另纸,未装册中。”今检此书,仅见顾广圻跋,杨绍和识未见,幸杨绍和识载于《楹书隅录》中。《楹书隅录》著录为二十一卷十二册一函,《记大连图书馆所收海源阁藏宋本四种》亦未著录缺佚。然查建本,则已缺第九卷一册,此卷有二十三叶之多,为各卷叶次最多者,故单独成册,故现仅存二十卷十一册,至于所佚一卷一册,当是在运俄之后或藏于俄图时佚去,已不知矣。

关于此本之刊刻时间,历来诸家多称北宋本。陈奂以此校庄逵吉刻本,其跋称北宋本。《楹书隅录》卷三径题北宋本,其后《记大连图书馆所收海源阁藏宋本四种》据之亦题北宋本。于大成《淮南王书考》径题北宋小字本,曰:“书中匡、朗、敬、镜、殷、恒、贞、徵诸字皆阙末笔,当为北宋仁宗时刊本。”①今人罗浩《淮南子版本史》及陈静《自由与秩序的困惑——〈淮南子〉研究》皆同于氏说。傅增湘、周叔弢鉴定审慎,《藏园群书经眼录》卷八题宋刊本。细检避讳,“稱”“溝”“構”“講”大多缺笔。如卷一第十四叶下半叶第三行“稱至德高行”、卷五第二叶上半叶第八行“角斗稱”及注“衡,石稱也”“斗稱”、卷六第一叶下半叶注“楚僭号称王,其守县大夫皆稱公”、卷七

① 于大成:《淮南鸿烈论文集》(上),台北里仁书局2005年版,第27页。

第七叶下半叶首行“禹乃熙笑而稱曰”、第八叶下半叶第七行注“诸侯之子稱公子也”、卷十八第十八叶第十一、十二行“天下稱仁焉”“天下稱勇焉”之“稱”字皆缺末笔;卷二第八叶下半叶第二行“然其断在沟中,壹比牺尊、溝中之断”、卷六第五叶上半叶首行注“传曰:仞,溝洫也”、卷十三第七叶上半叶第三行“遇小人则陷溝壑”、卷十五第五叶下半叶第三行注“洫,溝”之“溝”字皆缺末笔;卷十八第十六叶下半叶“或解構妄言”、卷二十第十一叶下半叶第十行“兄弟構怨”、卷二十第十五叶下半叶第二行“構而为宫室”、卷二十第十八叶下半叶首行“而構仇雠之怨”之“構”字皆缺末笔;卷五第十二叶上半叶第八行“命将率講武”、第十二叶下半叶第二行注“冬间講武”、卷十三首叶末行注“講,架也”之“講”字缺末笔。构件“再”亦多缺笔,如卷十八第二叶下半叶第六行“夫再实之木根必伤”、卷二十第十八叶上半叶第三、四行“襄子再胜而有忧色”及注“赵襄子再胜,谓伐狄,胜二邑也”与同叶第七行“螈蚕一岁再收”及注“螈,再也”之“再”字缺笔。“溝”“構”等为南宋首任皇帝赵构名讳或嫌名,可知实已避至南宋初。“慎”仅有一处缺笔,其他皆不避,“敦”“廓”等字亦不避。“慎”字为南宋第二任皇帝赵昚之名讳。故可推断或为南宋初建刻本。前人据北宋诸帝避讳定为北宋本,或未检出南宋首帝赵构嫌名之讳字,故而误定。其实在陈奂之前,精通版本的黄丕烈、顾广圻皆未称北宋本。需要注意的是,卷十八卷端“淮南鸿烈解卷第十八”次行署名“太尉祭酒臣许慎上”之“慎”字缺末笔,同叶下半叶首行“日慎一日”之“慎”字又不缺笔,其他“慎”字亦未见缺笔,亦无剜改痕迹,而其他卷端所题及次行署名皆不缺笔。杨绍和云:“‘慎’字惟卷十八缺笔,当是修补之叶。”但此缺笔“慎”字所在的卷首四叶字体流畅美观,其他卷次中亦有此字体,看不出修版痕迹,故如作缺笔“慎”字叶修版,似当商榷。此叶或此卷乃最后刊竣,其时已至孝宗之时。意者初刻于高宗绍兴间,直至孝宗时刊成。

至于刊地,从避讳不谨来看,有的同叶甚至同行之同一字有避有不避,如卷十三第五叶下半叶第十行"今儒墨者稱三代文武而弗行"之"稱"缺笔，而同叶第十一行"稱其所是"又不避；卷十三第八叶上半叶第九行"道路死人以溝量"及注"言满溝也"，正文"溝"不缺笔，而注中则缺末笔。这种避讳的随意性，也是坊间刻本的特点。目验全本纸张并无两样，但字体多种，盖非一人所刻，如卷三第十五叶字划纤细，与前后诸叶字体差异巨大。总体来看，字体古拙，欧体风格。俗字较多，如"夆""国""礼""罰""与""孛""竟""无""万""变""猒""躰""訬""辝""尽""宝""覩""斉""义""乂""視""耆""从""金""弥""号""声""盖""坚""栖"等，而尤以注中较甚，有些俗字较罕见，如"涬""䠶""貿""虗"等。又小字密行，挨挤紧凑，纸幅版框皆狭。就整体而言，符合福建刻本的特点。故从以上诸多特点综合判断，定其为南宋初建刻小字本当符合版本实际状况。周叔弢批注《楹书隅录》云："印工中等，日本，顾跋。印不精，建本，密行细字。"国图古籍馆刘明目验书影后，致函断为"南宋初福建刻本"，言"与国图藏南宋初刻本《周易》，乃至于王叔边刻本《后汉书》刀法有相似之处"。通常而言，浙本以欧体字为主，建本以柳体为主，以此本而论，并非如此，建本中亦有不少欧体风格的刊本。

此本笔划间有滑脱，当为后印本，如卷五第六叶上半叶末行"国之山川百原"之"百"字，中间一点脱去；卷十第七叶上半叶第二行"也"字及第九行"召"字脱去笔划；卷十一第五叶上半叶首行"圣王"之"王"字脱去中间一竖，卷十二第十叶上半叶第二行"宜若闻之"之"闻"字脱去"耳"左边部分；卷十九第九叶下半叶第十行注"吴王阖闾"之"王"字，脱中间两划。当然亦有不少缺字，如卷二十一首叶下半叶首行"原道者，卢牟六合"后空缺三个字格，抄本亦缺，《道藏》本有注文"卢牟，由规模也"六字，所缺当脱掉。尚有不少断版之处，如卷二十第十七、十八叶各行倒数第五、六字间即有由断版形成的间隙空白；卷五第十六叶上半叶各行第二字、第五字处，卷二十第十七、十八叶各行第十六字处等亦有空白。此外，个别叶有模糊及重影之字。

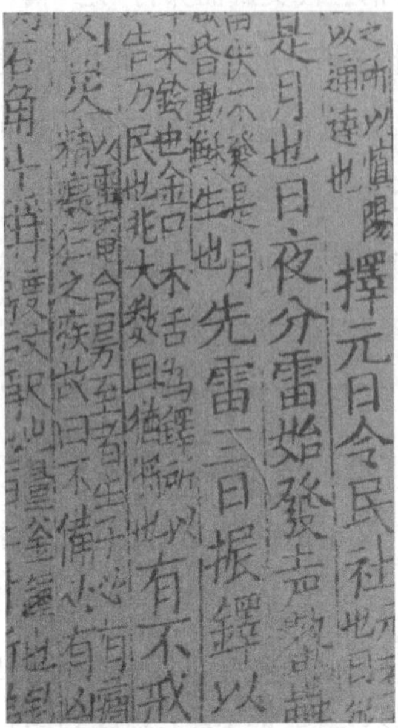

宋建本《淮南鸿烈解》
卷五第二叶局部字体

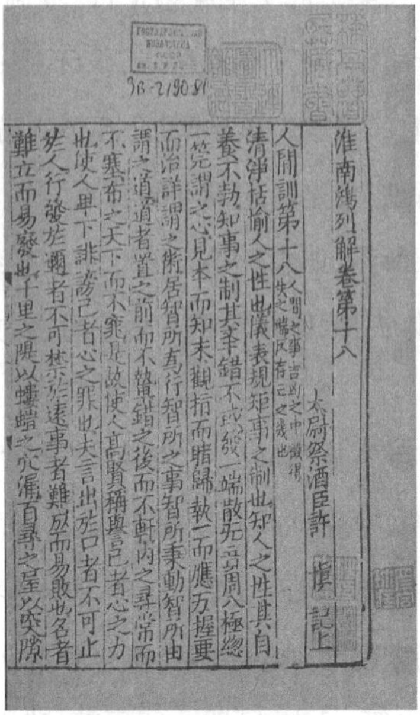

淮南鴻列解卷第十八
太尉祭酒臣許慎記上
人間訓第十八 人間之事吉凶之中徵得失之端反存己之幾也
清淨恬愉人之性也儀表規矩事之制也知人之性其自
養不勃知事之制其舉錯不惑發一端散無竟周八極總
一筦謂之心見本而知末觀指而睹歸執一而應萬握要
而治詳謂之術居智所爲行智所之事智所秉動智所由
謂之道道者置之前而不輊錯之後而不軒內之尋常而
不塞布之天下而不窕是故使人高賢稱譽己者心之力
也使人卑下誹謗己者心之罪也夫言出於口者不可止
於人行發於邇者不可禁於遠事者難成而易敗也名者
難立而易廢也千里之隄以螻螘之穴漏百尋之屋以突隙

宋建本《淮南鸿烈解》
卷十八卷端“慎”缺笔

与此同时，通过纵观建本编排及著录格式，亦可解决在上一部分提出的苏颂底本渊源问题。尽管建本为二家混注，但据苏颂总结出的两家注之不同特点，仍可将两家注大致区别开来。如就建本篇名下所系解题格式的明显不同可以别之，下有“故曰……(某篇名)因以解题”者为高注，卷一《原道训》、卷二《俶真训》、卷三《天文训》、卷四《墬形训》(此作“故形因以题篇”，脱去“曰”“墬”二字)、卷五《时则训》(“因以题篇”末有“也”字)、卷六《览冥训》、卷七《精神训》(“因以题篇”末有“也”字)、卷八《本经训》(“因以题篇”末有“也”字)、卷九《主术训》(“故曰主术”末有“也”)、卷十三《泛论训》(脱“曰”字)、卷十六《说山训》、卷十七《说林训》(“因以题篇”末有“也”字)、卷十九《修务训》凡十三卷，尽管间有脱字或衍字者，但基本上符合“故曰”“因以题篇”格式。卷十《缪称训》、卷十一《齐俗训》、卷十二《道应训》、卷十四《诠言训》、卷十五《兵略训》、卷十八《人间训》、卷二十《泰族训》、卷二十一《要略》凡八卷，则无此格式，其中卷十卷端题“淮南鸿烈间诂第十”、卷二十一题“淮南鸿烈解要略间诂第二十一”，亦符合苏颂序中所言许注特点，只是并非八卷皆有“间诂”二字，这也是坊间刻本因随意而不统一的特点。再检凡高注，所注皆文字繁多，且有音读，而许注简约，大多与《说文解字》同。以上两点皆与苏序相合，故苏序所言据实。从建本卷首序与卷一径连不空行来看，其底本或为早期写本，或为北宋刻本，建本并非重编之本，而是沿用了底本格式。

（三）俄藏本《淮南鸿烈解》的递藏源流

据藏印，俄藏建本最早的收藏者为“王氏彦昭”。宋代有两位王姓字彦昭者，其一为王汉之（1054—1123），北宋时期人。此本刊于南宋初，此彦昭不可能收藏此书。另一位为王克明（1112—1178），生活在北宋末南宋初，《宋史・列传第二百二十一》有传：“王克明，字彦昭。其始饶州乐平人，后徙湖州乌程县。绍兴、乾道间名医也。初生时，母乏乳，饵以粥，遂得脾胃疾，长益甚，医以为不可治。克明自读《难经》《素问》以求其法，刻意处药，其病乃愈。始以术行江、淮，入苏、湖，针灸尤精。诊脉有难疗者，必沉思得其要，然后予之药。病虽数证，或用一药以除其本，本除而余病自去。亦有不予药者，期以某日自安。有以为非药之过，过在某事，当随其事治之。言无不验。士大夫皆自屈与游。”《淮南子》是一部哲学著作，与中医之哲学思想相通，王克明或对中医典籍有收藏兴趣，故为其收藏当有可能。

元明时期未知是否还为王氏后人收藏。卷六尾题后空一行题“聚菴自龙潭篋燕山南薰坊”。考，史彪古（1626—1680），字焕章，号聚庵，明末清初鄱阳人，顺治九年（1652）进士，由翰林擢给事中，寻补户科掌印，晋京卿，归里卒，著有《聚庵集》。清嘉庆九年（1804）刻本《江西诗征》卷六十六国朝部分及《鄱阳县志》皆有传。此“聚庵”者当指史彪古氏，因于京城为官，最

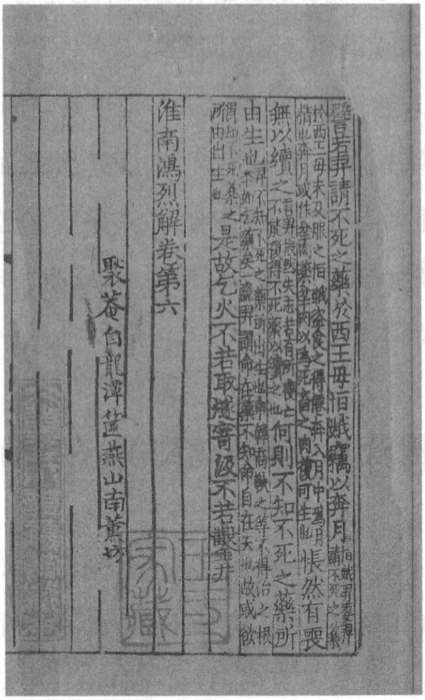
譬若羿請不死之藥於西王母 姮娥竊以奔月 悵然有喪
無以續之 何則 不知不死之藥所
由生 是故乞火不若取燧 寄汲不若鑿井
淮南鴻烈解卷第六
聚菴白龍潭笙燕山南薰坊

宋建本《淮南鸿烈解》卷六末

有条件购书。战国七雄之燕国因临近燕山而得国名,北京其时为燕国都城,称“燕京”,故此“燕山”当虚指京城。南薰坊,处于北京皇城东街坊。元代已有,元熊梦祥《析津志》载元大都有南薰坊。明朝南薰坊位于今东华门地区之南部,据明张爵《京师五城坊巷胡同集》记载:嘉靖时中城计有九坊,其中皇城东有南薰坊,坊有八铺。至清代扩至街坊更多,据清英廉等奉敕编《钦定日下旧闻考》卷三十八《京城总纪》记载,明初未建都以前北平府城东部属大兴县,又记:“五云坊、保大坊、南薰坊、澄清坊……以上二十坊属大兴县。”①这些坊名和区划大多沿袭故元大都旧名、旧地。南薰坊至今仍存,在今正阳门里,皇城两边,顺城墙往东至崇文门大街,北至长安大街。如是,则此书于清初曾流于市肆,后为史彪古所得。再后,归入江宁织造曹寅府

① 于德源:《北京历代城坊、宫殿、苑囿》,首都师范大学出版社 1997 年版,第 209 页。

上，其私家藏书目录《楝亭书目》著录一部“旧本”《淮南子》，一函十二册，与此相合，当即此本。后曹寅家败落，藏书散出，此书流入扬州，为书估陶蕴辉得到，其后转归黄丕烈。黄丕烈得此书后，视作宝物，评价甚高，以为王溥本、《道藏》本皆非可比，并且用来校勘流俗之本。其《百宋一廛书录》云：“近高邮王编修伯申校此书，与余札记云：‘穷搜力索，不过刘绩本而已。盖刘绩翻《道藏》本，不如宋刻，尚未可以道里计，何论其他？此书字小行密，兼之墨敝纸渝，几思传校，殊苦倦怠。故是刻外，却无副本，书之可称秘籍者无逾于此。原装十二册，籤题皆藏经纸，题曰‘淮南子 许慎注 北宋本’。其云‘许慎注’者，因卷中题‘太尉祭酒臣许慎记上’而误尔。古香可爱，未敢轻去，爰附辨于此。”①黄丕烈跋抄本《道藏》曰：“余收得宋刻，系曹楝亭藏书，故五柳主人于扬州得之，以归余者也。”②其《百宋一廛赋》云：“高解《鸿烈》，盖云善哉。向贵芦泉，顿成陪台。㕎《道藏》之赝鼎，每张目而一款。将高邮以助予，临欲借而迟回。”下注云：“小字本《淮南鸿烈解》二十一卷，每半叶十二行，每行大廿二字，小廿五字，楝亭曹氏旧物也。”③《百宋一廛书录》又云：“今余所得乃宋刻也，得于扬州。卷端有‘楝亭曹氏藏书’一印，故此书出自扬州。”④黄丕烈何时收得此本并无确切记载时间，其在嘉庆六年(1801)跋《道藏》抄本时首次提及，云“暇日当取宋刻正之”，按此，当已收归，只是无暇校勘而已。据钮树玉《匪石日记抄》于嘉庆元年(1796)七月四日之日记载，钮氏拜访黄丕烈时，见到宋刻本《淮南子》，盖在此时已得。黄丕烈《求古居宋本书目》亦著录。直至嘉庆二十一年(1816)，黄丕烈才以宋

① (清)黄丕烈撰，屠友祥校注：《荛圃藏书题识》，上海远东出版社 1999 年版，第 972 页。

② (清)黄丕烈撰，屠友祥校注：《荛圃藏书题识》，上海远东出版社 1999 年版，第 330 页。

③ (清)黄丕烈撰，屠友祥校注：《荛圃藏书题识》，上海远东出版社 1999 年版，第 921—922 页。

④ (清)黄丕烈撰，屠友祥校注：《荛圃藏书题识》，上海远东出版社 1999 年版，第 972 页。

本校勘《道藏》抄本。嘉庆末、道光初，黄丕烈生活拮据，士礼居藏书陆续散出，多为汪士钟所得，其《艺芸书舍宋元本书目》“宋板书目”子部类著录“《淮南子》，小字，二十一卷”，当即此本。嘉庆二十五年顾广圻跋宋本曰“汪君阆源收藏宋槧《淮南子》，余皆读一过”，可见在此之前，此本已为汪氏收藏，其后为东鲁藏书家于昌进收藏。于昌进（1808—1858），字湘山，山东文登人。副贡生，署淮阳兵备道，诰赠荣禄大夫。其父于颐发、其兄昌遂，皆有藏书之癖，晚年宦游江南，卜居扬州，恰逢士礼居、艺芸书舍藏书散出之时，汪氏藏书有不少为于昌进收藏，如抄本《唐宋诸贤绝妙词选》三卷、宋蜀刻本《孟浩然诗集》三卷、宋临安府太庙前尹家书籍铺刻本《续幽怪录》四卷等，此本当为其一。

于昌进、杨以增为山东同乡，二人又同寓江南，交往颇多。咸丰二年（1852），杨以增得此书于清江，曾欲刊之，会太平军北上，未能成事。其后，杨绍和居家时又欲刊之，怎奈家乡刻手鲜少，亦未实现父愿。其《宋存书室宋元秘本书目》子部宋本类著录，《楹书隅录》卷三著录曰：“咸丰壬子（1852），先公得于袁浦，亟思锓木，以惠艺林。乃校未及半，会江南寇起，日治军书，事遂中辍。比年，和乡居多暇，而学殖浅落，又未敢怀铅提槧，且北地手民亦鲜工剞劂，正不知何时得酬斯愿，用承先公未竟之志也。抚书远想，曷禁慨然！”顾广圻、杨绍和跋皆书于另纸，未装于册中。是书散出后，叶恭绰仍见，后流于市肆间，傅增湘、叶恭绰、周叔弢、王子霖、郦承铨均曾经眼。今查俄图藏本又缺第九卷，杨绍和跋亦未见，盖已佚去。

此外，清季振宜《季沧苇书目》“宋元杂板书”著录有“《淮南子》二十一卷”，清潘祖荫《滂喜斋宋元本书目》“宋板”类著录“《淮南子》十六本”。建本未见季氏、潘氏印记，究竟两目所著是否宋槧，待考。

（四）南宋茶陵谭氏刻本《淮南鸿烈解》或出于建本

今存宋槧《淮南鸿烈解》可知者两部。除建本外，另一部藏于台北故宫博物院（赠善 003273—003280），南宋茶陵谭叔端纂校，民国傅增湘、傅岳棻跋，缪荃孙题款，刘世珩、刘之泗、傅增湘、沈仲涛旧藏，该院书目数据库题南宋茶陵谭氏刻本①。因此书宋槧仅存两部，学者每论及此书时，往往与建本对著。傅增湘曾对此茶陵本经眼收藏一过，《藏园群书经眼录》卷八题宋元间茶陵谭淑端刊本，曰："此书'慎'字不避，当时宋元间坊本。然古今不见著录，断为海内孤本。自黄丕烈旧藏小字本为日人以重金收去后，推为海内最古之本矣。辛未（1931）岁余获之上海。"②傅岳棻跋曰："《淮南》宋刊本传世者极希，杨氏海源阁所藏乃楝亭故物，后归黄氏士礼居者，夙称瑰宝，近闻已流入东瀛。此外，唯茶陵谭氏本，曾见艺风堂跋，嗣归贵池刘葱石家。虽文字微有裁省，而卷弟无改，且所存古字颇多，只题许注，尤可资参证。海

① 此本卷首有"淮南鸿烈解叙"，次署"汉太尉祭酒臣许慎记上"；次有篇目，首行顶格大字双行题"淮南鸿烈篇目"，第三行题"汉淮南王刘安撰"，目录尾大字双行题"淮南鸿烈篇目终"，尾题前有"松山谭氏"大方印，又"书乡"鼎式墨印；首卷首行顶格题"新刊淮南鸿烈解卷第一"，次行低七格题"太尉祭酒臣许慎记上"，第三行低一格题"原道训"，第四行顶格连属正文。卷末隔数行尾题与卷首大字题同，惟卷二十一题"新刊淮南鸿烈解要略卷二十一终"，卷一、二、四至十二、十八等卷末尾题前有"茶陵后学谭淑端纂校"或"茶陵谭淑端纂校"字样。版框高宽 16.2 厘米×10.8 厘米，半叶十行，行十八字，黑口，左右双边。首序中缝有"攸武俊甫刁"五字，卷一第二叶有"攸武陵刁"四字。宋讳不谨，惟见"甯""稱""再""講"字缺笔，"慎"字不避。俗字较多，如"虫""无""礼""乱""躰""孶""蚕""合""強"等字。谭淑端，南宋末人，字正叔。据《书林清话》载，其所刻尚有《新刊精选诸儒奥论策学统宗前编》五卷，见《阮外集》，标题下列名"桂山谭正叔端订定"。从署名来看，谭氏"纂校"，当即具体删节、校正，刻梓亦当其所为，即纂一校一刻，皆由其贯穿始终。茶陵，今属湖南株洲市，地处湘赣之界。此地虽非南宋刻书之主要地区，但因其盛产竹、木，刻书材料供应充足，仍刻书不少，至元代时尤盛。如元大德茶陵古迂书院陈仁子刊刻《增补六臣注文选》《梦溪笔谈》等，其中前者被邓邦述《群碧楼善本书录》误作宋茶陵陈氏刻本，今藏傅斯年图书馆。此地最早的刻书记载即始于谭淑端。

② 傅增湘撰：《藏园群书经眼录》，中华书局 2009 年版，第 555 页。

源藏本既流落海外,此本当由乙而推甲矣。宋代茶陵刻书,自《文选》外,此为廑见。藏园主人以重直得之,刘氏(丁案:当为谭氏之误)写刻精雅,纸墨俱古,视海源之坊本小字破体,相去何啻霄壤。各家著皆未之及,亦可谓海内孤本,后之揽者慎勿以为节本而忽之。癸酉九月晦,傅岳棻识。”《沈氏研易楼善本图录》著录为南宋茶陵谭氏刊本,曰:“全书用浅黄色罗纹纸湿墨印,极为古雅。”①观茶陵本之字体等,仍有宋刻之风,当刊于南宋末,傅氏言宋元之间,当可。又据避讳,“稱”“講”等字避讳仍在,当出自南宋初刻本。间有字划脱落及断版之处,当为后印本。

建本与茶陵本有何关系?对勘发现,两本有很多相似之处,如每卷卷端次行皆署“太尉祭酒臣许慎记上”;卷二十一卷端与卷尾题名略同,皆有“要略”二字;总卷数皆为二十一卷;建本避讳不谨,但南宋首帝高宗赵构之嫌名“稱”“講”字多缺笔,茶陵本略同。尤其是构件“再”字缺中间一竖笔,翻检诸宋刻本,“再”字缺笔者并不多见,然此字两本之讳同。虽然讳字亦有不同,但这几个字总体上的避讳相似,说明坊间刻本既有欲遵底本之意,又颇有随意不谨的特点。建本卷十四第八、九叶为空白叶,只有白纸,未见刊字,盖原叶佚去,后人补叶待抄补。检后出之《道藏》本、庄逵吉本等,皆有此两叶共六百五十余字,而茶陵本卷十四第六叶下半叶末行起径连第七叶上半叶,恰缺此两叶六百多字,如果说茶陵本将如此之多的正文与注文一同节删,几乎不可能,唯一的解释就是底本缺佚,这无疑也是茶陵本源于建本

① 该书云:“此书之宋刻本传世极稀,昔黄荛圃所藏二十一卷小字本(见《荛圃藏书题识》卷五),乃曹楝亭之故物,后归杨氏海源阁(见《楹书隅录》卷三),民国以降,杨氏藏书尽散,该书业已不知去向。今本院所藏此茶陵谭氏所刊二十一卷本,殆为仅存孤帙。茶陵旧多善本,向为书林所重,唯存世绝罕,除此本而外,尚只有陈仁子所刊之《六臣注文选》。至于《艺风堂藏书续记》著录之本,尝云该帙后有装书识语两行,本院藏本则无,故缪记所云殆为同板之他本。……是书于《淮南子》原文虽微有删削,然所存古字颇多,单录许注,尤可资参证。今以海源藏本既流落音沓,此本当可由乙而推甲矣。另以宋代茶陵刻书自文选外,此为廑见,写刻精雅,纸墨俱古,视海源之坊本小字、残佚破损,何啻霄壤,盖诚如傅跋所云‘海内孤本逘之览者,慎勿以为节本而忽之’。”

的一个坚证。当然最重要的还是两本在文字上有很多相同之处,故两本或有源流关系,即茶陵本据建本节选而成。两宋期间,《淮南子》并非主流典籍,刊印不夥,今仅见建本及茶陵本两种,因此晚出的茶陵本出于建本的可能性最大。只因茶陵本的删节,而使建本的原貌所存无多。但如细勘,仍可见出两本的相同之处及"血缘"关系。

茶陵本与建本亦有不同。首先,关于茶陵本的删节,缪荃孙曰"节去本文约十之四",删节正文、注文皆有,而以注文为多。这些删节确实精简了篇幅,但对于阅读原文还是产生了一定的障碍。删节过程中,还对部分注文位置进行了调整。建本有些注文与所释具体字词位置并不对应,而是常常将其移至句末或段末,茶陵本则将部分注文移至正文所释具体字词之后。如茶陵本卷七"越人得髯蛇,以为上肴,中国得而弃之无用",建本在"无用"后注"髯蛇,大蛇也。其长数丈,厚以为上肴",茶陵本则删节为"大蛇,长数丈",并将其前置于正文"髯蛇"二字之后,当是。类似者尚多,如此则方便阅读。其次,两本的异文甚多。一是异体字或假借字,如纳同内、智通知、欢同欢、渡同度等,由于时代相差,同字异体也是正常的。二是刊刻疏忽之误,包括讹字、脱字、衍字及倒误等,如茶陵本卷十七"以兔之走,使犬如马"之"犬",建本、《道藏》本、茅一桂本等皆作"大",王溥本同茶陵本。"大""犬"形近,极易混淆。刘文典云:"使犬如马,'犬'当为'大'字之误也。《御览》九百七、《事类赋·兽部》二十三引,'犬'并作'大',是其证。"①蒋礼鸿对此有不同看法,云:"'犬'字,宋本及王氏《杂志》《览冥篇》'追猋归忽'条所引并作'大',然而兔大如马,何以必其逮日归风?及兔为马,走不速则或然,何遽不能走?皆不可解。今谓此字仍当作'犬';'如马'二字乃'加鹜'之误……"②何宁云:"'犬'当依宋本作'大'是也。高注:'言其疾也。'抄宋本作'言其妄也',亦以'妄'字为是。'疾'字乃后人以意改之耳。物或有似

① 刘文典撰,管锡华点校:《三余札记》,黄山书社 1999 年版,第 49 页。
② 何宁:《刘文典〈淮南鸿烈集解〉举正》,《中华文史论丛》1985 年第 4 辑,第 302 页。

然而不然者,‘以兔之走,使大如马,则逮日归风’,盖似然而不然者也。不通于论者,以为兔速,马亦速,以兔之小,尚速也如此,重之以如马之大,其可量乎? 此盖以大小论者也。上文云:‘人莫不奋于其所不足。’夫兔之小,兔所不足也。其速也如此,盖奋于其所不足使然耳。以为大如马则逮日归风,谬矣! 故高注云:‘言其妄也。’下文曰:‘及其为马,则又不能走矣。’正以为兔之速,在其小而奋于其所不足,及其为马,则何所畏于逐兔者? 则无所奋于不足矣。故曰:‘不能走矣。’蒋先生谓‘大’当作‘犬’,又改‘如马’为‘加骛’,以马无情于逐兔为解,其说迂矣。且何与于‘人莫不奋于其所不足’乎?”①何说当是。他如茶陵本“美人”误作“夫人”、“讨”误作“诛”、“名”误作“石”、“性”误作“生”、“生”误作“反”、“白”误作“帛”、“契”误作“弃”、“石”误作“食”、“辐”误作“轴”等,多属形近、声同而误。三是有意改之,所改包括改字、删字、增字、调换位置等。如茶陵本卷十四第六叶下半叶第七行“使在己者得宜,邪气因而不生”,建本及诸本无“宜”字,“邪”字前有“而”字;卷十四第十叶下半叶末行“狗吠而不惊,自信而能”之“能”字,包括建本、《道藏》本、王溥本在内的诸本皆作“情”,等等。

综上,茶陵本当据建本而出,刊于南宋末,保留了底本的一些特点,如卷端题署、避讳、文字等。茶陵本是一个删节本,删改过程中,出现不少讹字、脱文、倒文、衍文等,体现出坊间刻本的粗率特点。但其校改亦有不少可取之处,首先校正了建本一些讹误,其次为后刻本如刘绩校王溥刻本等所借用。茶陵本作为惟二之一的宋椠,其文物价值固然毋庸置疑,其学术校勘价值亦当得到应有的重视。当然,其讹误仍有赖建本校正。

(五)顾广圻、陈奂、刘履芬摹抄本的功与过

俄藏宋椠作为存世的最早刻本,并无覆刻或翻刻本。清初曾有述古堂

① 何宁:《刘文典〈淮南鸿烈集解〉举正》,《中华文史论丛》1985年第4辑,第303页。

影摹本，钱曾《读书敏求记》卷三著录："《淮南子》善本极少，此从宋刻影摹者。流俗刊作二十卷，踳驳尤甚，读者宜辨之。"章珏曰："简庄征君云，此影宋本之残者，宋芝山曾得之于陶氏五柳居。嘉庆己卯(1819)，芬于邑城故籍铺中得此书残本一册，系卷一至卷四，影抄细字，精妙绝伦。每页后幅边线中有'述古堂抄藏'五小字。戚友潘芸樵茂才见而欲得，即以赠之。旋游京师，殁于旅馆，行笈散亡，此册亦归乌有，不能与宋氏所藏残册作延津之合矣。"①其后钱本散出，今不知何所。国图今存一部中立四子本，清□著言校并跋，海源阁旧藏，据校者为述古堂本。至道光间，从建本直接或间接摹抄者共有三部，分别为顾广圻影抄本一部、陈奂摹抄本两部，这些抄本对建本传播厥功至伟，故录之于兹。

一、顾广圻影抄本。此本今藏国图(13968)，国图书目数据库著录为"影宋抄本"，钤印"汪士钟印""阆源父甫"。原本当全，今仅存十六卷六册，卷四至十一、十四至二十一。其行款、边栏、版心、卷端题名等与建本完全相同，卷中缺文及白叶亦同，如卷七第十二叶下半叶右上角第一、二、三、四行，卷八第二叶下半叶左上角三行，卷二十第九叶下半叶右上角三行皆有缺文；卷八第九叶，卷十四第八、九叶，卷十六第十二、十六叶皆为空白叶。两本皆有顾广圻跋，文字悉同。细对两本，避讳、异体字、误字等一如建本，不作任何改动，可见抄录之真之精，且字体亦酷肖。笔者见过所谓"影抄宋本"者，但大多名不符实，惟此名副其实。卷末有嘉庆二十五年(1820)顾广圻"书宋椠淮南子后"之语，与建本所载悉同。经考，顾跋内容实为宋椠而作，未及影抄之事，此盖即从宋椠迻录而来。

陈奂跋摹抄本(见下条)时两次提及此本，谓"顾涧薲景抄"或"顾涧薲翁曾有影抄本"。此本又载顾跋，当即顾广圻影抄宋本。建本曾先后藏于黄丕烈、汪士钟两家，据嘉庆二十五年(1820)顾跋云"汪君阆源收藏宋椠

① (清)钱曾撰，章珏、管庭芬校订:《读书敏求记校证》，上海古籍出版社2007年版，第278页。

《淮南子》，予借读一过而书其后……高邮王怀祖先生尝校定是书，所订《道藏》以来各本之失而求其是，往往与宋椠有暗合者，将传其副以寄之，必能为此本第一赏音矣。”此跋一是提及王念孙校定《淮南子》一事，二是“将传其副以寄之”。王念孙《读书杂志》载王引之《淮南内篇补序》云：“岁在庚辰，元和顾涧蘋文学寓书于顾南雅（莼）学士，索家大人《读书杂志》，乃先诒以《淮南杂志》一种，而求其详识宋本与《道藏》本不同之字，及平日校订是书之讹，为家刻所无者，补刻以遗后学。数月书来，果录宋本佳处以示，又示以所订诸条，其心之细、识之精，实为近今所罕有，非熟于古书之体例，而能以类推者，不能平允如是。”顾广圻致信王引之云：“曼卿（引之）先生大人阁下：前蒙赐《淮南杂志》，曾肃寸函布谢，定邀鉴及。……宋椠《淮南子》已归此地汪氏，承命借到，校勘一过，实在《道藏》之上，摘其异同各条汇录，呈备采择。又承询及拙说，……辄附数条，不敢虚垂问之雅而已，非有足观也。若获节陈氏观楼，则意外之荣幸矣。”①嘉庆二十五年春，顾广圻寄函顾莼，欲索《读书杂志》，王引之寄赠《淮南杂志》一种，并嘱校宋本与《道藏》本异文，至八月初五，顾氏以宋本校毕。其后，顾氏寄函引之，并附上校勘记及其他考证数条，供王氏增补。从上可知，今见于宋本上的顾氏校记乃应王氏嘱托而为之。顾氏为校《道藏》本，向汪氏借宋椠，但跋中并未言及实施影抄一事，只言“将传其副以寄之”。但今见此顾氏影抄本上钤有汪氏藏印，则无疑又经汪氏收藏。意者，汪氏借给顾氏校勘的条件之一即是为其影抄一部。以汪氏商人之本性，断然不会免费借出的，前揭汪氏向陈奂借抄宋椠《管子》，即“多出金”始允。故此推测当合情理。顾氏虽然想为王念孙影抄一部，但碍于汪氏之要挟，只能将其所抄再还于汪氏，故始见此本有汪氏印。

---

① 王章涛：《王念孙、王引之年谱》，广陵书社 2006 年版，第 241 页，顾氏致信亦载此页。《王念孙、王引之年谱》嘉庆二十五年条曰：“春，顾广圻寄函顾莼，请其代为向王引之索取其父念孙《读书杂志》。引之乃以《淮南子》一种寄赠，并要求广圻提供其《淮南子》宋本、《道藏》本校勘记及平日所校订而其父所失校者。”

顾氏影抄本即在这一大背景下形成的。再由陈奂跋国图藏庄逵吉本①可知,此影抄本后归胡雨塘,陈奂曾借之校赵云谦本。

当然顾氏影抄本与原宋建本亦偶有不同。影抄本有个别字被描画者,应是首次抄录后校正之迹,如卷七第四叶上半叶第二行注文"谕道人不急求生也"之"谕"字,第六行注文"守其正性也"之"其"字,第九行注文"死复归其未生之故耳"之"归"字,第十二行注文"道尚空虚"之"道"字。此半叶即有四处描改之字,似有初抄不慎之嫌。但通检全本,类此者不多。亦偶有纠正刻本之误者,如"兲"字,刻本常写成"天",影抄本则纠正过来或描画改过,但类此者亦不多。影抄本经过描改字划,实际上异文已经绝少,通校全卷仅有二十余处异文,如建本卷七第六叶上半叶第四行"居而无容,处而无所"之"居",影抄本误作"君";建本第七叶下半叶第七行"天壤"之"壤",影抄本误作"瓌",仅有两例。建本卷八第七叶上半叶第三行"六律者,生之与杀也,賞之与罚也,予之与夺也"之"賞",影抄本误作"實",仅有一例。皆为形近而误,当是白玉微瑕。陈奂跋认为顾本"称甚精核",甚是,陈氏以此校诸王念孙本,获益多多。而如建本因薄纸揭脱而个别字不存或残存或脱落笔划者,影抄本则不缺,这说明建本在抄录之后,或有脱纸,或有所损坏,如建本卷七首叶下半叶首行"四时为纪,天静以清,地定以宁"之"纪""天"字皆无,"为""地""定"字仅存半个;卷七第十二叶上半叶末行注文小字双行之第二行整行皆缺半个或全缺;卷八首叶上半叶末行"于"字缺,"日"字存半个。这种原建本缺而影抄本不缺的情况,当抄在脱字前,以此可见影抄本之珍贵。当然亦有可能建本缺,抄本参校他本补录之,但观其字体,前后字迹相同,当非后补。如果是在抄录前已备好缺字,也说明抄录者严谨认真之精神确实可嘉。但不管怎样,顾氏影抄本之完足与精善是值得肯定的。

---

① 此跋原载国图藏陈奂校庄逵吉本,参见《校建本〈淮南鸿烈解〉的传播与优劣》之陈奂校庄逵吉本所引。此跋又见《三百堂文集》卷上。

需要特别指出的是,今建本缺卷九,而影抄本有之,可补建本之缺,亦可校诸本。如校刘履芬抄本,影抄本首叶下半叶第七行"大不可极,深不可测"之"大",刘本误作"天","大"与"深",词性、字意相偕,而"天"与"深"不合,张双棣本作"大",当是;第二叶下半叶首行"上多事则下多态"之"态",刘本误作"能";第四叶上半叶第六行"抱质效诚,感动天地"之"效",刘本误作"放";第七叶下半叶第六行"夫乘众人之智,则无不任也"之"任",刘本误作"仕";第十三叶上半叶第七行注"有司,盖有理官,士也",刘本"官"误作"宫"、"士"误作"土";第十四叶下半叶第五、六叶注文"奇材,非常之材。佻长,卒非纯贤也。故曰干次也"之"佻",刘本误作"能"。因建本藏于海源阁,及散出时尚完整无缺,故顾氏抄录并非补自他本,而是径从原建本抄录而来,在今天无法见到建本第九卷的情况下,影抄本的价值不言而喻。

二、道光四年(1824)陈奂倩金友梅抄本。全书八册,今藏上图(834671—78),上图书目数据库著录为清道光十四年(1834)长州陈氏三百书舍抄本。卷首有道光四年三月清陈奂识,次有光绪戊戌三月莫棠识①。行款、卷端、版心等皆与建本同,无格栏。钤印"韶州府印""独山莫氏铜井文坊之印""楚生""铜井山庐藏书""莫氏秘籍""莫棠楚生之印"。历经韶州府、莫棠旧藏。今台湾地区图书馆著录一部1959年台北艺文馆影印本,书目数据库著录为"据陈奂景抄百宋一廛本影印",或据此而出。

---

① 莫棠识曰:"《淮南子》,向推《道藏》与明刘绩补注本为最善,庄逵吉本虽源于《藏》,而校改颇多。道光初,吴门黄氏、汪氏始先后以宋椠著录,顾涧蘋校其同异,质诸高邮王氏。时《读书杂志》已成,文简录诸卷末,不言得见全部,则硕父所谓景抄寄都,疑更在后。涧蘋所录者只数条,《思适斋集》跋此本既记正文之异,又云注之胜今本者不可枚举,则当时固未详校以付王氏,王氏虽他日见全本,亦未续入《杂志》,而宋本之善至今犹未使学者尽睹也。宋本近在聊城杨氏,予得此硕父家本,出自道光四年景写,恐世间传副不多,亟思重刻而迁延未果。《读书杂志》外,予更有明安政堂刻《道藏》本、严厚民录诸家校庄刻本,皆是资校勘者也。"莫棠所言,一是指顾校及陈奂影抄本皆在王氏著《读书杂志》之后。因此《读书杂志》时并未利用上陈奂抄本,仅是顾氏未详之校记而已。二是莫氏言此本乃"出自道光四年景写",当据陈奂道光四年所跋。

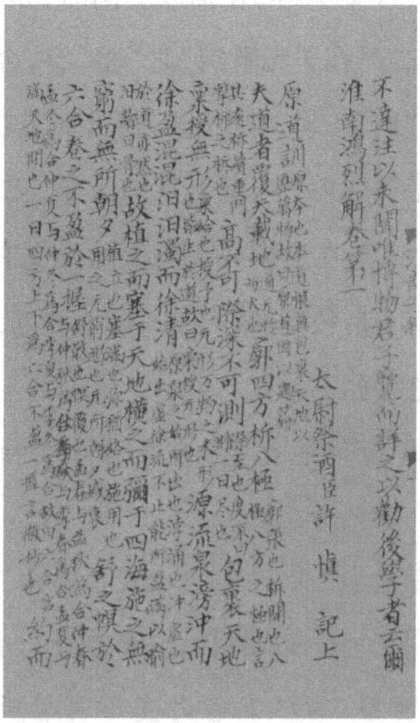
不遑注以未聞唯博物君子覽而詳之以勸後學者云爾
淮南鴻烈解卷第一　太尉祭酒臣許慎　記上
原道訓
夫道者覆天載地廓四方柝八極高不可際深不可測包裹天地
稟授無形源流泉浡沖而
徐盈混混汩汩濁而徐清
故植之而塞于天地橫之而彌于四海施之無
窮而無所朝夕舒之幎於
六合卷之不盈於一握

清陈奂倩金友梅抄墨宝堂本《淮南鸿烈解》卷一卷端

陈奂曾向汪士钟借宋椠《淮南鸿烈解》，先后抄录两部。关于其抄录过程，陈奂于道光四年(1824)三月跋此本曰："此北宋本，旧藏吴县黄荛圃百宋一廛，后归同邑汪阆源家。高邮王怀祖先生属余借录，寄至都中，遂倩金君友梅景抄一部，藏之扵三百书舍。顾涧蘋景抄，豫大其贾四十金者，即此本也。"陈奂藏书处为"三百堂"，藏书印亦有"曾在三百堂陈氏处"。据陈奂识可知，陈奂当年遵王念孙嘱托，借录汪氏所藏宋椠时，先后"影写"两部，其一寄送王念孙，即下条所著录者；同时又倩金友梅为自己影写一部藏于三百书舍，即此本者(以下简称金本)。

金本间有校改之处，即陈奂在金氏抄完后又以建本对勘一过。一是于原字上径改或在原字旁改字，如建本卷十七第一叶下半叶第十行"凤皇"之"皇"字，金本原抄作"凰"，又改作"皇"。这类涂改不少。有个别倒文则以倒文符号标识。二是于原字上改字，但由于改涂后原字模糊难认，于是又在地脚下加注建本原字，如建本卷十二第三叶上半叶第四行正文及注"董阏于"之"阋"字,金本此字字划有异,在描改的同时,亦在地脚上注"阋"。卷十九第三叶上半叶第二行"孔子无黔突"之"黔"字,金本原抄作"默",原字描改后,又下地脚下注"黔"。有的则不改抄字,而是在天头上改回原字,如建本卷十七第三叶上半叶第八行"蝱与骥致千里"之"蝱"字,金本原抄作"虻",天头改作"蝱"。以上在地脚或天头上的异文有七处,但大部分的异文是在原字上径改。金本虽校勘甚细,但与建本校勘,仍有陈奂未校出异文者,今以建本为底本,兹举如下:

卷一第二叶B面第七行"源流泉浡冲而徐盈",金本"浡"误作"滂"。

第四叶A面第七行"乘云车,入云蜺",金本"蜺"作"蜕"。

第八叶A面第十行"宗族残灭,继嗣绝祀",金本"继"误作"维"。

第十二叶A面第二行"五音之变不可胜听也",金本"听"误作"䪭"

卷二第三叶A面第七行"万民猖狂,不知东西",金本"猖"误作"倡"。

第六叶A面第二行"元不受也",金本"元"作"无"。

卷三第一叶A面第三行注"天先垂文象日月五星",金本"五"误作"三"。

第一叶A面第十二行注"共工官名",金本"共"误作"工"。

第六叶A面第八行"无射,九月也",金本"射"作"财"。

第六叶A面第十一行注"南,任也",金本"任"误作"在"。

第六叶A面第十一行注"言阳气内藏",金本"言"误作"官"。

卷四第三叶A面第十一行"若木在建",金本"木"误作"水"。

第五叶B面第一行注“汤遭旱作上龙”,金本“上”作“土”。

第八叶A面第一行注“三亩”,金本“亩”作“苗”。

卷五第一叶A面第十行注“故东风解水”,金本“水”作“冻”。

第二叶A面第五行注“故处南官也”,金本“官”作“宫”。

第九叶A面第一行“其味辛,其臭腥”,金本“味”误作“朱”。

第十四叶B面第七行“开关梁,宜出财”,金本“宜”作“宣”。

卷六第三叶A面第九行注“马不以走,但以粪粪田也”,金本“但”作“但”。

第三叶A面第十行注“远万之外,两轮之间,为轨也”,金本“万”作“方”。

卷七第二叶A面第十二行“人之耳目,曷能久熏劳而不息乎?”,金本“息”误作“急”。

卷八第三叶A面第六行“故圣人者,由近知远而万物殊为一”,金本脱“一”。

卷十第七叶B面第一行注“春女感阳则思秋,士兵见阴而悲”,金本“士”作“士”。

卷十一第十四叶A面第四行“箕子视比干则愚矣”,金本“干”误作“工”。

第十四叶B面第三行“则兼覆而并之,禾有可是非者也”,金本“禾”作“未”。

卷十二第六叶B面第八行“中山公子卒”，金本“卒”误作“牟”。

第九叶B面第四行注“如楚大夫七在魏者也”，金本“七”作“亡”。

第十五叶B面第二行“吾犹夫能之在”，金本“夫”误作“朱”。

第十七叶B面第七行“武土可以仁义之礼说也”，金本“土”作“士”。

卷十三第五叶B面第十二行“无补于主也”，金本“主”误作“生”。

第六叶B面第一行“将相摄威檀势”，金本“檀”作“擅”。

第十叶A面第八行“虽微汤武孰弗能夺也”，金本“虽”误作“谁”。

第十二叶A面第八行“干鹄知来而不知徃”，金本“徃”作“往”。

第十四叶A面第五行“九合诸侯，一匡天下”，金本“匡”误作“臣”。

第二十叶A面第十一行“风气之所从往来”，金本“往”作“徃”。

卷十四第七叶A面第十行“心欲之而能胜止也”，金本“止”作“之”。

卷十五第一叶A面第十二行注“中绝，谓若般上中相绝灭”，金本“上”作“王”。

第五叶B面第十行注“二世，秦始皇少子胡亥也”，金本“子”误作“年”。

第七叶A面第五行“不可巧诈也”，金本“诈”误作“计”。

第十叶A面第三行“是故伤敌者众而手战者寡矣”，金本“手”误作“乎”。

卷十六第八叶B面第十一行“杀戎马而求弧理”，金本“弧理”作

“狐狸”。

第十一叶A面第六行“与枉与直,如何而不得”,金本第一个“与”作“举”。

第十三叶A面第七行“牛皮为贱,正三军之众”,金本“贱”作“鼓”。

第十五叶B面第九行“故桑叶落而长年悲也”,金本“落”误作“洛”。

卷十七第一叶B面第八行“椎固百柄,不能自椓”,金本“百”作“有”。

第二叶B面第四行“听无音之音者聪”,金本“聪”误作“听”。

第二叶B面第八行“莫之其动须叟之閒”,金本“叟”作“臾”。

第二叶B面第十二行“在其閒五味以和”,金本“閒”作“间”。

第四叶A面第十行注“丑犹怒,一曰愧也”,金本脱“一”。

第五叶A面第十行“有廉而贫者”,金本“廉”作“廉”;

第七叶B面第六行“蜉蝣不食不饮,三日而死”,金本“蝣”误作“游”。

第十叶B面第二行“黼黻之美,在于杼柚”,金本“杼”作“杼”。

第十一叶B面第六行注“已止”,金本脱此二字。

第十二叶B面第四行“赤肉县则乌鹊集”,金本“赤”误作“赫”。

第十四叶B面第一行“则,败也,害也”,金本“则”作“贼”。

第十五叶B面第六行“进献者祝”,金本“祝”作“柷”。

卷十八第九叶A面第七行“负轭而浮之河”,金本“河”误作“何”。

第九叶A面第九行“馈闻伦曰”,金本“伦”误作“论”。

第十一叶A面第六行“费无忌复于荆平王”,金本“复”误作“从”。

第十五叶B面第一行注“余干，召□亭”，金本“召”作“在”，“亭”作“章”。

卷十九第一叶A面第九行“于是神农乃始教民播种五谷”，金本“始”误作“如”。

第四叶A面第五行“墨子曰：‘令公输设攻，臣请守之。’”金本“令”误作“今”。

第六叶A面第三行“击则不能断，刺则不能人”，金本“人”作“入”。

第十三叶A面第五行注“櫖，舒也，指书”，金本“舒”误作“书”。

卷二十第十二叶A面第十二行“必以仁义为之木，然后可立也”，金本“木”作“本”。

卷二十一第四叶A面第八行“以清静为常，恬淡为本，则懈堕分孛”，金本“堕”误作“随”。

第六叶B面第二行“以为天下去残余贼而成王道”，金本“余”作“除”。

综上，金本之异文，大多是形近而误。然亦间有改过者，如“人”改作“入”，“木”改作“本”，“余”改作“除”，“则”改作“贼”，“百”改作“有”，“弧理”改作“狐狸”，“上”改作“王”等。亦有一些异体字，如建本“善”，金本作“善”，“怀”作“懷”，“寡”作“寡”，“冥”作“冥”，“毁”作“毁”，“富”作“富”，“绳”作“绳”，“扵”作“于”，“冝”作“宜”。缺笔字亦有填作全字者，如“朗”作“朗”。总之，尽管金本与原本比较接近，但仍有一定的异文，可见据此校他本者，亦不能径称“宋本”，称“抄本”为适，谓其“影抄”亦不妥。

三、道光四年（1824）陈奂倩人抄本。全书六册，今藏上图（821047—

52)，清陈奂校并跋。版框高宽 17 厘米×11 厘米，行款与版心所题俱同建本，无格栏。卷首外封题“宋本淮南子”，钤印“高邮王氏藏书印”“淮海世家”“吴县潘氏郑庵藏”，王念孙、王引之、潘祖荫旧藏。卷八第九叶，卷十四第八、九叶，卷十六第十二、十六叶为空白叶，卷十三、十四部分叶次下部常有模糊不清或脱字现象。

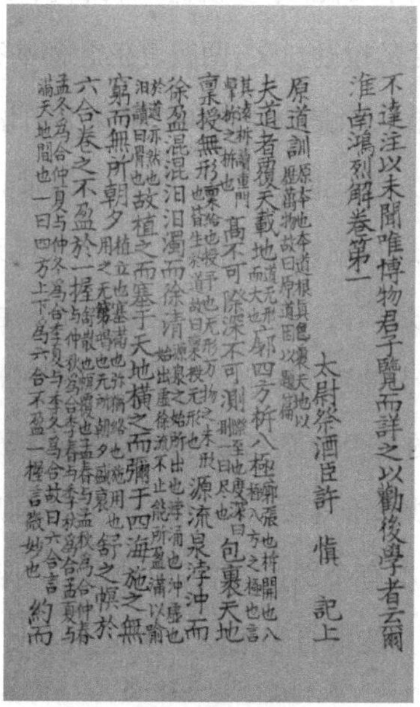
不達注以未聞唯博物君子覽而詳之以勸後學者云爾
淮南鴻烈解卷第一　太尉祭酒臣許　慎　記上
原道訓原本也本道根真包裹天地以歷萬物故曰原道因以題篇
夫道者覆天載地道无形而大也廓四方柝八極廓張也柝開也八極八方之極也言其遠柝讀重門擊柝之柝也高不可際深不可測際至也度深曰測一曰尺也包裹天地
稟授無形稟給也授予也无形万物之未形萬物皆生於道故曰稟授无形也源流泉浡沖而
徐盈混混汩汩濁而徐清浡涌也沖虛也源泉之始所出也始出虛徐流不止能漸盈滿以喻於道亦然也汩讀曰骨也
故植之而塞于天地橫之而彌于四海施之無
窮而無所朝夕植立也塞滿也彌絡也施用也无窮竭也无所朝夕盛衰也舒之幎於
六合卷之不盈於一握舒散也幎覆也孟春與孟秋為合仲春與仲秋為合季春與季秋為合孟夏與孟冬為合仲夏與仲冬為合季夏與季冬為合故曰六合言滿天地間也一曰四方上下為六合不盈一握言微妙也約而

清陈奂抄墨宝堂本《淮南鸿烈解》卷一卷端(821047—52)

此本即上条陈奂跋中所谓“寄至都中”者，即寄给王念孙之本。道光十四年(1834)三月，陈奂跋庄逵吉本时，言及此本：“北宋《淮南》书二十一卷，此最善本也，旧藏苏州黄主政士礼居，后归山塘汪氏。高邮王尚书借抄，属校，字多漫漶，雠对颇不易易。奂与汪道不相谋者也，其书不能稽览，未及过录，常自恨惜。”①综合上条陈奂跋及此跋可知，道光四年(1824)，陈奂受王念孙之托，向汪士钟借抄时，又私下倩金友梅“景抄”一部藏之三百堂，将较

① 此跋原载国图藏陈奂校庄逵吉本，又见《三百堂文集》卷上。

好的金本留给了自己,其私心可见一斑。但寄给王念孙的抄录本因“字多漫漶”,王氏又嘱陈奂校之,由于陈与汪“道不相谋”,再借汪氏所藏宋椠原刻不成,未能校之,成为遗憾。总之,陈奂在作此事时,动了心机,颇有狡黠之嫌。

这里需要说明的是:一,王念孙当初嘱陈奂借录,是否由陈奂亲自抄录,颇为怀疑,如是自抄,当不可能“字多漫漶”,再自校之。故疑当是陈奂请人抄录,只是抄录不精,复又校勘。又,两跋言王念孙本究竟抄者为谁时,并不一致,首跋言“属余借录”,当是嘱让陈奂借而录之,此跋又言“王尚书借抄,属校”,当指王念孙借抄,嘱托陈校,未言嘱陈奂借录。道光四年(1824),王念孙已经八十一岁,且远在京城,多卧病床第,不可能亲自抄录,只能嘱托他人借录,这个他人一定是陈奂:一则陈奂是王念孙学生,老师叮嘱,学生当义不容辞;二则陈奂与汪士钟皆为长洲人,时亦同在长洲,借抄方便。二,笔者曾疑汪士钟借给陈奂的是否为原宋椠,抑或顾氏影抄宋本?校勘发现,陈奂的这两个抄本均直接抄录于宋椠,而非抄录于黄丕烈所藏顾广圻影抄本者,充分的理由是,顾广圻本有个别抄误者,两抄本皆不误,这就直接排除了两本取自顾本的可能,而只能取自于宋椠。从这一点上,汪士钟还是于宋椠之博迁有过功劳的。

此本卷末有道光十年(1830)陈奂跋:“八卷《本经训》阙弟九叶,十四卷《诠言训》阙弟八叶、弟九叶,十六卷《说山训》阙弟十二叶、弟十六叶,共计阙五叶。《诠言》《说山》板心小号又误改误倒,此系宋刻之误。《诠言》《兵略》二篇每行下半多损坏不能辨,而全书字既小,印本又漫漶。今得荛翁手校本互勘,其字迹之隐约者即从黄校本校补,其字迹之全然摩灭者不复校补,恐失其真也。此刻北宋本旧藏扬州曹楝亭家,后藏苏州黄荛圃家,近藏苏州山塘汪阆源家。道光十年六月十一日陈奂硕甫氏校毕记。”此跋中所言缺五叶者以及损坏者皆与建本白叶及缺损相同,出于建本并无疑问。此本天头校记出于陈奂之手,乃陈奂以黄丕烈手校本校之。陈氏抄本虽出于建本，但异文不少，可见抄录不精。但天头有陈奂校记，陈校所据校者乃黄校本，其出字皆与建本同，则黄校本实则出于己藏宋椠，即今建本者。

今以卷一为例，出句以建本为底本，将陈氏抄本天头陈校逐录而出，以见抄本与建本文字之异。

建本第二叶下半叶第十行注“用之无窮竭也”，抄本“窮”似作“穷”，描改为“窮”，天头作“窮”。

第三叶上半叶第二行注“纮，纲也”，抄本“纲”作“绸”，天头作“纲”；同行“谓之纮绳之类也”，抄本“纮”作“絖”，天头改作“纮”；第三行注“三光日月星”，抄本“光”似作“先”，天头改作“光”；下半叶第三行注“金木水火土”，抄本“木”似作“水”，天头改作“木”；第十一行“非收聚畜积而不加富”，抄本“聚”字之“取”字边下作“水”，天头改作“聚”。

第四叶上半叶第四行注“悦，读人空头扣之悦”，抄本第二个“悦”作“况”，天头改作“悦”；第九行“照日光而无景”，抄本“日”作“目”，天头改作“日”；第十二行“其高万九千里”，抄本“万”似作“力”，描改为“万”，天头改作“万”；下半叶第七行注“风揚沙也”，抄本“揚沙”作“傷汝”，天头改作“揚沙”；第十二行注“万物无所缺也”，抄本“缺”作“鈌”，天头改作“缺”。

第五叶上半叶第四行注“镜”字缺末笔，抄本不缺，天头注出缺末笔字“镜”；下半叶第六行注“綦，美箭所出地名也”，抄本“美”作“张”，天头改作“美”；第七行注“乌号柘桑”，抄本“号柘”作“居而”，天头改作“号柘”；同行注“乌不敢飞号呼”，抄本“号”作“居”，天头“居”改作“号”；同行注“上伐其枝而弓”，抄本“弓”作“号”，天头改作“弓”；第十二行注“罟，鱼罟也”，抄本“罟”作“罟”，天头改作“罟”；

第六叶上半叶首行“劳而无功夫”，抄本“夫”作“矣”，天头改作“夫”；第四行“而不能听十里之外”，抄本“听”作“聪”，天头改作“听”；同行“有狡心”，抄本“狡”似作“疾”，天头改作“狡”；第六行“四夷”，抄本“四”作“西”，天头改作“四”；第七行“藏于胷中”，抄本“胷”作“智”，天头改作

“胷”;第八行注“藏之于胷臆”,抄本“胷臆”作“智应”,天头改作“胷臆”;第十一行注“伊尹名挚殷”之“殷”字缺末笔,抄本不缺,天头改作缺末笔字“殷”;同行注“蛟,读人情性交易之交”,抄本“读”作“讀”,天头改作“读”;注“两木相摩”,抄本“木”作“末”,天头改作“木”。

第七叶上半叶第四行注“鸷,读什伍之什”,抄本第一个“什”作“行”,天头改作“什”;第七行注“匈奴,獫狁北胡也”,抄本“獫”作“狼”,天头改作“獫”;同行“干越生葛絺”,抄本“絺”作“缔”,天头改作“絺”;第十二行“短袂攘卷,以便刺舟”,抄本“袂”作“硬”,“刺”作“剩”,天头改作“袂”“刺”;下半叶第八行“所以俛仰于世人”,抄本“仰”作“伸”,“世人”作“此又”,天头改作“仰”“世人”;第九行“被髦”,抄本“髦”作“髪”,天头改作“髦”。

第八叶下半叶第十行注“裸国”,抄本“裸”作“禄”,天头改作“裸”。

第九叶下半叶首行“排患扞难”,抄本“排”作“拆”,天头改作“排”;第五行注“其力不可訾也”,抄本“訾”作“言”,天头改作“訾”;第十二行注“伯玉,卫大夫蘧瑗也”,抄本“瑗”作“爰”,天头改作“瑗”。

第十叶上半叶第二行“先者隤陨”,抄本“陨”作“陷”,天头改作“陨”;第三行注“隤者车承”,抄本“车”作“卑”,天头改作“车”;下半叶末行“错缪相纷”,抄本“错”作“虽”,天头改作“错”。

第十一叶上半叶首行注“舟舡所载,无有是其强也”,抄本“是”作“楚”,天头改作“是”;第三行“而滔腾大荒之野”,抄本“滔”作“弱”,“大”作“夫”,天头改作“滔”“大”;第十行“皆本也”,抄本“皆”作“昔”,天头改作“皆”;下半叶第二行注“无形适有形”,抄本“适”作“道”,天头改作“适”;第三行“虚而恬愉者”,抄本“而”作“无”,天头改作“而”;第九行“纯,不杂粈也”,抄本“粈”作“粗”,抄本改作“粈”;第十一行注“音生于无声也”,抄本“无”作“無”,天头改作“无”。

第十二叶上半叶第十行“泛兮”,抄本“泛”作“况”,天头改作“泛”;下半叶首行天头注曰“‘同出于公’下应有‘约其所守,寡其所求’八字”,此注建本亦有,原为黄丕烈校记;第二行注“贪荣势也”,抄本“荣”作“乐”,天头改作“荣”;第七行注“其德坦荡是也”,抄本“荡”作“场”,天头改作“荡”;第十行“惊”字缺笔,抄本不缺,天头改作缺末笔字。

第十三叶上半叶首行“能此五者”,抄本“此”作“日”,天头改作“此”;第五行注“在小能小”,抄本首个“小”似作“水”,描改为“小”,天头改作“小”。

第十四叶第七行“狡兔”,抄本“狡”作“挍”,天头改作“狡”;第八行“解车休马”,抄本“车”作“重”,天头似作“卓”,或因形近误写;第十行“曲终而悲”,抄本“终”作“然”,天头改作“终”;下半叶第三行“和悦之称”,抄本“和”作“知”,天头改作“和”;第八行“是非之境”之“境”缺末笔,抄本不缺,天头改作缺末笔字。

第十五叶下半叶首行“朗”缺末两笔,抄本不缺,天头改作缺末两笔“朗”字,以下尚有两例同,不赘述;第三行注“犹余声也”,抄本“犹”作“独”,天头改作“犹”;第五行注“滨,水崖也”,抄本“崖”作“涯”,天头改作“崖”;第九行“雪霜滚灖”,抄本“滚”作“瀼”,天头改作“滚”;第十一行“山峡”,抄本“峡”作“峡”,天头改作“峡”。

第十六叶上半叶第九行“钩绳不能曲直”,抄本“钩”作“钶”,天头改作“钩”;下半叶第十行“贞”字缺末笔,抄本不缺,天头改作缺末笔字;第十二行“则骨肉无伦矣”,抄本“伦”作“愉”,天头改作“伦”。

第十七叶上半叶首行“今人之所以眭然能视”,抄本“今”作“令”,天头改作“今”;第五行“峪”字,抄本作“埳”,天头改作“峪”。第九行注“倒杖莱”,抄本“杖”似作“其”,天头改作“杖”;下半叶第六行注“漠腤”,抄本“腤”作“眠”,天头改作“腤”。

第十八叶上半叶首行注“仰伸犹升降”,抄本“仰”作“俛”,天头改作“仰”。

总观陈本校记,一是抄写模糊不清者,二是误抄,三是异体字,四是不避之讳字，皆于天头出校记，虽偶见校改者（如“夫”改作“矣”），但仍以误抄者为主。盖因此本讹误极夥，故王念孙又嘱陈奂重校。此外，抄本中有的抄录文字径同建本朱笔改过文字，而不用朱笔改过之前的原本文字，这说明抄本抄者十分相信朱笔校改者所校改文字，但也因此失去了宋椠之原字真面。建本上的朱笔校改皆为黄丕烈所为，如陈本下半叶首行天头注曰“‘同出于公’下应有‘约其所守，寡其所求’八字”，此注建本亦有，朱笔俱同，原为黄丕烈校记。以此可见，此本陈校确实迻录于黄校。

如果抛开此抄本的天头校记，单纯就内文而言，此本与陈奂所倩金友梅影抄本相校，则远远不如金本更忠实于建本，原因是金本抄后已经校改，与原本相差不多。不可否认的是，此本天头异文校记确实不少，实因当时陈奂抄后，没有经过校勘，道光十年（1830）时得黄校本再校，方正原抄诸多讹误。笔者将此本天头校记及内文与建本对校，几乎未见异文，可见陈校极为精审。因此，就包括天头校记的全本而言，实际上与建本几无差别。通过此本，即能目睹建本之文字真面。因此从这个意义而言，其价值不亚于金本，因为金本毕竟有异文及抄录有误者，不如经过陈奂校以黄校本后的此本，几乎将异文校净，在还原建本的真实性上，更高一筹。但非常遗憾的是，此本没有得到利用，沉埋架插，无人问津，反而金本因为刘履芬抄录，被《四部丛刊》收录，从而使其利用率大大提高。

因此陈氏抄本与金本同时出于建本，分为两人所抄（字体不同），故而这两本的异文迥然不同，当然也证明了此本绝非源于金本，而只能源于建本。

四、清同治十年（1871）刘履芬抄本。全书四册，刘履芬、涵芬楼旧藏，今藏国图（07530）。卷首高诱叙及正文首叶上半叶有格栏，其余无格栏。卷首有高诱“淮南鸿烈解叙”，序文顶格，序后不空行，直接正文，卷端序次及所题皆同建本。卷十八卷端次行署题“许慎”之“慎”字不缺笔。高诱叙前又有道光四年（1824）三月陈奂识，同陈奂倩金友梅抄本所录。卷末有刘履芬跋。《涵芬楼烬余书录》著录为"影宋抄本""刘泖生抄藏",云:"陈硕甫借得影写,卷首有题词'此为江山刘泖生传录之本'。"《四部丛刊初编》收入,已加格栏,其后台湾艺文印书馆又影印《四部丛刊》本。由于刘本为《四部丛刊》收录,近代以来得以广泛传播,成为诸家校注本中必不可少的参校本。那么刘本究竟是一个什么样的本子呢?其与宋本的关系如何?版本质量、文字优劣如何?

刘履芬跋曰:"同治辛未秋,借本录始,越岁壬申二月望日竟,江山刘履芬记于吴门书局。"可知刘履芬抄录始于同治十年(1871)秋,完成于十一年(1872)二月①。按其所录陈奂跋,刘氏抄录底本当是据陈奂当年倩金友梅抄录之本,只是陈奂此时已卒,不知是否还藏于陈家,但或未出苏州,故刘氏抄录极便。校勘发现,刘本确实抄自于金本,而非另一部王念孙本,如卷一第二叶下半叶第七行"源流泉滂冲徐盈"之"滂",金本同,而建本、王念孙本作"浡";同卷第八叶下半叶第十行"继嗣绝祀"之"继",金本同,而建本、王念孙本作"维",校之他卷亦如此。因此刘本并非直接影抄建本,《四部丛刊》本卷首牌记曰"上海涵芬楼景印刘泖生影写北宋本原书叶心高营造尺五寸三分宽三寸六分",径称"影写北宋本",并非事实。陈奂倩金氏抄录即非影抄,刘本出于金本,何来影抄?今张双棣校注本卷末附录所称"刘泖生影写北宋小字本"云云,亦据《四部丛刊》牌记而出。抑或虑及此点,国图书目数据库亦著录为"抄本",未言影抄。刘本与建本行款、边栏皆同,避讳多同。建本有的文字有误,刘本亦误,如建本卷四第九叶上半叶"垄,家也"及注"城阳有尧家","家"误,实为"冢",乃形近而误,刘本亦作"家";卷五第九叶下半叶"季秋之月,招摇指戌,昏虚中,且柳中","且"当作"旦",刘本亦作"且";卷六第三叶下半叶注"成王曰'先君轻则而重剖石'","则"为"刖"字之误,建本、刘本皆误作"则";卷十第六叶下半叶"情先动"及注"言

① 此时刘氏正充苏州书局提调,刘氏曾于同治九年(1870)抄录《绛云楼书目》附《静惕堂书目》。

人君以精动导民也","精"当为"情",建本、刘本皆误作"精";卷十三首叶末行"为之筑土构木"及注"讲,架也",注中"讲"字为"构"之误,建本、刘本皆为"讲";卷十五第十二叶下半叶末行"土视下如弟","土"为"上"之误,建本、刘本皆误为"土";同卷第十三叶上半叶首行"上亲下如弟,则不难为之死,下事上如兄,则不难为之亡","亲"为"视"之误,"事"为"视"之误,建本、刘本皆误作"亲""事";卷十六第一叶末行至第二叶首行"上食晞堁,下饮黄泉,用一也","用"后当有"心",建本、刘本此字处皆空格,疑或原刻漏刻,或后印时此字字划脱落;卷十七第十四叶下半叶首行"人生事,反自贼"及注"则,败也,害也,物目然也",注"则"为"贼"之误,建本、刘本皆误作"则",建本"目"当为"自"之误,刘本则又误作"日";同叶第四行注"辍,也",建本、刘本注"也"皆为"止"之误;卷十八第四叶上半叶第七行"臣诚弗忍,窃纵而子之","子"实为"予"字之误,建本、刘本皆作"子";第十五叶下半叶第三行注"西呕,赵人","赵人"乃"越人"之误,前正文已有"以与越人战",建本、刘本仍作"赵人";卷十九第七叶上半叶第三行"而欲釐水也"及注"展,履也",注中"展"实为"釐"字,乃释正文此字,刘本仍作"展"。又如卷七末叶首五行上方各缺一、二、二、二、三字,卷二十第九叶下半叶末三行上方各缺一、二、三字,刘本亦缺不补,等等。这些缺文皆因建本保存不善,字纸脱落。需要注意的是刘本出于金本,金本出于建本,建本之误,金本沿其误,刘本亦然如此。以上诸多相同的特点,说明了三种版本的源流关系。但整体上看,与所谓"影写"标准仍有距离,视作一般的临抄可矣。首先在字体上,建本有几种字体,总体上呈柳体风格,字极古拙,而刘本除建本缺补之外则基本上以小楷写之,显为一人抄之(缺补抄写除外)。其次,两本在格式及书写方式上亦有不同,如建本尾题一般是在末行后空一行,而刘本一般是将尾题移至末叶下半叶末行,如卷一尾题"淮南鸿烈解卷第一"即是,刘本则是在空八行处亦即与末行尾题,卷二尾题亦移至下半叶末行。第三,两本在避讳上亦间有不同,如卷二第十三叶上半叶首行注"亡国徵也"、卷五第十三叶上半叶"皆于时之徵也"之"徵"字缺笔,刘本不缺笔;第十二叶下半叶第二行注"冬间讲武"之"讲"字缺笔,刘本不缺笔。第四,建本所缺整叶或缺数字者,刘本进行了抄补,如建本卷八第九叶缺佚,仅有空白纸叶、卷十第二叶下半叶右上缺数字,而刘本不缺;建本卷十二第十叶下半叶首行缺四字,刘本补作"茨惑天罚";卷十二第十二叶下半叶首行缺二字,刘本补作"善谋";卷十三首叶上半叶末行多字缺,卷十三、十四、十五多叶下半部分模糊缺字,刘本皆补上;卷十四第八、九叶、卷十六第十二、十六叶缺,刘本以另一种字体抄补上,类似者尚有多处。至于所缺第九卷,刘本不缺,实金本亦有。第五,两本存在不少异文,见下校勘记。种种之不同尚多,故国图书目数据库著录为"抄本"当更符合实情。而诸家著录为"影抄"者,实未对勘原本使然。至于所缺第九卷,刘本不缺,实金本亦有。

以上是从刘本是否影抄本的角度探讨刘本及与建本的关系,下面从校勘上再度审视刘本。刘本在近现代校注本中或作底本或作校本,因而影响较大。兹以建本为底本,校以刘本,通过详校撩开刘本的面纱,以便对其作出一个客观评价。

卷首叙,建本"自且受诏",刘本"且"误作"旦";"典农中郎将弁揖借八卷刺之,会揖身丧,遂亡不得",刘本两"揖"皆作"楫"。

建本卷一首叶上半叶"源流泉浡",刘本"浡"作"滂",刘本、建本注中皆作"浡","滂"误;同叶注"源,泉之始所出也",刘本"源"作"原";同叶注"季春与季秋为合",刘本倒作"季秋与季春为合",案前两句作"孟春与孟秋为合,仲春与仲秋为合",则此句顺下,故建本是,刘本非;第五叶上半叶注"不以人间利欲之事易其身也",刘本"间"作"閒";第五叶下半叶注"造父,周穆王之臣也",刘本"造"误作"赵";第八叶下半叶注"手不指麾,不妄有所规拟也",刘本"不妄"误作"小妄";第十五叶下半叶注"面环一堵",刘本"面"误作"而"。

卷二第四叶下半叶注"湍赖,急流也",刘本"赖"作"濑";同叶"贪箸消其欲”，刘本“箸”改作“者”，是；第六叶上半叶“元不受也者”，刘本“元”改作“无”，是；下半叶“若大无秋毫之微”，刘本“大”改为“夫”，是；第十二叶上半叶“而蚕室致惨怛也”，刘本“怛”作“惶”，诸本皆作“怛”，为“惶”异体字，与“怛”意异，作“怛”是；下半叶注“以人置其上”，刘本“上”误作“士”；第十三叶上半叶注“有二诸生过之”，刘本“过”误作“遇”；上半叶注“明目”，刘本作“明旦”。

卷三首叶上半叶注“日月五星”，刘本“五”作“三”，内文作“五星八风二十八宿”云云，注“五星，岁星、荧惑、镇星、太白、辰星也”，刘本误；第二叶下半叶注“二十八宿，东方角、亢、氐、房、心、尾、箕”，刘本“尾”误作“星”；第三叶下半叶“荧惑常以十月入太微”，刘本“微”作“徵”；第四叶上半叶“以十一月冬至効斗、牵牛”，刘本“冬”误作“久”；同叶注“立夏长养布恩惠”，刘本“布”误作“而”；第四叶下半叶注“象冬闲藏，不通关梁也”，刘本“闲”作“闭”；第六叶上半叶注“南，任也，言阳气内藏”，刘本“任”误作“在”，“言”误作“官”；第九叶上半叶“至干悲谷”，刘本“干”改作“于”，是；第十二叶上半叶“东并、舆鬼为对”，刘本“并”改作“井”，是；下半叶“太阴在戌，岁名曰阉茂”，刘本“戌”误作“戊”；第十四叶上半叶“木德，仁也，故柔凉也”，刘本“木”误作“水”；第十六叶上半叶注“敦胖，敦盛特壮也”，刘本改“胖”作“牂”，正文作“敦牂之岁”，所改是。

卷四首叶上半叶注“要，正也”，刘本“要”作“更”，正文作“要之以太岁”，刘本误；第三叶上半叶注“元，读常小山人谓伯为穴之穴也”，刘本“小”改作“山”；第四叶下半叶注“岱岳，素山也。王者禅代所祠，因曰岱岳也”，刘本“王”误作“三”，“素”者当为“泰”；第六叶上半叶注“砥则早石也”，刘本“早”作“阜”，是①；第九叶注“积石山在金城郡河

① 《道藏》本注“阜”作“卓”。诸本皆作“阜”，张双棣《淮南子校释》本同，并有大段考述，其宋本作“早”。

关县西南”，刘本“郡”误作“栁”；下半叶“又入河”，刘本“入”误作“乂”；第十叶下半叶“日冯生阳阏，阳閼生乔如”，刘本后一个“閼”作“阏”。

卷五首叶上半叶注“故东风解冰冻也”，刘本“冰”误作“冻”；第二叶上半叶注“建星在斗上，是月平且时中于南方也”，刘本“且”作“旦”，是；第三叶上半叶注“七星，南方未鸟之宿”，刘本“未”改作“朱”；下半叶注“舟牧，王舟之官也”，刘本“王”改作“主”；同叶注“鲔鱼似鲤而大”，刘本“大”作“太”；“助贫穷，振乏绝”，刘本“振”误作“扳”；第四叶上半叶注“扑，持也，三辅谓之扑。扑读南阳人言山陵同”，刘本后两个“扑”作“朴”；“筋角箭干”，刘本“干”作“榦”；下半叶注“祊融、吴回为高辛氏火正，死为火神，托祀于灶。是与火王，故祀灶”，刘本“祊”作“祝”，“与”作“月”，疑建本字划脱落；第六叶上半叶注“篪，读如池泽之池也”，刘本第二个“池”误作“也”；下半叶正文“且奎中”及注“是月中且时，中于南方也”，刘本“且”作“旦”；同叶注“盛德在土，土王中央也”，刘本“土王”误作“王土”；第七叶上半叶“其畜牛，朝于中官”，刘本“官”改作“宫”，下注作“是月天子朝于中宫。中宫，大室”，故刘本改是；第七叶下半叶“孟秋之月，招摇指甲，昏斗中，且毕中”及注“是月平且时中于南方也”，刘本“且”皆作“旦”，是；第八叶上半叶“仲秋之月，招摇指酉，昏牵牛中，且觜巂中”及注“是月平且时中于南方也”，刘本“且”皆作“旦”；第九叶上半叶“其味辛”，刘本“味”误作“朱”；下半叶“是月平且中于南方也”，刘本“且”改作“旦”；第十叶上半叶“拪宿人家堂宇之间”，刘本“拪”改作“栖”，“拪”古同“迁”，与“拪(栖)”意不合，刘本所改是；同叶“故曰帝籍之牧，籍田所收之谷也”，刘本“牧”改作“收”；下半叶“收禄袟之不当”，刘本“袟”改作“秩”；第十二叶下半叶“秋气千冬”，刘本“千”改作“干”，是；“且軫中”及注“是月平且时中于南方也”，刘本“且”改作“旦”；第十三叶下半叶“是月平且时中于南方也”，刘本“且”改作“旦”；同叶“服玄玉”，刘本“玉”误作“王”。

卷六第三叶上半叶注“无事，止走马以粪田也”，刘本“止”误作“正”；下半叶注“楚人下和得美玉”，刘本“下”改作“卞”；同叶“果得美玉以为璧”，刘本“玉”误作“王”；第五叶下半叶注“轶过郓鸡于姑余山也”，刘本“郓”改作“鹍”，正文及前注皆作“鹍鸡”，改是；第八叶下半叶注“南与北合为从，西与东合为横”，刘本“北”误作“此”；第十叶上半叶“受瀷而无源者”，刘本“瀷”误作“翼”，建本、刘本注皆有“瀷，雨潦疾流也”。

卷七首叶下半叶“十月而生”，刘本“生”误作“坐”；第二叶下半叶“已，止也，言不恶主也”，刘本“主”改作“生”，正文作“其生我也，不强求已”；第六叶上半叶“居而无容，处而无所”，刘本“居”误作“君”；第八叶下半叶“周，周华，皆齐士也”，刘本“周”误作“车”；同叶“逐战而死”，刘本“死”误作“无”；第十叶下半叶注“楚人树上大本小，如车盖状为越”，刘本“车”作“車”；第十一叶上半叶注“颜渊十八而卒，孔子曰‘回不幸短命死矣’，故曰天也”，刘本“天”作“夭”。

卷八第二叶下半叶注“蓬𦼮，籧篨覆也”，刘本“𦼮”作“卢”；第三叶上半叶“而万殊为一”，刘本脱“一”字；第七叶下半叶“六律者，生之与杀也，赏之与罚也，予之于夺也”及注“则四时，用六律之君”，刘本“赏”作“实”，注“四”作“日”；第八叶上半叶注“瀷读燕人强春言敕之敕”，刘本第一个“敕”作“敇”，据《集韵》：“瀷，蓄力切，音敇。水貌也。”张双棣《淮南子校释》本两字皆作“敇”，是；下半叶“接径历远，直道夷险”及注“接，疾也；径，行也”，刘本注“径”误作“道”；第十叶下半叶“天下和治，人得其愿，夫人相乐，无所发贶，故圣人为之作乐以和节之”及注“夫人，众人也。但中心相乐，无以发其恩赐也”，刘本注“但”

作“相”，如是，当标点为“相，中心相乐”。①

卷十首叶上半叶“事来而雁”，刘本“雁”改作“应”；第四叶下半叶注“豨负羁，曹臣”，刘本“豨”作“厘”；第六叶下半叶注“及身不信，故虽”，刘本“虽”改作“难”，是；同叶注“动尽得人心也”，刘本“尽”误作“静”；第八叶下半叶“故哀乐之袭人情也深矣”，刘本“情”误作“清”。

卷十一第二叶上半叶“昔太公望、周公且受封而相见”，刘本“且”改作“旦”；同叶注“纣为长夜之饮”，刘本“长”误作“表”；同叶注“爰金于府”，刘本“于”作“于”；第五叶下半叶注“曾子事亲，其敬多”，刘本“曾”误作“鲁”；第七叶下半叶“带足以结纽收衽”，刘本“纽”误作“细”；同叶“已淫已矢”，刘本“矢”作“失”，许匡一《淮南子全译》曰“失，通‘泆’，这儿和淫同义”；第九叶上半叶注“假，士也”，刘本“士”作“上”，是；第十五叶下半叶“世乐志平”，刘本“平”误作“乎”。

卷十二第五叶下半叶“此夫差之所以自刭于干遂也”及第八叶“果擒之于干遂”，刘本“干”误作“千”；第九叶上半叶注“若三髣髴不及也”，刘本“三”改作“亡”，是，正文作“若亡”；第十叶下半叶“子韦曰：‘可移于民。’公曰：‘民死，寡人谁为君乎，宁独死耳’”，刘本第二个“民”字误作“臣”；第十二叶下半叶“太子发勇敢而不疑”，刘本“太”误作“夫”；同叶“玄玉百工”，刘本“玉”误作“王”；第十四叶下半叶“且日”，刘本“且”改作“旦”；第十五叶上半叶“周行四极，唯北阴未窥”，刘本“窥”误作“辟”；第十七叶下半叶“两蛟侠绕其船”，刘本“侠”作“挟”，“侠”通“夹”，《道藏》本作“侠”；同叶“武土可以仁义之礼说也”，刘本“土”作“王”，当为“士”；第十八叶下半叶“投金铁针焉”，刘本“投”误作“于”。

卷十三第三叶上半叶第十行“故变古夫可非”，刘本“夫”改为

① 张双棣《淮南子校释》本作“但”，案上下文意，并无须转折，似可商榷。

“未”，是；第六叶下半叶注“绝祀，陈氏氏之”，刘本第二个“氏”改作“代”；第八叶上半叶注“人责其税”，刘本“税”误作“秘”；下半叶注“感，斧也”，刘本“感”作“戚”，两字同；第九叶下半叶“由此观之，存在得道，而不在于大也”，刘本“存”作“有”；第十叶“虽微汤武，孰弗能夺也”，刘本“虽”误作“谁”；第二十一叶上半叶“有加辕轴其上以为造”，刘本“加”作“如”，“如”字当误，见张双棣《淮南子校释》本所引马宗霍及本人所考。

卷十四第四叶下半叶“不豫谋，不弃时，与天为期”，刘本“时”误作“特”；第六叶下半叶“虽割国之锱锤以事人”及注“六两曰锱，倍锱曰鍾”，刘本注“鍾”改作“锤”，据正文，所改是；第十一叶上半叶“由是观之”，刘本“由”误作“内”；下半叶“心有忧这，筐床衽席，弗能安也”及注“衽，柔弱也”，刘本两“衽”字皆误作“在”；第十三叶上半叶“祀期鬼神于明堂之上”，刘本“祀”误作“杞”。

卷十五第二叶上半叶“傲天侮鬼”，刘本“侮”误作“海”；第六叶上半叶注“汜，地名也”，刘本“地”误作“之”；第十一叶上半叶“虽未必能全，胜鈴必多矣”，刘本“鈴”作“钤”；同叶“故水激则悍”，刘本“悍”误作“浬”；第十二叶“各以其胜应之”，刘本“各”误作“名”；第十四叶下半叶“林丛险怚”，刘本“怚”作“怛”，诸本皆作“阻”，据上下文意，当是。

卷十六第二叶下半叶注“故近在王步之内”，刘本“王”改作“五”，是；第三叶上半叶注“江淮閒人言能得耳”，刘本“閒”误作“闻”；第五叶上半叶“物固有近不若远，远不如近者”，刘本第二个“远”误作“逮”；第十叶上半叶注“一说：土龙待请雨之祈得食酒肉者也”，刘本“祈”作“所”；第十一叶上半叶注“若丽姬欲杀太子由生”，刘本“由”改作“申”；第十三叶上半叶“牛皮为贱，正三军之众”，刘本“贱”改作“鼓”；第十四叶下半叶注“伯玉，卫大失”，刘本“失”改作“夫”，是；第十五叶上半叶"媒但者,非孛谩他,但称而生不信"及注"但,犹诈也",刘本"但"改作"但";同叶下半叶"以小明大",刘本"明"误作"朋"。

卷十七首叶下半叶注"蹇,履。待所履而行者则不得行",刘本"待"误作"持";同叶"兔走归窟",刘本"兔"误作"免";第二叶上半叶"大簇之比商",刘本"大"作"太";同叶注"鉒,读象金之铜柱余之柱",刘本"读"作"谓";同叶下半叶"听有音之音者聋,听无音之音者聪,不聋不聪,与神明通",刘本两个"聪"皆误作"听";同叶"日出汤谷,入于虞渊",刘本"于"误作"千";第四叶上半叶"土胜水者,非以一墣塞江也",刘本"墣"误作"璞";下半叶注"丑,犹怒。一曰:傀也",刘本无"一";同叶注"言其疾也",刘本"疾"作"妄",何宁本对此有长考,"妄"是;同叶"使但吹竽,使氐厌窍,虽中节而不可听"及注"但,古人不知吹人。但,读燕言鉏同也",刘本"但"皆作"但";同叶"梨橘枣栗不同味,而皆调于口"及注"调,适",刘本"口"误作"已",注"调"误作"谓";第六叶上半叶"使叶落者风槄之",刘本"槄"作"摇";第八叶上半叶"一膊炭熯,掇之则烂指,万石俱熯",刘本"熯"作"熼";第九叶下半叶注"骨有肉曰胔",刘本"肉"作"皮",《礼·月令》曰"掩骼埋胔",郑注"肉腐曰胔",故刘本妄改;第十叶上半叶"蛟,鱼属,皮有珠,能害人,故曰蛟在其下",刘本"珠"作"球";第十一叶下半叶"流潦注海,虽不能益,犹愈于已"下注"已,至",刘本无注;第十二叶下半叶"背其本者枯",刘本"本"误作"木";第十三叶下半叶注"《主术篇》曰:兵筴僭于志,莫邪为下",刘本"于"作"故",误,此句在卷九《主术篇》中,建本缺,刘本作"兵莫憯于志而莫邪为下";第十五叶下半叶注"尾生效信于妇人,信之失",刘本"生"误作"坐";同叶"进献者祝,治祭者庖",刘本"祝"误作"柷"。

卷十八第三叶上半叶"围三匝,而阳虎将举剑而伯颐"及注"伯,迫",刘本"三"误作"二",注"迫"误作"追";同叶下半叶"有功者,人臣之所务也”,刘本“人”误作“又”;卷十八第三叶下半叶“尹臣之义”,刘本“尹”作“臣”,是;第四叶上半叶“秦西巴忍,纵而子之”,刘本“子”作“予”,是;第九叶上半叶“馈闻伦曰”,刘本“伦”误作“论”;第十叶下半叶“而伐赵围之晋阳三年”,刘本“三”作“二”;下半叶“费无忌复于荆平王”,刘本“复”误作“从”;第十一叶上半叶“孟尝君问之曰:‘夫子生于齐,长于齐,夫子亦何思于齐’”,刘本第一个“夫”误作“天”;第十五叶下半叶注“西呕,赵人。译吁宋,西呕君名也”,刘本第二个“西”误作“臣”;第十六叶下半叶注“大公以为饰虚乱民而诛”,刘本“饰”误作“节”;第十九叶上半叶注“辨,次弟也,击据,次弟罢劳之赏,各有齐等也”,刘本“弟”作“第”;第二十一叶上半叶“吴王大差”,刘本“大”改作“夫”。

卷十九首叶下半叶注“讙兜,尧佞臣也”,刘本“讙”误作“谁”,“臣”误作“已”;第二叶上半叶注“谯,责”,刘本“谯”误作“谁”;下半叶注“桑山之林,能兴云致雨,姑梼之”,刘本“梼”改作“祷”,是;第七叶下半叶“夫天之所履,地之所载”,刘本“夫”误作“天”;第八叶下半叶“隐括之力”,刘本“括”作“栝”;第十叶上半叶“申包胥竭筋力以赴严敌,伏尸流血,不过一卒”,刘本“觔”作“筋”,“伏”作“休”;同叶“不如约身卑辞”,刘本“卑”误作“早”;第十叶下半叶“鹤跱而不食,昼吟宵哭,面若死灰,颜色霉黑”及注“禅峙,跱立”,刘本“跱”误作“时”,与正文相校,注“禅峙”实为“鹤跱”之误;第十一叶下半叶注“丈人,长者”,刘本“丈”误作“夫”;第十四叶上半叶“扶转,周还”,刘本“扶”误作“故”。

卷二十第四叶下半叶“昔者五帝王王之莅政施教”,刘本第一个“王”改作“三”,是;第五叶下半叶“领礼万事”,刘本“礼”误作“圣”;第九叶下半叶“禹以夏王,桀以夏亡;汤以殷王,纣以殷亡”,刘本第一个“亡”误作“止”;第十叶下半叶“以乡之高以为八十一元一”,刘本后一个“一”改作“士”,是;第十一叶上半叶“今使愚教知,使不肖临贤”,刘本第二个“使”误作“便”;第十一叶下半叶“平夷狄之乱也”,刘本“平”误作“乎”;第十三叶下半叶“破九龙之钟”及注“楚为九能之以县钟也”,刘本“九能”误作“大能”,据正文“九龙”,两本“能”字皆误;第十五叶下半叶“今不知事修其本”,刘本“今”误作“令”;第十六叶下半叶“荆轲西刺秦王”及注“无轲,燕人太子丹之客也”,刘本注“无轲”误作“无朝”,据正文作“荆轲”,两本“无轲”“无朝”皆误。

卷二十一首叶上半叶注“序其微妙”,刘本“序”误作“字”;第四叶上半叶“则懈堕分挛”,刘本“堕”误作“随”;同叶“所以使学者孳孳以自几也”,刘本“孳孳”作“鞾”;第七叶下半叶注“族,聚也”,刘本“聚”作“众”;第八叶上半叶即末叶“窈,缓也”,刘本“缓”误作“偄”。

综上可知,建本与刘本异文不少,除了可证刘本非影宋抄本外,亦可判断两本之优劣。首先,刘本既有意校改源于建本之金本之误者,但新生讹误亦多,两者相较,误者占七成,校改是者三成。故知刘本远逊于建本,这其中当然亦有金本之误,但不是很多,更多的还是自身抄录不审。但不管怎样,刘本亦确有改过之功,这一点不能抹杀。譬如前揭建本第十三叶上半叶第七行“牛皮为贱,正三军之众”,建本“贱”字误,据注“鼓声气,故可以齐三军之众也”,刘本“贱”改作“鼓”,所改当是。诸本如《道藏》本、庄本皆衍建本之误,张双棣本笺释曰:“《藏》本及各本‘鼓’误作‘贱’,惟景宋本不误。注言‘鼓声气’,故可知正文当有‘鼓’字。‘牛皮为贱,正三军之众’,自是物有贱而在上者,贱义隐含其中,不必明言。牛皮为鼓,始可正三军之众。若只牛皮,岂可正三军之众邪?”如是者尚有一些。

此外,刘本卷中及天头尚有不少朱笔描改及校记,如卷一第十一叶上半叶第十一行“皆生于形乎”之“形”字前增一“无”字;同叶下半叶第三行“虚而恬愉者”之“而”字,朱笔描改为“无”;卷一第十四叶下半叶第三行“故听善言便计,虽愚者和说之”之“和”字,改作“知”字。经核查,这些描改或校记，均出自庄本，如卷一第十二叶下半叶首行“与民同出于公”句，其天头曰“‘出于公’下，应有‘约其所守，寡其所求’八字。”王叔岷《诸子斠证·淮南子斠证》云：“《汉魏丛书》本、庄本此上更有‘约其所守，寡其所求’二句，盖据《文子·道原篇》妄加也。”何宁校本同王说。《道藏》本无，盖《道藏》本据宋建本而出。当然，朱笔描改亦有更正建本之误者，如刘本卷二第六叶下半叶第三行“若大无秋毫之微”之“大”，朱笔改为“夫”，是；卷二第五叶上半叶第十一行“阴气极则下至黄泉，北至北极”，天头注曰“‘北至北极’宜在‘下至黄泉’之上”，张双棣《淮南子考释》本有引考，同天头所注，当是，而建本、《道藏》本皆同刘本，或误。第九叶下半叶第十一行“十二月指子”，朱笔改“子”为“丑”，建本作“丑”，误；卷十三第三叶上半叶第十行“故变古夫可非”，朱笔改“夫”为“未”，是；卷十八第三叶下半叶第十一行“尹臣之义”，朱笔改“尹”为“臣”，是；卷二十第十叶下半叶第三行“以乡之高以为八十一元一”，建本后一个“一”字误，朱笔改作“士”，是。刘本除了抄录时所作校改之外，这些抄后校改也是其可取之处。由此可知，刘本并非机械照搬式的抄录，而是在抄录过程中有所校改，抄后又借他本进行了校改，这些工作无疑提高了刘本的整体质量。

通过以上对勘，我们可以更清晰认识刘本的校勘质量及学术价值。刘本间接出于建本，保留了建本的一些特点，诸家定为“影宋抄本”，未作校对功课，实有夸张之嫌。由于转录两次，文字上已与建本有很多不同，有建本不误而刘本误者，有建本误者而刘本校改者，有建本缺文而刘本补足者。整体上，刘本要逊于建本，亦不如顾广圻抄本、陈奂抄本，但略胜于《道藏》本。现当代学者径称“北宋本”者，实皆指刘本。在未见到真宋本时，学者皆以刘本为善，如王叔岷认为此“北宋本”优于《道藏》本，“惜其中颇多讹误耳”①。陈广忠《淮南子斠诠》首次以刘本为底本，实为抄本之识者。但亦

① 王叔岷：《跋日本古钞卷子本淮南鸿烈兵略间诂第廿》，陈广忠：《淮南子斠诠》，黄山书社 2008 年版，第 1204 页。

有缺憾之处，如不校注文，注文有误者仍误，如刘本卷一注“孟春与孟秋为合，仲春与仲秋为合，季秋与季春为合，孟夏为孟冬为合，仲夏与仲冬为合，季夏与季冬为合，故曰六合”，建本及诸本“季秋与季春为合”皆作“季春与季秋为合”，案前两句句序，刘本显然倒误；“孟夏为孟冬为合”之第一个“为”字，刘本及诸本皆作“与”，误。卷一首叶上半叶“源流泉滂”，建本“滂”作“浡”，刘本、建本注中皆作“浡”，查建本及诸本皆作“浡”，陈本引经据典，以为作“滂”是，实为形近而误。故此，使用刘本的最大问题就是建本不误、刘本新误者，绝大部分没有出校，从而大大降低了整理本的学术质量。如果直接用建本校之，这些问题就不存在了，故用建本校勘是很有必要的。

在建本以影抄本、摹录本形式传播的过程中，顾广圻、陈奂、刘履芬发挥了重要作用，而以陈奂最著，对推进清代《淮南子》研究立下殊功。顾广圻影抄本最为逼真、精审，几与原本无两，仅有二十余处异文，最接近于原刻本，不仅与原刻本异文绝少，且能补现存建本卷九之缺。虽为残卷，却是现今保留下来的最早影抄本。陈奂的两个抄本，皆取自于宋椠，其中金本经过校对描改，亦与原本相差不多，刘履芬抄本即出于此本，虽有校改，但讹误亦为诸本最多，已与宋椠真面相差远矣。由于刘本为《四部丛刊》收录，传播较广，并为现当代校注本选为底本和校本。近现代的整理本多取自于刘本，亦有不少缺憾之处，有些讹误并未校正过来。陈奂倩人抄给王念孙的本子，虽然初抄讹误不少，但经过陈奂据黄丕烈校建本校勘，实际上已与原本非常接近。整体来看，陈奂倩人所抄及顾广圻抄本最接近建本，但遗憾的是，包括收藏者王念孙本人在内的学者并未利用该本校勘。

（六）校建本《淮南鸿烈解》的传播

建本较善，虽清中叶间仅在几位学者之间流传，但因学者精通版本，故对其极为重视，或据建本或据抄本校勘他本，衍生出不少校本，建本遂以另一种方式发挥作用。今将校建本梳理于此，以见校建本之传播及学术利用情况，校建本中据他本校者不录。

一、黄丕烈以建本校旧抄《道藏》二十八卷本。清黄丕烈校并跋，唐翰题题款，今藏国图(A00449)①。卷末嘉庆六年(1801)黄丕烈跋曰："此《淮南鸿烈解》二十八卷，旧抄本，余得诸颜家巷张秋塘处，云是其先世青父公所藏，卷中有校增字，如'高诱撰文'云云，皆其笔也。《淮南子》世有二本，一为二十一卷，出于宋本，一为二十八卷，出于《道藏》本。至二十卷者，钱述古所谓流俗本也。近时庄刻谓出于《道藏》，顾涧薲取袁氏五砚楼所藏《道藏》本校之，知多讹脱。余却手临一本。顷从都中归，高邮王伯申编修闻余收《淮南》本极多，属为传校。又五柳居陶蕴辉思得善本《淮南》付梓，余家居无事，思为校勘，遂借袁本重校于此本，《道藏》面目，略具于是矣。《道藏》刻于正统十年(1445)十一月十一日，卷首碑牌可证。行款每叶十行，大小十七字。此本字细行密，不及钩勒。卷中有青父校增字句，当据别字，今悉照《道藏》删去，虽是弗存，以归画一，暇日当取宋刻正之。"又跋："余收得宋刻，系曹楝亭藏书，故五柳主人于扬州得之，以归余者也。子书唯《淮南》世鲜宋刻，故近今翻刻，从前校雠，皆未及宋刻。余既收得，同人怂恿校出，忽忽未有暇也。偶一校及，辄又中止。年来目力渐衰，遇小字甚不明了，此书宋刻字既小，又多破体，并印本漫漶处，故校难。而所校之本又系小字旧抄，兼细如蝇头，故校尤难。前辍校不知几何年，而今兹三月下澣

① 该本半叶十行二十三字，红格，红口，四周双边，四册。卷首有高诱撰"淮南鸿烈解叙"，末题"太尉祭酒臣许慎记上"，叙后首卷另起一叶。首卷卷端题"淮南鸿烈解卷之一"，下题"太尉祭酒臣许慎记上"，各卷卷端最下题"动几(数字与卷次同)"，次行低二格题"原道训上"，下右接单行小字解题。天头、卷中、地脚有朱笔校记，个别字有涂改。卷十一尾题下题"己巳四月朔，翰题借校，于太湖厅公廨"。卷二十一尾题下题"此卷宋刻脱八、九两叶，所存每叶下半多漫漶，字多不辨"。钤印"荛圃手校""荛圃过眼""黄丕烈""士礼居""京师图书馆收藏之印"等。各册卷首有检查者谭新嘉、覆查者李文琦所记每册版本状况，包括书名、刊写时代、装式、卷数四项，"刊写时代"题"旧抄本"。卷二十八卷尾题前题"嘉兴唐翰题借校　己巳六月望校毕记，十月复校"，尾题下题"丙子四月朔续较毕"。此书自张丑后，传至后人张秋塘处，散出后为"归安姚氏"即姚觐元收藏，再后归入京师图书馆。

一日,始复校此。旬日之间,事阻者三四日,草草毕工,略其面目,于破体字及宋刻误字之灼见者,亦复不记出,一则省工夫,二则改正字从破体,虽曰存真,反为费事。唯于古字古义或有可取者,仍标其异而出之,虽疑者亦存焉,盖慎之也。校书取其佳处,或因疑而□犹兢兢守此意耳。丙□四月朔,丕烈。"①据黄跋可知,此《道藏》抄本曾为张丑②收藏。张丑曾据别本校之,其校字后为黄丕烈删削。先是黄丕烈嘉庆六年(1801)借袁廷梼旧藏正统《道藏》本校之抄本,因无暇未能以宋本校之。因抄本出于《道藏》本,故黄丕烈首次校记并不多,但第二次以宋刻建本校勘时,因两本异文校多,故校记颇多。下举仅半叶即有校记如此之多,足见《道藏》本与建本差异很大。关键是黄丕烈自嘉庆元年(1796)以前得建本后,直到嘉庆二十一年(1816)才以之校勘《道藏》抄本,盖因两本皆小字旧抄,且黄丕烈晚年目力衰减,断续校勘,并不容易。又据唐翰题借校题款可知,此本曾为嘉兴唐翰题借校,当是自黄丕烈处散出后所为。

此抄本出于《道藏》本,黄丕烈据建本校之,如卷一首叶上半叶卷端首行朱笔校曰"连上","卷之一,'之'作'第'",指建本序后直连首卷卷端,中间不空行。"卷之一"作"卷第一",下题"太尉祭酒臣许慎记上",黄校曰"太尉云次行"。次行"原道训上",黄校曰"无'上'字"。因《道藏》本分上下卷,而建本则不分上下,故有此校。第三行注"道,無形而大也",黄校曰"'無'作'无'"。第四行注"测,一曰盡也",黄校曰"'盡'作'尽'",正文"包裹天地,禀受无形",黄校"受"字旁注"授"。第五行正文"源流泉渤",黄校"渤"作"浡"。第七行注"弥,犹络叶",黄校"弥"作"彌";注"用之無穷竭也",黄校"無"作"无"。第八行注"季春與季秋",黄校"與"字描改成

① 《荛圃藏书题识》子类收录两跋,其中第二跋时间"丙□"为"丙子",即嘉庆二十一年(1816)。

② 张丑(1577—1643),原名张谦德,字青父(甫),昆山人。著名书画收藏家、藏书家、文学家,著有《清河书画舫》十二卷。裔孙张庚(?—1816),字秋塘,亦富于藏书,与黄丕烈为友,黄氏在其藏书题跋中多次提及藏书旧事。著有《清河书画表》《真迹日录》等。

"与",并注"与"。第十行注"纮,刚也",黄校"刚"作"网",注"宇,右往今来",又校"右"作"古";注"宙,以谕天地",黄校"谕"作"踰"。黄校细致全面,异字、避讳字、卷端尾题行次与空格之序次安排等一一校出,就此一方面可见建本真面,另一方面亦见建本与《道藏》本在文字上的较大差异,由此可知《道藏》本讹误颇多。

二、校明万历七年(1579)朱东光刊《中都四子》二十八卷本。清□著言校并跋,佚名录孙星衍、钱坫校,海源阁旧藏,今藏国图(00899)①。著言于乾隆四十七年(1783)以影宋抄本(即从海源阁藏宋本抄出者)校之,又于四十八年以《道藏》本校之,同时尚有据庄逵吉本校者。卷首天头有乾隆四十七年著言跋,曰:"《原道训》《俶真训》《天文训》(缺)用钱遵(缺)影宋抄(缺)校。乾隆壬寅四月中旬。"《楹书隅录》卷三载杨绍和跋曰:"此盖用钱遵王影宋抄二十一卷本校勘者,著言则未识谁氏也。遵王《读书记》云:'《淮南子》善本极少,此从宋刻影摹。流俗刊作二十卷,踳驳尤甚,读者宜辨之。'观此,愈征予所藏北宋本为至宝矣。"卷中以朱笔标点,除在行间标识异文外,据影宋本校记多在天头,地脚间有。因中都本有很多删去原本注和改动之处,故著言校改、校补颇多,以"×下宋本有注云""×宋本作×"记之,如"穷下,宋本有注云:穷,已也"。核对校记,皆出于建本,杨绍和所言确是,虽偶有漏校,未能尽善,亦远非黄校可比。

三、校乾隆五十三年(1788)庄逵吉本。庄本首题《淮南子》二十一卷,汉高诱注,庄逵吉订补。卷首有牌记"淮南子二十一卷　乾隆戊申三月校刊于咸宁官署",并有庄逵吉乾隆五十三年序,各卷卷端下题"武进庄逵吉

---

① 《中都四子集》包括《老子》《庄子》《管子》《淮南子》,其卷首有朱东光刻《中都四子序》、郭子章《淮南子题辞》,卷末有张登云叙中立四子集刻后及李太和万历七年(1579)刻中立四子集叙。国图藏本佚去卷末两跋。万历七年,朱东光官分淮徐道,与凤阳知府张登云刊《中都四子集》,郭子章奉使凤阳,为之题词。因明初设中立府,府治凤阳定为中都,故称"中都四子",又称"中立四子"。卷端题"汉汝南许慎记上,涿郡高诱注释,明临川朱东光辑订,宁阳张登云参补,休宁吴子玉翻校"。此本出于王溥本,王溥本出于《道藏》本,故属于《道藏》本系统。坊间又有仿刻本,常与原本乱真。此本删节注释颇多,亦非王浦本原貌。

校刊”，知刊于西安咸宁府，据钱坫校《道藏》本校刊，庄以“逵吉按”补于句末。以建本校庄本的主要校本有三：

其一为陈奂校本。陈奂以影宋抄本、《道藏》本校庄本，赵之谦、陶方琦、孙诒让跋，今藏国图（07533），卷末陈奂跋云：“……顾涧蘋翁曾有影抄本，称甚精核，胡君雨塘以四十白金换得之，即士礼旧藏本也。今向雨塘借校，重睹至宝。又为兰邻先生札属，代校一过。其不同处，悉书属于字侧而并著行款如宋，孰得孰失，必有能辨之者矣。道光十四年（1834）三月，长洲陈奂计五十日校毕，识此。”①下钤印“陈氏”“硕甫”。道光四年（1824）时，陈奂曾受王念孙委托，向汪氏借抄一过，但“字多漫漶”，王氏嘱校未可，而耿耿于怀，十年后终于又见到“下宋椠一等”的影抄本时，始有“重睹至宝”之感，于是再校。至道光十四年，陈奂因受带经堂主人陈征芝（字兰邻）之嘱②，从胡雨塘处借此顾广圻影抄宋本，为之代校庄本。《涵芬楼烬余书录》著录曰：“陈硕甫据顾涧蘋影抄北宋本校勘一过，极精细。”③卷端天头有陈奂题注云：“宋本每叶廿四行，每行廿二字，行中字形不齐等。今校著叶行眉目，每半叶用∟，全叶用└── ，并记叶数。”复查校记，与此注相合。陈奂校勘甚细，包括卷端、行款、文字等一一钩勒、对校，半叶整叶分别用不同符号标识，并注叶数。凡抄本另起行之末字左下皆以短横线标识，版心中间所题悉改回抄本；凡倒文皆用倒文符号改回。凡抄本无而庄本有者，皆用“⌐”“⌙”符号删去，凡抄本有而庄本无者，皆在相同位置加补。凡卷端卷尾所题不同者，皆用上述方法删增，如卷一卷端删去“淮南子卷一”，而改加卷端“淮南鸿烈解卷第一”，次行删去上题“汉涿郡高诱注”六字，下加题“太

① 北京大学图书馆亦藏一部庄逵吉刻本《淮南子》二十一卷，亦载此陈奂校宋本跋，为李盛铎旧藏，陈跋为他人迻录。

② 《读书敏求记校证》著录“周星诒云：‘复翁藏宋本，后归艺芸精舍。陈硕甫先生奂为陈兰邻传校一本。乙丑冬，陈氏出以归予，为谭仲修干没。’”（上海古籍出版社 2007 年版，第 278 页）

③ 张元济：《张元济古籍书目序跋汇编》中册，商务印书馆 2003 年版，第 589 页。

尉祭酒臣许慎记上”，删去下题“武进庄逵吉校刊”；卷十卷端“淮南子卷十”改回“淮南鸿烈间诂卷十”；如庄本卷首为“叙目”，陈校曰“淮南鸿烈解叙”，叙文首行（上半叶第三行）“淮南子”之“子”，改作“王”，第九行“吏以得幸有身闻上”，“以”字后有“其”字，下半叶第三行“肉袒”，改作“宍袒”；第二叶上半叶第五行“焘天载地”之“载”，改作“戴”，第七行“物事之类”之“之”，改作“其”；下半叶第二行“天下棋峙”之“棋”，改作“棊”。今国图藏汪士钟藏影宋抄本卷首叙及卷一已不存，但核之建本，陈奂改回者皆与建本同，再对校影宋抄本所存卷四、五等他卷亦同，说明陈奂所改是据源出于建本的影宋抄本不容有疑。其校改之精细，令人赞叹，建本之真实面目一如眼前，难怪诸家皆迻录不辍。

陈校本递经陈奂、谭献、涵芬楼收藏，藏于谭献复堂时，先后有赵之谦（1870）、陶方琦（1873）、孙诒让（1875）借录陈奂校记，故迻录本今存多部，可知者上图藏两部，其一为清赵之谦跋并录陈奂跋、潘良骏过录陈奂校（线善 801600—07）。其二为佚名迻录本，并迻录诸家校跋（线善 761565—70）。南京图书馆藏迻录本三部，分别为佚名迻录本（GJ/116493）；沙彦楷临陈奂校跋本（GJ/116487）；校嘉庆九年（1804）聚文堂重印本，清胡澍跋并录陈奂校批、清丁丙跋（GJ/110628）。北京大学图书馆藏佚名迻录本一部，李盛铎跋（LSB/5672）。由此可见陈校本影响之大，传播之广。

其二为顾广圻校本。顾广圻曾以建本校勘至少两部明刊本，先是于嘉庆二十五年（1820）借汪士钟旧藏建本校《道藏》本，校跋见于建本卷末。其后又校庄逵吉本，校跋见于庄本卷末。校《道藏》本今不见，校庄本即瞿氏所藏今归国图者（06886）。道光元年（1821），王引之刊成《读书杂志》，知顾氏曾以宋本校诸本，于是索要校记，顾氏将其整理成三部分以呈，事见《读书杂志·淮南鸿烈解》卷末王引之跋。顾氏校记遂得刊于《读书杂志》卷后，公诸于世。

顾校庄本有顾氏六跋，大意为以《道藏》本校、迻录惠栋校记及以建本校三事。其第五跋曰:“是岁(嘉庆二十五庚辰,1820年)七月,借得宋椠,细勘一过,较《道藏》为胜,刘绩本以下无论也。后世得此者,尚知而宝之。”“又宋本讹字,亦添记于此,以备参考。颇思得好事者重刊,未知缘法如何耳。”此即《铁琴铜剑楼藏书目录》卷十六著录之《淮南鸿烈解》二十一卷“校宋本”,曰:“此顾涧蘋氏校定善本。先以《道藏》本校过,后于汪阆原家假得宋本详校。近刻之讹字及注中脱文与文注混淆处俱一一改正,并注明行款、叶数。宋本每半叶十二行,行廿二字,注每行廿五字。不题高诱注,题太尉祭酒臣许慎记上,盖宋时相传为许注也。其下方墨笔,则松崖先生所校,亦涧蘋氏从朱文游族子借得惠校本迻录者也。”①建本校记以墨笔校之行间或天头。从校勘内容来看,顾较甚细,与建本之异文如俗字、简字、倒文、衍文、脱文皆一一校出,有的还加以是非判断,如庄本卷二十一首叶下半叶第六行“则外物而反情”之“物”字,天头校曰“宋,欲,是”,即建本作“欲”,正确;同叶末行“使人遗物反已”,其中“人”字,天头校曰“宋有‘知’,非”,即建本“人”字后有“知”字,误。有的则以“疑”字别出,如首卷第七叶上半叶第四行“短绻不绔”,天头注曰“绻,疑綣”;同叶第五行“雁门之北,狄不穀食”,天头注曰:“狄字,疑有误”。从中可见建本与庄本异文甚夥,庄本之误不少。由于迻录惠校,并以《道藏》本、建本多次校勘,此本校记累累,为诸校本中最有价值的校本之一。

其三为迻录顾校者六部。第一部,清陈倬②跋并录王念孙、顾广圻校,陈倬旧藏,今藏国图(06530)。从卷首同治十一年(1872)陈倬跋可知,乃从

① (清)瞿镛编纂,瞿果行标点,瞿凤起覆校:《铁琴铜剑楼藏书目录》,上海古籍出版社2000年版,第405、406页。此本卷首叙目天头上有朱笔题字“《道藏》本重校,《道藏》本每半页五行,行十七字,正统十年十一月十一日雕”,墨笔题曰“宋本每半叶十二行,每行廿二字,注每行廿五字”,卷一卷端地脚题“松崖先生校著下方为别”。惠校以墨笔录于地脚,《道藏》本校记以朱笔校之行间或天头。其中庄逵吉补按皆以删号标识。

② 陈倬(1825—1881),字培之。元和(苏州)人。咸丰九年(1859)进士。历任户部主事,云南司主事,广东司员外郎,郎中等。著有《敤经笔记》《今韵正义》《汉书人名表》《文选笔记》《隐珠庵诗文集》。

《读书杂志》迻录王念孙、顾广圻校记，并非直接出于瞿氏藏顾校本，凡引王念孙、顾广圻校释皆以墨笔录于天头，而王、顾版本校记皆以朱笔录于地脚，但所引多为摘录，或缩减文字。又卷中行间亦有朱笔改字，当是陈倬自添校记。如此，经过迻录王、顾校以及陈氏本人的校勘，此本已经校成一个不错的本子了。第二部，清顾之逵、顾丹荣录，惠栋校，顾广圻校并跋，顾之逵跋，今藏国图(03897)。第三部，佚名录顾广圻校跋，清袁廷梼录卢文弨校，今藏上图(线善 800876—81)，其中顾校以朱笔录之。第四部，清杨沂孙校并录顾广圻跋、王念孙等校，今藏上图(线善 765518—21)。第五部，清程登云录顾广圻朱笔手校并跋，存卷六至卷十一、卷十七至卷二十一凡六册，今藏台图(06980)，顾跋同国图本，卷六前有程登云题记，云："此《淮南鸿烈解》二十一卷，原缺其半，乃乡先辈顾千里先生手校本也，为故友张竹君所藏。二十年前曾借读之，其中佳处，足正近刻之谬实多。"第六部，校光绪元年(1875)浙江书局二十二子本。书局本翻刻于庄本，清张鸣珂校跋并录惠栋、顾广圻、许在衡、管庆祺批校题识，今藏南图(GJ/116488)。第七部，清管庆祺校嘉庆九年(1804)姑苏聚文堂重印庄逵吉本，管氏于咸丰八年(1858)向瞿氏借得顾校原本，录于庄本之上，今藏台图(06981)，1977 年《中国子学名著集成》第 85 册收录。第八部，清李慈铭、吕贤基校并跋，李慈铭旧藏，今藏国图(A02754)，经核对，主要从《读书杂志》王氏校勘及卷末顾广圻所校引录，但引录不全。又据何宁《淮南子集释》载，1914 年缪荃孙曾以宋建本、《道藏》本校庄本，今不知何所。由以上可知，顾校本的传录本至少九部，足见顾校本影响之大，甚至超过陈奂校本，但所录者多转引《读书杂志》，故有不全甚至窜乱之病。

从以上诸校本来看，以黄丕烈、陈奂、顾广圻三家校本最著，其中陈奂校勘最精至细，因其见过据宋版摹录本并据以校之，所校可信，故诸家将其校记迻录于自家藏本之上，一为校勘、阅读之用，可以辨别文字是非；二为增加版本价值，在为己为人提供了一个较好的本子的同时，亦可间接识见建本的原来面目。但所校亦存在不少问题,一是除陈奂所校为原本外,其余大多为迻录本,由于所校本身不全,自然不能将建本的所有异文校对出来;二是所校间有遗漏或误校。故仅仅通过这些校记尚不能系统地、立体地呈现出建本的原始全貌。但不可否认的是,在建本及其抄本传播极其有限的情况下,这些校本亦发挥了一定的传播作用,并对推动《淮南鸿烈解》研究发挥了重要作用。

(七) 俄藏本《淮南鸿烈解》的学术价值

《淮南鸿烈解》除建本外,南宋末仅见茶陵本,元代未见刊载①,至明代形成二十一、二十八卷两个系统。二十一卷本最早存世版本即建本,直接衍生出的抄本卷数没有变化。二十八卷本的存世最早刻本为明正统十年(1445)《道藏》本②,其中《原道》《俶真》《天文》《墬形》《时则》《主术》《泛论》七篇各分上下,故总卷数扩编成二十八卷。因《道藏》本出现之前的著录书目(《隋志》《唐志》《宋志》及《郡斋读书志》《直斋书录解题》)及苏颂《校淮南子题序》中并无二十八卷之说,故《道藏》本所分实为首次。《道藏》本在其后的传刻中发挥了重要作用,可以说,在当时宋椠几乎难见世面的状况下,若无《道藏》本出现,《淮南子》的传播可能出现空档。关于建本与《道藏》本的关系,于大成曰:"其书与《藏》本綦近,其为《藏》本之所自出

① 惟见(清)陈征芝《带经堂书目》著录有"元板淮南子二十一卷",颇疑是否真元刻本。(《中国著名藏书家书目汇刊》第28册,商务印书馆2005年版)

② 明正统十年(1445)《道藏》本《淮南鸿烈解》二十八卷,卷首有高诱叙,叙题下题千字文号"动一",无目录,首卷首行顶格题"淮南鸿烈解卷之一",次行小字单行低四格署"太尉祭酒臣许慎记上",以下各卷题同,第三行低三格题篇名"原道训上",正文顶格。半叶五行,行十七字,小字双行字数同,无格栏,半叶之间有中缝,上题有千字文号,下题叶次。卷一至十四为千字文号"动",卷十五至二十三为"神",卷二十四至末为"疲"。卷二十八卷端题"淮南鸿烈要略间诂卷之二十八",尾题同。今存北京白云观。

与,抑二者同出一原与,则莫能定之矣。"①"其书"者是指源于宋椠、出于刘履芬抄本的《四部丛刊》本,于氏虽然怀疑抄本与《道藏》本"同出一原",然终究未敢断定。通过对校建本与《道藏》本,发现两本确实非常接近。建本与《道藏》本同者居多,甚至有不少是建本误,《道藏》本亦误,总之在文字上两本最为接近。其次,《道藏》本与建本在其他方面有许多相同之处,如卷端署名皆为许慎,卷二十八卷端皆署"要略间诂",两本北宋讳"朗""桓"等皆缺末笔,这些相同或近似的特点都说明《道藏》本很有可能出于建本。茶陵本是个节选本,作为全本的《道藏》本是不可能出自此本的。故在无其他版本可据的情况下,成于明初的《道藏》本的唯一选择就是建本。

《道藏》本之后,此书刊印颇夥,皆直接或间接出自《道藏》本。如明弘治十四年(1501)刘绩补注王溥校刊本(出自《道藏》本)、嘉靖九年(1530)王蓥重刻王溥本(其后又有万历间甘来学修补本、明傅霖修补本)、嘉靖十四年(1535)永州东山书院黄焯重刻王溥本、嘉靖间吴仲据黄焯本重刻本、万历七年(1579)朱东光辑刻中都四子本(出自王溥本)、明坊间中立四子本(重刻中都四子本)、万历九年(1581)叶近山刻本(翻自《道藏》本)、明刘莲台刻小字本(翻自叶近山本)、万历九年刘宗器安正堂刻本(翻自《道藏》本)、明王元宾刻本(翻自安正堂本)等。其中王溥本是明代诸本中评价最高的本子,不仅因有刘绩补注,更有一些校改。

清代影响较大者为清乾隆五十三年(1788)武进庄逵吉咸宁官舍刻本,1935年上海世界书局收入《诸子集成》,排印出版。据序可知,庄氏所据底本为《道藏》本,但将卷次重新合并为二十一卷。据庄本翻刻重刊多部,计有清嘉庆九年(1804)姑苏聚文堂刻本、宝庆经纶堂重刊本、清光绪二年(1876)浙江书局翻刻本、光绪间湖南新化三味书局重刊本、日本明治十八

① 于大成:《淮南王书考》,《淮南鸿烈论文集》(上),台北里仁书局2005年版,第27页。

年(1885)东京报告堂排印本等。据陈静《自由与秩序的困惑——〈淮南子〉研究》统计,有十九个版本据此而出。[①]

梳理这些后出诸本可知:一、就清代所刊二十一卷诸本而言,实皆从二十八卷本而出,不过是将其改回二十一卷本而已,与建本二十一卷乃两码事,故仍属二十八卷本系统。二、正统《道藏》本《淮南子》在明初以后的流传中发挥了无可替代的作用,清代则以庄逵吉本为主。相反,建本由于深藏识家,数百年来仅在少数藏家间辗转,难以面世,因此并无利用翻刻,难以与广泛传播开来的《道藏》本、庄本相提并论,而其抄本自清中叶始有面世,只是以陈奂、顾广圻校记形式流传,影响利用亦有局限。明清时期的《淮南子》研究基本上是建立在明刻本基础之上的。至民国时期,刘履芬抄本为《四部丛刊》收入后,学者始重视建本,但由于刘氏抄本亦有舛误,且校勘不审,实际并未全面反映出建本的真面。三、在《道藏》本的传刻过程中,有几个翻刻本起到了关键作用。二十八卷本中,刘绩补注王溥刻本最著,由王溥本衍生出王蓥本、黄焯本、中都四子以及吴勉学本、吴仲本甚至朝鲜活字本等。二十一卷本中,茅一桂本和茅坤本最著,前者衍生出汪一鸾本、《四库》本、茅坤本,后者又衍生出张烒如本、明刊白文本、闵氏朱墨套印本、庄逵吉本、日本诸本及朝鲜本等。这些后出之本传播广泛,虽然间接出于建本,但由于多次翻刻、重刻及改编等,实已与原建本差之远矣,所存不同程度的讹误,亟待源头之本校之以正。

关于建本之校勘质量,顾广圻于嘉庆二十五年(1820)跋称"洵为最善之本矣",顾氏是将其与《道藏》本比勘后得出此论的。顾氏共校出《道藏》本讹脱倒衍五十五例,其中讹误四十六例,脱五例,倒一例,衍三例。顾氏跋[②]云:

---

① 陈静:《自由与秩序的困惑——〈淮南子〉研究》,云南大学出版社2004年版,第109—110页。

② 此为原书之跋,但与王欣夫辑《顾千里集》卷二一所载此跋有异,见下随文页下校注。

汪君阆源收藏宋椠《淮南子》，予①借读一过，而书其后曰：此于今日，洵为最善之本矣。如《原道训》"欲□之心亡于中"，"　"未误为"寅"也；"所谓志弱者"，"弱"下未衍"而事强"三字也；"大道坦坦，去身不远，求之近者，往而复反"，注"近谓身也，在能存之"，此句上未错入前"迫则能应"句上也②。《天文训》"积阴之寒气者为水"③，未删去"者"字也；"十二月指子"，"子"未误为"丑"也。《墬形训》"决眦"，"眦"未误为"胔"也；"寒冰之所积也"，"冰"未误为"水"也；"牡土之气"，"牡"未误为"壮"也。《时则训》"饰群牧"，"牧"未误为"物"也；"以索奸人"，"索"未误为"塞"也。《精神训》"则是合而生时于心也"④，"于"未误为"千"也；"轻举独往"，"往"未误为"住"也；"非能使人弗欲也，欲而能止之，非能使人勿乐也，乐而能禁之"，上"也欲"二字，下"也乐"二字未脱也。⑤《本经训》"太清之治也"，"治"未误为"始"也；"推移而无故"，"推"字未脱也。《主术训》"东至汤谷"，"汤"未误为"旸"也，又《说林训》"日出汤谷"亦未误，惟《天文训》"日出于旸谷"已误；"是故臣尽力死节以与君计，君垂爵以与臣市"⑥，"计君"⑦未误为"君训"，"功市"未误为"是"也⑧；"采椽不斲"，"斲"未误为"断"也；"夫据干而窥井底"，"干"未误为"除"也；"而不足者逮于用"，"逮"未误为"建"也；"知饶馑有余不足之数"，"饶"未误为"饥"也。

---

① "予"，《顾千里集》作"余"。王欣夫辑：《顾千里集》，中华书局2007年版，第334—336页，下同。

② "迫则能应"之"则"，《顾千里集》作"而"。

③ "积阴之寒气者为水"之"者"，《顾千里集》脱去。

④ "则是合而生时于心也"之"于"字，《顾千里集》作"于"。

⑤ 此"也欲""也乐"二词，倒误，案前引文，应作"欲也""乐也"。《顾千里集》作"欲也""也乐"。

⑥ "君垂爵以与臣市"，《顾千里集》"君"字后有"计功"二字。

⑦ "计君"，《顾千里集》作"君计"，是。

⑧ "'功市'未误为'是'也"，《顾千里集》作"'臣市'未误为'臣是'也"，是。此句之后，《顾千里集》有小字："案明本及今通行本，'君'下'计'字、'臣'下'市'字均脱去。"

《缪称训》“故君子惧失义”，“义”上未衍“仁”字也。《齐俗训》“故不为三年之丧”，注“三年之丧始于武王”，注中“始”字未误入正文末也；“而刀如新剖硎”，“硎”字未分为“刑石”二字而误入注中也；“处势然也”，“势”未误为“世”也；“是由发其源”，“是由”未误倒为“由是”也①。《道应训》“石乞入曰”，注“石乞白公之党也”，“乞”俱未误为“乙”也；“在其内而忘其外”，“在”下“其”字未脱也；“楚军恐取吾头”，“军”未误为“君”也；“无所不极”，“极”未误为“及”也；“于是佽非瞋目勃然”，“瞋”未误为“瞑”也；“其政惛惛”，“惛惛”未误为“闷闷”也。《诠言训》“性有以乐也”②，“性”未误为“生”也；“时去我走”，“走”未误为“先”也。《兵略训》“扤泰山”，“杌”未误为“抗”也。《说山训》“夜之不能修于岁也”，“于”未误为“其”也；“故寒者颤”，“者”字未脱也。《说林训》“罾者举之”，“罾”未误为“罜”也；“不若寻常之纆索”，注“故曰不如寻常之纆索”，“纆”皆未误为“缠”也；“或善为故”，“善”未误为“恶”也；“贼心亡止”，“亡止”二字未合而误为“亡”一字也。《人间训》“无为贵智”，“智”下未衍“伯”字也；“今君欲为霸王者也”，“君”未误为“王”也；“圣人见之蚤”，“蚤”未误为“密”也。《修务训》“欣若七日不食”，“若”未误为“然”也；“今夫毛墙、西施”，“墙”未误为“嫱”也，余篇皆已误；“无不憛悇痒心而悦其色矣”，“憛”未误为“惮”也。《泰族训》“四时千乘”，“乘”未误为“乖”也；“雨露所濡以生万物”，“濡以”③未误倒为“以濡”也；“与鬼神合灵”，“与”字未脱也④；“而卵剖于陵”，“剖”未误为“割”也；“挺留而朝天下”，“留”未误为“肳”也。《要略》“作为炮格之刑”，“格”未误为“烙”也，余篇皆已误；

① “‘是由’未误倒为‘由是’也”，《顾千里集》无“倒”字。

② “性有以乐也”，《顾千里集》“乐”后有“之”字。

③ “濡以”，《顾千里集》脱“以”字。

④ 两“与”字，《顾千里集》皆作“与”。

“禹身执虆臿”，“臿”未误为“垂”也。以上诸条，实远出《道藏》本之上，而他本无论矣。至于注文，足正各本之误者尤不胜枚举，兹弗具述。高邮王怀祖先生尝校定是书，所订《道藏》以来各本之失而求其是，往往与宋椠有闇合者，将传其副以寄之，必能为此本第一赏音矣。庚辰中秋前十日①，元和顾千里书于思适斋。②

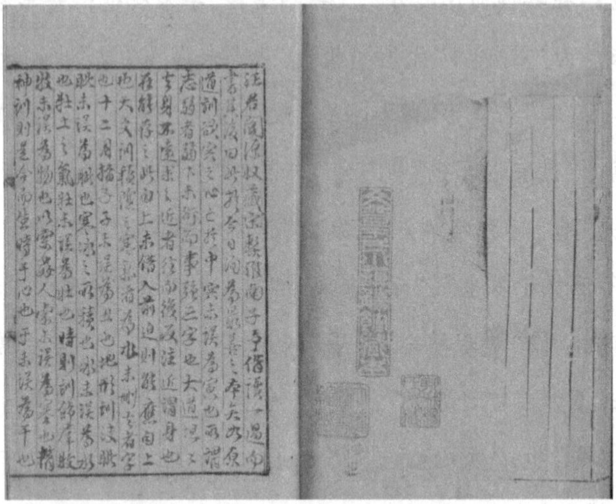

宋建本《淮南鸿烈解》卷末顾广圻跋（一）

《楹书隅录》卷三亦云“若此至精至善之本，实于人间无两”。恰如顾广圻、杨绍和所言，建本确实有胜过《道藏》本之处，校之其他诸明清刻本亦然。诚然，建本亦有讹误，吴则虞云：“此书虽多佳胜，然舛误开卷便是，披沙见金，然沙多而金终少。”③吴氏所指实为刘履芬抄本，其讹误之多可见前揭。因刘本标题“影宋抄本”，故诸家以为底本即此，孰知建本并非如此，颇有栽赃之嫌。首先，建本可以校出包括《道藏》本在内的诸本之误，正如张

① 《顾千里集》“庚辰”前有“嘉庆”二字。

② 此跋后，《顾千里集》有“全书共阙五叶，又有颠倒之处，今俟查明开列细数，夹在每卷之中，候校定可也。涧蘋又记。”

③ 吴则虞：《〈淮南子〉书录》，《文史》第2辑，中华书局1963年版。

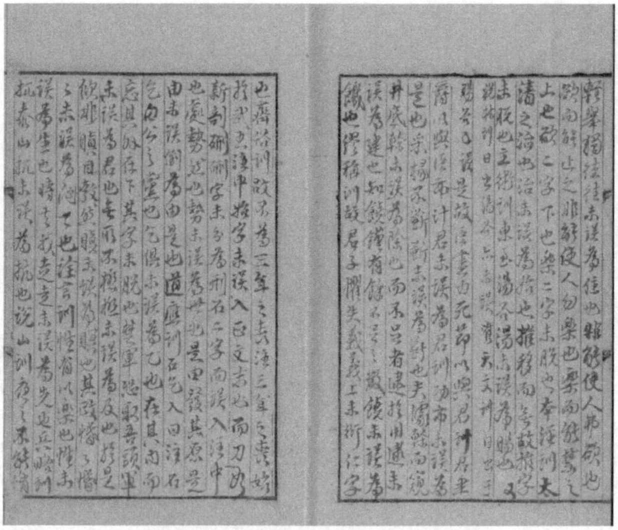

宋建本《淮南鸿烈解》卷末顾广圻跋(二)

双棣云:“余谓有金终胜于无金,淘沙见金,灿然光耀,屡使校者喜形于色。”①“淘沙见金”,毕竟有金,即便检出一两个真字,亦是原本的价值,况且远非如此。其次,由于建本的存世,通过比勘,亦可搞清楚后出诸本的源流关系,这一点上面已经提及。

尽管《道藏》本出于建本,但两者不同之处亦有不少,其中建本可校《道藏》本讹误。关于《道藏》本之误,前揭顾广圻跋已经指出。但需要指出的是,顾氏并未校出《道藏》全部之讹。仅以卷五为例,《道藏》本即有二十余处讹误。如建本卷五首叶计有三处,上半叶第六行注“盛德在木,木主东方”,《道藏》本“主”作“王”,误;同叶下半叶首行注“服,佩也。熊虎曰旗也”,《道藏》本“曰”误作“也”;同叶第二行注“先食麦,以麦为主也”,《道藏》本《道藏》本“主”又误作“王”;《道藏》本尚有不少脱文,如卷十二脱“子韦曰:‘可移于民。’公曰:‘民死,寡人谁为君乎,宁独死耳’”二十一字。整

① 张双棣:《淮南子校释·附录一·淮南子校释校勘所据版本》(增订本),北京大学出版社 2013 年版,第 2211 页。

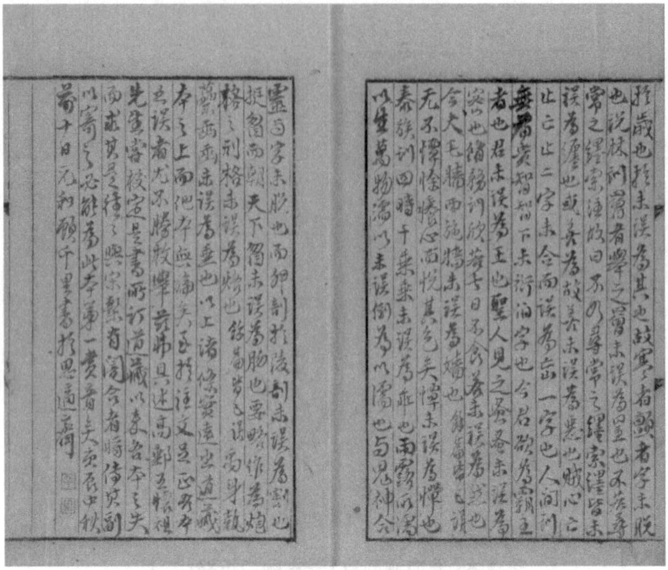

宋建本《淮南鸿烈解》卷末顾广圻跋(三)

体而言,《道藏》本的翻刻较为粗率,以至讹误颇多,虽对底本有些校改,但有些未及校改以及自生讹误也同样不少。《百宋一廛赋》云:“向贵芦泉,顿成陪台。坟《道藏》之赝鼎,每张目而一款。”又注云:“相传惠松厓绝称明芦泉刘绩补注本,惠尝见宋本者也。其实刘出于正统十年《道藏》,不如宋椠远甚。近有妄庸人取《道藏》以己意涂窜增删,又多造‘童牛’‘角马’之字,移易旧文,刻版印行,不知者遂曰《道藏》为真如此,其贻误何可胜言耶?”①这些讹误在后来的翻刻本中虽有校改,但仍有很多未被校出,以致以讹传讹。《道藏》本之所以多被学者选作底本,一是刊印早,在无法见到建本及茶陵本的情况下,无疑是一个不得已的选择;二是从《道藏》本出的诸本虽有校改,但整体上还不如《道藏》本。然《道藏》本存在诸多问题亦是一个不争的事实。有鉴于此,诸家点校整理本大多仍以其为底本,实在是一个不明

① (清)黄丕烈撰,屠友祥校注:《荛圃藏书题识》,上海远东出版社 1999 年版,第 921—922 页。

智的选择。张双棣本(增订本)被认为目前校注《淮南子》的最佳版本,也是校注本的最新成果,亦以《道藏》本为底本。除《道藏》本有不少失校之处外,还有一个重要问题是《道藏》本有不少讹误,因此需要大量繁琐的无必要的反校工作,如果改用较好的底本——建本,《道藏》本之显误就没有必要再出校,如此既简省文字,也给阅读带来效率与便利。

当然,《道藏》本亦有可校正建本之处,如建本卷十四第七叶下半叶第九行"使在己者得"之"使"字,建本模糊不清,抄本作"使",其他诸本亦然,但独有《道藏》本作"内",两字写法差异很大,显然不属于形近而误,属于有意改之,对此何宁《淮南子集释》曰:"使在己者得,'使'当为'内',上文云:'耳目鼻口不知所取去,心为之制,各得其所。'所谓'内'即指心言之。曰'节寝处,适饮食,和喜怒,便动静',即心为之制而内在己者得也。若作'使在己者得',则其义不明。目好色,耳好声,鼻好香,口好味,无一而非在己者也。然而耳、目、口外也,非内也。《文子·符言篇》作'内在己者得'。杜道坚《缵义》云:'真道养神,人道养形,在内者得,在外者轻。'纪案:'内,一本作则,证之《缵义》云:"在内者得。"当以内字为正。'是其证矣。《道藏》本、中立本'使'正作'内'。"[①]就全书而言,《道藏》本的校改还是不少的,再以建本卷五首两叶为例,如首叶下半叶第二行注"取铜木中露水服之",《道藏》本"木"作"盘","盘"即"承露盘",《三辅故事》云:"汉武帝以铜作承露盘,高二十丈,大十围,上有仙人掌承露,和玉屑饮之以求仙。"当是有意改之;同叶第四行注"矛有锋锐,似万物鑚坠生",《道藏》本"坠"作"地",宋本《太平御览》卷十九著录"以万物鑚地如生也",《事类赋·岁时部》一引作"似万物鑚地而生",可见"坠"字或误,所改当是;同叶第四行注"羊土,木一母,故畜之也",《道藏》本"一"作"之";第二叶上半叶第二行注"而秋正金鈇之令",《道藏》本"鈇"作"铁";同叶第四行注"司空主土,春土受喜稼,故

① 何宁:《淮南子集释》,中华书局1998年版,第1016页。

官司空也”,《道藏》本“喜”作“嘉”,诸本除王溥本、朱本外皆从之;同叶第九、十行注“苍庚,爵雅曰:商庚、黎黄,楚雀也。齐人谓之搏黍,秦人谓之黄流离,幽、冀谓之黄鸟。一说:断木也。至此月而鸣。鹰化为鸟,啄正直,不鸷博也。鸠盖谓布谷也”,《道藏》本及诸本“爵”作“尔”,“鹰化为鸟”之“鸟”作“鸠”,无“盖”;下半叶首行注“图圄,法室也。雀之,赦轻微也”,《道藏》本“雀”作“省”;同叶第七行注“以雷电合房至者,生子必有瘖聋、通精、痴狂之疾”,《道藏》本“至”作“室”。这些有意改之的正确文字最终被诸本继承下来,当亦功不可没。综合而言,《道藏》本的异文一是有意校改,二是翻刻中自生了一些异文或讹脱,需要建本反校。

《道藏》本之后的明清诸本变异很大,包括大量异文以及对底本的增删窜改等,实已远离建本。其中有些新生讹误,需要建本校出。今以建本卷五首二叶为例举讹,如首叶下半叶第十二行正文、第二叶上半叶首行注“草木早落”,庄本、《集解》本(刘文典著《淮南鸿烈集解》)“早”皆作“旱”,当误;第二叶上半叶第二行注“孟春温仁,而秋正金鈇之令,气不和,故民疫疾,风雨限至,故黎莠蓬蒿疏稃之草并兴盛也”,庄本、《集解》本“温”作“宽”,“宽”当误;第二叶下半叶第八行正文“石角斗称”及注“斗称,量器也”,茅一桂本(以下简称茅本)、汪一鸾本(以下简称汪本)作“斗桶”,或误。诸本脱误最甚,如建本首叶上半叶第九、十行“东风解冻,蛰虫始振稣”及注“东方木,火母也,气温,故东风解冰冻也。振,动。稣,生也”,王蓥本、吴仲本脱注;同叶第十一行注“是月之时,鲤鱼应阳而动,上负冰也。獭,獱也。是月之时,獭祭鲤鱼于水边,四面陈之,谓之祭鱼也”,张烒如本(以下简称张本)、王谟本、庄本、《集解》本无第一个“鲤”字,当脱误;第二叶下半叶第九、十行注“皆为夭物尽类”,茅本、汪本、张本、王谟本、庄本、《集解》本皆脱。倒误例,如首叶上半叶第四、五行注“参,西方白虎之宿是也,月昏时中于南方;尾,东方苍龙之宿是也,月将旦时中于南方”,庄本、《集解》本“是也”倒作“也,是”,显然倒误。衍误例,如首叶下半叶第十一行注“毋聚合大众”,

王溥本此句注上有“毋聚众”三字，当衍，直承正文即可，诸本皆无。

除以上讹误之外，诸本改异颇甚，如建本首叶上半叶第四行注“招摇，斗建”，《道藏》本同，茅本、汪本、张本、王谟本皆注为“招摇，北斗第七星”；同叶第十一、十二行注“是月时候之应雁从彭蠡来，北过周、雒，至汉中孕卵鷇也”，王溥本“是月时候之应雁”作“是月之时应候之雁”，茅本、汪本、王谟本作“候时之雁”，张本全注作“候时之雁，来北”；同叶下半叶首行注“服，佩也。熊虎曰旗也”，王溥本“曰”作“为”；同叶第五行注“是月之朔，天子朝日于青阳左个。东向堂，故曰青阳。北头室，故曰左个。个，犹隔也。春令，宽和之令也”，茅本、汪本、张本、王谟本注皆作“青阳者，明堂也，中方外圜，通达四出，各有左右房，谓之个，犹隔也。东出谓之青阳，南出谓之明堂，西出谓之总章，北出谓之玄堂。是月天子朝日告朔，行令于左个之房，东向堂，北头室也”，茅本等此注全用《吕氏春秋注》，可见有意替之；同叶第七行注“迎岁，春也”，庄本、《集解》本“春”作“逆春”；第二叶下半叶第二、三行注“顺春阳，长养幼小，使繁茂也。无父曰孤，无子曰独。皆存之，所以慎阳气也。故草木不句萌者，以通达也”，茅本、汪本、张本“顺春阳，长养幼小，使繁茂也。无父曰孤，无子曰独。皆存之”作“句，屈生者；萌，直生者。长养幼小，存恤孤独”，王谟本略同；同叶第三、四行注“元者，善之长也。日，从甲至癸也。社，所以为民祈也。嫌日不吉，故言择元也”，茅本、汪本、张本、王谟本“元”字后无“者”字，“善”字后无“之长”二字；“社”字后有“祭后土”三字，“不吉，故言择元也”作“有吉否重农事故卜择之”，茅本、张本、王谟本、庄本、《集解》本“所以为民祈也”之“也”作“谷”；同叶第九行注“端，正也。槩，平也”，茅本、汪本、张本、王谟本、庄本、《集解》本“槩”字前有“称锤曰权”四字，“槩”字后有“平斗斛者”四字，茅本、汪本后又有“令钧等也”四字；同叶第十行注“大事，戎旅征伐之事，故害农民之功也”，庄本、《集解》本“故”作“妨”，当是，尽管形近而异，当为有意改之。此外尚有大量不改变字义的异体字。

当然,诸本亦有校改建本之误者,如建本卷五首叶上半叶第十二行注“《周礼》:马七尺已上曰龙也”,庄本、《集解》本“七”作“八”,案《周礼》作“八尺”,高诱注《吕氏春秋》亦作“八尺”,“七”乃“八”之误。他卷亦间有校改者。

以上仅校两叶,异文即达30多处,如以全本校勘,异文亦然,足见版本变异之大。这些后出本异文有的是自生讹误,有的则是有意改底本之误,有的属于有意增删,有的属于异体字。总之,明清诸本由于多次翻刻,校刊者有意校正,力图刊出更高质量的本子,在颇有创获的同时,亦留下不少缺憾。从版本源流及比勘上,这些后出之本尽管与建本有直接或间接关系,显然已经远离建本原貌,更无法比肩建本。

现存《淮南子》之宋、明、清及民国刻本有50多种。南宋末以来,删改增补益多,版本变化很大,状况极为复杂。有的刊印早但不全,有的晚出却为全本,有的较为精善,有的讹误较多,佳本有讹,不可尽取,劣本有良,不可尽废,相互校雠,择善而从,要校出一个完善的本子并不是一件容易的事情。现当代校注本有30余部,可谓成果丰硕,但也存在不少问题。其一是校勘不精,多有与原本不符者,例如建本、《道藏》本卷五“以迎岁于东郊”及注“迎岁,春也”,于大成《淮南子校释》云:“郑良树云:‘春’上疑当有‘迎’字,谓‘迎春’也。下文‘以迎岁于南郊’,高注云:‘迎岁,迎夏也。’与此同例,亦有‘迎’字,是其证。庄本有‘迎’字,是也,当从之。大成案,有迎字是也,刘本亦有。”①于氏所考是也,然谓庄本作“迎”字,误,庄本实作“逆”,刘本指刘履芬本,并无“迎”字。其二是选择底本问题。由于古旧珍本不易得,无奈选用通行本,然有的通行本并非善本。前揭校本中,以建本校清庄逵吉本之讹误颇多。问题是庄本何以成为诸家校勘之对象?一是,庄本刊于清早期,在明本不易得的情况下,流传较广,成为当时及清中后期的通行本。

---

① 于大成:《淮南王书考》,《淮南鸿烈论文集》(上),台北里仁书局2005年版,第424—425页。

今各藏馆所存,此本最多,亦是明证。二是,庄本因选择底本不谨,删增颇多,讹误颇夥,与学者所见诸本不同,确有校勘之必要。庄本因两位校勘家顾广圻、陈奂分别据建本校勘,纠正其误,故版本价值陡增,成为关注对象。但这改变不了庄本自身讹误、脱衍颇多的基本事实。清儒颇有批评,黄丕烈《百宋一廛赋注》斥之为“妄庸人取《道藏》以己意涂窜增删”,顾广圻手校庄本跋谓“全无一是”,王念孙《读书杂志·淮南杂志》曰“未晓文义而辄行删改,妄生异说”。近人吴则虞《淮南子书录》曰其弊有五:一曰底本不明,虽自称以《道藏》本为底本,但大名题衔分篇分卷无一同《藏》本,正文注文有《藏》本不误,而此独误者,几不胜枚举。二曰误从俗本,其所取校者似仅据茅坤本、张烒如诸本。三曰注文与正文间隔,宋本、《道藏》本亦有注文在前,正文居后者,然庄本陵躐尤甚。四曰引类书之不备,仅引《太平御览》一种。五曰校字疏失。郑良树又指曰“改今从古”“妄言曲说”“删省注文”等。现当代校注本中,仍有不少以此为底本者,如何宁《淮南子集释》、刘文典《淮南鸿烈集解》、刘家立《淮南集证》便以广为学者诟病的淮南书局翻刻庄本为底本。至于刘履芬本,杨树达曾指出其底本失择、正文注文多失校、征引不备等诸多缺憾,于大成亦有专论。于大成《淮南子校释》则以《道藏》本为底本。学者在选择底本上,基本都以《道藏》本或庄本为主,辅以刘履芬本、王溥本等为校本。由于宋建本远藏域外,没有得到利用,故诸学者只能使用两次转录的刘履芬本作为校本。直到 2008 年,陈广忠《淮南子斠诠》首次以刘履芬本为底本,始对源于建本的刘本给予重视。综合各本情况,意者当以建本为底本,参校《道藏》本、王浦本、茅一桂本、汪一鸾本等,所缺一卷及缺叶可以国图藏顾广圻影抄本或《道藏》本补之,当是最优化的校理选择。

综上,刊于南宋初的建刻小字本是《淮南鸿烈解》现存最早的版本,文字最接近原著,当然亦有讹误,传至今日,已有缺卷、缺叶。但不管怎样,作为后世诸本渊薮,无疑具有最大的版本及学术价值。现存另一部南宋末茶陵刻本,当出于建本,实为节选本,改窜较甚,讹误颇多,当然亦有可取之处。明正统间,据建本而出的《道藏》本是《淮南子》得以广泛传播的基础,其后诸本皆直接或间接出于此本。与诸本相校,《道藏》本文字上最接近于建本,但翻刻过程中改原二十一卷为二十八卷,对文字有所校改,亦出现不少新的讹误。从《道藏》本而出的王溥本、茅一桂本是明代影响最大的两个本子,王溥本经刘绩补注校改,尤有胜建本、《道藏》本之处,当然改之而非者亦不少。清初的庄逵吉本虽甚用功,然讹误不少,争议颇多。总之,后出的明清诸本,与《道藏》本相较变异很大,与建本变异更大。这种与原本渐行渐远的情况正与抄本相反,抄本意在通过与底本对勘的过程无限接近底本,虽达不到百分之百的"影抄",但已尽最大努力。直接或间接源于建本的诸抄本中,国图藏顾广圻抄本虽间有涂改及个别讹误,然其最接近建本,顾氏及后人多称为"影抄",惜仅存十六卷。陈奂倩人抄本,经黄校本校勘,已与建本非常接近。陈奂倩金友梅抄本亦颇精审。但以上诸抄如细校,仍有一定讹误,陈奂等并未校尽,与建本尚有一定差异。据金本而出的刘履芬抄本,抄录不精,新生讹误颇多。由于被收入《四部丛刊初编》,影响最大,近现代学者多有利用。被学者广为诟病的"北宋本",实指刘履芬抄本,显然冤枉了建本。传世校建本较多,由于校本校记多源于抄本或《读书杂志》所附顾校,实际上是建本以另一种形式的流传,可惜未能引起学者注意,得到进一步地利用,在后续传刻本中亦未被吸收进去。清代《淮南子》研究之所以得获发展,无疑与建本、后出本及陈奂、顾广圻等名家的抄录、校勘有密切关系。纵观以上诸本及利用情况,学者并未直接利用建本,所用皆为抄本或校本。然无论抄本抑或校本,皆与建本有差异,有的差异较大。因此,在当代整理本中,应该重视建本的学术价值,特别是要充分发挥其原本的巨大作用。

作为古籍校注本,应当首先尊重原版本的文字写法。版本校勘不仅是校勘文字的讹确是非,还应重视一些俗字、异体字、古今字等。就纵向变化而言，随着时代的不同，有些文字的写法及使用习惯也会发生变化，校出这些字的异同变化，对古代汉语研究是极有必要的。即便为了阅读之便，改动底本后，亦应在后以注标出，这是对早期语言研究的尊重与贡献。但是现当代整理校注本几乎无一例外地省去这一部分，即便重在以专书作语言研究的《淮南子集释》亦不例外。笔者以为整理古籍要看受众对象，如果是普及性质的大众读物可以忽略对古代俗字、异体字的不同写法，但如是供学者研究的学术专著则应该予以重视。通过校注文字异同，以还原古籍的原生面貌，并藉此了解早期语言的写法，应该是版本研究的重要组成部分与任务。

参考文献：

吴则虞：《〈淮南子〉书录》，《文史》第2辑，中华书局1963年版；严灵峰：《无求备斋诸子文库》。

郑良树：《〈淮南子〉传本知见记》，《"中央"图书馆馆刊》1967年第1卷1期。

于大成：《淮南王书考》，《淮南鸿烈论文集》（上下），台北里仁书局2005年版。

Harold D. Roth, *The Textual History of the Huai-nan Tzu*, The Association for Asian Studies, University of Michigan, 1992.

严灵峰编著：《〈淮南子〉知见书目》，《周秦汉魏诸子知见书目》卷五，中华书局1993年版。

熊礼汇：《〈淮南子〉写作时间新考》，《武汉大学学报》1994年第5期。

许匡一：《〈淮南子〉许高注辨正》，《江汉大学学报》1994年第1期。

陈广忠：《〈淮南子〉的成书、传播与影响》，《船山学刊》1996年第2期。

陈静：《自由与秩序的困惑——〈淮南子〉研究》，云南大学出版社2004年版。

王军：《〈淮南子〉庄逵吉校刊本之流传》，《〈淮南子〉研究》，黄山书社2006年版。

王明春：《〈淮南子〉高诱注与许慎注的区分》，《赤峰学院学报》2006年第3期。

马庆洲：《唐前〈淮南子〉流传考略》，《鲁东大学学报》2007年第1期。

陈功文：《明刊〈淮南子〉版本考》，《岳阳职业技术学院学报》2015年第1期。

王叔岷：《淮南子斠证》，《诸子斠证》，中华书局2007年版。

郑良树：《淮南子斠理》，台湾大学1969年硕士学位论文。

何宁:《淮南子集释》,新编诸子集成本(第一辑),中华书局 1998 年版。

刘康德:《淮南子直解》,复旦大学出版社 2001 年版。

陈广忠:《淮南子斠诠》,黄山书社 2008 年版。

张双棣:《淮南子校释》(增订本),北京大学出版社 2013 年版。

四　《说苑》二十卷　元大德七年（1303）云谦刻本

《说苑》是一部按类记述春秋战国至汉代的遗闻轶事集，以诸子言行为主，体现了儒家的哲学思想、政治理想以及伦理观念。书中取材广泛，采获历史资料丰富，可与《史记》《左传》《国语》《战国策》《列子》《荀子》等相印证，而有的则为《说苑》独有，尤为可贵。

关于刘向（前79—前8）编辑《说苑》原委，其《说苑叙录》有所交代："护左都使者光禄大夫臣向言：所校中书《说苑》《杂事》及臣向书、民间书，诬校雠。其事类众多，章句相溷，或上下谬乱，难分别次序。除去与《新序》重复者，其余者浅薄不中义理，别集以为《百家》。后令以类相从，一一条别篇目，更以造新事十万言以上，凡二十篇，七百八十四章，号曰《新苑》，皆可观。"公元前三十二年，刘骜即位，为汉成帝，石显获罪死亡，刘向复出，拜为中郎，使领护三辅都水，迁光禄大夫。河平三年（前26），奉诏主持校理皇家图书，其子刘歆辅佐。三年后，刘向任中垒校尉。《说苑》当在此时开始编校，所据中秘府所藏《说苑》《杂事》两书为主要本子，参以刘向藏书和民间藏书等。因原书事类众多，章句混乱，难分次序，于是剔除与《新序》重复者，并将"浅薄不中义理"者编为《百家》，之后再"以类相从，一一条别篇目"，编成二十篇，每篇皆有标题，每篇系以数十篇不等，凡七百八十四章，原书名为《新苑》。又据元大德七年（1303）云谦刻本卷端署名"鸿嘉四年三月己亥护左都水使者光禄大夫臣刘向上"可知，至鸿嘉四年（前17）已编成呈上。至班固《汉书·艺文志》著录时已作《说苑》，又改回刘向之前所用原书之名。

（一）《说苑》的著录及流传

《隋书·经籍志》《旧唐书·经籍志》与《新唐书·艺文志》皆著录为二十卷，可知隋唐时期流传的皆为二十卷本，当是刘向所编原本，此所称“卷”者，当即刘向所言“篇”。至北宋初，已残缺不全，王尧臣等编《崇文总目》著录“今存者五篇，余皆亡”。治平四年(1067)，曾巩召编校史馆书籍，开始校理《说苑》，据大德本卷首所载曾巩《说苑序》云：“臣从士大夫间得之者十有五篇，与旧为二十篇，正其脱缪，疑者阙之，而叙其篇目曰：向采传记百家所载行事之迹，以为此书。”可见曾巩所编是一个重新搜集编成的本子，与原刘向所编已有出入，所集二十卷盖由馆藏五卷及所得士大夫十五卷而成。晁公武《郡斋读书志》卷十载：“说苑二十卷，汉刘向撰。以君道、臣术、建本、立节、贵德、复恩、政理、尊贤、正谏、法诫、善说、奉使、权谋、至公、指式、谈丛、杂言、辨物、修文为目。鸿嘉四年上之。阙第二十卷。曾子固校书，自谓得十五篇于士大夫家，与崇文旧书五篇合为二十篇，又叙之。然止是析十九卷，作修文上、下篇耳。”①至此，晁氏揭出曾巩所编真相，曾巩原将《修文》析作上下两卷，以足二十卷，实仍缺第二十卷《反质》一卷。淳熙十二年(1185)十月六日陆游跋《说苑》引录李德刍云：“馆中《说苑》二十卷，而缺《反质》一卷，曾巩乃分《修文》为上、下，以足二十卷。后高丽进一卷，遂足。”②如此加上高丽进献《反质》一卷，才是真正的二十卷足本。我们今天

① (宋)晁公武著，孙猛校证：《郡斋读书志校证》，上海古籍出版社1990年版，第437页。

② (宋)陆游撰，涂小马校注：《陆游全集校注·渭南文集校注》卷二七，浙江教育出版社2011年版，第170页。

看到的大德本《说苑》最后一卷为《反质》一卷,大德本覆刻底本为南宋初刻本(见下论证),这说明高丽进献时间当在南宋初之前;而且上海图书馆所藏南宋初杭州刻本(见下论证)卷十九末亦有卷二十《反质》一卷两个残叶,亦可证编入此卷的时间较早。晁公武见到的不是现在流传的带有《反质》一卷的本子,而是曾巩原编本。可知南宋期间,至少有两个本子在同时流传:一是曾巩编十九卷本,即《郡斋读书志》著录本;一是带有《反质》一卷的二十卷足本,即曾巩原编本基础上增加《反质》一卷,这个本子流传下来,即南宋初杭州本、大德本。这个所谓足本是否刘向原编本?刘向本原为二十卷七百八十四章,今本虽亦为二十卷,据大德本所载仅有六百九十六章,今人向宗鲁《说苑校证》卷末又附载所辑四十二章,与刘向原编仍少四十六章,可见仍有佚去者。因此,无论曾巩抑或后人所辑皆非刘向原来之本。

《说苑》流传甚广,传抄刊印亦夥,至今宋元刻本存世者多部,其中有一部海源阁旧藏本今已流传至俄罗斯国立图书馆保存。关于这部版本,清代版本学家黄丕烈、杨绍和等皆以为宋本或北宋本,故曾于清中晚期名重一时,近代学者经眼此书者亦笃信不疑。自从此本沉埋异域70余年来,当代学者在无法目验原书的情况下,多循前论。经鉴定,实为元大德七年(1303)刻本。同时,《说苑》校注本不少,但大德本的学术价值没有得到足够的重视。

(二)俄藏本《说苑》并非宋刻本

元大德七年(1303)云谦刻本《说苑》二十卷,今藏于俄罗斯国立图书馆,索书号为3B/2—11/249。全书十册,白麻纸,线装,外装上下左右四面函套,封面皮纸贴签题“说苑廿卷宋刻十册全函”。除卷二第五叶用咸淳本补写外,其余皆为原刻。保存完好,无缺页及残损。卷中有朱笔标抹,个别缺字、缺笔、模糊不清者用朱笔补画,天头间有朱笔批注。

卷首有南丰曾巩撰序，首行顶格题“校正刘向说苑序”，次行低五格题“南丰曾（下空三格）巩”，序文顶格，序文后直接目录，首行低二格题“目录”，目录正文皆低三格，目录末顶格续接刘向表序。正文卷一首行顶格题“校正刘向说苑卷第一”，尾题“说苑卷第一”，除卷首序题和卷一卷端所题外，其余卷端及卷尾皆无“校正刘向”四字，次行低二格题“鸿嘉四年三月己亥护左都水使者光禄大夫臣刘向上”，第三行低四格题篇名“君道”，正文顶格。卷末元大德七年云谦刊跋不存。

[illegible]諸左右逢其原豈[illegible]於外哉向之得失如此亦
學者之戒也故見之敘論今讀其書者知考而擇之
也然向數困於讒而不改其操與夫患失者異矣可
謂有志者也

目錄
卷第一 君道 卷第二 臣術
卷第三 建本 卷第四 立節
卷第五 貴德 卷第六 復恩
卷第七 政理 卷第八 尊賢
卷第九 正諫 卷第十 敬慎
卷十一 善說 卷十二 奉使

俄藏元大德七年云谦刻本《说苑》卷首目录

开版阔大，版框高宽 22 厘米×15 厘米，原书高宽 28.8 厘米×18.8 厘米。半叶十一行，每行二十字，左右双边，白口，单鱼尾。鱼尾上题字数，下题“苑几”，下题叶次及刻工姓名。刻工有：龙子明、万、子、亨、张公木、青、庸、陈元、一林、永（禾）、包、黄、今、陈。宋讳不谨，“貞”“殷”“弦”“讓”“稱”“郭”“慎”诸字不避；惟见“玄”“恒”“敬”“構”字间有缺笔，而“桓”字缺笔较谨，如“玄”字，卷十九第四叶上半叶第二行“公始加玄端与皮弁”“朝服玄冕”之“玄”字缺末笔；卷二第五叶抄补叶下半叶第八行惟见“君敬之之”“所敬这也”之“敬”字缺笔；卷八第五叶下半叶第五行“无恒治之民”之

“恒”字缺笔;卷一第八叶上半叶末行、后半叶第二行“桓公曰”之“桓”字,皆缺笔。卷十第九叶下半叶第九行“羞小耻以構大怨”之“構”字缺笔。间用俗字如“弃”“饥”“万”等。

卷六末空白叶有清黄丕烈题记,卷末有嘉庆十二年(1807)八月和九月黄丕烈两跋、明嘉靖佚名题款“嘉靖四十一年六月看毕,是日立秋”。钤印“张氏收藏”“汝南郡图书记”“文春桥畔□□□”“平阳氏珍藏”“士礼居”“士礼居藏”“丕烈”“黄丕烈”“荛夫”“丕烈之印”“读未见书斋收藏”“复翁”“承之”“宋本”“平阳汪氏”“汪厚斋藏书”“汪文琛印”“汪士钟印”“三十五峰园主人”“民部尚书郎”“宋存书室”“杨氏海源阁藏”“海源阁”“□易书,千万值。小胥抄,良友诒。阁主人,清白吏。读曾经,学何事。愧蠹鱼,未食字。遗子孙,承此志”“杨以增印”“至堂”“杨东樵读过”“杨绍和”“协卿”“绍龢”“杨绍和藏书”“东郡杨二”“彦合”“彦合珍玩”“彦合读书”“东郡杨绍和私印”“东郡杨绍和彦合珍藏”“杨绍和审定”“东郡杨氏鉴藏金石书画记”“瀛海仙班”“杨保彝藏本”“御史鹏运之章”“半塘”“大连图书馆藏”等,递经陶珠琳、黄丕烈、汪士钟、汪文琛、杨以增、杨绍和、杨保彝、杨敬夫、“满铁”大连图书馆旧藏。

卷六后黄丕烈题记:

旧装卷四、卷五中互有错简,今悉更正,无脱叶也。复翁记。

卷末黄丕烈诸跋及迻录咸淳本衔名、刊记:

嘉靖四十一年六月看毕,是日立秋(下钤朱文方印“张氏收藏”)

余向藏宋刻《新序》,而《说苑》仅见小读书堆所藏宋刻残本,系咸淳乙丑九月重刊者。其本每叶十八行,每行十八字,所缺卷八至卷十三。余曾借校一过,此外又借钱遵王校宋本参之。盖钱校即据咸淳重刊本,因所见本缺叶多同,特钱所校时未缺六卷耳。其中如卷四《立节篇》,有“尾生杀身以成其信”一句;卷六《复恩篇》多“木门子高”一条。自明天顺本以下皆无者,独完好无缺,信称善本矣。顷友人陶蕴辉以此宋刻《说苑》全本示余,谓是扬州贾人托其装潢而欲为他售者,渠许以重直为余购得。余喜是书可与《新序》为合璧,而行款多同,必是北宋以来旧本,因遂得之。取校咸淳重刊本,实多是正,即如卷六“阳虎得罪”条,多“非桃李也”四字。卢抱经《群书拾补》中据《御览》以为有“非桃李也”四字,讵知宋刻初本固有之耶。其他佳处不可枚举,余悉校诸程荣本,以供同好之传录云。至于书有初刻重刊之别,又有原板修板之殊,前所收《新序》系初刻,而阳山顾大有藏者系翻板。兹所收《说苑》系原板,而虞山钱遵王校者系重刊。彼此先后,各有异同,今余何幸,而两书皆得尽美尽善之本,展读一过,尽正群讹,岂不快哉!岂不快哉!

嘉庆岁在丁卯秋八月白露后二日,士礼居重装并记。复翁黄丕烈。

卷二第五叶原失,用咸淳重刊本补录

附录小读书堆残宋本卷十九、卷二十宋刻款识

说苑卷第十九

岁壬申秋 瑯山翁士白重修校正

说苑卷第二十

乡贡进士直学胡达之视役

迪功郎改差充镇江府府学教授徐沂

咸淳乙丑九月 迪功郎特差充镇江府府学教授李士忱命工重刊

余初得此书时,见其中有籤题云“说苑六册”,无宋刻字样,即疑此书之来,必非贵重者,或系出于冷摊,而五柳主人以特识得之。久而探听消耗,知是书为墨古堂周姓物。周本不识书者,设肆于郡东之王府基。偶一日,有老者以手帕包一书来,索直青蚨七百,周酬以二百四十

文，其人即怀钱而去，遂持示同业某，某曰“此明刻耳，奚贵耶?”后售于五柳，得青蚨一千四百，因入余手，易朱提卅金。是书之为宋刻，稍稍流传于外矣。外人转相告，其语达于周，周邀同业某来索观，余秘不之示。盖其书已贱售，而知获重直，未免启争竞端。且侧闻陶之语周，亦犹是同业某之说也。某之说而果，是为不智；陶之语而果，是为不仁。余故未便明示也，而余却甚德乎？陶向使不以归余，余亦无从得此至宝，故卒不使周之知陶之归余者，果周之所得否也。惟是是书所由来，卒不知其自。因思吴郡甚大，故家之藏弆，行李之往来，所藏之富，所来之广，安得尽入余手而一为品题其甲乙耶？余于此不能无感慨云。书此以存一段佳话，俾知书之遇与不遇，系乎人之知与不知，可叹也夫！可叹也夫！

九月三日烧烛检此，复翁。

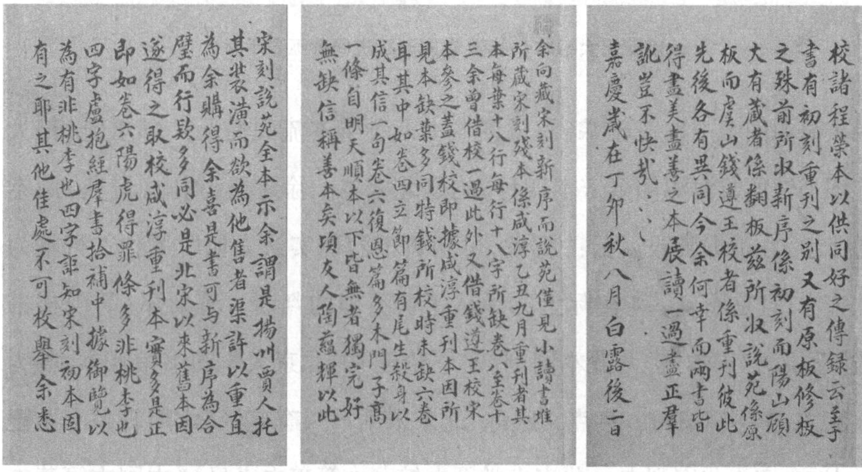
宋刻說苑全本示余謂是揚州賈人托
其裝潢而欲為他售者渠許以重直
為余購得余喜是書可与新序為合
璧而行歟多同必是北宋以來舊本因
遂得之取校咸淳重刊本實多是正
即如卷六陽虎得罪條多非桃李也
四字盧抱經羣書拾補中據御覽以
為有非桃李也四字詎知宋刻初本固
有之耶其他佳處不可枚舉余悉

余向藏宋刻新序而說苑僅見小讀書堆
所藏宋刻殘本係咸淳乙丑九月重刊者其
本每葉十八行每行十八字所缺卷八至卷十
三余曾借校一過此外又借錢遵王校宋
本參之蓋錢校即據咸淳重刊本因所
見本缺葉多同特錢所校時未缺六卷
耳其中如卷四立節篇有尾生殺身以
成其信一句卷六復恩篇多木門子高
一條自明天順本以下皆無者獨完好
無缺信稱善本矣頃友人陶蘊輝以此

校諸程榮本以供同好之傳録云至于
書有初刻重刊之別又有原板修板
之殊前所收新序係初刻而陽山顧
大有藏者係翻板茲所收說苑係原
板而虞山錢遵王校者係重刊彼此
先後各有異同今余何幸而兩書皆
得盡美盡善之本晨讀一過盡正羣
訛豈不快哉、、、
嘉慶歲在丁卯秋八月白露後一日

俄藏元大德本《说苑》卷末清嘉庆十二年黄丕烈跋

俄藏大德本，诸家多以为北宋刻本或径称宋本，《求古居宋本书目》著录为宋本，黄丕烈跋称“北宋以来旧本”，《艺芸书舍宋元本书目》归入“宋本”类。至《楹书隅录》卷三著录时明确定为北宋本，其后叶恭绰《遐庵谈艺

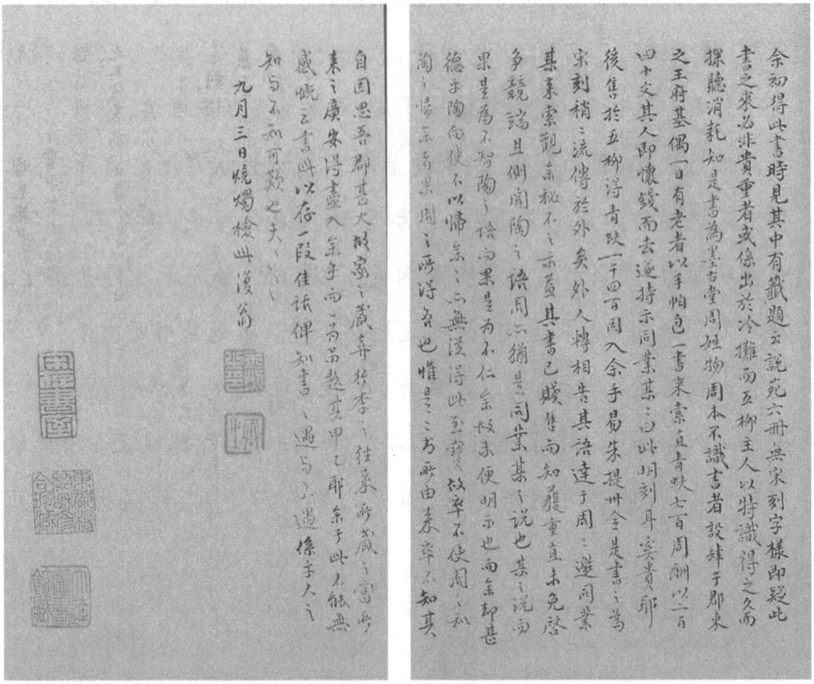

俄藏元大德本《说苑》卷末清嘉庆间黄丕烈手跋

录·海源阁藏书》、王子霖《海源阁藏书六种善本流失情况》、郦承铨《记大连图书馆所收海源阁藏宋本四种》均题北宋本。徐建委《刘向〈说苑〉版本源流考》在引据黄跋后云："据此，可知黄丕烈确实认为他所藏廿二行本为北宋本，且是原刻。"①实际上亦承认了黄丕烈的判断。潘景郑《著砚楼书跋》著录为"宋本"。与此本同刻（见下论证）的北京大学图书馆藏本，曾为袁克文、李盛铎旧藏。袁克文跋称"北宋末刻本"，李盛铎《木犀轩藏书题记及书录》定为北宋刊本，《北京大学图书馆藏古籍善本书目》《中国古籍善本书目》皆称宋刻本。

傅增湘首先认可为宋刻本，但对北宋本提出质疑："宋刊本……字体方

① 徐建委：《刘向〈说苑〉版本源流考》，《文献》2008年第2期。

严,与《新序》相近。”①又云:“嗣海源阁藏书散出,其所藏北宋本《说苑》偶得寓目,匆匆谐价不成,后为东邦人收去,至今耿耿于怀。颇忆其镌工精整,字体方严,洵为宋代佳椠,然其风范气息,与北宋刻不类,盖荛圃跋语第云‘必是北宋以来旧本’,未尝径题为北宋刻也。”②程翔云俄藏本在上海图书馆藏残本之后,疑“南宋末刊本”③。《藏园群书经眼录》卷七著录北大本为“宋元间刊本”曰:“余详绎此本,虽字体方正,行款与海源阁藏宋本合,然气息孱薄,宋讳不避,疑为宋末元初覆刻之本。至木斋先生定为北宋刻,则非末学所敢知矣。”④傅氏从皮相上“疑为宋末元初覆刻之本”,这是凭其多年的鉴定经验,但尚无其他证据。在此傅氏凭记忆判断,未以实物对照,故有上述所断,俄藏海源阁本与北大实为同版。

那么俄藏大德本究竟是否为北宋刻本或宋刻本呢?笔者在莫斯科观书时,将所拍元大德七年云谦刻本⑤书影与此对照,发现两本实为同一版本,只是刷印时间有先后之别。2015 年 8 月 14 日上午,国家图书馆赵前先生在目验俄藏本书影和大德本后,认为同刻无疑。俄藏本在以下方面与大德七年云谦刻本相同:首先内容完全一致,卷首南丰曾巩序、目录及刘向叙录,二十卷文本文字及卷端、卷尾所题悉同,各部分之序次安排亦同。其次行款、书口、边栏等皆同,版框高、宽尺寸相同。第三刻工、避讳等皆同,单字、两字、三字的刻工如龙子明、陈元、包、黄等俱同。第四,字体笔划几乎完全相同,这一点于鉴定是否同一版本最为重要。第五,有的甚至连断版都一样,如卷首目录第二叶断版位置为各行第十字,卷一第二行署名“光□大夫”之“夫”下右竖边框位置亦有较细的断版,等等。基于以上比较,我们有

① 傅增湘:《藏园群书经眼录》,中华书局 2009 年版,第 459 页。

② 傅增湘:《校宋本说苑跋》,《藏园群书题记》,上海古籍出版社 1989 年版,第 289—290 页。

③ 程翔:《发现莫斯科国家图书馆藏宋版〈说苑〉》,《中国典籍与文化》2014 年第 4 期。

④ 傅增湘:《藏园群书经眼录》,中华书局 2009 年版,第 460 页。

⑤ 上海图书馆藏,《中华再造善本·金元编》收录。

充足的理由相信，两本实为同版。至于字体笔划亦稍有差异或粗细不同者，盖因刷印时间不一，版片稍有缩涨或经修补一过。总体上，俄藏本更加清晰秀劲，而上图本则常有笔划模糊、重影及脱落笔划之处。尽管两本都不是雕版完毕即刻刷印的本子，但整体上俄藏本优于上图本。两版比较，俄藏本刷印在前，上图本在后，这从断版的大小、有无及字划的脱落等即可知道。如上举目录第二叶断版处，上图本上下断版空间距离更大一些，卷一第十三叶第十二、十一字处断版，也是同样的情况，如此者较多，说明版片存放时间长，版片开裂扩大。又如上图本首卷第一叶各行第十四字、包括左右两栏连在一起都有断版，而俄藏本无。这显然是新开裂的断版。卷一首叶上半叶第四行第七字“旷”字，上图本“日”字边缺中间一横，俄藏本不缺。上图本卷十三末叶下半叶第二行“桓公”之“桓”字，其“亘”字边下一横及“日”字内下一横皆缺，“日”字所缺下一横显然为脱落，因之前多个“桓”字均不缺，“亘”字边下一横所缺为避讳，同之前多个“桓”字。俄藏本“日”字所下一横不缺，仅缺“亘”字边下一横，避讳同前。上图本类似这样的脱落笔划现象较普遍，可见上图用的版片已经很旧，且损坏较甚。各卷末的墨版形状、深浅不同，这也说明两次刷印的间隔时间较长。俄藏本墨光莹莹，完好无损，纸质较粗糙坚硬，纤维丝及颗粒等清晰可见。周叔弢《楹书隅录》批注曰“白纸印，不及《新序》”。俄藏本和北大藏本相较，两本则基本一致，变化甚微，故两本刷印时间更近，而皆在上图本之前。北大图书馆姚伯岳教授在比较北大本和上图本后亦同意上述意见①。徐文认为北大本“可能是初印本”，当非，因北大本仍然有细微断版出现。

---

① 程翔：“版本学家姚伯岳教授在认真比对后认为，二者虽然极为相似，但仍有差别，北大残本在前，云谦刻本在后。于是笔者再次进行了比对，发现字迹确有细微差别，姚伯岳教授所言极是。”《元大德七年云谦刻本〈说苑〉考略》，《文学遗产》2009 年第 5 期。

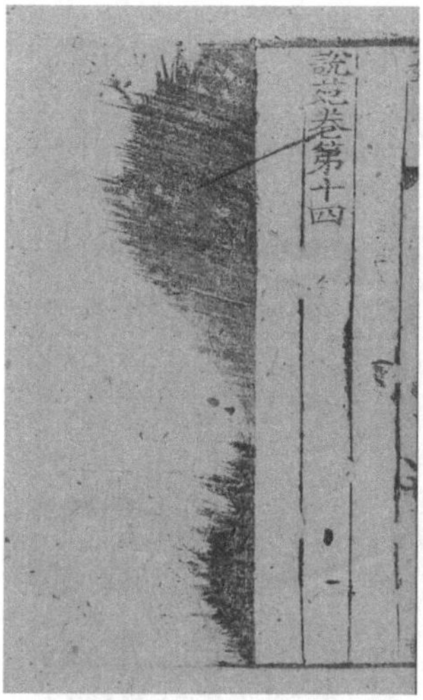
說苑卷第十四

俄藏元大德本《说苑》卷十四末墨版

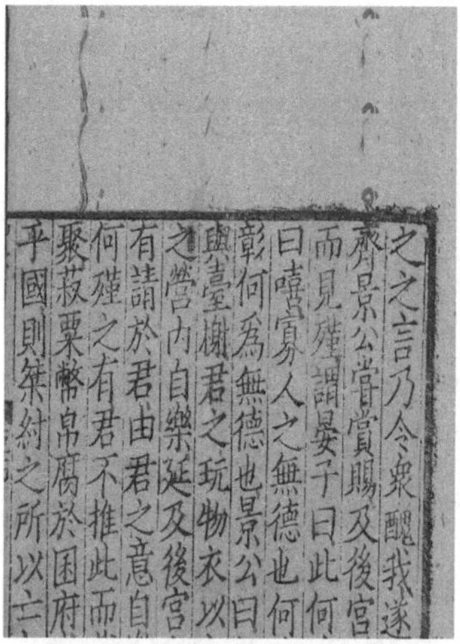
之之言乃令衆醜我遂
齊景公嘗賞賜及後宮
而見殣謂晏子曰此何
曰嘻寡人之無德也何
彰何爲無德也景公曰
與臺榭君之玩物衣以
之營內自樂延及後宮
有請於君由君之意自
何殣之有君不推此而
聚菽粟幣帛腐於囷府
平國則桀紂之所以

俄藏元大德本《说苑》卷十四第四叶局部天头纤维丝

需要特别注意的是,俄藏本和上图本最大的不同是上图本卷末有大德七年云谦刊跋,而俄藏本割去,故而版本专家皆误认为宋刻本,又因避北宋讳,故有的认为北宋刻本也就不足为奇。傅氏的怀疑并非没有道理,尽管他见过带有云谦刊跋的大德本,但并未将其与海源阁本同时面对面比照,否则再下结论就会言之凿凿。故此,俄罗斯国立图书馆、北大、上图所藏三个本子同为元大德七年云谦刻本,只是刷印时间不同而已。

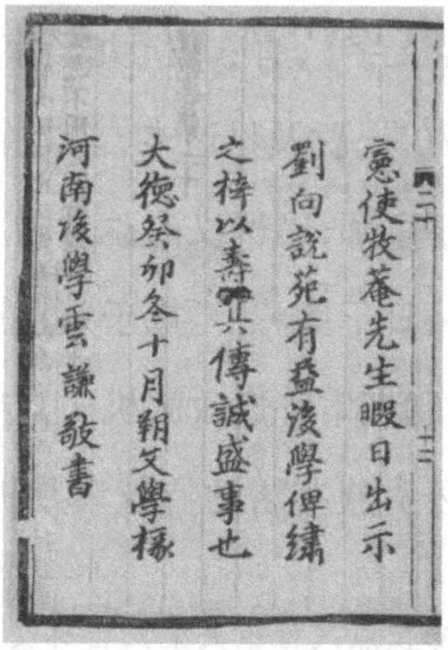
憲使牧菴先生暇日出示
劉向說苑有益後學俾繡
之梓以壽其傳誠盛事也
大德癸卯冬十月朔文學掾
河南後學雲謙敬書

上图藏元大德本《说苑》卷末云谦刊跋

校正劉向說苑卷第一
鴻嘉四年三月己亥護左都水使者光祿大夫臣劉向上
君道
晉平公問於師曠曰人君之道如何對曰人君之道
清淨無為務在博愛趨在任賢廣開耳目以察萬方
不固溺於流俗不拘繫於左右廓然遠見踔然獨立
屢省考績以臨臣下此人君之操也平公曰善
齊宣王謂尹文曰人君之事何如尹文對曰人君之
事無為而能容下夫事寡易從法省易因故民不以
政獲罪也大道容衆大德容下聖人寡為而天下理
矣書曰睿作聖詩人曰岐有夷之行子孫其保之宣
王曰善

上图藏元大德本《说苑》卷端

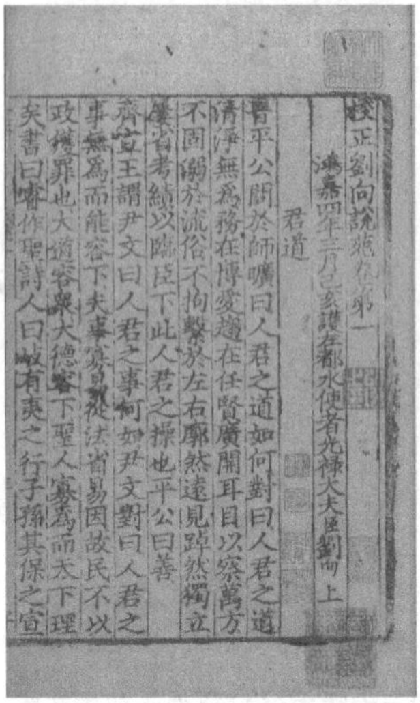

校正劉向說苑卷第一
鴻嘉四年三月己亥護左都水使者光祿大夫臣劉向上
君道
晉平公問於師曠曰人君之道如何對曰人君之道
清淨無為務在博愛趨在任賢廣開耳目以察萬方
不固溺於流俗不拘繫於左右廓然遠見踔然獨立
屢省考績以臨臣下此人君之操也平公曰善
齊宣王謂尹文曰人君之事何如尹文對曰人君之
事無為而能容下夫事寡易從法省易因故民不以
政獲罪也大道容衆大德容下聖人寡為而天下理
矣書曰睿作聖詩人曰岐有夷之行子孫其保之宣

俄藏元大德本《说苑》卷端

上图本卷末所载大德七年云谦跋，云：“宪使牧庵先生暇日出示刘向《说苑》，有益后学，俾绣之梓，以寿其传，诚盛事也。大德癸卯冬十月朔，文学椽河南后学云谦敬书。”据此跋，可揭出大德本的刊梓原委。云谦，元大德间河南人，字伯让。累官宗正府掾，以母便养，迁杭州路知事。为光州定城尉牟应龙（1247—1324）女婿，据虞集《牟先生墓志铭》载，曾任建宁路总管府知事。据《中国古籍版刻辞典》载：任宁国路儒学教授时，刻印过唐李贤注《后汉书》、张参《五经文字》、唐玄度《九经字样》等。程钜夫《送云伯让序》：“云谦伯让蚤年来江南，犹及见诸老，前谒余于金陵，被服儒雅，吾固异之。别二十余年，复见于京师，见识议论益老成。又二年，复见之，则掾于宗正府。意其骅骝开路，一日千里。”①“掾于宗正府”是指云谦于宗正府任文学掾。大宗正府是蒙古初期掌管刑政的机构，专门负责审理蒙古、色目人和宗室的案件，是蒙古王公贵族垄断的特权审判机构。掾即副官佐或官署

① （元）程钜夫著，张文澎校点：《程钜夫集》，吉林文史出版社2009年版，第171—172页。

属员的通称,当时的云谦或任此副职,掌管文书档案并参与审理案件,是有充分条件刊印此书的,而刊印地自然是“京师”大都(今北京)。程序未及时间,但言及“别二十余年,复见于京师,见识议论益老成。又二年,复见之,则掾于宗正府”,则一定刊于晚年。刊印的底本则是宪使牧庵先生出示之本,究竟是个什么样的本子,单从云谦跋中无从知道。但从大德本中“桓”字几乎全避,“桓”字为北宋末帝赵桓之讳名,而南宋首帝赵构之“構”字多处不避,惟卷十第九叶下半叶第九行“構”字缺末笔,此叶刻工为“万”,署名刻工为“万”的刻叶很多,字体悉同,不存在补刻问题,可能是此叶刻完,已至高宗登基之时。故其底本或刊于北宋末,终于南宋初。当然亦有可能底本就刊于南宋初,大德本在覆刻宋本时保留了底本的部分避讳。因凡是南宋刻本,特别是南宋初中叶刻本,绝大多数避讳北宋末帝赵桓之“桓”字,这是为了纪念北宋最末一位皇帝。在现存南宋刻本中检索北宋帝讳,发现“桓”字是避讳次数最多的讳字。无独有偶,今上图藏一部南宋初杭州刻本,惜仅存卷十六至十九凡四卷,避北宋讳极谨,南宋诸帝不讳,残卷未出现“構”字,无法知晓其余卷次是否“構”字避讳,但就北宋避讳而言,大德本之避讳大部分与杭州本相同,而“桓”字多同。大德本因刊于元代,避宋讳自然不谨,但亦部分保留了底本之讳,而且与杭州本多有相同,这就说明大德本很可能就出自于这个南宋初的杭州本。同时,大德本与杭州本行款一致,均为每半叶十一行二十字,则更增加了覆刻的可能性。

大德本出于南宋初杭州刻本尚有一证:大德本卷十六第四叶第九行“謗道己者心”五字顶格,而杭州本未有“謗”字,大德本则有此字。很可能是杭州本佚掉此字,而大德本在覆刻杭州本时发现了这个佚字,于是刊印时增补此字。但在每行字数上,比原本多了一字。其做法是在此行首字位置挤入此字,致使此行变成二十一字,而其他每行仍为二十字。从大德本所挤入此字的状况看,此行开首“謗道己者心”五字占据了原四字空间,五字明显笔划变粗,挤刻痕迹明显,以下则与原本各字位置一一对应。为了不改变整个版面行款，只能采用这种不得已的挤刻方法，更说明底本行款一定是每行二十字，这个行款恰恰与杭州本相同，实际也是大德本覆刻杭州本的证据。徐建委认为上图藏大德七年云谦刻本："根据这个刻本的跋，可以确定此本为影刻北宋廿二行本。"①徐文言其影刻，但通过大德本挤刻添字即可知道，并非影刻，当言覆刻更适。覆刻本是与原刻行款、版框大小、边栏、书口等相同，而字体不一定相同，影刻者上述必须都相同。此外，大德本的段末或文中间有小字双行注文，这些注文亦出现在杭州本上。两本在文字上基本一致，很少出现异文（见下论证）。据此可以判断大德本的底本当即南宋初杭州刻本。

在解决了大德本的版刻问题后，我们再看各家著录。在近现代学者中，由于未能目验俄藏海源阁本，有不少都是推测之语。或是虽然目验，在与他本比较时仅凭记忆，匆下结论，致使版本著录或有讹误，或混淆版本。潘景郑云："《说苑》以海源阁所藏宋本为第一，次则大德覆北宋本。"②在此，潘氏将海源阁本和大德本分作两个版本，实际上海源阁本就是大德本。又如关于北大本与此本的关系，《藏园订补郘亭知见传本书目》卷七著录曰："此本（北大本）虽行款与海源阁本同，而字体不类，是翻刻本，宋讳不避。"③比对两本字体，几乎完全相同，确有极个别字划稍有粗细之分，这是刷印时间稍有先后之分。程翔《元大德七年云谦刻本〈校正刘向说苑〉考略》云："北大本与黄丕烈所说的'校正说苑'本是什么关系呢？当是同一版本。何以为证呢？证据就是上海图书馆现藏元大德癸卯冬十月云谦刻本《校正刘向说苑》。""其实，此本（元大德七年云谦刻本）不应是'元翻宋刻'，而是'元影宋刻'，其影刻所据底本即为北大本，也即为黄丕烈'校正说苑'本。"程文

① 徐建委：《刘向〈说苑〉版本源流考》，《文献》2008年第2期。

② 潘景郑：《明嘉靖本说苑》，《著砚楼书跋》，上海古籍出版社2006年版，第167页。

③ （清）莫友芝撰，傅增湘订补，傅熹年整理：《藏园订补郘亭知见传本书目》，中华书局2009年版，第494页。

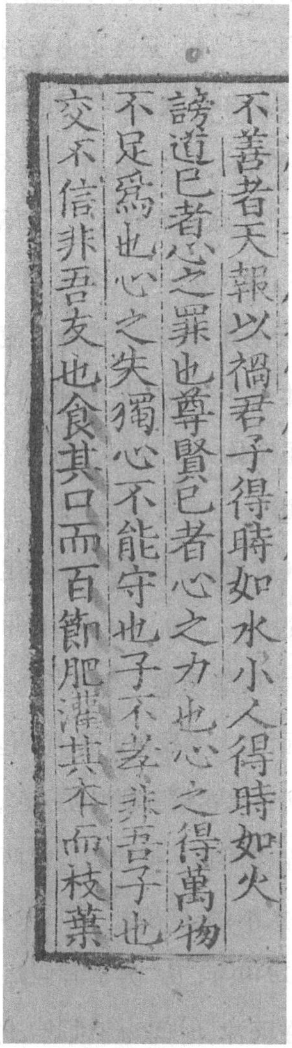

不善者天報以禍君子得時如水小人得時如火
謗道巳者心之罪也尊賢巳者心之力也心之得萬物
不足爲也心之失獨心不能守也子不孝非吾子也
交不信非吾友也食其口而百節肥灌其本而枝葉

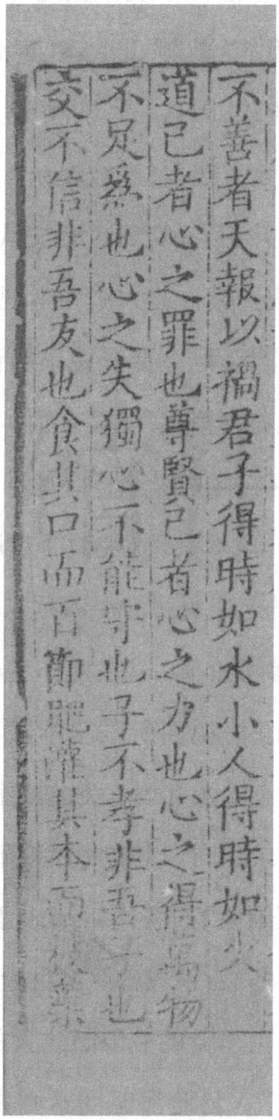

不善者天報以禍君子得時如水小人得時如火
道巳者心之罪也尊賢巳者心之力也心之得萬物
不足爲也心之失獨心不能守也子不孝非吾子也
交不信非吾友也食其口而百節肥灌其本而枝葉

俄藏元大德本(左)与上图藏宋杭州本(右)《说苑》
卷十六第四叶 B 面第九行挤刻"謗"字

谓北大本与黄丕烈本"当是同一版本",虽然不是十分肯定,但是已经接近事实。直到数年后,程先生目睹俄藏海源阁藏本书影后,始于《发现莫斯科国家图书馆藏宋版〈说苑〉》再次言及:"发现这两个刻本字体高度吻合,几无差别,也是白纸,简直就是同一版本。""此本(元大德本)现藏于上海图书馆，笔者查看过此本，认为最接近海源阁本及北大残本。”但是，程文又认为上图藏元大德本“影刻”北大本、黄丕烈本，因而“最接近海源阁本及北大残本”，则显然讹误，因这三本实均为大德七年云谦刻本，只是海源阁本被割去云谦跋、北大为残本，遂被误认。秦桦林《元大德七年云谦刻本〈校正刘向说苑〉考略补正》一文曰：“程文认为北大藏残本与黄丕烈旧藏本‘当是同一版本’，值得商榷。北大藏残本现存十卷（卷一一至卷二〇），卷端题‘说苑卷第几’（李盛铎《木犀轩藏书题记及书录》），与黄丕烈旧藏本卷端所题‘校正刘向说苑卷第几’明显有别，二本并非同版。傅增湘早已指出此二本在字形方面存在区别：‘余详绎此本，虽字体方正，行款与海源阁藏宋本合，然气息孱薄。’虽然只是对版本‘观风望气’，不够详尽具体，但由于傅增湘是为数不多的亲眼见过海源阁藏宋本《说苑》的专家，他的鉴定意见至今仍具有重要的参考价值。”①在此作者通过转引即断定两本“并非同版”，颇为武断。事实上，海源阁所藏全本仅卷首序题及卷一卷端有“校正刘向”四字，其他各卷卷端及卷尾皆无此四字，而北大本残存十卷中不包括卷首序及卷一，自然著录不同。秦文将两个不同卷次卷端所题混在一起，以为所有卷次皆有“校正刘向”四字，实因未目验全本而致。傅氏目验过两书，据《藏园群书经眼录》所载，傅氏曾两次目验北大本：一是在甲寅即1914年为李盛铎代收时；二是在李氏藏书售归北大的1940年，从“典掌者假归，以程荣《汉魏丛书》校之”。目验海源阁本则是在天津，时间为丁卯年，即1927年10月29日。实际上，傅增湘还于1931年2月目验过上图藏本，并作了著录，迻录云谦刊跋，云：“此本字迹结体方整，而笔意圆浑，似元翻宋刻，竢再考之。”②但遗憾的是，并非同时并案对校，而是仅凭记忆，故实难做出准确的判断。鉴书以目验、对勘为基础，当是治学之科学态度。

---

① 《文学遗产》2010年第2期。

② 傅增湘：《藏园群书经眼录》，中华书局2009年版，第460页。

(三)俄藏大德本《说苑》的递藏源流

俄藏大德本最早之题记为“嘉靖四十一年六月看毕,是日立秋”,下钤朱文方印“张氏收藏”。可知,最早经明代嘉靖时期的张姓人士收藏一过。“汝南郡图书记”“文春桥畔□□□”两印较古,或亦在明代,前者当是祖籍为河南汝南的收藏家。自黄丕烈跋可知,清中叶,大德本曾流于吴门市肆,先为郡东之王府基墨古堂周氏以二百四十文从一老者手中收得,周氏初以为是明刻本,以一千四百文售于陶珠琳。其后,陶氏又以三十金高价售于黄丕烈。据黄丕烈在跋程荣本时曰:“丁卯六月十二日,五柳先生以杨州寄到廿二行、行廿字本宋本示余,因手勘一过,较小读书堆所藏残本为胜。”①据此可知,黄丕烈是嘉庆十二年(1807)六月得到此书的。周氏闻陶氏言之乃宋刻,遂又悔之,欲来索观,黄丕烈因担心再起争端,遂秘不示人。黄氏得到此本后主要做了三件事,其一,更正错简,将原书卷四、卷五中互有错简的悉数更正,所以今本已经看不到错简了。将卷二第五叶缺佚用咸淳本补写,并在卷末补录咸淳本卷十九、二十之刊校衔名。其二,重新装池,据黄跋称“余初得此书时,见其中有签题云‘说苑六册’,无宋刻字样”,现在见到的函套封面上所题“说苑廿卷 宋刻 十册全函”为皮纸贴签,当即黄丕烈重新鉴定和改装为十册后所题,黄跋末题“嘉庆岁在丁卯秋八月白露后二日,士礼居重装并记”,表明是在嘉庆十二年八月重装,《楹书隅录》卷三著录为“十册一函”,我们今天看到的十册函套本即是当年黄丕烈重装本。其三,校勘宋咸淳本和程荣《汉魏丛书》本。黄跋称:“取校咸淳重刊本,实多是正,即如卷六‘阳虎得罪’章,多‘非桃李也’四字。卢抱经《群书拾补》中据《御览》以为有‘非桃李也’四字,讵知宋刻初本固有之耶。其他佳处不可枚举,

① 黄丕烈校跋明万历程荣《汉魏丛书》本,今藏国图,索书号为00898。

余悉校诸程荣本,以供同好之传录云。”黄丕烈校跋咸淳本今藏国图(3885),黄校以浮签形式夹在校叶之内,凡一百零二条,惜仅校至首六卷。黄丕烈以四种本子校咸淳本,其中以大德本为主。这也是首次以大德本校咸淳本,其所校可见大德本的精审与珍贵,同时也提升了咸淳本的版本价值。卢文弨《群书拾补》本是最早对《说苑》诸本校勘的本子,但未用大德本校。黄丕烈跋程荣本曰“宋刻二十二字(当为‘行’字)、行二十字本,已归艺芸书舍”,该本有黄跋四则,时间最晚者为道光元年二月,亦即在此之前,大德本已售诸汪氏,据钤印有汪文琛,盖即文琛得后传于子汪士钟,其《艺芸书舍宋元本书目》“宋本”部分著录“说苑二十卷”当即此本。

杨氏藏书的高峰时期,是在杨以增出任江南河道总督的近八年时间里,而此时正是汪士钟等江南大家藏书散出之时,书贾往往携书沿运河北上高价兜售。汪士钟收藏宋元椠颇多,《艺芸书舍宋元善本书目》著录三百一十九种宋本,顾广圻序云:“汪君阆源藏书甚富……凡于有板以来,官私刊刻,支流派别,心开目了,遇则能名。而又嗜好所至,专一在兹。仰取俯拾,兼收并蓄,挥斥多金,曾靡厌倦,以故郡中传流有名秘籍,搜求略遍。远地闻风,挟册趋门,朝夕相继。如是累稔,遂获目中所列宋若干种,元若干种,既精且博,稀有大观。海内好古敏求之士,未能或之先也。”①但道光末年至咸丰十年以前,汪氏藏书由其子孙全部散出,其中以咸丰元年(1851)至二年为最多。而这两年恰是杨以增督河期间购书最多的两年,所购很大一部分为汪士钟所藏。潘祖荫《艺芸书舍宋元善本书目》跋云:“咸丰庚申(十年)以前,其书已散失。经史佳本,往往为杨至堂丈所得。兵燹以后,遂一本不存。”②江标亦云:“吾郡黄荛圃先生所藏书,晚年尽以归之汪阆源观察。未几,平

① 转引自(清)叶昌炽:《藏书纪事诗·汪士钟阆源》,《藏书纪事诗附补正》,上海古籍出版社1999年版,第615页。

② (清)潘祖荫:《〈艺芸书舍宋元善本书目〉跋》,《艺芸书舍宋元善本书目》卷末,同治十二年潘祖荫滂喜斋刻本。

阳书库扃钥亦疏,在咸丰辛亥(1851)、壬子(1852)间,往往为聊城杨端勤公所得。"①《楹书隅录》著录二百六十余种书中所载汪氏书高达五十种,占五分之一,显然汪氏书为杨氏收藏之主要来源。故缪荃孙云:"艺芸所收,悉出士礼,后归海源阁、持静斋为多。"②这两年的购书在《楹书隅录》中记载最多,如咸丰元年,以增在清江得宋淳熙七年池阳郡斋刻本《山海经》、宋本《韦苏州集》、宋本《孟东野诗集》,咸丰二年得北宋本《淮南鸿烈解》等,这些善本都曾为汪士钟藏。同时,咸丰元年,杨以增又一次去苏州访书,此次所收如宋乾道七年蔡梦弼东塾刻本《史记集解索隐》、元本《增刊校正王状元集注分类东坡诗》等亦为汪氏藏。杨绍和云:"咸丰初,扬州始复,南北各军往来淮上,往往携古书珍玩求售。"③在俄藏六种宋元本中,除此本外,尚有《淮南鸿烈解》《三谢诗》皆为汪氏所藏。大德本《说苑》钤有"杨以增印",盖在此一时期收得,其后传于子杨绍和、孙杨保彝、重孙杨敬夫。《楹书隅录》卷三迻录黄丕烈两跋,其中有与原文不符者三处,嘉庆十二年(1807)八月跋中"而两书皆得尽美尽善之本"之"得"字脱去,嘉庆十二年(1807)九月跋中"周邀同业某来索观,余秘不之示","某"字脱去,"不之"倒作"之不",后者似是有意改之,而"得""某"皆不应脱去。俄藏本还钤印"御史鹏运之章""半塘"两方,实为王鹏运之章。海源阁向来扃闭深严,但对识书契交例外,光绪十三年丁亥(1887)九月,王鹏运、许玉瑑曾登海源阁同观元本《稼轩长短句》诸书,杨保彝并借此本与元本《东坡乐府》刊印出版,④而大德本《说苑》亦当出借善本之一。1927 年,聊城匪患严重,杨敬夫为避免损失,于此年夏趁机将二十六部宋本率先运出海源阁,至天津租界寓所保存,其后被迫出售,1927 年 11 月王君九抄价 5000 元,稍后王献唐抄价

---

① 《〈聊城杨氏海源阁藏书目〉跋》,《聊城杨氏海源阁藏书目》卷首,清光绪十三年江标刻本。

② (清)缪荃孙:《艺风藏书记》,上海古籍出版社 2019 年版,第 310 页。

③ (清)杨绍和:《金本〈新刊韵略〉题识》,《楹书隅录》卷一,光绪二十年杨保彝刻本。

④ (清)杨保彝:《元本〈稼轩长短句〉题识》,《楹书隅录续编》卷四。

5500元，至1929年2月叶恭绰抄价则涨至6000元①，最后由日人购买，入藏当时由日人控制的“满铁”大连图书馆。其时周叔弢曾欲购买，惜因财力不足，其在宋本《新序》题记中云：“余收此书时，若能举债并《说苑》《荀子》《管子》《淮南子》同收之，岂不大妙乎？余生平务实而不蹈虚，亦自有短处。”②《藏园群书题记》卷六《校宋本说苑跋》所录各卷校语，其中“‘已雕已琢’章，末注‘一本自“直而不能枉”别作一段’”系在第十五卷后，经查实在第十六卷中。王雨《海源阁藏书六种善本流失情况》著录卷端署名为“阳朔鸿嘉四年三月己亥护左都□使　光禄大夫臣刘向上”，经查与原书著录不符，未见“阳朔”二字，“□”实为“水”字，“光禄大夫”前空格有“者”字，而“水”“者”两字皆清晰可见，不知为何分别以“□”和空格形式标示。《海源阁藏书六种善本流失情况》《藏园群书题记》《藏园群书经眼录》《记大连图书馆所收海源阁藏宋本四种》等虽皆有著录，其中郦承铨所见仅为第十九卷首页前半叶，但语焉不详，尚不能体现版本全部特征。以上著录或迻录有与原文不符者，甚至间有讹误。

（四）俄藏大德本与存世宋刻本、明抄本之关系

元大德本除俄藏本、上图本及北大残本外，与其行款、书口、边栏完全相

① 王君九抄单见《张元济傅增湘论书尺牍》，即1927年11月30日张元济致傅增湘书，商务印书馆1983年版，第181—182页。张元济于信中云“昨得王君九兄来信，谓海源阁有宋元本二十六种，捆载到天津出售，并抄来清单一纸。”知君九致信时间为1927年11月29日以前；王献唐书单见王献唐《海源阁藏书之损失与善后处置》（《山东省立图书馆季刊》1931年第1集第1期），具体时间未有说明。但据书单上售书数量来看，只比君九少《孟东野诗集》和《孟浩然集》两种来看，则一定在恭绰书单之前，因为恭绰书单只剩下17种。叶恭绰书单见《张元济傅增湘论书尺牍》第199—200页，即1929年2月16日张元济致傅增湘书，则恭绰书单应在此时间之前。

② 《周叔弢批注〈楹书隅录〉》，北京图书馆出版社2009年版。

同的尚有一部南宋初杭州刻本,今藏上图(788328—29)①,残存卷十六至十九。因杭州本是现存最早的版本,故有必要对其详究。前揭大德本出于南宋初杭州刻本,主要是从避讳、行款及挤刻等方面进行了论证。如果从文字上对校,杭州本四卷中异文只有十一处(见下校勘记,另有两处因杭州本卷十九残缺不全而无法确定),属杭州本误者六处,如大德本"者"字,杭州本误作"也",其他"阜"误作"负"、"由"误作"田"、"积"误作"帻"、"祢"误作"狝"等,这些误字多为形近而误,大德本发现误字,于是改过。大德本之误有五处,但有几处怀疑是初版间隔时间太久,再度刷印时有字块脱落,如"喑"作"言",从书写位置上看,"口"字边明显有空白位置,"玉"作"王",疑是脱落一"、","夫"作"天",疑是"天"字上脱落一竖。大德本与其他本子如明抄本、南宋咸淳本相较,异文要远远多于杭州本(可参见"学术价值"部分)。故此仅从异文少、文字高度相同这一点上,大德本出于杭州本亦是可信的。

尚有一个和大德本关系密切的明抄本②流传下来,今藏国图(07485),

① 此本存四卷二册,卷十六至十九,卷十六缺三叶,卷十九"天子、诸侯无事则岁三田"之"益主虞,山泽"以下缺,卷二十存两叶。无序跋。卷十六首行顶格题"说苑卷第十六",次行低二格题"鸿嘉四年三月己亥护左都水使者光禄大夫臣刘向上",第三行低三格题篇名"谈丛",正文顶格。版框高广为 22 厘米×14.2 厘米。刻工有洪茂、洪新、徐亮、许明等。"玄""敬""驚""貞""征""讓""穰""桓""完""莞"等讳皆缺末笔或末二笔,无"構"或"購"字,而"慎""敦"等讳皆不缺笔。凌宴池跋曰"此南宋初年刻",曹元忠《笺经室遗集》卷十一称"当是南宋初年刻本"。其中刻工洪茂、洪新为南宋初杭州地区刻工,曾参与多部宋椠浙本的刊雕工作,如国图藏南宋初杭州刻本《新序》十卷(08138),与此本版框尺寸略同,行款、书口、边栏俱同,检洪茂、洪新所刻叶码之字体几乎相同,《中国版刻图录》:"刻工洪茂、洪新皆南宋初年杭州地区良工,因推知此书当是绍兴间杭州地区刻本。"又日本大东急记念文库藏宋绍兴十八年(1148)刻本《大方广佛华严经》八十卷,卷末题"钱塘洪茂刻",可见定其为南宋初杭州刻本不误。

② 明抄本卷首署"嘉靖四年己巳季冬月贵州提学副使余姚王守仁书",钤印"潘阳胡氏果泉藏书""文登于氏小谟觞馆藏本""文登于氏""海盐张元济经收""涵芬楼"等印。张元济认为署名伪造,一是嘉靖四年为乙酉,二是明官无提学副使,三是王阳明此时不在贵州,为贾人作伪。《涵芬楼烬余书录》,《张元济古籍书目序跋汇编》中册,商务印书馆 2003 年版,第 552 页。

其传抄本为平湖葛氏收藏，后为《四部丛刊》收录，并为各家整理点校本当作校本。该本九行十五字，左右双边，上线尾下题“说苑卷几”，下题叶次，双鱼尾。卷首依次曾巩序、目录、刘向序，以下为各卷正文。首先，从避讳上考察，两本大致相同。大德本全书仅一处“恒”字缺笔，即卷八“恒治之民”之“恒”，此字在明抄本第八叶上半叶第八行，亦缺笔，而咸淳本不缺笔。大德本避“桓”字，明抄本虽然不如大德本避讳那样严格，但仍然有多处同字避讳的情况出现，其中卷八仅有两处不避，其他皆避，如第二叶上半叶第八行、第四叶下半叶末行、第五行前半叶第三行与后半叶第四行、第六叶下半叶第七行、第七叶上半叶第四、六、七、八行、第九叶上半叶第五、六、七、九行、第十三叶上半叶第七行与后半叶第二、六(两个)行、第二十一叶上半叶第四、五(两个)、六、七、八行与下半叶第三、五、八行的“桓”字等。大德本卷十第九叶下半叶避“構”字，明抄本在卷十第十五叶上半叶第五行，亦缺笔。大德本有的不缺笔，而明抄本亦有缺笔的，如“構”字；有的缺笔如“桓”“敬”字，明抄本则有的不缺笔。但是有一个共同的基本事实，即“桓”“恒”“構”三字皆缺笔，而且位置大致相同。可以看出，明抄本与大德本的避讳如出一辙，只是明抄本的避讳更加随意，这可能与抄写不谨有关。杭州本避讳严格，咸淳本避讳亦较多，尤其是南宋中晚期，两本与明抄本仅避“桓”“恒”“構”的情况迥然不同，明抄本出于这两本的可能性不大。同时，基于避讳，明抄本亦不可能源于明刻诸本，如国图藏明初刻本、明建文四年钱古训刻本、明嘉靖二十六年何良俊重刻《说苑》《新序》本、明万历程荣刻《汉魏丛书》本等等，因为这些刻本皆不避宋讳。

其次，对勘内容，与大德本多同。嘉庆间黄丕烈跋元大德七年云谦刻本(今藏俄罗斯国立图书馆)云：“取校咸淳重刊本，实多是正，即如卷六‘阳虎得罪’条，多‘非桃李也’四字。卢抱经《群书拾补》中据《御览》以为有‘非桃李也’四字，讵知宋刻初本固有之耶！”黄丕烈在此将元大德本误作宋刻本，但对大德本有“非桃李也”四字而咸淳本及重刻本皆脱予以澄清。明抄本有此四字,独与大德本同,张元济云:"卷四《立节篇》'尾生杀身以成其信'句,卷六《复恩篇》'木门子高'一条及'阳货得罪'条'非桃李也'四字,黄荛圃谓明天顺本以下皆阙。此均未夺,想由宋本传录。"因今存咸淳本未载,今存南宋初杭州刻本(上图存卷十六至十九)之卷四、六皆不存,无法证实。唯有大德云谦刻本见载,而俄藏大德本因失去云谦跋,常被误作宋刻本甚或北宋本。张文循黄跋之说,以为明抄本"想由宋本(实即大德云谦本)传录",不无道理。徐建委谓"此本特征与黄丕烈描述的宋廿二行本一致,如'阳虎得罪'章,有'非桃李也'四字,'醻而不让',作'醻',及各章节异文等等,与咸淳本、明刻本皆不同,而与云谦本同,可见这个抄本抄自宋廿二行本或云谦本。"①徐文在前人基础上进一步扩充证据。再从大德本卷十六挤刻"謗"字,南宋初杭州本无此字,明抄本此字不缺,说明其不可能出于后者,而只能出于有"謗"字的大德本。就全本文字对勘而言,明抄本与咸淳本异文较多,咸淳本的很多讹误,明抄本不误,而与大德本的异文不多,一些古字如"醻""醽""聰"等皆相同。再次,在分章上,明抄本与大德本一致,而与咸淳本等多不同。综上可知,明抄本不可能出于杭州本、咸淳本或明刻诸本,必出于大德本。

当然,明抄本也对大德本进行一些改动,如抄本将大德本卷端"校正刘向说苑卷第一"改作"说苑卷第一",次行署名悉数删去,且改变行款。大德本有些如"於""爲"等字,抄本改作"扵""為"等,都是为了提高抄写时效而采用了简笔省写,无关内容。同时抄本亦有随手疏忽之误,大多为形近而误。当然亦有改正底本之误。尽管这些都造成了两本一定的异文,但尚不足动摇明抄本出于大德本的结论。明抄本出于大德本,但卷末未见云谦刊跋。盖所抄底本已佚去刊跋。检今存三部大德本,只有上图藏本有云谦跋,北大因残本不存,俄罗斯藏本尽管是全本,但卷末云谦跋被书贾割去。明抄

① 徐建委:《刘向〈说苑〉版本源流考》,《文献》2008年第2期。

本当抄自无刊跋的大德本。

在存世宋元刻本中，南宋咸淳刻元明递修本应该引起注意，今国图、上图、台湾“中央研究院”傅斯年图书馆各藏一部。咸淳本每半叶九行，行十八字，白口间有黑口，卷末有咸淳乙丑衔名刊记。咸淳本究竟出于何本？在没有直接证据的情况下，我们可以通过对勘文字来加以判断。今将咸淳本和大德本全本对勘，发现两本相同之处很多，如卷七第二第三叶第九行“少焉，两国有难”之“少焉”二字，大德本、咸淳本当误，明抄本将其移至第八行“子路见公”之前，文通字顺，向宗鲁《说苑校证》（以下简称向本）从之。卷七第十五叶上半叶第六叶“孔子见季康子，康子来说”之“来”字，抄本则改为“未”字，向本从之。卷八第十二叶上半叶“以得有武之功”，“有”字实为“友”之误，前句有“以得友士之功”，可知其误。抄本改之“友”，是。这些显然都是抄本有意改之。卷九第十叶上半叶第七行“请赏之，明君之好善；礼之，以明君之受谏”之“明君”二字前，明抄本有“以”字，当是，以和后句句式相合，而大德本、咸淳本皆误。卷十第三叶上半叶第九行“夫舌之存也，岂非以其治之柔耶?”之“治之”二字，当衍，咸淳本亦有，而明抄本删去，是。大德本中的一些讹误，有很多与咸淳本相同，说明祖本即是如此，其当是源于同一个底本。咸淳本虽然亦有有意改之，但远非明抄本那样多，抄本的新改之处，咸淳本并未改过。卷十一第七叶下半叶第七行“臣独何以不若榜枻之人”之“独”字，咸淳本从大德本，而明抄本移至“何以”之后，不若大德本更佳，向本从之。抄本的抄录之误或有意改字，咸淳本不误或不从，咸淳本之讹误除了底本之误外，更多的是本身翻刻不谨造成的。这也说明咸淳本与大德本的高度一致。前揭大德本底本为南宋初杭州本，咸淳本自当亦出于此本。只是咸淳本翻刻，但更多的则由于补修讹误多，造成与杭州本、大德本亦有异文的现象。将咸淳本对勘杭州本四卷，有五十处异文，但咸淳本原刻叶异文极少，绝大部分在修补叶上。咸淳本“谤道已者”之“谤”字为卷十六第六叶上半叶第四行顶格首字，而且此叶是原刻，没有挤刻痕迹，其前后两行的字数皆为十八字。这就说明,咸淳本发现了这个佚字,但由于咸淳本有自己的翻刻版式,当然没有必要按照原本的每行字数来实施雕版,只需按已刻既定的版式雕字即可,故不存在挤刻现象。不过从咸淳本发现“谤”字佚去并增补此字来看,其校勘是极为精审的。但非常遗憾的是,咸淳本原刻叶不多,很大部分为修版。

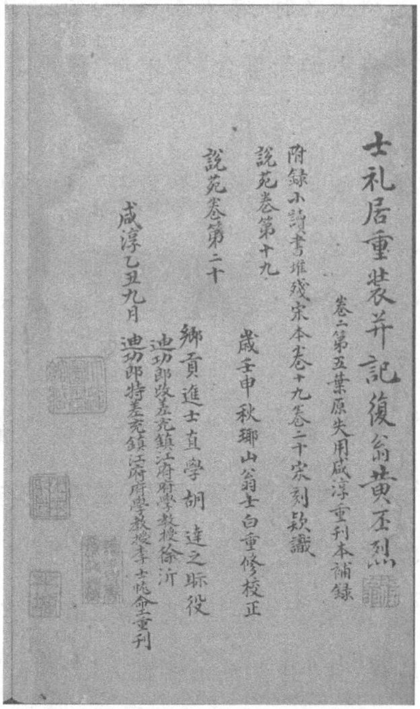
士礼居重装并記復翁黄丕烈
卷二第五葉原失用咸淳重刊本補録
附録小讀書堆残宋本卷十九卷二十宋刻欵識
說苑卷第十九
歲壬申秋瑯山翁士白重修校正
說苑卷第二十
鄉貢進士直學胡　達之幹役
迪功郎改差充鎮江府府學教授徐沂
咸淳乙丑九月　迪功郎特差充鎮江府府學教授李士悦命工重刊

俄藏大德本《说苑》卷末黄丕烈抄录咸淳本校刊衔名

(五) 俄藏本《说苑》的学术价值

尽管俄藏大德本刻印已晚,但并不影响其版本价值。前揭黄丕烈跋已明言,潘景郑亦云:“《说苑》以海源阁所藏宋本为第一,次则大德覆北宋本,犹不改旧观,咸淳本则当逊而居乙矣。明代所刻凡五本:曰正德本(楚藩所刊大字本,每半叶十行,行十九字);曰天顺本(未见);曰嘉靖本(何良俊所刊，每半叶十行，行二十字）；曰程荣本（《汉魏丛书》本）；曰何镗本（《重刻汉魏丛书》本）。嘉靖以前，互有得失，以视宋元椠本，则犹小巫之见大巫矣。”①大德本的价值体现在多个方面，兹将其梳理于下。

首先，大德本各段末或卷中有小字双行校记二十一处。这些校记多为后传诸本所忽视，笔者在此不惜篇幅将其辑出，以冀学者重视。

卷一一处，“楚昭王之时”章末注“《史》作：今移祸，庸去是身也”。

卷二一处，“齐威王游于瑶台”章末句“何患国之贫哉”末注“一作：也”。

卷三一处，“魏武侯问‘元年’于吴子”章“官执民柄者不在一族”之“民”字后注“一有‘之’字”。

卷七一处，“子产相郑”章末注“一本自‘子产之从政也’别作一段”。

卷八三处，“春秋之时”章“将乞师于楚以取全耳”句末注“或作：身”，“宋司城子罕之贵子韦也”条末注“奚或作：可”，“子路问于孔子曰”章“中行氏虽欲无亡”之“无”后注“一作：不”。

卷九四处，“秦始皇帝太后不谨”章“萯阳宫”末注“一本作：棫阳”，“楚庄王筑层台”章“楚又危加诸寡人”之“危”字后注“一作：色”，“荆文王得如黄之狗”章“得舟之姬”之“舟”字后注“一作：丹”，“越王勾践乃以兵五千人栖于会稽山上”之“人”字后注“一作：入”。

卷十三三处，“圣王之举事”章“上谋知命，其次知事”之“次”字后注“一有‘者’字”，本章“尧之九臣诚而兴于朝”之“而”字后注“一有‘能’字”②，“杨子曰”章末注“其知，一作：其言”③。

① 潘景郑：《明嘉靖本说苑》，《著砚楼书跋》，上海古籍出版社 2006 年版，第 167 页。

② 丁案：原字写法极似“佳”字。咸淳本有此“能”字，抄本无“能”字，此为咸淳本佳处，向本有考，以为“而”字衍。

③ 丁案：此实指前句“杨子智而不知命，故其知多疑”之“其知”二字。

卷十五一处,“内治未得”章“大为天下笑”之“笑”前注“一有‘戮’字”。

卷十六一处,“已雕已琢”章末注“一本自‘直而不能枉’别作一段”。

卷十七一处,“孔子见荣启期”章“吾既已得为男,是二乐也”之“是”字后注“一有‘为’字”。

卷十九三处,“春秋曰:壬申”章“曰左右之路寝”之“路”字前注“一作:大”,“天子以鬯为贽”章“鬯者,百草之本也”之“百”字后注“一作:香”,“乐者,圣人之所乐也”条末注“啴奔、慢易,一作:啴谐、慢易”。

卷二十一处,“季文子相鲁”章末句“仲孙它慚而退”末注“它,他本皆作:忌”。

这些校记以“某作某”“一作某”“一有某”“某或作某”“某别作某”等形式出校。一是版本校,包括刊印者的理校,如“奚或作:可”“或作:身”等;引用他本的死校,如“一作:色”“它,他本皆作:忌”“一有‘戮’字”。由于《说苑》是语录对话体,故各本在分段上常有出入,注文于此有所体现,如“一本自‘子产之从政也’别作一段”“一本自‘直而不能枉’别作一段”等。二是引证史料,惜仅一条。校记不多,却有很高的校勘价值:其一为解读原文提供材料,或可校补大德本之误。如卷一“痛为去是人也”句的注文“《史》作:今移祸,庸去是身也”,出处为《史记·楚世家》。“庸”为“岂”之意,于意相通,而“痛”显误,大德本底本即此,故有此注。明抄本改作“庸”,当是。向本作“庸”,其《说苑校证》曰:“《史记》作‘庸去是身乎’,《列女传》作‘庸为去是身乎’,文意并同。‘庸’犹‘讵’也。”①卷九“取皇太后迁之于萯阳宫”下注“一本作棫阳”,向本转引卢文弨校曰:“《史记·始皇本纪》:‘迎太后于雍。’则作‘棫阳宫’为是。萯阳在鄠阳。”又案曰:“《御览》引下文皆作

① 向宗鲁:《说苑校正》,中华书局1987年版,第24页。

'棫阳',是也,《始皇本纪·正义》两引、及《吕不韦传·索隐》《汉书·邹阳传注》应劭注、《后汉书·苏竟传注》引,皆作'咸阳宫',上文云:'战咸阳宫',下文云:'归于咸阳',则此所迁,决非咸阳明矣,而诸引悉皆如此,岂'棫'误为'咸'欤?"①结合上下文意,言"棫阳宫"当是。卷九"荆文王得如黄之狗"章"得舟之姬"之"舟"字后注"一作:丹"。丹,地名,即丹阳,今湖北省秭归县,当作"丹"字,大德本此"舟"字或为形近而误。三是可考证版本源流。如果和南宋初杭州本对校,两本卷十六至十九凡五条中除最后一条因杭州本缺文外,其他四条全同,这说明大德本据此翻刻的杭州本已经有了这些校记,非大德本刊印时添加,当然这也是大德本出自杭州本的证据之一。同时也说明在北宋末南宋初以前,《说苑》有多个本子流传。如卷七"子产相郑"条末注"一本自'子产之从政也'别作一段",大德本、明抄本、咸淳本皆不分段,一本分段者究竟是哪个本子?向本考曰:"卢曰:'元本提行。'承周案:宋本及各本皆不提行,《后汉书·胡广传注》引此,亦连上文,今仍从各本。"②即卢文弨参考的这个元本是个分段的本子。从上下文衔接来看,下句"择能而从之"正是承上而来,不分段是。卢文弨《群书拾补》中卷首序称元本为"元时坊本",当即今存北大之元麻沙小字本。麻沙本不仅脱落甚多,且讹误不少,连分段也常有误分,与卢说一致。但因这些校记都是照录覆刻的底本,故而元麻沙本的底本很可能就是大德本校记中参校的"一本"。

明抄本不载这些注文,除了对卷一末注"痛"字径改为"庸"外,其他均予删去。删去原因或认为引注与原文意思相近者或衍字者或确误者,如卷二"齐威王游于瑶台"条末句"何患国之贫哉"末注"一作:也","哉""也"字义相近;卷九"楚庄王筑层台"章"楚又危加诸寡人"之"危"字后注"一作:色","色"字误。但有些所删亦有可商榷之处,如卷九"舟"注"一作:丹",

---

① 向宗鲁:《说苑校正》,中华书局1987年版,第215页。
② 向宗鲁:《说苑校正》,中华书局1987年版,第165页。

“丹”字即不应删去。这样的处理方法显然不如咸淳本,咸淳本对注文的处理有三种,一是删去八处。二是据引注径改原文四处,卷十三“尧之九臣诚而兴于朝”之“而”字后加“能”字;卷十五“大为天下笑”之“笑”前注“戮”字;卷十六“直而不能枉”句据引注提行;卷十七“是二乐也”之“是”字后加“为”字。三是逐录注文九处,卷八“或作:身”“一作:不”“一本作:我(丁案:当‘械’字之误)阳”“一作:色”“一作:丹”“一作:入”“一作:大”“一作:香”“它,它(大德本作他)本皆作:忌”。删去者可能不同意注文者,但其判断间有失误,如“痛为去是人”注文。逐录引注者似遵原文,不作改动。径改者则表示同意注文意见。这样的处理方法,一方面体现了刊印者对原文引注异文的看法,同时也说明咸淳本对原文进行了改动,并为咸淳本和大德本源于同一底本添一证据。

其次,通过对勘,可以校正诸本之讹误。在现存诸本中,大德本、咸淳本、南宋初杭州本及明抄本是最主要的版本,现将大德本卷十六至十九凡四卷(杭州本仅存四卷)与此三种版本对校,附表于下。

元大德本卷十六至十九与咸淳本、杭州本、明抄本校勘表

元大德本卷次—叶次—行次	元大德本	南宋咸淳本	南宋初杭州本	明抄本	勘误
卷 16-4B-9	谤道己者	不脱	脱	不脱	脱,误
5B-7	直而不能枉,不提行	提行	不提行	不提行	提行,误
5B-10	能忍辱者存	忠	忍	忍	忠,误
5B-11	留事者莫甚于乐	孝	者	者	孝,误
6A-7	泽于膏沐	择	泽	泽	择,误
7A-9	患在不忠	患	忠	忠	患,误
7B-11	则下正而民朴	扑	朴	朴	扑,误
8B-10	忠行乎群臣,则仕可也	士	仕	仕	士,误
9B-1	冻寒死者,可去也	者	也	者	也,误

续表

元大德本卷次—叶次—行次	元大德本	南宋咸淳本	南宋初杭州本	明抄本	勘误
11B-4	得而失之	夫	失	失	夫,误
卷17-3A-7	南宫项叔	官	宫	宫	官,误
3B-1	务大者固忘小	恐	忘	忘	恐,误
3B-8	其趣也一者,何也	同上	同上	“趣”后有“一”	脱“一”,误
3B-9	鲁穆公	曾	鲁	鲁	曾,误
4A-3	妻善哭其夫	吾	善	善	吾,误
4A-4	髡未睹也	禾	未	未	禾,误
4B-3	西闾过东渡河,提行	不提行	提行	提行	不提行,误
6A-5	楚昭王召孔子,提行	不提行	提行	提行	不提行,误
6A-8	子贡者,不空格	不空格	空格	不空格	空格,误
7B-4	居环堵之内	瑭	堵	堵	瑭,误
7B-5	治《礼》不休	伏	休	休	伏,误
8A-5	逃于河畔	逃	逃	陶	逃,误
9B-10	夫子之门何其杂也	问	门	门	问,误
10A-11	有(空格)丈夫	一	一	一	空格,误
10B-8	是襘襘者何也	有	者	者	有,误
10A-1	盖自如也	其	盖	盖	其,误
10A-11	无一日之乐也,不脱	脱	不脱	不脱	脱,误
10B-10	吾学夫子之三善	言	善	言	言,误
11B-1	子路将行,提行	不提行	提行	提行	不提行,误
11B-10	故不可不慎也	惟	慎	慎	惟,误
12A-8	鞭扑之子	朴	扑	扑	鞭扑同鞭朴
12A-10	孔子曰,提行	不提行	提行	提行	不提行,误
13B-10	孔子曰,提行	不提行	提行	提行	不提行,误

续表

元大德本卷次—叶次—行次	元大德本	南宋咸淳本	南宋初杭州本	明抄本	勘误
14A-9	遍予而无私	子	予	予	子,误
14B-1	清冷以入	不清	清冷	不清	清冷,误
16A-4	皆学之所由	里	由	由	里,误
16A-4	必有王道焉	王	王	主	王,误
卷十八-1B-1	在璇玑玉衡	王	玉	玉	王,误
2A-3	旬始	姑	始	缺273字	姑,误
3A-5	陵陆丘阜	阜	负	阜	负,误
3B-3	天国必依山川	夫	夫	夫	天,误
5A-11	由此观之	由	田	由	田,误
9B-1	土曰:然则何为?	土	土	王	土,误
13A-7、8	“死今……也义”不脱	脱21字	不脱	不脱	脱,误
13B-7	刺膝	别	刺	刺	别,误
14A-7	鸷鸟击于土也	上	土	上	土,误
15A-5	眛揥	味	眛	眛	味,误
15A-7	如有啸者声然者	肃	啸	啸	肃,误
15B-3	予非能生死人也	子	予	予	子,误
15B-7	援琴	楥	援	援	楥,误
15B-9	今者	令	令	令	令,误
卷19-2A-6	吊言	唁	唁	唁	言,误
3A-11	玉貌	五	玉	玉	五,误
3B-7	皮弁素积	积	幘	积	幘,误
5A-10	圭者,王也	玉	玉	玉	王,误
5B-2	龙狎	笼	笼	笼	龙,误
7A-2	格于祖、祢	祢	猕	祢	猕,误
7B-9	夭殀	妖	殀	殀	妖,误

续表

元大德本卷次—叶次—行次	元大德本	南宋咸淳本	南宋初杭州本	明抄本	勘误
12B-6	礼有三义	义	义	仪	字意通
13B-7	泠伦	泠	泠	伶	泠亦作伶
13B-8	解谷	解	解	嶰	解亦作嶰
15A-7	啴奔	奔	奔	谐	谐,意更适
18B-10	执木以论本	末	缺文	末	木,误
19A-10	由之改,进矣	进	缺文	过	过,误

通过上表可以看出,四种版本对校,异文不少,而上表中一些俗字等未列入其中,如是则异文更多。除去两处因杭州本卷十九残缺("主虞山泽"以下缺)而无法确定外,其中咸淳本异文最多,咸淳本与大德本对校,共有五十三处异文,其中咸淳本误三十七处,大德本误十处;咸淳本与杭州本对校,有五十处异文,咸淳本误三十三处,杭州本六处;咸淳本对明抄本有五十一处异文,咸淳本误四十一处,明抄本三处,同误者六处。大德本与杭州本异文十一处,其中大德本误四处,杭州本七处,可知大德本要优于杭州本,如杭州本将"阜"误作"负"、"者"误作"也"、"由"误作"田"、"积"误作"帻"、"祢"误作"猕"以及脱"謗"等,均有赖大德本校补,而大德本之误如"玉"误作"王"、"笼"误作"龙"、"喑"误作"言"等,又需杭州本校正;大德本与明抄本异文十九处,大德本误十二处,明抄本二处。杭州本与明抄本对校,异文十七处,其中杭州本误十二处,明抄本三处。可见,明抄本是讹误最少的本子,其次为大德本、杭州本,讹误、分章不妥最多者为咸淳本。杭州本在版本史上是现存最早的版本,故而其文物价值最高,可惜仅存四卷。咸淳本之误最多,但并非没有可取之处,亦有校正大德本和杭州本之功,其中有相当一部分与明抄本相同,是否明抄本参考了咸淳本,我们不得而知,但其改字之

功不可磨灭。大德本虽不如明抄本校勘精审,但抄本亦有讹误之处,且明抄本缺文处达二百七十余字,惟赖大德本校正、补足,至于讹误颇多并间有缺文、分章较乱的咸淳本则更需大德本的校补。

如果从异文多少去判断源流关系的话,可以推知:大德本与杭州本异文最少,大德本之显误处,杭州本亦然,这说明两本最为接近,前揭两本存在覆刻关系,此可佐证据之一。明抄本与杭州本异文次少,与大德本相较仅多两处,而与咸淳本多达五十多处,前揭明抄本出于大德本,在此亦可获得证据支持。咸淳本与杭州本、大德本、明抄本异文皆有五十多处,相差不多,虑及在咸淳刻本之前,目前可知者仅有杭州本,出于杭州本的可能性更大,如果宋椠真的没有其他刻本的话,那杭州本也只能是唯一的源头底本了。以上这些有关源流关系的判断当符合各本客观状况。下面我们再以大德本为支点,将大德本与明抄本、咸淳本对勘(因明刻本几乎全部出于咸淳本,即不再涉及),比较异同,判断优劣高下,或可见出大德本在整个宋元明版本系统中的真实地位与作用。

学者对明抄本评价较高,如向本卷首"叙例"道"诸本以明抄最善"。但以大德本校勘,仍有不少讹误。从上表中可见其讹误间而有之,从其他卷次中亦见不少。如俄藏大德本卷一第十三叶上半叶第六行"诗曰:弗时仔肩"之"弗"字,明抄本作"佛",向宗鲁《说苑校证》曰:"'弗',各本皆依《毛诗》改作'佛',惟宋本作'弗',与《外传》合,《三家诗考》引此正作'弗','弗''佛'虽可通用,而经字异文,不可混淆,今改正。"卷一第十五叶上半叶第八行"怀子对曰:'范氏之亡也'"之"范"字,明抄本误作"苑"。卷三第六叶上半叶第七行"何谓粪心""何谓易行"之两个"谓"字,明抄本误作"为"。卷五第十一叶下半叶第八行"《夏书》有之曰'一人三失'",意指一个人总不免有些差错,明抄本"失"字误作"夫"。卷六首叶下半叶第九行"拘厄之中"之"厄"字,明抄本讹作"尼"。卷六第十二叶下半叶第九行"织怒",明抄本作"织怨"。据下句"而不敢怒"可知,明抄本误。卷八第一叶下半叶第五行“桀用千莘”之“千”字,大德本似为形近而误,他本又作“于”者,明抄本作“有”,亦误。据《吕氏春秋·知度》《韩非子·说疑》皆作“干莘”,向本即此。卷八第四叶下半叶首行“厉公以见弑于匠丽之宫”之“匠”字,明抄本误作“巨”。“匠丽”,厉公宠臣,《左传·成公十八年》作“匠”字。卷九第十一叶下半叶第十行“女与吴俱亡”之“吴”字,明抄本误作“吾”。卷十一第四叶下半叶首行“吾安得无呼车哉?”之“哉”字,明抄本作“乎”。卷十一第六叶下半叶首行“三坐而五立”之“三”字,明抄本误作“二”,向本从“三”。卷十一第七叶上半叶第二行“以公乘不仁为上客”之“乘”字,明抄本误作“胜”字,刘文典《说苑斠补》沿袭其误。公乘不仁,人名,战国时魏国人。卷十一第九叶下半叶第九行“三言者,固可得而托身耶?”之“言”字,明抄本脱。卷十一第十二叶上半叶第八行“陶君惧,请効二人之尸以为和”之“请”字,明抄本误作“谓”。卷十一第十三叶下半叶第五行“其贵不礼贱”之“礼”,明抄本误作“理”。卷十二第七叶下半叶第四行“诸大夫惧然,随以诸侯之礼见之”之“惧”字,抄本作“瞿”,意异,向本从“惧”。“瞿”字,《说文解字》谓“鹰隼之视也。从隹,从䀠,䀠亦声。”意指鹰隼通过左右之视,以表警惕、惊恐之意。“惧”为形声字,《说文》:“恐也。从心,瞿声。”两字意义渐次深化,由揭示鸟之眼部紧张、怵惕的状态,到表现人之内心恐慌、惊悸的情态,用“惧”更适,抄本所改当非。卷二十第十叶下半叶末行“盛之土瓴之器”之“瓴”字,明抄本作“铏”,或误。“瓴”为盛酒浆的瓦器,“铏”为盛羹的两耳三足的鼎,虽功能一样,但材料与档次不同,据首句“鲁有俭者”及上下文意,“瓴”更适。“土铏”,《韩非子·喻老》云:“以为象箸,必不加于土铏,必将犀玉之杯。”唐李商隐《寄太原卢司空》诗曰:“禹贡思金鼎,尧图忆土铏。”如此贵重之物,“鲁有俭者”何来之有?向本作“铏”,并加案云:“《书抄》一百四十三引此作‘煮甂肉之食而美,以遗孔子’。”此似指以瓦器煮,以铏器呈上,但揆其上下文似无此意。此外,明抄本卷十八第二叶下半叶至第三叶上半叶缺佚,亦间有空格,如大德本卷三第九叶末行“国家所以昌炽”

之“炽”,明抄本空格。另外,还有可能是因避家讳而造成的空格等。由于明抄本流传之广,一些以此本为底本的校注本则以讹传讹,需要大德本反校,以更正其误。除以上外,两本有些异文需要进一步考证,如大德本卷二第五叶上半叶第十行“翟黄对曰:此皆君之所以赐臣也,积二十岁,故至于此”之“二”字,明抄本、咸淳本及向本皆作“三”,向本未出校记。再如大德本卷十二第三叶上半叶末行“鲁赋五百,邾赋二百”,明抄本“二”字作“三”,诸本皆作“三”,向本从之。由于缺少史料,究竟作何字尚待研究。因有大德本的出现,也带来一些与其他诸本不同的异文,亦为进一步研究《说苑》文本提供了旁证和基础。此外,明抄本删去了大德本小字双行校语,对研究版本异文亦缺少了凭借。

当然,抄本有意校正了大德本的一些讹误。大德本卷六第四叶下半叶末行“其危□时”之“□”为墨钉,明抄本补作“苦”,咸淳本作“有”,向本、卢本及程本①皆作“苦”。卷一第十一叶下半叶第九行“主曰”,明抄本作“王曰”,是。卷二第三叶上半叶第五行“忠政强谏”之“政”,明抄本作“正”,向本曰:“明抄‘政’作‘正’,与《世纪》《长短经》同。‘正’‘政’通,义当作‘正’。”卷十二第九叶上半叶第十行“使至狗国者,从狗国入”,明抄本第二个“国”作“门”,当是。明抄本尽管源于大德本,但对大德本讹误处所做的改动,成为明抄本最大可取之处。

再将俄藏大德本与咸淳本对校,发现咸淳本还是诸本中讹误较多的,如开首曾巩序“旧为二十篇”,咸淳本讹作“二十五篇”,刘向序中“后令以类相从”之“令”误作“人”,“说苑杂事及”后三字误作“事及杂”。卷六“阳虎得罪于卫”章“今子之所树者,蒺藜也”后佚去“非桃李也”四字,大德本和明抄本皆有,属于咸淳本系统的诸本均脱。卷十八“晋平公出畋”章“三自污者”后脱去“死,今夫虎所以不动者,为驳马也,固非主君之德也”二十一字,而

① 程翔:《说苑译注》,北京大学出版社2009年版。

大德本、杭州本（卷十八例）、明抄本皆不缺，这些明显的讹脱成为区别大德本系统与咸淳本系统的特点之一。通校全本，其中咸淳本之原刻叶校勘精审，元明补修部分讹误较多，而抄补部分最多。再以卷一为例校之，原刻叶为第一、二、十、十四叶凡四叶，补刻叶为第三至七叶、九、十一至十三、十五、十七至二十一叶凡十七叶，抄补叶为第八叶、十六叶凡二叶。原刻四叶中，无一讹误。而补刻部分中，第七叶下半叶末行“而士不必敬”之“士”字，大德本误作“壬”；第十二叶下半叶末行“王曰”，大德本误作“主曰”。其他则皆为咸淳本补刻之误，如第三叶下半叶第七行“因此险也，所以不服”之“因”字，大德本作“用”，是。第四叶下半叶“河间献王曰”未提行不分段，当提行。第十二叶上半叶第八行“此天下之至言”之“此”字后脱“闻”字。第十三叶上半叶第四行“苟有志则无事者”之“无”字后脱“非”字。第十八叶下半叶第六行“播弓失”之“失”字，大德本作“矢”，是。第十九叶下半叶“齐人弑其君”未提行分段，当提行。抄补二叶异文达十五处，属于异体字、俗字等七字，“药”作“虈”，“择”作“擇”，“微”作“徵”，“旁”通“傍”，“数”作“敉”。“楚文王有疾”章“筦饶犯我以义，违我以礼”之“义”“我”，分别作“莪”“秐”，或为俗体字。其他八处则为抄写之误，第八叶“齐桓公问于宁戚”章“筦子”误作“莞子”，“筦”字为“管”的异体字，“筦子”即齐国臣管仲，“莞”字显误；本章“吾何如而使奸邪不起”之“使”字，误作“便”，其意正反；“天下之士”之“士”字，误作“土”；“布衣屈奇之士踵门而求见寡人者”之“奇”“求”两字，分别误作“音”“宋”；“擅国权命”之“擅”字，误作“檀”字。第十六叶“汤曰”章，“然后闻于卑”之“卑”字，误作“乎”；“是以明上之言”之“是”字，误作“子”。这些虽然大都是抄写时的形近而误，但足以给读者阅读造成障碍。原刻无误，补刻十七叶讹误有六处，校改大德本两处，抄补仅有两叶，讹误达八处。此即咸淳本的基本版本构成及校勘文字之差异情况。

令人关注的是咸淳本的抄补部分，何以讹误如此之夥？是否其他抄补亦然?再以俄藏大德本校勘其卷八,咸淳本抄补讹误毕现。卷八第二叶下半叶第四行“杨威子鸡父”之“子”,误,大德本作“于”;第六行“也叔”,误,大德本作“世叔”;第九行“远平”,误,大德本作“远乎”。第三叶上半叶首行“大宋襄公不用公子目夷之言”之“大”,大德本作“夫”;第三行“在乎”,大德本作“存乎”;第四行“案往而视己事”之“往”字后,大德本有“世”;第九行“鲁不胜其忠”之“忠”字,大德本作“患”;下半叶第六行“无何矣何矣”,大德本作“无可奈何矣”;第九行“必趋死而救之”之“趋死”,大德本作“死趋”。第四叶上半叶第七行“胜利臣”,大德本作“媵臣”;下半叶首行“秦穆公季之以政”之“季”,大德本作“委”;第五行“年也十”,大德本作“年七十”。第五叶上半叶第三行“尧舜相是”之“是”,大德本作“见”;下半叶首行“小节固足知大体矣”前为空格,大德本作“覩”,“睹”的异体字。第六叶上半叶第二行“而死不葬”之“而”,大德本作“身”;第五行“唐睢”,大德本作“唐睢”;同行“昭主”,大德本作“昭王”;下半叶首行“汤去张网之三面”之“之”字前,大德本有“者”。第八叶上半叶首行“杀兄而立,善仁义”之“善”,大德本作“非”;第九行“周公旦白屋之士所下所下者七十人”两个“所下”两字,大德本无后一个“所下”;下半叶首行“晏子所与同交食者百人”之“交”字,大德本作“衣”;第四行“巍巍若太山”之“若”字前,大德本有“乎”。第九叶上半叶第五行“尊士士则君卑”之后一“士”字,大德本作“亡”;后半叶首叶“主将杀之”之“主”字,大德本作“王”。第十一叶上半叶第八行“《诗》曰:自堂祖基,自羊徂牛”之“祖”字,大德本作“徂”。第十三叶下半叶第二行“三外之稷”之“外”,大德本作“升”;第四行“太子父文侯”之“及”字,大德本作“父”;第五行“君安得闻贤人之言?吾不子方以行”之“君”“不”,大德本分别作“吾”“下”。第十六叶上半叶第九行“辞大夫”,大德本作“辞诸大夫”。第十七叶上半叶第七行“欲禄则止卿”之“止”,大德本作“上”。第十八叶上半叶第六行“得毋害于霸平”之“平”字,大德本作“乎”;下半叶首行“诸出”,大德本作“请出”;第四行“数之罪子”之“子”,大德本作“十”;第六行“出与同衣”之“同”,大德本作“共”。第十九叶上半叶第三行“吾臣之削迹技树”之“技”,大德本作“拔”;本条末注“奚或作可”不载;第四、五行分别有两字、三字空格,大德本作“居乡”“主闻之”;下半叶第三行“今日之琴一何张也”之“张”,大德本作“悲”;第四行“为张者,良材也”之“为”,大德本作“急”。第二十一叶下半叶第二行“嚼而不让”之“嚼”,大德本作“釂”;第五行“臣以为无良臣故也”之前一个“臣”,大德本作“君”。第二十二叶上半叶第二行“何回以来”之“回”,大德本作“日”;第九行“虽无亡”之“无”字前,大德本有“欲”字;下半叶第四行“莫子毒也”之“子”,大德本作“予”。再校勘其他抄补卷次,讹误亦然。以上这些皆为抄录之误,惟有赖大德本勘正。问题是所抄为何出现如此多的讹误呢?从黄丕烈跋中可知,抄补源自于吴骞藏“宋本”,但吴骞藏本实际上是一个明翻刻宋咸淳本。这个明刻本今存多部,我们将咸淳本卷八的抄补部分再与明翻宋本对勘,发现这些讹误几乎全同明本。当然,亦有明本不误,抄本有误者,如明本第十五叶上半叶首行“吾闻之”之“闻”字,抄本误作“间”。但是抄录者并非原封不动地照录,而是对明本的讹误进行了部分校正,如明本卷八首叶下半叶首行“伊尹”误作“伊君”,抄本改之。第三叶上半叶第七行“季友之真见”之“真”,抄本改作“贤”。第五叶上半叶第八行“故见虑之尾”之“虑”字,抄本作“虎”,抄本有明显的描改痕迹。抄本的这些改动均同大德本,所改皆是。从中可以看出,明翻宋本之讹误之多,比诸各本,实为最差的本子。咸淳本原刻讹误不多,但是由于国图藏咸淳本的抄补第八至十三卷及其他抄补者,皆取自这个明翻宋本,从而使国图藏真咸淳本的学术价值和质量大大降低。

当然,咸淳本对大德本亦有校改。如上表所列咸淳本卷十六第六叶上半叶第四行“謗道己者”之“謗”字,杭州本佚,大德本为挤刻,而咸淳本则属正常刻入。卷十七“清冷以入”,咸淳本改作“不清以入”,符合文意。卷十八“鸷鸟击于土也”之“土”字,咸淳本改作“上”,当是。卷十九“龙狎”,咸淳本改为"笼狎",当是。卷十九"执木以论本"之"木"改作"末"字,是。这些讹误或为原本之误,或为大德本覆刻之讹,咸淳本都有校正,此乃咸淳本之可取之处。卷首曾巩序末有"书籍臣曾巩上"五字,不知是否原本即有,为大德本遗漏,或是咸淳本校添,以其书体格式推知或为前者。

此外,关于分章,咸淳本常有不妥者,如卷十六第七叶上半叶末行"直而不能枉"句提行,按上下文意,不应提行。卷十七第五叶下半叶第六行"西闾过东渡河"条不提行,大德本提行,是;第七叶下半叶第九行"楚昭王召孔子"条不提行,杭州本提行,是;第十八叶上半叶第五行"孔子曰"不提行,大德本提行,是。校诸他卷,类此者亦然,这些惟赖大德本更正。

综上可知,咸淳本出于杭州本,原刻颇善,元明修补讹误较多,但对底本讹误有所校改,分章不谨,对底本小字注文进行了选择性取舍。国图藏本之抄补部分讹误最多。尽管刊印不如杭州本早,但为存世最全的宋刻递修本,成为元明清传本最主要的翻刻底本。现存多部咸淳本皆为元明递修本,且多有抄补,存在不少脱讹,可充分利用大德本补校。

咸淳本的最早翻刻传本当是元刻十三行本,今存北京大学图书馆,惜仅存卷一至十。今以大德本校之,发现元本脱落和错简不少,如卷三至十有十条脱漏,卷三脱"子路问于孔子"章,卷四脱"尾生杀身以成其信"句,卷五脱"孟简子相梁"章,卷六脱"楚庄王赐群臣酒""赵宣王将上之绛""孝景时""遽伯玉""阳虎得罪于卫""魏文侯与田子方语""吴起为魏将"凡七章,卷九脱"赵简子举兵而攻齐"章。再如卷十之错简,"韩平子问于叔向"章至"其死也刚"为一章,"强万物草木之生也"至此章末错刻入"孔子曰存亡祸福"章"重译而朝"后,而"孔子曰存亡祸福"章末段文字错刻入"老子曰"章后,合为一章。"好战之臣不可不察也"章首句错刻为上一章"楚恭王"章最末一句。明初十三行本与元本版本特点全同,实为翻刻元本,首十卷脱漏及错简悉同,卷十一又脱"襄成君""雍门子周"两章,卷十二脱"秦王以五百里

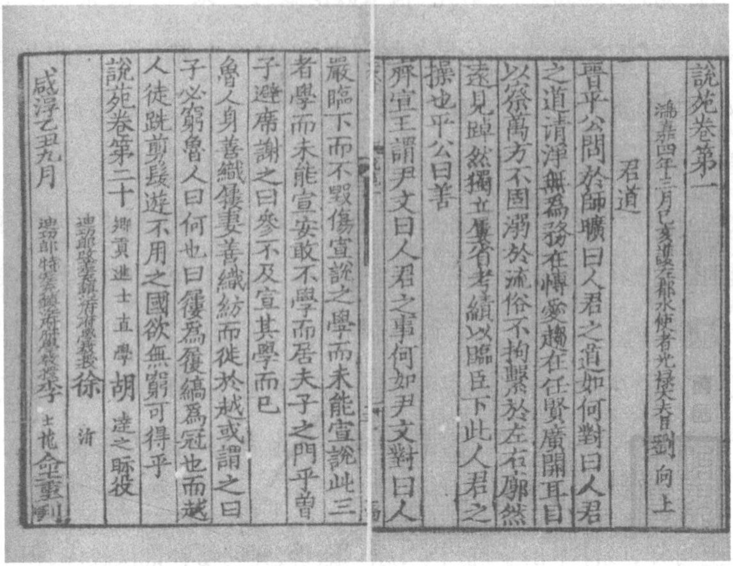

宋咸淳刻元明递修本《说苑》卷端及卷末

地易鄢陵”“晏子使吴”二章，可知元本至少脱十五章。① 校勘文字发现，元本具有咸淳本的文字特点，如卷首曾巩序“旧为二十五篇”，同衍“五”字；卷一“河间献王曰”章“因此险也”句，同误“因”字，不改“用”；“洒五湖而定东海”句，同误“洒”字，不改“酾”字；“武王问太公曰”章“士不必敬”，同改“士”字，不作“壬”字；“韩武子田”章“吾好田猎也”，同作“也”字，不改“矣”字；“师经鼓琴”章，两个“儛”字同，不改“舞”字。但同时也有校改，所改俱同大德本，如卷一“楚庄王好猎”章“主曰”改作“王曰”，本章“苟有志则无事者”之“则”后有“非”字；“晏子没”章“播弓失”，“失”改作“矢”，似亦参校过大德本，进而推知其或刊于大德本之后。由于明清刻本大都源于咸淳本，咸淳本的讹误虽有校改，但大部分亦沿袭下来，甚至有妄改者，如俄藏大德本卷首目录之第十六卷“丛谈”，正文则作“谈丛”，并不一致，咸淳本、明抄本悉同，最早的杭州本目录缺，估计亦作“丛谈”，正文作“谈丛”，大

① 徐建委：《刘向〈说苑〉版本源流考》，《文献》2008 年第 2 期。

德本、咸淳本未发现，照刊下来，亦即宋元本皆此。但明本就不同了，明万历程荣《汉魏丛书》本正文径作“说丛”，类似情况较多。因此，用早期的大德本校勘明清本异文或讹误是极有必要的。

再次，大德本在近现代校注本中的作用尚未受到重视。清儒对《说苑》进行版本校勘最为全面系统的是卢文弨，其校勘成果载《群书拾补》子部，卷首小序曰：“汉刘向定，今卷数与《隋书·经籍志》合，《唐书·艺文志》作三十卷，或转写之误。宋本前有刘向奏，又《复恩篇》内多‘木门子高’一条，又有元时坊本，脱漏甚多，然间有是处。又有明楚府本，亦可参考，但章怀注《后汉书》及《困学纪闻》等书所引，尚有出于今本之外者。考《唐志》刘贶有《续说苑》，似不必皆出中垒。今但取语意相近者，略繫数条于后。吾乡孙侍御诒谷有校订《新序》《说苑》本，甚精细，今取之以校程荣本，正字大书，注其讹字于下，他书有可参考者，亦注之。”①此“宋本”指宋咸淳本，元本指元麻沙坊刻本，可能由于当时条件限制，未用元大德本及明抄本、杭州本校勘，如卷六“阳虎得罪于卫”章，注“《御览》有‘非桃李也’四字”，其实大德本本身即有此四字。由于没有大德本参校，咸淳本、麻沙本的很多讹误并未校勘出来，故有缺憾。黄丕烈校勘使用了大德本，可惜只校至第六卷，且有漏校，固以浮签形式夹注原书之内，其成果未能公诸于世。而其后的诸家校记如俞樾《说苑读书余录》、孙诒让《说苑札迻》、戴清《说苑正误》、日本汉学家关嘉《说苑纂注》等皆未利用大德本。

自20世纪50年代至今，《说苑》的译注校点本有十余部，但在选择底本与校本上，大都以《四部丛刊》影印明抄本或咸淳本为主。其中明抄本的传录本为《四部丛刊》收录，广为流传，且诸家经过校勘均认为此本是最好的本子，从而成为通行本，利用率最高。如赵善诒《说苑疏证·前言》曰：“今以《四部丛刊》本(影印平湖葛氏传朴堂藏明抄本)为底本，参考了陈鳣、

① (清)卢文弨:《群书拾补》(中),商务印书馆1937年版,第471页。

黄荛圃校宋本、朱骏声校宋本、旁及诸子和类书征引以及前人有关本书的考订专著及资料，校正缪误，删补衍脱，并加以标点，便于阅读。校记则择要夹注在正文内，一般则概从省略。”卢元骏《说苑今注今译》虽未言所据何本，实亦以明抄本为底本，而大德本一直未能利用，甚至连作为参校本的资格都未获得。直到2009年由程翔整理的《说苑译注》首次以大德本为底本，其版本价值才得到利用。但程本作为普及读物，亦未能全面反映大德本原貌。

在以上诸本中，最具权威的点校整理本当是向宗鲁《说苑校证》，校释并举，引证丰富，其卷首《叙例》中说：“所据校者，有宋咸淳本、明楚府本、何良俊本、程荣本、杨锐本、何锐本、天一阁本，及世俗通行王谟本、崇文局本、新景印明抄本。诸本以明抄为最善。黄荛圃谓北宋本与咸淳本异者，皆北宋本为佳，惜未一见。他日苟得此本，或更有足匡今本之缪者，跂予望之。”向本不仅用诸本校勘，还用如《论语》《周礼》《礼记》《管子》《吴越春秋》《孔子家语》《国语》《史记》《水经注》《太平御览》及卢文弨《群书拾补》等史料参证，纠正诸本很多讹误。此《叙例》未言所据底本，云“新景印明抄本”者即《四部丛刊》影印明抄本。又据屈守元《说苑校证序言》道：“原稿是批注在湖北崇文书局《百子全书》本的眉端脚底和行间字隙的，引用之书，往往只举篇卷，未录全文。”可见，向本所据底本为崇文书局本，同时参校诸本。向本之佳，为世公认，许多校勘成果为后著者所用。但也有遗憾之处，由于向本没有用大德本校之，故以大德本校明抄本之误，未能吸收进去。如向本卷十七“曾子曰：‘吾闻夫子之三言……’”章末句“吾学夫子之三善，而未能行”之“善”字，大德本作此字，明抄本和咸淳本俱作“言”，文中出现三次“善”，末句“学”“善”，意谓学习三个优点，而首句“三言”亦当为“三善”。向本作“言”，未出校记，当赞同“言”字。但揆其上下文意，先“闻”“善”，再“学”“善”，其意当一以贯之，自不如“善”字于句式、文意上更胜。向本卷十九“知天道者冠鉥”章“故望五貌而行能有所定矣”句，大德本

"五"作"玉"字,咸淳本作"五"。玉貌,古意谓容颜,如《战国策·赵策三》:"辛垣衍曰:'今吾视先生之玉貌,非有求于平原君者。'"此处实指玉佩貌,这与本句后接句"《诗》曰:'芄兰之枝,童子佩觿。'说能行者也"相合。咸淳本为形近误写,但向本据卢校本径作"五貌",后著者引用,意谓五官容貌,此乃后起之意,虽也可解,然未必合作者初衷,值得商榷。向本卷十九"子路鼓瑟有北鄙之声"章"孔子曰,由之改,改矣",大德本"改"作"进",向本引《孔子家语·辩乐》"过而能改,其进矣乎!"又"承周案:宋本作'由之改进矣';明抄本、经厂本、范本为长。与《家语》异意。"细味《家语》与此并非"异意",皆指"改过以进",而径作"过",则无"进"之意。向本卷十七"子贡问曰"章"遍与而无私"之"与"字,大德本作"予"。向本卷十二"楚使使聘于齐"章"刀勃",《战国策·齐策》卷十六"貂勃常恶田单"章作"貂勃",《风俗通》作"刁勃",两字音同,大德本作"刁",独向本径作"刀",未出校记,当误。再者,向本未录大德本校记,而校记之价值,于文本研究不能忽视之。

此外,向本在分章上,亦有可商榷之处,如卷四首章是阐述士人君子的"义节",先明义,后以举申包胥等四子为例,最后引孔子语、诗作结,非常条理系统,但向本将其分为三段,颇有割裂之感。大德本及明抄本等皆作一段,更符合原文之意。此外,亦有手民之误,如大德本卷九第四叶下半叶第五行"口正沫出"之"沫"字,诸本有误作"沬"者,向本曰:"《御览》亦作'沬',明抄本、程本皆作'沬'。"经核,明抄本仍作"沫",不误。卷十一第十三叶下半叶首行"穷而事贤则不侮"之"而"字,此句之后连用三个"而"字句排比,向本作"以",不妥,虽出校记"明抄本'以'作'而'",然并未改过。大德本卷十四"秦、晋战,交敌"章"秦使人谓晋将军曰:二军之士皆未息,明日请复战"之"二"字,咸淳本亦作"二",可见原本即此,明抄本作"三",向本从之,未出校记。然据上下文意,"三军"乃指上中下三军,意指全军,而"二军"者特指秦、晋两国军士,故改作"三"或非。查明抄本将大德本多处

“二”改为“三”，然所改并无史征，未知何故，而向本皆从之，足可商榷。向本出版后，虽有肖旭《说苑校证补校》等，但都是从文法上校补，未用他本校之，所误并未根除。

在《说苑》诸本中，影响最大的当属南宋咸淳刻本，其覆刻、翻刻本最多，其覆本常被误作南宋咸淳刻本。① 据徐建委《刘向〈说苑〉版本源流考》，最早翻刻咸淳本的当是元麻沙刻十三行小字本，明刻本更多。② 如明万历程荣刻《汉魏丛书》本，《刘向〈说苑〉版本源流考》云：“程荣本翻刻了咸淳本牌记，其整体上也与咸淳本大同，只是脱落了木门子高一条和‘尾生杀身以成其信’一句，与吴勉学本极近，与其他明刻本多不同。陆心源《仪顾堂题跋》卷六认为程荣本出自何良俊本，其依据在于程荣本有何良俊序。但细检两书，实为不同系统，程荣本依据咸淳本补足了何本脱漏的十四章，已与和何良俊不同。故程荣本还是属咸淳本一脉更为恰当。”“程荣当是在参照咸淳本的基础上，翻刻吴勉学本。”其后，明何镗刻《广汉魏丛书》、明钟人杰刻本、日人关嘉《说苑纂注》、清王谟刻《增订汉魏丛书》、光绪崇文书局刻本等皆属这一系统。③ 这些传本由于直接或间接出于咸淳本，其讹误一

① 如今国图存十九卷本，黄丕烈称之为宋本之乙，仅在宋廿二行本下，吴骞跋、张元济《涵芬楼烬余书录》《中国古籍版刻辞典》等均定为宋咸淳本。台北故宫博物院存有三部，均为残卷，分别为九卷本、八卷本、七卷本，原北平图书馆旧藏，后转至台湾“国家图书馆”收藏，1985 年移藏于台北故宫博物院。《原国立北平图书馆甲库善本丛书》收录，题“宋咸淳元年镇江府学刻元明递修本”，《北平图书馆善本书目》、台博书目数据库皆著录为元刊明代修补九行本。孙志祖跋中已提出质疑，而傅增湘《藏园群书经眼录》卷七著录此本时曰：“此本为大黑口，与补刊者同，则非宋刊可知矣。”覆本之所以被误认作原咸淳本，一是行款、书口、边栏俱同，字体仿佛；二是卷末刊印题记及衔名相同。其实细校两本字体，还是不同，再者刻工迥异，刻工皆在明代，故定为明覆刻本当是。

② 如明初十三行二十四字黑口本、明初九行十九字黑口本、明翻刻明初九行本、明建文四年钱古训刻本、明正德五年楚藩刻本、明嘉靖十四年楚藩崇本书院重刊正德本、明嘉靖二十六年何良俊刻十行二十字本、明嘉靖三十八年杨美益刻是十一行十八字本、明天一阁《新序》《说苑》合刻十行十八字本、明天启二年天翼刻八行十八字本、元大德陈仁子刻本、明万历新安吴勉学刻本等。

③ 关于《说苑》版本系统梳理部分，参见徐建委：《刘向〈说苑〉版本源流考》，《文献》2008 年第 2 期。

并沿袭下来,当然亦有校改,如《汉魏丛书》本。其中《崇文书局》本曾被向宗鲁《说苑校证》用作底本。因此,咸淳本在明清时期的流传更加广泛,其影响、利用要远远超过于大德本、杭州本。反观大德本在现当代整理本中被忽略或利用不够也就自然而然了。

程翔《说苑译注》是最新的译注本。该本以上图藏大德本为底本,校以明抄本、咸淳本等。但因其专事译注,只对部分异文出校记,出校标准并不统一,因此从版本学意义上,尚不能算是校勘本。譬如虽以大德本为底本,但有的异文直接改过,如大德本卷一第九叶下半叶第四行"未尝千婴之过",抄本"千"改为"干",所改当是,程本径作"干",从抄本。卷二"田子方渡西河"章"戴华盖"句,程本径作"载",云:"载华盖。'载',卢改'戴',承周案:明抄本亦作'戴','戴''载'古通,无劳改也。"细味字义,不如"戴"字更适。卷八第十三叶上半叶第十行"清阳婉兮"之"阳"字,抄本作"杨",程本径作"扬",不出校记。卷八第十四叶上半叶第七行"入与共食,出与共衣"之后一"共"字,程本作"同",从咸淳本(此卷为抄补)和抄本。卷二十第四叶下半叶末行"闻古之明正,食足以饱,衣足以暖","正"字作"王",实出于明抄本。由于不出校记,误以为大德本之底本亦作此字。关于大德本的校记,程本并未全部迻录,如卷十五有一处小字双行注文,"内治未得"章"大为天下笑"之"笑"前注"一有'戮'字",程本未录此注,"戮"有羞辱、侮辱之意,向本从"戮"。咸淳本有此字,全句作"大为天下戮咲",以上下文意度之,较胜。因此,纵观程本利用情况,大德本的原始全貌尚不能全部反映出来。

俄藏本《说苑》,清代至近现代学者皆以为宋刻本或北宋刻本,实为元大德七年云谦刻本,只因卷尾大德七年云谦刊跋被书贾割去,遂被误认。大德本存世三部,俄藏本长期庋藏海外,无人知晓;北大本由于是残本,一直未受重视;上图本直到2005年由北京图书馆出版社影印,才首次为程翔《说苑译注》利用。上图本不如俄藏本刷印早、刊印质量佳。大德本是一个校勘精审的本子，一般而言，佚去一个“谤”字，并不易发现，大德本能够检出，说明其校刊之认真，当然在覆刻南宋初杭州刻本的过程中，亦出现了一些讹误。明抄本是被公认的最佳本子，源于大德本，对其有所校改，但亦有讹误。南宋初杭州本是存世最早的本子，间有讹误，惜仅存四卷，从校勘质量上看，不如大德本。南宋咸淳刻元明递修本流传较广，传刻颇夥，原刻较精，而元明修补部分讹误较多。考察现存的宋元明诸本，实际上与大德本有直接关系的仅明抄本一种，而后世元明清诸传刻之本，皆直接或间接出于咸淳本，虽有校改，但仍有不少讹误或脱文沿袭下来。出于崇文书局本的向宗鲁《说苑校证》是目前较权威的校点本，亦有可商榷之处。程翔《说苑译注》并非严格意义上的校本，未能将大德本的全貌反映出来。俄藏大德本保存完好，是现存《说苑》诸本中版本与学术价值较高的版本，但没有得到充分利用，应当引起学界重视。上述诸本如以大德本校之，当可避免很多讹误。《说苑》是儒家文献中影响很大的经典，但在现当代整理本中，作为质量较高的元大德本竟然未能得到充分利用，这不能不说是《说苑》版本研究与古籍整理的缺憾。尽管出于大德本的明抄本得到利用，但经过校改或误抄，已与原大德本有所不同。笔者以为：整理点校《说苑》当以明抄本为底本，以大德本为主要校本，以咸淳本、明吴勉学刻本、程荣本等为参校本，并附以《太平御览》《群书治要》《国语》等类书、史书校勘，进行系统、完善的校点整理，当是一个符合现存版本状况的合理科学的选择。

参考文献：

赵万里：《说苑斠补》，《国学论丛》1928 年第 1 卷第 4 号。
刘文典：《说苑斠补》，云南人民出版社 1959 年版。
金嘉锡：《说苑补正》，台湾大学出版社 1960 年版。
卢元骏：《说苑今注今译》，台湾商务印书馆 1979 年版。
赵善诒：《说苑疏证》，上海师范大学出版社 1985 年版。
向宗鲁：《说苑校正》，中华书局 1987 年版。

许素菲:《说苑探微》,台北太白书屋1989年版。

王锳、王天海:《说苑全译》,贵州人民出版社1994年版。

钱宗武:《白话说苑》,岳麓书社1994年版。

左松超:《说苑集证》,台北编译馆1993年版。

程翔:《说苑译注》,北京大学出版社2009年版。

谢明仁:《刘向〈说苑〉研究》,兰州大学出版社2000年版。

肖旭:《说苑校证校补》,《江海学刊》2000年第3、4、5、6期,2001年第1期。

邓骏捷:《清人江德量过录何焯校宋本〈说苑〉考述》,《中国典籍与文化》2006年第1期。

徐建委:《〈说苑〉研究》,北京大学出版社2011年版。

五 《三谢诗》一卷 宋嘉泰谯令宪重刻本

“三谢”是指南北朝时三位著名文学家谢灵运、谢惠连、谢朓。谢灵运(385—433),原名公义,字灵运,以字行,世称谢客。祖籍陈郡阳夏,生于会稽始宁。东晋名将谢玄之孙、秘书郎谢瑍之子。东晋时世袭为康乐公,世称谢康乐。曾出任大司马行军参军、抚军将军记室参军、太尉参军等职。刘宋代晋后,降封康乐侯,历任永嘉太守、秘书监、临川内史。元嘉十年(433)被宋文帝刘义隆以“叛逆”罪名杀害。少即好学,博览群书,工诗善文。兼通史学,擅书法,曾翻译外来佛经,奉诏撰《晋书》,又撰《秘阁四部目录》。谢惠连(407—433),祖籍陈郡阳夏,生于会稽。谢安幼弟谢铁之曾孙,谢方明之子,灵运族弟,为灵运“四友”之一。世称大谢、小谢。十岁能文,深得灵运赏识,感慨“张华重生,不能易也”①。本州岛辟主簿,不就。行止轻薄不检,先爱会稽郡吏杜德灵,居父丧期间还向杜德灵赠诗十余首,大为时论所非,不得仕进。谢朓(464—499),字玄晖。陈郡阳夏人。高祖谢据为谢安之兄,祖父谢述,吴兴太守,祖母为史学家范晔之姐。父亲谢纬,官散骑侍郎。东昏侯永元元年(499),始安王萧遥光谋夺帝位,谢朓不预其谋,反遭诬陷,下狱而死。谢朓青年时代即以文学知名,曾参与竟陵王萧子良西邸的文学活动,是“竟陵八友”之一。

---

① 《南史》卷一九《谢方明传附子惠连传》,中华书局 1975 年版,第 537 页。

谢灵运诗与颜延之齐名，并称“颜谢”，开创了中国文学史上的山水诗派。与之前的陶渊明写意诗风不同的是，谢灵运更注重捕捉山水景物的客观美，描摹、刻画独立于诗人性情之外的山水景物。以富丽精工的语言，生动细致地描绘了永嘉、会稽、彭蠡湖等地的自然景色，格调鲜丽清新。谢惠连诗歌创作受族兄影响很大，谢朓更使山水诗发扬光大，诗风清新自然，“语皆自然流出”，又将佛、道之理织入诗篇。锺嵘《诗品》中说“至为后进士子所嗟慕”。自谢灵运之后，山水诗在南朝成为一种独立的诗歌题材，并日渐兴盛，成为南朝诗风的主流。“三谢”虽然在诗风上有差异，但皆以山水自然为歌咏对象，共同开辟了山水诗派，其文学创作风格对后世影响很大，尤其是对盛唐诗风的形成，有着十分积极的意义。杜甫、王维、孟浩然、韦应物、柳宗元诸大家，皆曾取法。唐代著名诗人李白于《宣州谢朓楼饯别校书叔云》中吟道：“蓬莱文章建安骨，中间小谢又清发。俱怀逸兴壮思飞，可上九天揽明月。”北宋唐庚云：“诗至元晖语益工，然萧散自得之趣亦复少减，渐有唐风矣。”①因此，南朝谢氏在中国古代文学史上有着特殊的贡献与意义。

东晋初，谢氏随元帝南渡，迁居京邑建康（今南京）乌衣巷。作为南朝四大士族著姓之一，谢氏不但在政治上颇有影响力，而且文化名人辈出，《隋书·经籍志》即著录谢安、谢道韫、谢灵运、谢庄、谢混、谢惠连等谢氏二十八家，诗文别集、总集多达五十余种，“三谢”无疑是其中最为夺目者。早在南朝梁时，即有大谢、小谢之称，如锺嵘《诗品》云：“小谢才思富捷，恨其兰玉夙凋，故长辔未骋。《秋怀》《捣衣》之作，虽复灵运锐思，亦何以加焉？”②“三谢”之称始自北宋唐庚所编《三谢诗》③，自此“三谢”被定格，成为南朝山水诗派创作成就最高的典型代表。“三谢诗”于宋后风行，至明代

---

① 见嘉泰本《三谢诗》卷末康熙五十一年（1712）蒋杲录唐庚《书三谢诗后》。

② （清）严可均辑：《全梁文》卷五五下《诗品》，冯瑞生校，商务印书馆1999年版，第604页。

③ （唐）窦臮《述书赋上》云：“三谢之盛，八王之奇。”此处“三谢”指晋谢尚、谢奕、谢安兄弟三人，皆以书法知名，故称，与此文所指“三谢”不同。

出现大量辑本，学界多有研讨。

（一）《三谢诗》的编刊

“三谢”诗文在北宋以前皆有单集流传。关于《谢灵运集》，《隋书·经籍志》著录“宋临川内史《谢灵运集》十九卷（原注：梁二十卷，录一卷）。”“《诗集》五十卷（原注：梁五十卷。又有宋侍中张敷、袁淑补《谢灵运诗集》一百卷）。”“《诗集抄》十卷（原注：梁有《杂诗抄》十卷，录一卷，谢灵运撰，亡）。”“《诗英》九卷（原注：梁十卷）。”另著有《回文集》十卷、《七集》十卷、《连珠集》五卷。可见谢集唐初虽有亡佚，但大部分尚存。《旧唐书·经籍志》著录《谢灵运集》十五卷，又有《设论集》五卷、《连珠集》五卷、《策集》六卷、《晋元氏宴会游集》四卷、《诗集抄》一卷、《诗集》五十卷、《诗英》十卷、《新撰录乐府集》十卷、《回文诗集》一卷。《新唐书·艺文志》著录未见《晋元氏宴会游集》《策集》，又增加《七集》十卷。北宋书目未著录，可知北宋初已亡佚。《谢惠连集》，《隋书·经籍志》著录“宋司徒府参军《谢惠连集》六卷（原注：梁五卷，录一卷）”，《新唐书·艺文志》卷六十著录“《谢惠连集》五卷”，可知在隋唐以前有五卷本。《崇文总目》未著录，南宋书目著录，民间当有集流传。《谢朓集》，最早著录于《隋书·经籍志》：“齐礼部《谢朓集》十二卷，《谢朓逸集》一卷。”其后新旧《唐书》皆著录为“《谢朓集》十卷”，《崇文总目》著录为“《谢玄晖集》十卷”，南宋书目著录，可知《谢朓集》一直流传，但卷数已少于隋唐、北宋。

1. 编辑

《三谢诗》在以单集本流传的同时，另一种流传方式为通过总集《文选》保存下来。除单集、总集两种形式外，至北宋末产生另一种传本——总集辑录本，即由唐庚自北宋刻本《文选》辑出《三谢诗》一卷。唐庚（1070—1121），字子西，眉州丹棱人。绍圣进士，善属文，人称“小东坡”。张商英荐其才,除提举京畿常平。商英罢相,庚亦坐贬,安置惠州。会赦,复官承义郎,提举上清太平宫。归蜀,道病卒。著有《唐先生文集》二十卷、《唐子西文录》一卷等。《东都事略》及《宋史》皆有传。关于唐庚辑录三谢诗的原委,《唐先生文集》卷九唐庚《书三谢诗后》有所交代①,其内容与下述俄藏嘉泰本《三谢诗》所载蒋杲录唐庚跋悉同。又《唐子西文录》亦有《三谢诗》一条,曰:"《三谢诗》,灵运为胜,当就《选》中写出熟读,自见其优劣也。"②据唐庚二跋可知:其一,唐庚本系据《文选》辑出;其二,入选者三人,取诗六十四篇,今本共六十六篇,谢灵运诗四十首、谢惠连诗五首、谢朓诗二十一首,唐氏所记当疏忽误计;其三,交代辑录原因及目的:《文选》有诸谢六人,谢庄无诗,谢瞻、谢混不工,惟此三人"渐有唐风""可以观世变""自见其优劣也"。唐跋作于何时,以上短文并未提及。据唐庚卒年,当作于宣和三年(1121)之前。《唐庚集编年校注》将此跋系于宣和初年③,虽无直接证据,但揆其原委,当亦可信。唐庚于宣和元年奉命赴京师(开封),并无职务,赋闲京师,寓居景德寺,其间与吕荣义、强行父交往颇多,读书唱和,有充裕时间赏读《文选》。再者从《文选》中辑录三谢之诗,亦需要时间,故于此时编纂《三谢诗》是有充分条件的。又,《唐子西文录》初成于宣和初年,再辑于南宋绍兴八年(1138),其中亦载有唐庚《书三谢诗后》。据强行父序《唐子西文录》曰:"宣和元年,行父自钱塘罢官入京师,眉山唐先生同寓于城东景德僧舍,与同郡关注子东日从之游,实闻所未闻。退而记其论文之语,得数纸以归。……旧所记更兵火,无复存者。子东书来,属余追录,且欲得仆自书,云:'将置之隅坐,如见师友。'衰病废忘,十不省五六,乃为书,所记凡三十有五条。"可知强行父得到初稿是在宣和元年,日后始遭六丁之灾。绍兴

---

① 宋刻本《唐先生文集》二十卷,今藏国图。关于此本之刊印,见下所考。

② (宋)唐庚撰、强行父辑:《唐子西文录》一卷,国图藏明万历夷门广牍本。

③ 黄鹏编著:《唐庚集编年校注》,中央编译出版社 2015 年版,第 25 页。然云"惜《三谢诗》今已佚",则误。

八年(1138),友人子东嘱辑,行父凭记忆重辑为三十五条,有关《三谢诗》的两则分别为第四则、第三十四则。其中第四则云"《选》中写出熟读"。据此可知,唐庚阅《文选》,并从中辑录《三谢诗》当在宣和元年或此前。但是否刊印,则未有交代。意者唐庚只是赏读三谢诗,因兴之所至,遂从《文选》中辑录成编,或有刊梓之意,但当时并未实施。桥川时雄跋珂罗本曰"子西原刊《三谢诗》一卷",实乃臆测之词,并无实据。

2. 刊印

关于《三谢诗》的最初刻本,吴怿《宋本〈三谢诗〉考》有详考,认为是唐庚之子文若知江州时刊刻。江州即今江西九江,隋代先为江州,后改九江郡,唐代改回江州,宋代置江州,治德化。《永乐大典》本《江州图经》所载宋代江州刻书颇多,多与九江有关,或地方人物之作,如《陶渊明集》等;或曾在九江居官、流寓者之著作,如《白氏长庆集》《元次山集》等;还有地方官吏之书,如赵善璙《自警篇》等。唐庚之子唐文若在宋孝宗年间知江州,极有可能于任内刊刻其父所辑《三谢诗》。文若(1106—1165),字立方,《宋史》《(嘉靖)九江府志》皆有传。少英迈不群,为文豪健,登进士第。岳珂《桯史》卷八《九江郡城》:"乾道间,蜀人唐立方文若来为守,谓翰实屠城,而李成等寇亦尝入郛残其民。取阴阳家说,意剑所致。乃辟谯楼前地,筑为二城,夹楼矗其上,谓之'匣楼',曰匣实藏剑。江人相劝成之,有日者过其下,曰:'是利民而不利于守。'立方闻之,不以为意。居一年,果卒官。"①文若在九江也有诗刻,诗题于甲申七夕,即隆兴二年(1164),可知他在此前后任江州郡守,并刊刻这部《三谢诗》。② 无独有偶,陆游之子知江州时,也为其父刊刻《剑南诗稿》。吴氏所记,虽未有实证,但其推理不无道理。据《宋史》本传,唐文若曾于绍兴二十七年(1157)被劾狂诞,出知邵州。改饶州,移温州。知饶州期间,曾刊印父庚《唐子西文集》二十卷。《唐子西文集》在

① (宋)岳珂:《桯史》,中华书局1981年版,第86页。

② 吴怿:《宋本〈三谢诗〉考》,《文献》2006年第3期。

宋代多次刊印，其中第四次刊印即在饶州，即绍兴二十九年（1159）唐文若饶州刻二十卷本。今存有此刻之抄本，从现存国图所藏唐庚集宋槧之卷数为二十卷及避讳等，与抄本均相合。复据祝尚书《宋人别集叙录》卷十四考证，当即绍兴二十九年文若权知饶州时所刊，世称江西饶州刻本。① 检今存宋槧二十卷本刻工，汤斌、薛祐参与刻过宋绍兴三十年（1160）饶州德兴县银山庄溪董应梦集古堂刻本《重广眉山三苏先生文集》，两本字体极似。可知唐文若在绍兴二十九年于饶州确实刊印过《唐子西文集》。文若知饶州时间更长，有充足条件刊刻父著《文集》二十卷，随后再刻仅有十八叶的父辑《三谢诗》一卷，当亦顺理成章。

当然，文若知江州虽不足一年即因病去世，但因刊梓《三谢诗》乃轻而易举之事，于此刊行极有可能。《江州志·文籍》载"书板附"录有二十八种书版，其中即有《三谢诗》。盖初刻完成后，版片保存于江州府。嘉泰间谯令宪发现其损缺，于是修补再印，其后修补版片复归州府保存。如是饶州所刊，则需运至江州府；如是江州所刊，则径入保存。据《江州志》所载，则江州所刊可能性更大。又据文若知江州时间，可知刊于隆兴二年（1164），故称隆兴二年唐文若江州刻本，比其知饶州时刊印《唐西子集》晚五年。

---

① 祝尚书：《宋人别集叙录》，中华书局1999年版，第670—671页，云："二十卷本除宋槧外，今上海图书馆尚藏有宋宾王校补钞本，南京图书馆藏有谢惺泰钞本等。钞本之末，有郑康佐跋及唐庚子文若《书先集后》，《善本书室藏书志》卷二八、《木犀轩藏书书录》《藏园群书经眼录》卷一三等皆有记载。唐文若《书后》末署曰：'绍兴己卯（二十九年，一一五九）岁立春日，男左朝奉大夫、权知饶州军州文若谨书'。郑跋及《书后》，今存宋刊本无之。二十卷宋本刊于何时何地，何人所刊？似犹依稀可考。按《清波杂志》卷四曰：'顷年番江初刊成《唐子西集》，时寓公曲肱熊叔雅来见先人，偶案间寘此书，顾辉曰："曾看否？第九卷第一篇《惠州谢复官表》首云'始以为梦，既而果然'，语简而意足，可法也。"'检影印宋本，《惠州谢复官表》正在第九卷第一篇（三十卷本在第十四卷，非第一篇），则当时周氏案间所置，可肯定即二十卷本。又宋人所谓'番江'即鄱阳，为饶州治所。据此，上述唐文若《书后》应为刊板而作。则今北图所藏宋本，疑即绍兴二十九年唐文若权知饶州时所刊，其无文若《书后》，盖阙脱。钞本有《书后》，或源于该宋本未脱之前，或据另一更完善之宋本影写。至于周辉所称番江刊本名《唐西子集》，似乎与今传宋本书名（《唐先生文集》）不同。其实古人习惯以作者名或字指称集名，连书目正式著录亦往往如此（比如《宋志》），似不足构成否定今传宋本即唐文若饶州刊本之理由。"

至明正德九年(1514)马龠知德安,得其兄所藏宋刻《三谢诗》,并翻刻行世。陈金序曰:"背纸犹存宋淳熙年号。"马龠《宋三谢诗后序》亦云:"偶获宋《三谢诗》一帙,……原本背纸尚识宋淳熙年号。"(见下论证)此南宋淳熙间公文纸刷印本,原刻当即唐文若隆兴二年江州刊本。至淳熙时,版片尚未损坏,用淳熙公文纸再度刷印。至嘉泰四年,谯令宪知江州郡斋时版片已有缺损,于是重修再版。马龠得公文纸本后刊于江西九江市南部的德安郡斋。从初刻至嘉泰重修,再至明正德马龠翻刻,皆不出江西,以此可见江西人士倾慕陶谢之风尚。值得注意的是,今存马龠本未见唐庚跋,或在淳熙时已佚去不存,而嘉泰重修本亦不见,可知唐庚跋佚去久矣。

(二) 俄藏宋嘉泰本《三谢诗》的版本及重修

俄罗斯国立图书馆所藏宋刻本《三谢诗》一卷,索书号为3B2—16/114。全书一册,白纸,已裱糊,原为蝴蝶装,已改单叶装订,版心在内。间有漫漶之处,纸残处偶有朱笔描补。凡十八叶,另有题跋及护叶四叶。无序跋目录。

卷首首行低二格题"谢灵运",次行低六格题篇名"述祖德诗二首",次行正文顶格。卷末镌题"嘉泰甲子郡守谯令宪重修",旁书"宋宁宗嘉泰四年",似蒋杲笔迹。次后第十七叶有康熙五十一年(1712)蒋杲录唐庚《书三谢诗后》,云:"江左诸谢诗文,见《文选》者六人。希逸无诗,宣远、叔源有诗不工。今取灵运、惠连、元晖诗合六十四篇,为《三谢诗》。是三人者,诗至元晖语益工,然萧散自得之趣亦复少减,渐有唐风矣。于此可以观世变也。唐子西书。"①下署"康熙壬辰九月蒋杲录。"

① 黄鹏编著:《唐庚集编年校注》,中央编译出版社2013年版,第411页。引录此跋,注云:"不详作于何时何地,姑系于宣和初,唐庚在京师时。"谢庄(421—466),字希逸,孝武帝时为吏部都官尚书,左卫将军,金紫光禄大夫,有集,明人辑《谢光禄集》。谢瞻(383?—421),字宣远,谢灵运族兄。东晋时曾任安西将军桓伟参军,建威长史等职,入宋后为豫章太守。谢混(377?—412),字叔源,谢灵运族叔。历任中书令、中领军、尚书左仆射等。《宋书》有传。

版框高宽为20.6厘米×27厘米，原书高宽25.6厘米×33.4厘米，衬纸高宽31厘米×39.1厘米。半叶十二行，每行二十二字，左右双边，双鱼尾。鱼尾上镌字数，下题“三谢”“三谢诗”“三谢寺”，次下题叶次，最下题刻工。版心下端因残损不全，刻工姓名难识，其中第十叶当是“黄”字。宋讳不谨，“玄”“弦”“泫”“殷”“桓”字缺笔，第十叶上半叶第十行“桓灵今板荡”之“桓”字缺笔，其中遇“恒”（共出现五次）字必讳，又第十三叶下半叶“谢元晖”，实为避“玄”改为“元”字；南宋帝讳不避，“树”“沟”“讲”“敦”“暾”“廓”等不避，“构”“购”“慎”“扩”等常用讳字皆未出现，重修部分未见避讳。

其中补修之叶有第十四叶部分、第十七叶全部文字，其他间有补修，如首叶“资此永幽栖”五字、第二叶“首夏犹清”四字等。凡补修叶皆清晰，而原版则漫漶、断版之处不少，如第二叶下半叶、第三叶、第六叶、第八叶中间、第九叶上半叶、第十叶上半叶、第十二叶下半叶、第十三叶上半叶等皆有断版。某些叶次多有不同程度的字画脱落或漫漶模糊，如第八叶诗题《入华子冈是麻源第三谷一首》，“入”“子”两字均脱笔画，该诗“羽人绝髣髴”“丹丘徒空泉”之“髣髴”“丹丘”、“安知千载前”之“知”、“岂为古今然”之“今”等，同叶《乐府诗一首会吟行》更有多字漫漶。第六叶下半叶首行“徒旅苦奔峭”之“峭”，糊墨难辨，以致于被中国书店翻刻本识作“明”。第三叶整个下半叶、第八叶、第十二叶下半叶、第十三叶下半叶文字上漫漶较甚，等等。嘉泰间修补叶亦有细微缝隙，疑嘉泰修版后印本。周叔弢批注《楹书隅录》云：“印不精，有漫漶处。”①确如此言。

卷首护叶隶书题“郭氏水叶亝②鉴定宋本”，左下钤“臣指之”白文方印。卷末蒋杲录唐庚跋后有黄丕烈乾隆六十年（1795）、嘉庆七年（1802）两跋。其他钤印“包承咸印”“思学斋”“邵弥”“僧弥”“士礼居”“士礼居藏”

① 王绍曾、崔国光等整理订补：《订补海源阁书目五种》，齐鲁书社2002年版，第297页。

② “亝”，同“齐”字。

"复翁""黄丕烈印""荛翁""宋本""平阳汪氏藏书""汪士钟印""阆源真赏""宪奎""秋浦""汪宪奎印""东郡杨氏鉴藏金石书画印""东郡海原阁藏书印""东郡杨氏海原阁藏""宋存书室""杨以增印""至堂""关西节度系关西""杨氏伯子""杨以增字益之又字至堂晚号冬樵行弌""杨绍和藏书""东郡杨绍和鉴藏金石书画印""西清侍直""保彝私印""大连图书馆藏"等,首叶钤有"谢印□□"白文方水印,字迹模糊,邵弥、蒋杲、黄丕烈、汪士钟、海源阁、"满铁"大连图书馆旧藏。封二钤有苏联国立图书馆俄文印。

卷末有黄丕烈两跋:

郡中贮书楼蒋氏,余素闻其有宋刻《三谢诗》,去秋向主人索观,以赝本相混,其真本则未之见也。今乙卯五月,书友吕邦惟携此宋刻来,楮墨古雅,洵宋刻中上驷。卷端有"郭氏木叶斋鉴定宋本"七字(右注"九"字),不知谁何所书。卷末有蒋篁亭墨迹数行,叙述是书原委颇悉,盖其为篁亭所藏,子孙故秘不肯出,而兹忽介书友以示余者,殆将求善贾而沽诸乎。问其直,果索白金十六两,中人往反三四,而始以每叶白金二钱易得。宋刻之贵,至以叶数论价,亦贵之甚矣。顾念余生平无他嗜好,于书独嗜好成癖,遇宋刻,苟力可勉致,无不致之以为快。矧此书世间罕有,存此宋刻差足自豪。钱物可得,书不可得,虽费当勿校耳,岂特也。是翁宜有是言哉。至于是书为唐庚子西所集,《通考》据《中兴书目》云然。近时大兴朱竹君曾得宋刻,诧为希有,举以告五柳居陶君廷学曰:"此宣城本也。"余从廷学子蕴辉得是言,并志之,以传信于后。乾隆六十年六月四日,棘人黄丕烈识。

嘉庆七年岁在壬戌九月五日,检书及此,其去前跋时已阅七载矣。回忆乙卯被灾,此书亦在危急之中,卒赖神物护持,得以无失坠。展卷之余,喜惧交并,此书不特宋本可宝,且有前贤手泽存焉,近作《再续得书十二图》,以此列入,名曰"三径就荒",盖犹不忘篁亭之遗也。荛翁又记。

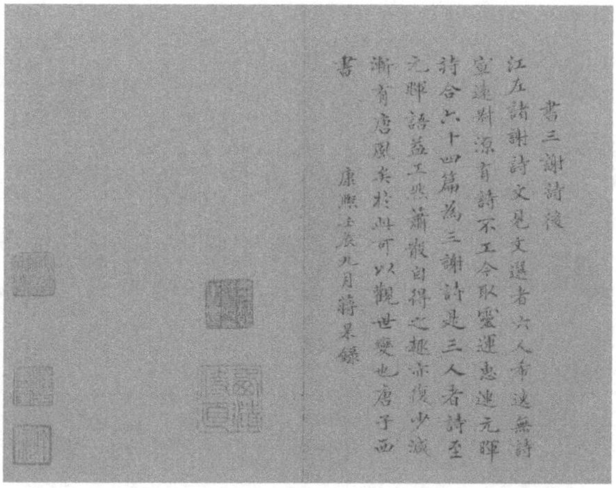

書三謝詩後
江左諸謝詩文見文選者六人希逸無詩
宣遠對源有詩不工今取靈運惠連元暉
詩合六十四篇爲三謝詩是三人者詩至
元暉語益工然蕭散自得之趣亦復少減
漸有唐風矣於此可以觀世變也唐子西
書　康熙壬辰九月蔣杲錄

宋嘉泰本《三谢诗》卷末清蒋杲录唐庚《书三谢诗后》

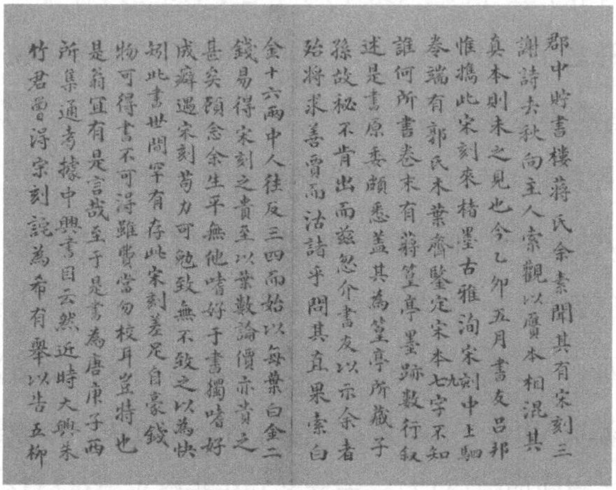

郡中貯書樓蔣氏余素聞其有宋刻三
謝詩去秋向主人索觀以贋本相混其
真本則未之見也今乙卯五月書友吕邦
惟攜此宋刻來楮墨古雅洵宋刻中上駟
卷端有郭氏木葉齋鑒定宋本七九字不知
誰何所書卷末有蔣篁亭墨跡數行叙
述是書原委頗悉蓋其爲篁亭所藏子
孫故秘不肯出而兹忽介書友以示余者
殆將求善賈而沽諸乎問其直果索白
金十六兩中人往反三四而始以每葉白金二
錢易得宋刻之貴至以葉數論價亦昔之
甚矣顧念余生平無他嗜好于書獨嗜好
成癖遇宋刻苟力可勉致無不致之以爲快
矧此書世間罕有存此宋刻差足自豪錢
物可得書不可得雖費當勿校耳豈特也
是翁宜有是言哉至于是書爲唐庚子西
所集通考據中興書目云然近時大興朱
竹君曾得宋刻詫爲希有舉以告五柳

宋嘉泰本《三谢诗》卷末清乾隆六十年黄丕烈跋

漫漶缺笔缺字处多有朱笔描补成全字，间有朱笔改字。其中第三叶朱笔补写最多，如上半叶“游子澹忘归”，“子澹”朱笔补画，“澹”之“氵”虽模糊尤可识，朱笔改作“忄”，尤袤本、陈八郎本皆作“憺”，或据之描改。但绝大多数补全原字，并不作改动，如同叶“夕息在山栖”之“夕”之断笔处补为完字；同叶下半叶所补极夥，如第五叶有十五字、第六叶七字、第七叶九字、第八叶二十九字、第九叶五字、第十叶四字、第十一叶两字、第十三叶七字、

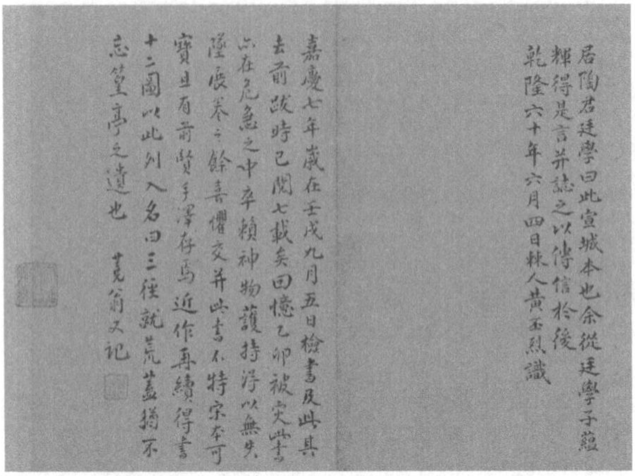
居陶君廷學曰此宣城本也余從廷學子蘊
輝得是言并誌之以傳信於後
乾隆六十年六月四日棘人黄丕烈識

嘉慶七年歲在壬戌九月五日檢書及此其
去前跋時已閱七載矣回憶乙卯被灾此書
亦在危急之中卒賴神物護持得以無失
[illegible][illegible]蹇蹇之餘喜懼交并此書不特宋本可
寶且有前賢手澤存焉近作再續得書
十二圖以此列入名曰三徑就荒蓋猶不
忘篁亭之遺也　蕘翁又記

宋嘉泰本《三谢诗》卷末清嘉庆七年黄丕烈跋

第十四叶四字、第十五叶两字、第十六叶七字，以上共补写一百三十一字。当然，亦有未补之字，如第十二叶下半叶，大概有二十多字缺笔，第一、二、八、十八叶等皆有不少字模糊不清。

据唐庚《书三谢诗后》可知，所跋无疑是专为编辑《三谢诗》而作。但此宋椠《三谢诗》在流传中，附于卷末的唐跋不幸佚去。《直斋书录解题》卷十五著录云："《三谢诗》一卷，集谢灵运、惠连、元晖，不知何人集。《中兴书目》云唐庚子西。"①可见陈振孙所见即为无跋本。《文献通考》著录同，《宋史・艺文志》著录"唐庚《三谢集》一卷"，当皆无唐跋。考陈骙所编《中兴馆阁书目》成于淳熙四年（1177），而文若刊年为隆兴二年（1164），相差仅有十三年，唐跋仍存，《中兴馆阁书目》著录的当即有唐跋的隆兴刻本。至嘉泰间或之前，则唐跋佚去。嘉泰本《三谢诗》至清初为蒋杲所藏，蒋氏又将其补录于卷末，以还宋椠本原貌。经核，嘉泰本所载唐跋与今存宋刻本《唐先生文集》卷九②录文一字不差，蒋氏当据此迻录。其后该跋又被宋胡仔

① （宋）陈振孙：《直斋书录解题》，徐小蛮、顾美华点校，上海古籍出版社 2005 年版，第 439 页。

② 宋刻本《唐先生文集》二十卷，今藏国家图书馆（9637）。

《苕溪渔隐丛话前集·国风汉魏六朝下》、元马端临《文献通考》卷二百三十《经籍考》五十七、明《永乐大典》卷八零八《宋诗话》等收录。

嘉泰本《三谢诗》后有重修牌记，云“嘉泰甲子郡守谯令宪重修”，“甲子”即嘉泰四年(1204)，可知由郡守谯令宪重修、再印于是年。然“郡守”何地则并未言明。桥川时雄跋珂罗本云：“原刊于江右。”“江右”指江西，具体何地并未指出，又云“惟谯令宪出处，博稽方志诸书，未详其人”。考谯令宪(1155—1222)，字景源，南宋初中期人，祖籍青州益都(今属山东)。谯熙载次子。淳熙十一年(1184)进士，初授仙游县尉，历知钱塘、衡山县。宁宗庆元五年(1199)主管官告院。嘉泰元年(1201)，除司农寺主簿，迁太府寺丞，出知江州。开禧元年(1205)，迁检详枢密院诸房文字。嘉定元年(1208)，迁宗正少卿兼史职，请刊正韩侂胄当政时所修国史。嘉定八年(1215)，提举江东刑狱，又福建转运判官兼知建宁府。有诗作，载《全宋诗》。嘉泰间(1201—1205)曾为江州郡守，宋真德秀《西山先生真文忠公文集》卷四十四《谯殿撰墓志铭》载“庆元五年，入主管官告院。迁太府丞、知江州”。知江州期间，曾刻石多方，如《王右军十七帖》《紫极宫》等。“紫极宫”为九江道观，李白为作《感秋诗》，苏轼、黄庭坚皆有诗和之，谯令宪于嘉泰三年(1203)亦作诗和之：“余年四十九，滥分湓城竹。悠然望匡庐，秀色良可掬。遍思二先生，风流昔所独。紫极感秋吟，北窗和月宫。药余还一采，契合苦负行。行年适相同，妙语难再复。嘉泰癸亥刻石。”①“湓城”即江州，“癸亥”即嘉泰三年，时谯令宪四十九岁，可知是年已来江州。同年曾于任上刊《松源和尚语录》并序之。至嘉泰四年，得府衙所藏坏版《三谢诗》重修后刷印。若《三谢诗》初刻本为唐文若饶州刻本，因饶州、九江均属江西，距离不远，将十八块板片运至九江并非难事；若为江州刻本，则更便捷。又，国图藏宋江州郡斋刻嘉泰四年(1204)、嘉定十三年(1220)、淳祐十年(1250)递修

① 《永乐大典》卷六六九七(第3册)，中华书局1986年版，第2701页。此与《全宋诗》所载有异文。

本《舆地广记》两残帙，其卷十九末题：“嘉泰甲子郡守谯令宪重修，淳祐庚戌郡守朱申重修。”卷二十九、三十一、三十五末题：“淳祐庚戌郡守朱申重修”一行。卷二十六末有三行牌记：“嘉泰甲子郡守谯令宪重修，嘉定庚辰郡守陆子虡，淳祐庚戌郡守朱申重修。”卷二十九、三十一末有“淳祐庚戌郡守朱申重修”一行等①，可知谯令宪于嘉泰四年重修原江州郡斋刻本《舆地广记》，并于此年再修《三谢诗》。两本重修牌记内容全同，字迹仿佛，同时修版殆无疑问。又郡守朱申于淳祐十一年（1251）知江州时尚刻李心传《道命录》五卷。考《江州志·文籍》“书板附”录有二十八种书版，其中即有《欧阳忞舆地广记》《三谢诗》两种。② 再考《永乐大典》本《江州志》，实为理宗末年子澄任职江州时所纂。据记事最后年限，“大约成于宝祐至景定数年之间”③，而宋宁宗赵扩嘉泰年号在理宗赵昀之前，则《江州志》所载《三谢诗》板片必为嘉泰间谯令宪重修本，《舆地广记》亦为江州郡刻嘉泰间至淳祐十年（1250）递修本。由上可知，谯令宪于任职江州两年中，雅好题诗刻石、修版重印、新刻古籍等。其中《三谢诗》重修之迹，如第十七叶显系整叶补刻。原版漫漶，笔画较粗，而修版字迹笔画较细，行间疏朗。从字体来看，至少有四种。首两叶半、第九至十三、十五叶等字体粗重，欧体风格明显，但与第十七叶的欧体风格不同的是，后者更加纤细，横竖均匀；第三至七叶等横细竖粗一些；第十六叶字体与众不同，显为单独上版。从版面看，仅有十八叶，只需一两名写工即可，但字体颇杂，疑补版时当至少两人参与写刻，或经递修。

---

① 傅增湘、赵万里均定为江州刻本，《藏园群书经眼录》卷五题“宋九江郡斋刊，嘉泰四年、淳祐十年递修本”，《中国版刻图录》著录庐陵本曰“另有江州刻本，郡守谯令宪、朱申重修”即指此本。

② 《永乐大典》卷六六九七（第3册），中华书局1986年版，第2696页。

③ 黎传纪、易平：《江西方志通考》（上），黄山书社1998年版，第194页：九江府（文籍）条“御书”下曰“今上作《新文弊手诏》”，曰“今上御书三清阁碑”，曰“今上《戒谕将帅敕书》”，此三项分别为宝庆三年、淳祐元年、端平元年事，“今上”指宋理宗无疑。同条“诞节放生御书”，记为淳祐九年。又其余各条称“本朝”“本朝太平兴国”“本朝相符”“本朝嘉祐”，此类甚多。据此可知，此《江州志》修于宋理宗朝，大约成于宝祐至景定数年之间。

九江为文化渊薮，陶侃、陶渊明、黄庭坚、江万里等皆出于此，另有名宦如白居易、胡安国等。江州郡守素有藏书、刊书之习。《永乐大典》本《江州志》文籍门云："有天下者，备天下之书；有一国者，备一国之书。九江为文献郡，经史百家，别于学官，藏于私塾。世所有者，未必无之。"①下列江州书籍、书目、书板目录，其中"书籍"凡一百零八种，以经史为主；"书目"即江州应收图书，开列书名一百六十四种，以江州地方史著作最多。"书板"即江州学官所藏书板，共二十八种，其中包括《三谢诗》在内的《自警篇》《白氏长庆集》《靖节先生集》《周子通书》《二程文集》等，而《三谢诗》《舆地广记》《东坡后集》《剑南诗稿》等宋椠本今仍存世。宋洪迈《容斋随笔》称："元次山有《文编》十卷，李商隐作序，今九江所刻也。"②这些刊版多以本地名人或于此为官者为主，其中《三谢诗》虽为唐庚所编，但其子唐文若知江州，亦与此地有关。类此者如嘉定十三年(1220)陆游长子陆子虡知江州时刊梓《剑南诗稿》。子刊父著，前后相继。

关于嘉泰本重修补刊于何地，又有不同说法。诸家多以为宣城，《百宋一廛赋注》著录云："卷中有嘉泰甲子郡守谯令宪重修云云，所谓宣城本者是也。"黄丕烈跋亦云："近时大兴朱竹君曾得宋刻，诧为希有，举以告五柳居陶君廷学曰：此宣城本也。"《郘亭知见传本书目》卷十六上著录曰"卷中有嘉泰甲子郡守重修云云，所谓宣城者是也"。《辞海》亦云"南宋嘉泰年间宣城刻"③。宣城，其地在今安徽东南部，距九江甚远。谢朓曾知宣城，并有《之宣城郡出新林浦向板桥一首》等，后人编集，名以《谢宣城诗集》。但以上诸家并未言其所据，意者或据宋嘉定十三年(1220)洪伋宣州(宣城)郡斋重刻楼照本《谢宣城诗集》五卷。据卷末楼照、洪伋两跋，可知该本先由楼照刊于绍兴间，其后宣州知州洪伋于嘉定间重刻，是谓宣州本。但考谯令宪

---

① 《永乐大典》卷六六九七(第3册)，中华书局1986年版，第2694页。
② 孔凡礼点校：《容斋随笔》卷一四，中华书局2005年版，第187页。
③ 《辞海》(文学分册)，上海辞书出版社1981年版，第155页。

履历，并未至宣城任官，黄丕烈等言或为臆想，而后人亦未再深入考证。桥川时雄断言“非宣城本”。又，顾广圻云庐陵，其《跋季沧苇藏舆地广记后》云：“夫谯令宪、朱申皆自称郡守而不署何郡，然则何郡耶？以余论之，二人皆庐陵郡守也。忞书之板何以在庐陵，以忞其郡人也。”庐陵即今吉安。首先按顾氏推理，《舆地广记》乃欧阳忞所作，忞为庐陵人，此书板自当庐陵人刊雕，其后庐陵郡守再刊之。这个逻辑因无确证难以成立。其次，谯令宪赴任庐陵一事亦未见载，顾氏所言误矣。以上两种说法皆无确证，如考知谯令宪仕履行实，则不攻自破。

（三）俄藏本《三谢诗》的递藏源流

俄藏嘉泰本《三谢诗》卷首封面隶书题“郭氏木叶斋鉴定宋本”，左下钤“臣指之”白文方印，未知何人，黄跋亦曰“不知谁何所书”。“包承咸印”“思学斋”亦未知何人及室名。最早收藏之可考者，首为明末书画家、金石收藏家邵弥（约 1592—1642）。弥原名高，字僧弥、瓜畴、弥远，号灌园叟、青门隐人、瓜畴老人、芬陀居士，长洲人。为人迂僻，不谐俗，多才艺。曾受业于钱谦益，诗宗陶渊明、韦应物，书法晋唐，擅山水，远学荆浩、关仝，近取法元人。时与董其昌、王时敏、王鉴等合称“画中九友”。自明中叶以来，如文征明、文嘉、文彭、项元汴、项笃寿、项希宪、项靖、唐寅、沈与文、沈松、吴岫、王宠、董其昌、沈周等书画家非常重视收藏珍本佳椠，尤其是宋元刻本，其中以文氏家族、项氏家族最著。书画家诗、书、画不分，购置古本以充素养，再者经济上较宽裕，故收藏古籍成为风尚。自此书可知，邵弥不仅收藏金石书画，尚藏宋椠，与文征明、董其昌等一样具有嗜古之好。此书入清归长洲蒋杲（1683—1731）收藏。杲字子遵，号篁亭，清长洲人。康熙五十二年（1713）进士，历户部郎中，出知廉州府。家有贮书楼，藏书甚富，曾藏有柳如是《山水人物册》。肆力于六籍根底之学，一生校书数十种，丹黄精谨。

曾受业于何焯,过录何校多种。著有《挹秀》《于京》等集。蒋氏对三谢诗极为关注,曾于康熙四十九年手抄《谢宣城诗集》五卷,并录何焯校,跋曰:"康熙庚寅二月,借义门师处校正《宣城诗集》,手录一册。香岩小隐蒋杲。"校跋本今藏国图(08374)。蒋杲手录唐庚跋于康熙壬辰五十一年(1712),此时尚未通籍,而收藏当亦在此之前。其所录唐庚跋为考释《三谢诗》编刻过程提供了珍贵史料,亦知蒋氏对此宋椠之编刻原委颇知底细,可谓有心之人。此后传之子孙,蒋杲子元益(1708—1788),字希元,号时庵,乾隆十年(1745)进士,曾任山西学政、兵科给事中、礼部侍郎,著有《志雅斋诗抄》。《苏州府志》云:"蒋司马宅在饮马桥北,兵部侍郎蒋元益所居,中有贮书楼。何焯尝授经于此,元益之父廉州太守杲,焯之弟子也。"①"贮书楼"当为父子共同拥有。② 其中卷末重修刊记前书"宋宁宗嘉泰四年"四字,《楹书隅录》云"亦篁翁笔也",桥川时雄曰:"此字与蒋杲录记稍殊。蒋杲何人,敢妄涂价逾连城之古籍耶?"再验其字迹,确有些许差异,但亦有仿佛之处,或非一时之笔迹;意者或为其子元益笔迹亦无不可能。其后传之子孙收藏,即黄丕烈跋称"盖其为篁亭所藏,子孙故秘不肯出"。乾隆六十年五月,由书友吕邦惟作介,蒋氏后人初欲以白金十六两售于黄丕烈。此本共十八叶,几乎一叶一两,可谓按叶论价。经过讨价还价,终于每叶二钱获得。黄氏有佞宋之癖,收购此本之后,感叹"矧此书世间罕有,存此宋刻差足自豪。钱物可得,书不可得,虽费当勿校耳,岂特也"。是年六月跋之,详叙得书经过。跋中提及大兴朱筠③曾得宋椠《三谢诗》,但未能流传下来,其所鉴定之"宣城

---

① (清)叶昌炽:《藏书纪事诗(附补正)》,上海古籍出版社1999年版,第432页。

② 余嘉锡《附识》曰:"黄跋称'贮书楼蒋氏者',指其子孙言。黄系乾隆戊申举人,行辈在后,匪惟杲即元益,亦不相及也。"参见1934年珂罗本《三谢诗》卷末。

③ 朱筠(1729—1781),字叔美,号竹君,又号笥河。乾隆三十八年(1773),《四库全书》馆开,时朱筠任安徽提学使,因举荐陶正祥,搜访秘书,所得不少。陶正祥(1732—1797),字廷学,号瑞庵。苏州书估,曾于苏州城吴门桥建五柳居,之后迁居北京,在琉璃厂开设五柳居书铺,卒后其藏书及书铺由子珠琳(字蕴辉)继承。珠琳与黄丕烈关系极好,书事往来频繁。黄丕烈自珠琳处得之朱筠所藏当不为虚。

本”,为黄丕烈所接受。可知,当时尚有另一部存世。得书之年发生火灾,此书幸免于难。七年后,黄丕烈再跋之①,感叹有“神物护持”,因此将其配图,名曰“三径就荒”,列入再续得书十二图之中。配图题名源于陶渊明《归去来兮辞》“三径就荒,松菊犹存”,典出东汉兖州刺史蒋诩故事。意谓家中庭院将要荒芜,但院中松菊经霜不谢,独吐芬芳。比喻尽管坎坷,仍洁身自好,如松菊一般。另一寓意或谓尽管家境荒贫,然此宋椠抱守不出。魏晋南北朝期间,诗以陶谢著称,而三谢无疑从“田园诗人”陶渊明汲取营养,开辟了山水诗派。黄氏以此命名,感同身受,含义深邃。《百宋一廛赋》《百宋一廛书录》《求古居宋本书目》均著录。士礼居藏书散出后,多归汪士钟艺芸书舍。此书即其之一,《艺芸书舍宋元本善本书目》著录。

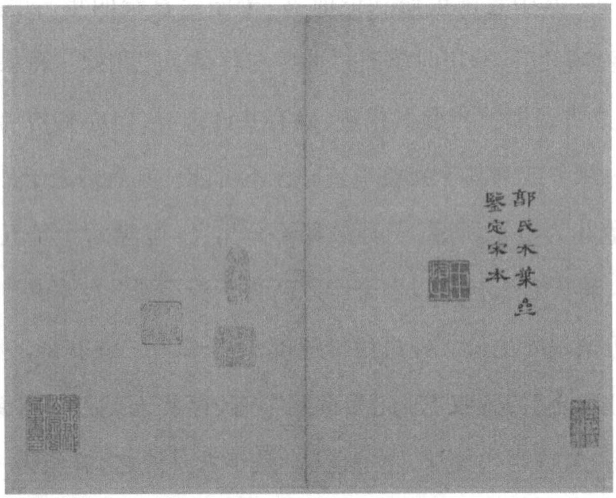

宋嘉泰本《三谢诗》卷首护叶

---

① (清)黄丕烈撰,屠友祥校注《荛圃藏书题识》又载:“此书得诸贮书楼蒋氏,卷尾有蒋篁亭墨迹数行,叙述是书原委颇悉。盖是书为唐庚子西所集,《通考》据《中兴书目》云然。近时大兴朱竹君得此刻本,定为宣城本。今卷中有嘉泰甲子郡守谯令宪重修,宋刻洵不诬也。在明有邵氏僧弥收藏印,又有‘臣指之’一印,‘思学斋’一印,并有‘□氏木叶斋鉴定宋本’九字,皆未知其人。蒋氏又有赝本,予亦曾见之,不如此刻多矣。”(上海远东出版社1999年版,第1002页)

嘉泰本钤有海源阁杨氏三代藏书印多方，其中杨氏第一代主人杨以增书印五方，可知最初为其收藏。护叶钤有"关西节度系关西"椭圆朱文印，考杨以增曾于道光二十三年（1843）至二十八年，先后赴任甘肃按察使、陕西布政使、陕西巡抚、陕甘总督，署地皆在西北，此印即系专为此而制，故亦可能得于此时。当然亦有可能得于杨以增总督南河之时。《楹书隅录》卷五著录，迻录内封郭氏题字、蒋杲录唐庚跋、黄丕烈两跋及藏书印，其中藏印"臣指之"之"之"，误作"生"；"包承咸印"之"承"，误作"南"；"宪奎"之"奎"，误作"堂"。杨绍和《宋存书室宋元秘本书目》与杨保彝《海源阁宋元秘本书目》皆著录。至杨氏第四代杨敬夫时，海源阁藏书散出。1927 年夏，杨敬夫首次将二十六种子、集部善本秘密运津出售，1927 年 11 月时此书售价 1500 元①，其后王献唐抄单价为 2000 元，至 1929 年 2 月叶恭绰抄单价又回落至 1500 元。② 之后，为书估购去，辗转归"满铁"大连图书馆。其间书估王雨曾目验此书，其《海源阁藏书六种善本流失情况》③著录。桥川时雄亦曾赴大连目验，云："予曩年因事赴辽，访友大连图书馆，馆长柿沼先生暨松崎先生柔甫乃启秘箧，任予瞻览，内有宋本《三谢诗》一函，谓得自北平坊贾携来此间求售者。"④至此，自咸丰间杨氏得是书，至 1927 年散出，庋藏海源阁近八十年，四代接力守护，最终亦未能善终，漂泊异域。嘉泰本在藏于俄罗斯国立图书馆期间，曾为俄罗斯国家博物馆借之，直到 2019 年归还。

---

① 王君九抄单见《张元济傅增湘论书尺牍》，商务印书馆 1983 年版，第 181—182 页，即 1927 年 11 月 30 日张元济致傅增湘书。

② 王献唐书单见王献唐《海源阁藏书之损失与善后处置》，《山东省立图书馆季刊》1931 年第 1 集第 1 期。叶恭绰书单见《张元济傅增湘论书尺牍》第 199—200 页，即 1929 年 2 月 16 日张元济致傅增湘书。

③ 王雨著、王书燕编纂：《王子霖古籍版本学文集》第三册，上海古籍出版社 2006 年版，第 138—139 页。

④ 桥川时雄：《宋嘉泰重修〈三谢诗〉书后》，1934 年珂罗本《三谢诗》卷末。

（四）俄藏本《三谢诗》与宋刻本《文选》的关系及校勘

据唐庚《书三谢诗后》可知，《三谢诗》实系从《文选》中辑出。但究竟采用何种底本，并未交待。《唐子西文录》载唐庚读《文选》之《三谢诗》笔记一条："谢玄晖诗云：'寒城一以眺，平楚正苍然。''平楚'，犹平野也。吕延济乃用'翘翘错薪，言刈其楚'，谓'楚，木丛'，便觉意象殊窘。凡六臣之陋，类若如此。"从此文可知，唐庚对包括吕延济在内的六臣注相当熟悉，对《三谢诗》有独到的理解，而且指出吕氏及六臣释注之陋误。唐庚虽未指出所用为何本，但毫无疑问唐庚读《三谢诗》一定包括六臣的注，不然不会发出"六臣之陋"这样颇有见地的评论。而唐庚辑录《三谢诗》当然是从读本出，或径从六臣注本出，或从李善注本出，或从五臣注本出。为进一步弄清楚《三谢诗》与《文选》关系，有必要先梳理一下早期《文选》较有代表性版本的源流及关系，并通过文字对勘，在揭出关系的同时，探究《三谢诗》的学术价值。

考六臣注本，最早刻本为元祐九年（1094）秀州州学刻本，但秀州本未能保存下来。秀州本流入朝鲜半岛，朝鲜世宗十年（1428），奎章阁以秀州本为底本用活字排印出版，今韩国、日本等存有多部，世称奎章阁本。① 奎

① 朝鲜世宗十年（1428）奎章阁活字印本《文选》六十卷，五臣注居前，李善注居后，卷端首行顶格《文选序》，次行题"梁昭明太子撰"，第三至六行分题"唐文林郎太子右内率府录事参军崇贤馆直学士李善""衢州常山县吕延济""都水使者刘承祖男刘良""处士张铣、吕向、李周翰注"，后接序文。序文后列国子监准敕节文、李善《上文选注表》、吕延《进集注文选表》、敕言。次为目录，次行题"梁昭明太子撰，五臣并李善注"，后接目录。每卷署题"梁昭明太子撰，五臣并李善注"，后列本卷所录篇目题名和作者名。卷末载沈严《五臣本后序》、李善本校勘、雕造及进呈时间和人员名单、秀州州学跋文及卞季良跋。卞季良跋曰："铸字之设，可印群书，以传永世，诚为无穷之利矣。然其始铸字样，有未尽善者，印书者病其功不易就。永乐庚子冬十有一月，我殿下发于宸衷，命工曹参判臣李藏，新铸字样，极为精致。命知申事臣金益精、左代言臣郑招等监掌具事，七阅月而功讫，印者便之。而一日所印，多至二十余纸矣。恭惟我恭定大王之于前，今我主上殿下述之于后，而条理之密又有加焉者。由是而无书不印，无人不学，文教之兴当日进，而世道之隆当益盛矣。视彼汉唐人主，规规于财利兵革，以为国家之

章阁本卷末附有秀州本刊跋,曰:

秀州州学今将监本《文选》逐段诠次,编入李善并五臣注。其引用经史及五家之书,并检元本出处,对勘写入。凡改正舛错脱剩约二万余处。二家注无详略,文意稍不同者,皆备录无遗。其间文意重迭相同之,辄省去,留一家。总计六十卷。元祐九年二月 日。

这则跋文揭出秀州本所用底本及编纂、处理异文的过程与方法。在秀州本之前,《文选》皆以李善单注本及五臣注本形式流传,未有六臣合注本出现,秀州本故为首个六臣注本。秀州本所用底本分别为国子监李善注本及五臣注本。考李善单注本,其最早刻本即北宋天圣间国子监刻本,奎章阁本卷首序后有一段国子监准敕节文,说明其编刊原委:"国子监准敕节文:《五臣注文选》传行已久,窃见李善《文选》援引该赡,典故分明,若许雕印,必大段流布。欲乞差国子监说书官员校订净本后抄写板本,更切对读后上板,就三馆雕造,侯敕旨。奉敕:宜依所奏施行。"卷末附有国子监校勘、雕造及进呈的时间与人员姓名。① 以上所载无疑是秀州本所用监本的直接证据。五臣注本则渊源更早,最早当是五代蜀孟时毋昭裔刻本,其后又有"二川"本、"两浙"本。至天圣四年(1026),平昌孟氏再刊,其底本或即以上两本。上述三本今已不存,不过有关孟氏本的刊梓信息保留下来。奎章阁本

先务者,不啻霄壤矣。实我朝鲜万世无疆之福矣。宣德三年闰四月日,崇政大夫判右军都总制府事,集贤殿大提学知经筵春秋馆事兼成均大司世子贰师臣卞季良手稽首敬跋。"可知奎章阁本铸字始于明永乐十八年(1420),历七月功讫。作跋时间为宣德三年(1428),盖首于此时。

① (清)徐松辑:《宋会要辑稿》,中华书局1957年影印本,第2232页。先题"天圣三年五月,校勘了毕",校勘官有公孙觉、贾昌朝、张逵、王式、王植、王畋、黄鉴(姓名上所署职衔从略,下同);又题"天圣七年十一月,雕造了毕",校勘印版官有公孙觉、黄鉴;最后题"天圣九年,进呈",进呈官有蓝元用、皇甫继明、王曙、薛奎、陈尧佐、吕夷简。此外,《宋会要辑稿·崇儒》四之三、《职官》二八之二等亦载有国子监编刊李善注本之事,前者曰:"至天圣中,监三馆书籍刘崇超上言:《李善文选》援引该赡,典故分明,欲集国子监官校定净本,送三馆雕印。从之。天圣七年十一月板成。又命直讲黄鉴、公孙觉校对焉。"

卷末附沈严《五臣本后序》交代甚详。[①] 首先肯定并盛赞五臣注本之审，其次叙述五臣注本的刊梓流传及孟氏本刊梓原委。先有二川、两浙刻本，但字大部重，不利保存，且校勘粗疏、讹脱较多，故孟氏“访精当之本，命博洽之士，极加考核，弥用刊正”，然后以“小字楷书”上版镂印，获利良多，刊于天圣四年。这是秀州本采用孟氏本五臣注《文选》的直接证据。据以上秀州本跋及沈氏后序可知，秀州本所采《文选》李善注实以监本为底本，五臣注以孟氏本为底本，但秀州本所采正文究竟何本未有交代。据奎章阁本正文与监本李善注本出现异文时，皆标注“善本作某”，如谢灵运《石壁精舍还湖中作一首》“游子澹忘归”之“澹”，注云“善本作憺”。可知秀州本实际上是以孟氏本为底本，而以北宋监本为参校本，白文亦是如此。据傅刚《〈文选〉版本研究》：“秀州本正文保留了五臣本原貌，其在歧异处加注，则保留了李善本的原貌。”“秀州本的编辑体例的确依据李善本，除此以外秀州本在文体分类上也依据李善本。”[②]国子监本为官方刻本，参与校勘的人皆为名重一时的学者，按说可信度更高。但秀州本不采用监本，反而以私家孟氏本底本，恐怕还是校勘质量的问题，孟氏本校勘团队虽与国子监无法相提并论，但校者亦皆为“博洽之士，极加考核”，其质量当不亚于监本，尤其白文。这

① 沈严《五臣本后序》云：“《文选》之行，其来旧矣。若夫变文之华实，匠意之工拙，梁昭明序之详矣。制作之端倪，引用之典故，唐五臣注之审矣。可以垂吾徒之宪则，须时文之揞摭，是为益也，不其博欤？虽有拉拾微缺，衒为已能者（《兼明书》之类是也），所谓忘我大德而修我小怨，君子之所不取焉。二川、两浙，先有印本，模字大而部帙重，校本粗而舛脱伙。舛脱伙则转迷豕亥，误后生之记诵。部帙重则难置巾箱，劳游学之负挐。斯为用也，得尽善乎？今平昌孟氏，好事者也，访精当之本，命博洽之士，极加考核，弥用刊正（旧本或遗一联，或差一句，若成公绥《啸嘘》云‘走胡马之长嘶，迥寒风乎北朔’，又屈原《渔夫》云‘新沐者必弹冠’，如此之类，及文注中或脱误一二字者，不可备举，咸较史传以续之。字有讹错不协今用者，皆考五经宋韵以正之），小字楷书。深镂浓印，俾其帙轻可以致远，字明可以经久，其为利也，良可多矣。且国家于国子监雕印书籍，周鬻天下，岂所以规锥刀之末，为市井之事乎？盖以防传写之草率，惧儒学之因循耳。苟或书肆，悉如孟氏之用心，皆可得而流布，国家亦何所籍焉。孟氏之本新行，尚虑市之者未谅，请《后序》以志之，庶读者详焉，则识仆之言不为诬矣。时天圣四年九月七日，前进士沈严序。”

② 傅刚：《〈文选〉版本研究》，世界图书出版公司 2014 年版，第 421 页。

一点我们可以从下文的校勘中得到证实，即出于孟氏本的陈八郎本讹误远远少于北宋本。秀州本校刊者当然会有一个基本的学术判断，故作出上述抉择是顺理成章的事情。我们之所以揭出奎章阁本、秀州本及底本源流，目的亦是想揭出《三谢诗》所用底本的真实情况。在当时已有秀州六臣注本、北宋国子监刻李善单注本、平昌孟氏五臣注本等情况下，唐庚所用究竟是哪个版本，并未有明确说明。在没有其他证据的情况下，于明了上述渊源之后，可以通过嘉泰本《三谢诗》与早期宋椠刻本《文选》对校异文的方法，大致确立两者的关系及源流。

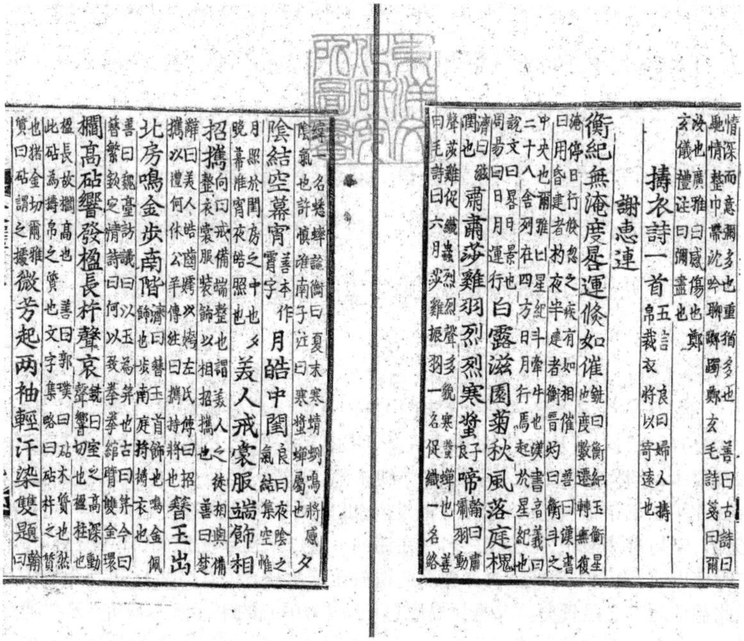
擣衣詩一首 五言
謝惠連
衡紀無淹度，晷運倏如催。白露滋園菊，秋風落庭槐。肅肅莎雞羽，烈烈寒螿啼。夕陰結空幕，霄月皓中閨。美人戒裳服，端飾相招攜。簪玉出北房，鳴金步南階。櫩高砧響發，楹長杵聲哀。微芳起兩袖，輕汗染雙題。

朝鲜世宗十年奎章阁本《文选》六十卷

现存《文选》至少有八种宋刻本，其中刊印最早的本子为北宋刻递修本李善注本，仅存二十三卷十四册，卷十五至十九、三十、三十一、三十六至三十八、四十六、四十七、四十九至五十八、六十；另台北故宫博物院藏两部残本，其一存卷一、三凡共十一叶；其二存卷一至六、八至十一、十六凡十一卷，民国劳健跋，清内阁大库、周叔弢旧藏，劳健、罗振玉经眼，今藏国图（08575）。经鉴定，当为北宋天圣间国子监刊本①。因是残本，故所录《三谢诗》亦不全；次有宋淳熙八年（1181）尤袤池阳郡斋刻递修本李善注《文选》六十卷。五臣注本有宋绍兴三十一年（1161）建阳崇化书坊陈八郎宅刻本、南宋初杭州猫儿桥河东岸开笺纸马铺钟家刻本（存三卷），六臣注本（李善及五臣注）有赣州州学递修本、南宋开庆、咸淳间蜀广都裴氏刻本及建阳刻本，六家注本有（五臣及李善注）明州刻递修本。此外，朝鲜奎章阁活字印本亦非常重要。《三谢诗》保留于尤袤刻本或明州本、赣州本、奎章阁本《文选》中的诗歌计有：卷十九载谢灵运《述祖德诗》二首。卷二十诗载三首，谢灵运《九日从宋公戏马台》《邻里相送》二首，谢玄晖《新亭渚别》一首。卷二十二载十一首，谢惠连《泛湖出楼怀》一首，谢灵运《从京口》等九首，谢玄晖《游东田》一首。卷二十三载三首，谢惠连《秋怀》一首，谢灵运《庐陵王墓》一首，谢玄晖《同谢咨议》一首。卷二十五载四首，谢惠连《西陵遇风献康乐》一首，谢灵运《还旧园作见颜范二中书》《登临海》《酬从弟惠连》三

① 劳健跋为北宋天圣、明道间刻本，曰："字划朴茂浑古，异于他宋刻书，宋讳缺笔至'桢'字止，'通'字亦为字不成。天圣元年（1023），章献太后临朝称制，令天下讳其父名。明道二年（1033）后崩，遂不复讳。知此书乃天圣、明道间所刻，与上虞罗氏所印日本高山寺藏北宋本《齐民要术》字体绝相似，彼书'通'字亦缺末笔，或同时同地所刻，亦未可知也。"1931 年刘文兴在《北平图书馆馆刊》第 5 卷第 5 期发表《北宋本李善注文选校记》："案'通'字为宋真宗刘后父名，宋初避讳谨严，虽后父之名亦在讳列。逮仁宗初年明道间，即不复讳。则此本之刊，当在明道以前，为北宋无疑。兴亦曾以此请教于傅太夫子（傅增湘），知确为北宋天圣、明道本，于此益证此本之足贵矣。"又据尾崎康《以正史为中心的宋元版本研究》云："通"字大多没有缺笔，只存有二例，"此种情况意味着存世北宋本《文选》可能更多的是递修版叶，而原刻版叶相对较少，这也是此本向来定为北宋刻递修本的原因。"自避讳观之，"贞"字乃北宋仁宗之讳，盖修版亦至此。又云："《文选》此本（旧北平本及北图本）当视为北宋中期（天圣明道间）刊本，而北宋期间曾经一次或少数次补刻，著录当作'北宋'刊'北宋'修本（不作递修）。《通典》《史记》等典型北宋版，皆只在北宋期间经过一次修补，《文选》亦当如是。依常情推理，宋刊版经靖康之乱，传至南宋，南宋继续递修刷印，如此可能性自当甚小。不如认为北宋印本逐渐破损、分散而传至今日，较为合理。"关于此本用纸，潘吉星云：楮皮，纸薄，不甚平滑，北宋刻，南宋印。意者通过避讳，此北宋原刻或即北宋监本。惟因残缺不全，刊跋及校勘、雕造及进呈时间与人员（即奎章阁本所载）亦缺，再加修补较甚，原北宋监本之刻书特征多有泯灭，给鉴别造成困难。

首。卷二十六载十四首,谢玄晖四首,谢灵运十首。卷二十七载谢玄晖五首。卷二十八载二首,谢灵运乐府一首,谢玄晖鼓吹曲一首。卷三十载二十二首,谢惠连《七月七日咏夜牛》《梼衣》二首,谢灵运四首及末《拟邺中咏》八首凡十二首,谢玄晖八首。以上共六十六首,与嘉泰本《三谢诗》篇数正合。唐庚跋中言六十四篇,盖统计有误,今日本刻本唐庚跋将其改为六十六篇。《三谢诗》保留在北宋刻残本《文选》中的计有:卷十九中诗题《述德·谢灵运述祖德二首》,诗文不存;其余皆在卷三十中,计有谢灵运诗十二首,即《南楼中望所迟客》《斋中读书》《田南树园激流植援》《石门新营所住四面高山回溪石濑修竹茂林诗》及《拟魏太子邺中集八首并序》;谢惠连诗两首,即《七月七日夜咏牛女》《捣衣》;谢朓诗八首,即《始出尚书省》《直中书省》《观朝雨》《郡内登望》《和伏武昌登孙权故城》《和望著作八公山》《和徐都曹》《和王主薄怨情》,共二十二首。其中台北故宫博物院藏两残本皆为赋文,不载诗歌。

今将嘉泰本《三谢诗》与北宋刻本、奎章阁本、尤袤本、陈八郎本四种有代表性的《文选》对校,亦见各本之优劣与源流。《三谢诗》虽仅有六十余首诗,但与《文选》诸本异文颇多。为节省篇幅,关于异体字的校勘,凡字形差异较大的、偏旁不同且差异较大者、字义不同的均出校。但如多次出现,如"陵"作"凌"、"嵒"作"巖"、"斂"作"歛"、"乃"作"迺"等,只录首次出现者。包括偏旁或笔划等仅有细微差异的异体字最多,如栁作柳、秦作□、遅作遲、況作况、值作値、回作迴、既作旣、流作流、能作能、秉作秉、海作海、衾作衾、候作侯、沈作沉、洄作洄、□作沿、虑作慮、欵作款、所作斫、巢作巢、猨作猨、鬂作鬓等,则不出校。缺笔避讳字不再出校。《文选旧注辑存》(表中简称为《辑存》)是《文选》最新的研究成果,学界瞩目,辑存旧注最善,校勘精审,且以嘉泰本《三谢诗》为校本,为明晰其使用情况,故于备注栏目中亦加注明。

嘉泰本《三谢诗》与《文选》诸本校勘记

作者及序次	嘉泰本《三谢诗》	北宋本《文选》	奎章阁本《文选》	尤袤本《文选》	陈八郎本《文选》	备注
谢灵运						
1诗题	述祖德诗二首		题同	题同	题同	
	達人贵自我		達作达	同奎章阁本	同奎章阁本	同。《辑存》失校此条
	叚生藩魏国		同嘉泰本	藩作蕃	同尤袤本	通
	傍嵓艺枌梓		嵓作岩，他同嘉泰本	嵓作巘，艺作蓺	嵓作巘，他同嘉泰本	同。岩，《辑存》之奎章阁本失校
3诗题	九日从宋公戏马台集送孔令诗一首		台作臺，同嘉泰本	同嘉泰本	无诗字	
	鸣葭戾宋宫		宋作朱	同奎章阁本	同奎章阁本	宋，误
	和乐信所缺		鈌作缺，他同嘉泰本（奎章阁本注记：信，善本作隆字）	信作隆，鈌作缺	鈌作缺，他同嘉泰本	信、鈌，鈌通缺。《辑存》之《三谢诗》本失校
4诗题	邻里相送方山诗一首		题同	题同	题同	
	指期憩瓯越		同嘉泰本（奎章阁注记：指，善本作相字）	指作相	同尤袤本	《辑存》之《三谢诗》本失校
	解缆及流潮		解作觧	同嘉泰本	同嘉泰本	同。《辑存》失校
5诗题	从游京口北固应诏一首		同嘉泰本	同嘉泰本	同嘉泰本	
	远嵓映兰簿		嵓作严	同奎章阁本	同奎章阁本	《辑存》之奎章阁本失校
	万泉咸光昭		泉作象	同奎章阁本	同奎章阁本	泉，误。《辑存》之《三谢诗》本失校
6诗题	晚出西射堂一首		同嘉泰本	同嘉泰本	同嘉泰本	
	步出西掖门		同嘉泰本	掖作城	同嘉泰本	《辑存》之《三谢诗》本失校

续表

作者及序次	嘉泰本《三谢诗》	北宋本《文选》	奎章阁本《文选》	尤袤本《文选》	陈八郎本《文选》	备注
	清翠杳深沈		清作青	同奎章阁本	同奎章阁本	清,疑误
	节往感不浅		同嘉泰本	感作戚	同嘉泰本	同
7诗题	登池上楼一首		题同	题同	题同	
	潜虬媚幽姿		同嘉泰本	虬作虯	同尤袤本	《辑存》之《三谢诗》本失校
	徇禄及穷海		同嘉泰本	及作反	同尤袤本	
	衾枕昧节候,褰开暂窥临		同嘉泰本	无此两句	同嘉泰本	疑脱误
	举目眺岖嵚		嵚作嵚	同嘉泰本	同嘉泰本	同。《辑存》之奎章阁本失校
	园柳双鸣禽		柳作栁,双作变	同奎章阁本	同奎章阁本	
8诗题	游南亭一首		题同	题同	题同	
	久痗昬垫苦		同嘉泰本	昬作昏	同嘉泰本	同,《辑存》之奎章阁本失校
	旅馆眺郊岐		岐作歧	同奎章阁本	同奎章阁本	同,《辑存》之《三谢诗》本失校
	已观朱明移		同嘉泰本	观作覩	同嘉泰本	同
9诗题	游赤石进帆海一首		题同	题同	题同	
10诗题	石壁精舍还湖中一首		石壁精舍还湖中作一首	同奎章阁本	同奎章阁本	
	游子澹忘归		同嘉泰本(奎章阁本注记:澹,善本作憺字)	澹作憺	同尤袤本	澹,当误。《辑存》之《三谢诗》、奎章阁本失校
11诗题	登石门最高顶一首		题同	题同	题同	
	疏峰枕高馆		峰作峯,他同嘉泰本	枕作抗	同嘉泰本	石刻:枕

续表

作者及序次	嘉泰本《三谢诗》	北宋本《文选》	奎章阁本《文选》	尤袤本《文选》	陈八郎本《文选》	备注
	对岭临迴谿		迴谿作迴谿	迴谿作迴溪	廻谿	同
	长林罗户庭		同嘉泰本	庭作穴	同嘉泰本	石刻:穴
	嗷嗷夜猨啼		嗷嗷作皦皦	同嘉泰本	同嘉泰本	皦,误。《辑存》之奎章阁本失校
	沈冥岂别理		沈作沉	同嘉泰本	同嘉泰本	同。《辑存》之《三谢诗》失校
	居常以待终		同嘉泰本	同嘉泰本	同嘉泰本	石刻:常作长
12 诗题	于南山往北山经湖中瞻此一首		于作扵,同嘉泰本	同嘉泰本	同嘉泰本	同
	景落阴憩峯		憩作憇	同嘉泰本	同嘉泰本	同。《辑存》之《三谢诗》失校
	仰聆大壑淙		同嘉泰本(注记:善本作灇字)	淙作灇	同嘉泰本	同
	孤游非情叹		游作游	游作遊	同嘉泰本	《辑存》之奎章阁本失校
13 诗题	从斤竹涧越岭溪行一首		同嘉泰本	同嘉泰本	同嘉泰本	
	逶迆傍隈隩		迆作迤	同奎章阁本	同嘉泰本	同
	迢递陟陉岘		同嘉泰本	迢作苕	同嘉泰本	同
	登栈亦凌缅		同嘉泰本(奎章阁本注记:善本作陵字)	凌作陵	同嘉泰本	同
	苹萍泛沈深		沈作沉,他同嘉泰本	萍作蓱,他同嘉泰本	同嘉泰本	同
	攀林摘叶卷		同嘉泰本	摘作擿	同嘉泰本	同,《辑存》之《三谢诗》失校
14 诗题	庐陵王墓下一首		庐陵王墓下作一首	同奎章阁本	同奎章阁本	
	洒泪眺连冈		同嘉泰本	冈作岗	同嘉泰本	同

续表

作者及序次	嘉泰本《三谢诗》	北宋本《文选》	奎章阁本《文选》	尤袤本《文选》	陈八郎本《文选》	备注
	沈痛切中肠		同嘉泰本(奎章阁本注记:善本作结字)	切作结	同嘉泰本	
	楚老惜兰芳		楚作楚	同嘉泰本	同嘉泰本	同,《辑存》之奎章阁本失校
	解劍竟何以		以作及	同奎章阁本	同奎章阁本	
	举声泣已沥		同嘉泰本	沥作洒	同嘉泰本	
15诗题	还旧园作见颜范二中书一首		题同	题同	题同	
	圣灵昔回春		春作眷	同奎章阁本	同奎章阁本	上古影印本作眷,原字似作春
	焚玉发昆峯		峯作峰	同嘉泰本	同嘉泰本	同
	烈火纵炎煙		同嘉泰本	煙作烟	同嘉泰本	同
	余燎逐见迁		逐作遂	同奎章阁本	同奎章阁本	逐,误
	长与歡爱别,永绝平生缘		永作水,他同嘉泰本	欢作懽	同嘉泰本	水,误;欢同懽。《辑存》之《三谢诗》失校
	流沫不足险		沫作沬	同奎章阁本	同嘉泰本	沬,误
	拪崀挹飞泉		拪作栖,崀作岩	拪作栖,崀作岩	同奎章阁本	拪,误
	质弱易板缠		同嘉泰本	板作版	同嘉泰本	同
16诗题	登临海峤与从弟惠连诗一首		登临海峤初发疆中作与从弟惠连可见羊何共和之一首(奎章阁本注记:无可字)	同奎章阁本,无可字	同奎章阁本	《辑存》录《三谢诗》无“一首”二字。
	况乃协悲端		悲作非	乃作廼,他同嘉泰本	同嘉泰本	非,误。《辑存》之奎章阁本失校。乃,《辑存》之《三谢诗》失校
	哀猨响南峦		猨作猿	同奎章阁本	同奎章阁本	同

续表

作者及序次	嘉泰本《三谢诗》	北宋本《文选》	奎章阁本《文选》	尤袤本《文选》	陈八郎本《文选》	备注
	櫕念友别心,且发清溪阴		櫕作攅、友作攻,且作旦	同奎章阁本	櫕,友作攻,且	櫕同攅
	还朝那可寻		朝作期	同奎章阁本	同奎章阁本	朝,疑误。《辑存》之《三谢诗》失校
17诗题	酬从弟惠连一首		题同	题同	题同	
	祇足揽余思		揽作搅,同嘉泰本	祗作秖,揽作搅	同嘉泰本	祇同秖
	暮春雖未交		雖作虽,交字不清	虽,交	虽,交	
	仲春善游遨		仲字不清,游作游	仲,游	仲,游	同
	嘤鸣已悦豫		同嘉泰本(奎章阁本注记:善本作鸣嘤)	嘤鸣作鸣嘤	同嘉泰本	《辑存》之《三谢诗》失校
18诗题	初发都诗一首		永初三年七月十六日之郡初发都一首	同奎章阁本	同奎章阁本	《辑存》之《三谢诗》失校
	爱似庄念昔		似作以	同嘉泰本	同奎章阁本	
	永绝赏心晤		永作汞,同嘉泰本(奎章阁本注记曰:善本作悟字)	晤作悟	同嘉泰本	同
19诗题	过始宁墅一首		题同	题同	题同	
	缁磷谢清旷,疲薾惭贞坚		同嘉泰本	缁作淄	同嘉泰本	同
	小涉尽洄沿		小作水	同奎章阁本	同奎章阁本	小,误
20诗题	富春渚一首		题同	题同	题同	
	且及富春郭		且作旦	同奎章阁本	同奎章阁本	且,误

续表

作者及序次	嘉泰本《三谢诗》	北宋本《文选》	奎章阁本《文选》	尤袤本《文选》	陈八郎本《文选》	备注
	久露干禄请，翻始果远诺		幹作干，他同嘉泰本	幹作干，后句作：始果远游诺	同奎章阁本	
21 诗题	七里濑一首		题同	题同	题同	
	徒旅苦奔峭		同嘉泰本	同嘉泰本	同嘉泰本	《辑存》曰："峭，宋刻《三谢诗》作'明'"。
	哀禽相叫啸		叫作呌	同嘉泰本	同嘉泰本	同，《辑存》之奎章阁本失校
	存其得要妙		同嘉泰本（奎章阁本注记：善本作期字）	其作期	其	通
	既秉上皇情		同嘉泰本（奎章阁本注记：善本作心）	情作心	同嘉泰本	
	兴代可同调		兴代作异代	兴代作异世	同奎章阁本	代，《辑存》之《三谢诗》失校
22 诗题	发江中孤屿一首		发作登	同奎章阁本	同奎章阁本	《辑存》之《三谢诗》失校
	怀新道转迥		迥作逈，他同嘉泰本（新，奎章阁本注记：善本作杂）	迥，新作杂	回，同奎章阁本	《辑存》"迥，奎章阁本作'回'"，实作"逈"
	乱流趋孤屿		趋作趍，他同嘉泰本（孤屿，奎章阁本注记：善本作正绝）	孤屿作正绝	同嘉泰本	《辑注》"陈八郎本、朝鲜正德本、奎章阁本、宋刻《三谢诗》也作'乱流趋孤屿'。"四本"乱"皆作"亂"
	想象昆山姿		昆作崐，他同嘉泰本	象作像，他同嘉泰本	同奎章阁本	同
23 诗题	初去郡一首		题同	题同	题同	
	伊予秉微尚		同嘉泰本	予作余	同嘉泰本	同
	庐园当栖嵓		嵓作严，他同嘉泰本	栖作棲	同嘉泰本	同

续表

作者及序次	嘉泰本《三谢诗》	北宋本《文选》	奎章阁本《文选》	尤袤本《文选》	陈八郎本《文选》	备注
	假装返柴荆		同嘉泰本（奎章阁本注记：善本作促字）	假作促，返作反	同嘉泰本	促，误。返同反
	解龟在景平		解作鲜	同嘉泰本	同嘉泰本	同
	理棹遄还朝		朝作期	同奎章阁本	同奎章阁本	《辑存》之《三谢诗》失校
	止鉴流归停		鉴作鑑（奎章阁本注记：善本作监）	鉴作监，他同嘉泰本	同嘉泰本	通
	获我击壤情		同嘉泰本（奎章阁本注记：善本作声字）	情作声	同嘉泰本	
24诗题	初发石首城一首		题同	题同	题同	
	晨装搏曾飔		曾（奎章阁本注记：善本作鲁字）	曾作鲁	曾	曾同曾
	越海陵三山		同嘉泰本	陵作凌	陵作凌	凌、凌同陵
	游湘历九疑		游作斿，他同嘉泰本（疑，奎章阁本注记：善本作嶷字）	游作遊，疑作嶷	同嘉泰本	斿、遊同游；九嶷亦作九疑
25诗题	道路忆山中一首		题同	题同	题同	
	断绝虽殊念		断作断	同奎章阁本	同奎章阁本	同
	俱为归虑款		“为”“归”字不清	为、归	为、归	
	存卿尔思积		“存”字不清	存	存	
	恒苦夏日短		同嘉泰本（奎章阁本注记：善本作常字）	恒作常	同嘉泰本	疑避讳
	故怀叵新欢		同嘉泰本	故怀作怀故	同嘉泰本	故怀，疑倒误
26诗题	入彭蠡湖口作一首		题同	无“作”字	同嘉泰本	

续表

作者及序次	嘉泰本《三谢诗》	北宋本《文选》	奎章阁本《文选》	尤袤本《文选》	陈八郎本《文选》	备注
	灵物吝珍怪		同嘉泰本	灵作露，吝作悋	同嘉泰本	露，误。吝同悋
	水碧辍流温		同嘉泰本	辍作缀	同嘉泰本	缀，误
27 诗题	入华子冈是麻源第三谷一首		题同	题同	题同	子，《三谢诗》笔划脱落，原字当作“子”
	铜陵映碧涧		同嘉泰本（奎章阁本注记：涧，善本作润字）	涧作润	同嘉泰本	润，疑误
	亦栖肥遁贤		肥作肥，同嘉泰本	遁作遯	同嘉泰本	同
	莫辨百代后		同嘉泰本	辨作辩，代作世	同嘉泰本	辨同辩
28 诗题	乐府诗一首会吟行		题同	题同	题同	
	飞鹭跃广途		同嘉泰本（奎章阁本注记：燕，善本作燕记）	鹭作燕	同尤袤本	同
	肆呈窈窕客		同嘉泰本（奎章阁本注记：客，善本作容）	客作容	同嘉泰本	《辑存》之《三谢诗》失校
	路曜便娟子		便作嫂（奎章阁本注记：善本作便）	同嘉泰本	同嘉泰本	同
	自来弥世代		世作世	世作年	同奎章阁本	
	勾践善废兴		勾作句	同奎章阁本	同奎章阁本	同
29 诗题	南楼中望所迟客一首	题同	题同	题同	题同	
	即事怨睽携	携作攜	携作擕	同北宋本	同北宋本	同，《辑存》“宋刻《三谢诗》……作‘擕’”，误
	兰苕已屡摘	摘作擿	同嘉泰本	同北宋本	同嘉泰本	同

续表

作者及序次	嘉泰本《三谢诗》	北宋本《文选》	奎章阁本《文选》	尤袤本《文选》	陈八郎本《文选》	备注
30 诗题	齐中读书一首	题同	题同	题同	题同	
	心迹双寂漠		漠作寞	同嘉泰本	同奎章阁本	同
	翰墨时間作	間作閒	同北宋本	同嘉泰本	同嘉泰本	同
	执戟亦已疲	已作以	同嘉泰本(奎章阁本注记:善本作以字)	同北宋本	同嘉泰本	
31 诗题	田南树园激流植援一首	题同。在《齐中读书一首》之前	援作楥。在《齐中读书一首》之前	同嘉泰本。在《齐中读书一首》之前	同嘉泰本	楥,疑误。
	园中屏氛杂	园中作中园	同嘉泰本(奎章阁本注记:李善注作中园)	同北宋本	同嘉泰本	
	启扉面南江	同嘉泰本	面作面	同奎章阁本	同奎章阁本	同
	羣水既罗户	户作尸,他同嘉泰本	既作既,户作尸,他同嘉泰本	水作木,他同嘉泰本	同尤袤本	水、尸,误;尸,《辑存》之《三谢诗》、奎章阁本等皆失校
	众山亦当窗	当窗作对牕	同嘉泰本	当窗作对牕	同嘉泰本	
	靡迤趋下岫	迤作迤、岫作田	趋作趍,他同嘉泰本(奎章阁本注记:岫,善本作田)	同北宋本	同嘉泰本	岫,疑误。趍,《辑存》之奎章阁本失校
	妙善冀皆同	皆作能	同嘉泰本(奎章阁本注记:善,善本作能字)	同北宋本	同嘉泰本	
32 诗题	石门新营所住四面高山回磎石濑茂林修竹诗一首　五言	茂林修竹作修竹茂林,磎作溪	面作面,迴作迴,无"诗"字;他同嘉泰本(奎章阁本注记:善本作修竹茂林)	同北宋本	磎作溪,他同嘉泰本	磎同溪。石刻:同北宋本
	苔滑谁能步	苔作苔	同北宋本	同北宋本	同北宋本	苔,误;石刻:同北宋本

续表

作者及序次	嘉泰本《三谢诗》	北宋本《文选》	奎章阁本《文选》	尤袤本《文选》	陈八郎本《文选》	备注
	清醑满金罇	罇作樽	罇作罇	同北宋本	同奎章阁本	罇同樽；石刻：同北宋本
	俯濯石下潈	潈作潭	同嘉泰本（奎章阁本注记：潈，善本作潭）	同北宋本	同嘉泰本	石刻：同北宋本
	仰看条上楥	楥作猨	同北宋本	楥作猿	同北宋本	猨同猿。楥，或误。石刻：同尤袤本
	早闻夕飙急	飙作飈	同嘉泰本	同嘉泰本	同嘉泰本	同；石刻：同嘉泰本
	庶持乘日用	持作特，用作车	同嘉泰本（奎章阁本注记：持，善本作特字）	用作车，他同嘉泰本	同嘉泰本	特、车，疑误；石刻：同嘉泰本
	兾与智者论	同嘉泰本	兾作冀	同嘉泰本	同嘉泰本	同；石刻：同奎章阁本
诗题	拟魏太子邺中集诗一首（序）	拟魏太子邺中集诗八首五言并序	同北宋本	同北宋本	同北宋本	一，误
诗序	序：今昆弟友朋，二三诸彦，备尽之矣	备作共	同嘉泰本（奎章阁本注记：备，善本作共字）	同北宋本	同嘉泰本	
	古来此娱，书籍未见	未作夫	同嘉泰本	同嘉泰本	同嘉泰本	夫，误
	汉武帝时	同嘉泰本	同嘉泰本（奎章阁本注记：备，善本无时字）	无"时"字	同嘉泰本	无"时"字，疑误
33 诗题	魏太子		题同	题同	题同	
	家皇拯生民	皇作王	同嘉泰本（奎章阁本注记：皇，善本作王字）	皇作玉	同嘉泰本	玉，误

续表

作者及序次	嘉泰本《三谢诗》	北宋本《文选》	奎章阁本《文选》	尤袤本《文选》	陈八郎本《文选》	备注
	莫言相遇易	莫作何	同嘉泰本（奎章阁本注记：莫。善本作何）	同北宋本	同嘉泰本	何，误
34诗题	王粲		题同	题同	题同	
	函崤没无象	函崤作峭函，象作像	函作凾，他同嘉泰本（奎章阁本注记：象，善本作像）	象作像	同嘉泰本	同
	林马赴楚壤	林作秣	楚作𣏟，同北宋本	同北宋本	同北宋本	林，误
	宛郢皆扫荡	宛作纪	同嘉泰本（奎章阁本注记：宛，善本作纪字）	同北宋本	同嘉泰本	
	方舟况河广	况作泛	同北宋本	同北宋本	况作泛	况，误
35诗题	陈琳		题同	题同	题同	
诗序	故叙丧乱事多	叙作述	同嘉泰本（奎章阁本注记：叙，善本作述字）	同北宋本	同嘉泰本	
	天下达氛慝	达作遭	同嘉泰本	同北宋本	同嘉泰本	达，或误
	单人易周章	人作民	同嘉泰本（奎章阁本注记：人善本作民字）	同北宋本	同嘉泰本	
	信能定贼螯	贼螯作螯贼	同北宋本	同北宋本	同北宋本	贼螯，误
36诗题	徐干		题同	题同	题同	
	提携弄秦瑟	秦作齐	擕作携，同嘉泰本（奎章阁本注记：秦，善本作齐字）	同北宋本	同嘉泰本	秦，疑误
	外物始叹毕	叹作难	同北宋本	同北宋本	同北宋本	叹，误
	摇盪箕濮情	盪作蕩	同北宋本	同北宋本	同北宋本	同
	栖集建薄质	同嘉泰本	建作逮	同嘉泰本	同嘉泰本	建，或误。《辑存》之奎章阁本失校

续表

作者及序次	嘉泰本《三谢诗》	北宋本《文选》	奎章阁本《文选》	尤袤本《文选》	陈八郎本《文选》	备注
	乃游椒兰室	乃作仍	游作遊,他同嘉泰本(奎章阁本注记:乃,善本作仍字)	同北宋本	同嘉泰本	同
	永夜繼白日	繼作系	同嘉泰本(奎章阁本注记:繼,善本作系字)	同北宋本	繼作继	系,当误
	中欺顾昔心	欺作饮	同北宋本	同北宋本	同北宋本	欺,误
37 诗题	刘桢		题同	题同	题同	
	沦漂薄许京	漂作飘	京作京,同嘉泰本(奎章阁本注记:漂,善本作飘字)	同北宋本	同嘉泰本	同
	北庆黎阳津,南登宛郢城	庆作渡,宛作纪	庆作度(奎章阁本注记:庆,善本作渡字;宛,善本作纪字)	同北宋本	同奎章阁本	度、渡同;庆,误。
	暮坐栝楬鸣	栝楬作括揭	同嘉泰本	同北宋本	同嘉泰本	《辑存》之《三谢诗》失校
38 诗题	应玚		题同	题同	题同	
	舞翮自委羽	舞作举	同北宋本	同北宋本	同北宋本	《辑存》之《三谢诗》失校
	求凉弱水浊	浊作湄	同北宋本	同北宋本	同北宋本	浊,疑误
	顾我凉川时	凉作梁	同嘉泰本(奎章阁本注记:凉,善本作梁字)	同北宋本	同嘉泰本	凉,疑误
	緩步集颖许	緩作缓	同北宋本	同北宋本	同北宋本	《辑存》之《三谢诗》失校
	沦薄恒羇旅	羇作羁	同北宋本	同北宋本	同嘉泰本	同
	官渡厕一卒	渡作度	同嘉泰本(奎章阁本注记:善本作度字)	同北宋本	同北宋本	通
	马林预艰阻	马作鸟	同北宋本	同北宋本	同北宋本	马,误

续表

作者及序次	嘉泰本《三谢诗》	北宋本《文选》	奎章阁本《文选》	尤袤本《文选》	陈八郎本《文选》	备注
	列坐廕华榱	同嘉泰本	同嘉泰本（奎章阁本注记：善本作廕）	荫作廕	同嘉泰本	同
	金樽盈清醑	醑作醑	同嘉泰本	同嘉泰本	同嘉泰本	同
	嘲谑非惭沮	非作无	同嘉泰本（奎章阁本注记：非，善本作无）	同北宋本	同嘉泰本	同
39诗题	阮瑀		题同	题同	题同	
	管书记之任，故有优渥之言	同嘉泰本	同嘉泰本	无故字	同嘉泰本	
	念昔潡海时	潡作渤	同北宋本	同北宋本	同嘉泰本	同
	妍谭既娱心，哀音信睦耳	谭作谈，音作弄	同嘉泰本，（奎章阁本注记：谭，善本作谈字；音，善本作弄）	同北宋本	同嘉泰本	谭同谈；弄，或误
	鸣篎汎兰汜	篎作葭，汎作泛	同嘉泰本	同北宋本	同北宋本	篎，《辑存》之奎章阁本失校
	自从食蓱来	蓱作蓱	同北宋本	同北宋本	同北宋本	《辑存》“奎章阁本作蓱”，误，实作蓱。蓱，误
40诗题	平原侯植	题同	题同	题同	题同	
	攀条摘惠草	惠作蕙	同嘉泰本（奎章阁本注记：惠，善本作蕙字）	同北宋本	同北宋本	通
	白杨信臬臬	臬臬作褭褭	同嘉泰本（奎章阁本注记：臬臬，善本作褭褭）	同北宋本	同嘉泰本	同
	副君命饮燕	燕作宴	同嘉泰本	燕作宴	同嘉泰本	同
	清辝兰蒲藻	辝兰蒲作辞洒兰	同嘉泰本（奎章阁本注记：俪兰）	同北宋本	同嘉泰本	奎章阁本注记与尤袤本不同
谢惠连						

续表

作者及 序次	嘉泰本《三谢诗》	北宋本《文选》	奎章阁本《文选》	尤袤本《文选》	陈八郎本《文选》	备注
41 诗题	泛湖归出楼中翫月一首		题同	题同	题同	
	飂飂出谷飙		同嘉泰本	飂飂作浏浏	同嘉泰本	《辑存》之《三谢诗》失校
	斐斐气冪岫		冪作羃	冪作幕	同嘉泰本	羃同幂，《辑存》著录《三谢诗》“幂”。幕，当误
	晤言不知罢		同嘉泰本	晤作悟	同嘉泰本	同
42 诗题	秋怀诗一首		同嘉泰本	无诗字	同嘉泰本	《辑存》之《三谢诗》失校
	奕奕河宿烂		同嘉泰本	奕奕作弈弈	同嘉泰本	弈弈，误。《辑存》之《三谢诗》失校
	寥戾度云鴈		戾作唳	同奎章阁本	同嘉泰本	同。《辑存》之《三谢诗》失校
	孤灯暖幽慢		慢作幔	同奎章阁本	慢作间	慢、间，或误。《辑存》之《三谢诗》失校
	夷险难预谋		预作豫（奎章阁本注记：预，善本作豫字）	同奎章阁本	同奎章阁本	同
	清波时陵乱		同嘉泰本	波作浅	同嘉泰本	《辑存》之《三谢诗》失校
	金石终销毁		同嘉泰本（奎章阁本注记：销，善本作消字）	销作消	同嘉泰本	同。《辑存》之《三谢诗》失校
43 诗题	西陵遇风献康乐一首		题同	题同	题同	
	路长当问谁		同嘉泰本（奎章阁本注记：问，善本作语字）	问作语	同嘉泰本	语，疑误
	行行道转送		送作遠	同奎章阁本	同奎章阁本	送，疑误
	惊风湧飞流		湧作涌	同奎章阁本	同奎章阁本	同。《辑存》之《三谢诗》失校

续表

作者及序次	嘉泰本《三谢诗》	北宋本《文选》	奎章阁本《文选》	尤袤本《文选》	陈八郎本《文选》	备注
	积素或原畴		同嘉泰本	或作惑	同嘉泰本	通
	曲汜薄停依		同嘉泰本(奎章阁本注记:依,善本作旅字)	依作旅	同嘉泰本	
	伫楫阻风波		同嘉泰本	楫作檝	同嘉泰本	同
	西瞩兴游叹,东睇起凄歌		同嘉泰本(奎章阁本注记:瞩,善本作瞻字;凄,善本作悽字)	瞩作瞻,凄作悽	同嘉泰本	凄同悽
44诗题	七月七日夜咏牛女诗一首	无诗字	同嘉泰本	同北宋本	同北宋本	
	团团滋浆露	滋浆作满叶	同嘉泰本	同北宋本	同北宋本	《辑存》之奎章阁本失校
	云汉有灵恠	恠作匹	同北宋本	同北宋本	同北宋本	恠同怪。恠,误
	遐川阻暱爱	暱作昵	暱作昵(奎章阁本注记:昵,善本作暱字)	同北宋本	同奎章阁本	《辑存》据中国书店本作"暱",或误,原字漫漶,似作"昵"。暱通昵
	双轡鹜前踪	双作耸	同北宋本	同北宋本	同北宋本	嘉泰本"双"字漫漶不清,似此字,中国书店本作"双"字,《辑存》引之
	款情难久悰	情作颜	同嘉泰本(奎章阁本注记:情,善本作颜字)	同北宋本	同嘉泰本	颜,或误
45诗题	捣衣诗一首	无诗字	同嘉泰本	同北宋本	同嘉泰本	
	肃肃莎鸡羽	莎作沙	同嘉泰本	同嘉泰本	同北宋本	沙,疑误
	夕阴结空幕	幕作幙	同嘉泰本	同北宋本	同嘉泰本	同
	宵月皓中闺	宵作霄	同嘉泰本(奎章阁本注记:宵,善本作霄字)	同北宋本	同嘉泰本	同

续表

作者及序次	嘉泰本《三谢诗》	北宋本《文选》	奎章阁本《文选》	尤袤本《文选》	陈八郎本《文选》	备注
	纨素既已成	成作咸	同嘉泰本	同嘉泰本	同嘉泰本	咸,误
	幽缄俟君开	俟作候	同嘉泰本(奎章阁本注记:俟,善本作候字)	俟作候	同嘉泰本	候同候,皆误
	胃带准畴昔	胃作腰,准作準	胃作腰,他同嘉泰本	腰、準	同奎章阁本	同
谢朓						
46诗题	新亭渚别范零陵诗一首		同嘉泰本	同嘉泰本	无诗字	
	谢元晖		元作玄	同奎章阁本	同奎章阁本	避讳
47诗题	游东田诗一首		无"诗"	同奎章阁本	同奎章阁本	
	戚戚苦误悰		同嘉泰本	慼慼作戚戚	同嘉泰本	同。《辑存》之《三谢诗》失校
	远树暧阡阡		同嘉泰本	阡阡作仟仟	同嘉泰本	同
48诗题	同谢咨议铜雀台诗一首		题同	题同	题同	
	繐帷飘井干		同嘉泰本	帷作帏	同嘉泰本	同
	况乃妾身轻		同嘉泰本(奎章阁本注记:乃,善本作乃迺字)	乃作迺	同奎章阁本	乃同迺。《辑存》之《三谢诗》曰"宋刻《三谢诗》作'沅乃'"。况,嘉泰本断版缺两竖划
49诗题	郡内高齐闲坐苔吕法曹诗一首		吕作吕,无"诗"字	同奎章阁本	同奎章阁本	
	结构何迢递		同嘉泰本	递作遰	同嘉泰本	同
	叹中列远岫		同嘉泰本	叹作牕	同嘉泰本	同
	见就此山岑		同嘉泰本(奎章阁本注记:此,善本作玉字)	此作玉	同嘉泰本	

续表

作者及序次	嘉泰本《三谢诗》	北宋本《文选》	奎章阁本《文选》	尤袤本《文选》	陈八郎本《文选》	备注
50 诗题	在郡卧病呈沈尚书诗一首		无“诗”字	同奎章阁本	同奎章阁本	
	薹笠聚东菑		同嘉泰本	薹作簦	同嘉泰本	同
	荒陼少净辞		同嘉泰本	陼作堵	同嘉泰本	同
	绿蚁方独持		同嘉泰本	绿蚁作渌蚁	绿蚁作渌虮	虮,误
	抚枕今自嗤		今作令,他同嘉泰本(奎章阁本注记:枕,善本作机字)	枕作机、今作令	同尤袤本	今,《辑存》之《三谢诗》失校。机、令,误
51 诗题	蹔使下都夜发新林至京邑赠西府同僚一首		同嘉泰本	蹔作暂	同嘉泰本	同
	引领见京室		同嘉泰本(奎章阁本注记:领,善本作顾字)	领作顾	同嘉泰本	顾,或误
	风烟有鸟路		同嘉泰本(奎章阁本注记:烟,善本作云字)	烟作云	同嘉泰本	
52 诗题	酬王晋安诗一首		晋作晋,无“诗”字	酬作詶,他同奎章阁本	无诗字	同
	涂涂露晚晞		同嘉泰本	晞作稀	同嘉泰本	稀,或误
	怅望一途阻		同嘉泰本	途作涂	同嘉泰本	同
53 诗题	之宣城出新林浦向版桥一首		题同	题同	题同	
	躧尘自兹隔		躧作嚣	同嘉泰本	同嘉泰本	同。《辑存》之奎章本失校
54 诗题	敬亭山一首		同嘉泰本	敬亭山诗一首	同嘉泰本	
	灵异居然栖		同嘉泰本(奎章阁本注记:居,善本作俱字)	居作俱	同嘉泰本	俱,误

续表

作者及序次	嘉泰本《三谢诗》	北宋本《文选》	奎章阁本《文选》	尤袤本《文选》	陈八郎本《文选》	备注
	交藤荒且蔓		同嘉泰本	且作旦	同嘉泰本	旦,误
	饑鼯此夜啼		饑作飢	同奎章阁本	同嘉泰本	同
	泄云已漫漫		泄作泄	泄作渫	同奎章阁本	同。奎章阁本与嘉泰本写法不同,《辑存》言同
	夕雨亦凄凄		同嘉泰本(奎章阁本注记:夕,善本作多字)	夕作多	同嘉泰本	多,或误
	兹理庶无睽		同嘉泰本(奎章阁本注记:庶,善本作席字)	庶作席	同嘉泰本	席,误
55 诗题	休沐重还道中一首		题同	题同	题同	
	薄游弟从告		游作斿,弟作第	游作遊,弟作第	同嘉泰本	同
	灞池不可别		同嘉泰本	灞作霸	同嘉泰本	同
	田鹤远相叫		叫作吅	同嘉泰本	同嘉泰本	同
	乡泪尽霑衣		同嘉泰本	霑作沾	同嘉泰本	同。《辑存》之《三谢诗》失校
	恩甚恋闺闱		闱作闱,他同嘉泰本(奎章阁本注记:闺,善本作重字)	闺闱作重闱	同尤袤本	闱作闱,《辑存》之《三谢诗》及奎章阁本失校
56 诗题	晚登三山还望京邑一首		题同	题同	题同	
	澄江静如练		静作净	同嘉泰本	同嘉泰本	
	暄鸟覆春洲		同嘉泰本	暄作喧	同嘉泰本	暄,或误。《辑存》之《三谢诗》失校
	谁能鬒不变		同嘉泰本(奎章阁本注记:鬒,善本作缜字)	鬒作缜	鬒作纱	同
57 诗题	京路夜发一首		题同	题同	题同	

续表

作者及序次	嘉泰本《三谢诗》	北宋本《文选》	奎章阁本《文选》	尤袤本《文选》	陈八郎本《文选》	备注
	肃肃戒徂兩		兩作两，他同嘉泰本	戒作戎	同嘉泰本	戎，疑误
	晨元复泱漭		元作光	同奎章阁本	同奎章阁本	元，疑误。《辑存》此条失校
58 诗题	鼓吹曲一首		题同	题同	题同	
	逶迤带绿水		同嘉泰本（奎章阁本注记：緑，善本作渌字）	绿作渌	同嘉泰本	渌，疑误
	迢遰起朱楼		遰作递	同奎章阁本	同奎章阁本	遰，疑误
	垂阳荫御沟		阳作杨	同奎章阁本	同奎章阁本	阳，误
	迭鼓逸華辀		逸作送	同奎章阁本	同奎章阁本	逸華，误。《辑存》之《三谢诗》失校
	献纳云台表		献作獻	同奎章本	同奎章阁本	同
59 诗题	始出尚书省诗一首	缺题	无"诗"字	同奎章阁本	同奎章阁本	
	旣通金閨籍	閨作闺	旣作既，同北宋本	同北宋本	同北宋本	閨，误
	昬风沦继体	同嘉泰本	昬作昏，体作醴	同嘉泰本	同嘉泰本	《辑存》之奎章阁本失校
	轻主谅昭洒	主作生	同北宋本	同北宋本	同北宋本	生，误。《辑存》之《三谢诗》失校
	载笔陪旌乐	乐作桀	同北宋本	同北宋本	同北宋本	乐，疑误
	邑里向疏芜	疏作疎	同嘉泰本	同北宋本	同嘉泰本	同
	零落思友朋	思作悲	同北宋本	同北宋本	同北宋本	思，疑误
	欢娱宴兄弟	欢虞燕兄弟	同嘉泰本（奎章阁本注记：善本作虞燕字）	同北宋本	同嘉泰本	
	因此得萧散	乘此终萧散	同嘉泰本（奎章阁本注记：善本作乘此终萧散一句）	同北宋本	同嘉泰本	
	垂竿深涧低	涧作澗	他同嘉泰本	同嘉泰本	同嘉泰本	同

续表

作者及序次	嘉泰本《三谢诗》	北宋本《文选》	奎章阁本《文选》	尤袤本《文选》	陈八郎本《文选》	备注
60 诗题	直中书省诗一首	无“诗”字	同北宋本	同北宋本	同北宋本	
	红药当阶翻	翻作飜	同嘉泰本	同北宋本	同嘉泰本	同
	鸣佩多清响	佩作珮	佩作佣(奎章阁本注记:善本作珮)	同北宋本	同嘉泰本	同
	朋情以郁陶	同嘉泰本	郁作欝	同嘉泰本	同嘉泰本	同。《辑存》失校
	安得陵风翰	陵作凌	同嘉泰本(奎章阁本注记:陵,善本作凌字)	同北宋本	同嘉泰本	同
61 诗题	观朝雨诗一首	无“诗”字,末有五言二字	同北宋本	同北宋本,无五言二字	同北宋本	
	耳目蹔无扰	蹔作暂	同嘉泰本	同北宋本	同嘉泰本	同
62 诗题	郡内登望诗一首	无“诗”字	同北宋本	同北宋本	同北宋本	
	蹊流春谷泉	蹊作溪	同嘉泰本(奎章阁本注记:磎,善本作溪字)	同北宋本	同嘉泰本	同
	儆悦魂屡迁	儆作倘	同嘉泰本(奎章阁本注记:儆,善本作倘字)	同北宋本	同嘉泰本	同
	方弃汝南诸	弃作棄	同北宋本	同北宋本	同嘉泰本	同
63 诗题	和伏武昌登孙权故城诗一首	无“诗”字	同北宋本	同北宋本	同北宋本	
	炎霊遗釰玺	霊作灵,釰作剑	同北宋本	同北宋本	同北宋本	同
	圣期鈌中壤	鈌作缺	同北宋本	同北宋本	同北宋本	通
	霸功兴寓县	寓作寓	同北宋本	同北宋本	同北宋本	寓,疑误;寓,籀文宇字
	帷奕尽谋选	奕作弈	同嘉泰本	奕作帟	同嘉泰本	同

续表

作者及序次	嘉泰本《三谢诗》	北宋本《文选》	奎章阁本《文选》	尤袤本《文选》	陈八郎本《文选》	备注
	西戡汉组练	戡作龛	同嘉泰本(奎章阁本注记:戡,善本作龛字)	同北宋本	同北宋本	同
	俯仰流英眄	眄作盼	眄作盻	同北宋本	同嘉泰本	盻同眄。盼,误。《辑存》:“两本并脱‘流’字,奎章阁本有‘流’字。”
	参差代祀忽	代作世	同嘉泰本(奎章阁本注记:代,善本作世字)	同北宋本	同嘉泰本	
	寂寞市朝变	寞作漠	同嘉泰本	同北宋本	同嘉泰本	同
	歌梁想遗啭	啭作转	同嘉泰本(奎章阁本注记:啭,善本作转字)	同北宋本	同嘉泰本	同
	雄圖怅若兹	圖作图	同嘉泰本	同北宋本	同北宋本	同。《辑存》失校此条
64 诗题	和王著作入公山诗一首	无诗字	同北宋本	同北宋本	同北宋本	
	阡眠起杂树		阡作仟,树作樹	同奎章阁本	同	同
	日隐涧凝空	凝作疑	隐作隐,他同北宋本	同嘉泰本	同嘉泰本	凝,疑误
	长蛇固能翦	同嘉泰本	同嘉泰本	蛇作虵	同嘉泰本	同
	奔鲸自此暴	暴作曝	同嘉泰本	同北宋本	同嘉泰本	同
	导峻芳尘流	导作道	同北宋本	同北宋本	同嘉泰本	导,疑误
	业遥年运倏	倏作儵	同嘉泰本	同北宋本	同嘉泰本	同
	于嗟命不淑	于作吁	同嘉泰本	同北宋本	同嘉泰本	通
	秋场庶能筑	同嘉泰本	庶作广	同嘉泰本	同奎章阁本	广,疑误
65 诗题	和徐都曹诗一首	无诗字	同北宋本	同北宋本	同北宋本	
	迥瞰苍江流	迥作迴	同北宋本	同北宋本	同北宋本	同

续表

作者及序次	嘉泰本《三谢诗》	北宋本《文选》	奎章阁本《文选》	尤袤本《文选》	陈八郎本《文选》	备注
	桃李成蹊径	径作迳	同嘉泰本	同北宋本	同嘉泰本	同
	桑榆阴道周	同嘉泰本	阴作荫	同嘉泰本	同嘉泰本	同。《辑存》失校
66 诗题	和王主薄怨情诗一首	无"诗"字	同北宋本	同北宋本	同北宋本	
	相逢咏蘼芜	蘼作糜	同嘉泰本(奎章阁本注记:蘼,善本作糜字)	同北宋本	同嘉泰本	同
	辞宠悲团扇	团作班	同嘉泰本(奎章阁本注记:团,善本作班字)	同北宋本	同嘉泰本	班,疑误
	花丛乱数蝶	乱作乱	同北宋本	同北宋本	同北宋本	同。《辑存》失校此条
	风帘入飞燕	飞燕作双燕	同嘉泰本	同北宋本	同北宋本	
	坐借红装变	坐惜红糚变	坐惜红装变	坐惜红妆变	坐惜红装变	借,疑误
	平生一顾重	平生作生平	同嘉泰本(奎章阁本注记:平生,善本作生平字)	同北宋本	同嘉泰本	生平,当误
	故心人不见	心人作人心	同嘉泰本(奎章阁本注记:心人,善本作人心字)	同北宋本	同北宋本	

以嘉泰本与北宋本《文选》相校为例,两者形成的异文构成主要是形近而误,如"借"作"惜"、"马"作"鸟"等,以及一些差异很大的异文如"娱"作"虞"、"用"作"车"、"情"作"颜"等,这些异文意义上已有改变。而一些意义相同的异文亦有不少,又有些差异较小的异文限于篇幅未全部录进去,如嘉泰本"寛",北宋本作"宽"、"疏"作"踈"、"间"作"閒"、"径"作"迳"、"尔"作"耳"、"板"作"版"、"徃"作"往"、"盪"作"荡"、"辥"作"辞"等等;

此外尚有一些模糊不识者。《三谢诗》有些修补可能失去了原本之字,北宋本《文选》亦是修补本,修补皆已至南宋中期,异文当然也包括修补部分。但以嘉泰本而言,修补成分并不大。北宋本则修补甚多,当然修补亦可能参考了其他本。以上仅以北宋残本为例,其他奎章阁本、尤袤本、陈八郎本情况亦同。

通过以上校勘发现:其一,嘉泰本《三谢诗》与诸本异文情况不一,如将差异较大的异体字计算在内,总计嘉泰本与北宋本《文选》异文一百一十处,与奎章阁本一百四十八处,与尤袤本二百六十六处,与陈八郎本一百一十三处。北宋本虽然最少,但因北宋本仅存二十二首,如按总数六十六首计,则异文当逾三百处,故与北宋本异文最多。其次为尤袤本,再次为奎章阁本,而与陈八郎本异文最少。整体上字义相同的异体字多于字义不同的异文。跨越两宋,刊于各地,写手书写习惯已有很大不同,字义相同而写法不同的异体字会有很多,亦属正常。比较而言,字义不同的异文对于版本的学术价值判断更有意义。据统计,嘉泰本与北宋本《文选》的这类异文六十八处,奎章阁本七十四处,尤袤本一百五十处,陈八郎本五十五处。北宋本稍多于陈八郎本,但若计其全部,当亦有二百余处,异文最多。嘉泰本与诸本异文比例自多至少依次为北宋本、尤袤本、奎章阁本、陈八郎本,其比例与包括异体字在内的全部统计一致。若按异文数量排比溯源,则嘉泰本《三谢诗》与陈八郎本、奎章阁本异文较少,文字更为接近,而与北宋本、尤袤本差异较多,当非同源。故嘉泰本之底本(即南宋隆兴刻本)或出于陈八郎本、奎章阁本的祖本,而非北宋监本或尤袤本的底本。

张富春将嘉泰本《三谢诗》与奎章阁本《文选》、尤袤本李善注《文选》对勘,据嘉泰本与奎章阁本异文少、而与尤袤本多,判断嘉泰本与奎章阁本为同一系统,而与尤袤本不属同一系统,其《宋本〈三谢诗〉文选学价值考论》认为:"《三谢诗》与李善本《文选》并非同一系统。胡刻本(即胡克家刻本)之底本为尤刻本,故《三谢诗》与胡刻本异文众多。异文中《三谢诗》与奎章阁同而异于尤刻本者不仅占全部异文的比例大,且多关乎《三谢诗》渊源。如果我们说《三谢诗》与奎章阁本属同一系统,当无大碍。奎章阁本刊于朝鲜世宗十年(1428),底本为秀州州学本。秀州州学本底本是刊于天圣四年的平昌孟氏五臣本《文选》。"张文所断与笔者的校勘结果是一样的,即"《三谢诗》与奎章阁本属同一系统",因奎章阁本底本为秀州本,而秀州本五臣注底本为孟氏本,故《三谢诗》的底本有可能是秀州本或孟氏五臣注本。张文又言:"我们认为,《三谢诗》当辑之平昌孟氏本,而非六家(臣)本《文选》。"①张文接着举出三个理由:"首先,秀州州学本《文选》问世后相当长的一段时间内虽有六家(臣)本存世,但该本不为人所重。自唐至北宋,颇为人欢迎的是五臣本《文选》。""其次,《眉山文集》中《书三谢诗后》前有《书姑苏张自强教谕所编寅申录》一文,该文篇末明谓:'宣和己亥(1119)十二月一日眉山唐子西书。'子西约卒于1121年,二'书'紧邻,作时或不至相距太远。故唐氏辑《三谢诗》当正值五臣本《文选》炽盛之际。""最后,唐氏辑《三谢诗》之意,在于'塾读'以'见其优劣',而'三谢'诗五臣本与李善本异文甚夥。若辑自六家(臣)本《文选》,号为'小东坡'之子西,岂能无动于衷?此或可为唐氏径由平昌孟氏《文选》辑《三谢诗》之力证。"②并拎出八个校勘实例以证之。笔者以为上述说法值得商榷。第一、第二实际上皆言五臣本之盛行。第三则通过《三谢诗》校以平昌孟氏本之后传五臣注本、李善单注本,在总共八个实例中,其中与五臣注同者六例,而与李善单注本尤袤本全部不同,证明出于五臣注本。在没有直接证据的情况下,通过这种对校方式,判断版刻源流亦不失为一种手段。当然五臣本盛行之时,六臣本不显,并不能证明唐庚用的一定就是五臣注本。反之,以唐庚的地位及实力,得较罕见之六臣本并非不可能,其《文录》中所载"六臣"云云,虽然读本不一定就是六臣注本,但一定是包括六臣注的本子,也就是说唐庚可能藏有多

① 张富春:《宋本〈三谢诗〉文选学价值考论》,《中州学刊》2007年第2期。
② 张富春:《宋本〈三谢诗〉文选学价值考论》,《中州学刊》2007年第2期。

部北宋本《文选》,其中既有六臣注本、亦有李善单注本或五臣注本,不然不会精通“六臣”所注内容。通过上述校勘,出于秀州本的奎章阁本与出于孟氏本的陈八郎本在文本上高度一致,而《三谢诗》则与奎章阁本、陈八郎本高度一致,那么,唐庚所用就应该是秀州本或孟氏本了,而从异文最少来看,孟氏五臣本可能性最大。

以上异文中,写法、字义皆不同的主要体现于三点:

一是嘉泰本校正诸本之误。诸本中北宋本《文选》讹误最多,从上表中可知有十五处。因北宋本仅存二十二首,若按全部六十六首计算,则讹误当有四十余处。北宋刻本由国子监校梓,本不应出现如此现象,但现存北宋残本讹误颇多确为客观事实。揆度原因,此残本为递修本,修补甚多,校勘不审。再者,原北宋监本可能也确实存在一些问题,这也是秀州本不采用监本白文而采用孟氏本的重要原因。如《三谢诗》之《石门新营所住四面高山回磎石濑茂林修竹诗一首》“庶持乘日用”句,奎章阁本同,北宋本“持”作“特”、“用”作“车”,尤袤本“用”作“车”,据文意“特”“车”,当误。胡克家《文选考异》谓改“用”为“车”,系“尤延之失考,遽改正文,大失谢及善意”。然并非尤袤所改,北宋时亦误作“车”。谢灵运《初发都诗一首》“爱似庄念昔”,奎章阁本“似”作“以”,据尤袤本李善注曰:“言游子多悲,触物增恋,爱其似者。若庄生之念畴昔,久而愈敬。类曾子之存故交。《庄子》曰:夫越之流人,去国旬月,见所尝见于国中喜。及期年也,见似人者而喜矣。”可知奎章阁本误。

尤袤本讹误亦不少,如嘉泰本《三谢诗》谢灵运《初发都一首》“永绝赏心晤”之“晤”,尤袤本作“悟”,尤袤本李善注曰:“言今远游,将穷山海之迹,赏心之对,于此长乖。郑玄《毛诗笺》曰:晤,对也。”陈八郎本“翰曰:晤,对也。言我将寻山水,穷尽其迹,与赏心之友长绝,不可复得相对而言。”故作“晤”,是。谢惠连《秋怀》“皎皎天月明,奕奕河宿烂”之“奕奕”,尤袤本作“弈弈”,误。音同义异。《玉篇》《广韵》:“弈,博弈也。美貌也。”《说文》:"弈,围棋也;奕,大也,行也,美容也。"王观国《学林》卷九云:"世俗书弈、奕二字,不豫分二字之义而书之,或从廾,或从大,混而无别,则害于义矣。"①谢灵运《入华子冈是麻源第三谷一首》"铜陵映碧涧"之"涧",尤袤本独作"润",范志新《文选何焯校集证》专有考证,何校云"润"字为"涧"字之讹,斠证云:"尤本同。奎本以下诸六臣注本悉作'涧',校云:善作'润'。五臣正德本、陈本作'涧'。尤氏《考异》曰:五臣'润'作'涧'。孙氏《考异》曰:潘校从五臣改'涧'。胡氏《考异》曰:'润',当作'涧',袁本、茶陵本作'涧',云善作'润'。案:各本所见皆非也,润字不可通,但传写误。梁氏《旁证》曰:六臣本'润'作'涧'是也。作'润',但传写误。《艺文类聚》卷六、《海录碎事》卷三下、《古今事文类聚》前集卷十四、《记纂渊海》卷十一等悉作'涧'。谨案:五臣作'涧',铣注可证。何校、两《考异》、梁氏、嘉德说皆是。李善亦作'涧'。尤本盖误从明、赣二本校语。毛本则误从尤本耳。"②从语境来看,"润"字显然不妥,盖形近而误。谢灵运《登池上楼一首》,尤袤本独脱"衾枕昧节候,褰开暂窥临"两句。谢朓《酬王晋安一首》"梢梢枝早劲,涂涂露晚晞"之"晞",尤袤本作"稀"。陈八郎本注云:"向曰:梢梢,树枝劲强无叶之儿。涂涂,厚也。言厚露晚干。晞,干也。"《诗经·秦风·蒹葭》云:"蒹葭萋萋,白露未晞。"故"晞"字是,"稀"字误。谢朓《和伏武昌登孙权故城诗一首》"俯仰流英盻"之"盻"字,北宋本、尤袤本皆作"盼",胡克家《文选考异》谓"盼"本作"眄"(奎章阁本),"眄"即"眄"之别体字,李善注《好色赋》即作"眄"(指唐抄《文选集注》本,非尤袤本)。《辑存》曰:"通常讹作'盼'。李善注引《好色赋》,集注本作'眄',是。""眄",从目,丏声,本义斜视。《说文解字》:"眄,目偏合也。"《仓颉篇》"旁视曰眄"。唐抄《集注》本曰:"《好色赋》曰:窃视流眄。"按语境,"眄",是。其中诸本不误,而尤袤本独误者二十处,又与北宋本同误者八处,合计二十八处。此外奎章阁

① 王观国:《学林》,中华书局1985年版,第258页。

② 范志新:《文选何焯校集证》,河南大学出版社2016年版,第662页。

本十五处讹误、陈八郎本十三处讹误。从讹误多少来看,陈八郎本是讹误最少的本子,其次为奎章阁本,再次为尤袤本,北宋本最劣。以上诸本之讹误,皆可据嘉泰本《三谢诗》校之。当然,或言他本亦可校勘,但如以嘉泰本《三谢诗》校之,可再添一实证!同样,诸本不误,而《三谢诗》亦不误,则亦可添一证据。从这个意义上,《三谢诗》可发挥夯实文本基础的作用。

二是诸本更正嘉泰本之误。诸本不误,《三谢诗》独误者,可据宋椠《文选》校正。谢灵运《登池上楼》有一传世名句——“池塘生春草,园柳变鸣禽”。谢氏曾对人说“此语有神助,非吾语也”,可见其甚为得意。锺嵘《诗品》引《谢氏家录》:“康乐每对惠连,辄得佳语。后在永嘉西堂,思诗竟日不就,寤寐间忽见惠连,即成‘池塘生春草’。”然后句“变”字,独嘉泰本《三谢诗》作“双”,而奎章阁本、陈八郎本、尤袤本等皆作“变”。难道是北宋期间确有一个作“双”字的版本在流行?检唐初欧阳询《艺文类聚》卷二十八人部十二“游览”类摘录谢诗,作“变”。可知唐初时流行的谢诗已作此字。南宋魏庆之《诗人玉屑》卷三引黄彻《巩溪诗话》:“刘昭禹云:……昔人‘园柳变鸣禽’,竟不及‘池塘生春草’”。刘昭禹,字修明,桂阳人,生卒年不详,生活在后梁太祖开平中(约909)前后。说明在五代初流行的与唐初相同。北宋初乐史撰《太平寰宇记》卷九十九《江南东道十一·温州》引此诗亦作“变”。北宋惠洪《冷斋夜话》卷三引舒公云:“‘池塘生春草,园柳变鸣禽’之句,谓有神助,其妙意不可以言传。”惠洪与唐庚同龄,晚唐庚谢世七年。稍晚的叶梦得《石林诗话》亦作“变”。除宋椠《文选》外,以上亦可佐证自唐初至两宋通行的皆为“变”字,则嘉泰本实为孤证,当因形近而误。陈元胜对“双”字进行了长篇辨赏与艺术构思分析:“诗人生病卧对一冬的‘空林’,而今不仅园柳上有鸣唱的鸟儿,而且是成双配对地在那儿歌唱!……

况且连那鸟儿都是'双栖'欢唱,诗人怎能不感伤。"①殊不知"双"字不仅在诗意理解上已不合上下意境,且在律对上与前句"生"失对,而"变"对"生"则工对。李文初曾有长篇专论讨论该字优劣,驳斥陈说,不仅从史料及版本上论证"双"字"很可能就是一个讹字",唯独《三谢诗》作"双"是个"孤证",而"变"字则是一直以来的通行用字,并进一步从诗意语境上解读。② 再检明正德九年马龠刻本《三谢诗》,亦作"双",而后出的正德十六年胡琼刻本发现其误后,即改为"变"。考马龠本出于南宋隆兴刻淳熙间印本《三谢诗》(见下论证),印本要早于嘉泰重修本,说明此字并非修补字,再检嘉泰本此字,确实没有修补痕迹,可知其底本南宋隆兴二年刻本即作"双"字。嘉泰本尚有不少类此形近而误的情况,"变"与"双"又形近,则原隆兴本极有可能写刻错误,重修的嘉泰本亦未改正。此类讹误尚有不少。如嘉泰本《三谢诗》谢灵运《拟邺中咏八首》之《徐干》"外物始叹毕"之"叹"字,诸本皆作"难",据上下文意,是。谢灵运《九日从宋公戏马台集送孔令诗一首》"鸣葭戾宋宫"之"宋"字,诸本皆作"朱",是。谢朓《和伏武昌登孙权故城诗一首》"圣期缺中壤,霸功兴寓县"之"寓"字,诸本皆作"寓",是。谢朓《始出尚书省一首》"既通金闺籍"之"金閨",诸本皆作"金闺"。李善注曰:"金闺,即金马门也。谓为尚书郎也。"《汉书》亦引此,独《三谢诗》误。谢朓《和王著作八山诗一首》"日隐涧凝空"之"凝",奎章阁本、陈八郎本等皆同,惟尤袤本作"疑"。胡克家《文选考异》谓:"'疑空'与'如复'偶句。各本作'凝',但传写误耳。"从上下文意来看,"凝"字当误。经统计,嘉泰本显误者四十三处,多为形近致误,其写刻粗疏可见一斑。

三是意义不同,或相近,或可两解。由于注者使用的底本不同,注者也在寻求符合底本的解释,虽有胜逊之别,亦可姑存一说。嘉泰本《三谢诗》

① 陈元胜:《诗品辨读》,安徽教育出版社 1994 年版,第 254—258 页。

② 李文初:《"园柳变鸣禽"的版本异文及鉴赏问题》,《汉魏六朝文学研究》,广东人民出版社 2000 年版,第 380—384 页。

谢朓《郡内高齐闲坐答吕法曹诗一首》“若遗金门步，见就此山岑”之“此”字，尤袤本作“玉”，注曰：“《解嘲》曰：‘历金门，上玉堂。’《穆天子传》曰：‘癸巳，至群玉之山，容氏所守，先王之谓册府。’郭璞曰：‘即《山海经》玉山，西王母所居者。’皇甫谧《释劝》曰：‘排阊阖，步玉岑。’”然陈八郎本曰：“向曰：金马谓金马门。言若能遗金门步，当见就我此山中也。”尤袤《李善与五臣同异》：“善注：群玉之山。五臣作此山。注：就我此山中也。”则“此”“玉”皆可通，从律对上，“玉”字更适。若就诗意而言，“此”胜于“玉”。谢灵运《登池上楼》“徇禄及穷海”，尤袤本、陈八郎本“及”皆作“反”，“及”，到；“反”同“返”，据上下文语境皆可通。嘉泰本谢灵运《拟魏太子邺中集诗八首》之《王粲》“宛郢皆扫荡”、《刘祯》“南登宛郢城”，“宛”字，奎章阁本、陈八郎本皆同，而北宋本、尤袤本则作“纪”。北宋本李善注引杜预《左氏传注》曰：“楚国，今南郡江陵县北纪南城也。”陈八郎本：“铣曰：……宛、郢，二县名。南登者，从征刘表。”沈括《梦溪笔谈》卷五《世称善歌者曰“郢人”》云：“谢灵运《邺中集诗》云：‘南登宛郢城。’今江陵北十二里有纪南城，即古之英都也，又谓之南郢。”《古诗纪》注谓“宛”一作“纪”。若作纪郢，则指纪南城。据此可知，宛、纪当皆可通。嘉泰本谢灵运《田南树园激流植援一首》之“援”，诸本皆作“援”，张铣注曰：“引流水种木为援，如墙院也。援，卫也。”独奎章阁本作“楥”，并非无意，《尔雅·释木》作“柜柳”。俗作“楦”。激流之中植“楥”以起缓冲作用，未尝不可。嘉泰本谢灵运《邻里相送方山》“指期憩瓯越”，“指期”，不日；尤袤本《文选》作“相期”，明正德马龠本同，“相期”有期待、相约之意。两意皆可。本诗叙与建康亲友惜别之情，表达“永幽栖”之意，抒发对权臣之不满情绪。著一“憩”字，已达其意，而“不日”更进一层，故有尽快之意，自当包含“相期”。嘉泰本之意更长。《谢灵运集校注》不从“指”，可商榷。“相”或为形近而异，然亦可解。谢灵运《九日从宋公戏马台集送孔令诗一首》“和乐信所缺”之“信”，尤袤本作“隆”；谢朓《晚登三山还望京邑一首》“澄江静如练”之“静”，北宋本作

“净”，等等，皆可双解。

通过将嘉泰本《三谢诗》与有代表性的宋椠《文选》诸本对校，可清晰见出嘉泰本的真实文本面貌。同时，《三谢诗》作为径出于《文选》的辑本，版本价值不可小觑。对于《文选》而言，《三谢诗》可作为一个外在的视角，关照《文选》在宋代的校刊情况。这大概也是《文选旧注辑存》将其作为校本的原因。就《三谢诗》而言，《文选》更为其提供了新的研究视角。在无其他证据可征的情况下，对校异文是厘清两个文本系统源流关系及评估其学术价值的最有效方式。首先，关于嘉泰本《三谢诗》与宋椠《文选》的关系问题，宋椠《三谢诗》与陈八郎本之五臣注本异文最少，奎章阁之六臣注本次之，这三个版本或为同一系统，《三谢诗》或出于这两个版本的底本。由于奎章阁本使用的底本分别为孟氏五臣注本与北监李善注本[①]，故唐庚辑录《三谢诗》所用底本很可能就是讹误最少的孟氏五臣注本，而并未使用讹误较多的北监李善注本。这同秀州本校刊者选择底本一致。此外，嘉泰本《三谢诗》中谢灵运诗两首之《斋中读书》在前，《田南树园激流植援》在后，独与陈八郎本同，而北宋本、奎章阁本、尤袤本等皆倒置。桥川时雄跋珂罗本曰：“《斋中读书》诗与《南楼中望所迟客》错置，是乃原编小失，未足为白璧微瑕也。”此“《南楼中望所迟客》”实为《田南树园激流植援》，嘉泰本《三谢诗》依次为：《南楼中望所迟客》《斋中读书》《田南树园激流植援》。桥川指其“原编小失”“白璧微瑕”，实际上未知有所本也。以此为证，唐庚辑本《三谢诗》很可能出于陈八郎本的底本，即孟氏五臣注本。唐庚是知名学者，熟读精研《文选》，对其文本的学术判断是准确的。其次，就《三谢诗》与宋椠《文选》的学术价值问题，客观地讲，《三谢诗》存在讹误较多，仅次于北宋本，再就是尤袤本，讹误最少的为陈八郎本及奎章阁本。这样的学术判断，对于我们研究《三谢诗》

① 孔令刚：《奎章阁本〈文选〉研究》，河南大学出版社 2014 年版，第 5—10 页。

文本源流及学术价值无疑是一个重要启示，即如果要整理校注《三谢诗》，应以讹误最少的陈八郎本为底本，尽管嘉泰本为独立的文本，但其讹误远多于陈八郎本。当然，陈八郎本亦有讹误，需要《三谢诗》校勘，因此可将其作校本，而未可作底本。①

（五）宋刻本《三谢诗》的传刻本

《文选》选取谢氏六家，说明在萧统时代，以谢氏为代表的文学创作具有强大的影响力。至北宋时期，唐庚将其中谢灵运、谢惠连、谢朓三家单独拎出，命名编集，确立了三谢在魏晋六朝诗坛的特殊地位。从此之后，以“三谢”命名的传本屡次翻刻，并出现多个辑本。因此，三谢诗地位在北宋的确立，唐庚的命名与辑本的实际贡献无疑是最重要的因素。经考察，据唐庚辑《三谢诗》宋槧而出的版本多种，今存世者有明正德九年（1514）刻本、正德十六年刻本、明嘉靖本、明刻本等，其他亦有以《三谢诗》称之者，但并非出自唐庚本，而是据各家流传之单行本及类书、《文选》等辑录而成。这些传刻本及他辑本对于传播《三谢诗》、巩固其诗学地位发挥了重要作用。

---

① 丁案：与此同时，但就《文选》而言，奎章阁本与陈八郎本在文字异同上高度一致，而北宋本与尤袤本则高度一致，这种一致性很可能决定了《文选》的版本系统，即奎章阁本与陈八郎本是一个系统，进一步推断，陈八郎本应该源于北宋的孟氏注五臣注本，因奎章阁本所据秀州本六臣注，而秀州本所用五臣注本即孟氏本。北宋本与尤袤本是一个系统，尤袤本或源于北宋监本，同时亦参校了其他本，这与傅刚先生的推断大致一致。就《文选》白文文本而言，陈八郎本是最佳之本，其次为奎章阁本，再次为尤袤本，北宋本最劣。其中奎章阁本讹误仅比陈八郎本多两处。从注者及注文内容来看，因奎章阁本是六臣注本，无疑更有代表性。因此从版本学角度看，整理《文选》应该以奎章阁本为底本，充分参校陈八郎本，同时参校尤袤本、北宋本及《三谢诗》等，应该是一个科学合理的选择。以尤袤本为底本的弊端在于，由于其讹误较多，校记无疑繁多，增加很多无谓内容；而如以讹误较少的本子为底本，则校本讹误者可以不出校，或可作简省处理，可达事半功倍之效果。

1. 明正德九年马龠[①]刻本《三谢诗》一卷《附录》一卷，一册。卷首有正德九年陈金序，卷末附录依次有：沈约《宋书》谢灵运本传、马端临《文献通考》载《谢惠连集》五卷、《谢宣城集》五卷两条提要、《直斋书录解题》所载、刘后村题、《唐子西语录》三条、马汝载后序，其中《唐子西语录》第三条实为《韵语阳秋》之葛立方所撰。半叶十行二十字，白口，左右双边，单鱼尾。鱼尾上镌字数，下镌“宋三谢诗”，下镌叶次。卷中有朱笔标点，遇有佳句，如“澄江净如练”（诗末墨笔注“净”他本俱作“静”）等皆朱笔标抹。钤“慧业文人”“汉承”等印。今藏国图，原为普通古籍（95734），后提善，入善本库收藏（t03177）。

陈金序曰：“……马公汝砺，积书而得之，背纸犹存宋淳熙年号。诚文房之珍，切欲寿梓，以嘉惠后学。有志未遂而卒。郡守马公汝载乃其弟也。携至德安，刊置郡斋……逾月告成。请余序之。”马汝载《宋三谢诗后序》云：

> 先兄五山先生平生酷嗜古书奇籍，为庐守时，闻民间有藏者，必倍价以购之，士大夫家则假录而返之。以故所积几连轸。正德己巳，余与先兄俱以内艰还蜀，先兄终日危坐一室，手不释卷。余间造焉，见其插架淆乱，为手次第之。偶获宋《三谢诗》一帙，爱其刻画精致，格韵高古，请曰：“吾俟异日，刊置郡斋何如？”先兄颔之，即以相付。辛未，先

① 马龠，字汝载。四川西充紫岩人。明朝礼部尚书马廷用之子马金之弟。明弘治十二年（1499）进士，以少卿任。明正德间，知德安府，于正德十二年主持重修《德安府志》十二卷（李梦阳序，今存宁波天一阁）。官至参政。耿介不苟，乐于施舍，捐资赈灾，廉洁自守，不避权势。马龠之父马廷用（1446—1519），字良佐，号紫崖。马廷用于明成化十四年（1478）戊戌科中进士，改庶吉士，初授翰林院编修，进侍读学士。曾参修《大明会典》，官至南京礼部右侍郎。居官廉洁，尝署南京户部，适岁歉，发廪赈济江北流民就食者，全活甚众。以经学特别擅长，为时人所推重。他德性和平、文学优赡，列职词林，载笔史馆。致仕归家后，马廷用训子有方，常以清白训诫子孙，卒赠礼部尚书。著有《紫崖文集》30卷。晋城南街有明代为其修建的学士坊、布政街，紫岩场还建有祀王云的紫岩庙。长子马金，字汝砺，明成化二十年（1484）甲辰科中进士；第四子马龠。五子马仝于弘治十二年（1499）己未科同科中进士。一门四进士，堪称进士之家。

兄改参浙藩，余亦调睢守，壬申，改德安。值有巨寇之防，其于文艺之事，未暇也。癸酉，颇雍容自得，而先兄以左方伯卒于任。讣闻，五内如割，曰："嗟乎，吾兄不可复作矣。"乃采摭遗文，谋欲入梓，而以《三谢诗》先焉，以成先兄委托之志，而序之若曰：

晋居江左，君臣专以风流为尚，而其文亦如之。刘宋承晋，犹袭其旧，故其襟期夷旷，吟咏清迥，诚有非后学苦心极力之所能及，而三谢在当时，尤称杰然，若"池塘生春草""澄江净如练"之句，千载之下，脍炙人口。梁昭明《文选》独于《三谢诗》全录焉，有以哉！抑原本背纸尚识宋淳熙年号，距今盖四百余载，其间宫室台榭之丽，或为冰火所毁而不能存，鼎彝宝玉之重，或为敌国所俘而不能守，四海九州岛之大，或为群雄割据，甚至尽捐弃而不能恢复，而原本宛然如新，若有鬼神扐护之者，文其可忽乎哉？余于是又知斯文之在天地间，终不可晦，而国家之全盛，有不足恃也。序已，复取《宋书·谢灵运传》及《文献通考》三谢诗题跋附于卷末，又以示学者毋从躭其文词，尚考其出处云。是岁冬十月吉，赐进士出身知德安府事西充马龠汝载父序。

自以上两序可知，马龠刊本之底本原为其兄收藏，欲刻未竟，后由马龠知德安时刊于郡斋。马龠何以要刊此书？当然首先因为三谢之诗"千载之下，脍炙人口"；其次原本"距今盖四百余载"，且"宛然如新"，"文其可忽乎哉?"再次欲"成先兄委托之志"。明朝时德安属九江府，处于今江西省九江市南部。其底本纸背上有"淳熙年号"，说明底本实由淳熙间公文纸刷印而成，则其原书刊印至少在南宋孝宗之时或以前。《增订四库简明目录标注》云"有明马汝戴仿宋淳熙刊本"①，此有两点商榷之处：一是"仿"者，虽字体

① （清）邵懿辰撰，邵章续录：《增订四库简明目录标注》，上海古籍出版社2000年版，第879页。

手写上版，然与嘉泰本原刻字并不一致，再者行款亦不同①，显然并非仿刻；二谓“淳熙刊本”，遍查史料未见有所谓“淳熙”刊者。据两序所云，实用纸背带有淳熙年号的公文纸刷印，并非指刊梓之年。但序中并未言具体刊本如何，考自唐庚辑本出、由子文若刊后，亦即北宋末至南宋初（淳熙间以前）未见记载他刊者，则其所用底本当即唐文若隆兴刊本，故将其底本命名为“宋隆兴刻淳熙间印本”更适。马龠本为明代最早刻本，从宋隆兴唐文若本出，尚有内证：其一，有些避讳字保存下来，如谢灵运《道路忆山中一首》“恒苦夏日短”，《入华子冈是麻源第三谷一首》“恒充俄顷用”、《应玚》“沦薄恒羁旅”之“恒”、《王粲》“桓灵今板荡”之“桓”，皆缺末笔，而嘉泰本亦缺末笔。其二，文字上与嘉泰本颇多相同，尽管有些异文，但多属于形近而异。故从隆兴本翻刻当无疑问。

由于所用底本为隆兴刻淳熙印本，比今存嘉泰本至少要早十余年，故更接近隆兴本原貌。譬如现存嘉泰本有不少模糊漫漶之字，以至于上古影印本、中国书店翻刻本误识，而马龠本由于出于宋淳熙印本，即可将漫漶之字还原真实。如嘉泰本“徒旅苦奔峭”之“峭”字漫漶，中国书店本识作“明”，而马龠本作“峭”，说明原宋刻本确实为“峭”。自隆兴二年至淳熙末年不过二十年，版片当不至于毁坏严重，远较后出的嘉泰间修补本要佳。因此马龠本无疑比嘉泰本更接隆兴本原貌，这是该本的最大价值。

卷中间有朱笔、墨笔描改，分为两种情况，一是马龠本误刊者改过，如嘉泰本《三谢诗》谢灵运《九日从宋公戏马台集送孔令诗一首》“弭棹簿枉渚”之“渚”，马龠本误刊为“道”，朱笔改为“渚”。谢朓《和王著作八公山诗一首》“春秀良已凋”之“秀”，马龠本误刊为“色”，墨笔改为“秀”。但这样的

① 马龠本在行款安排上，每行二十字，因诗作皆为五言诗，每行四句，经朱笔标点后，尤显齐整。再如谢灵运《拟魏太子邺中集诗八首》，俄藏本格式上不一致，每首前皆有小序，第二首《王粲》，序下空四格后，以“○”领起诗歌，不换行；第三首《陈琳》序后径以“○”另起正文，不空格不换行，其他皆为小序单行，正文另行。而此本则统一为小序单行，正文另行。这样的行式安排实则有意为之。

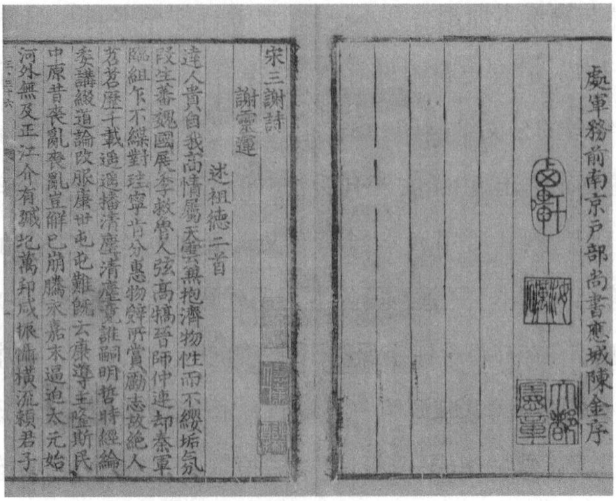
處軍務前南京户部尚書應城陳金序

宋三謝詩

謝靈運

述祖德二首

達人貴自我高情屬天雲兼抱濟物性而不纓垢氛

段生蕃魏國展季救魯人弦高犒晉師仲連却秦軍

臨組乍不緤對珪寧肯分惠物辭所賞勵志故絶人

苕苕歷千載遥遥播清塵清塵竟誰嗣明哲時經綸

委講綴道論改服康世屯屯難既云康尊主隆斯民

中原昔喪亂喪亂豈解已崩騰永嘉末逼迫太元始

河外無反正江介有蹙圮萬邦咸震懾橫流賴君子

明正德九年马龠刻本《三谢诗》卷首陈金序末及卷端

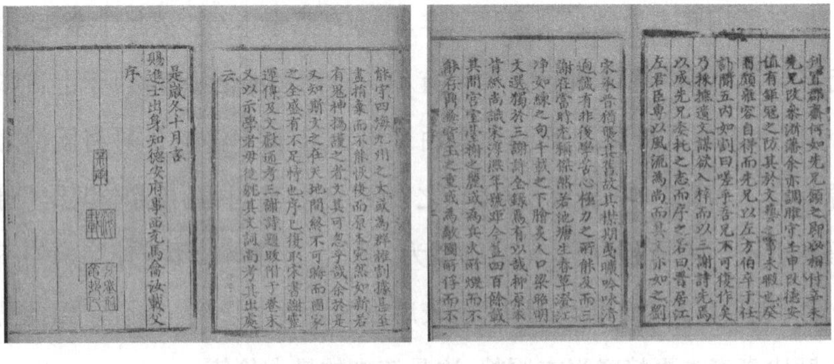

明正德九年马龠刻本《三谢诗》卷末马汝载后序

校改并不多,大部分的误刊未能改过。二是据他本径改马龠本。其原字与嘉泰本相同,但与北宋本、奎章阁本、尤袤本不同,校者则据之校改。嘉泰本谢灵运《从游京口北固应诏一首》“万泉咸光昭”之“泉”,马龠本朱笔径改为“象”,奎章阁本《文选》、尤袤本《文选》皆作“象”。嘉泰本谢灵运《登池上楼》“园柳双鸣禽”之“柳双”,朱笔改为“林变”,奎章阁本、尤袤本、陈八郎本等皆作“变”,然“林”字当改误,诸本皆不作“林”。嘉泰本谢灵运《石门新营所住四面高山回磎石濑茂林修竹诗一首》“庶持乘日用”之“用”,墨笔描改成“车”,北宋本、尤袤本皆作“车”。嘉泰本谢惠连《秋怀诗》“孤灯暧幽慢”之“慢”，马龠本朱笔径改为“幔”，奎章阁本、尤袤本作“幔”。嘉泰本谢朓《和王著作八公山诗一首》“导峻芳尘流”之“导”字，墨笔圈去“寸”字边，嘉泰本《三谢诗》、陈八郎本皆作“导”，而北宋本、尤袤本作“道”，盖校者以为误字，于是改作“道”。嘉泰本谢朓《和王主簿怨情诗一首》“风帘入飞燕”之“飞”，墨笔圈作“双”，北宋本、陈八郎本、尤袤本皆作“双”。可知主要参考了宋椠尤袤本。嘉泰本谢惠连《西陵遇风献康乐一首》“积素或原畴”之“或”，奎章阁本、陈八郎本等皆同，马龠本朱笔径改为“成”，尤袤本作“惑”，可知参校不只一本。相较而言，后者直接在马龠本上径改居多。自以上可知，马龠本间有刊误，或有异文，具体可见下列校勘记。

马龠本异文亦有耐人寻味之处，如谢灵运诗《刘桢》小序曰：“卓荦伟人，而文最有气，所得颇经奇。”而嘉泰本《三谢诗》“伟”作“偏”，北宋本、尤袤本、陈八郎本《文选》皆同，北宋本《文选》：“潘勖《玄达赋》曰：匪偏人之自韪，诉诸衷于来哲。”陈八郎本《文选》：“翰曰：卓荦，高绝皃。偏人，谓文才偏美于人。”但“伟”字亦通，是刊误抑或有意改之，尚需进一步考释。由上可知，与嘉泰本相较，马龠本出于隆兴本，因早于嘉泰重修本，故可校补嘉泰本模糊之字；但两本仍间有异文，多为马龠本误刊疏忽而致，有的异文仍有研究价值。

2. 明正德十六年（1521）胡琼刻本，一册。① 卷首正德十六年胡琼序

---

① 此本卷中有朱墨笔圈点，天头、地脚、行间多有批注。卷首有明正德十六年胡琼序，卷末有张原“序三谢诗后”。卷首首行顶格题“三谢诗”，尾题题“三谢诗集终”，次行低一格题“谢灵运”，次行低二格题“述祖德二首”，正文顶格。卷中第十二叶《拟邺中集诗八首》首序及各诗首序皆低一格。十行二十字，间有十九字者，四周单边，白口，无鱼尾，上下有两横线。上横在线题“三谢诗集”，下横线下题叶次。钤印“玉坡□□”“益津张氏所藏之印”“周暹”“寒在堂”“叔弢”等。张原、周叔弢旧藏，今存国图（17547），“中华古籍资源库”收录。《弢翁藏书年谱》“1962 年 12 月 16 日”条，载“审定所藏明版书。其中《三谢诗》一书，楷体，字殊古朴，认为是正德胡琼刻本，惜全书有朱墨评点，为美中不足。”（李国庆编著：《弢翁藏书年谱》，黄山书社 2000 年版，第 189 页）“1963 年 11 月 16 日”条，载“时住北京。书友王子霖送来芝秀堂本《古今注》，拟用明正德本《三谢诗》相易。《三谢诗》已交子霖。”（同上，第 194 页）“玉坡”为张原之号。可知此本历经明张原、周叔弢递藏，1949 年以后，由周氏捐献于北京图书馆。

云:“五言启于西汉之苏、李[1]以后,代有闻人,至宋三谢,语益工致,无复性情之真矣。然学者多宗之,为其可以持循自得,非欲远吾之性情也。姑就其体论之,灵运至矣。惠连词胜于理,如《秋怀》一篇,取舍不同,要之仿蟋蟀之意,而太过者。元晖则已滥觞初唐焉。说者谓三谢,宜取宣远(武帝,字宣远),黜惠连,今考其词,如惠连之靡丽,或宣远所不作,而其蕴籍,亦宣远所不能。夫昔晋宋之际,谢氏作者甚多,赵宋唐子西始别录为《三谢集》。其取惠连、玄晖,亦本于灵运。隐侯之所推许,盖月旦已然,后人不易也。今欲取宣远、黜惠连,则叔源、道蕴,固当备才难之数矣。余故闻德安本,未获观。兹于张子士元所得古抄本,因付所司,刊之书院。”卷末张原《序三谢诗后》云:“原旧藏宋《三谢诗》一卷,比南谪,携以自随,侍御九峰胡公阅而序之,锲梓以传,复诏原赘言简末。夫三谢之诗,古今评者多矣。元嘉永明时,康乐诗名为江左第一,而惠连、玄晖亦大为康乐、太白所推赏,然或谓其俪偶靡绮之风竞,而温厚和平之意微,视建安有愧焉,三百篇之旨邈乎远矣!是皆未为无见也。九峰公独会众呶[2],以折其衷,足以厌三子之心,而一纷纭之论,其名言哉!愚窃谓彼三子者,固不及于建安,而建安又可望于三百篇乎?意者诗道之日变也,亦如江河之日趋于下也。要之三子者,犹有汉魏之遗风,下视李唐,专事比属,骛声律者,又自不同今人多喜汉魏诗。苟诣三子,以企建安,沿流泝源,侵淫于三百篇之间,则庶乎其可已。辟之航海者,先知津焉,斯可浮渤澥而窥尾闾,终不至于叹洋也。九峰公所谓‘可以持循自得’,意盖如此。夫三谢之诗,诚不可少也,若即其世而论之原,兹则不暇。关中张原书。”两序除说明了唐庚辑录《三谢诗》原因及对三谢诗的高度评价外,还交代了三点内容:一是,叙明刊印此书原委。胡琼,生卒不详,

---

① “苏、李”诗,是西汉苏武、李陵二人诗体的合称。托名西汉苏武、李陵赠答的若干首五言古诗,今存10多首。其中李陵《与苏武三首》、苏武诗四首最早见于《文选》“杂诗”类,列次《古诗十九首》之后,是较完整的一组,通常举为“苏李诗”的代表作。

② 呶(náo):喧哗、吵闹。

明福建南平人，字国华，号九峰子，正德六年（1511）进士，由慈溪知县入为御史，历按贵州、浙江。哭谏，受杖而卒。正德十三年，巡按贵州，官于贵阳。至正德十六年，曾撰《大明律解附例》，并将《三谢诗》“付所司刊之书院”。故可定此本为正德十六年胡琼贵州刻本。二是，所用底本为“张子士元所得古抄本”，又张原①序之“原旧藏宋《三谢诗》”云云，当即据宋椠而出的抄本。三是，序中提及当时尚流传一个“德安本”，实即前揭明正德九年德安郡斋马龠刻本。此时两人正为官贵州，而与江西德安尚远，马龠本当未传之贵州，故“未获观”。

3. 明嘉靖刻本《三谢诗》一卷。惜仅存谢康乐集一卷、谢惠连集卷首一叶，今藏日本东京大学东洋文化研究所。② 该所书目数据库著录为明嘉靖刻本，或有所据。从字体来看，的确具有嘉靖以前之风格。从卷端卷末所题来看，不同于嘉泰本，嘉泰本卷首题“谢灵运”，不题分类“诗”，而此本题“谢康乐集”，且题“诗”；嘉泰本无尾题，径连“谢惠连”，而此本有尾题，谢惠连集另叶起始。但所录谢灵运诗、谢惠连诗及排序与嘉泰本完全相同，则直接或间接出于嘉泰本应无问题，只是似又经过重新编排，三集各自独立，而非嘉泰本三集径连。

4. 明刻本《三谢诗》一卷。今藏浙江宁波天一阁博物馆（善 4625），《天一阁博物馆藏古籍善本书目》著录为明刻本。③ 桥川时雄曾目见此本，曰：“嘉靖写刻本，每半叶九行，行十六字，白口，左右双边，唐序作行草，序后有

① 张原（1474—1524），字士元，号佩兰或玉坡，陕西三原人。正德九年进士及第，吏科给事中任内因上言左迁贵州为新添驿丞。嘉靖初年复职，历任兵科给事中、户科右给事中。以敢于直谏自负，终被杖死。《明史》有传。

② 此本半叶十行十八字，四周单边，白口，无鱼尾。版心上横线下题“康集”“惠集”，下题叶次。无序跋。卷端开首顶格题“谢康乐集”，次行低一格题“诗”，第三行底三格题“述祖德诗二首”，第四行诗文顶格，谢康乐集卷末尾题“谢康乐卷　终”。谢惠连集卷首首行顶格题“谢惠连集”，次行低三格题诗题。

③ 此本毛装一册，因破损严重而无法提书阅览。半叶九行十七字，小字双行字数同，左右双边，白口。有唐庚序，字体行草。

‘此唐公手笔也,旧本藏于汝南袁氏’十四字,知从宋本传刻。汝南袁氏,即仿刻宋本《文选》《世说新语》著名之吴郡袁褧也。然此本实非袁氏所刻,刊工体势柔媚有致,与顾刻《南唐书》相近,或即顾氏所刊欤?”唐序即《书三谢诗后》,但是否唐庚手笔,颇可怀疑。《直斋书录解题》著录嘉泰本未见唐庚《书后》,可见嘉泰本在流传中已经丢失此跋了,而正德九年马龠刻本亦无唐跋,亦即所用底本——宋隆兴刻淳熙印本亦无此跋,至明代之所传宋椠还存唐跋?故桥川时雄又曰:“明代风气,依样模古,其谓唐公手笔,传刻宋本等语,果可信乎?以其审定未确,贻笑后世,此可不详论也。”嘉泰本十二行二十二字,此本九行十七字,定为翻刻之本,则手笔云云,更可怀疑。所谓“顾刻”者,即嘉靖二十九年顾汝达刻本,桥川所断是否确然,由于未能目验原书,有待进一步验证。

为进一步明确明刻诸本之源流与学术价值,今将嘉泰本《三谢诗》与明正德马龠本、胡琼本、嘉靖本对校,天一阁藏本因未见而未校,所校异文表(以嘉泰本为底本)如下。

嘉泰本叶次叶面行次	俄藏宋嘉泰重修本	明正德马龠本	明正德胡琼本	明嘉靖本	备注
谢灵运 1A-2	述祖德诗二首	无诗字	同马龠本	同嘉泰本	
1A-4	段生藩魏国	藩作蕃	同马龠本	同嘉泰本	蕃通藩
1A-4、5	临组作不闼	作作乍,闼作绁	同马龠本	同马龠本	同。作,误
1A-5	惠物辞所赏	辞作辤	同马龠本	同嘉泰本	同
1A-5	苕苕历千载	同嘉泰本	苕苕作迢迢	同嘉泰本	苕苕通迢迢
1A-7	尊主隆斯民	尊作导	同马龠本	同嘉泰本	导,误
1A-8、9	河外无反正	反作及	同嘉泰本	同嘉泰本	及,误
1A-11	傍嵓艺枌梓	同嘉泰本	同嘉泰本	嵓作岩	同

续表

嘉泰本叶次叶面行次	俄藏宋嘉泰重修本	明正德马僉本	明正德胡琼本	明嘉靖本	备注
1A-12	遗清捨尘物	捨作舍	同马僉本	同嘉泰本	同
1B-1	九日从宋公戏马台集送孔令诗一首五言	无诗、五言三字	同马僉本	无五言二字	
1B-3	鸣葭戾宋宫	宋作朱	同马僉本	同马僉本	宋,误
1B-3	籣巵献时哲	籣作兰	同马僉本	同马僉本	籣,误
1B-4	和乐信所缺	缺作缺	同马僉本	同嘉泰本	通
1B-4	归客遂海隅	隅作嵎	同马僉本	同嘉泰本	同
1B-5	弭棹簿枉渚	簿作薄,渚作道	簿作薄,他同嘉泰本	同嘉泰本	簿同薄。马僉本“道”,朱笔改作“渚”。道,误
1B-7	邻里相送方山诗一首	无诗字	同马僉本	同嘉泰本	
1B-8	指期憓瓯越	指作相,憓作憩	同马僉本	同嘉泰本	指,意佳;同
2A-3	列筵臅归潮	臅作矚	同马僉本	同马僉本	同
2A-7	深沈晓霜枫	沈作沉	同马僉本	同马僉本	同
2B-1	徇禄及穷海	同嘉泰本	同嘉泰本	及作反	
2B-3	园柳双鸣禽	同嘉泰本	双作变	同马僉本	变,或误。马僉本柳双,朱笔描改为林变
3B-1	去子惑故蹊	同嘉泰本	惑作感	同嘉泰本	感,误
3B-1	噭噭夜猨啼	同嘉泰本	同嘉泰本	猨作猿	同
4A-1	菰蒲冒清浅	冒作昌	同嘉泰本	同嘉泰本	昌,误
4A-2	薜萝若在眼	同嘉泰本	眼作[illegible]	同嘉泰本	同
4B-7	故池不更穿	池作泄	同马僉本	同嘉泰本	泄,误
5A-1	骛棹逐惊流	同嘉泰本	同嘉泰本	逐作逾	逾,误
5A-4	欑念友别心	欑作攒,友作功	同马僉本	同嘉泰本	同。友或误。嘉泰本友字断版,似描字

续表

嘉泰本叶次叶面行次	俄藏宋嘉泰重修本	明正德马龠本	明正德胡琼本	明嘉靖本	备注
6A-4	小涉尽洄沿	小作水	同马龠本	同嘉泰本	小,误
6A-9	洊至宜便习	同嘉泰本	洊作游	同嘉泰本	洊古同荐,游,误
6A-10、11	翻始果远诺	同嘉泰本	始果远游诺	同嘉泰本	翻始果远诺,误
6B-4	目覩严子濑	同嘉泰本	同嘉泰本	覩作观	同
6B-5	兴代可同调	兴作异	同马龠本	同嘉泰本	兴,误
6B-6	诗题:发江中孤屿	同嘉泰本	同嘉泰本	发作登	发,或误
7A-9	白珪尚可磨	同嘉泰本	同嘉泰本	珪作圭	同
8A-1	九泒理空存	理作里	同马龠本	同嘉泰本	里,误
8A-1	异人秘精魂	精作情	同马龠本	同嘉泰本	情,误
9A-6	由来事不同	同嘉泰本	同嘉泰本	由作南	南,误
9A-12	荅滑谁能步	荅作苔	同马龠本	同马龠本	荅,误
9B-5	庶持乘日用	同嘉泰本	同嘉泰本	用作车	马龠本用字,墨笔描改成车
9B-6	拟魏太子邺中集诗一首	一作八	拟邺中集诗八首次署“魏太子”	无一首	一,误
10A-2	魏太子	同嘉泰本	无此三字	同嘉泰本	
10A-11	林马赴楚壤	林作秣	同马龠本	同嘉泰本	林,误
10B-2	方舟况河广	况作泛	同马龠本	同嘉泰本	泛即泛。况,误
10B-3	寂寥梁栋响	同嘉泰本	栋作棣	同嘉泰本	棣,误
10B-5	天下达氛慝	达作遭	同马龠本	同嘉泰本	达,误
10B-7	信能定贼蝥	贼蝥作蝥贼	同马龠本	同马龠本	贼蝥,倒误
10B-9	饮燕遗景刻	同嘉泰人	同嘉泰人	刻作客	客,误
11A-5	中欺顾昔心	欺作饮	同马龠本	同嘉泰本	欺,误
11A-7	卓荦偏人	偏作伟	同马龠本	同嘉泰本	

续表

嘉泰本叶次叶面行次	俄藏宋嘉泰重修本	明正德马龠本	明正德胡琼本	明嘉靖本	备注
11A-9	北庆黎阳津	庆作度	同马龠本	同马龠本	庆,误
11A-9	南登宛郢城	同嘉泰本	同嘉泰本	宛作纪	
11A-11	暮坐括楬鸣	同嘉泰本	括楬作栝桀	括楬作括揭	同
11B-3	求凉弱水浊	浊作湄	同马龠本	同马龠本	浊,误
11B-4	顾我凉川时	同嘉泰本	凉作梁	同嘉泰本	
11B-5	马林预艰阻	同嘉泰本	马作乌	同马龠本	马,误
11B-12	今复河曲游	游,墨钉	同嘉泰本	同嘉泰本	
12A-1	唯见今日美	同嘉泰本	同嘉泰本	见,墨钉	
12A-7	清辞兰蒲藻	同嘉泰本	同嘉泰本	蒲作浦	浦,疑误
谢惠连 12A-11	憩榭面曲汜	同嘉泰本	憩作憩	憩作憇	同
12B-1	斐斐气幂岫	同嘉泰本	同嘉泰本	岫作烛	
12A-5	行行道转送	送作远	同马龠本		送,或误
13A-9	东睇起凄歌	睇作睎	同马龠本		睎,误
13A-12	团团滋浆露	滋浆作	同马龠本		滋浆,或误
13B-1	云汉有灵恠	恠作匹	同马龠本		恠,误
13B-2	双辔骛前纵	双作耸	同马龠本		双,误
谢元晖 14A-6	寻云陟累榭	同嘉泰本	榭作榭		榭,异体字
14B-8	夏李沈朱实	沈作沉	沈朱作沉未		沈同沉。未,误
15B-10	汀葭稍靡靡	葭作家	同马龠本		家,误
15B-12	沾沐仰清徽	同嘉泰本	沐作休		休,误
16A-4	澄江静如练	静作净	同马龠本		
16A-8	晨元复泱漭	元作光	同马龠本		元,误
16B-2	迭鼓逸葦輈	鼓逸作皷送,葦作华	同马龠本		鼓同皷,葦,误

续表

嘉泰本叶次叶面行次	俄藏宋嘉泰重修本	明正德马龠本	明正德胡琼本	明嘉靖本	备注
16B-5	惟昔逢休明	逢作逢	同马龠本		同
16B-5	既通金閨籍	閨作闺	同马龠本		閨,误
16B-9	载笔陪旌乐	乐作桀	同马龠本		乐,误
17A-1	紫殿肃阴阴	殿作阁	同马龠本		阁,意逊
17B-5	炎霊遗釰玺	霊作虚,釰作剑	同马龠本		虚,误;釰古同剑
17B-5	圣期鈌中壤	鈌作缺	同马龠本		通
17B-5	霸功兴寓县	寓作寓	同马龠本		寓,疑误;寓,籀文宇字
18A-4	戎州昔乱华	乱作乱	同马龠本		同
18A-8	春秀良已凋	秀作色	同马龠本		色,或误
18B-3	坐借红装变	借作惜	同马龠本		借,误

自表中可知,嘉泰本与诸明本异文最多的还是异体字,未列入表中的尚如嘉泰本作"羣",明本作"群"、"崖"作"涯"、"恥"作"耻"、"憇"作"憩"、"壤"作"壌"、"籍"作"藉"、"关"作"関"、"寛"作"宽"、"章"作"章"、"装"作"粧"等,有的则多次出现。尽管明正德马龠本源于宋隆兴刻淳熙印本,嘉泰本亦源于隆兴本,而将其与嘉泰本相校,仍有异文五十九处。这些异文,属于异体字、通假字、繁简字的较多,共二十三个,而校正嘉泰本误字亦有二十二个,如嘉泰本《过始宁墅一首》"山行穷登顿,小涉尽洄沿","小"字显误,马龠本改为"水",律工意通,嘉泰本乃形近而误。嘉泰本《拟魏太子邺中集》之《王粲》"林马赴楚壤","林"字误,马龠本改为"秣",当是。嘉泰本《七月七日夜咏牛女诗一首》"云汉有灵恠"之"恠",马龠本作"匹",两字差异较大,当是有意校改。他如籣改作兰、宋改作朱、荅改作苔、一改作八、况改作泛、达改作遭、贼蝥改作蝥贼、欺改作饮、庆改作度、浊改作湄、送

改作远、滋浆改作满叶、双改作釜、元改作光、闥改作闺、乐改作桀、兴改作異、寓改作寓、借改作惜等，说明校刊者还是下了一番校勘功夫的。其中有些字形差异较大，或为有意改之，如指改作相、秀改作色等，或可双解。通观这些校改，有的属于马龠本独有的，而大多数同尤袤本或陈八郎本，可知马龠本亦参校过这些本子。当然，自生新误亦有十个，多为形近而误，如睇误作晞、精误作情、冒误作冐、池误作泄、霝误作虚、理误作里等，可知其校勘亦有疏忽之处。

嘉泰本与明正德胡琼本、马龠本对校，共有八十多处异文。其中嘉泰本与胡琼本同者十六处、异者七十三处，与马龠本同者五十六处、异者十五处。从胡琼本与嘉泰本有多达七十多处异文来看，胡琼本必不出于嘉泰本。胡琼本与马龠本多同，不仅通假字、异体字等多同，有些较罕见字亦同，如“惏”“泌”“嵓”“遡”“巢”“靚”“辝”“署”“荅”“泒”等；甚而马龠本字误者，胡琼本同误，如葭作家、睇作晞、精作情、理作里、友作功、池作泄、蘭作兰、宋作朱、尊作导等。胡琼本异文与马龠本最少，异者几乎全是形近而异，当即因校刊粗疏所致。仅有数处明显不同，如《富春渚一首》“翻始果远诺”改作“始果远游诺”，同尤袤本，所改当是，文字和语序与嘉泰本皆有较大差异，当据尤袤本校改。整体上胡琼本与马龠本文字高度一致。此外两本避讳字出句及避讳字相同，行款亦完全相同，则胡琼本源于马龠本，当无疑问。前揭胡琼本两序源出宋本，通过以上对校，其说不可信。张原所藏所谓“古抄本”当是一个据马龠本而出的抄本，只是失去卷首序跋，且其因卷中有宋讳而被误认为据宋椠抄出，这一点应该澄清。

胡琼本源于马龠本，但亦有马龠本不误而胡琼本独误者，如马龠本《富春渚一首》“洊至宜便习”之“洊”字，胡琼本误作“游”。《休沐重还道中一首》“沾沐仰清徽”之“沐”，胡琼本误作“休”。《拟魏太子邺中诗集·王粲》“寂寥梁栋响”之“栋”，胡琼本误作“梀”。《应玚》“马林预艰阻”之“马”，胡琼本误作“乌”。这些皆属新生的形近而误。马龠本有误，胡琼本绝大部分仍沿其误，虽有校改，但大部分没有改过。胡琼本亦间有调整不妥之处，如嘉泰本第九叶下半叶第六行诗题“拟魏太子邺中集诗一首”，下为小序，序后为八首拟诗：魏太子、王粲、陈琳、徐干、刘桢、应玚、阮瑀、平原侯植。据李善注《文选》原题为八首，与以下八首相合，故“一”乃手民之误。马龠本、胡琼本“一”皆改作“八”，是。马龠本其他题同，而胡琼本首题“拟邺中集诗八首”，脱“魏太子”三字；次行署题“魏太子”，序文皆低一格，序后为八首拟诗。胡琼本将首篇诗作前的“魏太子”移至序前，且序文皆低一格，意指序文为魏太子所作，非也，而首篇诗作又不署诗题，脱误。嘉泰本、马龠本则序前不署、首篇诗前署“魏太子”，序文皆顶格，眉目清楚，而胡琼本这个调整显然欠妥。当然，亦有可能马龠本不误，而源自马龠本的“古抄本”有误，遂致胡琼本出现异文或讹误。将胡琼本对校嘉泰本，确可改正嘉泰本一些讹误，但并非胡琼本之功，实际上是马龠本早已改过。整体来看，胡琼本又下马龠本一等。

明嘉靖本比较忠实于嘉泰本。嘉靖本在与嘉泰本、马龠本、胡琼本的对勘中，同嘉泰本者三十二处、同马龠本者十一处、同胡琼本者十二处，同胡琼本者大部分同马龠本，可知与嘉泰本相同者最多，当然嘉泰本误者，嘉靖本亦沿袭未改。就异文而言，与以上三本有六十二处，其中与嘉泰本二十九处，与马龠本四十七处，与胡琼本四十八处，可知与嘉泰本异文最少。故从异文之同异数量对比，皆与嘉泰本最为接近。嘉靖本与嘉泰本异文中含义相同的异体字最多，如“鬓”作“髩”、“嵓”作“岩”、“沈”作“沉”、“棲”作“栖”、“游”作“遊”、“规”作“規”、“憩”作“憇”、“峯”作“峰”、“板”作“版”、“闲”作“閒”、“傥”作“倘”、“离”作“離”、“慙”作“惭”、“慙”作“惭”、“采”作“采”、“魂”作“寃”、“髣髴”作“仿佛”、“耕”作“畊”、“窻”作“窻”、“属”作“属”、“飈”作“飙”等。当然，嘉靖本为残本，如全校，异文可能更多，但与各本异文或同文比例当不变。又，避讳字亦同，如嘉泰本第四叶上半叶《庐陵王墓下一首》第六行“神期恒若存”、第九行“通蔽玄相妨”

两句中,“恒”“玄”字皆缺末笔,第七叶下半叶《道路忆山中一首》第六行“恒苦夏日短”、第八叶上半叶第八行“恒充俄顷用”之“恒”皆缺末笔,嘉靖本亦缺。对嘉泰本一些讹误,亦偶有改正,如诗题“拟魏太子邺中集诗一首”,其下本有八首,此题“一首”者显误,嘉靖本发现其误,于是改作“八首”。但整体上校改不多。当然亦未参校《文选》及类书等。嘉靖本与嘉泰本同者最多、异者最少,且避讳相同,这些都说明嘉靖本翻刻于嘉泰本当无疑问。

天一阁藏本因无法阅览而未能校勘,详情未知。从行款来看,马龠本、胡琼本及嘉靖本并未按照原宋本款式,行数缩为十行,行字除天一阁藏本外,其余三本全为二十字。每行二十字正好每行五言四句,非常适合阅读断句。就以上三部而言,从源流来看,明正德马龠刻本源于南宋隆兴刻淳熙间印本,底本比嘉泰本早,可一窥隆兴本面目,非常难得。正德胡琼本源于马龠本,明嘉靖本源于嘉泰本。从校勘质量上,马龠刻本最佳,其次为嘉靖本,可惜残缺不全,惟谢灵运诗全录,再次为胡琼本。各本在校刊时又多参考尤袤本或其他本《文选》,故对底本有不同程度的校正,但亦各有讹误。同嘉泰本一样,淳熙印本为源头之本,非常重要,惜今已不存。但由此产生的诸多后世传本在传播三谢诗上发挥重要作用,进一步巩固了三谢的诗学地位。

(六)宋刻本《三谢诗》的影响、利用及价值

三谢诗的命名、编辑成册及宋刻本的刊印,对传播三谢诗产生重要影响。唐庚首次以“三谢”命名,是对“三谢”文学创作成就及风格的肯定。这从中外学者数百年来的论述即可看出。文政七年(1824)日本学者松崎复云:“唐宋诗人每云‘陶谢’,又云‘三谢’。世疑‘三谢’之为谁谁久矣。物色半世,得之《唐庚语录》。”①桥川时雄曰:“三谢之名,则创于子西

① [日]松崎复:《题三谢诗后》,日本九州大学藏日本文政七年(1824)玉山堂山城屋刻本《三谢诗》一卷,卷末载跋。

矣。"①自唐庚后,"三谢"之名屡次出现,并成为一个流传广泛的固定名词。谈六朝之诗,必言"三谢"。南宋刘克庄云:"诗至三谢,如玉人之攻玉,锦工之织锦,极天下之工巧组丽,而去建安、黄初远矣。"②虽批评三谢诗远离现实,但另一方面也承认其诗歌"工巧组丽"。元陈绎曾《诗谱》云:"(郭璞)构思险怪而造语精圆,三谢皆出于此。"③至明代,流行更广。明宋濂《答章秀才论诗书》云:"元嘉以还,三谢、颜、鲍为之首。三谢亦本子建而杂参于郭景纯……"④明谢榛云:"诗至三谢,乃有唐调。"⑤明王世贞云:"三谢固自琢磨而得,然琢磨之极,妙亦自然。"⑥明王廷相《答黄省曾秀才》云:"诗至三谢,当为诗变之极,可佳亦可恨也。"⑦清王士祯云:"为三谢,不可杂入唐音。"⑧康熙四十六年(1707)郭威钊序曰:"诗至齐梁而靡,论者谓其调俳而词缛,寖失汉魏古穆之遗,顾小谢独以清丽见称,与康乐、惠连齐名,谓之'三谢'。"⑨清李怀民辑评《重订中晚唐诗主客图》之张籍《江南春》云:"此景到处有之,何必是江南?曰:只如此便写得江南春出。此可为知者道。读三谢诗,当明此例,以下皆可类推矣。"⑩这些诗论对三谢诗特点、创作成就、形成渊源及对后世影响等方面进行评价概括。诸家引用唐庚《书三谢诗后》者亦多,如南宋何汶《竹庄诗话》卷四《六代下·三谢》⑪、元马端临《马

---

① [日]桥川时雄:《宋嘉泰本重修三谢诗书后》,1934年珂罗本,《三谢诗》卷末。

② (宋)刘克庄:《后村诗话前集》卷一,《后村先生大全集》卷一七三,《四部丛刊》本。

③ (元)陈绎曾:《诗谱·郭璞》,(清)何文焕、丁福保编:《历代诗话统编》(贰),北京图书馆出版社2003年版,第772页。

④ 陈陟:《历代名人书牍精华》,经纬书局1934年版,第256页。

⑤ (明)谢榛:《四溟诗话》,《历代诗话续编》,中华书局1983年版,第1139页。

⑥ (明)王世贞著,陆洁栋、周明初批注:《艺苑卮言》,凤凰出版社2009年版,第11页。

⑦ (明)王廷相:《王氏家藏集》,《原国立北平图书馆甲库善本丛书》737册,国家图书馆出版社2013年版,《四库全书存目丛书》集53,第1360页。

⑧ (清)王士祯撰,勒斯仁点校:《池北偶谈》,中华书局1982年版,第273页。

⑨ 《谢宣城诗集》六卷首一卷,康熙四十六年郭威钊刻本,卷首。

⑩ 陈伯海编:《唐诗汇评》(中),浙江教育出版社1995年版,第1910页。

⑪ 方回(1227—1307)《竹庄备全诗话考》:"《竹庄备全诗话》二十七卷,开禧二年丙寅处州人新德安府教授何汶所集也。"何汶(生卒年不详),号竹庄,处州人。庆元二年进士。开禧二年,为德安县教授。嘉定八年,知清流县。事迹见《(嘉靖)清流县志》卷四、《(嘉靖)汀州府志》卷一一。

端临诗话》第一七五《谢宣城诗集》条①、清吴淇《选诗定论》卷十四(清康熙刻本)等。有的重辑本虽不用唐辑本,但径录唐庚跋,即充分说明唐庚命名及辑本的影响与作用。如果说唐庚命名标志着"三谢诗"概念形成的话,那么唐庚辑本、隆兴刻嘉泰重修本则使"三谢诗"的传播有了具体凭借。正是在这一背景下,嘉泰本肇始出现,其他辑本亦陆续产生,与嘉泰本一起形成众星拱月的局面,"三谢诗"的诗学地位从理论到实践愈加得到巩固。可以想象,如果没有宋刻本,就不可能有以后诸多的重辑本、翻刻本,三谢诗的诗学地位恐怕难以确立、巩固下来。

1. 重辑本、单集本、总集本的出现。《三谢诗》除唐庚辑本及直接源于嘉泰本的传刻本以外,尚有另外两个辑本系统,一是中国明代重辑本,二是日本文政时代重辑本。本来已有唐庚单辑本,何以再重新辑录?其原因盖有三点:一是唐庚辑本因仅从《文选》辑出,来源单一,且只收诗不收文,收录不全。其后,学者又发现很多唐庚辑本未收的诗作。二是有讹误,一方面底本《文选》有讹误,另一方面嘉泰本又有新生讹误。三是唐庚辑本虽有嘉泰本传世,但在明代流传不广。鉴于唐辑本之不足及传播有限,再加"三谢"之名声远扬,故重辑乃为必然。

各家辑录时,主要以《文选》为基础,又通过三谢单集诸本、类书、总集等,来源广泛,有的亦收文,更为齐备。辑录方式均为三谢各自独立成集,有的汇为总集。由于各自所存数量差异较大,故卷数多寡不一。如明辽藩朱宠瀼梅南书屋刻本《三谢诗》八卷,包括《谢灵运》二卷、《谢惠连》一卷、《谢玄晖》五卷②。蔡汝楠序云:"……吴郡黄勉之亦表灵运诗云:'自《永嘉绿

① 吴文治主编:《辽金元诗话全编》3,凤凰出版社 2006 年版,第 1700 页。

② 明辽藩朱宠瀼梅南书屋刻本《三谢诗》八卷,十行二十字,白口,四周双边,无鱼尾。版心上镌"三谢集",下镌"梅南书屋"。袁忠彻、孙从添旧藏,今藏国图(12673),"中华古籍资源库"收录。其卷首有明蔡汝楠撰《刻三谢诗集序》,首卷一至二为谢灵运二卷,次卷三为谢惠连诗一卷,次卷四至八谢玄晖五卷,其中谢灵运诗六十七首,谢惠连五首,其余为谢玄晖诗。辽藩朱宠瀼(?—1546)于荆州期间,刊刻古籍多部,主要在嘉靖时期。"梅南书屋"是其室名。

嶂山》以下十三首，世皆未睹，于今风教雍扬绝响，复振古之遗编，兹渐兴矣。惠连见存诗仅十余篇，难于独行，然可附之。二谢惜未合梓之也。'余奉使至江陵，以便见藩郡梅南翁，翁博文，好剞劂。弘治中常赐书褒美焉。府中志籍多奇，覩亦不惜播传。予得燕闲，进曰：'府所行籍殊广，第未闻合梓三谢，应未有启及之者，顾谢诗韬迹时久，其将待人而行同不朽耶？'翁欣然梓之。""江陵"即荆州。序无纪年，但《三谢诗》亦当刊于嘉靖中后期。又有明嘉靖刻本《三谢诗》七卷本，包括《谢康乐集》一卷、《谢惠连集》一卷、《谢宣城集》五卷，今存多部①。两部明辑本在收录诗篇数量上皆远逾嘉泰本。

明代辑本之外，和刻本亦颇需关注。日本最早刊印《三谢诗》在文政七年(1824)，由松崎复校辑，玉山堂山城屋印行②。卷首有唐庚语录两条，其一为"《三谢诗》，灵运为胜，当就《选》中写出熟读，自见其优劣也。"其二即

---

① 该集今藏上图(线善819599—600)，上图书目数据库著录，《中国古籍善本书目》著录唯一一部即此本。陆心源旧藏一部明仿宋刊本《三谢诗》七卷本，卷次、行款同上图本，盖即同本，十行十八字，白口，左右双边。无刊刻纪年及牌记，亦当嘉靖年间刊本，《皕宋楼藏书志》《静嘉堂秘籍志》皆著录。

② 该本框高12.7厘米，宽9.3厘米，框内无网格线，九行十五字，四周单黑边，黑口，无鱼尾，书口上题"三谢诗"，下题叶次。卷中有训读符号。卷末刊记前又有广告牌记云："今体《宋诗选》，清陆式玉撰，全二册""《惜乎竹枝》，五山先生批，全二册""今四家绝句，宽斋 如亭 诗佛 五山 全二册""宋三家诗话 六一 温公 中山 全一册"，刊记云："文政七年甲申购板 日本桥通二丁目 江户书林 玉山堂 山城屋佐兵卫"。辑校者为松崎慊堂，名密，后改为复，字明复，别号当归山人、木仓等，肥后人(今熊本县)，曾在江户昌平板学问所学习，师从大学头林衡，后为挂川藩校教授，为著名汉学家、版本学家、收藏家，江户时代后期著名儒学家。曾撰《尔雅校讹》三卷，刊于天保甲辰(1844)。《日本访书记》卷三载《尔雅注》三卷(影钞蜀大字本)，云"松崎明复定为北宋仁宗时刊本，亦有'桓''遘'二字缺笔，则系南宋时补刊其板心有'重刊''重开'记。每卷末附《释音》，比前本字稍小，然望而知为北宋刊本也。其中讹舛不少，然无臆改之失，远胜元以来刊本。此书原本为日本大医某所藏狩谷望之借之精摹，而松崎明复据以重刊又别作《校讹》以附于后。"可知松崎的确为版本学家，亦精校勘。天保十一年(1840)，再度刷印，"日本所藏中文古籍数据库"皆著录为益城松崎氏羽泽石经山房刊陶谢合刻本。此本存世较多，今国立公文书馆、静嘉堂、京大人文研等皆有藏本，笔者亦藏有一部。但比较文政本可知，天保本并非新刊本，而是重新刷印的本子，其卷首尾唐庚语录及卷末明复识及行款、字体全部相同，只是卷末换了牌记而已，可知初版刊行后，版片最终归为松崎氏羽泽石经山房，于是再度刷印。

嘉泰本《书三谢诗后》，惟其中“今取灵运、惠连、元晖诗合六十四篇”之“取”作“收”、“六十四”作“六十六”，“于此可以观世变也”之“此”作“是”。次为目录，共六十六首。卷末有明复跋，云：“唐宋诗人每云‘陶谢’，又云‘三谢’。世疑‘三谢’之为谁谁久矣。物色半世，得之《唐庚语录》，如简首所举。顾《文选》难得佳本，李善注莫旧于宋尤袤所刻；六家注以崇宁蜀本为最，元陈仁子茶陵本次之。因就尤本照数录出为一卷，校以蜀本、陈本，力追宋本面目。此所以附治平本陶集之后也。”末又有刊记云：“文政七年嘉善购板 日本桥通二丁目 江户书林 玉山堂 山城屋佐兵卫”。从以上所录唐庚语录及明复识、刊记可知：一、文政本《三谢诗》刊于七年，即道光四年甲申(1824)，由玉山堂山城屋刊印发行，“购板”二字说明，委托雕版，后购买印行，并同时刊印了多部汉文诗集。世称文政七年江户玉山堂山城屋佐兵卫刊本，今日本九州大学、国士馆有藏，笔者曾自九州大学藏本复制一部。二、原附于《陶渊明文集》之后，实际上是一个陶谢合刻本。但这个《陶谢》合刻本并非源自于中国明代的《陶谢》合刻本，而是分别取自于常熟毛扆汲古阁覆宋本《陶渊明文集》八卷与宋尤袤刻本李善注《文选》，后者并参校了蜀本、陈本。卷首迻录的两条唐庚识语源于《唐子西语录》，其中《书三谢诗后》与嘉泰本有异。日本文政本并非唐庚编辑，与嘉泰本并无关系，而是采录于尤袤刻本《文选》，“日本所藏中文古籍数据库”及其他目录多著录为“宋唐庚编”，误也。从校勘来看，与嘉泰本异文甚多，有的个别顺序亦不一致。嘉泰本与《唐先生文集》所载唐庚跋中皆言收录六十四篇，今文政本将其改为六十六篇，与实际篇数正合。同时更正了尤袤本文中一些讹误，可见其校勘认真。这是除唐庚本及明代新辑本外，又一个新辑本，其校勘认真、严谨的态度，令人赞赏。《三谢诗》能够在日本流传开来，与松崎复的辑刊密切相关，至今未见其他辑刊本。和刻本《三谢诗》虽然亦是重辑本，所采底本为尤袤本，与唐庚本不同，故与明代重辑本不是一个概念。但其迻录唐庚跋，亦从《文选》采录，且篇数与唐庚本完全相同，显然也是深受唐庚辑本，甚而嘉泰本的影响。其目的均为传播《三谢诗》，颇为难得。

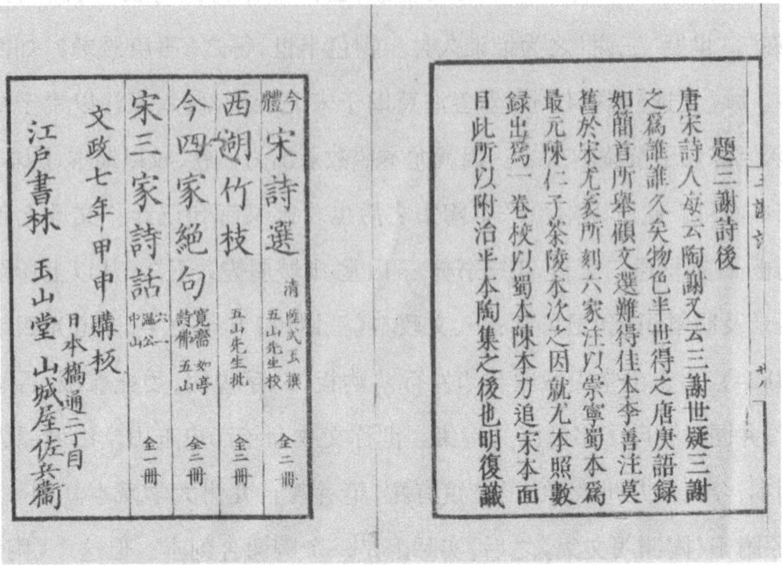

日本文政七年（1810）松崎复辑刻本《三谢诗》卷末题识、牌记

《三谢诗》的流传文本形式主要有四种：一是选辑本，嘉泰本《三谢诗》及其传刻本即是。二是合辑本，实际上三集单独编纂，然后合编于一集，前揭他辑本即是。三是单集本，即各集单独编纂、独立刊梓。第二种如果合辑本散失，各集单独流传，则与此种相同，现在流传下来的不少单集本有单独刊梓的，有的则是合刊分散流传的。各集于流传递刻过程中，不断搜集辑录，篇数逐渐增多，直至收录齐全。因此，单集本同重辑本一样，于收录诗作数量上均比总集本以及仅出于《文选》的唐庚辑本多。四是总集本，如《文选》《乐府诗集》《六朝诗集》《汉魏六朝百三家集》等。其中明嘉靖翻宋刻本《六朝诗集》是从《文选》中摘出，录诗与嘉泰本《三谢诗》相同。

《三谢诗》的单集本产生最早，大概《文选》亦是从这些单集本辑录的。

前揭六朝隋唐至北宋皆有传本，至南宋一直流传，但数量愈来愈少①。至明代仅有宋刻残本《谢宣城集》流传下来，其他两集直至明代又重新辑录刊出。值得注意的是，由单集本组成的合辑本均为唐庚辑本之后出现，无疑亦是受到唐庚《三谢诗》辑本的影响。这些单集本与嘉泰本没有直接关系，但可以互校对勘，取长补短。如以嘉泰本《三谢诗》校之三家单集本，颇有可校之处。

明代最早辑录谢灵运诗者是李梦阳，《空同集》卷五十载《刻陆谢诗序》云："今辑陆诗得八十六首，谢诗六十四首，俾徐生刻于邑斋。"②可惜徐昌谷

① 《谢灵运集》，至《通志·艺文略七》仅著录为二十卷。《遂初堂书目》著录，未题卷数。《宋史·艺文志》著录为九卷。《郡斋读书志》《直斋书录解题》均未著录。南宋高似孙《剡录》著录九种，基本上与《隋志》相同，取自于《隋志》无疑，因之前郑樵《通志》仅著录一种。由上推知，《隋志》著录的单集诸本至北宋初以后恐已散佚。今天能看到的谢灵运单集本均为明清和近人从总集、类书等古籍中辑得，但多有遗漏。《谢惠连集》，《郡斋读书志》卷十七著录"《谢惠连集》五卷，右宋谢惠连，方明子也。元嘉七年，为彭城王法曹行参军。十岁能属文，为《雪赋》，以高丽见奇。族兄灵运每见其新文，曰：'张华重生，不能易也。'"《直斋书录解题》卷十九著录"《谢惠连集》一卷。宋司徒参军谢惠连撰。本集五卷，今惟诗二十四首。惠连得名早，轻薄多尤累，故仕不显，死时才三十七岁。"意指五卷本为诗文合辑本，这个五卷本当即《郡斋》著录本，而一卷本仅收为二十四首诗。《宋史·艺文志》皆著录"谢惠连集五卷"，或为文集。《通志·艺文略》卷七著录"司徒府参军谢惠连集六卷"，当为文集五卷、诗集一卷。《文献通考》卷五十七别集类著录，其下辑录《郡斋》著录五卷本，又卷六十九诗集类著录《谢惠连集》一卷，其下辑录《直斋》著录一卷本，可知在元代时仍流传这两个版本。但至明代，皆已失传。《谢朓集》，《通志·艺文略》著录"吏部郎《谢朓集》十二卷，又外集一卷，《谢朓逸集》一卷"。《郡斋读书志》卷十七著录曰"《谢朓集》十卷，右齐谢朓玄晖也。阳夏人。明帝初，自中书郎出为东海太守。东昏时，为江祐党谮害之。朓少好学，有美名，文章清丽，善草隶，尤长五言诗。沈约尝云：'二百年来无此诗也。'《文选》所录朓诗仅二十首，集中多不载，今附入。"可知有十二卷、十卷本流传。十卷本至少流传至南宋中叶。绍兴二十七年(1157)楼照得十卷本，仅刊其首五卷赋诗，故有五卷本流传。至嘉定十三年，洪伋又翻雕楼照本。《直斋书录解题》卷十六著录曰："《谢宣城集》五卷，齐中书郎陈郡谢朓玄晖撰。集本十卷，楼照知宣州，止以上五卷赋与诗刊之，下五卷皆当时应用之文，衰世之事。可采者已见本传及《文选》。余视诗劣焉，无传可也。"此本五卷亦仅收入诗赋，或即陈氏著录本，但未及洪伋翻刻之事，当即绍兴楼照刻本。至元《文献通考·经籍考》径录为"《谢宣城集》五卷"，而十卷本遂失传，五卷本成为明清刻本及抄本之源头本，明张溥辑刻《汉魏六朝百三家》兼收赋诗及文合为一卷，《六朝诗集》则录诗合为一卷，新安汪士贤辑刻《汉魏诸名家集》收录即为《谢宣城集》五卷，其余或为六卷本或五卷本，盖不出以上诗五卷本与文一卷本。

② (明)李梦阳：《空同集》，影印《四库明人文集丛刊》本，上海古籍出版社 1991 年版，第 465 页。

刻本今已不存。明嘉靖间黄省曾所刻《谢灵运诗集》二卷为存世最早版本，次有万历间沈启原辑刻《谢康乐集》四卷。今人黄节《谢康乐诗注》，以万历沈氏本为底本，但未用黄省曾本校勘。① 今以嘉泰本《三谢诗》对勘黄省曾本，异文颇有，其中有可校正黄氏本之处，如《九日从宋公戏马台集送孔令诗一首》“指景待乐阕”之“指”字，黄氏本作“措”，或误，按《文选》吕延济注云：“言指日影以待有司奏撤膳之乐终也”，“指”字为是。

《三谢诗》中，谢惠连诗所存最少，早期虽有单集流传，至明代已无单集流传，皆存于总集、选集之中，如汪士贤辑刻《汉魏六朝二十一名家集》本、张燮《七十二家集》本、张溥《汉魏六百三名家集》本等，其中张燮《七十二家集》本收录《谢法曹集》二卷，卷一为赋五篇，乐府诗十四首，五言诗二十二首，共四十一篇，卷二为赞六篇、连珠四首、箴两篇、文三篇，末有附录谢惠连、遗事及集评，为明清诸本中收录最多的总集本，校勘亦精审，并参校五臣注《文选》《玉台新咏》等。以嘉泰本校之，亦有异文，如嘉泰本《泛湖归出楼中翫月一首》之“翫”，张燮本作“望”；“临流对回潮”之“流”，张燮本作“川”；“寥戾度云鴈”之“戾”，张燮本作“唳”；“孤灯暖幽慢”之“慢”，张燮本作“幔”。《西陵遇风献康乐一首》，张燮本“一首”作“五章”，“路长当问谁”之“问”，张燮本作“语”，下注“五臣作问”；“行行道转送”之“送”，张燮本作“远”；“积素或原畴”之“或”，张燮本作“惑”；“曲汜薄停依”之“依”，张燮本作“旅”，下注“五臣作依”；“西瞩兴游叹”之“瞩”，张燮本作“瞻”，下注“五臣作瞩”。《七月七日夜咏牛女》“团团滋浆露”之“滋浆”，张燮本作“满叶”；“云汉有灵恠”之“恠”，张燮本作“匹”。尽管以上异文大部分与《文选》一致，但仍有几处不同，如“翫月”作“望月”、“临流”作“临川”、“一首”作“五章”等。在与嘉泰本的对勘中，这些独不见与他本的异文亦有玩味、研究的价值。

---

① 关于《谢灵运集》版本梳理，可参见刘明：《谢灵运集成书及版本考论》，《中天学刊》2018 年第 2 期。

南齐谢朓撰《谢宣城诗集》五卷，今存宋嘉定十三年(1220)洪伋宣州郡斋重刻楼照本一部，卷三至五由毛氏汲古阁影宋抄本配补，今藏台北故宫博物院；另有影宋抄本两部，一为明末毛氏汲古阁影宋抄本，今藏北京大学图书馆；二为清影宋抄本，“中华古籍资源库”收录。毛抄本卷一收录为赋八篇、雩祭歌八首、四言诗三首，卷二至五为诗，五卷共收诗一百九十三首，而唐庚本仅有二十一首。今将嘉泰本所载二十一首诗与毛抄本校勘，发现尚有不少异文。嘉泰本《新亭渚别范零陵诗一首》诗题，毛抄本“诗一首”作“云”。《游东田》“远树暧阡阡”之“阡阡”，毛抄本作“仟仟”。《同谢咨议铜雀台》“铜雀台”，毛抄本作“咏铜爵台”。《郡内高斋闲坐答吕法曹诗一首》，毛抄本作《郡内高斋闲望答吕法曹吕僧珎齐王法曹》，“结构何迢递”之“递”，毛抄本作“遰”。《敬亭山一首》，毛抄本作《游敬亭山》，“独鹤方朝唳”之“朝”，毛抄本作“朝”。《休沐重还道中》，毛抄本“道”前有“丹阳”二字，“田鹤远相叫”之“鹤”，毛抄本作“鹄”；“恩甚恋闺闈”之“闈”，毛抄本作“闱”。《晚登三山还望京邑》“余霞散成绮”之“成”，毛抄本作“戍”。《鼓吹曲》，毛抄本作《入朝曲》，“逶迤带绿水”之“绿”，毛抄本作“渌”；“迭鼓逸輂辀”之“逸輂”，毛抄本作“送华”。《始出尚书省》“既通金闰籍”之“闰”，毛抄本作“闺”；“轻主凉昭洒”，毛抄本作“轻生凉昭洒”；“载笔陪旌乐”之“乐”，毛抄本作“桀”。《直中书省》“鸣佩多清响”之“佩”，毛抄本作“珮”。《郡内登望诗一首》，毛抄本作《宣城郡内登望》，“慠况魂屡迁”之“慠”，毛抄本作“惝”。《和伏武昌登孙权故城》“霸功兴寓县”之“寓”，毛抄本作“寓”；“帷奕尽谋选”之“奕”，毛抄本作“帟”；“参差代祀忽”之“代”，毛抄本作“世”。《和王著作八公山诗一首》，毛抄本作《和王著作八公山融》，“东限琅邪台”之“邪”，毛抄本作“琊”；“日隐涧凝空”之“凝”，毛抄本作“疑”；“导峻芳尘流”之“导”，毛抄本作“道”。“霜雨朝夜沐”之“雨”，毛抄本作“露”，下注“一作雨”。《和徐都曹诗一首》，毛抄本作“和徐都曹出新亭渚”，“桃李成蹊径”之“径”，毛抄本作“迳”。《和王主簿怨情诗一首》，毛抄本作《和王主簿季哲怨情》，“风帘入飞燕”之“飞”，毛抄本作“双”；“坐惜红装变”，毛抄本作“坐惜红颜变”。以上异文主要体现了两点不同：一是诗题不同，毛抄本更具体；二是正文上，异文主要体现在异体字上，但亦有不少意义不同的异文，毛抄本多同北宋本、奎章阁本《文选》等，大部分是嘉泰本之误。整体上，嘉泰本讹误较多，不如毛抄本佳。但毛抄本亦偶有讹误，如《晚登三山还望京邑》“余霞散成绮”之“成”，毛抄本讹作“戍”。可知尽管毛抄本颇佳，然所讹亦有赖嘉泰本校出。

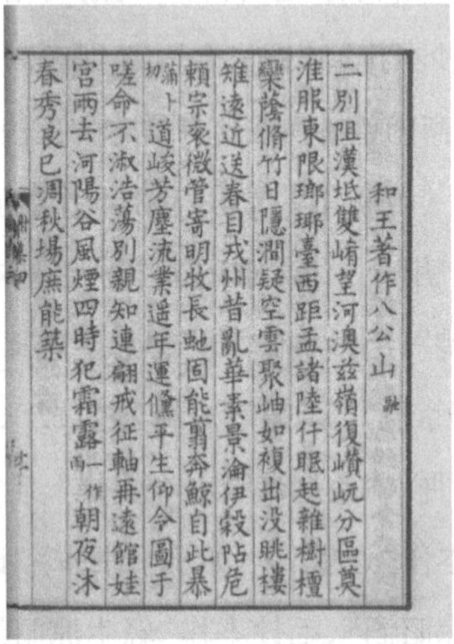

和王著作八公山 朓
二別阻漢坻雙崤望河澳兹嶺復巑岏分區奠
淮服東限瑯琊臺西距孟諸陸阡眂起雜樹檀
欒蔭脩竹日隱澗疑空雲聚岫如複出没眺樓
雉遠近送春目戎州昔亂華素景淪伊穀阽危
賴宗衮微管寄明牧長蛇固能翦奔鯨自此暴
蒲卜切 道峻芳塵流業遥年運儵平生仰令圖于
嗟命不淑浩蕩別親知連翩戒征軸再遠館娃
宮兩去河陽谷風煙四時犯霜露 一作雨 朝夜沐
春秀良已凋秋場庶能築

清初毛氏汲古阁影抄宋刻本《谢宣城诗集》五卷

除以上辑本外，还有一些总集本，如《文选》《六朝诗集》《七十二家集》《汉魏诸名家集》《汉魏六朝百三家集》等，亦收录数量不等的三谢诗。至当代逯钦立辑《先秦汉魏晋南北朝诗》收录三谢诗最全，共辑录谢灵运诗四十九首、谢惠连诗三十三首、谢朓诗二百多首。一般而言，总集本不如单集本精审优良，其原因一是总集本的底本众多，是否精审很难保障。二是校刊上，总集往往成于众手，校勘水平参差不齐，而单集本由于量少，大多校刊精审。《文选》本身是一个总集本，现存八种宋椠《文选》皆有不少讹误，一些后出的总集本如《七十二家集》等亦比《文选》精审，这从以上校勘及诸家校勘中亦可看出，而《三谢诗》又从《文选》摘录而出，当然亦存在上述总集本的缺陷。或许当初唐庚辑本就是一个单纯的阅读摘录，并无刊梓之意，随手而抄，难免有误，亦并不在意，而后刊者又校对不审，造成了今天我们看到的嘉泰本《三谢诗》讹误较多的状况。

自唐庚确立"三谢"之名以来，清代又出现"陶谢""曹陶谢"之名，于是"陶谢"合辑本、"曹陶谢"合辑本应运而生。如清乾隆二十九年（1764）姚培谦辑刻《陶谢诗集》十三卷本（陶彭泽诗四卷、谢康乐诗三卷、谢法曹诗二卷、谢宣城诗四卷）、乾隆三十二年清妙轩刻《陶谢四家诗集》本等，清康熙刻本《曹陶谢三家诗》十一卷（清卓尔勘编：曹植诗二卷总评一卷、陶渊明诗四卷总评一卷、谢灵运诗二卷总评一卷），录诗大多出自明代单集本或总集本。这说明三谢诗在各种组合中都扮演了极为重要的角色，从朝代、诗风上进一步确立其重要地位。

2. 嘉泰本在现当代的学术利用及价值。宋刻本《三谢诗》在流传过程中，于明代至少有四次重刻，近代至今亦有四次影印、翻刻。这些后出本或直接或间接以宋刻本为底本，对于传播《三谢诗》发挥了重要作用。1933年，日本学者桥川时雄到"满铁"大连图书馆目验嘉泰本，并托徐森玉于故宫博物院图书馆以珂罗版印行，末附胡玉缙手写题识及桥川时雄长篇跋文，桥川时雄跋云：

> 此海源阁之故物，即昔运津廿六种中之一也。爰曾观其书目，信而有征，寔为海内孤本。宇内珍璧，免于流离，尚存天壤之间，不可谓非幸矣。忆予旅华十有七载，辱承士大夫之学问切磋，诸多契合，倘以是书付印，一以惠士林，一以贻友好，以视深藏于私人箧笥，严鐍深扃，若存若亡，以饱蠹腹者，其得失殆不可以道里计。爰请携至北平，以付手民。幸承馆长之慨诺，由徐森玉先生代印于故宫博物院。工将竣，略乃重加

校订。①

两跋版心下均题“提要钩元之室”，盖为桥川室名。时任山东省图书馆馆长的王献唐对海源阁遗书极为关注，桥川遂赠影印本一部。王献唐回忆道：“今日桥川子雍介其弟子桂太郎来，携此为赠。适养屙未见，报以《汉魏石经残字叙录》。卧榻展阅，知即旧岁杨氏以宋椠二十六种索八万元者之一也。”②珂罗本流传极少，意者当时印数不多，主要以赠送为主。桥川时雄以珂罗版印行，遂使宋椠《三谢诗》广布天下，盖因此书仅十八叶，制作成本小，更易操作，而其他五种则没有这样的幸运。经与嘉泰本对校，因珂罗本刷印出来的皆为黑白色，故原本模糊之处用朱笔描画之笔迹、朱文印章等，皆以浅墨色呈现，不能原色复现；原本漫漶模糊之处，珂罗本更加严重，有的已不能识别；有框内印色较浅的印章，珂罗本更浅，有的已难以识别。嘉泰本已经过装裱加衬纸，原本原书为白纸，但颜色泛黄，衬纸为白纸，两纸有清晰的边界区分，但珂罗本为黑白色，两纸已无边界区分，而上古影印珂罗本更无边界之分。如谢灵运诗卷首衬纸上钤有两方海源阁杨氏之印“杨氏伯子”“杨保彝印”，如果目验原书即可知晓装裱必在杨氏得书之前。但如目验珂罗本及上古本，由于衬纸与原书已难以分辨，则无法判断究竟何时装裱。珂罗本虽比较接近嘉泰本，仍无法全部再现嘉泰本原貌，而上古影印本差之更远。

桥川最早印行海源阁散出之书，非常难得，如无此善举，人们很难见到“下真迹一等”的宋版《三谢诗》。时至今日，珂罗本已很难觅到。1985 年上海古籍出版社又以珂罗本毛样影印出版，并成为通行本。遗憾的是，上古本不仅与原珂罗本有差异，与嘉泰本差异更大。一是上古本卷中字迹与珂罗本及原嘉泰本多有不同。嘉泰本有不少字漫漶不清甚至缺笔划、缺字，亦

① ［日］桥川时雄：《宋嘉泰重修〈三谢诗〉书后》，1934 年珂罗本《三谢诗》卷末。

② 王献唐：影宋本《〈三谢诗〉跋》，《双行精舍书跋辑存》，齐鲁书社 1983 年版，第 280 页。

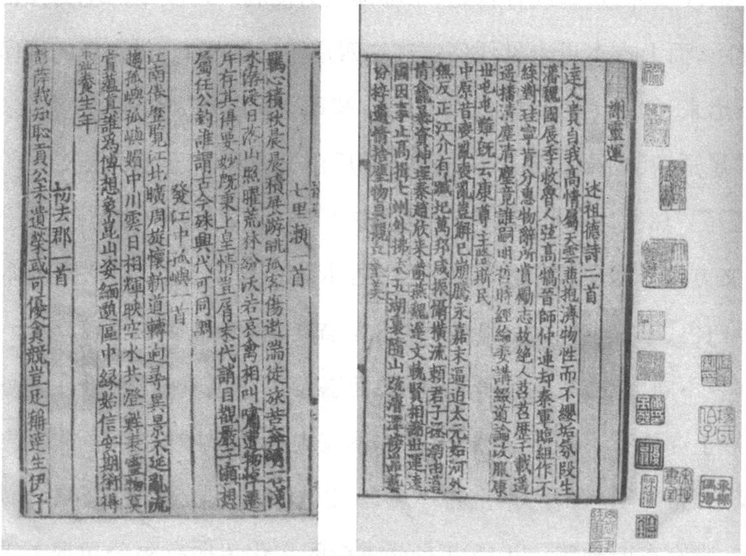

1934年桥川时雄影印本《三谢诗》卷端及第六叶

有不少断版。上古本对漫漶模糊之字,进行填补勾描,有些字描改得甚为清晰。因此,表面上看,影印出版的效果要好看一些,然已失真。例如第三叶上下两半叶都有明显的断版现象,上古本尽管墨色较浅,但与原本较大断版空隙相比,已经看不出原书断版来了。又如第三叶上半叶末行"密竹使径迷,来人忘新术","径""人"均不清晰,但上古本两字与原本相较,已经钩画得很清楚,与原字笔划亦完全不同。《文选旧注辑存》甚至将后一字识作"又"。第四叶下半叶"圣灵昔回春","春"模糊不清,径描为"眷","回"亦为描改之字,与原字笔划不同。这种情况不少。描改之字颇多,显然影印之前已作不少处理。二是嘉泰本原刻与补版的文字及着墨等泾渭分明,桥川时雄跋珂罗本曰:"今谛观是书,可推知宋代官守有雕版修版之责,而重修之迹,历历可见。有补刻数字者,如第一叶'资此永幽栖'句,第二叶'首夏犹清和'之'首夏'二字。又原版多损,仍据原校者,略居其半,然模糊损阙处,后人辄用红笔填写,其字不知出自谁手。有改刻全页者,如第十七叶是也。"但上古本描改后,这种区别已不明显。三是嘉泰本有些漫漶之字,已经朱笔描改填补，这些改补皆是，于释读颇为便利。珂罗本因均为黑白色而未能显示，而上古本更未见任何痕迹。四是印章处理上，首先有的藏印已经显示不出来，如首尾两叶框内共有七方藏印，即正文卷首叶“宋本”朱文长方印、“思适斋”白文长方印、“杨以增印”白文方印、“至堂”朱文方印以及“谢印□□”白文方水印，卷末叶题记左下“包印承咸”白文方印、“士礼居藏”白文方印。珂罗版印色较浅，而上古本竟径删不录。其次，珂罗本印章皆为黑白色，上古本皆为朱红色，显然为描红，然与嘉泰本相较，已经失真。不仅印色不同，上古本色泽鲜艳亮丽，而嘉泰本印色较暗淡，且在笔划的粗细、长短上亦稍有不同。显然，上古本不仅失去珂罗本原貌，更非嘉泰本真面。其后，常熟虞麓山房据上古本影印，以故纸老墨（油烟），印制十部，古色古香，颇有古旧神韵。2015 年扬州古椿阁文化传播有限公司据上古本影印出版，宣纸六开，共印二百部，收入《古椿阁风华珍丛之四》中。上古本传播之广可见一斑。但其存在的诸多问题仍不能忽视：妄补缺字或漫漶之字，形成无谓的异文，造成阅读障碍；原版与补版差异的消除，使之失去探究版刻变化的依据；朱笔改补的失去，亦于释读不便；失去藏印，难以理清递藏源流。总之，上古本已经远离嘉泰本原貌，但人们不明真相，仍一再影印，至为遗憾。

1996 年，中国书店据珂罗本重刻印行，2007 年、2012 年又两度刷印出版。原书所钤印章、卷末黄丕烈跋、珂罗本末附胡玉缙、桥川两跋皆未附刻。由于是重新翻刻，字形上极力追摹，但细校发现，仍与原本相差不少。原珂罗本漫漶断版之缺陷，重刊后补足完整，模糊之字，均甚清晰。让人诧异的是，珂罗本模糊之字，重刻本刊字间有与原珂罗本不同或存疑者，如原本似“峭”，重刊作“明”；原本似“人”，刊作“又”；原本似作“况”，刊作“沅”等，均不似重刊之字。如果再与嘉泰本原字仔细对校，则不似更甚。有的则属于重刊独有的异文，如尤袤本谢灵运《初发石首城一首》“怀贤亦凄其”，“凄”字，奎章阁本、陈八郎本均同尤袤本，嘉泰本此字漫漶，识别困难，似作

“凄”字，上古本描改作“凄”，当参考过奎章阁本或其他本，而中国书店本径作“传”，误。《文选旧注辑存》亦引证此条。意者此字未参考其他版本，将误识径刊，颇为武断。有的则以空格代之，如尤袤本谢灵运《道路忆山中一首》“断绝虽殊念”之“绝”，嘉泰本漫漶，中国书店本空格，奎章阁本、陈八郎本皆作“绝”，《辑存》则未出校。嘉泰本大部分的漫漶难识之处，如果不藉助他本是无法识出的。但中国书店本凡模糊之字均清晰可识，如第八叶、第九叶上半叶等。这些清晰之字大多同《文选》，可知中国书店本参校过《文选》。此外原本上模糊之处，间有用朱笔填写者，中国书店本均未见。验其原本，可知后出诸本丢失不少信息，存在误识误改现象，确实没有做到依样复制，与上古本相较，又远不如上古本逼真珂罗本。综合而论，还是珂罗本最逼真原本，次之为上古本，而中国书店本较嘉泰本最远。

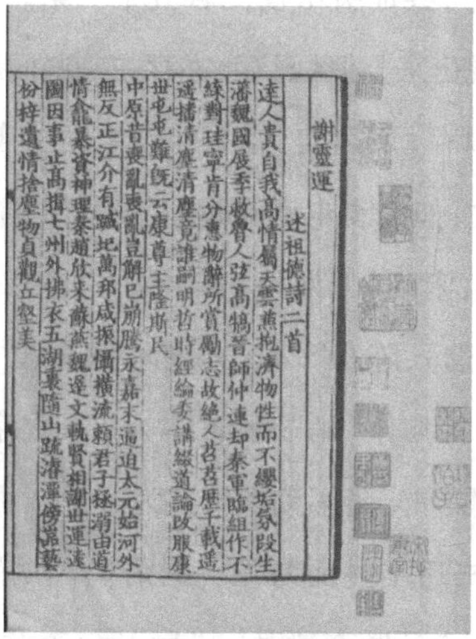
謝靈運
述祖德詩二首
達人貴自我高情屬天雲兼抱濟物性而不纓垢氛段生
藩魏國展季救魯人弦高犒晉師仲連却秦軍臨組作不
緤對珪寧肯分惠物辭所賞勵志故絕人苕苕歷千載遙
遙播清塵清塵竟誰嗣明哲時經綸委講綴道論改服康
世屯屯難既云康尊主隆斯民
中原昔喪亂喪亂豈解已崩騰永嘉末逼迫太元始河外
無反正江介有蹙圯萬邦咸震懾橫流賴君子拯溺由道
情龕暴資神理秦趙欣來蘇燕魏遲文軌賢相謝世運遠
圖因事止高揖七州外拂衣五湖裏隨山疏濬潭傍巖藝
枌梓遺情捨塵物貞觀丘壑美

1985 年上海古籍出版社
影印本《三谢诗》卷端

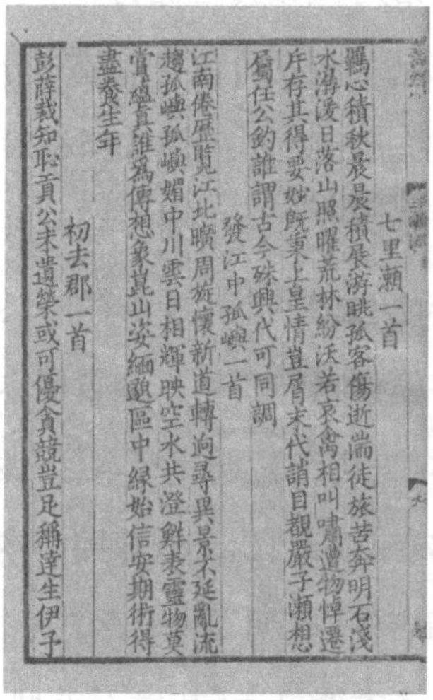
七里瀨一首
羈心積秋晨晨積展游眺孤客傷逝湍徒旅苦奔明石淺
水潺湲日落山照曜荒林紛沃若哀禽相叫嘯遭物悼遷
斥存其得要妙既秉上皇情豈屑末代誚目覩嚴子瀨想
屬任公釣誰謂古今殊異代可同調
發江中孤嶼一首
江南倦歷覽江北曠周旋懷新道轉迥尋異景不延亂流
趨孤嶼孤嶼媚中川雲日相輝映空水共澄鮮表靈物莫
賞蘊真誰為傳想象崑山姿緬邈區中緣始信安期術得
盡養生年
初去郡一首
彭薛裁知恥貢公未遺榮或可優貪競豈足稱達生伊子

1996 年中国书店
翻刻本《三谢诗》第六叶

在现当代学者对《三谢诗》的利用中，就单集而言，利用情况不一。如顾绍柏《谢灵运集校注》以上古本《三谢诗》为校本。黄节《谢康乐诗注》、曹融南《谢宣城集校注》、陈冠球《谢宣城全集》等皆未用《三谢诗》本校勘。

顾美华《宋刻三谢诗读后记》[①]曾以嘉泰本《三谢诗》校以南宋绍兴刻本《文选》、清胡克家刻本《文选》，共出校四十条，发现“嘉泰本与胡刻不同处，和绍兴本大多相同”“和胡刻《文选》中的三谢诗对校，两本不同处尚达一百五十多个，皆《考异》所无”。所谓“绍兴本”即宋绍兴二十八年（1158）明州刻递修本六臣注《文选》，“胡刻”即清嘉庆间胡克家翻刻南宋尤袤刊本。由于所采仅有两本，且非尤袤原刻本，明州本亦是递修本，亦即参校本并非代表性版本；再者校勘不全；同时该文并未进一步展开，只能说是初步研究，故诸版本源流、关系、优劣等问题没有得到解决。《文选旧注辑存》为首部汇集旧注及校勘的集大成之作，系首次系统利用《三谢诗》校勘《文选》诸本，非常难得，值得关注。《辑存》之“正文及李善注以中国国家图书馆藏宋淳熙八年池阳郡斋刻本为底本”，其《编纂说明》中并未提及嘉泰本《三谢诗》，但文中案语列“宋刻《三谢诗》”[②]为校本，共征引出校二百五十二条。至此，《三谢诗》的校勘价值得以较充分展现出来。但《辑存》亦存在一些问题：

首先所用版本问题。经核对，《辑存》所用实为1996年中国书店重刻桥川时雄珂罗本。下列所举可以证之：如尤袤本谢灵运《七里濑一首》“徒旅苦奔峭”之“峭”字，《辑存》曰：“峭，宋刻《三谢诗》作‘明’。”经核，嘉泰本此字模糊，疑似“峭”，奎章阁本《文选》、陈八郎本《文选》、明正德九年马龠刻本《三谢诗》、明嘉靖本《三谢诗》等均作“峭”，上古本为描画之字。马龠刻本《三谢诗》出于宋淳熙印本，说明原宋隆兴刻本确实为“峭”。而独有中国书店本作“明”，《辑存》据中国书店本显而易见。据语境，“明”字显误。尤袤本谢灵运《初发石首城一首》“怀贤亦凄其”，“凄”字，奎章阁本、陈八郎本均同，嘉泰本此字漫漶，识别困难，似作“凄”字，上古本作“凄”，中国书店本径作“传”，《辑存》曰：“凄，宋刻《三谢诗》作‘传’。”尤袤本谢灵运

① 顾美华：《宋刻三谢诗读后记》，《文献》1984年第22辑。

② 《文选集注辑存》第7册，“宋刻”之“宋”字，误作“吊”，凤凰出版社2017年版，第4174页。

《还旧园作见颜范二中书一首》"圣灵昔回眷"之"眷",《辑存》曰:"眷,宋刻《三谢诗》作'春'。"经核,上古本作"眷",嘉泰本此字上下两头皆为断版,下半作"日",当是断版缺下一横,上半"龹"隐约可识,故"眷"字可能性大,上古本显然为后描画之字。马龠本作"眷",说明原隆兴本即作此字。独中国书店重刻本作"春"。尤袤本谢灵运《登石门最高顶一首》"来人忘新术"之"来人",《辑存》曰:"宋刻《三谢诗》作'来又'。"上古本作"来人",嘉泰本"人"字漫漶,似作"人",上古本为描画字,中国书店本作"又",《辑存》据中国书店本作"又"。尤袤本谢惠连《七月七日夜咏牛女诗一首》"遐川阻昵爱","昵"字,奎章阁本、陈八郎本等作"昵",嘉泰本此字漫漶,似作"昵",中国书店本作"暱"。《辑存》曰:"宋刻《三谢诗》作'暱'"。尤袤本谢朓《同谢咨议铜雀台诗一首》"况乃妾身轻"之"况"字,《辑存》曰:"况乃,九条本作'况乃',陈八郎本、奎章阁本作'况乃',朝鲜正德本作'况乃',宋刻《三谢诗》作'沉乃'"。检嘉泰本此字断版,"况"字之"口"两竖划空白,前后行同位置之字均出现断版,又"口"字上下两横并非下横长、上横短,如"沉"字之两横一般,确定断版无疑,然中国书店本径刊为"沉"字,上古本描改为"沉"。又检陈八郎本、奎章阁本、尤袤本等皆不作"沉",马龠本亦作"况",说明宋隆兴刻本作"况"。可知中国书店本、上古本均误改,《辑存》引误。尤袤本谢朓《京路夜发》"山川修且广"之"且"字,奎章阁本、陈八郎本等皆同,嘉泰本此字"曰"下连至一横,右边稍有断笔,显然为"且",上古本已经描画为"且",独中国书店本作"旦",《辑存》引中国书店本作异文,显误。古书"且""旦",因连笔,常误写,此例其一。此字《三谢诗》与尤袤本中有数处出现两属,应该引起注意。尤袤本谢朓《和王著作八公山诗一首》"两去河阳谷"之"谷"字,奎章阁本、陈八郎本等皆同,嘉泰本此字上有连笔,似有描画之痕,上古本作"谷",去掉连笔,中国书店本独作"各",《辑存》引中国书店本作"各"。按上下文意,"谷",是,"各"误。自以上可知,《辑存》出于中国书店本应无问题。中国书店重刊时,对模糊难识之字,识出新字,但经仔细辨认,似不合原字,进而造成独有的新异文。遗憾的是,这些新异文并不符合语境,均为讹误。而《辑存》收录其中,作为校勘异文,无疑增加不必要的校勘内容。

其次失校问题。尽管《辑存》校勘甚细,仍失校多处。如尤袤本谢灵运《七里濑一首》“兴世可同调”之“世”,嘉泰本作“代”,《辑存》未校出。尤袤本谢灵运《登江中孤屿一首》,嘉泰本“登”作“发”;同诗“乱流趋正绝”,《辑存》曰“宋刻《三谢诗》也作‘乱流趋孤屿’”,其中“乱”字,嘉泰本作“乱”,《辑存》均失校。尤袤本谢灵运《乐府诗一首曾吟行》“肆呈窈窕容”之“容”,嘉泰本作“客”,《辑存》失校。尤袤本谢朓《京路夜发一首》“晨元复泱漭”之“元”字,嘉泰本及奎章阁本皆作“光”,《辑存》失校。尤袤本谢朓《鼓吹曲一首》“迭鼓送华辀”之“送华”,嘉泰本及奎章阁本皆作“□華”,《辑存》失校。据统计,这类失校有四十余处。

再次误校问题。如尤袤本谢灵运《南楼中望所迟客一首》“即事怨睽携”之“携”字,《辑存》曰“宋刻《三谢诗》、朝鲜正德本、奎章阁本作‘𢹂’”,误。经核,嘉泰本作“携”,奎章阁本作“携”。据《辑存》卷首《编纂说明》,类此形近异体字者出校。尤袤本谢灵运《发江中孤屿一首》“乱流趋孤屿”之“乱”字,《辑存》曰:“陈八郎本、朝鲜正德本、奎章阁本、宋刻《三谢诗》也作‘乱流趋孤屿’。”经核,嘉泰本、奎章阁本、陈八郎本等“乱”皆作“乱”。其他诸本误校亦有一些,如嘉泰本《三谢诗》谢朓《和伏武昌登孙权故城诗一首》“俯仰流英昐”之“昐”字,诸本不一,《辑存》曰:“北宋本、尤袤本作‘盼’,误。另外,两本并脱‘流’字,奎章阁本有‘流’字。”按上下语境,此“两本”显然指北宋本、尤袤本,但检两本均有“流”字。事实上,《辑存》校勘已甚精审,对《三谢诗》的利用亦已完善,存在一些校勘瑕疵亦属正常。

北宋唐庚所辑《三谢诗》当从北宋平昌孟氏五臣注本或秀州本六臣注《文选》别裁而出,由唐庚之子文若于孝宗隆兴间知江州时所刊。南宋嘉泰间谯令宪知江州时修版再印,即今传俄藏宋椠本。如果说唐庚命名与辑本奠定了三谢在中国诗歌发展史上的地位,那么宋刻本则从实际推广传播的意义上,发挥了举足轻重的作用。《三谢诗》在明代多有传刻,其中明正德九年马龠刻本最佳,其底本为隆兴间唐文若刊淳熙间公文纸印本,比嘉泰本更接近原刻,惜今已不存。自明代起,有多家辑录三谢诗,域外亦有辑录之本。后出重辑本表面上看与唐庚辑本或嘉泰本没有关系,但实际上是唐庚"三谢"之名及宋刻本的刊梓与传播产生了重要的推动作用。三谢之诗以单集本、合辑本、总集本等多种辑本形式传播,而嘉泰本《三谢诗》作为现存的宋椠孤帙,是最重要的传播文本,其文献价值毋庸置疑。首先,嘉泰本作为《三谢诗》的源头之本,在传播三谢诗上,其他诸本无可替代。其次,嘉泰本尽管讹误不少,仍可校正诸本《文选》与《三谢诗》传刻本、单集本、总集本及现当代的整理校注本等。再次,《三谢诗》作为早期的版本,在协助厘清《文选》及其他单集本等源流关系上,具有重要作用。由于嘉泰本远藏异域,当代学者在利用嘉泰本《三谢诗》上存在不足。现当代校注本均未使用原嘉泰本校勘,所用皆为翻刻本或影印本,从而衍生出一些异文或讹误。此部俄藏嘉泰本亟应引起研究者的重视与利用。

参考文献:

逯钦立:《先秦汉魏晋南北朝诗》,中华书局 1983 年版。

黄节:《谢康乐诗注》,中华书局 2008 年版。

顾绍柏:《谢灵运集校注》,中州古籍出版社 1987 年版。

曹融南:《谢宣城集校注》,上海古籍出版社 1991 年版。

范志新:《文选版本论稿》,江西人民出版社 2003 年版。

赵蕾:《朝鲜正德四年本〈五臣注文选〉研究》,河南大学出版社 2014 年版。

傅刚:《〈文选〉版本研究》,世界图书出版公司 2014 年版。

孔令刚:《奎章阁本〈文选〉研究》,河南大学出版社 2014 年版。

郭宝军:《胡克家本〈文选〉研究》,河南大学出版社 2014 年版。

刘跃进著,徐华校:《文选旧注辑存》,凤凰出版社 2017 年版。

刘跃进:《〈文选〉中的"三谢诗"(上下)》,《古典文学知识》2009 年第 5、6 期。

六　《击壤集》十五卷　宋建安蔡子文东塾之敬室刻本

邵雍(1011—1077)，字尧夫，自号安乐先生、伊川翁，范阳(今河北涿州)人，幼随父邵古迁往衡漳(今河南林县)，天圣四年(1026)，随父卜居共城苏门山。宋仁宗康定元年(1040)，游历河南。仁宗皇祐元年(1049)，定居洛阳，以教授为生。嘉祐七年(1062)，移居洛阳天宫寺西天津桥南。宋仁宗嘉祐与宋神宗熙宁初，两度被举，均称疾不赴。宋哲宗元祐中赐谥康节。著有《皇极经世》《观物内外篇》《先天图》《渔樵问对》《伊川击壤集》《前定数》等。《宋史》卷四二七有传。《邵氏闻见录》《邵氏闻见后录》亦见其事迹。子伯温(1055—1134)，官至提点成都路刑狱、利州路转运副使，著《邵氏闻见录》二十卷。孙邵博又撰《邵氏闻见后录》三十卷。

邵雍为理学家、易学家、诗人，北宋理学创始人之一，与周敦颐、张载、程颢、程颐并称"北宋五子"。创立先天象数学理论，为其后的象数学发展奠定了基础。《宋史》传云："雍高明英迈，迥出千古，而坦夷浑厚，不见圭角，是以清而不激，和而不流，人与交久，益尊信之。河南程颢初侍其父识雍，论议终日，退而叹曰：'尧夫，内圣外王之学也。'"程颐《邵尧夫先生墓志铭》云："先生德气粹然，望之可知其贤。不事表暴，不设防畛，正而不谅，通而不汗，清明坦夷，洞彻中外，接人无贵贱亲疏之间，群居燕饮，笑语终日，不取甚异于人。”①朱熹《宋元学案·百源学案》云:“程、邵之学固不同,然二程所以推尊康节者至矣。盖以其信道不惑,不杂异端,班于温公、横渠之间。”②其学其人,后人仰止。

邵雍之诗不饰造作,通俗如话,富含哲理,追寻自然规律,表达了自适、乐时的思想,形成了邵氏独有的诗风。其《击壤集》自序云:“所作不限声律,不讼爱恶,不立固必,不希名誉,如鉴之应形,如钟之应声。其或经道之余,因闲观时,因静照物,因时起志,因物寓言,因志发咏,因言成诗,因咏成声,因诗成音。是故哀而未尝伤,乐而未尝淫。虽曰吟咏情性,曾何累于性情哉。”《四库全书总目》卷一五三论其诗云:“自班固作《咏史》诗,始兆论宗,东方朔作《诫子》诗,始涉理路,沿及北宋,鄙唐人之不知道,于是以论理为本,以修词为末,而诗格于是乎大变,此集其尤著者也。朱国桢《涌幢小品》曰:‘佛语衍为寒山诗,儒语衍为《击壤集》,此圣人平易近人,觉世唤醒之妙用’,是亦一说。然北宋自嘉祐以前,厌五季佻薄之弊,事事反朴还淳,其人品率以光明豁达为宗,其文章亦以平实坦易为主,故一时作者,往往衍长庆余风。王禹偁诗所谓‘本与乐天为后进,敢期杜甫是前身’者是也。邵子之诗,其源亦出白居易,而晚年绝意世事,不复以文字为长,意所欲言,自抒胸臆,原脱然于诗法之外。毁之者务以声律绳之,固所谓谬伤海鸟,横斥山木;誉之者以为风雅正传,庄泉诸人转相摹仿,如所谓‘送我一壶陶靖节,还他两首邵尧夫’者,亦为刻画无盐,唐突西子,失邵子之所以为诗矣。况邵子之诗不过不苦吟以求工,亦非以工为厉禁,如邵伯温《闻见前录》所载《安乐窝》诗曰:‘半记不记梦觉后,似愁无愁情倦时’,‘拥衾侧卧未欲起,帘外落花撩乱飞’,此虽置之江西派中,有何不可。而明人乃惟以鄙俚相高,

① (宋)程颢、程颐撰,王孝鱼点校:《二程集》,中华书局1981年版,第503页。

② (清)朱熹撰,郭齐、尹波点校:《朱熹集》第3册,四川教育出版社1996年版,第1274页。

又乌知邵子哉!”①馆臣所论,以诗品鉴,恰中肯綮。

(一) 俄藏本《击壤集》的编纂

邵雍一生创作了多少首诗,俄罗斯国立图书馆藏蔡子文刻本(以下简称蔡子文本)邵雍撰《伊川击壤集》卷四《击壤吟》中云:“击壤三千首。”卷十《走笔吟二首》第一首云:“胸中风雨吼,笔下龙蛇走。前后落人间,三千有余首。”卷二《诗史长吟》亦云:“三千有余首,布为天下春。”卷五《首尾吟》云:“三千来首收清月。”可见三千多首当是确实的数字。但今存《道藏》本、《全宋诗》以及郭彧、于天宝点校《伊川击壤集》(以下简称郭彧点校本)只有一千五百余首,蔡子文本《击壤集》一千四百多首,不足其半。经胡彦、丁治民《邵雍“击壤三千首”考论》考证,今存《永乐大典》发现有保存完整的《前定数》八卷,共录诗一千四百九十三首。《前定数》以诗体形式推测星命之术,故历代官私书目少见著录,但在明清文集中仍间有著录,如阮元《文选楼藏书记》著录“《大定易数》,宋邵雍著,抄本。是书推测星命之术。”②倪宗正撰《倪小野先生全集》卷二《溪山岁月阁记》载“世传邵康节《前定数》诗于予”③。邵雍孙邵博曾为之序,序题“康节前定数序”,序云:“……又作《易数》一书,天根月窟,闲相来往,元会运世,递相兄弟,其自然乎?自昔者谁为之?有数焉?苟数焉,则大块间事,高高下下有千万也,形形色色变千万也,一数之自然而然,诿之适然,畴之其可;语其小也,一民物贵贱寿夭之所以然不能遗。则《经世》者固与《易》相表里,而《易数》者,又与《经世》相经纬。先翁作是书,不为无言,盖以栖人间世而为人,阳埏阴

---

① (清)永瑢等撰,邓洪波点校,李学勤审校:《钦定四库全书总目》(整理本),中华书局1997年版,第2057页。

② (清)阮元:《文选楼藏书记》,上海古籍出版社2008年版,第35页。

③ 《四库全书存目丛书》第58册,齐鲁书社1997年版,第472页。

殖，天戴地履，其生也有自来，虽蕴尧舜君民之学，非尧舜君民之命。诿曰，其出其间，为谁其竟之？先翁深于《易》者也，此所以不任有数焉。”①可见《前定数》一书为邵雍生前编定。如此，将《击壤集》与《前定数》相加，正好三千多首，与邵雍自说相合。

考两宋之时，邵雍之作至少有三次大的编辑活动，分别为邵雍自编本、其子邵伯温重编本、蔡弼重编本。据邵雍自序可知，邵雍生前曾将自己的诗作编辑成书，名曰《击壤集》，“击壤”即击打泥土的古代游戏，典出东汉王充《论衡·艺增篇》：“传曰：有年五十击壤于路者，观者曰：‘大哉，尧德乎！’击壤者曰：‘吾日出而作，日入而息，凿井而饮，耕田而食，尧何等力！’”正如邵雍自序云“志士在畎亩，则以畎亩言”。序题“治平丙午”即治平三年(1066)，此时邵雍正隐而不仕，陶然自乐，以击壤者自嘲。门人张峄《康节先生行状略》云：“晚尤喜为诗，平易而造于理，有《击壤集》二十卷，自为之序。”②邢恕释曰：“其始感发于性情之间，乃若自幸生天下无事，饥而食，寒而衣，不知帝力之何有于我，陶然有以自乐，而其极乃蕲于身尧舜之民，而寄意于唐虞之际。此先生所以自名其集曰《击壤》也。”③两位门人所言当不容有疑，据此可以确定：邵雍生前曾自编诗集，名曰《击壤集》；邵雍所编为二十卷。又，程颢《邵尧夫先生墓志铭》云：“古律诗二千篇，题曰《击壤集》。”④可见《击壤集》所收皆为诗歌，且数量为二千首。邵雍自辑诗集是在治平三年，时年五十五岁，则其后之诗未收。程颢所言“二千篇”之《击壤集》是治平时期的邵雍原编本还是卒前的再编本？程氏没有交代。至于是否刊刻发行也没有史料佐证。《天禄琳琅书目》卷六著录元版《伊川击壤

① 《永乐大典》卷一八七六〇第10册，中华书局1986年版，第8441—8528页。

② 郭彧、于天宝：《邵雍全集》第5册，上海古籍出版社2015年版，第9页。原文载同治正谊堂本朱熹撰《伊洛渊源录》卷五。

③ 见国图藏元本《伊川击壤集》卷末。

④ 郭彧、于天宝：《邵雍全集》第5册，上海古籍出版社2015年版，第7页。原文载《四部丛刊》初编本吕祖谦编《皇朝文鉴》卷一四四。

集》,谓“自为之序云云,是宋时《击壤集》,雍所自刊。”当为臆测之语。

元祐六年(1091)六月十三日原武邢恕序云:“恕尝从先生学,而奉亲从仕南北,未之卒业,然于讲闻其文章,而次第其本末,则或能之。其子伯温裒类先生之诗凡若干篇,先生固尝自为《序》矣,又属恕以系其后,义可辞乎!”①“裒类”即搜集分类之意。可见在元祐六年时,由其子伯温搜集邵雍原集未收录之诗且又分类而成,伯温本有邵雍自序,后有门生邢恕序。此时已距邵雍去世十四年,伯温将邵雍晚年所著之诗收录进去是当然的。但问题是现存二十卷本存诗只有一千五百多首,与程颢所言邵雍自编本尚差四百多首,如再加伯温增补的话则相差更多。意者有二,一是伯温所编本所用底本可能不是邵雍在治平时期的原编本,抑或二千首的原编本已有散佚;二是邵雍原编《击壤集》二千首可能包括《前定数》所收部分诗,未收晚年(凡十一年)的诗,而《前定数》为后编,复又从《击壤集》中抽出专成《前定数》一集。

综上可证:邵雍自编本与现存元、明刻二十卷本所载诗数量不符,二十本卷末皆载邢恕后序,且载有邵雍晚年之诗甚或卒前《病中吟》《重病吟》《答客问病》等诗,而“病亟吟”或为其绝笔之作②。因而现在流传的二十卷本并非邵雍治平间的自编本,而很可能是邵伯温重编本。《四库全书总目》卷一五三曰:“集为邵子所自编,而杨时《龟山语录》所称‘须信画前原有《易》,自从删后更无《诗》’一联,集中乃无之,知其随手散佚,不复收拾,真为寄意于诗而非刻意于诗者矣。”③以邵雍之随性,其诗散逸亦属正常。馆臣所举“须信画前原有《易》,自从删后更无《诗》”两句,《楹书隅录》云在第十二卷中,然检诸本第十二卷及其他卷次均不载,杨绍和之说不实。而散逸

① 见国图藏元本《伊川击壤集》卷末。

② 此诗曰:“生于太平世,长于太平世,老于太平世,死于太平世。客问年几何,六十有七岁。俯仰天地间,浩然无所愧。”见蔡子文本卷八。“六十有七岁”,邵雍卒于熙宁十年(1077)七月五日,此诗写于七月四日。参见郭彧:《邵雍年表》,《邵雍全集》第5册,上海古籍出版社2015年版,第26页。

③ (清)永瑢等撰,邓洪波点校,李学勤审校:《钦定四库全书总目》(整理本),中华书局1997年版,第2057页。

更多的可能是表、启等一类的文章。《直斋书录解题》卷二十著录“《击壤集》二十卷”:“处士共城邵雍尧夫撰。自为之序。始自共城徙河南,卒于熙宁十年(1077),谥康节。”①《郡斋读书志》卷一九著录曰:“《邵尧夫击壤集》二十卷。右皇朝邵雍尧夫,隐居洛阳。熙宁中,与常秩同召,力辞不起。邃于《易》数。始为学,至二十年不施枕榻睡,其精思如此。歌诗盖其余事,亦颇切理,盛行于时。卒谥康节。集自为序。”②以上说明,南宋时期二十卷本是通行本。《文献通考》卷二四四、《宋志》亦著录为二十卷。明《文渊阁书目》著录两部全本,疑即宋椠二十卷本。《赵定宇书目》著录“宋板大字《伊川击壤集》”,或亦为二十卷本。这个二十卷本当即邵伯温重编本,亦是诸本流传之祖本,今存元明诸本皆为二十卷本。

又,阮阅《诗话总龟》前集卷八引《王直方诗话》曰:“邵尧夫,平生所作为十卷,号曰《击壤》。”③《诗话总龟》成书于北宋徽宗宣和时期(1119—1125),此时尚有十卷本流传,此后便不见著录,今已失传。当然亦有可能“二十”误作“十”。

今存俄藏蔡子文本为蔡弼所编,为十五卷本,分内集首十一卷,外集后四卷,凡收诗一千四百一十一首。据外集前有蔡弼题识可知,蔡弼在先编好内集后,又搜集到遗诗二百余首,始为外集。经查内集中有不为国图藏明初刻本《伊川击壤集》二十卷④所载诗者五十多首,外集四卷共收诗二百九十

① (宋)陈振孙撰,徐小蛮、顾美华点校:《直斋书录解题》,上海古籍出版社2005年版,第591页。

② (宋)晁公武著,孙猛校证:《郡斋读书志校证》,上海古籍出版社1990年版,第1041页。

③ 高志忠、张福勋编著:《〈全宋诗〉补阙》,商务印书馆2018年版,第82页。

④ 明初刻本今存多部,如国图第7031号藏本、台图第10079、10080、10081号藏本等,然多被著录为宋刻本,如《增订中国访书志》定为“南宋末刻本”等,实为明初刻本。郭立暄《明代的翻版及其收藏著录》考定以上四部皆为明洪武蜀藩刻本,乃从元刻本翻出,曰:“(铁琴铜剑楼藏本)今藏国图,版心所记之刻工多与《自警编》《皇朝仕学规范》相同。字体规仿元刻,颇肖,而编叶之法与底本不同:卷一至十连续编码,卷十一至二十重起后连续编码。……按三本之刻工与瞿藏本完全一致,知同为洪武翻本。”(《文献》2012年第4期)

三首，则全在明初刻本二十卷中。此外，蔡子文本内集卷四和外集卷十五重出一首，内集题作《看雪吟》："同云幕幕雪霏霏，安乐窝中卧看时。初讶后园罗玉树，却惊平地瑑瑶池。未逢寒食梨花谢，不待春风柳絮飞。酒放半醺帘半卷，此情难使外人知。"外集题作《安乐窝中看雪吟》，其中"幕幕"作"漠漠"，"捲"作"卷"，"难"作"无"，明初本卷九所收此诗，无论诗题还是诗文全同外集。对勘发现，蔡子文本的外集诗篇全部在明初本中，没有为明初本未收之诗。而且，外集与明初本收诗，几乎未见异文。这两点都表明两本惊人的一致性。这说明，外集使用的底本即是明初本的源头之本。蔡弼重编邵雍诗集时，可能流行着一种与二十卷本有重要区别的本子，即载有为二十卷本失载者，蔡弼以此为底本重编。其后又发现二十卷本，因二十卷本中有内集未收之诗多达二百九十多首，故再编为外集，以区别内集。但校对发现，二十卷本尚有近四十多首未载于蔡子文本。① 既然蔡子文本以二十卷本为底本补编为外集四卷，为何不全部收在外集中呢？是蔡弼复检不审无意脱掉吗？已检出二百九十多首，四十多首也不是一个小数目，以蔡弼之编纂精心细致是不可能忽略的。唯一的解释是，蔡弼得到的二十卷本有可能是个残本，蔡弼据之重编时仍有不少失收诗篇。据二百九十多对四十多之比例测算，其残缺大约三成。同时，蔡弼在得到二十卷本后，对已编好的内集与二十卷本同载的诗进行了校勘，不同者用小字"一作某"系于异字之下。《楹书隅录》著录蔡子文本时曰"盖由公手订二十卷本，重编为此本"。检蔡子文本卷首蔡弼序及卷十二外集序，均未言及所据何本重编。杨绍和未及细检内外集之别，即主观判断蔡弼重编所据为二十卷本，虽有合理成分，但亦颇含混。前揭外集所据为二十卷本无疑，而内集是否还据二十卷本不知。同时，

---

① 据郑定国统计，明初刻本收诗为一千五百二十一首，重出两首，司马光等人诗六十六首，除去以上六十八首，邵雍诗为一千四百五十三首，而俄藏本有一千四百一十一首，故明初刻本尚有四十二首为俄藏本未收。《邵雍及其诗学研究》，台湾文史哲出版社 2000 年版，第 95—99 页。

内集中校记“一作某”者亦有不同于明初本者,说明蔡弼还使用了其他版本校勘。就上可知,蔡弼编纂邵集时,使用了包括二十卷本在内的多个版本。

蔡子文本是个重编本。其编纂特点与二十卷本相较,有明显的不同。杨绍和《楹书隅录》卷五曰:“《伊川击壤集》,元明皆有刊本,均作二十卷。……此本作《内集》十二卷,《外集》三卷。前有治平丙午中秋《自序》,编次与各本迥异。”具体表现为:

其一,二十卷本大体按内容分类,但不明显,各卷皆有感悟人事、景观、交游、唱和等内容,互相穿插;在诗体上不分类。重编本则首先按诗体不同来分卷,就每首诗字数而言,自首至末依次减少,至第十一卷后半部分为杂言散句。其次各卷尽量照顾到诗体及内容上的归类划一。卷一至卷二《王公吟》以上,皆为七言、五言长诗;卷二自《喜欢吟》以下至卷六全为七言八句;卷七、八、九(自《其十春郊花落吟》以上)为五言八句;卷九自《有妄吟》以下为五言六句(其中《有妄吟》之后《生死吟》为五言十句,当为窜入);卷九自《题淮阴侯庙吟十首》以下至卷十《重病吟》为七言四句;卷十自《惜花吟三首》以下为五言四句;卷十一为四言四句,个别间杂四言六句或八句,自《天人吟》以下为散句杂言,如三言三句、三言四句、四言六句、四言四句、四言十二句、四言八句、四言十句、六言四句杂以七言二句、五言四句、六言四句、四言杂以七言、四言杂以五言、五言杂以六言、五言六句以及七言杂以三言八言、七言八句、七言四句等;卷十二以后为外集,卷十二首五首皆为长篇,自第六首《饮郑州宋园示管城簿周正叔吟》起至卷十三《和王安之小园吟》为七言八句;卷十三《过温寄巩县宰吴秘丞吟》至卷十五《晚晖亭吟》为七言四句,以下《和陕令张师柔石柱村吟》为五言四十句,《谢傅钦之学士见访吟》《凤州郡楼上书所见吟》为五言十六句,《乐毅吟》以下至末皆为五言十八句。从内容上看,卷一、二以咏物什为主,卷三以酬答为主,卷四至十以生活感受、景观为主,卷十一以感悟人事、自然为主,卷十二至十五以交游、酬答唱和为主。卷一共收诗十三首(含组诗),分别为《观棋大吟》《观棋长吟》《清风长吟》《垂柳长吟》《落花长吟》《芳草长吟二十四韵》《春水长吟》《天长吟》《自贻长吟》《经世吟》《安乐吟四首》《谢三城韩守长吟》《谢王胜之谏议惠大石砚吟》。首先这些诗皆为篇幅较长的诗，惯以"长吟"纪事；其次，内容相近，如《观棋两首》以及其后的《清风》《垂柳》《落花》《芳草》《春水》等亦都是相似的景观，但在二十卷本中皆分散到各卷中。蔡子文本卷二《秋怀吟六首》，其中第一、二、三首，明初本在卷二，作《秋游六首》之四、五、六首；第四首在卷九，题作《秋日雨霁闲望》；第五首在卷十六，题同；第六首在卷十七，题作《秋尽吟》。蔡子文本卷三《戒子孙吟二首》，明初本第一首在第九卷，诗题作《诫子吟》，第二首在明初本第十一卷，题作《教子吟》，两诗在诗体上同为七言八句，内容相近，合在一起当佳。再如蔡子文本卷十《游伊洛吟五首》，第一首"向晚驱车出上阳，初程便宿水云乡。更闻数弄神仙曲，始信壶中日月长"，末注"治平丁未仲秋，晚宿洛西奉亲曾舍，听张道人弹琴，故云"，明初本此诗在卷五，诗题作《治平丁未仲秋，游伊洛二川。六日晚，出洛城西门，宿奉亲僧舍，听张道人弹琴》；第二首"八月延秋禾熟天，农家富贵在丰年。一箪鸡黍一瓢饮。谁羡王公食万钱"，末注"时游洛，夜宿延秋庄"，明初本在卷五，诗题作"七日遡洛夜宿延秋庄上"；第三首"烟岚一簇特崔嵬，到此令人心自灰。上有神仙不知姓，洞门闲倚白云开"，末注"时登寿安县锦屏山下宿邑中"，明初本在卷五，诗题作《九日登寿安县锦屏山下宿邑中》；第四首在明初本卷五，诗题作《八日渡洛登南山，观喷玉泉会，寿安县张赵尹三君同游》；第五首在明初本卷五，诗题作《十九日归洛城路游龙门》。蔡子文本的处理方式是，将题目内容调整到末注形式，并将其归并在一起，以总题《游伊洛吟五首》系之，可见重编的意图非常明显。

其二，蔡弼附注己之"所得"，皆以"弼按"形式注出，所按皆引《邵氏闻见录》内容，凡引十三处，其中卷二《谢买园吟》《生男吟》两首后"弼按"见《闻见录》卷十八；卷三《谢执政见招禄仕吟》《蒙诏三下不起答乡人吟》两首后"弼按"见《闻见录》卷十八，《寄邓州吕献可吟》后"弼按"见《闻见录》

卷十，郭彧点校本《邵雍资料汇编》未收录此条，《同程郎中父子月陂闲步吟》后“弼按”见《闻见录》卷十五；卷四《我宋吟》第二首后“弼按”见《闻见录》卷十五；卷六《首尾吟》百首第十八首后“弼按”见《闻见录》卷十九；卷八《答人问病吟》第一首后“弼按”见《闻见录》卷二十；卷九《和司马温公天津独步吟》《和司马温公登崇德阁久待不至吟》《和富公吟》后“弼按”见《闻见录》卷十八；卷十《即事吟》后“弼按”见《闻见录》卷十九。所引皆有画龙点睛之用，因以诗系引，方便阅读，故对交代本诗创作背景及理解诗意都有益处，如卷三《谢执政见招禄仕吟》后附“弼按”：“邵伯温《闻见录》曰：康节与富文忠公早相知。文忠初入相，谓门下士田棐大卿曰：‘为我问邵尧夫，可出，当以官职起之；不，即命为先生处士，以遂隐居之志。’田大卿为康节言，康节不答，以诗二章谢之。”只可惜蔡弼所引太少。郭彧点校本《邵雍资料汇编》部分摘录了《邵氏闻见录》和《邵氏闻见后录》中有关邵雍的记载，如果系之以诗，则亦能起到蔡按之效果。

其三，诗题间有不同。蔡子文本卷首序题《康节先生击壤集序》，径称“康节先生”云云，则必为蔡弼所加。蔡子文本诗题末几乎全部加“吟”字，而与二十卷本大部分加“吟”字不同。诗题内容文字亦有不同，如元本、明初本卷十五《观盛化诗》，而蔡子文本作《我宋吟》，《邵氏闻见录》卷十八引用，诗题即作《观盛化诗》，可见或为蔡弼所改。此外，蔡子文本不见明初本的司马光、吕公著等人的和诗，当是重编时删去，仅保留邵雍本人诗。当然亦有可能为底本即无和诗，但这种可能性很小。

可见，蔡子文本采用了与二十卷本完全不同的编选方式，删去和诗，并且加编者按语，诗题亦有变化，故署蔡弼“重编”云云，与其文本实际情况相符。就收诗总量上，蔡子文本为一千四百一十一首，明初二十卷本则为一千五百一十二首；《全宋诗》本最全，为一千五百四十一首，[①]除去他人和诗六

① 郑定国：《邵雍及其诗学研究》，台湾文史哲出版社2000年版，第95—99页。

十六首,共有一千四百七十五首,如再加蔡子文本有明初本及《全宋诗》不载者五十二首,邵雍诗现存共有一千五百二十七首。

至于蔡弼的重编时间,蔡子文本卷首尾序跋皆未署明,故不知具体编于何时。据蔡子文本蔡弼按引邵伯温《邵氏闻见录》及卷首蔡弼序"弼校《闻见录》"①云云,可知蔡弼参校了《闻见录》,而此书成于绍兴二年(1132),可知此书必编成于绍兴二年之后。《邵氏闻见后录》书成于绍兴二十七年(1157),蔡子文本未见采入,有两种可能:一是蔡弼重编《击壤集》时《后录》尚未编成发行,自然无法看到、引用,故可限定蔡弼重编时间限在绍兴二年至二十七年之间;二是蔡弼重编时《后录》已出版发行,但远在福建的蔡弼有可能未见到,故无法引用。编辑的下限是孝宗之时,亦即蔡弼重编本刊印时间,见下一部分之论证,如此推定成立,则蔡弼重编时间可定于南宋高宗至孝宗初期。综合以上两种可能,定于南宋初编定当无疑问。

(二) 俄藏宋建安蔡子文刻本《击壤集》的版本特点

宋建安蔡子文东塾之敬室刻本《康节先生击壤集》十五卷,宋邵雍撰,宋蔡弼注,今藏俄罗斯国立图书馆,索书号为3B/2—13/347。全书六册,黄竹纸,线装,已经白纸装衬。卷分首十一卷为内集,末四卷为外集。序第一叶,目录外集第十八叶下半叶、第十九叶上半叶及下半叶首两行,卷八末叶,卷九、卷十二尾题,皆为抄补,间有朱笔标点。卷首、目录、卷中间有缺字或残字,纸残修补后手书补写,卷首蔡弼序首有"弼校"两字,"弼"字右半"弓"及"校"系写补,他如目录卷一"观碁大吟"之"碁大"两字、卷八"观物吟"之"吟"字左边、卷九"忠信吟"之"信"字,正文卷一首叶上半叶第十二

---

① (宋)邵伯温撰,李建雄、刘德贵点校:《邵氏闻见录》,中华书局1983年版。该整理本所用底本为民国涵芬楼夏敬观校印本,俄藏本所载蔡弼序与整理本所录文相校,颇有异文。

行末字“椎”字、同叶下半叶首行“弧”字等等，皆为写补。

卷中凡蔡弼注皆以小字双行“弼按”“按”识之，如卷二第三叶诗题《谢买园吟》下接小字双行“弼按”共二十六行三百二十八字。凡邵雍自注不署本名；卷中诗文遇有异文者，加注“一作某”或“某一作某”。各卷收诗数量分别是：卷一为二十九首，卷二为六十五首，卷三为八十七首，卷四为九十首，卷五为九十九首，卷六为一百首，卷七为一百二十首，卷八为一百一十三首，卷九为一百一十九首，卷十为一百六十四首，卷十一为一百三十二首，卷十二为五十七首，卷十三为六十五首，卷十四为九十首，卷十五为八十一首。

卷首有宋治平丙午（三年，1066）中秋邵雍自序，首行顶格题“康节先生击壤集序”，序文顶格，序曰：“志士在畎亩，则以畎亩为言，故其诗名之曰《伊川击壤集》。”序文后低一格有蔡弼《题语》，不题纪年，云：“弼校《闻见录》：‘伊川丈人与李夫人因山行于云雾间，见大猿，有感而孕，临蓐，瑞鸟满庭，遂生康节。初生，髮被面，有齿，能呼母。七岁戏于庭，从蚁穴中豁然别见天日，云气往来。久之，以告夫人，夫人至无所见，禁勿言。既长，游学，夜行晋州山路，马失坠深涧中，从者攀缘下寻，公无所伤。熙宁十年，公六十七，夏六月，属微疾，一日昼睡，觉曰：“吾梦旌旗鹤鹰自空而下，下导吾行乱山，与司马君实、吕晦叔相别于驿亭，回视其壁间，有大书四字曰‘千秋万岁’。”吾神往矣，无以医药相逼也。呜呼，异哉！’敬室蔡弼拜手谨书。”次后有目录，目录分内集十一卷，外集末四卷，首行顶格题“康节先生击壤集目录”，次行顶格“○”下题“内集”，下空七格题“敬室蔡（下空两格）弼（下空三格）重编”，第三行低二格题“卷之一”，第四行起低三格为本卷目录，卷十二首行顶格墨尾下题“外集”，次行低二格题“卷之十二”。目录尾题“康节先生击壤集目录终”后空两行有大题占四行总分两行牌记“建安蔡子文刊/于东塾之敬室”。卷一首行顶格题“康节先生击壤集卷第一”，尾题同，次行低一格题“内集”，下空七格题“敬室蔡（下空三格）弼（下空三格）重编”，第三行低四格题“观基大吟”，正文顶格。卷一末尾题后空三行占三行大题两行书牌云:“建安蔡子文刊/于东塾之敬室”。卷十二首行顶格题“康节先生击壤集卷第十二”,次行低一格题“外集”,下空七格题“敬室蔡(下空三格)弼(下空二格)重编”,第三、四行低二格题识云:“弼诠次康节先生诗内集既成,偶复得先生遗诗数百首,敬寘诸外集,以补其阙焉,嗣有所得,当附益之。”第五行低四格题篇名,正文顶格。卷十三尾题后低六格题“蔡子文潜心斋刊”。首册目录、卷一、卷十一及十二等刊印极精。

版框高宽18.4厘米×12.7厘米,原纸高宽21厘米×16厘米,衬纸高25厘米。半叶十三行,每行二十二至二十三字不等,小字双行字数同,四周单边,白口,双、单鱼尾。上鱼尾上间题字数,下题“尧寺几”“尧几”“寺几”,下鱼尾下题叶次,不题刻工。宋讳“贞”“絃”“殷”“慇”“桓”“称”“让”等字缺笔,凡“慎”字皆缺末笔,而“淳”字不避,遇“圣”字上空一格。卷首目录第四卷有《我宋吟二首》;卷一《观棊大吟》中“我宋遂开基”句,皆称“我宋”,且“宋”字前空格,则刊梓必在当朝,始有如此之称。

钤印“曲阿孙育”“宋存书室”“东郡杨绍和彦合珍藏”“大连图书馆藏”等,孙育、诒晋斋、海源阁、“满铁”大连图书馆旧藏。

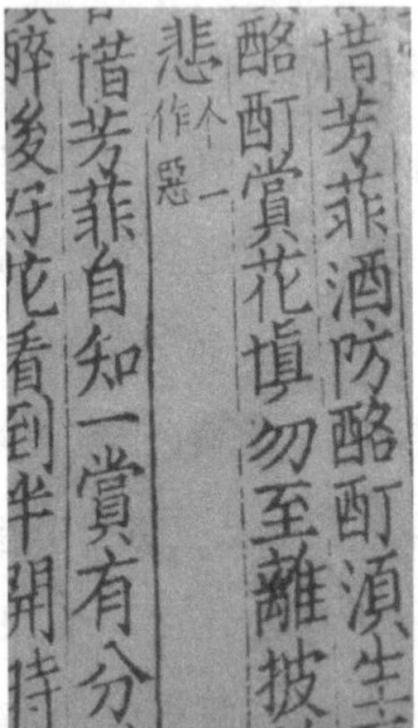

宋蔡子文刻本《击壤集》卷五第七叶“慎”字缺笔

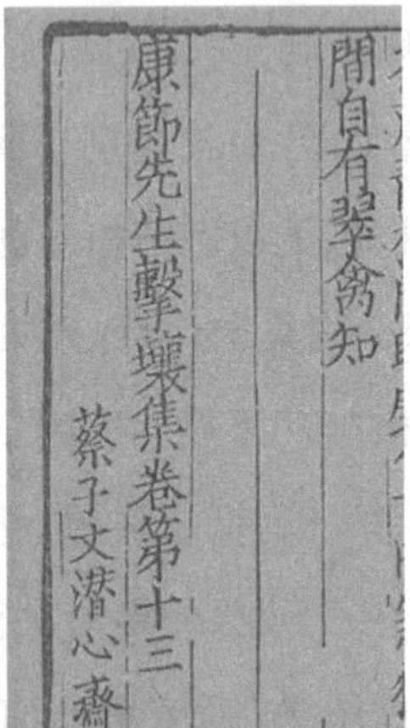

宋蔡子文刻本《击壤集》卷十三卷末牌记

蔡子文本刊于何时？《楹书隅录》卷五径题“北宋本”，盖据卷首邵雍自序时间为北宋治平三年（1066）。此后这一鉴定结论被多次引用，《书林清话》“翻板有例禁始于宋人”云：“建安蔡子文东塾之敬室，治平丙午刻邵子《击壤集》十五卷，见杨《录》。”《中国编辑出版史》谓“英宗治平三年建安蔡子文东塾刻邵雍《击壤集》”①。甚而有的将其视作蔡氏北宋刻书的证据。②罗振常提出质疑，其《善本书所见录》引傅增湘于另一残宋本之跋曰：“杨《目》题《康节先生击壤集》十五卷，……杨氏称为北宋本，然据蔡氏弼题语，仍从二十卷本重编者，则其在二十卷本后可知，谓为北宋本，未之敢信。”③检核蔡子文本卷中宋讳，凡遇“慎”字必缺笔，如卷五第六叶上半叶第六行《年老逢春吟十三首》第六首“年老逢春春莫厌，春工慎勿致猜嫌”、同卷第七叶下半叶第三行《安乐窝吟十七首》第四首“赏花慎勿至离披”、卷十第二叶上半叶第八行《知人吟》之“慎勿便言容易知”等句中“慎”字皆缺末笔。此本无修补痕迹，皆为原刻，则刊于南宋孝宗之时当无疑问。“淳”字不避，表明刊梓不会迟于光宗时期。尚有一个坚证：蔡弼序云“弼校《闻见录》”，且卷中“弼按”多处引用邵伯温《邵氏闻见录》，《闻见录》书成书于南宋绍兴间，伯温曾于绍兴二年十一月序之。据此可知蔡弼读《闻见录》必在绍兴二年之后，可以确证此本断不会刊梓于绍兴二年之前。据前揭编定时间，很可能是编成于高宗至孝宗间，然后刊于孝宗之时。建安蔡氏刻书，目前尚未见有北宋的刻书记录及确切证据，蔡子文本则提供了建安蔡氏刻书肇始于

---

① 黄镇伟：《中国编辑出版史》，苏州大学出版社 2004 年版，第 179 页。

② 叶再生主编：《出版史研究》，中国书籍出版社 1998 年版，第 25 页。其云：“北宋时期，建阳的私家刻书有建邑王氏世翰堂，嘉祐二年（1057）刻印《史记索隐》三十卷；建安蔡子文东塾之敬室，治平丙午（1066）刻印宋邵雍《康节先生击壤集》十五卷，分内外集……这只是历经数百年后，由清代藏书家保存的宋刻本中偶见著录的几种北宋私家刻本。”认为蔡子文刊印《击壤集》于北宋治平三年的著作尚有多种，如林应麟《福建书业史 · 建本发展轨迹考》，戚福康《中国古代书坊研究》，张秀民著、韩琦增订《中国印刷史　插图珍藏增订版》等，兹不赘述。

③ 罗振常撰，汪柏江、方俞明整理：《善本书所见录》，上海古籍出版社 2014 年版，第 146 页。

南宋初的证据。

卷中共有三处刻书牌记,卷首目录尾题后、卷一末尾题后皆有两行牌记“建安蔡子文刊/于东塾之敬室”,卷十三尾题后题“蔡子文潜心斋刊”。据此可定此本为“南宋孝宗时期建安蔡子文东塾刻本”。东塾,古代称东侧的厅堂。《仪礼·士冠礼》云:“摈者玄端,负东塾。”郑玄注:“东塾,门内东堂。”“塾”指私家设立的学校,此处“东塾”即指蔡氏家宅东侧的教书就读之所。宋代理学发达,与二程、朱熹一脉的邵雍在当时及以后都有很大的影响,蔡氏在其家塾刻其著作,当然有宣教之用,也是顺应了当时政治及教学、治学的需要。“敬室”在当时是一个惯称,如南宋建安黄善夫刻本三家注《史记》,集解序后有两行书牌云:“建安黄善夫刊/于家塾之敬室。”黄善夫刻本《汉书》《后汉书》亦有此牌记,黄本版片归刘元起后,刘氏刻本则改成“建安刘元起刊/于家塾之敬室”双行牌记。意者,所谓“敬室”,其一指奉置牌位之室,有敬祖先人、先学之意;其二,《说文解字》云“敬,肃也”,“敬室”意指蔡弼及其族人、参与刻书者当怀抱敬心,谨慎工作,嘉惠来者,而非具体的斋名。① 蔡氏之具体斋名即卷十三末的“潜心斋”,此当即其具体刊印之所,当然也有可能在敬室内校读梓行。而刻梓者自然是潜心斋主人蔡子文,《中国古籍版刻辞典》云蔡子文是“北宋治平间建安人。治平三年刻印过其父蔡弼校邵雍《康节先生击壤集》15 卷”②。前揭蔡子文本编辑于高宗至孝宗间、刻于南宋孝宗时,而刻梓主人怎么可能是北宋治平间人呢?此说实为沿袭杨绍和之误。蔡子文本卷首有蔡弼序,卷端并署“敬室蔡弼重编”,蔡弼与蔡子文究竟为是同一人还是父子关系?《增订四库简目标注·续录》著录为“宋蔡弼子蔡子文刊本”;胡迎建以为“蔡子文当为蔡弼之字号”。按古人刻书牌记一般不直称其名,而以字号称之,如有“敬室”,则更不宜径称

① 胡迎建云:“蔡子文当为蔡弼之字号,敬室当为斋号”,见《宋墓出土的两部邵尧夫诗集》,《文献》1988 年第 4 期。

② 瞿冕良:《中国古籍版刻辞典》,苏州大学出版社 2009 年版,第 910 页。

大名,以免犯上失敬,如上举"建安黄善夫刊/于家塾之敬室",黄善夫名宗仁,善夫乃其字或号;《中国古籍版刻辞典》则认为父子关系。据序署名"敬室蔡弼拜手谨书"、卷端次署"敬室蔡弼重编"及刻书牌记皆有"敬室"二字云云,父子或同一人都有可能,而其为南宋初人殆无疑问。① 据前揭编在高宗至孝宗时期,而刊孝宗时期,前后延至两朝,似父子关系更合理一些。可以肯定的有两点:一是,编、刻间隔时间不会太长;二是,蔡弼与子文如是同一人则勿用再说,如是两人,则必有很近的血缘关系,因在同一敬室校刊,父子关系则是更贴合情理的解释。

又,蔡子文本俗字较多,如"躰""乱""斈""竟""尔""变""炉""迩""迁""后"等。笔法上具有建柳的风格。牌记中亦记有刻书主人籍贯"建安"。杨绍和《楹书隅录》卷五著录此本云:"细行密字,镌印至精。""细行密字",即可节省成本,实际上是建安坊刻的惯常做法,"镌印至精",亦可增加卖点。综合以上,可以说蔡子文本具备了建本的基本特征,故可定其为宋建安蔡子文东塾之敬室刻本。

又,蔡梦弼,字傅卿,自号三峰樵隐,曾于乾道七年(1171)刻印过《史记集解索隐》一百三十卷。该本今藏国图,其三皇本纪第一上卷末双行牌记云"建溪蔡梦弼傅卿亲校刻梓于东塾,时岁乾道七月('月'当为'年')春王正上日书"。又于嘉泰间注《杜工部草堂诗笺》五十卷,曾于嘉泰四年(1204)跋杜诗,署"大宋嘉泰天开甲子建安三峯东塾蔡梦弼傅卿谨识",又辑《草堂诗话》二卷。可知其生活在南宋孝宗、光宗、宁宗三朝(1163—1225)。其刻书亦在东塾。"傅卿",近现代目录或专著中多释为蔡梦弼之

① 据《中国古籍版刻辞典》载,蔡弼"南宋嘉定间江西地区刻字工人。参加刻过《汉书集注》(白鹭洲书院本)"。白鹭洲书院刻本并非南宋嘉定间刻本,而是元初刻本,已成定案。故此蔡弼与南宋初蔡弼绝非一人。

字,当是;“傅卿”还是官衔名称①,但不合蔡氏实情。蔡梦弼为与蔡弼同时期或稍后之人,取名“梦弼”当有追念先人之意,故或与蔡弼有父子或有家族渊源关系。建安蔡氏刻书自南宋初开始,一直延续至明代,流传至今的亦有几十种,在中国古代刻书史上占有一席之地,而蔡弼、蔡子文、蔡梦弼等则是蔡氏编辑刻印书籍的起源。

(三) 俄藏本《击壤集》的递藏源流

蔡子文本钤有“曲阿孙育”白文方印,可知最早由孙育收藏。孙育,生卒不详,丹阳(今江苏镇江)人,字思和,号七峰山人,国子生,官至文华殿直中书事,晚年隐居不仕,以书画、唱和为乐。明正德间(1506—1521)曾与唐寅、郑若庸等修禊。收藏古籍、铜镜、钱币等,以书画最富,藏书之所曰碧山草堂,藏书印有“孙育之印”“丽南楼藏”“孙思龢图籍印”“曲阿孙仲子”“春湖居士七峰山人”“曲阿孙氏七峰山房图籍私篆”“孙氏思和”“南徐孙育思和印章”“京山孙育思和”等,其中藏有多部宋椠,保存至今。其于正德十年(1515)刻印过陈沂辑《宋陈少阳先生尽忠录》八卷。《伊川击壤集》即为其所收藏宋椠之一。蔡子文本自孙育之后直至杨绍和,未见其他藏书印,亦未见记载。《楹书隅录》卷五著录,曰:“丙寅初秋,获于都门,诒晋斋故物也。”“诒晋斋”乃爱新觉罗·永瑆别号,永瑆(1752—1823),号少厂、镜泉,清宗室,高宗乾隆帝十一子,封成亲王,擅长书法,著有《听雨屋集》《诒晋斋》,刻《诒晋斋法帖》。可知此书于明末清初为清宫皇室收藏,至清中叶散出,流至京都琉璃厂书肆。

同治五年(1866),蔡子文本为海源阁第二世主人杨绍和购于琉璃厂,

---

① 傅卿,即九卿之最末“大傅卿”,宋初九卿仅为官员品秩,无职掌,元丰改制,始有职事。南宋将卫尉、太仆划归兵部,光禄、鸿胪划归礼部,九卿减为五卿。卿,还有敬称之意。古代九卿皆为中央官吏,与远在福建的蔡氏不合。

其后著录于《楹书隅录》卷五,递经杨保彝、杨敬夫收藏后散出,叶恭绰、周叔弢、王子霖、郦承铨均曾经眼,旋即归入"满铁"大连图书馆。《遐庵谈艺录·海源阁藏书》《海源阁藏书六种善本流失情况》《记大连图书馆所收海源阁藏宋本四种》均著录,周叔弢《楹书隅录》批注曰:"精善,日本。""首册刊印极精,以后草率,目录后剜补,亦非全书。"目验原书全六册,后五册不如首册精到,稍逊,似并非"草率",目录中有缺叶缺字,缺叶已抄补,缺字已加纸写补,卷中亦然,"非全书"者盖指缺叶,全书内外集十五卷完整不缺。《增订四库简明目录标注·续录》著录是书云"宋蔡弼子蔡文子刊本,题康节先生击壤集,分内集,与世行本迥异,十三行十二字"①,盖据《楹书隅录》著录言之。蔡子文本藏印不多,知名学者经眼甚少,且长期深藏皇室,鲜见著录,翻刻利用也无从谈起。

(四) 星子县出土本《重刊击壤集》出于蔡子文本

邵雍诗集之现存宋刻本中,尚有两部出土本。1975 年,江西省九江市星子县横塘乡和平村村民开挖排水沟时,在一座宋墓中发现了这两部诗集:蔡弼重编《重刊邵尧夫击壤集》七卷(以下简称《重刊击壤集》)和《邵尧夫先生诗全集》九卷(以下简称《诗全集》)。墓主为陶桂一,此即其殉葬品。时为一农民所得,以草木灰吸干水分,置于厨房烟囱旁,得以未朽。1982 年始由星子县文物站(今文物管理所)收藏,因缺损粘结,1985 年送北京图书馆装裱修复。《第一批国家珍贵古籍名录图录》著录为宋刻本(01091、01092)。其中《重刊击壤集》与蔡子文本关系密切,《诗全集》亦有间接关系。

---

① 此处著录有误,前揭俄藏本为十三行二十二字至二十三字不等,《藏园批注楹书偶录》同。

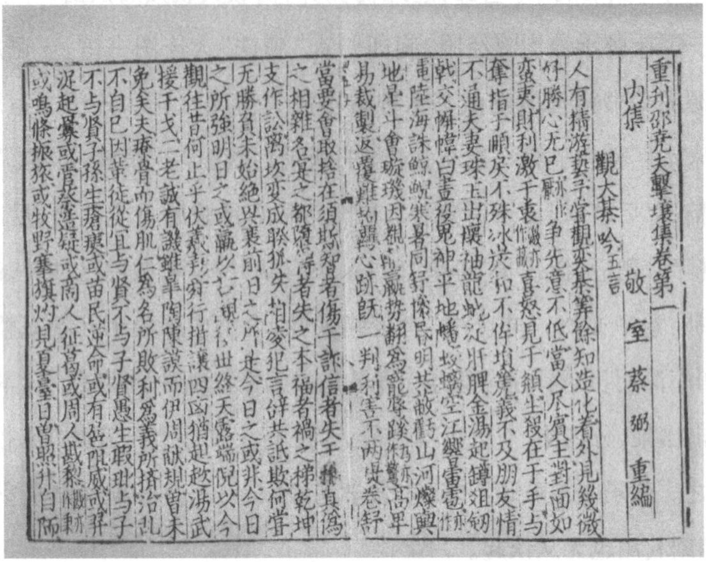
重刊邵尧夫擊壤集卷第一
内集　敬室蔡弼重編
觀大棊吟五言
人有精游藝予嘗觀奕棊筭餘知造化著外見幾微
好勝心无已争先意不低當人尽賓主對面如
蛮夷財利激千衷喜怒見于頞生殺在于手与
奪指于頤戾不殊冰炭和不侔塤箎義不及朋友情
不通夫妻珠玉出櫻袖龍蛇走肝脾金湯起罇俎劒
戟交幄幃白晝役鬼神平地幡蛟螭空江響雷雹
陸海誅鯨鯢寒暑同舒慘昏明共歛齎山河燦
地星斗會璇璣[illegible]勢翻為寵辱蹊[illegible]高卑
易裁製返覆难拘羈心跡既一判利害不兩岐卷舒
當要會取捨在須斯智者傷于詐信者失于[illegible]真偽
之相雜名寔之都隳得者失之本福者禍之梯乾坤
支作訟离坎变成睽[illegible]失[illegible]变犯言辞共詆欺何嘗
无勝負未始絶興衰前日之所是今日之或非今日
之所強明日之或羸以古观于世終天露端倪以今
觀往昔何止乎伏羲[illegible]行揖讓四凶猶起趍湯武
援干戈二老誠有譏雖皐陶陳謨而伊周獻規曾未
免矣夫疣贅而傷肌仁為名所敗利為義所揩治乱
不自已因華徒從宜与賢不与子賢愚生瑕疵与子
不与賢子孫生瘡痍或苗民逆命或有扈阻威或拜
泥起[illegible]或[illegible]疑或商人征葛或周人戡黎
或鳴條振旅或牧野搴旗灼見真臺日曾照升自陑

宋刻本《重刊邵尧夫击壤集》卷一卷端

《重刊击壤集》七卷①实由两种宋本组成，首六卷为一版，最末一卷为一版。两版行款相同，但卷端所题以及卷中编排迥然不同。其中首六卷与蔡子文本颇有渊源，从其卷端所题“敬室蔡弼重编”及“内集”字样来看，与蔡子文本卷端所题相同，其出于蔡子文本当无疑问。校对两本内容及编排等亦可证实这一点。《重刊击壤集》本凡七卷二百零五首，其中重出三首，实

① 此本黄麻纸印，蝶装，卷中间有破损缺字。版框高广 17.5 厘米×12.3 厘米，十二行二十字，小字双行字数同，左右双边，白口，双鱼尾。上鱼尾上题字数，下鱼尾下题叶次。卷首有目录七卷，首行顶格题“重刊邵尧夫击壤集目录”，次行顶格鱼尾下题“卷之一”，第三行起低三格为细目，尾题“重刊邵尧夫击壤集目录终”。首卷首行顶格题“重刊邵尧夫击壤集卷第一”，尾题同；次行低一格题“内集”，以下卷端卷尾皆无“内集”字样，下空六格题“敬室蔡弼重编”；第三行低四格题篇名“观大棊吟五言”，正文顶格。最末一卷即“第七卷”首行顶格题“邵尧夫先生诗全集卷之九”，尾题同；次行低三格题“战国”，诗文顶格。俗字较多，如“孝”“尭”“礼”“属”“嘱”“国”“荣”“竟”“觅”等。宋讳“桓”“沟”“慎”等字避讳，如首卷首篇《观大棊吟》中“鸿沟虎豹饥”句之“沟”字、同卷同篇“处处称年号”句之“称”字、卷四《至论吟》中“民于万物已称珍”之“称”字、卷四《毛头吟》之二“口中讲得未必是”之“讲”字、卷四《高竹吟》之二“高竹临清沟”之“沟”字皆缺笔；卷三《调鼎吟》中“慎勿轻言天下事”句、卷五《意未萌吟》中“君子贵慎独”句、卷七《和李龙图》中“群芳慎勿便离披”句之“慎”字皆缺笔；卷二“秋怀吟”之三“霜天寥廓思无涯”之“廓”字不避。

收二百零二首，除去末卷所收三十九首，首六卷有一百六十六首。首六卷的篇目全部出自蔡子文本首八卷之中，蔡子文本首八卷凡七百零三首，此本选入篇数不足四分之一。而且两本的诗篇排列先后顺序一致，其对应顺序为：《重刊击壤集》本卷一对应蔡子文本卷一、二，卷二对应卷二，卷三对应卷三，卷四对应卷四至七，卷五对应卷七、八，卷六对应卷八，其中仅有两首顺序与蔡子文本顺序倒置，但亦前后衔接，整体上可以说几乎全部相同。如卷一凡五首《观大棊吟》《观棊长吟》《经世吟》《大笔吟》《诗画吟》，选入蔡子文本卷一凡三首：《观棊大吟》(即《观大棊吟》)《观棊长吟》《经世吟》，卷二凡二首《大笔吟》《诗画吟》。卷二凡二十首全在蔡子文本卷二中，且与蔡子文本的前后顺序完全一致。据此定《重刊击壤集》本为蔡子文本之节选本确无疑问。同时可据顺延卷次推知，节选本原本大概为十二卷，篇数在三百三十首左右。因此，出土的这个《重刊击壤集》本实际上是一个残本，仅仅保留了首六卷，后半部分已散佚。如以为首六卷再加末卷凡七卷即全本，实误。此本在文字上直承蔡子文本，异文甚少。一些较生僻的俗字如“舜”“夏”等写法两本均同，然《重刊击壤集》本之俗字更多，如“無”作“无”、“盡”作“尽”、“面”作“面”、“與”作“与”、“璨”作“燦”、“琁”作“璇”、“實”作“寔”、“離”作“离”、“變”作“变”、“辭”作“辞”、“興”作“兴”、“擠”作“挤”、“亂”作“乱”、“商”作“商”、“厲”作“厉”、“遷”作“迁”、“邇”作“迩”、“萬”作“万”、“劉”作“刘”、“國”作“国”、“隮”作“□”、“瀰”作“沵”、“德”作“徳”、“爾”作“尔”、“齊”作“斉”、“處”作“処”、“號”作“号”、“奈”作“柰”、“廟”作“庙”、“舉”作“夆”、“姦”作“奸”、“欒”作“栾”、“惡”作“恶”、“歸”作“帰”、“體”作“躰”等。这些字体的变化并不改变字义。再以首卷《观大棊吟》为例，版本校注都为十七处，除“一作某”间作“亦作某”外，其他均同。当然亦间有改动，似是编刊者所为，但亦有不少是刊写疏忽之误。但就整体而言，还是较忠实于底本的。两本异文与明初本相校，要少得多。《重刊击壤集》本“重刊”蔡子文本的基本事实毋庸置疑。造成两本间有异字的原因，盖为坊贾俗手编刊之粗疏罢了。《宋人别集叙录》卷五著录曰："因蔡本近代犹存，其编次有所谓'内集''外集'，与他本迥异，故最引人关注。以出土蔡本校明初刻二十卷本，不仅衍诗若干篇，诗句文字差异大，甚至有的连诗题亦不同。如明初本卷二《春游五首》，第三首蔡本题作《惜芳菲吟》；《秋游六首》，后三首蔡本题作《秋怀吟三首》，等等。"[①]出土本《重刊击壤集》出于蔡子文本，而蔡子文本与明初本实际上是两个系统，《重刊击壤集》当然与明初本"迥异"了。

《重刊击壤集》最末卷，与首六卷有明显的不同：其一，卷端所题不同，一是题名"邵尧夫先生诗全集"与首六卷"重刊邵尧夫击壤集"不类；二是正文卷次为"卷九"，并非顺延卷次至卷七。其二，此卷共收三十九首，见于蔡子文本卷二者四首、卷三者四首、卷四者八首、卷五者二首、卷七者三首、卷八者三首、卷九者七首、卷十者六首、卷十四者一首，其中一首《人心》[②]为蔡子文本不载。这种择取方法与按前后顺序依次选入的《重刊击壤集》本明显不同，且有蔡子文本不载者。这说明此卷与首六卷在采择编纂篇目上迥异。其三，有三首与首六卷重出，分别为：第十二首《利名》，与卷二《名利吟》重出；第十五首《几何》，与卷四《镊髭吟》重出；第二十六首《对花》（诗题为卷首目录所题，正文中诗题不存），与卷五《嘱花吟二首》之第一首重出。若末卷与首六卷同本，是不可能重出的，只有在非同本的情况下，才有可能重出。其四，诗题与蔡子文本比较，差异较大，如第二首《寄亳州秦郎中》，蔡子文本卷九作《寄秦伯镇吟》；第八首《谢王安之》，蔡子文本卷十四作《谢安之少卿吟》；第九首《自谢》，蔡子文本卷十作《至乐吟》；第十一首《观天》，蔡子文本卷二作《归田吟》（第一首）；第十三首《养拙》，蔡子文本

---

① 祝尚书：《宋人别集叙录》，中华书局1999年版，第230页。

② 此诗全文："弟兄尚路人，它人安可从。人心方寸间，山海几千重。轻言托朋友，对面九嶷峰。多花必早落，桃李不如松。管鲍死已久，何人继其踪。"蔡子文本与元本、明初本等均不载。

卷四作《我宋吟》(第二首);第十五首《几何》,蔡子文本卷五作《镊髭吟》;第十九首《梦过城东》,蔡子文本卷九作《梦过城东谒洛阳尉杨应之》;第二十首《偶得》,蔡子文本卷七作《偶得言吟》(第二首);第二十二首《过东街》,蔡子文本卷七作《过东邻吟》。其中有的题名不妥,如第十二首《利名》,蔡子文本卷二作《名利吟》,当是。第二十三至二十五首《韩信三首》,在正文中诗题皆称《又》,按其承前为《过东街》诗,则此三首当亦为《过东街》组诗,实非,此三首内容皆为写韩信,故第一首当题《韩信》或《淮阴侯》,第二、三首为《又》,当是,蔡子文本卷九题《淮阴侯庙》。不仅诗题差异大,且正文异文亦甚多,如第八首《谢王安之》末句"始梯阶下好安排",蔡子文本作"用始知安是道梯阶"。第十四首题《向日》:"向日所云是,如今却是非。安知今日是,不起后来疑。向日所云我,如今却是伊。不知今汨我,又是后来谁。"蔡子文本卷十诗题作《寄友人吟李审言也》:"向日所云我,如今却是伊。不知今汨我,又是后来谁。向日所云是,如今却是非。安知今日是,不起后来疑。"不仅诗题不同,诗文前四句和后四句位置整个互换,又"向"改作"日"。首六卷虽然亦间有诗题不同,内正文亦间有异文,但远非此卷之甚。凡此种种,都是明显的讹误,故此可见末卷刊刻之粗率。末卷与首六卷差异较大,异文甚多,由此可证末卷与首六卷并非同版,其底本非出自蔡子文本,而是出自另一个本子。饶有意味的是,此末卷卷首目录卷次标为"第七卷",且目录著录各篇与正文几乎完全一致,仅有个别文字之异,如第三十一首卷首目录诗题《可天》,卷中题《春天》,蔡子文本卷三作《春天》,"可"误。第二十三至二十五首卷首目录题《韩信三首》,正文则皆题《又》。细究这个目录,显然是伪造上去的。因与首六卷在正文卷端与择取编排的不同,遂露出作伪的马脚。此卷目录与首六卷的排列也明显不同,首六卷每行两首,此卷前十一行亦两首,但第十二行至十六行就变成三首了,这显然与首六卷全为两首的排列不同。这应是伪造目录未完的痕迹。经考证对校,《重刊击壤集》的末卷实与出土《诗全集》本同版①,参见拙作《星子县出土宋椠〈击壤集〉〈诗全集〉新考》。

关于《重刊击壤集》首六卷的刊刻时间,首先据墓主宋陶桂一生卒之年,可以确定其刊印下限。陶桂一为南宋后期人,据宋墓出土墓志《宋故陶公提赣堂长圹中记》载,其卒于景定二年(1261),由此可知两书刊印的下限时间在景定二年以前。由于《重刊击壤集》本出于蔡子文本,据此又可确定其一定刊于南宋孝宗之后,而此本亦"慎"字缺笔,"廓"字不避,当即刊于南宋孝宗后期或光宗时期。据字体风格,颇有建柳体式,定为南宋中期福建刻本,当不误。至于有学者以为刊于北宋云云,不确。《宋人别集叙录》卷五著录曰:"出土本之第二种,应即上述海源阁蔡本之重刻本,《内集》残,《外集》阙。既题'重刊',当刻于海源阁本之后。出土本若讳字仅至'桓',则必刻于钦宗时,而海源阁本著录为北宋本,应当可信。"②前揭蔡子文本刊于南宋孝宗之时,非北宋刻本,此言其刊于蔡子文本之后,没有言其具体刻时,乃严谨说法。但其后推测"刻于钦宗"则误。胡迎建《宋墓出土的两部邵尧夫诗集》云:"前一部书《重刊邵尧夫击壤集》,板框长 19.8 厘米,宽 13.8 厘米。左右双边,十二行,行十二字。字大如行,勾勒遒劲,有欧柳笔意,墨色清晰,刀法精良。疑为家刻本。"③但其在江西美术出版社影印本"前言"又

① 此末卷与《诗全集》版式全同,卷端皆称"邵尧夫先生诗全集卷之几",《诗全集》本卷首目录每行三首,间有两首者,亦与末卷基本相似,故可判定两本同版(同避"慎"字)。又从卷首本卷目录及诗文内容和《诗全集》本无一重复来看,当为同本异卷。此本卷端所题"邵尧夫先生诗全集卷之九"(与《诗全集》本所题"邵尧夫先生诗全集卷之八"字体几乎全同),实际上是《诗全集》本的第九卷。《诗全集》本中所谓的第九卷在卷首目录中的"卷之九"之"九"字,有被剜改之嫌,不似"九"字,而正文卷端及卷尾"九"字则全被剜去。《诗全集》本真正的第九卷用来冒充《重刊击壤集》的第七卷,因卷端所题"邵尧夫先生诗全集卷之九"遂被识破。而《诗全集》本的末卷显然非原第九卷,正因非第九卷,故书贾才要在目录及正文卷端中故意剜去卷次,以充第九卷,进而以此卷作尾卷充以"全集",惑人耳目。但《诗全集》末卷究竟是哪一卷,因卷端卷次不存,而无法确定下来,可以肯定的是第九卷(不含第九卷)之后的某一卷。这样说来,《诗全集》本至少也得是个十卷本了。(《古典文献研究》2017 年第 2 期)

② 祝尚书:《宋人别集叙录》,中华书局 1999 年版,第 230 页。

③ 《文献》1988 年第 4 期。

云:"我推断,墓中出土的版本应在元丰年间(1078—1085)或稍后。"而陶勇清亦在影印本序中道:"经专家鉴定,该书为北宋刻本,属国家一级文物、海内孤本。"吴圣林在《江西星子县宋墓出土宋版古籍》一文中将两书视作"书分两部分"①,因而考证版本时亦按一种对待。其云:"从刊本和装订制度来看,似是北宋版本,从纸张来看,又不是北宋时期通用的白麻纸,而是南宋时期的黄麻纸。书中有一小部分雕板字体拙劣粗糙,像是后人补刻的。那么,这部书究竟是什么时期的版本呢?我们仔细查阅了全书,有两个地方引起了我们的注意。如《三国志》诗中'桓相鼎峙震雷音'和《争让吟》诗中'桓文争以力'中的'桓'字都刻成'桓(缺末笔)'字,缺亘字下面一横。很明显这是宋人为避钦宗赵桓的讳,而采取的缺笔避讳法。故此而知,该书当为宋靖康年间的刻本,即公元 1126—1127 年间刊刻的。""北宋刊本多为双边,白口,字大,行宽,此书基本符合上述特点。该书蝴蝶装为北宋典型的装订制度,它是由唐末经折装发展起来的。因此,我们断定为北宋末靖康年间的版本是没有什么问题的。""《邵尧夫先生诗全集》很可能是由北方某家的私刻版,由于时逢靖康之变,为避战乱,刻书主人不得不携刻版南迁,由于时局不稳定,南迁后不可能马上印书,只有待南宋王朝基本稳定后,才有印书的可能。书中那些粗糙拙劣部分,看来是后来补刻的,原板也许是在流离中散失了。""《邵尧夫先生诗全集》刊刻于北宋末期,印刷于南宋,这是没有什么问题的。"以上诸家不仅将《重刊击壤集》断为北宋刻本,亦断《诗全集》为北宋刻本,但所列证据有待商榷,如蝴蝶装并非专属北宋的装订形式,至南宋更加普及;北宋之北方刻版运至南宋之南方刷印,在当时南渡特定环境下,国子监官刻倒是有可能,私家恐怕很难成行;再从俗字之多、讹误之伙、编辑之草率等,家刻本一般不会这样,唯有坊间才会如此;至于避讳,两本均避南宋帝讳,但以上诸家并未检出。详查《诗全集》本,尽管宋讳不谨,但卷六

① 丁案:两本绝非一书,如编辑体例有异,编撰署名不同,且重出三十多首诗,等等。

《寄友人》中“绿饰了时称好手”句与卷八《司马赠尧夫》中“自称安乐集”之“称”字皆缺笔，卷八《和刑龙图》中“慎勿轻为西晋风”之“慎”字缺末笔，卷五“寄吴寺丞”中“敦笃情怀世”中“敦”字缺笔，讳字所在叶次并无修补痕迹，其刊刻或更晚于《重刊击壤集》。《重刊击壤集》首卷首篇即有“沟”“称”字缺笔，卷中又有“慎”字缺笔，怎么可能刊于北宋呢？《重刊击壤集》出于蔡子文本，自然刊印必在其后。蔡子文本与《重刊击壤集》皆避至“慎”字，故间隔时间不长。蔡子文本刊于建安，而《重刊击壤集》亦有建刻风格，如是，在蔡子文本刊出后，同一地区之坊间会很快得到刊本，然后节选编辑重刻。综上可知，蔡子文本对勘定《重刊击壤集》的编刊时间与过程提供了极有价值的参考。

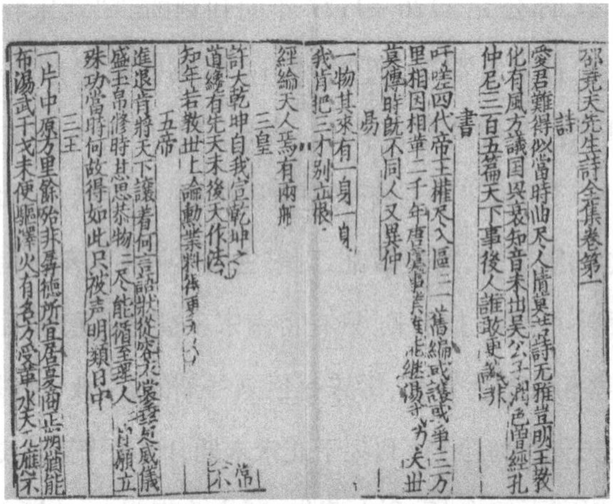
邵堯夫先生詩全集卷第一
詩
愛君難得似當時曲盡人情莫若詩无雅豈明王教
化有風方識国興衰知音未出吳公子潤色曾經孔
仲尼三百五篇天下事後人誰敢更[illegible]非
書
吁嗟四代帝王權盡入區區一舊編或讓或爭三万
里相因相革二千年唐虞[illegible]
莫傳時既不同人又異仲
易
一物其來有一身一身
我肯把三才別立根
經綸天人焉有兩般
三皇
許大乾坤自我宣乾坤[illegible]
道繞有先天未後天作法
知年若教丗上論勳業料[illegible]
五帝
進退肯將天下讓着何言語[illegible]威儀
盛王帛修時甚恩恭物二盡能循至理人[illegible]顛立
殊功當時何故得如此只被声明顯日中
三王
一片中原万里餘殆非舜德所宜居夏商正朔猶能
布湯武干戈未便驅澤火有名方受革水天[illegible]宗

宋刻本《邵尧夫先生诗全集》卷一卷端

据统计，《诗全集》实收共三百二十六首（不含末卷《中秋》，仅有诗题无诗文；其他有目无诗者亦除外），就编纂来看，《诗全集》与出土本《重刊击壤集》一样都是节选本，并非全集。例如蔡子文本中卷五有《首尾吟》四十首、卷六有《首尾吟》一百首，凡一百四十首，而在明初本第二十卷中亦有《首尾吟》一百三十五首，但在《诗全集》中仅有卷五之十一首、卷六之四首，凡十五首；蔡子文本卷五和明初本卷十皆载《年老逢春》十三首，但在《诗全集》

卷五仅录八首;明初本卷十九载《洛阳春》八首,但在《诗全集》中仅录三首。由此可见其确为“节选”本。就卷数而言,从最末一卷之卷次被剜去(但并未将“九”字补上,似虑露出补缀痕迹)、欲充卷九可知,《诗全集》可能不止九卷,末卷很可能是卷九之后的某卷,将卷次剜去后,以充卷九或全卷之末卷,并造成全书即九卷之假象,以合“诗全集”之名。至于卷端称“诗全集”者,实乃坊贾惑人耳目之法。究竟原本多少卷,因无底本可供参考,难以推知。就《诗全集》编排目录来看,不按诗体而以内容来分。首卷主要为咏史类,这与明初本、蔡子文本皆以《观基大吟》冠至首卷的做法不同;卷二以和答诗为主,其中将《安乐窝》诗及和诗收集起来,集中收录在此卷,这与明初本、蔡子文本分散在各卷中的情况亦不同,有明显的重编特点;卷三、四合卷以吟景为主;卷五以下以寄答、感事、悟理为主,但也不甚严格。其中收录有司马光、富弼、王拱辰等人的诗,如卷八《司马赠尧夫》《崇德久待不至》等,蔡子文本不收录他人诗歌且按诗体分类,故可以排除其出自蔡子文本的可能。

尽管《诗全集》不出于蔡子文本,两者没有关系,但以蔡子文本对照,亦可见出《诗全集》的诸多问题。譬如在编纂上非常随意,从卷端、卷尾所题来看,并不一致。如卷一至卷二卷端题“邵尧夫先生诗全集第几”,卷二尾题“邵尧夫先生诗全集卷之二”;卷三、四合并,首题“邵尧夫先生诗全集第三之四”,无尾题;卷五又首题“邵尧夫先生诗全集第五”,“第”字中间有断版,断版下缺,“五”字补在栏外,尾题全;卷六又题“邵尧夫先生诗全集卷第之六”,尾题“卷之六”,无“第”字;卷七卷端大题两行“邵尧夫先生诗卷七”,与前后皆不类,尾题“卷之七”;卷八首尾皆题“卷之八”;卷九首尾亦题“卷之几”,“之”字后疑被剜去,究竟是否为第九卷,无从知晓。以上卷端卷尾所题并不统一甚而混乱的情况,恐怕只有坊刻使然。再从卷首目录所题与正文对照来看,差异较大,主要问题有:一、顺序不一,如卷一目录中其中八首排序为:□□(按正文内容当为《独坐》)—《思友》—《清夜》—《幽梦》—《秋望》—《感事二首》—《春雨》，但在正文中顺序为：《清夜》—《思友》—《春雨》—《幽梦》—《独坐》—《感事》—《又》—《秋望》。二、诗题文字有异。如卷三、四正文作《还村》，目录作《还朴》，误；卷九正文中作《可借》，目录作《可措》，皆误，实为《可惜》。三、目录有脱漏，如卷一《有常》、卷五《先几》、卷八《消梅开劝酒》第二首、卷九《半醉》等正文有诗，而卷首目录未见。四、蔡子文本的目录或正文诗题末字一般都加"吟"字，而此本基本都删去，但有的删去并不合适。如卷三至四目录及正文载一组诗，分别作《垂柳长》《垂柳短》《芳草长》《芳草短》《落花长》《落花短》《春水长》《春水短》《花月长》《恨月》《清风长》《清风短》，据诗内容，"长""短"是指诗的长短（文字多少），在蔡子文本中皆有"吟"字，即"长吟"或"短吟"，省去"吟"字，如"垂柳长""垂柳短"就显不伦不类，所指并不明确，貌似进行了一番归并删减的编纂之劳，实则违背作者原意。其编辑之粗疏与鲁莽，与蔡子文本的严谨有致形成鲜明对比。综合而看，《诗全集》的讹误之多亦是触目惊心，如蔡子文本卷四《秋暮西轩》"向老筋骸粗且康"之"老"，《诗全集》本误作"我"；"饮罢何妨更登眺，烂霞堆里里有斜阳"句之"眺"字误作"助"，"堆"误作"推"。类此显误者颇多，无形中为释读设置了很大的障碍。

《诗全集》本与蔡子文本、明初本在文字上差异较大，虽然亦间有与蔡子文本同或与明初本同者，但显然不同者居多。异文中《诗全集》本讹误最多。同时《诗全集》本无"一作某"等校记及邵雍自注等。其中有十八首诗为明初本不载，亦有七首诗为蔡子文本不载。故此推知《诗全集》本与蔡子文本、明初本当非同出一源，应是出自另一个本子。这个本子无论在编辑上抑或在版本上均有独立性，其中讹误甚多。

综上，两部出土本皆非北宋刻本，《重刊击壤集》是从蔡子文本节选而成的本子，刊于蔡子文本之后，保存至今，已经不全，末卷"第七卷"窜入《诗全集》第九卷，乃书贾造假为之。《诗全集》本不出于蔡子文本，编纂不审，但有蔡子文本、明初本未收之诗。蔡子文本一方面可以助力厘清出土两本的编纂源流，同时亦可校勘两本的讹谬，以此揭出两个出土本的原始面目。

（五）俄藏本《击壤集》的学术价值

宋代邵雍诗集刊印多次，节选、重编者亦多，版本极为复杂。从卷数上，现可知者当有两大系统，一是邵伯温重编二十卷本，二是蔡梦弼重编十五卷本，另一个出土本《诗全集》则较罕见，未知卷数，与前两种不类，当又有承自。蔡氏与邵氏相比，自然不如邵氏后人自家重编本影响大、流传广，这从今存诸多元明清刻本皆为二十卷本即可知晓。十五卷本中，除前揭星子县出土本《重刊击壤集》直接源于蔡子文本外，尚未发现还有其他传刻本。故今通行的多是邵氏系统本，但蔡氏毕竟在重编《击壤集》上下了很大功夫，不仅调整了体例，并加己注，且有邵氏系统本不载之诗，故仍有重要价值，自然亦成为邵雍集刊传流传过程中不可缺少的版本。现今存世者宋椠三部，元刻本今存一部残本十七卷，明初刻本今存多部。经对勘，元本与蔡子文本多有不同，显然元本不出于蔡子文本，很可能是源于邵伯温重编本。明初本源出元刻本①，但在校刊时，参校了蔡子文本，兹举实例以证。明初本卷首邵雍自序异文一处：邵雍序倒数第三行“而害善者多”，“而害”横排小字一行，占一字空间，元本无“而”字。卷一两处：《观棊大吟》第二叶下半叶末行“何以救颠隮”之“隮”字，元本作“跻”；《寄谢三城太守韩子华舍人》第六叶上半叶第七行“冠剑何烨烨”之“烨烨”二字，元本作“炜炜”。再校之蔡子

① 丁案：明初本与元本相较，一是叶码改为每十卷通号长排，版心所题因此亦变，四周双边改为左右双边、上下单边。二是邢恕序置于卷首。今存元本仅有十七卷，原邢恕序为抄补，置于卷末。按邢恕序题“康节先生伊川击壤集后序”，此序当置于卷尾才是，明初本置于卷首乃属擅自之为。其余如出一辙，如行款、内容序次安排等悉同，卷端卷尾所题、空格空行等亦同，甚至连字体亦酷肖。如此逼真的覆刻亦难怪为诸家误定，只是诸家因未见过元本，遂多定为宋椠。以卷首邵雍自序及卷一校之，文字写法全同，几乎没有出现与元本不同的俗体字、异体字等，仅有七处异文，但也是有意改之，以此可见明初本忠实于元本的程度。

文本,蔡子文本“而害善者多”句有“而”字;“何以救颠隮”句亦作“隮”字;“冠剑何烨烨”之“烨烨”二字,蔡子文本作“炜烨”。关于明初本“而害”二字,为何以横排小字仅占一格的形式出现?显然是发现漏掉“而”字,为不影响其他字的大小、字距或每行固定的字数(和元本在行格上保持一致),才挤入此字,这也是明初本覆刻元本的证据。那么明初本是怎么发现这个漏字呢?蔡子文本即有此字,覆刻时很可能参考了此本。明初本为何要改元本“炜炜”作“烨烨”二字,原来蔡子文本作“炜烨”,但“炜烨”二字显然误写,其中“烨”字显然是给了明初本以启发,于是径改为“烨烨”,其意较“炜炜”更佳。卷二四处:第十五叶上半叶第八行“四面溪山徒满目”之“溪”字,元本和蔡子文本皆作“远”;第十六叶上半叶第四行“霜扶清格高高起”之“格”字,元本作“节”,蔡子文本作“格”;同叶下半叶第九行“次第身疑在水晶”之“晶”字,元本作“精”,蔡子文本作“晶”;第十九叶下半叶第十行“遂已平生分外亲”之“外”字,元本和蔡子文本作“所”,蔡子文本是叶为抄补。其中“格”“晶”二字与蔡子文本同,而“溪”“外”二字当为明初本所改。据此,可知明初本出于元本毋庸置疑,但同时又参校了蔡子文本,并对元本的个别字进行了校改。此外,明初本中的版本校记“一作某”,有不少与蔡子文本相同,这就证明了明初本的源头本确实参校了蔡子文本,见下论证。蔡子文本与元刻本异文不少,为何明初本不全部采用蔡子文本?盖因覆刻元本,整体上尊重底本,因蔡子文本亦有可资借鉴之处,于是在尽量不改变底本的情况之下,慎酌参考。今存元本仅有十七卷,明初本出于元本,且有校改,虽亦间有讹误、重出,但相校诸本,仍然是当今存世较佳之本。由于明初本出于元本,保留了元本的优点,又参校蔡子文本,更正一些讹误,且为全卷,自然是诸本中价值最高的本子。因刊于明初,随后便为明初中叶以来的刊梓者作为底本屡次翻刻,惟诸翻刻本又产生新误,与原刻又有很大不同。尽管蔡子文本在邵雍集流传过程中不占主流,但在助刊二十卷本系统中亦发挥了重要的参校、订讹作用,这一点值得注意。

除以上外，自现存诸本来看，蔡子文本的价值还体现在多个方面，譬如辑佚、勘误、注释内容等，特别是星子县出土的两部诗集的底本及编纂等疑难问题，在蔡子文本未面世研究之前，都无法得到解决。蔡子文本的出现，极大地推进了邵雍诗文的研究，不仅在文本上，同时对于其思想、学术研究等亦奠定了坚实的文献基础。下面即以最有代表性的几个版本——出土本、明初本及最新的郭彧点校本为参照对象，梳理总结其学术价值。

首先，蔡子文本有明初本及《全宋诗》、郭彧点校本未收之诗，明初本是存诗最多的刻本，包括集外诗十三首。《四库全书》本、《四部丛刊初编》本等皆有集外诗，而郭彧点校本广泛搜罗，在前人基础上，又将两个出土本的佚诗收录进去①，故郭彧点校本是到目前为止收录最全的本子。今以蔡子文本核对郭彧点校本，有五十二首为郭彧本不载，其中卷二凡一首、卷三凡两首、卷四凡两首、卷五凡两首、卷六《首尾吟》一百首凡三首、卷七凡四首、卷九凡七首、卷十凡十二首、卷十一凡十一首。特以蔡子文本卷次为序，辑录佚诗于此。

归田吟（第二首）

西南伊洛二川平，自喜归天计已成。养志果能安淡泊，为生都胜别经营。浅深秋水和烟钓，高下春岩带雨耕。虽有人间荣辱事，自兹何复更关情。（卷二）

感事吟三首（第一首）

物情自古难求旧，世态到头须喜新。礼数来时如野烧，恩光去后若秋云。酒醒酒醉徒因物，花谢花开不为人，会得天根尽无事，尊前认取自家身。（卷三）

感事吟三首（第二首）

大抵风因煽惑成，能令风扇是何名。易元无体不可见，义到入神方

---

① 胡迎建《宋墓出土的两部〈邵尧夫诗集〉》从两部出土本中辑出五十一首佚诗，但所辑间有重出者，如《书事吟》，明初本及《道藏》本卷四皆载此诗。

始精。辟縠易言同道德，排墙难说自诚明。舌长曾未过三寸，慎勿与人争重轻。（卷三）

独赏牡丹二吟（第一首）

年年三月牡丹期，独喜芳菲又是谁。颜色都归初晓后，精神全在半开时。轻风动似难成笑，零露浓如易得啼。笑了又啼终不语，秖忧恼损没人知。（卷四）

代书苔张子望吟

相逢相识或相亲，天悦当时最任真（原注：王豫字天悦，与予为友，盖子望之舅）。立义立仁皆一致，言心言迹固多伦。孟轲岂欲持高论，孔子何尝抑后尘，若并圣贤传道者，则予焉敢厚诬人。（卷四）

安乐窝吟十七首（第十六首）

安乐窝中春已阑，春阑仍更遇春寒。愁因酒薄难成醉，病为花开易得残。方喜园林纔烂熳，旋惊车马却阑珊。奇葩莫便轻零落，把火罇前能傍栏。（卷五）

首尾吟四十首（第二十三首）

尧夫非是爱吟诗，诗是尧夫见惯时。几事善时为我主，众人长处是吾师。琴中文武闲来识，药里君臣病后知。容易得来容易失，尧夫非是爱吟诗。（卷五）

首尾吟一百首（第三十九首）

尧夫非是爱吟诗，诗是尧夫不揆时，架上两封天子诏，箱中一副道家衣，人间水竹为吟具，天下云山作饮资，麈尾安车宜用事，尧夫非是爱吟诗。（卷六）

首尾吟一百首（第四十八首）

尧夫非是爱吟诗，诗是尧夫语用时。奇货可为奇物卖，贤人多被事来欺。直须了尽人间事，方可名当天下师。涵养何尝离忠恕，尧夫非是爱吟诗。（卷六）

首尾吟一百首(第八十首)

尧夫非是爱吟诗,诗是尧夫用易时。物理当由人上看,人情复向物中窥。人情顺处物自顺,物理安时人莫违。大率有形皆曰物,尧夫非是爱吟诗。(卷六)

天乐吟

天乐自然乐,人乐乐有牵。与其天从人,不若人从天。成汤征葛伯,其乐有所专。文王事昆夷,其乐不可言。(卷七)

潜机吟

世事观开日,人情看破时。一身都是我,瘦了又还肥。货聚知朋聚,财离亲戚离。目前常见此,焉得不潜机。(卷七)①

无虑吟

莫上青云去,青云足爱憎。斗贤夸智惠,施巧见功能。鱼烂因吞饵,蛾焦为扑灯。争如常饮酒,无虑度朝昏。(卷七)

咏史吟

伏羲画八卦,箕子演九畴。一为生民祖,一为亡国囚。其善无异同,所报何戚休。此等尚如此,此外更悠悠。(卷七)

美行吟

美食人好食,美衣人好着。猗嗟乎若人,美行独不乐。非止于不乐,又及于积恶。(卷九)

怅然吟

携筇下荒岸,乱石径微开。良玉卒不得,我心空悠哉。悠哉复悠哉,怅然红日颓。(卷九)

燕吟

我舍尔嫌君不住,黄金大殿始知宽。劝君稳择安巢地,只恐巢成却

① 丁案:明初本卷十九《窥开吟》第一首有此"一身都是我,瘦了又还肥"两句。

不安。(卷九)

养鱼吟

偶因得暇傍池游,正见儿孙近钓舟。一种爱鱼心有异,我来饲食尔垂钩。(卷九)

点额鱼吟

频遭点额苦嗟吁,心爱滋身颔下珠。见说上天行雨事,为龙未必胜为鱼。(卷九)

安分吟

富贵如将智力求,仲尼年少合封侯。世人不解青天意,空使身心半夜愁。(卷九)

呈富公风筝吟

秋风一击入云端,合国人皆仰面观。好向丹霄休索线,等闲势断却收难。(卷九)

悲乐吟

天下止存悲乐乐,人间只有戚休休。不知悲乐戚休外,更有出尘𡇆子幽。(卷十)

缘饰吟二首(第二首)

莲起□头处,桃开二色时。是时何可称,饮酒与吟诗。(卷十)

有常吟

君子有常德,小人无常情。有常顾义理,无常专爱憎。(卷十)

怨憎吟

爱人如爱亲,爱亲如爱身。有言唯有行,天下人怨憎。(卷十)

雨晴吟

何日无天晴,雨晴天始明。尘埃一洗涤,万物有精神。(卷十)

观物吟二首(第二首)

意亦心所至,言须耳所闻。谁云天地外,别有好乾坤。(卷十)

人物吟十四首(第十三首)

物理窥开后,人情照破间。始知时到后,□置又何难。(卷十)

三未吟(第一首)

意未得其一,心已失其二。所争者闲气,所丧者实事。(卷十)

感事吟又云梦中吟

手若能言事,世间安用口。口若能书字,世间安用手。(卷十)

情理吟

不虞或有誉,求全或有毁。奈何人之情,不知理如此。(卷十)

梦中吟

梦里行人事,觉来思梦前。不知今亦梦,更把梦来原。(卷十)

洛居吟

比巷通南陌,门连五相家。水分池对岸,墙隔树枝花。(卷十)

受害吟(第一首)

君子爱人,小人害人。君子爱物,小人害物。(卷十一)

受害吟(第二首)

爱物爱人,其身必存。害人害物,其身必没。(卷十一)

观物吟二十一首(第九首)

人无常心,物无常产。卖欲其贵,买思其贱。(卷十一)

观物吟二十一首(第十六首)

既有温泉,必有寒火。既有水精,必有火珠。水火二物,何有何无。(卷十一)

观物吟二十一首(第二十一首)

君子乐善,小人乐恶。乐善福臻,乐恶祸着。福臻日增,祸着日削。(卷十一)

忠信吟

忠信待人,情尽乃已。进退之间,无陷于耻。(卷十一)

先识吟

既见于辞，又形于色。若不远飞，何名有识。（卷十一）

君子小人吟九首（第八首）

邪曲之道，君子不游。非惟不游，从而更忧。忠信之道，小人不收。非惟不收，又嫉如雠。（卷十一）

事体吟

贫贱便夏，富贵便冬。人情一也，事体不同。（卷十一）

无疾吟

无疾之安，无灾之福。天下之人，不为不足。（卷十一）

中人吟

中人之性，能恶能善。善恶一迁，相去何远。（卷十一）

天命吟（第二首）

千里一贤，犹为比肩。千载一圣，犹为比年。可委者命，可凭者天。人无率尔，事不偶然。（卷十一）①

听天吟二首（第一首）

天固不言，其理昭然。祸之与福，一听于天。（卷十一）

感事吟三首（第一首）

古者之田百亩，立法号为一夫。家有闲田数亩，常忧不能芸锄。积久遂成荒芜。己之田尚成荒芜，何暇耘人之田乎。（卷十一）

感事吟三首（第三首）

如将天地援，情情犹可恕。若以春秋定，罪罪不容诛。（卷十一）

命分吟

时不偶分而已，道不行命矣。夫乐我者其仁也，知我者其天乎。（卷十一）

① 丁案：明初本卷十四《天命吟》只录后四句。

合离吟

帘笼帟幕为之房，罗纨锦绮为之裳。沉檀龙麝为之香，金珠膏粉为之妆。富贵之时侔鸾凰，贫贱之时为参商。（卷十一）

俟天吟

用心平，行身正。任穷通，俟天命。（卷十一）

服人吟

以势服人人不服，以力服人人不服。以智服人人不服，以诚服人人自服。天地无私所以大，日月无私所以明。金石无私所以久，鬼神无私所以灵。（卷十一）

其次，蔡子文本可以补全出土本中的残字、缺字。郭彧点校本集外诗文中收录出土本《重刊击壤集》十一首，其中七首有缺字；收录出土本《诗全集》十八首，其中五首有缺字。① 当然这些缺字亦即出土本所缺。今以蔡子文本为底本，按蔡子文本卷次顺序依次补全出土本及郭彧点校本缺字，凡下画横线者为郭彧点校本所录之缺字。同时，蔡子文本与郭彧点校本、出土本亦有不少异文，郭彧点校本与出土本亦间有异文，在此一并校出。

归田吟（第一首）

十(1)里南山对华山，中有清洛声(1)潺潺。秋晴(3)禾黍交横秀，川静禽鱼相对(4)闲。好景尽(5)宜归物外，虚名不愿(6)落人间。看云已悟

① 郭彧点校本另有两首在正集之校勘记中引诗缺字：其一，郭彧点校本卷之十一《老去吟》末句“为报沙鸥慎勿飞”，校勘记云：“宋本作‘为□□□鸥鹭飞’。”宋本者即出土本宋刻本《邵尧夫先生诗全集》。蔡子文本同郭彧点校本（《邵雍全集》第4册，上海古籍出版社2015年版，第214页），不缺。其二，郭彧点校本卷之十一《偶得吟》：“日为万象精，人为万物灵。万象与万物，由天然后生。言由人而信，月由日而明。由人与由日，何尝不太平。”（蔡子文本在卷八，题《明信吟》，文字全同）校勘记云：“宋本此首诗之次序及文字有所不同，全诗如下：‘日为万象精，人为万物霊。□□□□□，□□□□情。气静形安乐，心闲身太平。□□□□□，□□□□生。’”（《邵雍全集》第4册，第221—222页）此处所引此残缺诗与原《偶得吟》并非同一首诗，残缺诗在蔡子文本卷八，《感事吟》六首之二，云：“万物有精英，人为万物灵。必先详事体，然后论人情。气静形安乐，心闲身太平。伊耆治天下，不出此名生。”郭彧点校本在卷十七（《邵雍全集》第4册，第338页），《感事吟又五首》之一，文字全同蔡子文本。

(7)无心旨,自谓羲皇世(8)却还。(卷二)

按:郭彧点校本收录于集外诗文中,见出土本《重刊击壤集》卷七,皆题《观天》。

(1)"十",出土本、郭彧点校本作"千"。

(2)"中有清洛声",出土本作"二山中有洛",郭彧点校本作"二山中有修"。

(3)"晴",出土本作"晴",郭彧点校本作"明"。

(4)"对",出土本、郭彧点校本作"与"。

(5)"尽",出土本、郭彧点校本作"尽"。

(6)"愿",出土本、郭彧点校本作"显"。

(7)"悟",出土本残,似作"悟",郭彧点校本作"语"。

(8)"世",出土本、郭彧点校本作"正"。

暮春吟六首(第一首)

许大春工造物华,一场狼藉但(1)堪嗟。群芳委尽绿阴密,游骑去残红日斜。台上喧呼成蝶梦,眼前零落空杨花。人间万事卒如此,始信庄周(2)岂梦耶。(卷二)

按:郭彧点校本收录于集外诗文中,见出土本《重刊击壤集》卷二。

(1)"但",出土本作"但",郭彧点校本作"俱"。

(2)"始信庄周",出土本"始信"二字仅半边,末四字仅存末字"耶"可识。郭彧点校本《校勘记》云"底本似为'欲信庄周'。"

代书寄张司封吟二首(第一首)

天机时事不相差,老后观时理更嘉。患难切身如(1)去梦,荣枯过眼类飞花。物情难梗何須较,世路危但可嗟。唯有临风一杯酒,忆君依旧在天涯。(卷三)

按:郭彧点校本收录于集外诗文中,见出土本《重刊击壤集》卷三。

(1)"如",出土本残缺,仅有"口"字边,郭彧点校本作"中"。

和人语道吟

吾道昭昭是可尊，岂宜它(1)适复它存。珠藏水底川湏媚，月到天心夜不昏。礼乐不妨通性命，诗书自可造形论。直湏去尽秋毫迹，若有秋毫即有痕。(卷三)

按：郭彧点校本收录于集外诗文中，见出土本《重刊击壤集》卷三。

(1)“它”，出土本、郭彧点校本作“他”。

问人丐酒吟

百病筋骸一老身，白头今日愧因循。虽无紫诏还朝速，却有青山入梦频。风月满天谁是主，林泉遍地岂无人。市沽酒味难醇美，长负襟怀一片春。(卷三)

按：此诗在明初本及郭彧点校本卷四。郭彧点校本此诗“却有青山入梦频”句下引出土本小注：“陈希夷答郎中云：九重紫诏□□□□，采凤御来□留住。又诗云：‘十年踪迹走红尘，但觅青山入梦频。’故有此联也。”蔡子文本注引不缺，云：“陈希夷答诏云：‘九重紫诏休教采凤嘴来，一片野心已陂白云留住。’”

六十岁吟

六十残躯鬓已斑，缪称仙术有神丹。时来孺子成功易，势去圣人为力难。虽则筋骸粗(1)康(1)健，奈何情意已阑珊。着身静(2)处明开眼，三十年来看世间。(卷三)

按：郭彧点校本收录于集外诗文中，见出土本《重刊击壤集》卷三。

(1)“粗康”，出土本残缺，郭彧点校本识作“粗康”，与蔡子文本一致。

(2)“静”，出土本、郭彧点校本作“争”。

秋夜吟

耿耿银河秋夜长，可堪(1)无寐不思量。尽思量了还迷乱(2)，更烦恼多徒(3)损伤。才与不才休计较，梦中说梦是(4)寻常。转(5)头万世(6)

更陈迩(7),浪(8)费语言争短长。(卷三)

按:郭彧点校本收录于集外诗文中,见出土本《诗全集》卷八,皆题《秋夜》。

(1)“可堪”,出土本、郭彧点校本作“起来”。

(2)“尽思量了还迷乱”,出土本、郭彧点校本作“思量了后迷还闷”。

(3)“更烦恼多徒”,出土本“更恼”残缺,郭彧点校本作“烦恼到头徒”。

(4)“是”,出土本、郭彧点校本作“转”。

(5)“转”,出土本、郭彧点校本作“回”。

(6)“世”,出土本、郭彧点校本作“事”。

(7)“迩”,出土本、郭彧点校本作“迹”。

(8)“浪”,出土本、郭彧点校本作“空”。

秋日吟

满目平原百里赊,寂寥深处见人家。三间草屋无樵爨,一簇踈篱(1)有野花。远出小童寻晚(2)径,归来老叟带烟霞。数声羌(3)笛寒山暮,光照柴门月满斜。(卷五)

按:郭彧点校本收录于集外诗文中,见出土本《诗全集》卷六,皆题《秋日》。

(1)“簇踈篱”,出土本为墨钉,郭彧点校本缺。

(2)“晚”,出土本、郭彧点校本作“路”。

(3)“羌”,出土本、郭彧点校本作“起”。

破釜吟

有一破釜多故旧,掉向空房不照顾。上面埻土尘埃生,两舋到耳连底透。叫得将来锢露人,拈得与(1)他交觑部。羊皮鞴袋扇风急,旋去炉内炼金汁。烹向破釜窍眼中,锢露还同如旧日。釜有紊时人有病,人病还同釜有

紊。破釜锢露上依然,人病不医枉丧命。(卷五)

按:郭彧点校本收录于集外诗文中,见出土本《诗全集》卷三之四,皆题《破釜》。

(1)"与",郭彧点校本作"与"。

人生吟

人生瞬息余,何用苦区区。好高非尚计,安分是良图。诚全归善有,好诈落强无。故步邯郸(1)事,其言是起予。(卷七)

按:郭彧点校本收录于集外诗文中,见出土本《重刊击壤集》卷五。

(1)"邯郸",出土本残缺,郭彧点校本作"少斯"。

自戒吟

推人与携(1)人,彼此一般手。成人与败人,彼此一般口。成败两如何(2),意必(3)为终久。奉春谗(4)韩信,君臣不能守。玄德毁吕布,言讫分尸首。天若一毫鉴,下照非妍丑,不罪本身者(5),子孙遭殃咎。(卷八)

按:郭彧点校本收录于集外诗文中,见出土本《重刊击壤集》卷五,皆题作《自成吟》。

(1)"携",出土本残缺,郭彧点校本作"秀"。

(2)"两如何",出土本"两"缺、"如"残缺,郭彧点校本作"如何",并断句为"□□如何意"。

(3)"意必为终久",出土本多有缺字,郭彧点校本断作"必为□□□"。

(4)"奉春谗",出土本缺"奉","谗"字残缺,但可识,郭彧点校本"谗"作"秋"。

(5)"者",出土本、郭彧点校本作"乎"。

悲怒吟

多怒伤人气,多悲伤人心。伤气为害浅,伤心为害深。害浅药易治,害深药难任。谁能知未病,何药能相寻。(卷八)

按:郭彧点校本收录于集外诗文中,见出土本《重刊击壤集》卷六。

选官图吟

虚名虚利太无端,自古(1)方知寸进难。大抵人生只如此,采(2)来谁不做高官。(卷九)

按:郭彧点校本收录于集外诗文中,见出土本《诗全集》卷九,皆题《选官图》。

(1)"古",出土本残缺,郭彧点校本作"方"。

(2)"采",出土本作"采",郭彧点校本作"采"。

自以上校勘可知:一是,蔡子文本与出土本异文较多,有些用法显然不如前者更恰,有的则属出土本显误。如《秋日吟》"远出小童寻晚径,归来老叟带烟霞。数声羌笛寒山暮,光照柴门月满斜","晚径"作"路径",诗意全无;"羌笛"误作"起笛",颇为费解。二是,由于出土本缺文或残缺,导致郭彧点校本存在强识、误识,乃至出现断句失误现象。如《代书寄张司封吟二首》"患难切身如去梦"之"如",出土本残缺,仅存"口"字边,郭彧点校本识作"中",于意不通。他如《归田吟》《六十岁吟》等。断句之误,如《自戒吟》。

第三,可校出土本之误。就三部存世宋椠邵雍诗集而言,蔡子文本最佳,《重刊击壤集》次之,《诗全集》最劣。《重刊击壤集》本卷一首篇诗题作《观大基吟》,蔡子文本作《观基大吟》,"观大基吟"显然不通。诗题不同,篇中亦有三字不同,《重刊击壤集》"窦邓缘中贵"之"贵"字,蔡子文本作"馈"字,"五湖犯鼎彝"之"湖"作"胡","绣岭频歌舞"之"频"作"喧",前者皆为误写;《重刊击壤集》本卷二《观物吟》:"地以静而天,方以动而圆。既正方圆既,还各动静权。静久必成润,动极遂成然。润则水体具,然则火用全。水体以气受,火用以薪传。体□(蔡子文本作'在')天地后,用起天地先。"蔡子文本"天"作"方","方"作"天";后一个"既"作"主"①,"各"作

① 明初本作"体"。

"名"①,"气"作"器",凡此五字,蔡子文本皆是;《重刊击壤集》本卷二《一元吟》中"一十有二分,九千余六百"之"分"字,误,蔡子文本作"万",是;《重刊击壤集》本卷五首篇《龙门山跳望吟》之"跳"字,显误,蔡子文本作"眺",是,等等。故《重刊击壤集》就刻梓质量、文字内容而言,远不如底本——蔡子文本。

蔡子文本校之《诗全集》本,可纠正后者讹误颇多。之前星子县出土本部分已经揭出《诗全集》本存在的诸多问题,为详揭《诗全集》真面,今再将《诗全集》目录及正文内容文字校之蔡子文本、明初本,以详揭《诗全集》真面。目录诗题异文,如《诗全集》卷三、四合卷《咏史》,蔡子文本卷一作《经世吟书皇极经世后》,明初本卷八作《书皇极经世后》;同卷《买园》,蔡子文本卷二作《谢买园吟二首》(之二),明初本卷十三作《天津弊居蒙诸公共为成买作诗以谢》;同卷《太和易》,蔡子文本卷三作《林下吟五首》(之三),明初本卷八作《林下五吟》(之三),可见蔡子文本、明初本著录诗题更加具体。正文异文更多,如《诗全集》卷一《生子》:"当日吾年四十五,始方生汝为人父。养育教训诚在我,寿夭贤愚计于汝。吾今耆年时七十,尔正方刚二十五。吾教愿汝成大贤,未知天意肯从否。"蔡子文本、明初本诗题皆作《生男吟》;"当日吾",两本皆作"我今行";"始方生汝",两本皆作"生男方始";"养育教训",蔡子文本作"鞠养教诲",明初本作"鞠育教诲";"计",两本皆作"系";"吾今耆年时七十",两本皆作"我若寿命七十岁";"尔正方刚",两本皆作"眼前见汝";"吾教",两本皆作"我欲"②。卷二《不寐》:"闲坐更亦

① 明初本作"明"。

② 按《诗全集》所言,邵雍作此诗在七十岁时(如言"吾今耆年时七十""当日吾年四十五"等),而蔡子文本、明初本皆云在四十五岁时(如言"我若寿命七十岁""我今行年四十五"等),但据程颢《邵尧夫先生墓志铭》云"熙宁丁巳孟秋癸丑,尧夫先生疾终于家","先生生于祥符辛亥,至是盖六十七年矣",可知其生卒年(1011—1077),未至七十岁已卒。故此诗当不实,或改窜之误,或为虚指。程颢(1032—1085)与邵雍极契,《击壤集》录有两人唱和诗多首,据《邵尧夫先生墓志铭》载:"先生之子泣以告曰:'昔先人有言,志于墓者,必以属吾伯淳(程颢字伯淳)。'噫! 先生知我者,以是命我,我何可辞?"所记生卒年自当可信。

深,就寝夜尚永。展转不成寐,却把前事省。奠枕时昏昏,拥衾还耿耿。西窗月明中,数叶芭蕉影。"明初本诗题作《不寝》;"亦",两本作"已";"月明",两本作"明月"。卷三《清风长》,蔡子文本作《清风长吟熙宁二年》,明初本作《清风长吟》;"为我造丰穰"之"我",两本作"岁";"初秋夜晚凉"之"秋夜",两本作"晴送";"闲愁难着莫"之"着莫",蔡子文本作"着模",明初本作"着莫";"幽思易飞场"之"场",两本作"扬";"醒如诂荐□"句末三字,两本作"沃蔗浆";"宁忧寇盗壤"之"壤",两本作"攘";"以兹为乐士"之"士",两本作"事"。卷六《后园二首》:"太平身老复何忧,景爱家园自有游。几树绿田阴乍合,数声幽鸟语方休。竹侵径旧高低迸,水满春渠左右流。借问主人何似乐,答云珠不异封侯。""风养錬备日有方,洛城分得水云乡。不闻世上风波险,但见壶中日月长。一局闲碁留野客,数杯醇酒面俻皇。物情悟了都无事,未李颜渊已坐忘。"蔡子文本卷三诗题作《即事吟三首》,明初本卷五作《后园即事三首嘉祐八年》,《诗全集》本只取前两首;"自有",两本作"自在";"绿田",两本作"绿杨";"径旧",两本作"旧径";"春",蔡子文本作"川";"珠",两本作"殊";"风养錬备",两本作"风养踈慵";"俻皇",两本作"修篁";"李",蔡子文本作"学",明初本作"觉"。末卷末首《答富相》:"相招多谢不相遗,将为胷中有所施。若进岂能襟吏责,既闲安用更名为。同称巢许忠臣日,甘老唐虞比屋时。满眼清贤在朝列,病□□以系安危。"蔡子文本诗题作《谢执政见招禄仕吟》,明初本作《谢富丞相招出仕》;"襟",两本作"禁";"同称巢许忠臣日",两本作"愿同巢许称臣日";"将为"之"为",明初本作"谓";"唐虞",蔡子文本作"唐尧"。上述异文或有胜逊、详略之分,但更多的是《诗全集》之误,如"计""场""壤""珠""风养錬备""俻皇""襟"等字皆误。至于附在出土本《重刊击壤集》末的第九卷,讹误亦不例外,如《看雪》,即前例蔡子文本重出一首,"却惊平地璨瑶池"之"璨"字,误作"际";"此情难使外人知"之"情"字,误作"常"。如以上例者不胜枚举。又如卷一第十九首径称当朝为"宋",蔡子文本称"我宋吟”,明初本称“观盛化吟”,后两本皆敬讳,而《诗全集》本则没有避讳,这样的情况也只有在坊贾建本中出现。当然,蔡子文本亦间有讹误之处。如蔡子文本卷一《观棊大吟》中“狐矢相凌犯”之“狐”字,误,诸本皆作“弧”;“丘甲正累累”之“丘”字,误,诸本皆作“兵”;“玄德志不远”之“远”字,误,诸本皆作“遂”,等等。但整体上,《诗全集》本远逊于蔡子文本,这是毋庸置疑的。

第四,蔡子文本可校正元本、明初本、《道藏》本、汲古阁本等二十卷本系统之讹误。宋元以后,最有代表性的版本是明初本,《四库》收其为底本。然以蔡子文本校之,异文颇多,如蔡子文本卷八《半醉吟二首》第一首“半醉上车儿,车儿稳辗归。凉风迎面处,细柳拂头时。意若兼三事,情如拥九麾。这般闲富贵,料得没人知。”其中“辗”字,明初本作“碾”,“凉”作“轻”,“细”作“翠”。这样的异文较难判断讹确,读者自可据文字之异,三昧佳处。但明初本亦确有不少讹误,如蔡子文本卷七《过鹿泉寺吟》:“地迥山原阔,林孤烟水闲。雷轻龙换浦,云乱雨移山。田者荷锄去,渔人背网还。翳予独沾湿,犹在道途间。”明初本收录于卷三《川上怀旧》组诗之四,其中“山”作“川”,“林”作“村”,“换”作“过”,“翳”作“伊”,“沾”作“霑”。蔡子文本卷十一《天人吟》:“天道原,人道迩。尽人情,合天理。”明初本误作《大人吟》,显然蔡子文本标题更切合内容,而明初本可能是形近而误。卷十一《多多吟》:“天下居常,善多于利。乱多于治,忧多于喜。奈何人生,不能免此。奈何予生,皆为外物。”明初本“善”作“害”,通观全诗,当误。卷十一《欢喜吟》:“日月往来,终必有始。半行天上,半在地底。照临之间,不忧且喜。予何人哉,欢喜不已。久病得安,久乱得治。土木其人,亦须欢喜。”明初本缺后四句,全诗前几句言自然规律,后几句言人生社会规律,两者相通,于是释然。缺后四句,意义难以升华。卷十一《应龙吟》:“龙者阳类,与时相须。首出庶物,同游六虚。能潜能见,能吸能呼。能大能小,能有能无。庄叟之言,信亦不诬。”明初本无末两句。卷十五《和凤翔横渠张子厚学士》

首句“秦甸山河半域中”,明初本、四库本“秦甸”皆误作“秦句”。“甸”古指郊外或田野的出产物,引申为治理。“秦甸”具体指秦国或咸阳一带,今即陕西关中一带。唐宋诗中这种用法尤多。如唐方干《怀州客舍》有“白道穿秦甸”句,王维《奉和圣制上巳于望春亭观禊饮应制》有“渭水明秦甸”句,李商隐《念远》有“日月淹秦甸,江湖动越吟”句。唐公乘亿对联《八月十五野》有“秦甸之一千余里”句,宋欧阳修《送王汲宰蓝田》有“树遥秦甸绿”句等。明初本卷十九《正性吟》:“未生之前,不知其然。既生之后,乃知有天。有天而来,正物之性。君子践形,小人轻命。”其中最后两句,蔡子文本在《君子小人吟》组诗中。从内容来看,蔡子文本更妥,明初本可能是窜入。由于诗集中有很多警句诗,有的意思相近,故多有互串。明初本是后世翻刻及再传诸本之源,故其传播广泛,影响颇大,要对其进行必要的校勘,最重要的本子无疑就是蔡子文本了。

明正统十年(1445)《道藏》本①,从文字校勘来看,当出自明初本,明末毛氏汲古阁刊《〈道藏〉八种》本即以《道藏》本为底本。明代其他刻本尚有:明嘉靖刻本、明内府刊本、明隆庆元年(1567)黄道刻本、明万历四十二年(1614)翻刻隆庆本、明万历三十三年(1605)吴元维刻本。清代有康熙八年(1669)邵泰定、邵养贞刻本,乾隆十五年(1750)洛阳邵氏重刊本,道光二十年(1840)刻本,咸丰元年(1851)洛阳安乐窝刊全书本等。域外刊本有朝鲜刊本、日本宽文九年(1669)京都长尾平兵卫刊本(六卷附一卷)等。以上诸刻本皆直接或间接源于明初本,有的再行改编,但收录的诗篇没有变化,惟不断有新的讹误出现,皆有赖蔡子文本、明初本校勘。至明末清初,汲古阁刻本影响甚大,然诸家多有批评。杨绍和曾将所藏蔡子文本与明汲古阁

① 关于《道藏》收录邵雍《击壤集》,四库馆臣颇有微词,其《提要》云:“邵子抱道自高,盖亦颜子陋巷之志,而黄冠者流以其先天之学出于华山道士陈抟,又恬淡自怡,迹似黄老,遂以是集编入《道藏·太元部》贱字、礼字二号中,殊为诞妄、今并附辨于此,使异教无得牵附焉。”

刻本进行对勘,《楹书隅录》卷五著录曰:"汲古阁毛氏所刻,源出《道藏》,而舛漏殊甚。"陆心源《元椠击壤集跋》亦指出其脱漏之甚,陆氏以明初本校汲古阁本,其《仪顾堂题跋》卷十一著录:"以毛氏汲古阁《道藏》八种刊本互校,毛本脱落甚多,不及此本远甚。卷一《寄谢韩子华舍人诗》后,脱《韩绛答》五古一首。卷二(丁案:实于卷三)《贺人致政》后脱《放言》五律一首,《名利吟》后脱《何事》七律一首。……其他序次之不同,字句之讹谬,更难枚举。是集为康节手定,编次必无参差,毛刊为近时善本,不应脱落之多,盖毛刊出于《道藏》,必经道流妄削,又不得原本校正,故踵其谬。此则犹康节原本也。"①陆氏指出了汲古阁本问题所在,如其所言脱佚者:一是他人和诗;二是邵雍诗。然仍有未检出脱漏者:他人和诗,如卷九《谢富相公见示新诗一轴》后富弼作《弼承索近诗复贶佳句辄次元韵奉和诗以语志不必更及乎诗也伏惟一览而已》、卷十《安乐窝中吟》后司马光《奉和安乐窝吟》、卷十二《观陈希夷先生真及墨迹》后司马光《游神林谷寄尧夫》等②,汲古阁本皆脱。汲古阁本讹脱较多的原因,其一在于毛氏选择底本不慎,《道藏》本实际上是一个讹误较多的本子,尽管毛氏在校刊时有所校正,但仍有很多未

---

① (清)陆心源撰,冯惠民整理:《仪顾堂书目题跋汇编》,中华书局 2009 年版,第 159、160 页。按,此本今藏日本静嘉堂文库,实为明初本,陆氏误定,《静嘉堂文库宋元版图录》未著录。

② 丁案:检核汲古阁本邵雍诗脱佚情况如下:《放言》五律有一首不脱,在卷三末;《何事》七律有一首不脱,在卷五《和登封裴寺丞翰见寄治平三年》后,题《何事吟寄三城富相公》;《初春吟》七绝有一首不脱,在卷四《闲居述事》组诗第六首;《一室吟》不脱,在卷十《天道吟》之后,诗云:"一室可容身,四时长有春。何尝无美酒,未始绝佳宾。洞里赏花者(原注:君实也,宅中有洞),天边泛月人(原注:君贶也,宅中有楼)。相逢应有语,笑我太因循。"卷十一《仁圣吟》不脱,在卷七《一室吟》后;卷十二《心耳吟》不脱,在卷十七《诫子吟》后题《乾坤吟》二首之第一首;卷十七《乾坤吟》二首不脱,第一首在卷十二首篇,题《心耳吟》,第二首置前归并为《诫子吟》第四首。陆氏《仪顾堂题跋》言卷十二首脱《幽明吟》五绝二首,明初本卷十二未见此诗,不知何以言此脱,明初本及汲古阁本卷十九《正性吟》后有此诗;卷十八《安分吟》后《由听吟》四言四句、卷十九《小人吟》后《览照吟》三言四句未脱,此三例盖陆氏误检。这些所谓脱去者(卷十八《由听吟》、卷十九《览照吟》除外),实际情况是明初本前后重出(卷十七《乾坤吟》第二首除外),汲古阁本将重出七首删去,有的删去前重出者,有的删去后重出者。陆氏所言脱去者实是检索疏忽,汲古阁本将其重出者删去,纠正了明初本两出之误。汲古阁本所删和诗不可取,但删去重出之诗则是。

能勘出。其二在于毛氏刊印时疏忽粗疏,新生较多讹误,这也是汲古阁本饱受批评的原因。无独有偶,用蔡子文本校勘汲古阁本,陆氏所指问题大多可以得到验证,蔡子文本的校勘价值也就此凸显出来。

第五,标题间有不同,可补缺明初本内容。整体来看,蔡子文本由于重编归整,诗题不如明初本详尽,但仍有一些可取之处。一是有些诗题交代更加具体,如蔡子文本卷十五《和君实秋夜吟》,明初本卷九作《和秋夜》,卷一《坠马伤足吟》,明初本卷一作《伤足》。蔡子文本著录的诗题交代背景更加具体。亦有蔡子文本诗题不如明初本交代具体的,但蔡子文本交代具体的这一部分足可起到补充作用。二是有的诗题下加注,如蔡子文本卷一《清风长吟》,题下注"熙宁二年";卷二《秋怀吟六首》,题下注"内下二首乙卯年作";卷三《答人惠希夷鐏吟》,题下注"华阴以石为酒尊,若瓜形,土人传是为希夷尊";卷四《书睡吟》,题下注"此诗丁巳春末夏初作"。这些明初本不载的题下注,同样可以起到补充作用。以上两种情况,应是两本底本不同导致的,从这个意义上来看,蔡子文本的文献价值更大。三是有些诗题不同,如蔡子文本卷一《天长吟答曹州李审言龙图》,明初本卷八则题《苍苍吟寄答曹州李审言龙图》。明初本经常用诗之开头作诗题,如《量力吟》:"量力动时无悔吝,随宜乐处省营为。须求骐骥方乘马,亦恐终身无马骑。"而蔡子文本题作《即事吟》。蔡子文本更多的是据诗文内容命名,造成两本诗题不同的原因,有两个可能:一是底本不同,二是编者采择诗题的观念不同。蔡子文本有些诗题更切诗意内容,如卷九《观往吟》:"千万年之人,千万年之事。千万年之情,千万年之理。唯学之所能,坐而烂观尔。"明初本题作《观性吟》,但以内容看,不如蔡子文本更妥。

第六,注文价值。蔡子文本所录注文除蔡弼按语外,尚有邵雍自注(含音注)、他人和诗注及版本校记"一作某"或"某一作某"三种注文。这些注文为我们研究、解读邵雍诗作提供了难得的背景史料信息,亦为研究版本提供了参考。据统计,蔡子文本注文多达二百二十九条(不含蔡弼按),其中版本校记一百九十七条，自注三十三条。明初二十卷本的注文仅有四十七条，其中邵雍自注二十九条（含音注三条），他诗注文三条，版本校记十五条。

首先，自注方面，明初本仅卷九《谢宁寺丞惠希夷尊》第二句“希夷去后遂无情”句“希夷”注“陈图南也”一句自注为蔡子文本不载，又有两首诗及司马光、吕公著等凡六首和诗及注文蔡子文本未载外，其他蔡子文本皆见。而蔡子文本三十三条自注中，有十二条为明初本未载，不仅数量多，且每条自注字数多。如蔡子文本卷三《问人丐酒吟》中“虽无紫诏还朝速，却有青山入梦频”句后注云：“陈希夷答诏云：‘九重紫诏休教采凤嘴来，一片野心已陂白云留住。’又诗云：‘十年踪迹走红尘，但觅青山入梦频。’故有此联也。”明初本此诗在卷四，不载此注。又如卷二《惜芳菲四首》之四末句注“时父年七十七”、《暮春吟六首》之四末句注“此篇断李审言”、《秋怀吟六首》之一首句“家住城南水竹涯”末注“时在履道里西居”，卷三《代书寄张司封吟二首》之二末注“渠劝以李禅，故云”，等等，明初本皆无。有的两本同注，但蔡子文本内容更具体详实，如蔡子文本卷五《安乐窝吟十七首》第二首末注“司马君实有登石楼诗见招云：‘极目千里外，川原绣画新。始知平地上，看不尽青春。’”明初本仅有“始知平地上，看不尽青春”两句；卷四《我宋吟二首》第二首“五事历将前代举”末引《邵氏闻见录》云：“康节先公谓本朝五事，自唐虞而下所未有者：一、革命之日市不易肆；二、克服天下在即位后；三、未尝杀一无罪；四、百年方四叶；五、百年无心腹患。伯温窃疑‘未常经乱离’为太甚，先公曰：‘吾老且死，汝辈行自知之。’”而明初本仅引五事五句，下两句父子对白无，相较之下，无疑是蔡子文本对深度理解诗意更有帮助。

其次，版本校记。蔡子文本校记集中在内集中，外集仅有一条。前揭蔡子文本内集与外集在底本选择上有所不同，即内集选择了一个与明初本源头本不同的底本，而以明初本源头本作校本，因两本的不同，故有异文，将有校记及未有校记的异文，同时参校他本，故有他本校记。而蔡子文本外集则直接选用明初本源头之本作为底本，因此没有有关明初本的校记和异文，仅卷十二有一条校记（见下论证）。抑或蔡弼将校勘的主要精力放在内集中，外集因后得而疏于校勘，亦未可知。今以蔡子文本对校明初本，即可知蔡子文本所载校记的学术价值。首先蔡子文本校记数量远逾明初本，如蔡子文本卷一首篇《观基大吟》即有十七条，而明初本仅有一条；卷二《谢买园吟》之《其二谢司马温公诸公》一首中有六处“一作某”，明初本卷十三首篇即此诗，题《天津弊居蒙诸公共为成买作诗以谢》，但无一处“一作某”。其次通过对勘版本校记发现，此诗集在蔡子文本刊印之前已经流传多个版本。因此从版本角度来看，这些校记非常重要。细对校记，可分几种情况：

一是，彼此相互参校。在明初本十五条版本校记中，所注异文大多与蔡子文本相同，如卷一《观基大吟》之“行客浪沾衣”句“浪”字后，注“一作泪”，而蔡子文本此字正作“泪”；卷三《川上怀旧》第四首“雷轻龙过浦”句“过”字，后注“一作换”，而蔡子文本此字正作“换”。这说明明初本肯定参校过蔡子文本或与蔡子文本酷同的本子。蔡子文本校记所注异文亦有很多是与明初本相同的，如蔡子文本卷一《观基大吟》“或周人戡黎”句，下注“戡，一作乘”，明初本作“乘”；同诗“那以救颠脐”句，下注“那，一作何”，明初本作“何”；同诗“谁怜台监卑”句，下注“台监，一作王室”，明初本作“王室”；同诗“朽骨称鳍龟”句，下注“一作朽骨尚称龟”，明初本作“朽骨尚称龟”；同诗“始可为良医”句，下注“为，一作谓”，明初本作“谓”；同诗“稺茂者后萎”句，下注“稺，一作迟”，明初本作“迟”；同诗“堤防冷眼窥”句，下注“堤，一作休”，明初本作“休”。以上仅一首诗即此，如校勘全部诗集，自然更多。还有一种情况，如蔡子文本卷三《和裴寺丞吟二首》，下注“一本云和左藏吴传正”，并于同诗末注：“渠受监左藏库以诗见寄云：‘从此天津桥畔景，不教都属邵尧夫。’故云。”而明初本卷五录此诗题作《二十五日依韵和左藏吴传正寺丞见赠》，可见蔡子文本所指“一本”云，当即明初本，尽管语句小异，但语意大致相同，蔡子文本校本与明初本源头本肯定为同一系统。

因蔡子文本版本校记有近二百条,而明初本仅有十余条,故此类例子举不胜举,兹不一一举例。这些校记说明蔡子文本、明初本(源头本)彼此都参校一过。以上所举为不注参校本校记的情况,互注校记亦即注参校本校记的情况亦有,如明初本卷三《燕堂闲坐》中"高竹漱清泉,长松迎清风"两句后注又云:"潇洒松间月,清泠竹外风。"而蔡子文本此诗在卷七,诗题《晚凉闲坐吟》,作"潇洒松间月,清泠竹外风",后注"一云:高竹漱清泉,长松迎清风";卷九《安乐窝中一柱香》之"对景颜渊坐正忘"句中"景"字后注"一作境",而蔡子文本正作"境",蔡子文本此诗末注"境,一作景";卷十八《过眼吟》之"此心犹恐未全醒"句末注"一作未惺惺",而蔡子文本正作"此心犹恐未惺惺",末注"一作未全醒"。这说明明初本的源头本与蔡子文本互相参校过,且两本皆在不改变底本的情况下加注参校本异文。

二是,两本都参校过同一本子。通过两本校记相同的例子即可见出,如明初本卷二十《首尾吟》第一百一十四首"坐上交争一局棊"句中"坐上"二字后注"一云汤武",而蔡子文本"座上交争一局棊"句末亦注"座上,一作汤武";卷九《安乐窝中一柱香》之"非徒闻道至于此"句中"非"字后注"又作不",蔡子文本亦作"非",并于诗末注"非,一作不";卷十七《先天吟》之"到此分毫强得乎"句中"乎"字后注"一作无",蔡子文本原文及注皆同。这说明两本在互相参校之外,尚参校过一个相同的本子。

三是,有彼此没有参校过之本。有明初本(源头本)参校过的,而蔡子文本没有参校的,如明初本卷四《天津感事二十六首》之第十五首"水流任急境常静"句中"境"字后"一作景",蔡子文本作"境";卷八《苍苍吟寄答曹州李审言龙图》句中"今古人曾望断肠"之"望"字后注"一作叫",蔡子文本作"望";卷十九《四贤诗》之"伯淳之言调畅"句中"调"字后注"又作条",蔡子文本作"调"。蔡子文本未注这些校记,说明当时尚流传着另外一个蔡弼未见过的本子。有蔡子文本参校过,而明初本(源头本)没有参校过,如明初本卷九《安乐窝中酒一罇》之"振古英雄恐未闻"句中"雄"字后注"一本作豪”,而蔡子文本“振”作“镇”、“雄”作“豪”,并于诗末注“镇,一作振;一又作自。豪,一作雄”,蔡子文本所注一作“振”“雄”的正是明初本,其中“雄”“豪”属于互注。但“自”字,明初本未见注记,说明还有一个作“自”的本子,而明初本源头本未参校过。这种情况不少,说明两本都有自己参校过而对方未参校过的本子,也说明当时还流行着至少两个另外的本子。尚有蔡子文本、明初本校记皆不同的情况,如蔡子文本外集卷十二《乞笛竹载于李少保宅》第二句“柰何苦爱凌霜节”之“节”字后注“一作操”,而明初本卷六则注“一作物”。这个例子说明,除了蔡子文本、明初本之外,尚有两个作“操”“物”的本子,而且彼此都未参校过对方参校的本子。

综上可知,在两宋时期,邵雍诗集可知的版本至少有七个,其中明初本源头本和蔡子文本参校了多个本子。对勘两本异文发现,不仅异文多,且异文差异大,除了讹确问题,更多的是胜逊优劣,由此亦可看出邵雍诗集文本在流传中变异很大,版本状况复杂。当然,从学术角度讲,文字不同,对诗意的理解亦有所不同,不同的版本也就为读者提供了不同的斟酌诗意并考虑孰优孰劣的材料,拓展了诗文的解读空间。因此这些校记不可等闲视之。需要注意的是,蔡弼针对参校本有异文的情况,并未径改底本原文,而是将参校本异文以“一作某”或“某一作某”的形式夹注于刊本原文之下,与前揭钱佃《荀子考异》做法一致,只不过后者不随文注释,而是置于卷末。形式不同,目的相同。这也是充分尊重底本的专业做法,这种以校记形式记载异文的形式,成为以后校注本的常用方法。

邵雍在世时曾自编诗集二十卷,名曰《击壤集》。其后部分散逸,后人得之再编以传。至北宋末南宋初中期,形成多个本子同时流传的情况。邵雍诗集目前保存下来的主要有二十卷本与十五卷本两个系统。邵雍子伯温于原二十卷残本的基础上再度增补编辑,仍为二十卷,实际上已非邵雍原编本。这个本子后来在元代有翻刻,而明初又有覆刻本,明中叶翻刻明初本颇夥,随之流传较广。伯温本是收诗最全的本子,但亦有失收之诗。俄藏南宋初蔡子文刻蔡弼重编《伊川击壤集》十五卷本之底本由两本组成，一是前期得到的散逸本，编成内集十一卷；二是后期得到的二十卷残本，亦即明初本的源头之本，去重后编为外集四卷，两个合成为内外集十五卷本。蔡弼编校时，还参校了多个时本，并用二十卷残本校内集。具体编辑时以诗体分类分卷，兼顾内容，且删去和诗，成为与二十卷本迥然不同的新本。

蔡子文本刊于南宋孝宗时期，小字古拙，校勘较为精审，保存完好。尽管蔡子文本和明初本有不少相似之处，如皆有自注及版本校记等，相对于其他本子而言，两本异文较少，当均来自于邵雍自编本，但两本均有彼本不录之诗，仍有一定差别。蔡子文本收诗不如明初本多，却是诸本中存世最早刻本，且有明初本所不载的诗文及邵雍自注、蔡弼注文、版本校记等，虽亦间有讹误，但可校出土本、元刻本、明初本、《道藏》本及明清版本之讹误，故参校价值最大。蔡子文本后来被坊贾缩编为十二卷的节选本，即出土本《重刊击壤集》。另一部出土本《诗全集》，在文字上与蔡子文本、明初本出入甚大，编辑草率，刊印不精，讹误颇多，盖坊贾节编而成。至于其底本，亦当是流传的散逸本之一，且多经改写。元刻本是除蔡子文本外刊印最早的本子，可惜仅存十七卷。收诗最多且讹误较少的是明初本。出于明初本的《道藏》本存在问题有二：一是删去诸家和诗，二是舛误殊甚。故整理邵雍诗当以明初本为底本，主要参校本为蔡子文本和元刻本，同时参校明成化本、《道藏》本等①，当是整理本最优配置。

---

① 郭彧、于天宝点校《邵雍全集》之《击壤集》本用《道藏》本为底本，即存在三个问题，一是必须再据他本补录六十多首和诗；二是《道藏》本颇多讹误，以明初本校之，导致校记繁多；三是所参诸本，皆出校记，其实一些明显的讹误，可以不出校记。如果以明初本为底本即可省去以上麻烦，收到事半功倍的效果。反之则会事倍功半。郭彧点校本间有检索不慎之处，如《心耳吟》，在明初本中两出，一在卷十二首篇，一在卷十九《诫子吟》后题《乾坤吟》二首之第一首。《道藏》本并未补于卷十二，而是将卷十九《诫子吟》后题《乾坤吟》二首之第一首即此诗删去，将第二首归并为《诫子吟》第四首。郭彧点校本忠实地进行了校补，但类似上例的明初本的其他重出现象，郭彧点校本没有校出，前后重出的问题仍未得到解决。郭彧点校本虽然用两个出土本校补，但两本仅保留了全本的部分诗篇，且有残缺，加之选择底本不慎，故其整理的邵雍诗集，尚有缺憾之处。

参考文献：

(宋)魏了翁:《鹤山先生大全文集》,《四部丛刊》影宋本。

熊学明:《宋刻〈邵尧夫先生诗全集〉考述》,《江西图书馆学刊》1987 年第 2 期。

胡迎建:《宋墓出土的两部〈邵尧夫诗集〉》,《文献》1988 年第 4 期。

吴圣林:《江西星子县宋墓出土宋版古籍》,《考古》1989 年第 5 期。

陈仕华:《〈伊川击壤集〉版本考》,《“中央图书馆”馆刊》1992 年第 1 期。

谢水顺等:《福建古代刻书》,福建人民出版社 1997 年版。

吴怿:《〈邵尧夫先生诗全集〉的版本及文献价值》,首届江西省科学技术协会学术年会第二十七分会场暨江西省图书馆学会 2010 学术年会论文集。

胡彦、丁治民:《邵雍“击壤三千首”考论》,《上海大学学报》2011 年第 4 期。

胡迎建:《论墓中出土宋版邵尧夫诗集二种的文献价值》,《古籍研究》2013 年第 2 期。

李致忠:《九江星子出土邵雍〈击壤集〉〈诗全集〉略考》,《文献》2013 年第 6 期。

郭彧、于天宝点校:《邵雍全集》,上海古籍出版社 2015 年版。

后　　记

关注、追踪这几种版本已有十余年了。2004 年，因作海源阁藏书研究的课题，对海源阁所藏善本，尤其是宋元善本，给予了极大关注。海源阁所藏宋元佳椠基本都著录在杨绍和的《楹书隅录》初编四卷中。2002 年，由王绍曾、崔国光等整理的《订补海源阁书目五种》出版，对《楹书隅录》著录各本的收藏源流，以“补”记形式作了介绍，这些善本的最终归宿大部分遂为人知晓。譬如海源阁藏宋椠一百二十多种，其中八十多种藏于中国国家图书馆，另台湾“国家图书馆”、山东省博物馆等亦有收藏。如果要研究这些版本，循其藏所，即得其本，免去查询之苦，极大地方便了学者。然囿于当时条件，亦有一些善本不知去向，未著录藏所，如北京大学图书馆、上海图书馆、南京图书馆、浙江大学图书馆、济南图书馆、聊城市东昌府档案局、台北故宫博物院、台湾“中央”研究院傅斯年图书馆以及美国国会图书馆、日本杏雨书屋、日本中央大学、浙江大学图书馆藏本等。关于俄罗斯国立图书馆所藏六部宋元刻本的散佚情况，《订补海源阁书目五种》之《楹书隅录》卷三子部《宋本〈荀子〉二十卷十册》“补”云：“此本系杨敬夫在天津出售二十六种之一，归大连图书馆。据一九八六年大连图书馆编《大连图书馆古籍善本书目》云：‘一九四五年大连图书馆海源阁遗书六种，尚存该馆，由于种种原因，连同《永乐大典》五十五册，宋本《通鉴纪事本末》等共十六种善本古籍一并散失。一九五四年苏联列宁图书馆已归还我国《永乐大典》五十二册,其余均无消息。'"①又"补"《北宋本〈说苑〉二十卷十册一函》曰:"此本系杨敬夫在天津出售二十六种之一,归大连图书馆。一九四五年大连解放时尚存该管,由于种种原因,竟遭散失。"②对其他四种(《管子》《淮南鸿烈解》《击壤集》《三谢诗》)亦作了类似著录。其对流向"列宁图书馆"有所涉及,但不敢确定。其后,笔者曾向多位人士了解,但大多语焉不详。专研《管子》版本的巩曰国先生、郭丽女士,研究《荀子》版本的高正先生,均对其流向不知其详,以致针对该本的版本研究只能受限于抄本或校本或间接著录,大大阻碍了版本的原创研究。缘于课题研究的需要及对藏书的酷好,笔者对《订补海源阁书目五种》未著录流向者,进行了持续追踪、著录,《订补海源阁书目五种》一书签条夹注,丹黄满纸。故此,搜集相关信息、确定流向、渴望了解、亲阅其真实完整的原书版刻状况,成为伴随终生的心结与治学乐趣。

2005年8月24日,为撰《傅增湘与海源阁遗书》一文,笔者曾拜访傅熹年先生。先生证实其书确实藏于莫斯科列宁图书馆。其后,又拜访过版本资深专家李致忠先生,先生曾去过莫斯科,亲眼睹见《荀子》及明万历间刻本《玄玄棋经》等本,并言及江苏某官员亦曾去目验过部分善本。2008年初,笔者据前贤著录及相关第二手材料撰写了《海源阁遗书流入域外考述》,集中介绍这几种版本的外佚经过和版本价值,发表于《国家图书馆学刊》2009年第1期上。2009年8月至2012年8月,曾于国家图书馆博士后工作站工作三年,其间几次想去观书,限于经费及审批手续等,未能成行。2014年6月,偶见北京101中学校长程翔先生撰《发现莫斯科国家图书馆藏宋版〈说苑〉》③一文,十分感奋。但据了解,程先生并未亲去莫斯科观

---

① 王绍曾、崔国光等整理订补:《订补海源阁书目五种》,齐鲁书社2002年版,第149—150页。

② 王绍曾、崔国光等整理订补:《订补海源阁书目五种》,齐鲁书社2002年版,第160页。

③ 《中国典籍与文化》2014年第4期。

书，而是委托友人——中国外文局人民画报社莫斯科分社李波社长拍来部分书影，其文乃据书影而著。遂后，笔者去拜访程先生，得到李波先生联系方式。经过充分筹备，终于2015年8月2日得赴莫斯科，观书十天。馆员携出诸本，遂得目验，十余年的祈愿一刻实现，兴奋不已。据闻，2000年以前，该馆对中国古籍善本的保护管理并不完善，开放程度相当高，读者甚至可以直接入库查阅，所提之书可以随意拍照。但现在无论是对书籍的保护抑或阅览制度的完善，都有很大改观。如制作书影，按珍善级别予以收费，宋椠每叶则需一千二百卢布。截至目前，馆里仍无编辑目录，只有卡片著录，检索颇为不便。不过，阅览室安静宜人，阳光透过明窗，暖阳如春，让人心旷神怡，惬意无比。每日，宋刻原椠《荀子》《管子》《淮南鸿烈解》《击壤集》及"北宋刻本"《说苑》静静地置于案头，得以无扰地细细品味，摩挲把玩，耐心观研，著录校勘，不亦乐乎。鲜活宋椠，墨光莹莹，书香沁人心脾，顿感人生如此一阅，值矣足矣。除此，还目阅宋椠大字本《通鉴纪事本末》、清光绪刻本《景钱佃本荀子考异》及宋元明集配本二十一史《史记》《周书》等。另一种宋俄藏本《三谢诗》因故未见。在与馆员维拉特先生等人交流中，言及观书者几乎全为中国学者，大概有十数人次，但大都是浏览一过，如笔者一直数天观研者乃第一人。而且馆员们对这几种书特别熟悉，想来不止一次地提出过，始有如此深刻印象。

经过初步分析，发现俄藏本皆为孤本独帙，不仅文物价值高，而且可校他本之讹误，学术价值很大。尤其是在现当代校注整理本中，几乎没有利用。因此极有必要对其进行更深一步的项目研究。回国后，即搁置其他项目，对这几种俄藏本集中整理、校勘与研究。2016年8月，再赴俄图观书，补充校对，完善著录，并有幸观阅《三谢诗》。2019年8月18日又通过远程视频《三谢诗》，核对版刻及个别字迹等。这六种宋元本的关联版本百余部，为拓展研究，其间多次去国图、上图、南图等对勘版本，咨询专家，并委托友人赴中国台北故宫博物院、日本九州大学调集版本资料。同时购置俄图书影及关联版本，复制资料，差旅食宿，虽耗资十余万，竟亦不觉惜之。历经数年无数日夜，终有小获，亦可聊以慰藉。

面对千年字纸，有终饱眼福的欣慰，亦有佚去不存的憾惜。研读之中，脑海中常常浮现出黄丕烈、顾广圻、陈奂、杨以增、杨绍和等学者们阅读、校勘、细心呵护的情景，这绝非庸人多情，而是当你长时间沉浸于某种境界的时候，就会自然涌现出来。可以想象，为了这几种书，他们付出了多少财力、精力、才智与年华，校勘、抄录、题跋、切磋……宝爱有加，研究不懈，从而形成了以原书为中心的多维文化。这笔巨大的财富能够传至当下，实属不易。今天，守藏者惟有悉心珍护，后学者惟有认真研读，方能不负前贤之苦心付出。

在此，还要感谢北京 101 中学校长程翔先生，人民画报社莫斯科分社李波先生，俄罗斯国立图书馆东方文献研究中心维拉特先生、山东大学高等儒学研究院王承略先生、中国科学院科学史所郑诚老师、曲阜师范大学文学院夏静女士、日本东京西川祐可女士等。感谢诸位项目外审专家，指误摘瑕，提出宝贵意见，因有规避要求，兹不署名。特别感谢山东大学文学院、国际汉学研究中心王培源先生。先生早在 2016 年即获国家社科基金重大招标课题《俄藏中文古籍的调查编目、珍本复制与整理研究》，对俄藏汉籍善本非常熟悉，研究成果丰硕。从推动拙作申报入围“2020 年国家重点文化工程‘全球汉籍合璧工程’后期资助项目”，到审校文稿、出版，先生多次提出良议，给予最大支持。其后聂济冬老师接力负责拙稿的审阅及出版工作，为此付出很多劳动。山东大学文学院杜泽逊先生关注海源阁研究较早，2002 年从王绍曾先生编纂成《订补海源阁书目五种》。2004 年 4 月，南京大学中文系徐有富先生告知我考上博士，惊喜之后，即向导师询问博士论文之事，当时想作《傅斯年年谱长编》或《海源阁藏书研究》。经慎重考量，还是选择了后者。5 月中旬，徐师让我去山大拜访王承略与杜泽逊两先生。在杜先生家中，先生即指导如何作海源阁研究，并列出一些题目。其后，又多次拜访。印象最深的是,我曾写过一篇《关于〈订补海源阁书目五种〉的几个问题》,因主要是指出该书的问题所在,不敢往大陆刊物投稿,就专投台湾地区图书馆编《书目季刊》(台湾学生书局出版),并刊于2006年第40卷第2期。后来洪升兄告知,当时《书目季刊》主编犹豫不决,将拙稿寄给杜先生。杜先生言,所言皆是客观事实,建议刊登。自己编的书,自己审读批评之稿,并不回避存在问题。其度量与修为,令人赞服,钦仰无比。2024年11月初,我斗胆请序。杜先生日理万机,诸事缠身。2025年1月23日凌晨1点46分,竟发来长篇序言。原来先生是在利用省政协会议间隙忙里偷闲写出来的,言"今天晚上来了客人,所以写得晚了……明天上午会议结束,再不写就没有空闲了。"其后又润稿三遍,并附寄校勘记,校出拙稿讹误或商榷之处多处。拙作在出版之前,已有多篇发表,其间编辑老师亦多有校正,特别是《国学季刊》编辑韩悦老师,细致勘对,付出大量劳动。贤弟张文泽、王腾腾、徐梦瑶、周广骞、王云鹏等协助校勘。人民出版社编审翟金明认真校对并为出版此书付出了心血。诸位以不同方式为拙作的撰写、审校和出版,提供方便、帮助与指导,谨此一并致谢。唯愚不才,口讷笔拙,知识、视野、能力皆有所限,舛讹纰缪,实所难免,期望方家多多雅正。

丁延峰书于曲园修绠斋

初稿 2023.8.1

修稿 2025.2.2